»Ein ewig Rätsel bleiben will ich ...«

Wittelsbacher Schicksale:
Ludwig II., Otto I. und Sisi

Wolfgang Müller

»Ein ewig Rätsel bleiben will ich ...«

Wittelsbacher Schicksale:
Ludwig II., Otto I. und Sisi

Koehler & Amelang

Abbildungen auf dem Schutzumschlag:
Ludwig II., Photographie von J. Albert
Elisabeth, Photographie von Rabending
Otto I., Photographie von J. Albert

© 1999 Koehler & Amelang
Verlagsgesellschaft mbH, München

Lektorat: Monika Dimpfl
Gestaltung, Satz, Lithographie:
Gini Klose, Oberhaching
Gesetzt aus der Stone Serif.
Schutzumschlag: Kaselow-Design, München
Druck und Bindung:
J. Ebner Graphische Betriebe, Ulm
ISBN 3-7338-0224-1

Die Deutsche Bibliothek – CIP-Einheitsaufnahme
Müller, Wolfgang: „Ein ewig Rätsel bleiben will
ich …" : Wittelsbacher Schicksale: Ludwig II.,
Otto I. und Sisi / Wolfgang Müller. - München :
Koehler und Amelang, 1999
ISBN 3-7338-0224-1

Inhalt

Kein Verrückter ist verrückt,
wenn man seine Gründe gelten läßt.
Gabriel García Márquez (geb. 1928)

Wer auch immer nicht so lebt oder
so denkt wie seine Zeitgenossen,
riskiert für verrückt zu gelten.
Jacques Bainville (1878–1936)

Vorwort

Vor geraumer Zeit wurde ich gebeten, im Rahmen einer Veranstaltung im Schloß Fürstenried einen Vortrag zu halten; man stellte mir frei, ein beliebiges Thema aus der bayerischen Geschichte zu wählen. Mir war klar, daß bei einem geschichtlichen Vortrag an diesem Ort kein Weg am unglücklichen Schicksal des bayerischen Königs Otto I. vorbeiführt, der einen Großteil seines Lebens hinter den Mauern dieses Schlosses als geisteskranker Patient verbringen mußte. Bei der Beschäftigung mit dem Leben des bedauernswerten Königs, der am längsten von allen bayerischen Monarchen die Krone trug, aber nicht einen einzigen Tag regierte, wurde mir bald bewußt, daß sein Schicksal nicht isoliert betrachtet werden kann. Es ist eng verwoben mit dem Lebenslauf seines Bruders und Vorgängers im bayerischen Königsamt, Ludwigs II., der am Ende seines nur einundvierzig Jahre währenden Lebens durch ein fragwürdiges Gutachten ebenfalls zum Geisteskranken erklärt und als König abgesetzt wurde.

Im Leben Ludwigs II. spielte Kaiserin Elisabeth von Österreich, geborene Herzogin in Bayern, eine nicht unbedeutende Rolle. Sie war eine unglückliche Frau voller innerer Widersprüche. Von Schicksalsschlägen getroffen, zog sie sich, wie ihr Vetter Ludwig II., in ihre eigene Welt zurück. Elisabeths Geisteszustand und der ihres Sohnes Rudolf wurden immer wieder infrage gestellt.

Für den Vortrag im Schloß Fürstenried wählte ich den Titel »Das Königlich-Bayerische Bermuda-Dreieck«. Grund dafür war, daß die drei Schlösser, die für das Leben der drei Hauptpersonen, Ludwig II., Otto I. und Elisabeth, schicksalhafte Bedeutung hatten, ein Dreieck bilden, wenn man sie auf der Landkarte miteinander verbindet: Schloß Berg am Ostufer des Starnbergersees, Lieblingssitz und Sterbeort König Ludwigs II., Schloß Fürstenried an der Ausfallstraße zum Starnbergersee, langjähriger Aufenthaltsort und gleichsam geschlossene Anstalt für Otto I. und Schloß Possenhofen, Heimat und spätere Zuflucht Kaiserin Elisabeths von Österreich.

Unter dem Stichwort »Bermuda-Dreieck« steht in Meyers Lexikon: *Teil des Atlantiks zwischen den Bermuda Inseln, Hispaniola und Florida, in dem sich auf bisher nicht befriedigend erklärte Weise Unglücke häufen.* Diese Aussage trifft auch auf die Orte zu, die das von mir so bezeichnete Königlich Bayerische Bermuda-Dreieck bilden.

In einem Vortrag kann man auf ein solches Thema nur schlaglicht-
artig und keinesfalls umfassend eingehen, weshalb ich mich in den dar-
auffolgenden Jahren intensiv damit beschäftigte. Der Ertrag meiner Forschungen ist über den damaligen Abendvortrag weit hinausgewachsen,
und der Buchtitel lautet nunmehr »Ein ewig Rätsel bleiben will ich ... «

Ludwig II., ein großer Literaturkenner, hat seine zahlreichen Briefe
häufig mit Dichterzitaten gewürzt, die er meist so flüssig in den Text in-
tegrierte, daß sie von weniger literaturerfahrenen Lesern nicht ohne
weiteres als Zitate erkannt wurden. Aus diesem Grund hat man seinen
Briefstil oftmals als übertrieben, überladen, ja als schwülstig bezeichnet.
Selbst im Gutachten des Psychiaters Dr. Bernhard von Gudden, das sein
Schicksal besiegeln sollte, wurde in belastender Weise auf diesen Umstand Bezug genommen.

Das aus Schillers »Braut von Messina« entlehnte Zitat »Ein ewig Rätsel bleiben will ich ...« wurde von Ludwig in einem Brief vom 25. April
1876 an die Schauspielerin Marie Dahn-Hausmann, etwas abgewandelt
und auf sich selbst bezogen, verwendet: *Ein ewiges Rätsel will ich bleiben
mir und anderen ...* Aber nicht nur an Ludwig II. war und ist manches rätselhaft; das gilt auch für die beiden anderen Hauptpersonen dieser Abhandlung, für Otto I. und für Kaiserin Elisabeth, genannt Sisi.

Es lag nicht in der Absicht des Autors, Biographien der genannten
Persönlichkeiten zu erstellen. Insbesondere zu Ludwig II. und Elisabeth
gibt es fundierte Werke, auf die im Rahmen dieser Arbeit immer wieder
zurückgegriffen werden konnte. Gleiches trifft zu auf Elisabeths Sohn
Rudolf, Kronprinz von Österreich-Ungarn, der in Elisabeths Schicksal
eine nicht unbedeutende Rolle spielt. In die Betrachtung einbezogen
wurde auch Ludwigs kurzzeitige Braut Sophie Charlotte, Herzogin in
Bayern, deren Leben ebenfalls einen unglücklichen Verlauf nahm.

Der Schwerpunkt meines Interesses konzentrierte sich vor allem
darauf, wie es zu den unglückseligen Abläufen im Leben der genannten
Personen kam: Lagen geistig-seelische Belastungen vor? Lagen sie in
dem Maße vor, wie es den Betroffenen offiziell durch ärztliche Gutachten oder inoffiziell durch entsprechende Berichterstattung nachgesagt
wurde? Welche Ursachen gab es dafür? Wurden mit ärztlichen Gutachten Absichten verfolgt, die über die feststellbaren Fakten hinausgin-
gen? Gab es politische oder private Gründe, die aus dem eigenen Land
oder dem persönlichen Umfeld resultierten, oder waren auch fremde
Kräfte mit im Spiel?

Ferner interessierte mich die Frage, inwieweit die im Mittelpunkt dieser Betrachtung stehenden Personen ihr unglückliches Schicksal selbst verschuldet haben. Wurden sie durch Personen aus ihrem Umfeld zu Handlungsweisen veranlaßt, die man ihnen später zum Vorwurf machte?

Es war mir ein besonderes Anliegen, gewisse Vorgänge im Zusammenhang mit der Entmündigung und Absetzung Ludwigs II. ins rechte Licht zu rücken. Zwar wirkte Ludwig angesichts seiner zunehmenden Wesensveränderung als König für seine Minister und für sein Volk immer fragwürdiger, doch trug zu diesem Autoritäts- und Vertrauensverlust nicht zuletzt das egoistische Handeln jener Personen bei, die ihn als Regenten auszuschalten versuchten, um ihm dann aber Pflichtvernachlässigung vorzuwerfen.

Auch die heute geltende offizielle Version über den Ablauf der Ereignisse an Ludwigs Todestag, am Pfingstsonntag, dem 13. Juni 1886, in Schloß Berg, wollte ich hinterfragen. Es erscheint zu einfach, Ludwig II. zum wildentschlossenen Selbstmörder zu degradieren, der nicht davor zurückschreckte, den mit seiner Betreuung beauftragten Psychiater Professor von Gudden kaltblütig zu erwürgen, weil ihn dieser daran hindern wollte, ins Wasser zu gehen. Der nicht bewiesene Mord Ludwigs an Bernhard von Gudden wurde dann auch zur willkommenen nachträglichen Bestätigung für die Geistesgestörtheit des Königs, denn in Fachkreisen war man sich gewiß darüber im Klaren, daß das Guddensche Gutachten im Grunde für eine Entmündigung nicht ausreichte.

Es ist bemerkenswert, daß im Reigen der bayerischen Könige Ludwig II. den höchsten Bekanntheitsgrad genießt – nicht ganz verdient, wie man objektiverweise anmerken muß, denn Ludwig I. müßte in einer Stufenleiter »königlicher Verdienste« ungleich weiter oben rangieren.

Eine Reihe von Veröffentlichungen, die 1995 im sogenannten »Ludwigsjahr« aus Anlaß des 150. Geburtstags von König Ludwig II. erschienen sind, haben mich in der Absicht bestärkt, manche Darlegung über Ludwig II., aber auch über Kaiserin Elisabeth von Österreich und über Ludwigs Bruder Otto, wieder zurechtzurücken. Es blieb dem interessierten Leser in diesem Jahr kaum etwas erspart: weder die Behauptung von der notorischen Verrücktheit des Königs, noch seine angebliche Käuflichkeit, *die alle weißblauen Amigogeschichten der Gegenwart weit in den Schatten stellt. Königliche Hoheit sinkt in einen tiefen Korruptionsmorast, und willigt zu seiner persönlichen Bereicherung in eine(s) der schmutzigsten Tauschgeschäfte der deutschen Geschichte ein. Er gibt für viel Geld, das er für seine Schlösser benötigt, die Souveränität seines Königreiches preis.*[1]

9

Auch die schon bis zum Überdruß kolportierte Geschichte, Ludwig II. und sein Bruder Otto seien gar nicht von Max II. gezeugt worden, sondern von dessen Flügeladjutanten Freiherrn von und zu der Tann-Rathsamhausen, wurde wieder hervorgeholt. In jüngster Zeit wurde sogar der Münchner Kaffeesieder vom Odeonsplatz, Tambosi, unter Hinweis auf die Tagebücher Leo von Klenzes als möglicher Vater von Ludwig II. ins Gespräch gebracht.

Ludwig wird als »pervers« bezeichnet, man liest von »ständigen Alkoholexcessen« und von »ständigen excessiven Freßgelagen« des Königs und wird darüberhinaus mit vielen anderen Details konfrontiert, die aus dem Gutachten Bernhard von Guddens stammen.

Man erfährt, Ludwigs Leben sei *das periodisch vom Wahnsinn beherrschte Dasein eines nie zum Manne gewordenen, spätpubertären Erwachsenen gewesen, der seinen kindlich-schwärmerischen Träumen nachhing, anstatt über sein Volk verantwortungsbewußt zu regieren.*

Auch die alte Mär wird wieder aufgewärmt, Ludwigs Mutter Marie von Preußen habe »den Wahnsinn in die Familie« gebracht.

Zudem unterscheiden manche Autoren leider immer noch nicht zwischen der Zivilliste (Apanage) des Königs und der Staatskasse, dem Budget oder Haushalt des bayerischen Staates. Man muß lesen, daß *die bayerische Regierung verzweifelt versucht hatte, den König bereits beim Bau Neuschwansteins zu bremsen, da seine übersteigerten Detailwünsche Millionen verschlangen und die Staatskasse zu ruinieren drohten ... die bayerische Regierung sah sich nunmehr zum Handeln aufgerufen, denn eine gravierende Verschuldung drohte zum Staatsbankrott zu eskalieren ... da die Spirale der Geldausgaben des Königs ... sich immer höher schraubte, konnte letztendlich nur der Staatsbankrott die Konsequenz sein – eine untragbare Perspektive für die Regierung.*

So entsteht der Eindruck, daß ein bestimmter Publikumsgeschmack, die Lust an dubiosen Histörchen, die Andeutung von Pikanterien, angebliche Parallelen zu Ereignissen unserer Zeit Vorrang bekommen vor historischer Wahrheit und vor gründlichen Recherchen. Das einmal festgeschriebene Klischee vom »verrückten Märchenkönig«, der seine Pflichten und Aufgaben als Monarch nicht ernst nahm, nur seiner Bauleidenschaft frönte, der bestechlich war, Schulden machte und damit den bayerischen Staatshaushalt bedrohte, wird weiterhin aufrechterhalten und ist im Ludwigsjahr 1995 neu gefestigt worden.

Auch Ludwigs Verbindung zu seiner Verwandten, der Kaiserin Elisabeth von Österreich, wird mit einem Federstrich als »Freundschaftslegende« abgetan; als Beweis begnügt man sich mit dem dürftigen Hinweis auf Elisabeths ärgerliche Reaktion auf die gelöste Verlobung Ludwigs mit ihrer Schwester Sophie.

Man verbreitet sich darüber, *daß Elisabeth schlichtweg frigide war, dadurch unfähig, körperliche Lustgefühle zu empfinden, um den Orgasmus zu erreichen,* und stellt die Frage, ob sie wohl *zu einer der sie umgebenden favorisierten Hofdamen eventuell lesbische Kontakte unterhielt.* Wir erfahren außerdem: *Elisabeth war keineswegs eine Vertreterin der Emanzipation, sondern in ihrer Nutzlosigkeit und Egozentrik weit mehr ein Antipode des Feminismus, zudem ungeliebt vom Volk und gehaßt vom österreichischen Hof.*

Man scheut auch nicht davor zurück, Behauptungen über den bedauernswerten Prinzen Otto aufzustellen, die trotz seiner späteren schweren Erkrankung nicht haltbar sind. Otto, Ludwigs Bruder und zeitweise dessen Vertrauter, wird bereits in seinen jungen Jahren, in denen er noch aktiv und lebenslustig war, als geisteskranker Trottel hingestellt: *Er [Ludwig] hatte zu jenem waffenklirrenden Spektakel monarchistischer Eitelkeiten im besiegten Frankreich [Kaiserkrönung in Versailles 1871] seinen geisteskranken Bruder Otto als Abgesandten Bayerns geschickt und damit demonstriert, was er in Wahrheit von dieser Art der Selbstdarstellung preußisch-deutschen Größenwahns hielt – nämlich nichts. Unter den vielen von Großmannssucht beflügelten deutschen Fürsten und ihren Vertretern fiel der schizophrene Otto nicht auf.*[2]

Bei der Lektüre solcher Veröffentlichungen habe ich mich immer wieder gefragt, was wohl der Grund für derartige Geschichtsverzerrungen sein könnte. Sicherlich ist neben der Bedienung eines bestimmten Publikumsgeschmacks die Lust am Verriß hochgestellter Personen, die sich nicht mehr wehren können, maßgeblich. Auch das Haus Wittelsbach gebietet keinen Einhalt und läßt solche Attacken und Geschmacklosigkeiten mit Gelassenheit über sich ergehen. Die Nachkommen des Prinzregenten Luitpold, die heute die Repräsentanten des Hauses stellen, üben sich bei Ludwig II. in besonderer Zurückhaltung, eingedenk der Vorwürfe, die der Vorfahre Luitpold für seine Bereitschaft und Mitwirkung an der Übernahme der Regentschaft aus dem Volk, aber auch aus der eigenen Familie, erfahren mußte. Dies ist einerseits verständlich, andererseits bedauerlich, weil viele ungerechtfertigte Aussagen somit im Raum stehen bleiben, die mit Hilfe der vorhandenen Unterlagen des Geheimen Hausarchivs widerlegt werden könnten.

Die hier genannten Textstellen bilden nur eine eingeschränkte

Auswahl aus den jüngsten Veröffentlichungen zu diesem Thema. Derartige Publikationen fördern keine verwertbaren neuen Erkenntnisse zutage, tragen nichts zur Erforschung oder zum besseren Verständnis der Geschichte bei, sondern verfestigen nur falsche Auffassungen.

Meine Arbeit stützt sich in erster Linie auf Primärquellen, da aus den schriftlichen Äußerungen der historischen Persönlichkeiten selbst oft weitaus treffendere Schlußfolgerungen gezogen werden können als aus späteren Erklärungsversuchen.

Neben den handschriftlichen Zeugnissen, von denen einige zum ersten Mal veröffentlicht werden, galt es, eine Fülle von Zeitungen und Zeitschriften aus der damaligen Zeit auszuwerten, weil hier Zeit- und Augenzeugen zu Wort kommen. Der Wert ihrer Aussagen ist jedenfalls über manche nachträgliche Interpretation zu stellen.

Für die wertvolle Hilfe und für das verständnisvolle Entgegenkommen, das ich dabei von Herrn Dr. Dachs, dem langjährigen Leiter der Handschriftenabteilung der Bayerischen Staatsbibliothek, München, von Herrn Dr. Gamilschegg, dem Leiter der Handschriften- und Inkunabelsammlung der Österreichischen Nationalbibliothek, von den Damen und Herren des Bildarchivs der Österreichischen Nationalbibliothek, Wien, vom Fotomuseum im Münchner Stadtmuseum, vom Deutschen Theatermuseum und vom Wittelsbacher Ausgleichsfonds erfahren habe, möchte ich mich sehr herzlich bedanken. Besonderen Dank auch Herrn Jean Louis Schlim, der mir in großzügiger Weise sein umfangreiches Bildarchiv zur Verfügung stellte. Dank schulde ich Herrn Dr. Michael Siebler und Frau Ingrid Reiter vom Verlag Koehler & Amelang, Herrn Prof. Dr. Reinhard Wittmann, der die erste Begutachtung meiner Arbeit vornahm und mir wertvolle Hinweise gab, sowie Frau Dr. Monika Dimpfl, die mit großem Sachverstand und mit Sorgfalt das Manuskript lektorierte. Meiner Frau danke ich für die Geduld, mit der sie meine Arbeit begleitet hat, und für manche kritische Anmerkung.

München, im April 1999
Der Verfasser

Drei Schlösser – drei Schicksale

Drei wittelsbachische Schlösser, am Südrand Münchens und am Starnbergersee gelegen, befinden sich nicht nur räumlich nahe beieinander, sondern stehen auch durch drei historische Persönlichkeiten in enger Verbindung. Schloß Berg, am Ostufer des Starnbergersees war der Lieblingssitz König Ludwigs II. von Bayern (1845–1886). In Schloß Fürstenried an der Ausfallstraße zum Starnbergersee lebte Otto (1848–1916), in der Nachfolge seines Bruders Ludwig II. König von Bayern, 36 Jahre lang bis zu seinem Tod in strenger Klausur. Schloß Possenhofen am Westufer des Starnbergersees war die Heimat und später die Zuflucht der Kaiserin Elisabeth von Österreich, geborene Herzogin in Bayern (1837–1898). Diese drei Schlösser gewannen im Leben der drei gekrönten Wittelsbacher, mit deren Schicksalen sich die folgenden Seiten befassen, große Bedeutung.

König Ludwig II. wurde aufgrund eines fachärztlichen Gutachtens, das ihn für verrückt erklärte, entmündigt und als König abgesetzt. Er kam auf tragische Weise im Starnbergersee nahe bei dem von ihm so sehr geliebten Schloß Berg ums Leben, wobei die Umstände seines Todes bis heute nicht völlig geklärt sind.

Sein unglücklicher Bruder Otto verbrachte den größten Teil seines Lebens abgeschieden von der Welt in den Schlössern Schleißheim, Nymphenburg und zuletzt mehr als drei Jahrzehnte in Fürstenried, das für den Geisteskranken zu einer »geschlossenen Anstalt« wurde und wo er 1916 verstarb. In mehreren Gutachten wurde die unheilbare Geistesstörung Ottos bestätigt.

Schloß Possenhofen schließlich war der Ort, an dem Sisi, die spätere Kaiserin Elisabeth von Österreich, eine glückliche Kindheit verbrachte. Immer wieder zog es sie dahin zurück. Elisabeth war eine ungewöhnliche Frau: gutaussehend, überschwenglich, menschenscheu, exzentrisch und sicher nicht mit normalen Maßstäben zu messen. Als sie älter wurde, sagte man auch ihr nach, daß sie geistig »krank« sei. Zwar wurden über sie nie offizielle ärztliche Gutachten erstellt, doch brachte vor allem die ausländische Presse mehrere einschlägige Berichte. Kaiserin Elisabeth wurde in Genf durch die Hand eines anarchistischen Mörders getötet, der mit der spektakulären Tat nur auf sich aufmerksam machen wollte.

Elisabeths Sohn, Erzherzog Rudolf, war ihr in vielem ähnlich. Er endete durch einen Aufsehen erregenden Selbstmord zusammen mit seiner Geliebten im Jagdschloß Mayerling. Nach seinem Tod wurden in einem Gutachten auf der Grundlage pathologischer Befunde abnorme Geisteszustände und Geistesverwirrung diagnostiziert.

Zu kleineren und manchmal auch größeren Extravaganzen neigten alle fünf Töchter des Herzogs Max in Bayern. Keine scheute das Abenteuer und den Skandal und jede hatte einen Hang zu Schwärmerei und Melancholie. Die jüngste Schwester Sophie Charlotte, die zeitweise mit König Ludwig II. verlobt war, wurde mehrmals psychiatrisch behandelt, vorübergehend sogar in das Privatsanatorium des berühmten Nervenarztes Krafft-Ebing eingewiesen. Sophie Charlotte starb unter nicht eindeutig geklärten Umständen beim Brand eines Wohltätigkeitsbazars in Paris.

Ludwig und Elisabeth stimmten in vielen charakterlichen Eigenschaften überein, wodurch eine enge Bindung zwischen ihnen entstand. So war ihnen die Scheu vor der Öffentlichkeit gemeinsam; Ottos Abneigung gegen Menschen begann – eher wider Willen – erst mit dem Ausbruch seiner Krankheit. Ein verbindender Wesenszug aller drei Wittelsbacher war jedoch ihr Freiheitsdrang, ihr manchmal fast unbändiges Bedürfnis, sich von gesellschaftlichen und politischen Zwängen frei zu machen.

Schloß Berg wurde 1641 von Hans Friedrich Freiherr v. Hörwarth erbaut. Es blieb jedoch nur noch 35 Jahre im Besitz der Familie v. Hörwarth und ging 1676 für 30 000 Gulden an Kurfürst Ferdinand Maria über, den Vater von Max Emanuel, der später seinerseits Schloß Fürstenried den Herren v. Hörwarth abpreßte.

Unter dem »Blauen Kurfürsten« Max Emanuel erlebte Schloß Berg seine Glanzzeit mit barocken Festen und großen Hofjagden. Berühmt waren die nicht sehr waidgerechten Hirschhatzen, bei denen die Tiere in den See getrieben und von Booten aus abgeschossen wurden. Es war dies auch die Zeit des legendären Prunkschiffs »Bucentaur«, das noch unter Max Emanuels Vater, Kurfürst Ferdinand Maria gebaut worden war. Bei den Festivitäten, welche bis zu viermal im Jahr stattfanden, kreuzte der Bucentaur, von einer Vielzahl kleinerer Schiffe und Nachen umgeben, auf dem Starnberger See. Bei solchen Seefahrten sollen 2 000 Personen auf dem See gespeist und sich bei Musik mit verschiedenen Spielen und mit Schwimmen vergnügt haben.

Schloß Berg

Carl August Lebschée schwärmte in seiner »Malerischen Topographie des Königreiches Bayern« von 1830 über Schloß Berg: *Auch hier schufen die Hörwarth um das Jahr 1641 die vorhandene, gemauerte Behausung der Hofmark Berg in das gegenwärthige, 2 Stockwerk hohe, in's Geviert laufende, moderne Schloß um. Nachdem es nachher Bayerns Churfürst Ferdinand Maria ebenfalls erkauft hatte, ließ er eine Hofgärtnerwohnung erbauen, einen prachtvollen Lustgarten nach altfranzösischem Style und mit Vexierwässern,*

15

Schloß Berg, Arbeitszimmer Ludwigs II.

dann 2 kleinen Teichen, in welchen Goldnervlinge und Lachsforellen einge-
setzt wurden, anlegen, von welch ersterem nur mehr ein grünendes Som-
merhaus an der Kegelbahn, und der lebendige Bogengang an das Ufer des See's
erübrigt. Max Emanuel verwechselte die, den Garten ringsherum umgeben-
den, künstlich zugeschnittenen Heckenzäune gegen die Seeseite mit einer
Mauer. Unter König Max Joseph ward die Terasse mit duftendem Buschwerke
und herrlich gedeihenden Obstbäumen besetzt, sofort jene sogenannte Berg-
leiten, welche hinter dem Schloß sanft sich erhebt, zu ungemein anmuthigen
englischen Anlagen, und herrlichen Spaziergängen (beinahe gleich denen in
Tegernsee) umgeschaffen. Zwischen grünenden Fichten, Tannen und Buchen
schlängeln sich mancherlei Wege über blumichte Ebene und Höhe, durch
buschige Naturlauben, zwischen welchen an Ruhebänken entzückende Fern-
sichten auf die glänzende Seefläche sich dem einsamen Lustwandler überra-
schend öffnen, bis er den höchsten und schönsten Punkt erreicht, wo er in Ver-
legenheit geräth, ob derselbe seine wonnetrunkenen Blicke vor- oder rückwärts
lenken soll. Ein neues, in üppigster Fruchtbarkeit prangendes, aber unebenes
Thal liegt hier ausgebreitet.

Der Vater von Ludwig und Otto, König Max II., erweiterte den Grundbesitz von Berg und ließ das Schloß im neugotischen Stil umbauen. König Ludwig II. fügte den vier Türmchen noch den Nordturm, den er Isolde nannte, hinzu. Für Ludwig war Schloß Berg ab 1864, dem Jahr seines Regierungsantritts, über viele Jahre hin die königliche Sommerresidenz, die er jedes Jahr pünktlich am 11. Mai als seine Lieblingsresidenz bezog. Auch später, als er seine berühmten Schlösser Linderhof, Neuschwanstein und Herrenchiemsee erbaut hatte, trat Schloß Berg nicht in den Hintergrund. Es blieb einer seiner beliebtesten Aufenthaltsorte.

Ludwigs Reisen zu seinen verschiedenen Wohnsitzen – in die Schlösser, Landhäuser, Berg- und Jagdhütten – waren sehr genau im voraus geplant. Er hielt sich fast immer zur gleichen Zeit des Jahres am selben Ort auf; dies kann man aus den Datierungen seiner Schriftstücke erkennen. Jedes neue Schloß wurde in die feste Jahresplanung integriert und verkürzte die Aufenthaltsdauer an den anderen Orten. Am 13. Mai 1875, also zwei Tage nach dem offiziellen Einzug in seine Sommerresidenz, schrieb Ludwig aus Schloß Berg an Graf Dürckheim-Montmartin: *Eine sehr große Zahl der fesselndsten Bücher nahm ich mit hierher nach dem so lieblich gelegenen, einfach ausgestatteten Schlößchen am See, das ich seit meiner Kindheit sehr liebe, viel gedenke ich hier, sowie in den Bergen zu lesen.*[3]

Am 12. Juni 1886 kehrte Ludwig zum letztenmal und unfreiwillig nach Schloß Berg zurück, das in aller Eile für seine Pflegehaft vorbereitet worden war. In Berg fand Ludwig tags darauf am 13. Juni 1886 den Tod.

Heute ist Schloß Berg als einziges der drei hier beschriebenen Schlösser noch im Besitz der Familie Wittelsbach.

Schloß Fürstenried wurde 1710 als Jagdschlößchen von Graf Ferdinand v. Hörwarth auf einem Grundstück der Schwaige Poschetsried erbaut, die seit 1593 im Familienbesitz der Hörwarth war. Herzog Wilhelm V. von Bayern, genannt »der Fromme«, hatte Poschetsried seinem Kanzler Johann Hörwarth von Hohenburg übereignet, Kurfürst Maximilian I. von Bayern die Schwaige 1602 zur Hofmark erhoben.

Die Herren v. Hörwarth konnten sich aber nicht lange ihres Besitzes erfreuen. 1715 warf der aus dem Exil nach München heimgekehrte Kurfürst Max Emanuel ein begehrliches Auge auf das Schlößchen und die gesamte Hofmark Poschetsried, da er den Forstenrieder Park zu einem großen Jagdrevier umgestalten ließ und den daran anschließenden Grund für ein Jagd- und Lustschlößchen benötigte. Der Widerstand der

Hörwarths half nichts, sie mußten ihren Besitz an den Kurfürsten abgeben. Der mit rund 66 000 Gulden angesetzte Wert wurde mit Gütern im Wert von rund 27 000 Gulden entschädigt; um den Rest kämpfte die Familie v. Hörwarth noch bis zum Jahre 1763, ohne daß sie voll entschädigt wurde.

Hofbaumeister Joseph Effner baute im Auftrag des Kurfürsten das Hörwarthsche Jagdschlößchen in der Rekordzeit von nur eineinhalb Jahren zu einem stattlichen Jagd- und Lustschloß aus. Der hohe Herr trieb zur Eile an, hatte er doch lange Zeit außerhalb Bayerns verbracht und im Exil auch den Lebensstil des französischen Sonnenkönigs kennengelernt, den er jetzt, so gut es ging und so schnell als möglich, nachahmen wollte.

Die Anlage der Gärten geht ebenfalls auf Pläne von Effner zurück. Wesentliche Gestaltungselemente dürften jedoch von Dominique Girard stammen, einem französischen Garteningenieur, der in Versailles gearbeitet hatte und den Max Emanuel von Paris mitbrachte. Die noch erhaltenen Figuren im Park stammen aus späterer Zeit; sie schuf der Bildhauer C. Fischer, der auch für Ludwig II. tätig war.

Fürstenried, wie die Schwaige Poschetsried nun in Anlehnung an den Forstenrieder Jagdpark hieß, war nur eines der vielen Schloßbauprojekte Max Emanuels, die er dem durch seine Kriege ausgebluteten Bayern aufhalste. Max Emanuel errichtete auch Schloß Schleißheim und baute in erheblichem Umfang in Nymphenburg und Dachau. Doch während spätere bayerische Könige ihre Bau-Vergnügen aus ihrer persönlichen Apanage, genannt »Zivilliste«, finanzierten, bezahlte Max Emanuel seine Bauten aus der Staatskasse.

Allzu lange konnte sich der »Blaue Kurfürst« seiner Jagd- und Lustschlösser nicht mehr erfreuen, denn er starb 1726 im Alter von vierundsechzig Jahren.

Sein Sohn und Nachfolger Karl Albrecht, der 1742 römisch-deutscher Kaiser werden sollte, feierte seinen Regierungsantritt als Kurfürst von Bayern 1727 in Fürstenried. Lebschée berichtete darüber in seiner »Malerischen Topographie«: *Am Tage nach dem herrlichen Feste, welches am 13. Mai 1727 bei dem Regierungsantritte, dann der Huldigung auf dem Rathhause zu München, von dem Churfürsten Karl Albert* [recte: Albrecht] *gegeben worden ist, wobei der Wein floß für das Volk, und 26 000 Goldstücke ausgeworfen wurden, hielt man in dem niedlichen Lustschlosse zu Fürstenried ein Damencaroussel, wo die Hofdamen innerhalb den Schranken in zierlichen offenen Halbkaleschen im Galopp herumgefahren wurden, um ihre Pfeile*

Schloß Fürstenried (um 1880)

nach den, als Ziel aufgestellten Liebesgöttern zu werfen, während am 15. hierauf in Allach ein Hirschturnier war, bei welchem im Herumgaloppieren auf die, in gewisser Entfernung angebundenen Hirsche mit Pistolen gefeuert wurde.

Bis 1777 wurde Fürstenried rege für Festlichkeiten genutzt. Nach dem Tod des Kurfürsten Max III. Joseph wurde das Schloß für zwanzig Jahre der Witwensitz der Kurfürstin Maria Anna Sophia. 1798 brachte man aus Frankreich vertriebene Nonnen im Schloß unter. Danach wurden Truppen einquartiert. Später war Schloß Fürstenried zwanzig Jahre lang Schulgebäude. Dann zog wieder das Militär ein, reitende Artillerie und eine Abteilung eines Feldartillerieregiments. Der Hauptbau blieb jedoch auch in dieser Zeit dem Hof vorbehalten. 1870/71 war das Schloß Kriegslazarett.

Einer Notiz von Ludwig II. an seinen damaligen Kabinettssekretär Lorenz v. Düfflipp vom 30. März 1870 ist zu entnehmen, daß sich zu dieser Zeit auch seine Mutter, Königin Marie, für Fürstenried interessierte: *Da der Königin viel an Fürstenried zu liegen scheint, so bin ich geneigt, ihren hierauf bezüglichen Wunsch zu erfüllen; besorgen Sie das Weitere.*[4]

Ab März 1880 wurde der kranke Prinz Otto nach Aufenthalten in Schloß Schleißheim und Schloß Nymphenburg in Fürstenried untergebracht. Das Schloß ging 1881 zum Preis von 125 000 Mark in die Vermögensverwaltung des Prinzen über. Die Umbauten, die erforderlich waren, um Teile des Schlosses in eine Art privates Nervensanatorium zu verwandeln, kosteten 400 000 Mark. Einige der nicht mehr benötigten Gebäude wurden abgerissen. Otto bewohnte eine Reihe von Zimmern im Hochparterre des Hauptbaus. Sein Lieblingsplatz war jedoch der heute noch erhaltene Gartensaal. Dort stand er oft stundenlang und blickte in den Garten. König Otto lebte bis zu seinem Tod am 11. Oktober 1916 in Fürstenried.

Nach dem Ersten Weltkrieg war Fürstenried wieder für einige Jahre Lazarett. Seit 1925 bis heute ist es Exerzitienhaus der Katholischen Kirche, nur unterbrochen durch die Zeit des Zweiten Weltkriegs, als Fürstenried – fast schon traditionsgemäß – abermals als Lazarett genutzt wurde.

Der Besitz Possenhofen gehörte schon im 12. Jahrhundert den wittelsbachischen Pfalzgrafen, ging in der Folge auf die Herren v. Rosenbusch und später auf die bereits genannte Familie v. Hörwarth über. Dann wurden wieder die Wittelsbacher die Eigentümer von Possenhofen. Kurfürst Ferdinand Maria, der ja auch Schloß Berg von den Hörwarts erwarb, kaufte ihnen Possenhofen schon 1668 ab und legte hier unter anderem einen Tierpark an. 1684 übernahm General Graf Sereni das Schloß. 1692 wechselte es erneut den Besitzer und ging an Johann Rudolf v. Wämpl, den langgedienten Geheimratskanzler unter den beiden Kurfürsten Ferdinand Maria und Max Emanuel.

Als Lebschée 1830 seine »Malerische Topographie des Königreiches Bayern« herausgab, war Possenhofen zur Seeseite hin mit einer trutzigen Mauer und mit Türmen und Schießscharten bewehrt. So dürfte es Herzog Max in Bayern, der Vater der späteren Kaiserin Elisabeth, für seine große Familie erworben haben, als es 1834 erneut zum Verkauf stand. Max wird Possenhofen in dem Zustand übernommen haben, den Lebschée beschrieb: *Einer kleinen Seefestung gleich zeigt sich eines der ansehnlichsten Schlösser eine Stunde oberhalb Stahrenberg von der Wasserseite – Possenhofen. Der frühere Besitzer der Hofmark, aus der Münchner Patrizierfamilie der Rosenbusch, i. J. 1692 Erbauer des gegenwärthigen, von einem Graben und einer Mauer versicherten, mit vier Eckthürmchen sehr regelmäßig gebauten Schlosses statt des alten, unbewohnbaren, verfiel auf die sonderbare Idee, den jetzt mit dem üppigsten Graswuchse und duftenden Obstbäumen prangenden Garten von 77 Tagwerken mit einer Mauer und*

Schloß Possenhofen

Thürmen, die Schußscharten haben, ringsherum in der Absicht zu umgeben, »um seine Nachkommen dadurch arm zu bauen, da sie aus Unvermögen dieselbe nicht zu erhalten vermöchten«. Es scheint aber, er selbst sey schon beim Baue in die Anderen bereitete Verlegenheit gerathen, indem die gemauerte Einschließung sich nur auf die sehr lange Seite gegen den Würmsee erstreckt, die andere hingegen mit einem Geländer von Holz versehen ist. Man spricht von einem Thiergarten, der sich 1 1/2 Stunden weit erstreckt haben soll. Ein geräumiges Sommerhaus von Backsteinen empfing den Landenden, ist aber jetzt zusammengefallen. Ein herrlicher Blumen- und Gemüsgarten umgibt das Innere des Schloßgebäudes auf das Angenehmste; außer demselben, westwärts, steht jenes zur Ökonomie. In dem unteren Gange, wo zwei Treppen in die oberen schönen Zimmer führen, erblickt man 11 umliegende Schlösser gemalt, mit, in Knittelversen gegebenen Fischer-Regeln auf jedes Monat des Jahres, März ausgenommen. Die Zimmerdecken sind noch nach alter Art von guter Schreinerarbeit, die Wände der Erker und Gemächer mit ehrwürdigen Porträts u. a. behangen. Ober einer, mit Schnitzarbeiten gezierten Thür befindet sich ein doppeltes Wappen, dabei die Jahreszahl 1538. Die Schloßkapelle, in die man auch vom zweiten Stockwerke herabsehen kann, enthält ein Altarblatt von Andrä Wolf.

Herzog Max baute das Schloß im damals üblichen neugotischen Stil um, erweiterte es und schmückte es mit weiteren Türmchen und Zinnen.

Possenhofen blieb für Kaiserin Elisabeth, die sich in Wien nie heimisch fühlte, eine »Fluchtburg«, in die sie sich zwischen ihren ständigen Reisen immer wieder zurückziehen konnte. Der unkonventionelle Herzog Max hatte es verstanden, seinen Töchtern in Possenhofen – in »Possi«, wie Elisabeth und ihre Schwestern das Schloß zärtlich nannten – eine echte Heimat zu schaffen.

Auch am Todestag von Ludwig II. weilte Elisabeth in Possenhofen und erlebte so die Ereignisse um die Königstragödie aus nächster Nähe mit.

Als Herzog Luitpold in Bayern 1914 mit dem Bau von Schloß Ringberg über dem Tegernsee begann und dafür große Geldsummen benötigte, verkaufte er Schloß Biederstein und Schloß Possenhofen. Im Dritten Reich wurde Possenhofen nationalsozialistisches Schulungszentrum, später Erholungsheim und Flüchtlingsunterkunft. Nach dem Zweiten Weltkrieg erwarb die Stadt München den größten Teil des Parks und schuf daraus ein Erholungszentrum. Im Schloßgebäude war zuerst eine Motorenfabrik, dann eine Früchteverarbeitung untergebracht. Anfang der Achtzigerjahre wurde es durch eine Bauherrengemeinschaft übernommen, renoviert und in Eigentumswohnungen aufgeteilt.

Soviel in kurzen Zügen zur Geschichte der drei Schlösser, welche die Schauplätze der hier erzählten tragischen Geschicke und historischen Ereignisse darstellen.

Die Elternhäuser

In einem Elternhaus im heute üblichen Sinne sind die beiden Prinzen Ludwig und Otto wohl nicht aufgewachsen. Es mag sogar das Fehlen eines richtigen Elternhauses, das Fehlen elterlicher Bezugspersonen, an deren Stelle wechselnde Erzieher traten, zu den späteren Problemen von Ludwig und Otto beigetragen haben.

Nach einer Fehlgeburt der Kronprinzessin im Jahre 1843 wurde dem bayerischen Kronprinzenpaar Maximilian, später König Max II., und seiner Gemahlin, Prinzessin Marie von Preußen, am 25. August 1845 in Schloß Nymphenburg das erste Kind geboren, ein Sohn und damit der Thronerbe und spätere König Ludwig II. Das Kind hieß jedoch zunächst gar nicht Ludwig, sondern Otto. Bereits am 26. August taufte ihn nämlich der Erzbischof Freiherr von Gebsattel auf diesen Namen. Taufpaten waren die Könige Friedrich Wilhelm IV. von Preußen und der ursprünglich namengebende Otto von Griechenland. Stellvertretend für letzteren, der nicht anwesend sein konnte, trug König Ludwig I. den Enkel zur Taufe und überzeugte in den folgenden Tagen die Eltern, daß ihr Sohn eigentlich Ludwig heißen müsse, da er doch am Tag des heiligen Ludwig und am Geburtstag seines Großvaters Ludwig, der ihn zudem auch zur Taufe getragen habe, geboren sei. Der König, der seinerseits Ludwig hieß, weil Ludwig XVI. von Frankreich sein Taufpate war, setzte sich durch und sein Enkel trug hinfort den Namen Ludwig.

König Ludwig I. war so erfreut über die Geburt des Thronfolgers, daß er dem königlichen Leibarzt Professor Gietl folgendes Handschreiben sandte:

Herr Professor Gietl, weil Ihrer ärztlichen Sorgfalt zu verdanken, daß meine geliebte Schwiegertochter die Kronprinzessin, nachdem sie bereits eine Fehlgeburt hatte, diesmal glücklich ausgetragen, so verleihe ich Ihnen, dem Verdienten, das Ritterkreuz des Verdienstordens der Bayerischen Krone, dann noch den persönlichen Adel.
Aschaffenburg, 29. September 1845
Der Ihnen wohlgewogene Ludwig[5]

Diese huldvolle Auszeichnung hätte König Ludwig I. wohl nicht verliehen, wenn er an der legitimen Nachfolge beziehungsweise an der

Ludwig von der Tann

leiblichen Vaterschaft seines Sohnes Max gezweifelt hätte. Es gibt auch keine Bestätigung für das immer wieder kolportierte Gerücht, nicht Kronprinz Max, sondern dessen späterer Flügeladjutant Ludwig Freiherr von und zu der Tann-Rathsamhausen sei der Vater von Maries Söhnen gewesen.

Der Historiker Karl Alexander v. Müller soll diese Vermutung 1928 in seinen Vorlesungen vorgetragen haben; Karl Bosl, später selbst Professor für Bayerische Landesgeschichte an der Universität München, war damals unter den Hörern. Von Interesse ist Alexander v. Müllers Darlegung insofern, als sein Vater kurze Zeit Kabinettssekretär unter

Ludwig II. war, danach Staatsrat und bayerischer Innenminister. Aber trotz solch direkter persönlicher Verbindungen zum Königshaus konnte auch Alexander v. Müller keinerlei Beweise für das Gerücht über eine Vaterschaft Tann-Rathsamhausens beibringen.

Nicht beweiskräftig ist auch die aus zweiter Hand, nämlich von Oskar v. Miller berichtete Behauptung des letzten bayerischen Königs Ludwig III. Nach Miller soll der damalige Prinz Ludwig sich am Stammtisch über die Herkunft von Ludwig und Otto geäußert und dabei Tann-Rathsamhausen ins Gespräch gebracht haben. Dabei sollte man allerdings bedenken, daß das Verhältnis zwischen Prinz Ludwig und seinem königlichen Verwandten Ludwig II. nicht zum allerbesten war, zumal der mit Ludwig II. gleichaltrige Prinz, wie noch ausführlicher zu berichten sein wird, immer schon Ambitionen auf den bayerischen Königsthron hatte.[6]

Als Beleg für Zweifel an der Vaterschaft Max II. wird gelegentlich ein Brief von Ludwig I. an Lola Montez zitiert. Der König schreibt hier über den kleinen Ludwig als den *Sohn der Marie*, und nicht den seines Sohnes Max, er nennt ihn in diesem Brief auch nicht seinen Enkel.[7] Doch es gibt zahlreiche Gegenbelege. So hat König Ludwig I., der gerne und viel dichtete, nach der Geburt Ludwigs Distichen verfaßt, die er ihm später zu seinem 18. Geburtstag überreichte. Sie beginnen:

> *Sei mir willkommen, mein Enkel, Du dessen Name der meine,*
> *Tag und Stunde der Geburt, sie hast Du mit mir gemein.*
> *Sei mir willkommen, ich rufe es laut aus der Tiefe des Herzens.*

Ein anderes Gedicht Ludwigs I. richtet sich ausdrücklich an den königlichen Nachfolger. Es schließt mit den Versen:

> *Aber es herrscht nur der,*
> *welcher sich selbst beherrscht.*
> *Dessen sey immer gedenk.*
> *Sey beglückend beglückt.*
> *Es umfange wie der Äther die Welt*
> *so deine Liebe dein Volk.*

Tann-Rathsamhausen wurde übrigens erst 1846 an den Hof des Kronprinzen versetzt, also drei Jahre nach der Fehlgeburt Maries und ein Jahr nach der Geburt Ludwigs. Am Kronprinzenhof verblieb er bis 1848. Zumindest ungewöhnlich wäre es schon, wenn nach zwei Geburten der Kronprinzessin der Mann an den Hof des Kronprinzen versetzt worden wäre, in dem Max seinen »ehelichen Stellvertreter« hätte vermuten müssen.

Am 20. März 1848, nur zweieinhalb Jahre nach der Geburt seines Enkels, legte König Ludwig I. die Krone zugunsten seines Sohnes Maximilian nieder. Die Ursache für seinen freiwilligen Thronverzicht, den einzigen, den es in der Geschichte des bayerischen Königshauses überhaupt gab, war nicht, wie häufig behauptet, die Affäre um Lola Montez, sondern die konstitutionelle Einschränkung der königlichen Machtbefugnisse, die sich aus den revolutionären Vorgängen des Jahres 1848 ergab und die den Ministern und dem Parlament mehr Rechte als bisher zubilligte. Ludwig I., der einst als uneingeschränkter Monarch angetreten war, sprach damals die klassischen Rücktrittsworte: *Man hat mich zum Schreiber und nicht einmal zum Oberschreiber, sondern zum Unterschreiber degradieren wollen. Dafür dankte ich ab.*

Sein Nachfolger Max II. kam mit der neuen Verantwortlichkeit der Minister, die seinem Vater so sehr mißfiel, ganz gut zurecht, vielleicht auch deshalb, weil die Minister ebenfalls Anlaufzeit brauchten, um sich an ihre neuen Rechte zu gewöhnen. Die Gesetze von 1848 trugen dann allerdings in der Regierungszeit Ludwigs II. wieder zu den vielfältigen Problemen bei, die sich zwischen dem König und seinen Ministern ergaben und die letztlich in die tragischen Abläufe in Schloß Berg mündeten.

Nach den neuen Gesetzen bedurften alle Entschließungen des Königs zu ihrem Inkrafttreten der Gegenzeichnung des zuständigen und nunmehr verantwortlichen Ministers. Der König konnte die einzelnen Minister, die in ihrer Gesamtheit das sogenannte Ministerium bildeten, zwar abberufen, die Minister wurden durch diese neue Rechtslage trotzdem bedeutend unabhängiger vom Monarchen, als dies bisher der Fall war. Ein in sich einiges Ministerium hatte praktisch die Gewalt im Staat inne, wie sich am Beispiel der Entmachtung Ludwigs II. noch deutlich zeigen sollte.

Kronprinz Maximilian übernahm als König Max II. die Regierung mit siebenunddreißig Jahren, nicht sehr begeistert, wie er selbst zugab, denn er meinte, daß er statt König lieber Professor geworden wäre. Unter seiner Regentschaft wurde die Reformgesetzgebung weiter vorangetrieben, womit die Einflußmöglichkeiten des Monarchen zunehmend beschnitten wurden. Dies störte Max II. offensichtlich nicht. Er hatte bei der Thronbesteigung erklärt: *Ich bin stolz, Mich einen konstitutionellen König zu nennen.* Ein Satz, der den Gegensatz zur Position seines Vaters klar betonte, war doch Ludwig I. gerade deswegen zurückgetreten!

Max II. war anders als sein Vater Ludwig I. Er wirkte weicher, weniger sicher, er war von Skrupeln behaftet und nicht entscheidungsfreudig. Dazu kam seine schwache gesundheitliche Konstitution. Max II. litt seit seinem dreißigsten Lebensjahr unter fast ständigen nervösen Kopfschmerzen – vermutlich die Folge einer Typhuserkrankung in Ungarn im Jahre 1835 – und mußte deshalb immer wieder, manchmal auch mehrmals im Jahr, zur Festigung seiner Gesundheit längere Kuraufenthalte in südlichen Ländern nehmen. Häufige und gelegentlich sogar mehrmonatige Kuren in den verschiedensten Orten waren schon während seiner Zeit als Kronprinz und dann auch als König die Regel; Max verreiste dabei meistens alleine. So nimmt es nicht Wunder, daß er im Lauf der Jahre 243 (bekannte) Briefe an seine Frau schrieb, die heute allerdings nicht mehr vollzählig vorhanden sind. Gottfried v. Böhm hatte noch Gelegenheit sie einzusehen und hat glücklicherweise einige davon in seiner Biographie über Ludwig II. veröffentlicht.

So war Max im Sommer 1844, zwei Jahre nach seiner Hochzeit, sechs Wochen lang allein in Bad Bocklet. Im Frühjahr 1845 verschlechterte sich sein Gesundheitszustand erneut und er begab sich zur Kur nach Bad Gastein, während seine schwangere Gattin Marie nach Schloß Hohenschwangau reiste. Im August 1845 war das Kronprinzenpaar in Schloß Nymphenburg, wo am 25. August 1845 der erste Sohn Ludwig geboren wurde.

Vom 12. November 1846 bis zum 11. Juni 1847 hielt sich Max in Italien und Griechenland auf, im August 1847 reiste er, diesmal mit seiner Frau, zur Kur nach Schlangenbad.

Am 27. April 1848, rund einen Monat nach der Krönung von Max II., kam der zweite Sohn, früher als erwartet, auf die Welt und wurde ebenfalls auf den Namen Otto getauft. Im Gegensatz zu seinem älteren Bruder behielt er aber diesen Namen.

Im Dezember 1852 berichtete Königin Marie wiederum von einer mehrmonatigen Trennung von ihrem Mann. Max II. erholte sich in Italien und kehrte erst im Mai 1853 wieder nach München zurück. Im September 1853 konsultierte er auf Anraten des Philosophen Friedrich Wilhelm Schelling den bekannten Berliner Nervenarzt Romberg, da er unverändert unter permanentem Kopfschmerz litt.

So reiste Max II. vor allem in den Wintermonaten der folgenden Jahre immer wieder nach Italien. Von einem Aufenthalt in Rom schrieb er am 6. März 1857 an die Gattin: *Meine Nerven suche ich möglichst zu schonen, sogar Lieblingslektüre versage ich mir, habe hier eigentlich noch nichts gelesen. Leider fühle ich es, wie sehr meine Gesundheit diese und zwar die größte Schonung bedarf.* Der Brief beginnt mit dem Satz: *Viele schöne*

König Max II.

Damen habe ich wieder kennengelernt, und schließt mit der Mahnung an Marie: *Noch eins! Bitte, iß nicht zuviel, daß Du Deine schöne Taille nicht verlierst; es wäre mir gar leid.*

Ein weiteres Reiseziel der Gesundheit wegen war die Schweiz. Am 1. März 1860 schrieb Max II. aus Vevey: *Vor allem muß ich suchen, gesund zu werden, sonst kann ich meinen Beruf nicht erfüllen .* Am 26. März gleichen Jahres aus Genf: *Nach Kräften bemühe ich mich, nicht melancholisch zu werden. Bete recht für mich.* In einem Brief vom 5. April aus Genf ist sein *peinliches Leiden* erwähnt, das wahrscheinlich eine Geschlechtskrankheit war, vermutlich Syphilis. Dieses *peinliche Leiden* machte sich auch in den folgenden Jahren immer wieder bemerkbar und zwang den König zu Aufenthalten in Italien, wo er sich wohler fühlte.

Königin Marie

Man wird davon ausgehen müssen, daß die schwache gesundheitliche Konstitution von Ludwig und Otto ein Erbteil von Seiten ihres Vaters war. Der königliche Leibarzt Dr. Gietl machte Ludwig II. später mit dem Jugendleben Maximilians und den daraus resultierenden Folgen bekannt, was in Ludwig wohl nicht zu unrecht die Angst schürte, daß seine und seines Bruders gesundheitliche Probleme erblich dem Vater anzulasten seien. Darüber hat er sich des öfteren in bitteren Worten beklagt.

Ein Bericht, der im Juni 1886 in der Süddeutschen Presse erschien, unterrichtete das interessierte Publikum über den 1864 verstorbenen König Max II.: *König Maximilian II. litt beständig an nervösen Kopfschmerzen; trotz des gegen dergleichen Leiden erprobt günstigen Münchener*

Klimas war ihm beständige Ortsveränderung noth. Gelegentlich befürchtete man tödtliche Anfälle. Bei dem von ihm wie von seinem Vater sehr geliebten römischen Aufenthalt waren ihm in den letzten Lebensjahren die italienischen Verhältnisse störend; erst kurz vor seinem Tode hat er das italienische Königreich anerkannt. Zur Vermeidung von dessen Boden pflegte er von dem französischen Nizza aus die Seereise nach dem damals noch päpstlichen Civita vecchia zu machen; ein den legitimistischen Grundsätzen von ihm gebrachtes Opfer und das ein umso empfindlicheres, als er auf dem Meere regelmäßig seekrank wurde und zwar in einem lebensgefährlichen Grade. Beinahe sterbend ist er einmal von dem damaligen Kabinettssekretär Lutz, jetzigem Vorsitzenden des bayerischen Ministerrathes Frhrn. v. Lutz, aus dem Dampfschiff in eine Schaluppe geschafft und mit dieser an die italienische Küste geführt worden; der Anfall ging vorüber und mit dem nächsten Dampfer setzte der König die Fahrt nach dem päpstlichen Hafen fort. Taktvoll ignorirte König Viktor Emanuel den Zwischenfall. Anläßlich der schleswig-holsteinischen Angelegenheit, diesmal zu Lande aus Rom nach München am 6. März 1864 heimgekehrt, starb er dort plötzlich am 10. März. Die Todesursache war eine Blutvergiftung durch eine Nadel. Die Sektion erklärte die beständigen Kopfschmerzen des Königs; die Schädelknochen waren verbogen und theilweise zerstört.[8]

Die Kronprinzessin und spätere Königin Marie, die aufgrund ihrer hohenzollerischen Herkunft nicht selten verantwortlich gemacht wird für die labile Gesundheit ihrer Söhne, war offensichtlich selbst von robuster Konstitution. Sie war das letzte von sieben Kindern, von denen vier das Kindesalter überlebten; bei Maries Geburt war ihre Mutter vierzig Jahre alt. Berichte über Leiden und Krankheiten liegen für Marie von Preußen nicht vor. Erzählt wird lediglich, daß die sechzehnjährige Braut, als ihr Bräutigam Max in Berlin eintraf, an Masern erkrankt war und die Verlobung wegen dieser Kinderkrankheit verschoben werden mußte.

Für die Hochzeit von Max und Marie 1842 mußte um eine päpstliche Dispens wegen Verwandtschaft vierten Grades nachgesucht werden, ähnlich wie schon 1797 für die zweite Ehe des Großvaters Max I. Joseph mit Caroline von Baden. Damals ging es um eine Dispens wegen Verwandtschaft dritten Grades.

Max II. war tief religiös und neigte durchaus zu frommen Übertreibungen. Er hatte ein »Sanktuarium«, einen sozusagen heiligen Raum, den außer ihm niemand betreten durfte. Umgeben von den Büsten bedeutender Männer gab er sich hier geistigen und religiösen Betrachtungen und seinen Gewissenserforschungen hin. Schon als Kronprinz sah er eine seiner *Hauptaufgaben* in der *möglichsten Förderung und Unterstützung der Wissenschaft.* Kultur- und Bildungspolitik blieb ein Schwerpunkt seiner Regentschaft, wobei die zahlreichen Berufungen norddeutscher und protestantischer Gelehrter und Schriftsteller – der »Nordlichter«, wie in München gespottet wurde – bekanntlich auf heftigen Widerspruch und bittere Kritik von Seiten der altbayerischen Öffentlichkeit stießen.

Während Max II. die Verbesserung der Bildungsmöglichkeiten seiner Untertanen ein Anliegen war, kümmerte er sich kaum um die Erziehung seiner beiden Söhne. Dafür waren Erzieher da, die nicht immer den besten Einfluß auf die beiden jungen Prinzen hatten und die wohl keinesfalls die elterliche Fürsorge ersetzen konnten.

Der königliche Kabinettssekretär Franz v. Pfistermeister erzählt in seinen Erinnerungen: *Der König sah die beiden Söhnchen, die Prinzen Ludwig und Otto, des Tages nur ein- oder zweimal, mittags, beim zweiten Frühstück und abends bei der Hoftafel, gar selten in den Zimmern, wo sie aufwuchsen. Dabei reichte er ihnen meist nur die Hand zum Gruße und empfahl sich schleunigst.*

Ludwig selbst berichtete 1878 in einem Brief an den österreichischen Kronprinzen Rudolf, daß er sich vom Vater stets *de haut en bas* , also von oben herab, behandelt fühlte und daß er und sein Bruder vor dem Vater gezittert hätten. Der habe sie höchstens *en passant* ein paar gnädiger, kalter Worte gewürdigt.

Vater Max schaltete sich in die Erziehung seiner Söhne nur dann ein, wenn es um die Bestrafung der Kinder ging, wobei er Prügelstrafen eigenhändig übernahm. Mit Prügeln mußten die Prinzen immer dann rechnen, wenn dem König von den Erziehern oder vom Personal schlechte Leistungen, Streiche oder sonstige jugendliche Versäumnisse hinterbracht wurden. Eine solche Züchtigung durch den Vater ereignete sich auch bei einem Aufenthalt der Familie in Berchtesgaden im Sommer 1857. Der zwölfjährige Kronprinz hatte seinen jüngeren Bruder Otto als »ungehorsamen Vasallen« gebunden und geknebelt, als ein Hofbeamter des Wegs kam, Otto befreite und den Vorfall meldete. Die »empfindliche Strafe«, die der erzürnte König dem Kronprinzen diktierte, hinterließ bei Ludwig solche Erbitterung, daß er auch als Erwachsener das Berchtesgadener Schloß und die dort von seinem Vater errichtete Villa nie mehr betrat.

König Max II. behielt ein kühles, distanziertes Verhältnis zu seinen Söhnen. So ließ er sich auch später nur schwer dazu bewegen, den heranwachsenden Kronprinzen Ludwig auf seine regelmäßigen Spaziergänge mitzunehmen. Darauf angesprochen, äußerte er: *Was soll ich mit dem jungen Herrn sprechen? Es interessiert ihn nichts, was ich anrege.*

Die Mutter, Königin Marie, ging zwar gelegentlich mit den Kindern spazieren, kümmerte sich aber nicht persönlich um die Ausbildung der Söhne. In der Sommerfrische, welche die königliche Familie häufig in Hohenschwangau verbrachte, war sie mehr mit den Kindern zusammen und nahm sie als begeisterte Bergsteigerin auf ihre Wanderungen mit.

Marie war bereits vor ihrer Heirat bergsteigerisch aktiv gewesen. Ihre Liebe zur Bergwelt war schon in früher Jugend bei Aufenthalten im Riesengebirge entstanden, wo ihre Familie ein Schweizerhaus besaß, was wiederum der Anlaß für die Errichtung des Schweizerhauses in der bayerischen Bleckenau gewesen sein dürfte.

In einem Buch über die Erschließung der Ostalpen wird erwähnt, daß die Kronprinzessin und Königin Marie unter anderem auf folgende Berge stieg: Säuling, Tauernspitze, Aggenstein, Schlickekopf, Gehrnspitze und Kellespitze. Marie machte Touren im Lechtal, erstieg die Weissschrofenspitze, den Untersberg und den Watzmann von der Ramsau aus und scheute sich dabei nicht, auf einfachen Almhütten und in Heulagern zu übernachten, nicht immer zur Freude ihrer Begleitung. Ihr Traum war, als erste Frau des Landes den höchsten Berg Bayerns, die Zugspitze – damals hieß sie noch »der Zugspitz« und war 1820 zum erstenmal von Leutnant Naus bestiegen worden – zu bezwingen. So gab sie 1843 dem Partenkirchener Forstmeister Albert Schulze den Auftrag, die möglichen Wege auf die Zugspitze erkunden zu lassen. Ein von Schulze ausgesandter Schafhirte, Peter Pfeifer, erreichte im ersten Alleingang die Westspitze, Schulze folgte am 10. September 1843 mit elf Begleitern nach, nur acht Mann der Expedition schafften den Gipfel. Sie berichteten anschließend von so vielen Schwierigkeiten und gefährlichen Stellen des Aufstiegs, daß man der damals achtzehnjährigen Kronprinzessin dringend abriet, den Aufstieg zu wagen. Erst zehn Jahre später hat die Forstmeistersgattin Karoline Pilzner aus Farchant bei Garmisch–Partenkirchen als erste Frau den Fuß auf den Zugspitzgipfel gesetzt.[9] Von einer Bergwanderung mit der Mutter berichtete Ludwig in einem Brief vom 23. August 1857 an den Großvater Ludwig I.: *Anfangs*

Das Königspaar Max und Marie mit den Söhnen Ludwig (li) und Otto (re) (1860)

war die Witterung zu größeren Partien nicht günstig; nachdem es aber gestern schön geworden war, durften wir zu unsrer großen Freude den Sailing besteigen. Wir verließen mit der Mutter Hohenschwangau um 1/2 9 Uhr und gelangten gegen 1 Uhr auf die Spitze desselben, die eine sehr schöne Aussicht bietet; unter anderem sieht man München und die Ortlerspitze. Um 4 Uhr machten wir uns auf den Rückweg und waren um 7 Uhr wieder in der Ebene, ohne daß selbst Otto sich übermüdet fühlte.

Bei dieser Tour war Ludwig zwölf und Otto neun Jahre alt. Im Jahr darauf, am 21. August 1858, schrieb Ludwig dem Großvater: *Wir machten auch schon einige sehr hübsche Ausflüge an den Obersee, die Eiskapelle und nach Wimbach. Außerdem bestiegen wir die Scharitzkehl- und Königsthalalpe, von welcher man eine sehr schöne Aussicht hat.*[10]

Hohenschwangau war der Ort, an dem die Familienmitglieder einander näherkamen. Die Kinder hatten Freizeit, sie hatten ihre Eltern, die sie in München in der Residenz nur gelegentlich zu Gesicht bekamen, häufiger um sich. So blieb die Anhänglichkeit an Hohenschwangau in der ganzen Familie erhalten. Sowohl Königin Marie wie auch

Ludwig und Otto hielten sich sehr gerne in Hohenschwangau auf, was in späteren Jahren zu nicht unbeachtlichen Problemen vor allem zwischen Ludwig und seiner Mutter führte.

Sicher hat Königin Marie ihrem Sohn Ludwig die Begeisterung für die bayerischen Berge eingepflanzt, die Bauleidenschaft war ein Erbe vom Großvater Ludwig I., sie hatte aber auch schon den Vater, König Max II., heftig gepackt. So kaufte Max noch während seiner Kronprinzenzeit das halbverfallene Hohenschwangau für 7 000 Gulden vom letzten bürgerlichen Vorbesitzer, einem Adolph Sommer, der es seinerseits für 1 000 Gulden erworben hatte und zunächst vom Kronprinzen 20 000 Gulden verlangte. Max ließ das Haus, das durch viele Hände gegangen und an dem viel herumgebaut worden war, im Laufe von mehreren Jahren zu einem stattlichen Schloß im neugotischen Stil aus- und umgestalten. Bereits damals wurde ein Bad in Form einer Grotte in den Fels gehauen und außerdem ein türkisches Zimmer eingerichtet. Die Impulse, die davon für den schwärmerischen Knaben Ludwig ausgingen, wurden später in dessen Bauten umgesetzt, freilich alles um einige Nummern größer als beim Vater. In Hohenschwangau stieß Ludwig auch zum erstenmal auf die Gestalt des Schwanenritters Lohengrin und lernte ebenfalls all jene altdeutschen Heldensagen kennen, die dort von Domenico Quaglio und Moritz von Schwind auf die restaurierten Wände gemalt waren.

Max II. erweiterte nicht nur die Schlösser Berg und Hohenschwangau, er erwarb und errichtete auch zahlreiche königliche Jagdhäuser in den Alpen, insgesamt zwölf an der Zahl, darunter das sogenannte »Königshäuschen« auf dem Gelände des Linderhofs, einem Zehenthof des Klosters Ettal. Max II. erwarb ihn 1850 und beauftrage Georg Friedrich Ziebland mit den Umbauten. Ludwig II. sollte hier knapp zwanzig Jahre später sein berühmtes Schloß Linderhof errichten. Auf der Roseninsel im Starnbergersee baute Max II. ein Schlößchen, das auch Ludwig häufig besuchte und das in Ludwigs Verhältnis zu Elisabeth besondere Bedeutung erlangte. Weitere Bauten Max II. sind die königlichen Villen in Berchtesgaden und Regensburg, sowie das Schweizerhaus für Königin Marie in der Bleckenau. Ein geplanter größerer Schloßkomplex in Feldafing kam nicht zustande.

Natürlich trat Max II. auch in seiner Haupt- und Residenzstadt München als königlicher Bauherr hervor. Sein Vater Ludwig I. hatte die Ludwigstraße, bis hin zum Siegestor, sowie den Königsplatz mit Glyptothek

Die Prinzen Ludwig und Otto (1860)

und Antikensammlung, einschließlich der Propyläen, gebaut. Max II. ließ die Maximilianstraße als Prachtstraße planen und bebauen; an ihrem Ende errichtete er das Maximilianeum, eine Bildungsstätte für besonders begabte Schüler. Schon als Kronprinz hatte er die Idee eines Wintergartens verfolgt, zunächst auf dem Dach der Kronprinzen-wohnung im Wittelsbacher Palais, später dann im Bereich der Residenz an wechselnden Standorten und in wechselnder Größenvorstellung. Vorübergehend sollte sogar das Cuvilliéstheater dafür geopfert werden. Eine andere Version sah den Wintergarten auf dem Dach des Königsbaus in der Residenz vor, bis Max ihn schließlich zwischen dem Nationaltheater und dem Königsbau auf dem Platz des heutigen Residenztheaters ausführen ließ.

Ludwig II. war also, was seine Baulust betraf, keine Ausnahmeerscheinung unter den bayerischen Wittelsbachern. So hat er auch Ideen seines Vaters aufgenommen und in eigenen Bauprojekten umgesetzt, wie speziell der Dach-Wintergarten in der Residenz zeigt. Nur die Herreninsel im Chiemsee wurde von Ludwig II. selbst erworben; alle anderen Grundstücke für seine Schloßbauten waren schon vom Vater her vorhanden.

Die Brüder Ludwig und Otto hingen als Kinder sehr aneinander. Berichte über Unverträglichkeiten oder Streitereien zwischen ihnen handeln meist davon, daß der kleine Ludwig dem jüngeren Otto gegenüber die höhere Position des Thronerben herauskehrte, um sich durchzusetzen. Das sollte man bei Kindern nicht überbewerten. Im Grunde hielten die zwei Buben zusammen, allein aus Trotz gegen die elterlichen Erziehungsmethoden.

Die unterschiedlichen Neigungen und Veranlagungen der beiden zeigten sich frühzeitig. Ludwig war ernster als Otto, gewissenhafter, verschlossener. Sein Lieblingsspielzeug waren Baukästen, Otto spielte am liebsten mit Bleisoldaten. Später entwickelte Otto großes Interesse für die Jagd, während Ludwig höchstens zum Fischen ging. Otto liebte Uniformen und militärische Auftritte, Ludwig trug ungern Uniform und es konnte durchaus passieren, daß er die Feldbinde falsch herum anlegte, wenn er Elisabeth in Possenhofen und ihr zu Ehren in österreichischer Uniform besuchte. Der hübsche Otto war als junger Offizier in der Frauenwelt sehr beliebt, was er durchaus zu nutzen verstand. Ludwig war hingegen sehr zurückhaltend, schüchtern, fast etwas linkisch.

In der einschlägigen Literatur wird Königin Marie von Preußen gerne als geistig desinteressierte Frau dargestellt.

Nun war Marie, die von Max sehr geliebt und verehrt wurde, mit siebzehn Jahren an den bayerischen Hof gekommen, ungebildet, jedoch auch einem Alter, in dem man keine Gelehrte erwarten konnte. Man weiß aber, daß der so bildungsbeflissene Kronprinz Max wenig Gelegenheiten ausließ, Geist und Verstand, Wissen und Kenntnisse seiner Frau zu fördern und zu mehren. Vermutlich hat er die Schulmeisterei übertrieben, so daß Marie bald opponierte. Der Dichter Paul Heyse stellte jedenfalls in seinen »Jugenderinnerungen und Bekenntnissen« fest: *Trotz alles Bemühens aber war es nicht gelungen, der Königin Interesse an Literatur und Poesie einzuflößen. Ihr war nur wohl im leichtesten Geplauder.*[11]

So wird berichtet, daß bei den abendlichen Gesprächsrunden des Königs mit den von ihm nach München berufenen »Nordlichtern« – Paul Heyse gehörte an prominenter Stelle in diesen Kreis – die Königin gelegentlich stumm und ostentativ ihren Stickrahmen bearbeitete oder sich mit den Hofdamen unterhielt. Das muß nicht unbedingt Desinteresse, sondern kann auch der Widerstand einer jungen Frau gewesen sein, die ihre Abende gerne anders verbracht hätte als bei »Symposien« mit staubtrockenen Gelehrten und rivalisierenden Dichtern, von denen jeder sich beim König ins beste Licht rücken wollte.

Aufschlußreich ist ein Brief, den Max II. am 3. März 1853 an seine damals achtundzwanzigjährige Frau von einem seiner zahlreichen Italienaufenthalte aus Neapel schrieb: *Du schreibst mir nicht zu selten. Du thust besser, die Zeit zu ernster Beschäftigung zu verwenden ... Da Du doch mein inneres Leben, meine Gedanken und Gefühle kennst, so muß ich Dir offen gestehen, daß anfangs, wenn ich nach Hause zurückdachte, ich mich wegen so manchem, zum Glück nur wenigem, was ich bei Dir mir anders wünschte, und was Dir bekannt ist, beunruhigt fühlte, was z. B. ein mir wohlthätiges, heiteres frisches Wesen betrifft, dann mehr Sprechen, geistige ressource, größeren Antheil an dem, was das tägliche Leben mit sich bringt. Je mehr ich aber den reinen und nun auch mehr bethätigten guten und ernsten Willen deshalb bei Dir gewahre, desto mehr beruhige ich mich; ich habe jetzt feste Zuversicht, daß Du bald so werden wirst, wie ich so sehr wünschen muß.*

Ähnlich auch vier Jahre später, am 6. März 1857 aus Rom: *Du weißt was ich bedarf, was ich vermißt habe; keinen Widerspruchsgeist, freundliches, meinen Wünschen entgegenkommendes Wesen! Wie schön muß es sein, wenn die Kinder Dir vorlesen, wenn Du mir einmal wirst vorlesen können. Harre aus in Deinen Lektüren, zu wichtig für unser, Dein und mein Glück.*[12]

Auch Ludwig II., der sehr viel las, versuchte später seine Mutter zum Lesen anzuhalten und frug sie gelegentlich nach dem einen oder anderen Buch. Marie soll darauf einmal geantwortet haben: *Ich? Nein, ich lese nie ein Buch und begreife nicht, wie man unaufhörlich lesen kann.*

Das Verhältnis Ludwigs zu seiner Mutter war ambivalent; es reichte von tiefer Zuneigung und großer Begeisterung bis hin zu schroffer

Ablehnung, bedingt durch die schwer verständliche Zurückweisung durch die Mutter. Marie belächelte Ludwigs Träumereien und romantische Schwärmereien, die er ihr kindlich anvertraute. Er zog sich zurück, als er sich unverstanden und auch verspottet fühlte und umgab sich schon früh mit einem seelischen Panzer. Im Rückblick meinte er selbst: *Die Demütigungen, die ich als Kind erdulden mußte, brennen noch fort wie offene Wunden ... Meine Kindheit war eine Kette demütigender Peinigungen. Nicht daß ich schlechter behandelt worden wäre, als man mit Kindern gewöhnlich umzugehen pflegt. Aber meine Natur war so ungleich der von anderen Kindern, daß Dinge, die andere gar nicht bemerken, mich zutiefst kränkten.*[13]

Es gibt viele Hinweise darauf, daß Ludwig als Kind seine Mutter zunächst sehr liebte und verehrte, dabei aber immer wieder Kränkungen erfuhr. So kaufte er ihr einmal zu einem Festtag von seinem Taschengeld ein Medaillon, was die Mutter jedoch nicht als Ausdruck kindlicher Zuneigung würdigte, sondern als Unfähigkeit tadelte, mit dem knappen Geld umgehen zu können.

Nun war das Taschengeld der Söhne in der königlichen Familie tatsächlich äußerst knapp bemessen. Um die Kinder zur Sparsamkeit zu erziehen, erhielten sie anfangs 12 Gulden, dann 15 Gulden und schließlich 25 Gulden im Monat. Darüber mußte genau Buch geführt werden. Ludwig hat dieses Ausgabenbuch ab seinem elften Lebensjahr bis in die ersten Wochen des Jahres 1864, also bis wenige Wochen vor seiner Thronbesteigung geführt. Es finden sich darin immer wieder Ausgaben »für Otto« – meistens für Bonbons oder Zinnsoldaten, außerdem viele Almosen, Geschenke für die Mutter, Futter für die Tiere im Schloß Nymphenburg, später auch Ausgaben für eine »Tell-Statue« und die Tellsage. Die ersten Jahre wies Ludwigs Taschengeld-Buchführung regelmäßige, wenn auch geringe Überschüsse der Einnahmen über die Ausgaben auf, ab 1862 stiegen die Ausgaben, vor allem an Weihnachten, und erreichten im Dezember 1863 den Betrag von 263 Gulden. Allein für Otto sind hier Geschenke im Wert von 115 Gulden verzeichnet, dazu Ausgaben von 94 Gulden für eine goldene Kette, 36 Gulden für ein Medaillon mit Schwan und Brillantkreuz und 20 Gulden für eine goldene Schwanenfeder.[14]

Die Erziehung der Prinzen zu Mäßigung ging soweit, daß die Buben sich bei Tisch nicht sattessen konnten und auf heimlich zugesteckte Bissen durch Bedienstete oder mitfühlende Hofdamen angewiesen waren. Eine dieser mitleidigen Seelen war die »alte Liesi«, eine Aufwartefrau, die den beiden hungrigen Prinzen heimlich Wurst aus der Stadt mitbrachte oder andere Leckereien zusteckte, wovon aber niemand etwas erfahren durfte. Ludwig hat auch als König der Liesi die Anhänglichkeit bewahrt; sie durfte am Hofe bleiben, er kümmerte sich um sie und nahm sie jedesmal mit nach Hohenschwangau, wenn der Hofstaat dorthin verlegt wurde.

Ludwig trank gerne Kaffee, bekam ihn aber nur selten vorgesetzt. Eine mitfühlende Hofdame half hier aus, bis die heimlichen Kaffeekränzchen entdeckt und sofort verboten wurden.

Einer der Vorwürfe gegen König Ludwig II. war später, daß er sich zunehmend nur noch mit seinen Bediensteten und Lakaien umgebe und von der Außenwelt gänzlich abschotte. Der Keim zu diesem Verhalten wurde wahrscheinlich schon in der Kindheit gelegt.

Eine pädagogische Maßnahme war auch, daß die Prinzen die Eintrittskarten in die königliche Oper aus der eigenen Tasche bezahlten. Erfrischungen in den Pausen gab es nur nach Genehmigung durch den königlichen Vater.

Eine Konsequenz aus seiner Erziehung zur Sparsamkeit zog der neunzehnjährige König Ludwig II. zehn Tage nach seinem Regierungsantritt, als er verfügte: *Es ist mein Wille, daß jegliche übertriebene Sparsamkeit und Knauserei ende.*

Eine Art Ersatzmutter war für Ludwig seine Erzieherin Sybille Meilhaus, spätere Freifrau v. Leonrod. Die Weinhändlerstochter aus Hanau war nach seiner Geburt gleichzeitig mit der Amme als Erzieherin ausgewählt worden. Sie stand als Betreuerin von Prinz Ludwig und dann auch von Prinz Otto bis 1854 im Hofdienst; Ludwig war bei ihrem Ausscheiden neun Jahre alt. Sybille Meilhaus war also in den entscheidenden ersten Kinderjahren immer um ihn, bis sie von einem männlichen Erzieher, dem Grafen de La Rosée, abgelöst wurde. Ludwig hing sehr an Sybille Meilhaus. Er stand mit ihr bis an ihr Lebensende in regem Briefverkehr, in dem er ihr alles erzählte, was sich ereignet hatte oder was ihn bewegte. Seine Briefe, insgesamt 82, blieben erhalten, da Ludwig sie nach ihrem Tod von ihrem Ehemann zurückforderte. Sybille Meilhaus, die seit 1860 mit General August Freiherr v. Leonrod verheiratet war und zuletzt in Augsburg lebte, ist im dortigen Hermann–Friedhof bestattet. Ludwig II. ließ ihr einen großen Grabstein setzen, der 1989 anläßlich ihres 175. Todestags vom Verein der Königstreuen Augsburger und Freunde König Ludwigs II. renoviert wurde.

Sybille Meilhaus

Wie Sybille Meilhaus der Mutterersatz für Ludwig war, so wurde ihr Nachfolger Graf Theodor Basselet de La Rosée der Ersatzvater. La Rosée, den Ludwig denn auch seinen »zweiten Vater« nannte, erzog Ludwig allerdings zum Hochmut. Als mit der Volljährigkeit Ludwigs seine pädagogische Tätigkeit endete, gab er folgende Charakterisierung seines Zöglings: *Der Kronprinz ist aufgeweckt und sehr begabt, er hat viel gelernt*

Theodor Basselet Graf de la Rosée

und besitzt schon jetzt Kenntnisse, die weit über das Gewöhnliche hinausge-
hen. Er hat eine so reiche Phantasie, wie ich sie ihresgleichen selten bei einem
so jungen Manne angetroffen habe. Aber er ist auffahrend, und äußerst heftig. Ein mehr als stark entwickelter Eigenwille deutet auf einen Eigensinn, den
er vielleicht von seinem Großvater geerbt hat und der sich nur schwer wird
meistern lassen.[15]

Die Prinzen besuchten keine Schulen, sie erhielten Privatunterricht in der Residenz. Böhm berichtet, daß Ludwig das »Generalabsolutorium« abgelegt habe, bevor er Vorlesungen an der Münchner Universität besuchte, wo er einen abgesonderten Platz beanspruchte.

Versuche, dem jungen Ludwig das Klavierspiel beizubringen, wurden vorzeitig beendet. Der Tag des letzten Klavierunterrichts soll vom Klavierlehrer als Glückstag bezeichnet worden sein, und zwar wegen des Talentmangels seines hohen Schülers.

Es war eine der ersten Regierungshandlungen König Ludwigs II., den Titel seiner Mutter von »Königin-Witwe« in »Königin-Mutter« umzuändern. Doch schon bald führten die häufigen gemeinsamen Aufenthalte in Hohenschwangau, trotz getrennter Hofhaltungen, zu Spannungen und Reibereien zwischen Mutter und Sohn, einerseits wegen Ludwigs von der Regel abweichendem Tages- beziehungsweise Nachtrhythmus, andererseits aufgrund Maries mangelnder Bereitschaft, ihr Verhalten dem neuen – königlichen – Rang des Sohnes anzupassen. Ein Beispiel: Ludwig war am Tage der Abreise der Königin von Hohenschwangau erst in den frühen Morgenstunden von einer nächtlichen Ausfahrt zurückgekommen und hatte keine Anweisung gegeben, ihn zu wecken. Die Königin, die am Morgen abfahren wollte, schritt etwa eine Stunde lang mit zunehmendem Unmut in der Halle auf und ab und wartete auf den Sohn, von dem sie sich verabschieden wollte. Ludwig, der davon nichts wußte, entschuldigte sich bei seinem Eintreffen zwar bei seiner Mutter, daß er sie hatte warten lassen, mußte aber trotzdem eine gewaltige Standpauke seiner erregten Mutter über sich ergehen lassen – und dies vor den herumstehenden Bediensteten.

Gewiß führten derartige Vorfälle bei dem sehr ausgeprägten Majestäts-Empfinden Ludwigs zu argen Verstimmungen. Sein Unmut machte sich auch in einem undatierten Brief Luft, der wahrscheinlich an die Oberhofmeisterin der Königin, Gräfin von der Mühlen, gerichtet war: *Sie sind eine liebenswürdige, begabte und mir sehr sympathische Dame; alles Eigenschaften, welche ich der Königin nicht zuerkennen kann. Ich versichere Sie, daß Sie wirklich ein gutes Werk thun, wenn Sie folgendes der Königin beibringen; ... Ich denke keineswegs mit Freuden an meinen letzten, glücklicher Weise, nur kurzen Aufenthalt [in Hohenschwangau]. Die Königin hat eine mir gegenüber sich äußernde, nur Ihr allein eigene höchst unsympathische Art zu sprechen. In Ihrem ganzen Wesen, Ihren Blicken und Worten legt Sie nicht selten ein gewisses Mißtrauen, einen hie und da sich zeigenden lauernden*

Argwohn an den Tag. Ganz der Wahrheit gemäß heißt es in einem antiken Trauerspiel: »mit Qual gebiert das Weib und quält sich für's Geborene.« Ich kann mit gutem Gewissen sagen, daß mein Lebenswandel ein musterhafter ist. Bringen Sie Ihr das bei. Quälen möge Sie sich um Ihren zweitgeborenen Sohn; um diesen sich zu sorgen ist ganz am Platze, hauptsächlich in Anbetracht seines leidenden Zustandes. Ich bin keine Natur, mit der ein Kompromiß möglich ist. Man hat zu sein, wie ich will, daß man ist; ist es nicht der Fall, so hat man auf den Umgang mit mir zu verzichten. Fährt Sie fort, mir unangenehm zu sein, wie es den Anschein hat, so ist Sie allein dabei zu bedauern, weil es mir dann womöglich noch weniger gefallen wird mit Ihr zu verkehren, als es bisher der Fall war ... Es giebt Momente, wo Sie die Mutter als solche etwas zu sehr herauskehrt und der König in Ihren Augen zeitweise zu sehr in den Hintergrund tritt ... Sie scheint immer noch zu wünschen, ich möge längere Zeit in Hohenschwangau verweilen. Das wird nie und nimmer der Fall sein, denn nie in meinem Leben werde Ich es vergessen, wie Ihr im allerhöchsten Grade unangenehmes, um nicht viel ärgere Ausdrücke zu gebrauchen, Benehmen gegen mich im Sommer 1864, 1865 und 1867 war.[16]

Ludwig sprach denn auch in den folgenden Jahren kaum mehr von ihr als seiner »Mutter« oder der »Königin-Mutter«, sondern nur noch als der *Frau meines Vorgängers*, oder der *Frau des letztverstorbenen Königs*, oder gar der *preußischen Frau meines Vaters*.

Zum neunzehnten Geburtstag König Ludwigs II. hatte Richard Wagner, der seit Mai 1864 in München weilte, einen Huldigungsmarsch komponiert, der am Festtag, dem 25. August 1864, durch die Militärkapelle der drei Münchener Infanterieregimenter aufgeführt werden sollte. Die Königin-Mutter fühlte sich jedoch unpäßlich, sie lag an diesem Tag im Bett und wünschte absolute Ruhe. Folglich konnte der Marsch nicht geblasen werden. Als zwei Tage später ihr Vetter, König Wilhelm I. von Preußen zu Besuch in Hohenschwangau erschien, war sie jedoch schon wieder munter. Königin Maries Abneigung gegen Wagner dürfte zu ihrer Unpäßlichkeit beigetragen haben, jedenfalls waren beide, der König und sein Komponist, über diesen Vorgang verärgert. Die Aufführung des Huldigungsmarsches wurde dann am 6. Oktober im Hof der Münchener Residenz nachgeholt.

Im August 1867 schrieb Ludwig in einem Brief an Richard Wagner: *Ich bin nämlich seit meinem Geburtstage in Hohenschwangau, wo ich, wenn ich, wie gegenwärtig, mit der Königin, meiner Mutter, hier verweile, sehr wenig Zeit für mich finde; es ist oft zum Verzweifeln: Mein liebes Hohenschwangau, sonst (wenn ich allein bin) für mich der Sitz der wohltuendsten Welt-*

abgeschiedenheit und Ruhe sowie der höchsten, wahrsten Poesie, ist unter diesen Verhältnissen eher einem Ort der Pein vergleichbar. Die Königin liebt mich wahr und innig, und so konnte ich, als guter Sohn, nicht anders, als ihrem Wunsch entsprechen, nämlich einige Zeit hier gemeinsam mit ihr zuzubringen, obwohl ich dem Theuren gestehen muß, daß es mich ein Opfer kostet; denn meine Mutter versteht mich ganz und gar nicht, und das Leben hier ist höchst prosaisch.[17]

Dazu paßt die Notiz Ludwigs an Kabinettssekretär v. Düfflipp vom 11. Oktober 1867: *Unmöglich ist es mir leider, in diesen Tagen Liszt zu empfangen, denn Ruhe herrscht hier nicht, solange die Königin hier ist.*[18]

Am 1. Februar 1869 bat Ludwig den Kabinettssekretär: *Machen Sie um Gotteswillen, daß die Einladung nach Darmstadt oder eine anderweitige Einladung erfolge; die Königin tötet mich durch ihre Geistlosigkeit und Langeweile.*[19]

Um 1870/71, während des Kriegs gegen Frankreich, dem der frankophile Ludwig innerlich nicht zugestimmt hatte und den er als Auswirkung der preußischen Großmachtpolitik unter Bismarck sah, kühlte sich das Verhältnis zur Mutter weiter ab. Wie sehr zeigt ein Brief vom 14. Juni 1870 an seinen Obersthofmarschall Freiherrn Malsen v. Tilborch: *Meine große Freude und Anerkennung spreche ich Ihnen aus, daß es Ihnen gelungen ist, wie es mein sehnlicher Wunsch war, die Königin zu veranlassen, auf ein paar Wochen Hohenschwangau zu verlassen. Möge es Ihnen gelingen, den Ausflug nach Tyrol auf 3 Wochen (statt nur 14 Tage) auszudehnen. Bieten Sie alles auf, um die Königin dazu zu bringen, womöglich ohne daß Sie erfährt, daß es mein Wunsch ist. – Ich bin überzeugt, daß Sie dieß zu erreichen imstande sind ... Die schönste Zeit des Jahres bringt Sie in Hohenschwangau zu, vom Beginn des Frühlings bis tief in den Herbst hinein, da kann es Ihr doch auf 3 Wochen weniger wahrlich nicht ankommen. Noch einmal fordere ich Sie, mein lieber Herr von Malzen, auf, alle Minen springen zu lassen, um meinen sehnlichen Wunsch zu erfüllen. Machen Sie Ihrem Könige diese Freude, der ohnehin so wenig Erfreuliches erlebt.*[20]

Durch Fürst Hohenlohe ist der Ausspruch überliefert, mit dem Ludwig um diese Zeit einen Versuch seiner Mutter, ihn zu sprechen, abwehrte: *Ich bin nicht in der Stimmung, eine preußische Prinzeß zu sehen.*[21]

An die Schauspielerin Dahn-Hausmann, die Stiefmutter Felix Dahns, schrieb er am 25. April 1876: *Meine Mutter, die Königin, verehre ich, liebe sie, wie es sein muß. Daß ein intimes Verhältnis absolut unmöglich ist, bei einer solchen Natur, wie die ihrige ist, dafür kann ich nichts.*[22]

In Hohenschwangau hat Ludwig baulich nichts verändert. Lediglich das Schlafzimmer, das vor ihm sein Vater bewohnt hatte, ließ er umgestalten. Eine Felsengruppe mit Wasserfall wurde eingebaut, Orangenbäume wurden aufgestellt, ein künstlicher Nachthimmel mit Sternen und Mond entstand und 1865 kam noch eine Maschinerie zur Erzeugung eines künstlichen Regenbogens dazu. Nach Ludwigs Tod ließ die Königin die Einbauten wieder entfernen und den alten Zustand so wiederherstellen, wie er unter ihrem Mann gewesen war. Genauso verfuhr sie mit dem Wintergarten, den Ludwig auf dem Dach der Residenz hatte errichten lassen und von dem es angeblich in ihre darunterliegenden Gemächer tropfte.

Man darf annehmen, daß Ludwig mit dem Bau von Schloß Neuschwanstein auch der für ihn schwer erträglichen Situation in Hohenschwangau entkommen wollte, wo sich allsommerlich die Spannungen und Verstimmungen zwischen ihm und seiner Mutter, teilweise auch zwischen ihm und Bruder Otto summierten. In einem Brief an Richard Wagner schrieb er am 13. Mai 1868: *Ich habe die Absicht, die alte Burgruine Hohenschwangau bei der Pöllathschlucht neu aufbauen zu lassen ... in jeder Beziehung schöner und wohnlicher wird diese Burg werden, als das untere Hohenschwangau, das jährlich durch die Prosa meiner Mutter entweiht wird.*[23]

In späteren Jahren, als sich Ludwig immer mehr in die Einsamkeit seiner Schlösser und die Innenwelt seiner Seele zurückgezogen hatte, wurde das Verhältnis zu seiner Mutter wieder etwas besser, wahrscheinlich auch deshalb, weil sie sich kaum mehr begegneten. In seinen Briefen blieb Ludwig höflich, er sandte Glückwünsche zu Geburtstagen und zum Weihnachtsfest und machte stets großzügige Geschenke.

An Maries sechzigstem Geburtstag im Jahr 1885, ein Jahr vor seinem Tod, lud Ludwig die Königin-Mutter nach Neuschwanstein ein und führte ihr persönlich das ganze Schloß vor. Es war das erste und auch das letzte Mal, daß er sie in seinem Schloß zu Gast hatte, obwohl sie doch sicher häufig im nahegelegenen Hohenschwangau weilte. Der Besuch auf Neuschwanstein war auch das letzte persönliche Treffen zwischen Marie und ihrem Sohn. Danach hat sie ihn lebend nicht mehr gesehen. Ludwig verkehrte mit seiner Mutter nur noch schriftlich, er berichtete ihr in diesem letzten Zeitraum seines Lebens allerdings auch über seinen schlechten Gesundheitszustand, was er anderen Menschen gegenüber eher vermied. Er legte ihr denn auch Verschwiegenheit ans Herz. Anfang 1886 schrieb er über depressive Stimmungen und

Schmerzen in den Augen. Im April 1886 bat er die Mutter, die in Hohenschwangau weilte, einen geplanten Besuch bei ihm nicht zu unternehmen: *Du würdest keine Freude daran haben wegen dieser meiner vielen Beschwernisse.*

Am 12. Oktober 1874, zehn Jahre nach dem Tod ihres Gatten, war Königin Marie zum katholischen Glauben übergetreten. Max II., ein durchaus frommer Katholik, hatte die Königin zu seinen Lebzeiten sicher nicht in diese Richtung beeinflußt. Es mag andere Gründe für ihren Übertritt gegeben haben; einer war möglicherweise die Sorge um den Sohn Otto, der zunehmend Anzeichen der beginnenden Krankheit zeigte. In Bayern wurde der Glaubenswechsel der Königin-Witwe ohne besondere Emotionen aufgenommen. Umso heftiger war die Reaktion der preußischen Verwandtschaft. Sie reichte von fassungslosem Staunen bis hin zu blankem Entsetzen. Marie teilte den beabsichtigten Schritt ihrem Vetter Kaiser Wilhelm I. persönlich am 1. Oktober 1874 mit, nachdem Ludwig II. ausgerechnet bei der Eröffnung des Oktoberfestes im Königszelt die bevorstehende Konversion seiner Mutter bekanntgegeben hatte. Ob Ludwig den geeigneten Rahmen für eine solche Bekanntgabe gewählt hatte, darüber läßt sich streiten. Man kann aber daraus schließen, daß er über ihre Entscheidung nicht sehr glücklich war. Er blieb auch der offiziellen Konversionsfeier fern, was die Zeitungen wiederum als Rücksichtnahme des bayrischen Königs kommentierten; die Konversion Maries sollte keinen Anlaß für Kundgebungen gegen Preußen bieten. Solche Rücksicht war aber vermutlich nicht der einzige Grund für Ludwigs Fernbleiben, war doch gerade zu dieser Zeit nach dem Krieg von 1870/71 das persönliche Verhältnis zu seiner Mutter äußerst gespannt.

Die Reaktion des deutschen Kaisers auf Maries Brief vom 1. Oktober 1874 fiel erwartungsgemäß aus. Wilhelm I., der bei der evangelischen Trauung der knapp siebzehnjährigen Braut in Berlin am 5. Oktober 1842 den Bräutigam Kronprinz Maximilian vertreten und die Braut zum Altar geführt hatte (die katholische Trauung fand am 12. Oktober in München mit dem Bräutigam statt), schrieb bereits unter dem Datum vom 3. Oktober 1874 aus Baden-Baden an Marie: *Es ist mir unmöglich, Dir den Schmerz zu schildern, den Dein Brief vom 1. d. M. in mir erregt hat ... Würdest Du beim noch Leben Deiner Eltern je den Schritt gethan haben? Hast Du auch bedacht, was das Preußische Königshaus, aus dem noch nie ein Mitglied zur katholischen Kirche übergetreten ist, was Dein erstes*

Königin Marie (um 1886)

Vaterland, dessen größtes Evangelisches Volk zu dem Schritt sagen, denken und fühlen wird?? ... Dies sind schwer zu ertragende Gedanken für mein evangelisches und preußisches Herz, denn über diesen Punkt werden wir uns nun künftig nie mehr verstehen ... Du fragst ob ich Dir ferner erlaube, nach Preußen zu kommen? Aus allem, was ich Dir aus Liebe und Überzeugung geschrieben habe, mußt Du von selbst fühlen ... daß vor der Hand Dein Erscheinen bei uns nicht wünschenswerth sein kann.

Auch durch weitere Briefe Maries konnte Wilhelm I. nicht umgestimmt werden. Auf einen Neujahrsbrief vom 5. Januar 1875 antwortet er: *Daß mein Schreiben Dir den begonnenen Kampf noch schwerer macht, freut mich wahrlich! Aber ich sah leider, daß er noch nicht überzeugend genug geschrieben war, um den Sieg bei Dir nach unserer Seite herbeizuführen! ... Die uns verbindenden Gefühle der Blutsverwandtschaft werden Dir immer bleiben, aber freilich unsere Wege, jenen Frieden zu erlangen, gehen auseinander und ist daher über diesen Punkt ein Verständnis nicht mehr möglich!!*[24]

Ein Zusammentreffen zwischen Marie und Kaiser Wilhelm I., der 1888 im hohen Alter von einundneunzig Jahren verstarb, fand nach ihrem Glaubenswechsel nicht mehr statt.

Wie eng der Lebenskreis der Königin-Mutter geworden war und wie sehr die Konversion zum katholischen Glauben ihren Tagesablauf prägte, zeigt ein Brief vom 1. August 1876 aus Elbigenalp an ihren Sohn Otto, der zu dieser Zeit schon in Nymphenburg interniert war: *Wir hatten herrliches Sommerwetter und Hitze. Heute Regen. Herr Dekan besuchte uns hier den 8. und 9. Juli und war sehr vergnügt ... Unser Leben ist wie sonst hier, still und gemüthlich; wir gehen, fahren, denken viel, viel an Dich, sitzen im lieben Gärtchen arbeitend und H. Benefiziat liest uns vor, oder auch H. Pfarrer. Heute nachmittag ist Kaffee bei H. Pfarrer, meist mit Musik, wobei Dein Lieblingsmarsch und Dr. Brattlers Lieder gesungen wurden und Euerer viel gedacht wird. Hier etwas vom Lärchenwald* [dem Brief lag ein gepreßter Zweig bei]. *Gräfin Du Moulin, H. Pfarrer und H. Benefiziat empfehlen sich Dir. Sonntags und täglich denke ich Dein im Gebet und bei der heil. Messe. Vorgestern predigte H. Benefiziat. Nächsten Sonntag werde ich wohl communizieren; beim Kommen that ich es auch bald. Gott sei mit Dir! Hoffentlich gefällt es Dir dort und Du bist wohl. Grüße Dr. Brattler. Edelweiß fand ich neulich wieder bei Grünau im Lech. In treuer Mutterliebe umarmt Dich Deine Mutter Marie.*[25]

Der regierende Zweig der Wittelsbacher aus der pfälzischen Linie Birkenfeld trug das Adelsprädikat »von Bayern«, das Elternhaus der Kaiserin Elisabeth gehörte hingegen zur Linie der nicht regierenden Herzöge »in Bayern«.

Der Stammvater dieser Linie der Herzöge in Bayern war als Herzog Wilhelm von Birkenfeld-Gelnhausen mit Kurfürst Karl Theodor aus Mannheim nach Bayern gekommen und hatte sich nach seiner Heirat mit Maria Anna v. Pfalz-Zweibrücken, in der Stadtresidenz in Landshut niedergelassen. Aufmerksam beobachtete er von hier aus das Geschehen am Münchener Hof und berichtete alles, was ihm wichtig erschien, seinem Schwager Max Joseph in Zweibrücken, dem nächsten Anwärter auf die bayerische Kurwürde, wenn und solange Karl Theodor keinen

Herzog Max in Bayern

legitimen männlichen Nachkommen vorzuweisen hatte. Auch die zweite Heirat des damals schon über siebzigjährigen Kurfürsten mit der achtzehn Jahre jungen Marie Leopoldine von Österreich-Este blieb ohne
männlichen Erben. Nach dem Tod Karl Theodors 1799 eilte Herzog
Wilhelm sofort von Landshut nach München, um die Ansprüche seines
Schwagers Max Joseph auf die bayerische Kurwürde geltend zu machen.
Er stellte die in einem solchen Fall übliche Frage an die erst dreiund-
zwanzigjährige Kurfürstin-Witwe, ob sie vom Kurfürsten schwanger sei

– eine positive Antwort hätte die Nachfolge zugunsten der Linie von Karl Theodor bedeutet. Marie Leopoldine antwortete wahrheitsgemäß mit dem für Herzog Wilhelm und besonders für dessen Schwager Max Joseph erlösenden »Nein«.[26] Als Max Joseph dann auf dem bayerischen Thron saß, belohnte er Wilhelm v. Birkenfeld mit dem Titel eines »Herzogs in Bayern«.

Herzog Max in Bayern, der Vater der späteren Kaiserin Elisabeth, war ein Enkel jenes ersten Herzogs Wilhelm in Bayern. Er hatte seine Schlösser in Possenhofen und Garatshausen am Starnbergersee, sowie Unterwittelsbach, den Stammsitz der Wittelsbacher bei Aichach, aus dem Verkaufserlös der französischen Besitzungen seiner Mutter, Herzogin Amalia v. Arenberg, erworben. Im Hof seines nach Plänen Leo v. Klenzes in der Münchener Ludwigstraße erbauten Palais' hatte der bekannt lebenslustige Herzog einen Zirkus mit Logen und Sperrsitzen einrichten lassen. Dort konnte ihn die Münchner Gesellschaft bei Reitkunststücken bewundern, die er, umgeben von Pantomimen und Hanswursten, vorführte.

Herzog Max war auch ein intensiver Sammler und Förderer der bayerischen Volksmusik und hat sich auf diesem Gebiet große Verdienste erworben. Er sang selber gerne, spielte recht gut die Zither und gab eigene Kompositionen unter den Initialen H. M. heraus. Dieses Engagement für die Volksmusik brachte ihm den Beinamen »Zithermaxl« ein. Selbst bei einer Ägyptenreise mußte die Zither mit. Angetan mit bayerischer Tracht und dem vom ihm wieder populär gemachten »Stopselhut« soll er auf dieser Reise vor der abendlichen Cheopspyramide bayerische »Schnadahüpfln« gespielt und gesungen haben.

In der Liebe war der Herzog kein Kostverächter. Neben den acht ehelichen Kindern soll es auch uneheliche gegeben haben. Er war populär, hielt nicht viel von Hofetikette und vertrat politisch offen demokratische Ansichten, sicherlich auch, um seine regierende Verwandtschaft zu reizen. Die wußte sein Ansehen in aufrührerischen Kreisen aber spätestens dann zu schätzen, als sie während der Revolutionswirren 1848 vorübergehend bei ihm Unterschlupf fand. Herzog Max galt als belesen, er hatte an der Münchner Universität Geschichte und Naturwissenschaften studiert und promoviert. Seine berühmte »Artusrunde«, auch »tavola rotunda« genannt, war im Gegensatz zum Kreis der »Nordlichter« um Max II. eine urbayerische Angelegenheit, bei der zwar durchaus gelehrt diskutiert wurde, bei der es zur rechten Zeit aber auch feuchtfröhlich herging. Respektlose Zeitgenossen bezeichneten die »Artus-

Herzogin Ludovika in Bayern

runde« des trinkfesten Herzogs deshalb als »Saufrunde« und ihre Mitglieder als »Saufkumpane«. Max spielte auch gerne und so war er mit
seinen »Kumpanen« ein gern gesehener Gast in den Wirtshäusern.

Herzog Max war mit Prinzessin Ludovica v. Bayern, einer Tochter des
ersten bayerischen Königs Max I. Joseph und dessen zweiter Frau Karoline Friederike v. Baden, verheiratet. Ludovica war nur widerwillig in
die Ehe mit Max gegangen, sie liebte einen portugiesischen Prinzen
aus dem Hause Braganza. Max und Ludovica hatten acht Kinder; alle
fünf Töchter litten im Verlauf ihres Lebens unter Depressionen oder
Melancholie.

Über ihre Ehe hat Ludovica einmal geäußert, daß ihre Schwestern glänzend und unglücklich verheiratet seien, sie selbst lediglich unglücklich. Die Kinder hatten jedoch eine ausgesprochen glückliche Jugend. Wenn Vater Max zu Hause war, kümmerte er sich um sie, ging mit ihnen schwimmen oder reiten, organisierte Spiele und war immer zu einem Spaß aufgelegt. Die schulische Erziehung war ihm nicht sehr wichtig. Großen Wert legte er hingegen auf sportliche Betätigung, was damals eher unüblich war und Aufsehen erregte. Deshalb hingen die Kinder, vor allem die Töchter, sehr an ihrem Vater, viel mehr als an der strengen, auf Konvention und Etikette bedachten Mutter, die gegenüber ihrem Mann immer wieder ihre Abstammung aus dem regierenden Hause derer »von« Bayern herauskehrte.

Ludovica hatte wenig geistige Interessen. Max bemerkte spöttisch, sie beziehe ihre Kenntnisse überwiegend aus Missionskalendern. Er selbst besaß eine Bibliothek von 27 000 Bänden.

Die zu seiner Zeit sehr modernen und ungewöhnlichen Erziehungsmethoden des Herzogs begeisterten zwar seine Kinder, weniger jedoch deren Mutter. Die beiden Lieblingstöchter Max II. waren Elisabeth, die spätere Kaiserin von Österreich, und ihre jüngere Schwester Marie, die mit dem schwach begabten König von Neapel Franz II. verheiratet wurde. In ihrem Fall hatte der dynastische Ehrgeiz von Mutter Ludovica gesiegt, obwohl Vater Max seiner Tochter noch kurz vor der Hochzeit aus Monte Carlo telegraphiert hatte: *Heirate ihn nicht, er ist ein Trottel!*

Marie ging unter ihrem bourbonischen Namen Maria Sophia als »Heldin von Gaeta« in die Geschichte ein. Beim Untergang des Königreichs Neapel, knapp zwei Jahre nach Franz II. Thronbesteigung, bewies sie bei der dreimonatigen Verteidigung der Festung Gaeta viel Mut und große Tapferkeit.

Schloß Possenhofen, das der herzoglichen Familie als Sommerresidenz diente, war bei den Kindern, insbesondere den Mädchen, sehr beliebt. Noch als Erwachsene, als sie bereits verheiratet und außer Haus waren, kamen die Töchter bei jeder sich bietenden Gelegenheit nach »Possi«, vor allem aber dann, wenn sie Sorgen hatten oder unglücklich waren. Herzog Max wurden solche Besuche manchmal zu strapaziös, zumal oft mehrere Töchter gleichzeitig da waren und Elisabeth in der Regel mit großem Stab anreiste. Elisabeth ließ daher in späteren Jahren für sich und ihre Begleitung in der Nähe von Schloß Possenhofen ein eigenes Haus errichten, das heutige Hotel »Kaiserin Elisabeth« in Feldafing.

Verhängnis der Gene

Als mit einem Mal gleich zwei Wittelsbacher Prinzen aus der regierenden Linie, Ludwig und Otto, seelisch gestört erschienen, wurde nach schlüssigen Erklärungen gesucht, die aber möglichst außerhalb des Hauses Wittelsbach liegen sollten. Bereits 1912 wartete Wilhelm Strohmayer in seinem Buch »Psychiatrisch-genealogische Untersuchung der Abstammung König Ludwigs II. und Ottos I. von Bayern« mit einem verantwortlichen Ahnen auf, nämlich mit Herzog Wilhelm d. J. von Braunschweig-Lüneburg, einem Vorfahren der Königin Marie aus dem 16. Jahrhundert. Es war bestimmt am unverfänglichsten, die Herkunft der Krankheit auf die preußische Verwandtschaft abzuschieben, eine Lösung, die auch jedem aufrechten Bayern dieser Zeit eingängig war. Strohmayer resümierte: *Läßt doch die simpelste, aber gewissenhafte Betrachtung der Wittelsbacher die Tatsache mit Händen greifen, dass von einer Degeneration bei ihnen überhaupt keine Rede sein kann, dass sie deshalb auch nicht die Ursache sein kann für den Untergang eines kleinen Familiensegments, sondern dass das explosive Hervortreten zweier geisteskranker Brüder lediglich dem Umstand zuzuschreiben ist, dass ein schwächlicher Vertreter der Wittelsbacher Dynastie in dem vereinigten Hohenzollerisch- Braunschweigischen Blute seiner Frau eine höchst unglückliche Ergänzung fand.*[27]

Hat es sich Strohmayer zu einfach gemacht oder hat er – man schrieb schließlich das Jahr 1912 – einfach Rücksicht auf das noch regierende Haus Wittelsbach genommen?

Der von Strohmayer angeführte Herzog Wilhelm v. Braunschweig-Lüneburg war zweifellos geisteskrank und regierungsunfähig. Er hinterließ, als er 1592 mit siebenundfünfzig Jahren verstarb, sieben Söhne und acht Töchter, die weit verstreut in alle möglichen Dynastien einheirateten. So wurde zum Beispiel die älteste Tochter Dorothea 1597 mit Herzog Karl v. Birkenfeld aus dem Hause Wittelsbach verheiratet. Will man also im bedauernswerten Herzog Wilhelm v. Braunschweig-Lüneburg die Wurzel allen Übels sehen, so muß man zugeben, daß sein »verrücktes« Blut ebenfalls in den Adern der Wittelsbacher strömte, wenngleich über fünf Generationen hin bis zu Max II. reichlich verdünnt. Die gleiche Verdünnung hat sein Blut allerdings auch auf dem Weg über die Ahnenreihe der Königin Marie durchgemacht.

Da mag auch das Argument nicht recht überzeugen, es habe im Geschlecht der Königin Marie der Urahn Wilhelm v. Braunschweig-Lüneburg von zwei Seiten hereingewirkt: einerseits über einen ihrer Urgroßväter, August Wilhelm v. Preußen, der den inkriminierten Herzog Wilhelm d. J. gleich dreimal zum Ur-Ur-Ur-Großvater hatte, andererseits über zwei Urgroßmütter, die von Pfalzgraf Christian III. v. Birkenfeld-Zweibrücken abstammten, dessen Urgroßvater wiederum eben jener mit einer Tochter Herzog Wilhelms verheiratete Wittelsbacher Karl v. Birkenfeld war. Damit wird jedoch klar, daß Marie auch wittelsbachische Vorfahren hatte.

Eugen Roesle, der 1962 Wilhelm Strohmayers Untersuchung weiterführte, fand heraus, daß alle Großeltern, und deshalb auch beide Elternteile von Ludwig und Otto von besagtem Herzog Wilhelm d. J. v. Braunschweig-Lüneburg abstammten. So habe die von Wilhelm ausgehende Erblinie im Ehepaar Max II. von Bayern und Marie von Preußen ihren Kulminationspunkt erreicht und zur Katastrophe geführt. Diese These, die nun die Wittelsbacher als Träger negativen Erbguts einbezieht und nicht mehr ausschließlich die Familie von Königin Marie belastet, hat allerdings den großen Nachteil, daß sie sich nur mehr auf eine einzige Ursache konzentriert, nämlich die Geisteskrankheit des Herzogs v. Braunschweig-Lüneburg aus dem 16. Jahrhundert.

Dabei gab es in der Ahnenreihe der Wittelsbacher bis zu den Königen Ludwig und Otto immer wieder psychisch kranke Personen, die auch aus anderen Linien stammten.

So war etwa der Bruder des ersten bayerischen Königs Max I. Joseph, Herzog Karl August von Birkenfeld-Zweibrücken, unter dem Beinamen »der wilde Karl« bekannt. Er führte ein ausschweifendes Leben, schikanierte seine Untertanen und war überhaupt von so bestialischer Wildheit, Grausamkeit und Zügellosigkeit, daß an seinem klaren Verstande gezweifelt wurde.

Die Sulzbachische Linie der Wittelsbacher wurde von der Herzogin v. Orleans folgendermaßen charakterisiert: *Die sulzbachischen Kinder haben schöne Figuren, sind aber einfältig, dass man darüber lachen muß.*[28]

Unter den Kindern König Ludwigs I. sind einige, deren Verhalten mehr oder weniger stark vom Normalen abwich. Zu ihnen gehört Otto I., ein problematischer Charakter, der seiner Aufgabe als König von Griechenland nicht gewachsen war. Er starb nach seiner Absetzung durch eine Militärrevolution und der Vertreibung aus Griechenland im Alter von zweiundfünfzig Jahren.

Ludwigs Tochter Alexandra, die zu ihrer Zeit eine recht beliebte Schriftstellerin für die Jugend war, lebte mit der Zwangsvorstellung, ein gläsernes Klavier oder Sofa verschluckt zu haben; die Angaben hierzu schwanken, jedenfalls muß es sich um ein größeres Möbelstück gehandelt haben. Sie litt außerdem unter einer Sauberkeitspsychose; die Kammermädchen mußten stundenlang ihre Kleider abbürsten. Zudem hatte sie Angst vor bestimmten Farben. Alexandra starb bereits im Alter von neunundvierzig Jahren als Äbtissin des St. Anna Damenstiftes in München. Ihr Zeitgenosse Cajus Möller schrieb in einem Zeitungsbericht: *Unter den Kindern Ludwigs I. galt die unvermählt gebliebene Prinzessin Alexandra für »wahnsinnig«. Sie war dies nicht eigentlich; wohl aber konnte sie bei dem Anblicke gewisser Physiognomien, resp. Farben oder auch dem Geruche gewisser Blumen gegenüber plötzlich sinnesverwirrt werden.*[29]

Ein weiterer Sohn Ludwigs, Adalbert, war in Behandlung bei dem schwäbischen Dichter Justinus Kerner, der auch als Psychotherapeut wirkte. Adalbert sollte die Nachfolge seines glücklosen Bruders Otto von Griechenland antreten, konnte sich dazu aber nicht entschließen. Der Neurologe Otto Joachim Grüsser hat in diesem Zusammenhang in seiner Biographie über Justinus Kerner angemerkt, daß so den Griechen ein geistig gestörter König erspart worden sei.[30] Justinus Kerner, der vom Hof in München einen Ehrensold bezog, war nämlich auf Veranlassung von König Max II. angehalten, bei den Behandlungen auf Adalbert im Sinne einer positiven Entscheidung für die Nachfolge in Griechenland einzuwirken. Adalbert seinerseits wollte von Kerner erfahren, ob er der in einer griechischen Prophezeiung gegen Mitte des 18. Jahrhunderts beschriebene Mann sei, von dem es hieß, es werde ein blonder König kommen, der die Griechen nach Konstantinopel führe. Außerdem wollte Adalbert vor einer Entscheidung unbedingt die sogenannte »Wasserschauerin« befragen, eine wahrsagenden Bäuerin aus Weinsberg, mit der Kerner einige Versuche durchgeführt hatte. Kerner wußte diese Begegnung mit vielen Ausflüchten zu verhindern, da ihm die Angelegenheit politisch zu gefährlich zu werden drohte. Adalbert fand dann einen Ersatz in einer Münchner Wahrsagerin, der »Marquise von Milan«, die ihm aber nicht den Weg nach Griechenland, sondern – wie er herauszuhören glaubte – nach Spanien wies, wo er sich schließlich verheiratete. Auch Adalbert starb früh mit siebenundvierzig Jahren.

Diese Beispiele zeigen, daß die Wittelsbacher durchaus erblich belastet waren. Strohmayer, dem die dargestellten Fälle bekannt waren, machte als guter bayerischer Patriot wiederum die Gattin von Ludwig I., Therese von Sachsen-Hildburghausen, verantwortlich: *Therese hat nichts Hervorragendes in die Wagschale zu werfen, weder psychisch, noch körperlich, bei der höchst mittelmäßigen, zum Teil direkt pathologischen psychischen Konstitution der sächsischen und der tuberkulösen Disposition der hessischen Vorfahren.*[31]

Beim Studium der Ahnentafeln zeigt sich, daß sowohl Max II. als auch seine Frau Marie von Preußen hessische Vorfahren haben. So kam zum Beispiel Auguste Wilhelmine, die erste Frau des späteren Königs Max I. Joseph und Mutter Ludwigs I., aus dem Hause Hessen-Darmstadt. Ihre Eltern, also Ludwigs I. Großeltern mütterlicherseits, Georg Wilhelm v. Hessen-Darmstadt und Marie v. Leiningen waren zugleich die Urgroß-eltern jener angeblich so »wenig hervorragenden« Therese v. Sachsen-Hildburghausen, die mit Ludwig I. verheiratet war. Es führt in die Irre, ein einzelnes Adelsgeschlecht einseitig für negative Veranlagungen ver-antwortlich zu machen, ohne nach den früheren Verbindungen und Verflechtungen mit anderen Geschlechtern zu forschen.

Es gibt noch weitere genealogische Verflechtungen: Pfalzgraf Chri-stian III. v. Birkenfeld, einer der Urgroßväter aus der väterlichen Linie Ludwigs I., und damit ein Ur-Urgroßvater von Max II. taucht gleich zweimal als Ur-Urgroßvater auch der Königin Marie von Preußen auf, sowohl von väterlicher wie von mütterlicher Seite. Deshalb war seine Tochter Karoline Luise von Birkenfeld-Zweibrücken, verheiratet mit Landgraf Ludwig IX. v. Hessen-Darmstadt, Maries doppelte Urgroßmut-ter. Zwei Großmütter Maries, Friederike Luise und Karoline von Hessen-Darmstadt, waren Schwestern, ihre Eltern somit Cousin und Cousine. Das von Strohmayer kritisierte hessische Blut der Königin Therese war also bereits mit wittelsbachischem Blut vermischt.

In der Generation der Ur-Urgroßeltern Maries v. Preußen taucht auch Landgraf Ludwig VIII. v. Hessen-Darmstadt auf, der wiederum zu den Ur-Urgroßeltern ihres Mannes Max II. zählt. Dies hat zur Folge, daß von den insgesamt vier Großmüttern der Gatten Max II. und Marie drei aus dem Hause Hessen-Darmstadt stammen:

1. die Großmutter von Max väterlicherseits, Marie Wilhelmine v. Hes-sen-Darmstadt,

2. die Großmutter von Marie väterlicherseits, Friederike Luise v. Hessen-Darmstadt,

3. die Großmutter von Marie mütterlicherseits, Karoline v. Hessen-Darmstadt, die ihrerseits wiederum mit einem Verwandten, Landgraf

Friedrich V. v. Hessen-Homburg verheiratet war.

Diese Großmutter sah Geister und ging daher häufig erst morgens zu Bett, um ihren ungebetenen Besuchern zu entgehen.

Königin Marie hatte also – genau wie ihr Ehemann Max II. – neben hessischem auch wittelsbachisches Blut in den Adern, und zwar von beiden Eltern her.

Über Maries Mutter, Marianne v. Hessen-Homburg, berichtete Reichsfreiherr vom und zum Stein, daß sie einen unwiderstehlichen Hang zur Einsamkeit besitze.

Die komplizierten dynastischen Verflechtungen sind schwierig nachzuvollziehen, spiegeln jedoch wider, in welchem Ausmaß nahezu alle Adelshäuser miteinander versippt waren. Wenn auch die Gefahren der Inzucht schon bekannt waren, wurden rein erbbiologische Überlegungen in der Regel hintangestellt. Dynastische und machtpolitische Ziele, auch die Zusammenführung oder Bewahrung von Besitztümern hatten Vorrang. Es gab zwar kirchliche Verbote bezüglich der ehelichen Verbindung von Blutsverwandten untereinander. Dem Adel und gar regierenden Häusern gegenüber nahm man dies aber nicht so genau; erforderliche Dispensen wurden relativ großzügig gewährt.

Je tiefer man in das Netz der genealogischen Zusammenhänge eindringt, desto unbegreiflicher wird die Fixierung auf den armen Herzog Wilhelm v. Braunschweig-Lüneburg als Quelle alles Bösen. In sämtlichen Zweigen, die bei den infrage stehenden Geschlechtern der Wittelsbacher und der Hohenzollern kreuz und quer zusammenlaufen, hat es immer wieder geistig abnormale oder zumindest gestörte Vertreter und Vertreterinnen gegeben. Es führt zum Beispiel auch eine relativ direkte Linie von der spanischen Königin Johanna der Wahnsinnigen zum bayerischen Königshaus, denn eine Urenkelin von Johanna, Magdalene v. Jülich, heiratete im 16. Jahrhundert den Wittelsbacher Johann I. v. Pfalz-Zweibrücken, einen Vorfahren von König Max I. Joseph, dem Vater von Ludwig I. Die Mutter von Max I. Joseph, also Ludwigs I. Großmutter, Maria Franziska v. Pfalz-Sulzbach, war ebenfalls Wittelsbacherin. Sie war somit in der gleichen Generationslinie ebenfalls mit Johanna der Wahnsinnigen verwandt. Bereits über den Ehemann Philipp den Schönen von Burgund ist übrigens auch das Haus Habsburg in direkter Linie mit der spanischen Johanna verwandt.

Bei näherer Betrachtung zeigt sich, daß sogar die von Strohmayer geschmähte Königin Therese mit ihrem Mann Ludwig I. verwandt war, denn Therese war die Enkelin von Ludwigs Tante Friederike Karoline v. Hessen-Darmstadt.

Die Mutter der Königin Marie v. Preußen, Amalie Marie Anna v. Hessen-Homburg, litt unter Schwermut, ihr Vater, Prinz Friedrich Wilhelm Karl v. Preußen, neigte zu Zurückgezogenheit, Einsiedelei und Entscheidungsschwäche.

Dessen Vater, König Friedrich Wilhelm II. v. Preußen wurde für seine erotischen Eskapaden berühmter als für seinen königlichen Arbeitseifer. Die erste Ehe mit seiner Cousine Elisabeth v. Braunschweig-Bevern wurde bereits nach vier Jahren geschieden, weil sich Elisabeth für die Seitensprünge ihres Gatten revanchierte. Er selbst vermählte sich in zweiter Ehe mit Friederike Luise v. Hessen-Darmstadt, der Großmutter der schon oft genannten Königin Marie, Gattin von Max II.. Der Vater von Friederike Luise, Landgraf Ludwig IX. v. Hessen-Darmstadt, galt wiederum als geisteskrank. Er war krankhaft ängstlich und von ständiger Gespensterfurcht erfüllt. Deshalb durchwachte er oft die Nächte bei Kerzenlicht und ging erst frühmorgens zu Bett. Seinem Vater Landgraf Ludwig VIII. v. Hessen wurden ähnliche und noch andere Absonderlichkeiten nachgesagt.

Eheähnlicher als mit den angetrauten Gattinnen lebte Friedrich Wilhelm II. mit Wilhelmine Encke, der Tochter eines Hornisten aus der Hofkapelle, die pro forma mit einem Kammerdiener namens Rietz verheiratet war und später in den Stand einer Gräfin v. Lichtenau erhoben wurde. Mit ihr hatte der König sechs Kinder, was ihn freilich nicht hinderte, auch mit der Hofdame Julie v. Voß ein Verhältnis einzugehen, das nicht ohne Folgen blieb, worauf Fräulein v. Voß zu einer Gräfin v. Ingenheim gemacht und die Verbindung mit dem Segen der Kirche in eine Ehe zur linken Hand umgewandelt wurde. Eine weitere Ehe zur linken Hand schloß Friedrich Wilhelm II. mit Gräfin Sophie v. Dönhoff, die er später allerdings in die Schweiz verbannte, weil sie sich in die Regierungsgeschäfte einmischte.

Friedrich Wilhelm II. starb mit dreiundfünfzig Jahren in einem Stadium fortgeschrittener Arteriosklerose.

Sein Vater, also der Ur-Großvater von Königin Marie, war Prinz August Wilhelm v. Preußen, ein jüngerer Bruder Friedrichs des Großen. Von schwächlicher Gesundheit starb er bereits im Alter von sechsunddreißig Jahren. Die Ärzte diagnostizierten eine Art Gehirnentzündung.

Der Vater August Wilhelms und Friedrichs II. wiederum, also der Ur-Urgroßvater von Königin Marie, war der für seine eigentümlichen

Erziehungsmethoden bekannte »Soldatenkönig« Friedrich Wilhelm I. von Preußen.

Die Linie der Wittelsbacher »in Bayern« stammt wie die bisher in ihren Verflechtungen betrachtete Linie »von Bayern« aus der Pfälzer Linie der Wittelsbacher, die sich nach der fast 450 Jahre zurückliegenden Teilung der Wittelsbachischen Lande herausgebildet hatte. Die altbayerische Linie der Wittelsbacher endete 1777 mit dem Tod des kinderlosen Kurfürsten Max III. Joseph, der ungeimpft mit fünfzig Jahren den Pocken erlag, obwohl er seinem Volk die Pockenimpfung per Gesetz verordnet hatte. Mit dem neuen Kurfürsten Karl Theodor traten die »Pfälzer« die Herrschaft in Bayern an. Karl Theodor, der den lebenslustigen Hof in Mannheim nur ungern verlassen hatte, um in das eher biedere München überzusiedeln, wäre zu gerne wieder nach Mannheim zurückgegangen und spielte daher mit dem Gedanken, Bayern an die habsburgischen Österreicher zu verschachern. Das wußte die resolute Herzogin-Witwe Maria Anna Josepha aus der Sulzbacher Linie der Wittelsbacher zu verhindern. Es gelang ihr, den Preußenkönig Friedrich II. – den Großen – einzuschalten, der den geplanten Anschluß durch den sogenannten »Kartoffelkrieg« oder auch »Zwetschgenrummel«, wie er auf der österreichischen Seite hieß, im nachfolgenden Frieden von Teschen 1779 zu Fall brachte. Bayern mußte im Teschener Frieden zwar das Innviertel an Österreich abtreten, der bayerische Staat blieb jedoch erhalten. Friedrich der Große gelangte dadurch »zur Ehre der bayerischen Herrgottswinkel«, denn viele Bayern stellten damals aus Dankbarkeit für die Verhinderung des Anschlusses an Österreich das Bild des preußischen Königs im Herrgottswinkel auf.

Kurfürst Karl Theodor hatte wie sein Vorgänger keinen männlichen Erben, zumindest keinen legitimen. So kam nach ihm ein weiterer – oben schon mehrfach genannter – Pfälzer aus der Birkenfelder Linie, sein Neffe Max Joseph, zunächst als Kurfürst Max IV. Joseph und ab 1806 als erster bayerischer König Max I. Joseph auf den Thron. Dessen Schwester Maria Anna war, auch wieder innerhalb der Familie, mit Pfalzgraf Wilhelm v. Zweibrücken-Birkenfeld-Gelnhausen verheiratet. Ihm verlieh der königliche Schwager Max I. Joseph den Titel eines Herzogs »in Bayern«; die zwei Linien derer »von« und »in« Bayern waren also eng miteinander verwandt. Da beide aus der Birkenfelder Linie stammten, hatten sie in Herzog Wilhelm d. J. v. Braunschweig-Lüneburg einen gemeinsamen Vorfahren!

Der Sohn von Maria Anna und Pfalzgraf Wilhelm war Herzog Pius in

Bayern. Er war körperbehindert und geistesschwach, wechselweise aggressiv und menschenscheu. Am Ende seines Lebens wurde er Eremit und starb mit einundfünfzig Jahren in Einsamkeit.

Ihm folgte sein Sohn Herzog Max in Bayern, der »Zithermaxl« und Vater der späteren Kaiserin Elisabeth. Er war mit Ludovica, der Tochter von Max I. Joseph, also wieder einer Wittelsbacherin – und zwar aus der Linie der »von Bayern« – verheiratet. Strohmayer bemerkte dazu in seiner Untersuchung: *Im Stamme der Ludovica geht das Psychotische um. Sie hat nebenbei bemerkt ihren Onkel geheiratet. Ihr Vater Max I. Joseph und die Großmutter ihres Mannes, Maria Anna, waren Geschwister.*[32]

Elisabeth in Bayern heiratete bekanntlich den Habsburger Kaiser Franz Joseph I. Er war ihr Cousin, denn seine Mutter Sophie war ihre Tante mütterlicherseits. Die Kinder des Kaiserpaars, darunter der unglückliche Thronfolger Rudolf, waren im Grunde zu zwei Dritteln Wittelsbacher: von sechs Vorfahren, Eltern und Großeltern, waren vier wittelsbachischer Herkunft, nämlich (1) die Mutter Elisabeth, (2) und (3) beide Großeltern mütterlicherseits, Max und Ludovica, sowie (4) die Großmutter väterlicherseits, Sophie. Nur von der väterlichen Seite kam ein habsburgischer Großvater, Franz Karl, der Bruder Kaiser Ferdinands I. Franz Karl war körperlich gebrechlich und von schwachem Geist; sein Bruder Ferdinand war Epileptiker. Die Brüder stammten beide aus der zweiten Ehe Kaiser Franz I. mit Maria Theresia v. Bourbon-Neapel. Franz und Maria Theresia waren über seine Mutter Cousin und Cousine. Eben diese Mutter von Kaiser Franz I., Maria Ludovica, stammte wie seine Gattin aus dem Haus Bourbon-Spanien und so traf bei den Nachkommen von zwei Seiten das zu dieser Zeit nicht gerade als hervorragend geltende Blut der spanischen Königsfamilie zusammen.

Auch das Haus Braunschweig, das mit seinen Linien Lüneburg und Wolfenbüttel in Bayern soviel Aufregung verursachte, spielte in der Habsburger Generationenfolge immer wieder eine Rolle. Kaiser Joseph I. von Österreich war mit einer Urenkelin des inkriminierten Herzogs Wilhelm aus dem 16. Jahrhundert verheiratet, mit Wilhelmine Amalie v. Braunschweig-Lüneburg. Kaiserin Maria Theresia hatte eine Braunschweigerin zur Mutter, Elisabeth Christine v. Braunschweig-Wolfenbüttel, und über sie den Herzog Ludwig Rudolf v. Braunschweig-Wolfenbüttel zum Großvater.

Aber nicht nur im 16. Jahrhundert gab es Sonderlinge bei den Braunschweigern. So schrieb Kaiser Franz Joseph I. am 31. Oktober 1867 aus

Paris an Elisabeth: *Gestern vor dem Frühstück war auch der verrückte Onkel von Braunschweig bei mir. Er sieht ganz unglaublich aus.* Gemeint ist der 1830 als regierungsunfähig erklärte Herzog Karl III. v. Braunschweig-Wolfenbüttel, der sich in Paris niederließ.

Nora v. Fugger-Hohenlohe, eine Zeitgenossin von Franz Joseph I. und Elisabeth, hat in ihrem Rückblick auf den »Glanz der Kaiserzeit« eine Begegnung mit Kaiserin Elisabeth geschildert und dabei auch ihre Schlüsse über die erblichen Belastungen der Wittelsbacher wie der Habsburger gezogen:

Eines Vormittags begegnete ich ihrem Wagen, der sie in dem abgesperrten oberen Teil des Schönbrunner Parks abholen sollte. Ich lief rasch nach und wartete mit mehreren Menschen, die gleich mir hofften, nun endlich einmal die Kaiserin zu Gesicht zu bekommen. Wir warteten sehr geduldig eine geraume Zeit, bis endlich das Tor geöffnet wurde. Wir sahen den schönen Wagen mit den Goldrädern, gezogen von Lippizanerschimmeln, herannahen. Doch welche Enttäuschung – die Kaiserin hatte rasch die Vorhänge im Wagen herabgezogen, so daß wir sie nicht sehen konnten ... Unwillkürlich kam mir in den Sinn, daß die geistige Veranlagung der Kaiserin doch keine normale sein könne. Allgemein sprach man davon, daß das Wittelsbacher Blut daran die Schuld trage. Richtiger schiene es mir, die anormale Veranlagung auf die Blutströme der Landgrafen von Hessen zurückzuführen, die allerdings in den Adern der Wittelsbacher fließen. Es ist eigentümlich, daß gerade bei den Landgrafen von Hessen auch vielfach die Manie bestand, sich den Blicken der Menschen zu entziehen. Die in den sechziger Jahren verstorbenen letzten Damen aus dem Geschlechte der Hessen-Homburg sollen immer nur beim Einbruch der Dunkelheit in einer geschlossenen Kutsche ausgefahren sein, in der die Vorhänge herabgelassen waren ... Und als ich damals die geschlossenen Vorhänge im Wagen der Kaiserin erblickte, mußte ich unwillkürlich daran denken, wie sehr vererblich solche Dinge sind. Die exzentrische Veranlagung der Landgrafen von Hessen ist übrigens seit dem 17. Jahrhundert nachweisbar. Die hessische Erbkrankheit war das Geistersehen. An ihr hat schon Landgraf Georg II. von Hessen-Darmstadt gelitten, ebenso Friedrich II. von Hessen-Homburg, der Held von Fehrbellin und Landgraf Karl von Hessen-Kassel, »der kuriöse Herr und Seelenverkäufer«. Auch Ludwig IX. von Hessen-Darmstadt war von Geisterfurcht geplagt. Er verbrachte die Nächte meist wachend im Gespräch mit Hofbeamten oder mit ... seinem geistlichen Berater. Er war derart von Geisterfurcht gequält, daß er die großen Räume des Darmstädter Schlosses vollkommen gemieden haben soll ... Das Blut dieses hessischen Geschlechts floß infolge von Verwandtenehen in zwei Strömen durch die Adern sowohl der Kaiserin Elisabeth als auch ihres Vetters und Gemahls, des Kaisers Franz Joseph. Im Kronprinzen Rudolf vereinigten sich daher viermal die Blutströme dieses geistig ganz anormalen Geschlechts. Es ist nicht zu verwundern, daß Kronprinz Rudolf, erblich derart belastet, ein ungewöhnlicher Mensch war und auch ein ungewöhnlich tragisches Ende nahm.[33]

Der jugendliche König Ludwig II.

Ludwig wurde nach dem frühen Tod des Vaters am 10. März 1864 bereits mit achtzehn Jahren König. Er war zu diesem Zeitpunkt sicher noch keine fertige Persönlichkeit. Zum Vergleich: sein Vater Max II. bestieg den Thron mit siebenunddreißig Jahren, sein Großvater Ludwig I. mit neununddreißig Jahren.

Ludwig I. hielt sich beim Tod von Max II. gerade in Algier auf. Von dort schrieb der inzwischen siebenundsiebzigjährige Exmonarch am 14. März 1864 an den jüngeren Sohn Luitpold, den späteren Prinzregenten: *Arme Marie! Armer Ludwig auch! Dessen Jugend hin ist, mit 18 Jahren schon auf den Thron kommt, in welchem Alter er keine Erfahrung haben kann, keine Geschäftskenntnis und das in welcher Zeit ... Mein Sohn Maximilian ist für seinen Ruhm in günstiger Zeit gestorben.*[34]

Auch Ludwig selbst beklagte im Rückblick, daß er so früh auf den Thron gekommen war. In einem Gespräch mit dem Schriftsteller Felix Dahn im August 1873 im königlichen Jagdhaus auf dem Schachen meinte er: *Ich war zu jung damals ... ich bin überhaupt viel zu früh König geworden. Ich habe nicht genug gelernt. Ich hatte so schön angefangen, Staatsrecht zu lernen. Plötzlich ward ich herausgerissen und auf den Thron gesetzt. Nun, ich suche noch zu lernen ...*[35]

In der zeitgenössischen Presse finden sich ähnliche Ausführungen. So bemerkten die Münchener Neuesten Nachrichten in einer Artikelserie zum Kabinettssekretariat, die kurz vor Ludwigs Tod am 13. Mai 1886 erschien, über Ludwigs frühen Regierungsantritt: *Seit Ludwig XIV. wurde kein Monarch eines größeren Staates in so jungen Jahren zum Thron berufen, als Ludwig II. von Bayern und keiner fand schon an der Schwelle seiner Regierung so schwierige Fragen der inneren und äußeren Politik, deren Lösung die Erfahrung und den Beirath erfahrener Männer bedurfte. Seine Majestät der König hatte nur wenige Monate vor seinem Regierungsantritt (10. März 1864) die Volljährigkeit erreicht ... Von der Natur begabt mit dem idealen Flug einer glühenden Phantasie, mit der edlen Schwärmerei für das Schöne, Gute und Wahre und mit einem Wissensdurste, der den Urgrund aller Dinge zu erforschen strebte, hatte der Kronprinz schon in früher Jugend, während seiner humanistischen Studien, aus den ewig jungen Klassikern des Alterthums, sowie aus Shakespeare, Corneille, Racine, Lessing, Goethe, Wieland, Herder, vor Allem aber aus Schiller und aus dem Studium der Geschichte, jene hohen*

Gefühle, jene lichten Ideale, jene Vaterlandsliebe gesogen, welche er später als König in Thaten umsetzte ... Der Besuch der Universität München, an welcher der Kronprinz die naturwissenschaftlichen Vorlesungen von Liebig und Jolly hörte, vermochte sicher nicht den Hang zur Einsamkeit zu stören. Dieser Bildungsgang sollte seinen Abschluß finden in dem Studium der rechts- und staatswirthschaftlichen Disziplinen auf einer anderen deutschen Universität, damit der künftige König, ausgerüstet mit dem Wissen seines Jahrhunderts, sich der freien Geisteskultur und der sozialen Wohlfahrt seines Volkes widmen könne. Der Tod des Königs Max II. riß den Lernbegierigen hinweg von den Hörsälen der Gelehrsamkeit auf die steile Höhe der Majestät. Er mußte das Ruder des Staates ergreifen in einer Zeit, in der die Wogen höher und grollender rauschten, als manche Jahre seither.

Im Winter 1863/64 litt Ludwig an Gelenkrheumatismus. Er war in diesen Wintermonaten vor der Thronbesteigung überhaupt häufig krank, weshalb er auch beim Tanz- und Kostümfest im neuerstellten Residenztheater am Faschingsdienstag 1864 fehlte. Auf dem Ball traten Königin Marie als Kurfürstin Anna und Prinz Otto als Edelknabe in alter Tracht auf. König Max II. nahm an dem Fest offenbar auch nicht teil, da auf den erhaltenen Photographien nur Königin Marie in Begleitung von Prinz Luitpold abgebildet ist. Luitpolds Frau Augusta v. Österreich-Toskana verstarb übrigens bald nach Max II. am 26. April 1864.

Am 21. Oktober 1865, ein halbes Jahr nach seiner Krönung, unterrichteten die Münchener Neuesten Nachrichten ihre Leser über eine Geschwulst am Fuß des jungen Königs: *Mit dem Könige sind außer dem Flügeladjutanten Fürsten Thurn und Taxis in die Vorderriß abgegangen: Staatsrath von Pfistermeister, Oberappelrath Lutz und Leibwundarzt Schleiß von Löwenfeld. Eine Geschwulst am rechten Fuß schreiben die Ärzte dem allzu raschen Wachsthume des Königs zu.* Ein heranwachsender König also, über den wenig später, am 13. Dezember 1865 in derselben Zeitung berichtet wurde: *Der König litt seit einigen Tagen an heftigen Zahnschmerzen, gestern endlich ließ er sich durch Hrn. Dr. Koch einen Zahn ausnehmen.*

Die Zahnprobleme, die Ludwig II. zeitlebens verfolgten, begannen demnach schon sehr früh. Außerdem liefert die zitierte Meldung den ersten einer Reihe von Hinweisen darauf, daß die immer wiederkehrende Behauptung, der König habe sich geweigert, einen Zahnarzt zu konsultieren, nicht stimmen kann.

Eine weitere Meldung vom gleichen Tage korrigiert eine andere Legende über Ludwig II. Die Münchener Neuesten Nachrichten

König Ludwig II. (1867)

schrieben: *Seit der Thronbesteigung enthielt sich der König gänzlich jedes waidmännischen Vergnügens. Vorgestern entschloß er sich, eine Hofjagd abzuhalten. Sie findet übermorgen bei Schleißheim statt. Gegen 30 vom König auserwählte Schützen sind geladen.* Nachtrag am folgenden Tag: *Für die Jagd auf morgen ließ der König 47 Schützen laden.* Ludwig war also doch kein so strikter Gegner des Waidwerks wie oft behauptet wurde. Die Aussage, in seiner Gegenwart hätte kein Schuß abgegeben werden dürfen, scheint zumindest sehr übertrieben. Daß Ludwig in seiner Jugend gerne gejagt und gefischt hat, bestätigen zudem die Briefe an seine frühere Erzieherin Sybille Meilhaus. Am 24. November 1862 schrieb der damalige Kronprinz: *Im ganzen war das Wetter schön, wir benutzten es zu einigen Partien. Zu einer Wildentenjagd am Königsee und Obersee.* Am 23. Juli 1863: *Wir fischten alle Tage, den einen fischt einer von uns im Alpsee, den andern im Schwansee; ich fange fast jeden Tag einen Hecht.*[36]

Zunächst stürzte sich der junge König mit Begeisterung und viel Elan auf seine neuen Aufgaben, wurde sich aber sehr bald bewußt, welche Grenzen ihm von der eigenen Persönlichkeit, von seinem Umfeld – auch dem familiären, vor allem aber von Seiten des Ministerrats gesteckt waren. Die Minister, welche unter Max II. bedeutend an Macht und Einfluß gewonnen hatten, wollten keine Einschränkung ihrer Befugnisse hinnehmen, schon gar nicht durch den sehr jugendlichen König, den sie wohl nur bedingt als oberste Autorität anerkannten. Das Ministerium und ein perfekt funktionierender Verwaltungsapparat werden auch sogleich getestet haben, wie weit sie bei diesem neuen König gehen konnten, um dann mit Genugtuung festzustellen, daß kein nennenswerter Widerstand kam, der junge Monarch vielmehr Konfrontationen auswich und sich – wie man heute sagen würde »frustriert« – zurückzog. Ludwig II. war keine Kämpfernatur wie sein Großvater und hatte auch nicht dessen Durchsetzungsvermögen. Wie hätte es zum Beispiel sonst passieren können, daß in den letzten Wochen von Richard Wagners Aufenthalt in München die Kabinettskasse ein dem Komponisten vom König gegen den Willen seiner Berater gewährtes Darlehen in Höhe von 40 000 Gulden nicht in Scheinen auszahlte, sondern in Münzen. Cosima v. Bülow mußte mit zwei Kutschen anfahren, um mit Hilfe von mehreren Trägern das Geld abtransportieren zu lassen. Das geschah 1865, also nur ein Jahr nach Ludwigs II. Regierungsantritt!

Richard Wagner, den Ludwig schon seit Jahren schwärmerisch verehrte, wurde vom König gleich nach der Thronbesteigung nach

München geholt. Am 4. Mai 1864 war das erste persönliche Treffen. Daß Wagner in den Zeiten der 1848er Revolution Demokrat gewesen war und als Barrikadenkämpfer nach dem gescheiterten Dresdner Maiaufstand von 1849 aus seiner sächsischen Heimat hatte fliehen müssen, störte Ludwig nicht. Für Wagner war die Berufung durch den bayerischen König in jeder Beziehung die Rettung, vor allem freilich in finanzieller Hinsicht, da der zwar berühmte, doch völlig verschuldete Künstler von seinen Gläubigern verfolgt wurde und Ludwig II. sich ihm gegenüber als sehr freigebig erwies. Damit stieß der König in seiner Umgebung bekanntlich auf heftige Opposition; vor allem der Kabinettssekretär v. Pfistermeister äußerte erhebliche Bedenken gegen Ludwigs Großzügigkeit, worin ihn sowohl die Königin-Mutter wie auch der Staatsminister von der Pfordten unterstützten. Der Konflikt, in dem es auch um den Millionen teuren Bau eines von Gottfried Semper entworfenen Festspielhauses auf dem Gasteig ging, eskalierte. Richard Wagner suchte schließlich beim König auf die Entlassung Pfistermeisters hinzuwirken und forderte in einem anonymen Zeitungsartikel der Münchener Neuesten Nachrichten vom 29. November 1865 sogar die Entlassung des Kabinetts. Der im Anhang (S. 368 f.) vollständig abgedruckte Artikel gipfelte in dem Schlußsatz: *Ich wage Sie zu versichern, daß mit der Entlassung zweier oder dreier Personen, welche nicht die mindeste Achtung im bayerischen Volke genießen, der König und das bayerische Volk mit einem Male von diesen lästigen Beunruhigungen befreit wären.*

Bürgertum, Klerus und nun auch die Öffentlichkeit empörten sich über Lebensstil und Anmaßung des Komponisten. Ludwig II. geriet zunehmend unter Druck und wurde zuletzt gezwungen, Wagner schriftlich nahezulegen, er möge seinen Aufenthalt in München beenden. Am 10. Dezember 1865 reiste Richard Wagner aus München ab.

Wenige Monate vorher, im August 1865, hatte Wagner schon einmal München vorübergehend verlassen müssen. Der König bot ihm damals die Jagdhütte auf dem Hochkopf über dem Walchensee als »geheimen Aufenthaltsort« an. Diese Hütte, die Max II. hatte errichten lassen, war eine der liebsten Zufluchtsstätten Ludwigs. Wenn während eines Aufenthalts auf dem Hochkopf Staatsgeschäfte – von Ludwig gerne etwas verächtlich »Staatsfadaisen« genannt – zu erledigen waren, ritt er herunter zum Altlacher Forsthaus am Ufer des Walchensees und verschwand anschließend wieder auf dem Hochkopf. Von der *trauten Stätte* aus schrieb er später an Wagner: *Gestern begab ich mich nach dem geräuschvoll unruhigen Treiben des Tages (Fronleichnam) hierher nach dem abgeschiedenen trauten Hochkopf, wo ich auflebe in wonniger Einsamkeit, fern der Welt, die stets mich verkennt und mit der ich auch mich nie und nimmer befreunden kann und will. Warum diese stille und einfache Hütte mir werth und theuer ist und zwar werther als alle königlichen Schlösser mit ihrem Glanz und hohlen Prunk, brauche ich dem Theuren wohl kaum zu sagen, denn die traute Stätte war ja auch für ihn ein Zufluchtsort.*

Als Wagner, nur begleitet von seinem Diener Franz, sich im August 1865 auf dem Hochkopf aufhielt, genoß er anfangs den Reiz des primitiven Hüttenlebens. In seinem Tagebuch beschrieb er Aufstieg und Ankunft: *Gestern Abend spät, während des mühseligen Aufsteigens, blickte ich – todmüde – sehnsüchtig nach der Höhe um endlich das Ziel der Wanderung gewahr zu werden: da traf über dem Bergrande meine Blicke der erste hell blinkende Stern: Ohne viel nach der Himmelsrichtung zu fragen, nahm ich ihn für den Abendstern, und grüßte ihn laut »Cosima«. Das machte mir guten Mut ... Es wurde völlig Nacht, ehe ich, allen Leuten weit voraus, allein oben ankam, mit einem großen Bunde Schlüssel um die Hütte aufzuschließen: Glücklich traf ich den letzten Schlüssel, suchte mich im Finstern zu orientieren, fand des Königs Schlafstätte, streckte mich, in Schweiß gebadet, todmüde aus ... Gott, ehe Franz Licht zu Stand brachte! Es war eine wundervolle Konfusion ... Vollständige Wildnis. Kein Wasser aufzufinden. Wo ist ein Brunnen? ... Das war ein Tappen auf dem Berge, im Walde. Vergebens. Mühsames Umkleiden – ach! welche Verwirrung. Endlich, Brot, Wein und Wurst. Aber kein Wasser. Da mußte Mineralwasser – zur Kur mitgenommen – ausgepackt werden. Nun kam die gute Laune. Franz hatte meinen weißen Schlafrock mitgenommen. In seinen Glanz gehüllt durchwandelte ich nochmals die waldige Höhe, nach Wasser suchend. Nun schien der Mond: ich muß mich himmlisch ausgenommen haben! ... Alles hier oben ist über alle Beschreibung schön. Der Schlaf des Todmüden gelang ... Herrlicher Morgen, schönstes Wetter. Wanderung um die Höhe. Alle Erwartungen übertroffen: ganz unvergleichlich. Mein treues Asyl für die Zukunft ist gefunden.*

Jedoch bereits am dritten Tag notierte er: *Krank und elend, große Erkältung: Fieber. Hier einsam – ich kann mich nicht von der Stelle bewegen.* Zu allem Übel setzte auch noch schlechtes Wetter ein. Es begann ausdauernd zu regnen. Nach gut einer Woche verließ Wagner fluchtartig sein romantisches Refugium. Dem König berichtete er allerdings nur Gutes über seinen Hüttenaufenthalt. Ein Gedenkstein am Fuße des leicht und ohne größere Mühen zu ersteigenden Hochkopfs, aufgestellt von Wagnerfreunden, kündet noch heute von seinem Bergausflug.[37]

Im Volk waren die Meinungen über die Förderung Richard Wagners

Richard Wagner

durch den König geteilt. Die liberale und dem Modernen eher aufge-
schlossene studentische Jugend begrüßte das Mäzenatentum des jungen Königs. Anton Memminger, der spätere Chefredakteur der Bayerischen Landeszeitung, erinnerte sich: *Als sein Altersgenosse bezog ich 1865*
die Universität Würzburg, gerade zu der Zeit, da in München die Hetze gegen
den jungen König und seinen Günstling Richard Wagner mit erneuter
Heftigkeit einsetzte. Meinen Kommilitonen und mir selbst ging diese Treiberei
wider den Strich. Hatten wir doch aus der Literaturgeschichte den ganzen
Jammer kennen gelernt, der so manchen hervorragenden Geistern unserer Na-
tion das Leben durch qualvolle Sorgen und bange Nöte verbittert hatte. Daß
der junge König den damals schon berühmten Tondichter in seinen Schutz
nahm, erfüllte uns Studenten mit freudiger Bewunderung ... In Franken fand

man es auch ganz in der Ordnung, daß der König einen Tondichter von der Bedeutung Richard Wagners aus dem Elendwinkel hervorzog und auf ein höheres Podium stellte. Die Studenten insbesonder teilten meine Meinung, die ich bei einem Kommerse aussprach, da ich das übliche Königshoch auszubringen hatte: »*Ein König, der die Wissenschaften nicht vernachlässigt, darf auch mit dem Künstler gehen. Das Urtheil der Münchener Dunkelmänner, Bierdümpfel, Weißwurstphilister, Schmalzlerschnupfer, Hofbräuhäusler und Betschwestern kann für gebildete Männer nicht maßgebend sein. Sie sind zwar dort die Mehreren, aber auch die Dümmeren. ... Warum auch sollen wir dem hervorragenden Dichterkomponisten und seiner königlichen Kunst die königliche Gunst mißgönnen?! ... Oder wollen wir den Schimpfaposteln und Neidnickeln der Hauptstadt beipflichten, die dem großen Tonkünstler ein besseres Dasein mißgönnen, oder sollen wir den Flach- und Hohlköpfen beistimmen, die den jungen König und seine edlen Bestrebungen nur mit ererbtem Vorurteil und eingetrichtertem Parteihaß verfolgen? Nein, dazu geben sich deutsche Studenten nicht her.*«[38]

Anton Memminger, der wegen seines späteren Eintretens für Ludwig II. noch viel Ärger bekommen sollte, erhielt zumindest für diese Philippika stürmischen Applaus!

Schon die Zeitgenossen sahen gewisse Parallelen zwischen dem Verhältnis von Ludwig II. zu Richard Wagner und jenem von Ludwig I. zu Lola Montez. Der Volksmund nannte Richard Wagner denn auch bald »Lolus«. Dementsprechend schrieb Josephine Kaulbach, die Frau des Malers Hermann Kaulbach, an ihren Mann in Berlin: *Wagner spielt die Rolle der Lola.*

Lola Montez war von ihrem Ludwig schwärmerisch verehrt, von dessen Umgebung und zuletzt auch von der Öffentlichkeit jedoch heftig angefeindet worden. Auch sie hatte in gewaltiger Selbstüberschätzung versucht, beim König die Veränderung der Regierung und eine Auswechslung der Minister zu erreichen. Ludwig I. wurde schließlich zu ihrer Ausweisung gezwungen; Lola Montez mußte nach sechzehn Monaten Aufenthalt München verlassen. Richard Wagner blieb immerhin neunzehn Monate.

Überhaupt nicht vergleichbar ist allerdings der künstlerische Rang der beiden Günstlinge. So ist auch das Mäzenatentum der beiden Könige, das im Falle Ludwigs II. mit Wagners Abreise von München ja nicht endete, unterschiedlich zu bewerten; Ludwig II. finanzierte durch seine Zuwendungen die Entstehung bedeutender Opern. Die Kosten waren allerdings hoch. Während der relativ kurzen Aufenthaltsdauer

Wagners in München gab der König 190 000 Gulden (rd. 325 000 Mark) für seinen »theuren Freund« aus – wohlgemerkt aus seiner Zivilliste.

Man kann freilich den München-Aufenthalt Richard Wagners und seine Verbindung zu König Ludwig II. auch ähnlich kritisch beurteilen wie Martin Gregor-Dellin, der in seiner Wagner-Biographie unter der Kapitelüberschrift »Eine Farce, erstklassig besetzt« zu dem Ergebnis kommt: *Die angeblich so märchenhafte, glänzende und triumphale Episode, die Königsfreundschaft, als Erfüllung eines Traums und Höhepunkt einer Karriere oft gefeiert, erweist sich im nachhinein als das elendste, beschämendste und intriganteste Intermezzo, welchen Standpunkt man auch immer einnimmt. Von wenigen Randfiguren abgesehen, verloren alle Beteiligten ihr Gesicht – und versuchten es hinterher zu retten, indem sie ihren Selbstbetrug oder den fatalen Ausgang der Märchengeschichte einer Hofkabale anlasteten.*[39]

Nachdem Ludwig von allen Seiten zu dem Entschluß gedrängt worden war, Richard Wagner um seine Abreise aus München zu ersuchen, beauftragte er den Appelationsgerichtsrat Lutz, der zu dieser Zeit im Kabinettssekretariat beschäftigt war, mit der Vollstreckung des königlichen Beschlusses. Lutz mußte Richard Wagner den Wunsch des Königs mitteilen, er möge München verlassen.

Ironie des Schicksals! Ausgerechnet Johann Lutz wurde von König Ludwig II. im zweiten Regierungsjahr für die Mission bestimmt, die ihm so große innere Qual verursachte. Einundzwanzig Jahre später sollte derselbe, inzwischen geadelte und zum Vorsitzenden des Ministerrates ernannte Herr v. Lutz die Entmündigung seines Königs und dessen Internierung in Schloß Berg durchsetzen.

Die Wiener Presse kommentierte im Dezember 1865 die erzwungene Abreise Wagners: *Es zeugt vom knickerischen Geiste eines Volkes, wenn es mit den künstlerischen Intentionen seines Fürsten allzu haushälterisch rechnet. Würden die ultramontanen Philister es vielleicht vorziehen, wenn König Ludwig die Staatsgelder in Hoffesten à la Compiegne vergeudete.* Die Wiener Presse nahm offenbar gar nicht wahr, daß es nicht um Staatsgelder, sondern um Mittel aus der Zivilliste des Königs ging.

Sehr bemerkenswert ist ein Leitartikel, der am 12. Januar 1866, einen Monat nach der Abreise Richard Wagners, in den Münchener Neuesten Nachrichten erschien. Sein Autor, der mit dem Kürzel Fr. K. zeichnete, bezog unter der Überschrift »Königsfreiheit« zunächst Stellung zu den Vorgängen um Wagner, nahm diese aber auch zum Anlaß, sich grundsätzlich über die Lage des Königs in seinem höfischen und politischen Umfeld zu äußern: *Heutzutage haben souveräne Fürsten und Könige*

... kaum mehr die Freiheit, im eigenen Hause sich frei zu bewegen ... auf jedem Schritte und Tritte umgibt sie jenes Überbleibsel alter unumschränkter Macht, die Hofetiquette, freilich jetzt leer und inhaltslos, weil der darin versteckte abergläubische Götterkultus des Fürsten aus dem Glauben der Menschen entwichen ist ... Sonst war man besonders in konstitutionellen Staaten der Ansicht, daß in der Feststellung der Civilliste des Königs die genaue Grenze gezogen sei, wo das Interesse und das Recht des Landes, dreinzureden, was die Krone ausgäbe, ... aufhöre. ... Der Eindringling wird fortgejagt und dem betretenen Fürsten das Medusenbild des »beunruhigten Volkes« vorgehalten, auf daß er künftig »in das was sich schickt und zum Guten führt« sich fügen lerne, denn was sich biegen soll, muß man beizeiten daran gewöhnen!.

(Der ganze Artikel ist im Anhang, S. 370 ff., ungekürzt abgedruckt.)

Als Ludwig im Mai 1866 gegen jeden Rat und inkognito, nur von einem Reitknecht begleitet, nach Tribschen bei Luzern in der Schweiz zu Wagners Geburtstag reiste, während sich in Bayern die politische Lage zuspitzte und eine kriegerische Verwicklung mit Preußen drohte, vermerkte Fürst Hohenlohe in seinem Tagebuch: *Der König hat sich unter den Münchner Bürgern durch seine Reise nach der Schweiz sehr geschadet. Man soll ihm öffentlich auf der Strasse Schimpfworte nachgerufen haben; bei der Fahrt nach der Kirche am Eröffnungstag des Landtags ist er vom Publikum nicht behurrat worden, und man hat ihn kaum gegrüßt.*

Ludwig ließ solcher Unwille jedoch ungerührt. Wieder in München telegraphierte er am 27. Mai 1866 an Cosima v. Bülow: *Kammer-Eröffnung heute stattgehabt, Empfang eiskalt! Presse schändlich! Glaubt die Freundin, daß ein Augenblick des Zagens und der Reue mich befällt? O nein! Unerschütterlich fest das große Ziel im Auge. Selig und geweiht durch jene wonnevolle Zeit.*[40]

Das Verhältnis Ludwigs zu Richard Wagner war auch nach dem Weggang Wagners aus München nicht immer problemfrei. Die überschwänglichen Briefe des Königs an den »großen Meister«, die auf den heutigen Leser manchmal recht schwülstig wirken, sollten nicht darüber hinwegtäuschen, daß Ludwig trotz aller Verehrung für den Künstler Wagner und für dessen Werk, dem Menschen Wagner – und auch Cosima v. Bülow – mit gewisser Distanz und gelegentlich auch mit abwägender Vorsicht begegnete.

Am 9. Dezember 1867 schrieb Ludwig an den Hofsekretär v. Düfflipp: *Jüngst erhielt ich einen Brief von Richard Wagner, der mich bittet, Frau v. Schnorr zu strafen; in welcher Weise lehrt der Teil des Briefes, den ich hier bei-*

lege; senden Sie ihn mir bald zurück; auch sehe ich Ihren Vorschlägen in betreff dieser Angelegenheit entgegen. Mir sind die ewigen Streitigkeiten und Klagen von Seiten Wagners, Bülows, Porges, Fröbels und Anhang in Grund und Boden zuwider geworden. Ich habe soviel Nachsicht und Geduld mit diesen Leuten gehabt, ihnen wirklich viele Wohltaten erwiesen, sodaß sie allen Grund haben, endlich zufrieden und dankbar zu sein; mein Geduldfaden beginnt endlich zu reißen.

Malwine v. Schnorr, Sängerin und Witwe des Wagnersängers Ludwig Schnorr von Carolsfeld, bildete sich ein, Wagner müsse sie heiraten. Dem Meister war dies offenbar lästig, da er andere Pläne hatte. Daß er Ludwig II. in seine Liebeshändel einschalten wollte, war doch recht unverfroren und zeigt wenig Respekt vor dem königlichen Gönner. Ludwig schöpfte auch alsbald Verdacht über die Beziehung Wagners zu Cosima v. Bülow. Wenige Tage nach dem oben zitierten Brief schrieb er am 13. Dezember erneut an Düfflipp, der ihm anscheinend einige Fingerzeige gegeben hatte: *Diesen Abend erhielt ich Ihren Brief. Ich bin wie aus allen Wolken gefallen. – Diese feine, geistvolle Frau v. Bülow widmet sich der Preßschmiererei! schreibt diese heillosen Artikel, fürwahr, eines solchen Bubenstreiches hätte ich die gebildete Cosima nicht für fähig gehalten! – Noch mehr aber wundert es mich, daß Sie meinen, die Angelegenheit zwischen Wagner, Fr. v. Bülow, Fr. v. Schnorr sei nicht koscher – sollte das traurige Gerücht also doch wahr sein, welchem Glauben zu schenken, ich mich nie entschließen konnte, sollte also wirklich Ehebruch im Spiel sein! – dann wehe!*[41]

Bei den erwähnten Artikeln, die Düfflipp fälschlicherweise Cosima v. Bülow zugeschrieben hatte, handelt es sich um eine »Deutsche Kunst und Politik« überschriebene Artikelserie in der 1867 von dem Publizisten Julius Fröbel neugegründeten Süddeutschen Presse. Schon die erste Probenummer brachte – gleichsam als Leitartikel – die erste Folge dieser Serie, von der im Lauf des Jahres noch zwölf weitere Fortsetzungen folgten. Der Verfasser blieb anonym; tatsächlich war es Richard Wagner, der in Tribschen zur Feder gegriffen hatte und wieder einmal journalistisch tätig wurde. Cosima v. Bülow hatte nur die Korrespondenz mit Fröbel geführt.

Ludwig war offensichtlich nicht begeistert. In den Artikeln wurden die Franzosen angegriffen und im Zusammenhang mit dem Deutschen Krieg von 1866, in dem auch Bayern eine Niederlage hinnehmen mußte, vom »glorreichen Sieg« Preußens geschrieben. Ob Ludwig, wie gelegentlich behauptet wird, eingriff und das Erscheinen weiterer Folgen verhinderte, ist zu bezweifeln. Er hätte wohl nicht erst dreizehn

Folgen abgewartet, denn die politische Tendenz war schon zu Beginn der Veröffentlichung auf den ersten Seiten erkennbar.

Wagner sollte sich mit seinem Freund Fröbel kurze Zeit nach der Veröffentlichung der Artikelserie überwerfen.

Für seinen 24. Geburtstag am 25. August 1869 hatte sich Ludwig in den Kopf gesetzt, die Uraufführung von Richard Wagners Oper »Das Rheingold« zu erleben. Wagner wollte eine Aufführung in München vom schweizerischen Tribschen aus unbedingt verhindern, war er doch der Meinung, daß sie ohne ihn nicht gelingen könne. Erhebliche Schwierigkeiten mit der Bühnentechnik brachten denn auch den Termin der Hauptprobe ins Wanken; sie mußte um einige Tage verschoben werden, fand dann aber am 29. August statt. Doch gleich folgte der nächste Schlag: der Dirigent Hans Richter legte den Stab nieder und reichte um seine Entlassung als Hofkapellmeister ein; die von auswärts verpflichteten Sänger packten auf Betreiben Wagners ihre Koffer und reisten ab, angeblich weil sie sich mit der Inszenierung nicht einverstanden erklären konnten.

Der König war wütend. Die angekündigte Uraufführung hatte viel Aufmerksamkeit auf sich gezogen, es wurde prominentes Premierenpublikum erwartet. In einem Brief an seinen Hofsekretär Düfflipp schrieb Ludwig: *Wahrhaft verbrecherisch und schamlos ist das Gebaren von Wagner und dem Theatergesindel; es ist dies eine offenbare Revolte gegen Meine Befehle und dieses kann Ich nicht dulden ... denn wenn diese abscheulichen Intriguen Wagners durchgingen, so würde das ganze Pack immer dreister und unverschämter ...*

Richard Wagner schickte einen Fluch aus der Schweiz:
Der Fluch, er will, daß nie das Werk gelinge
als dem, der furchtlos wahrt des Rheines Gold.
Doch euer ängstlich Spiel mit Leim und Pappe
bedeckt gar bald des Niblungs Nebelkappe.

Als endlich ein Dirigent gefunden war, der bereit war einzuspringen, depeschierte Wagner wütend: *Hand weg, von meiner Partitur! Das rath ich Ihnen, Herr, sonst soll Sie der Teufel holen!*[42]

Doch in München ließ man sich nicht einschüchtern. Am 22. September 1869 fand im Königlichen Hof- und Nationaltheater die ersehnte Uraufführung von »Rheingold« statt, die zu einem großen Erfolg wurde.

König Ludwig II. hatte seine schmerzliche Entscheidung, Wagners Abreise aus München anzuordnen, mit dem Satz verknüpft: *Ich will meinem teuren Volke zeigen, daß sein Vertrauen, seine Liebe mir über alles geht.*

Die Münchener Neuesten Nachrichten zitierten am 10. Dezember 1865, dem Tag der Abreise Richard Wagners, diese Worte des Königs und kommentierten: *Diese Worte sind in hohem Maße schmeichelhaft für das bayerische Volk; trotzdem könnten sie zu der irrigen Annahme führen, als sei das Vertrauen und die Liebe des Volkes zu seinem Könige durch die Kämpfe der jüngsten Tage irgendwie erschüttert worden.*

Wie schon bei der Zurückweisung des Knaben Ludwig durch die Mutter der erste Rückzug nach Innen, die erste Abkapselung erfolgte, so zog sich Ludwig nach der Entfernung Wagners aus München zum zweitenmal von der Außenwelt zurück – jetzt gründlicher als in der Kindheit, endgültiger, und vor allem für die Öffentlichkeit sichtbar und spürbar. Bald begann das Volk, das seinen hochgewachsenen und schönen jugendlichen König anfangs stürmisch gefeiert und bewundert hatte, darüber zu grollen, daß es ihn immer weniger zu Gesicht bekam. Auch in der Presse wurden kritische Stimmen laut, hatte man doch allgemein darauf gehofft, daß der neue König Ludwig II. präsenter sein werde als sein kränkelnder Vater Max II., mit dessen häufigen auswärtigen Kuren man sich hatte abfinden müssen.

Den Ministern war die zunehmende Absonderung Ludwigs II. vermutlich gar nicht unwillkommen. Ihre Klagen über mangelnde Einsatzbereitschaft des Königs bezogen sich wohl nur auf seine Repräsentationsverpflichtungen. Der Staatsminister Fürst Hohenlohe vermerkte jedenfalls in seinem Tagebuch: *Andere Leute kümmern sich nicht um die Kindereien des Königs, da er ja die Minister mit den Kammern ganz ungestört regieren läßt.*

Schon als Kronprinz zeigte Ludwig Scheu vor der Öffentlichkeit und einen Hang zur Einsamkeit. Als König war er eine öffentliche Person, deren Bedürfnis nach Alleinsein mit den Pflichten seines Amts in Konflikt geraten mußte. Ludwig verschloß sich zunehmend vor der Mitwelt. Im Jahr 1867 hatte er an seine damalige Verlobte, Herzogin Sophie in Bayern, noch geschrieben: *So bin ich denn glücklich wieder in die Hauptstadt Bayerns zurückgekehrt, in die Stadt welche von Kunstenthusiasten das zweite Athen genannt wird, in die herrliche Stadt, welche malerisch an der Isar gelegen ist, diesem gewaltigen, meist wasserarmen Flusse.* Bald darauf war in seinen Briefen nur noch von der *öden, verhaßten Stadt München* die Rede, in deren Mauern er sich nicht wohlfühle und danach trachte, so schnell als möglich wieder weg und in seine geliebte Bergwelt zu kommen, sich auf eine der zahlreichen Hütten, an den Starnbergersee nach Schloß Berg oder später in eines der neuerbauten Schlösser zurückzuziehen. Das städtische Leben war ihm ein *kaltes frostiges Gewühl*, der Englische Garten *abscheulich*. In einem Brief an die Schauspielerin Marie Dahn-Hausmann schrieb er am 25. April 1876, also ein Vierteljahr vor seinem einunddreißigsten Geburtstag: *Sie schienen zu glauben, ich wäre überhaupt unglücklich. Dem ist nicht so. Im großen Ganzen bin ich froh und zufrieden, nämlich auf dem Lande, im herrlichen Gebirge – elend und betrübt, oft im höchsten Grade melancholisch bin ich einzig und allein in der unseligen Stadt! Ich kann nicht leben in dem Hauch der Grüfte, mein Atem ist die Freiheit! Wie die Alpenrose bleicht und verkümmert in der Sumpfluft, so ist für mich kein Leben als im Licht der Sonne, in dem Balsamstrom der Lüfte! Lange hier* [in der Stadt] *zu sein, wäre mein Tod.*[43]

Wiederum sieben Jahre später berichtete er dem Bühnentechniker Friedrich Brandt, mit dem ihn eine lebenslange Freundschaft verband, in einem Brief vom 26. Februar 1883 von seiner Rückkehr aus Schloß Linderhof nach München: *Nun bin ich wiederum so allein u. gehe mit Widerwillen der Zeit der großen Tafeln entgegen, muß Menschen ansprechen, die, obwohl es alljährlich geschieht, mir doch stets fremd u. unsympathisch bleiben.*[44] Diese Briefstelle zeigt einerseits Ludwigs *Widerwillen* gegen gesellschaftliche Verpflichtungen. Andererseits belegt sie, daß er sich diesen Verpflichtungen keineswegs völlig entzog, wie oft behauptet wird, sondern daß er sie zwar ungern aber doch *alljährlich* wahrnahm.

Typisch für Ludwigs Einstellung zu öffentlichen Auftritten ist seine Anweisung an Kultusminister Franz v. Gresser in einem Brief vom 10. März 1869: *Mein lieber Cultus-Minister von Gresser! Ich schreibe Ihnen heute in einer Angelegenheit, die mir* <u>sehr</u> *am Herzen liegt. Sie haben mir stets Beweise von Ihrer unerschütterlichen Anhänglichkeit gegeben und können überzeugt und fest versichert sein, daß ich Ihre Verdienste für Thron und Vaterland sehr anerkenne, und daß ich stets die Gesinnungen besonderer Werthschätzung und freundlichster Gewogenheit Ihnen bewahren werde. Sie wissen, daß ich der allgemeinen Kunstausstellung für nächsten Sommer meine Zustimmung ertheilte. – Mein Wille ist es nun, daß diese Ausstellung nicht aufgegeben (was sehr unpolitisch wäre) wohl aber auf längere Zeit, etwa auf die Dauer eines Jahres hinausgeschoben werde, was jedenfalls nichts auf sich haben kann u. wie ich sicher annehme um so leichter zu ermöglichen ist, da mit den eigentlichen Vorbereitungen heuer erst begonnen wurde. Ich verlasse mich nun fest auf Sie, mein lieber Herr von Gresser, daß Sie Alles, was in Ihren Kräften liegt, aufbieten werden, um Mittel und Wege zu finden, es so hinzustellen, als wäre plötzlich ein unvorhergesehenes, unüberwindliches*

Hinderniß eingetreten, welches das Aufschieben der Ausstellung als dringend nöthig u. geboten erscheinen läßt; daß ich selbst die Ausstellung verschoben habe, soll nicht bekannt werden. Ich verlasse mich darauf, daß Sie von diesem Brief Niemandem gegenüber, selbst gegen Ihre Kollegen nicht etwas verlauten lassen. Ich wiederhole es, daß mir diese Angelegenheit sehr am Herzen liegt, voll festen Vertrauens lege ich sie in Ihre Hand u. knüpfe die Versicherung daran, daß ich es Ihnen nie vergessen werde, wenn Sie dießen meinen Ihnen hiermit kundgethanen Willen gewissenhaft erfüllen werden; denn geradezu gräßlich wäre es mir, in diesem Sommer die Ausstellung am Halse zu haben. Ihnen die Sache noch einmal <u>dringend</u> ans Herz legend, sende ich Ihnen mein lieber Herr von Gresser meine besten Grüße, der ich mit bekannten Gesinnungen stets bleiben werde Ihr sehr geneigter König Ludwig.[45]

So beschäftigte sich König Ludwig II. schon sehr bald mit Rücktrittsgedanken. Als 1866 in seinem dritten Regierungsjahr der Deutsche Krieg ausbrach und nach kurzer Zeit für Bayern mit der Niederlage gegen Preußen endete, dachte Ludwig wohl zum erstenmal ernsthaft an Abdankung. Nachdem Österreich die Schlacht bei Königgrätz verloren hatte und die bayerische Armee in entscheidenden Einzelgefechten geschlagen worden war, klagte er in einem Brief an Wagner vom 18. Juli 1866 über die düstere Perspektive: *O wie furchtbar, wie entsetzlich traurig sieht es in der Welt jetzt aus: die Geister der Finsternis herrschen; ach, überall Trug und Verrat, Eide gelten nichts, Verträge werden gebrochen; doch noch gebe ich die Hoffnung nicht auf. Gott gebe, daß Bayerns Selbständigkeit gewahrt werden kann; wenn nicht, wenn die Vertretung nach außen verlorengeht, wenn Wir unter Preußens Hegemonie zu stehen kommen, dann fort, ein Schattenkönig ohne Macht will ich nicht sein!* Drei Tage später schrieb er an Cosima v. Bülow schon etwas konkreter: *Mein Bruder ist volljährig, Ihm übertrage ich die Regierung; ich komme mit dem treuen Friedrich* [Fürst Paul v. Thurn und Taxis], *bleibe dort, wohin es mich zieht, wohin ich gehöre ...*

Doch Freund Wagner, zu dem es ihn zog, redet ihm die Rücktrittspläne erwartungsgemäß aus – sicher nicht nur aus uneigennützigen Erwägungen.

Daß König Ludwig II. zu dieser Zeit mit Abdankungsplänen umging, bestätigt auch ein Schreiben seines Kabinettssekretärs Pfistermeister an den königlichen Leibarzt. Pfistermeister berichtete am 15. Mai 1866 aus Schloß Berg: *S. M. der König war heute mittags so aufgeregt, daß Er ganz elend aussah und mir Aufträge an Sie erteilte, die ich gar nicht in die Feder nehmen kann. Er sprach von Abdanken unter dem Vorgeben, daß er geistig nicht ganz gesund sei, um dann in die Schweiz gehen und dort leben zu können, und ähnliche Dinge mehr ... Dies brachte Ihn weiter auf die Idee, lieber zugunsten des Prinzen Otto, der ja jetzt volljährig sei, abzudanken und in die Schweiz zu Wagner zu ziehen, als hier allein auf dem Throne zu trauern. Alles Einwenden war vergeblich, vergeblich sogar die Hindeutung darauf, daß Herr Wagner der erste sein würde, dem »Königlichen Freunde« den Rücken zu kehren, sobald dieser ihm nichts mehr geben könnte oder doch nicht so viel, um Wagnersche Bedürfnisse zu decken. Alles war vergebens: Seine Majestät bestand darauf, daß ich an Ew. Hochwohlgeboren das Ersuchen richten sollte, das eingangs Erwähnte in München herumzustreuen. Ich tue es hiermit auftraggemäß, natürlich in der festen und sicheren Voraussetzung, Sie werden, hochverehrter Herr Geheimer Rat, von selbst nicht von in der Ferne daran denken, einem solchen Ersuchen zu entsprechen ... Nachdem Er 1 1/2 Stunden mit mir über solche Dinge verhandelt, ist Er nachmittags 3 Uhr über Seeshaupt auf die Insel zur Tafel fortgeritten und kam dabei gleich wieder, wie die letzten Tage ein paarmal, in einen tüchtigen Regenschauer. Das wird Ihn wohl kühlen, seiner Gesundheit aber wenig zuträglich sein.*[46]

Noch früher, am 8. Januar 1866, meldeten die Münchener Neuesten Nachrichten: *Die N. Fr. Pr.* [Neue Freie Presse, Wien] *läßt sich auf dem Umwege über Berlin telegraphieren:* »*Aus München verlautet das Gerücht, der König beabsichtige abzudanken.*« *Wir sind, wie unsere Leser bezeugen werden, über hiesige Vorkommnisse für gewöhnlich sehr gut unterrichtet, haben aber von keiner Seite auch nur eine Andeutung eines solchen Gerüchtes erhalten, wir zweifeln jedoch nicht, daß es in hohen und höchsten Kreisen Leute gibt, denen ein solcher Schritt des Königs und die demselben folgende Regentschaft nicht unangenehm wäre.* Die Wortwahl verweist auf die politischen Hintergründe: »Regentschaft« statt »Thronfolge« kann wohl nur bedeuten, daß die Münchener Neuesten Nachrichten bereits mit einem künftigen Prinzregenten Luitpold oder auch mit der Regentschaft durch dessen Sohn Ludwig, nicht aber mit der regulären Thronfolge durch Otto, den Bruder König Ludwigs, rechneten. Die Zeitung fuhr fort: *Das bayerische Volk, das den König sehr wohl zu trennen weiß von seinen berufenen und unberufenen Rathgebern, legt schon jetzt ... das größte Vertrauen auf ihn, das Vertrauen wird sich mehren und die persönlichen Unannehmlichkeiten, welche unser junger Monarch nur den Umtrieben einer in ihren Mitteln und Zielen verächtlichen Partei verdankt, werden schwinden, sobald er sich mit Männern umgibt, die ihm die wahre Stimmung des Landes kundgeben und den Muth haben, ihm anzurathen, derselben gerecht zu werden.*

Der Großherzog von Baden hielt etwas später in seinen Aufzeichnungen fest, daß Kräfte am Werk seien, Otto zum Verzicht zu bewegen oder ihn einfach zu umgehen, um statt seiner den Prinzen Ludwig, Luitpolds Sohn, *auf den Schild zu heben*. Dasselbe steht in den Berichten des Gesandten des Norddeutschen Bundes Freiherr von Werthern an Bismarck. Bereits am 6. April 1867 schrieb v. Werthern, man bemühe sich, den König *um alle Popularität zu bringen, vielleicht gar für verrückt erklären zu lassen, und auf diese Weise, mit Umgehung des Prinzen Otto, die Thronbesteigung des Prinzen Ludwig, Sohn des Prinzen Luitpold, vorzubereiten.*[47]

Ludwig II. war also gerade drei Jahre auf dem Thron, als bereits die ersten Stimmen laut wurden, ihn *für verrückt* erklären zu lassen und Otto bei der Nachfolge zu umgehen.

Zwei Jahre später berichtete v. Werthern in einem Brief an seinen Bruder vom 30. September 1869, daß die *Ultramontanen Abgeordneten, die alle Reichsräthe und die kgl. Prinzen auf ihrer Seite haben, ihn* [den König] *stürzen können und werden, wenn man es in Rom für der Mühe wert hält, ihn noch vor dem Konzil zu beseitigen, und demgemäß entsprechende Befehle hierher sendet.* Es ging hier um den Widerstand, den Ludwig II. dem für das kommende Konzil geplanten Dogma der päpstlichen Unfehlbarkeit entgegensetzte. Gegen dieses Dogma hatte sich auch der von Ludwig sehr geschätzte Stiftspropst Ignaz Döllinger gewandt, was für Döllinger in der Konsequenz zum Bruch mit der katholischen Kirche führte. Außerdem hatten die Ultramontanen – vergeblich – auf Abberufung des liberalen Ministeriums gedrängt, das sie durch ein konservatives ersetzt haben wollten.

Der Erzbischof von München und Freising Gregor v. Scherr, den seinerzeit Ludwig I. aufgrund seiner Verdienste um die Wiederherstellung der in der Säkularisation aufgelösten bayerischen Benediktinerklöster als Abt von Kloster Metten eingesetzt hatte, scheint an den ultramontanen Umtrieben beteiligt gewesen zu sein. Er dürfte hinter den »römischen Überlegungen« gestanden haben. Die liberale Haltung Ludwigs II., seine Weigerung ein konservatives Ministerium unter Beteiligung der Ultramontanen einzusetzen, der Widerstand gegen päpstliche Dogmen und Ludwigs Unterstützung des geächteten Döllinger mußten Scherr äußerst mißfallen. Was lag näher, als an einen Wechsel zu Prinz Luitpold zu denken, der seine ultramontane Gesinnung deutlich zur Schau trug und den offiziellen kirchlichen Stellen in München und Rom wesentlich besser ins Konzept gepaßt hätte.

Der Regensburger Bischof Ignatius v. Senestréy war ebenfalls ein starker Verfechter des Unfehlbarkeitsdogmas. Bei einer Ansprache in Schwandorf sprach Senestréy vom drohenden Sturz der Könige, wenn sie nicht mehr *von Gottes Gnaden* sein wollten und jeder wußte, wen er damit meinte! Unverblümt äußerte sich auch die Unita Cattolica, das Organ der Jesuiten: *Ludwig II. hat durch sein Auftreten das Land in einen fürchterlichen Aufruhr versetzt! Wenn er nicht umkehren und auf klügere Ratschläge hören will, dann setzt er seine Krone aufs Spiel.* Auch später äußerte Erzbischof v. Scherr immer wieder offen Kritik am König. In einem Hirtenbrief des Jahres 1875 beklagte er, *daß das letzte Jubeljahr 1826 unter aktiver Teilnahme des Königs Ludwig I., als eines gläubigen Sohnes der Kirche, in würdiger und erhebender Weise begangen werden konnte, daß aber leider die gegenwärtige Jubelfeier nicht wie sonst sich entfalten könne.* Ludwig II. war beleidigt. Er erklärte, jetzt mache er erst recht *kein Dekorationsstück bei der erzbischöflichen Parade* und blieb den Feierlichkeiten fern.[48]

Zu Beginn seiner Regierungszeit war König Ludwig II. sicher noch eifrig bemüht, allen Anforderungen seines Amtes gerecht zu werden, von der Krankheit seines Bruders Otto war noch nichts zu bemerken, nichts deutete darauf hin, daß er selbst ohne Nachkommen bleiben sollte, zumal er 1867 mit Sophie Charlotte verlobt war. Es war dies die Zeit sportlich ausdauernder Ritte, die Ludwig häufig und über große Strecken unternahm. Seiner ehemaligen Erzieherin Sybille Meilhaus, inzwischen verheiratete v. Leonrod, schrieb er am 29. Mai 1865 begeistert: *Die weiten und herrlichen Ritte packten mich so, daß ich mich so wohl und so frisch wie noch nie fühlte. – Ich machte Ritte um den Starnbergersee, einen an den Ammersee, – Peissenberg, Partenkirchen u. sogar Hohenschwangau, wo es jetzt herrlich ist. Alles in voller Blüthe, die Wiesen mit Primeln, Veilchen, Enzianen übersät!* Fast in jedem der folgenden Briefe dieses Jahres 1865 erzählte er von weiten Ausritten. Am 2. Juli aus Bad Kissingen: *Ich machte hier viele und weite Ritte, war neulich in Trimberg (herrliche Ruine), auch in Saaleck.* Am 9. Oktober über einen Aufenthalt in Hohenschwangau: *Fast täglich machte ich einen Ausflug zu Pferde, erst neulich nach Lermoos in Tyrol, an welchem Tage ich im Ganzen 22 Poststunden zurücklegte.* Am 19. November: *Ich bin immer noch im schönen Hohenschwangau ... Wir hatten Schnee und Nebel, so daß wir uns hier völlig im Winter befanden, doch die letzten Tage waren wundervoll, wahre Sommertage, welche ich fleißig zu schönen Ausflügen zu Pferde benutzte. –*

Vorgestern legte ich etwa 40 Poststunden zurück, ich war in Imst in Tyrol ...
Auch andere schöne Ritte machte ich in letzter Zeit; an den Plan- und Heiter-
wangersee und in das schöne Tannheimerthal.
Ludwig machte damals auch anstrengende Bergtouren. Im Sommer
1869 berichtet er in einem Brief an Frau v. Leonrod: *Ich richte diese Zei-*
len von der Soiernhütte aus an Dich, es ist dieß meine am höchsten gele-
gendste Berghütte (nicht sehr weit von Partenkirchen entfernt) in der Nähe lie-
gen 2 allerliebste smaragdgrüne Seen, die ich auf einem kleinen Segelboote
befahre, wo ich viel der Lektüre mich widme, eine 7ooo' hoch gelegene, nicht
zum Wohnen eingerichtete Hütte ist unweit von hier, ich ritt gestern zu Tisch
hinauf.
Wie gerne und weit Ludwig auch noch Mitte der 1870er Jahre aus-
ritt, belegt ein Schreiben, das er am 13. Mai 1875 aus Berg an Graf Dürckheim absandte, nachdem er Schloß Berg traditionsgemäß am 11. Mai
bezogen hatte: *Eine böse Anwandlung von Zahnschmerzen hatte ich am*
ersten Abende meines Hierseins, jetzt geht es wieder gut. Gestern und heute
legte ich 7 Poststunden zu Pferde zurück, was für mich sehr wohltuend war![49]
Die Behauptung, daß Ludwig sich überallhin in Sänften habe tragen
oder in von Ponys gezogenen Karren fahren lassen, trifft allenfalls für
die letzten Jahre seines Lebens zu. 1866/67 jedenfalls, als interessierte
Kreise offensichtlich schon daran dachten, ihn abzusetzen und mit ihm
auch gleich seinen Bruder Otto aus dem Verkehr zu ziehen, um die
Nachfolge für den gleichaltrigen Prinz Ludwig, den Sohn des späteren
Prinzregenten Luitpold, frei zu machen, war Ludwig II. noch ein strah-
lender junger Herrscher von einundzwanzig Jahren, der keine besonders auffälligen Eigentümlichkeiten oder Verhaltensweisen zeigte. Erkennbar war allerdings gleich zu Beginn seiner Regierung, daß er einer
Einschränkung oder gar der Aufgabe der bayerischen Souveränität und
einem Zusammenschluß der deutschen Staaten zu einem Kaiserreich
unter preußischer Vorherrschaft im Wege stehen könnte. Das gleiche
galt für Ludwigs Bruder Otto, der ihm in der Thronfolge am nächsten
stand. Wenn also 1866 in einer Wiener Zeitung gemeldet wurde, daß
man in der wittelsbachischen Familie Zweifel hege an der Fähigkeit
Ludwigs II., das Königsamt richtig auszuüben, so liegt der Verdacht
doch recht nahe, daß in der Luitpoldinischen Linie bereits zu diesem
frühen Zeitpunkt mit dem Gedanken der Machtübernahme gespielt
wurde.
Gut ein Jahrzehnt später sollte Cosima Wagner in ihr Tagebuch ein-
tragen, daß man von einer Vormundschaft über Ludwig II. spreche.

1879 notierte sie, daß man mit dem nahe bevorstehenden Ende seines Königtums rechnen müsse. Die Tendenz zur Entmachtung König Ludwigs II. war offenbar seit Anbeginn seiner Herrschaft immer latent vorhanden.

Prinz Luitpold war in den Jahren vor der Reichsgründung bei König Wilhelm I. von Preußen in Mißkredit geraten, da er in Übereinstimmung mit Ludwig II. eine Änderung des bayerischen Fahneneides wünschte und zudem im Verdacht stand, gegen eine preußische Führung in Deutschland zu opponieren. Dies führte sogar dazu, daß seine Telegramme im Frankreich-Feldzug von preußischen Militärstellen überwacht wurden. Es dürfte auch der Grund dafür gewesen sein, daß Preußen bei einer eventuellen Nachfolge den Sohn Luitpolds, Prinz Ludwig, vorgezogen hätte. Einschlägige Schreiben zeigen, wie stark sich Preußen bereits im Vorfeld der Kaiserproklamation in die Belange der Länder einmischte.

Die bayerischen Prinzen galten zu dieser Zeit als partikularistisch und reichsfeindlich. Insbesondere Prinz Otto machte keinen Hehl aus seiner negativen Einstellung. Vielleicht wurde er deshalb bei den Gerüchten über eine Abdankung Ludwigs II. als Nachfolger gar nicht mehr genannt. Da die Prinzen auch ultramontan und österreichfreundlich eingestellt waren, hat Preußen im regierenden König Ludwig II. möglicherweise das »geringere Übel« gesehen. Dem Reichskanzler Bismarck war Ludwig II. auf dem bayerischen Thron jedenfalls sehr willkommen, nicht zuletzt weil sich dieser für das liberale Ministerium einsetzte, das wiederum Bismarcks Kulturkampfpolitik auch nach Bayern trug.

Interessant ist in diesem Zusammenhang, daß König Ludwig II. bereits 1867 und dann noch mehrmals Anfang 1870 seinem Onkel Luitpold und dessen Söhnen Ludwig und Leopold das Erscheinen bei Hof verbot. Vorausgegangen war die Verabschiedung einer Adresse an den König in der Kammer der Reichsräte, die ihm erneut einen Wechsel des Ministeriums zugunsten der konservativen Landtagsmehrheit nahelegte. Dieser Adresse hatten zuletzt auch alle Prinzen aus dem Hause Wittelsbach zugestimmt, sogar Otto, den Ludwig zuvor noch beschworen hatte, dagegen zu stimmen. Die einzige Ausnahme bildete Herzog Karl Theodor in Bayern; er stimmte dagegen, wie übrigens auch Ignaz v. Döllinger, der mit den Ultramontanen wegen seines Widerstands gegen die Dogmen der päpstlichen Unfehlbarkeit und der leiblichen Aufnahme Mariens in den Himmel im Krieg lag. Das Hofverbot Ludwigs II. richtete sich trotzdem nicht gegen alle Prinzen, sondern nur gegen die Angehörigen der »Luitpoldinischen Linie«. Offenbar bestanden inzwischen tiefergehende Spannungen und Animositäten zwischen Ludwig II. und seinem Onkel Prinz Luitpold und dessen Familie. So mußte es sich Prinz Ludwig etwa gefallen lassen, von seinem königlichen Vetter schriftlich abgemahnt zu werden: *Wie schon früher habe ich auch bei Gelegenheit des jüngsten Besuches Euerer Kgl. Hoheit bemerkt, daß Dieselben mit Mir in einem zu freien und die verwandtschaftlichen Beziehungen unpassend hervorkehrenden Ton Sich bewegen, wie solcher vor dem König nicht angemessen erscheint. Ich bin der überzeugung, daß Ew. Kgl. Hoheit in künftigen Fällen jene Form des Benehmens wählen, welche in Gegenwart des Königs von allen Unterthanen beobachtet werden muß.*[50] Botschafter v. Werthern berichtete in einem Brief vom 1. Februar 1870 an Bismarck, daß Prinz Ludwig mit den Ultramontanen gegen den König arbeite.

Für die leidenschaftlichen Jäger Prinz Luitpold und Prinz Ludwig war das Hofverbot sicher insofern besonders bitter, als sie damit von den großen Hofjagden ausgeschlossen waren.

Ludwig II. erkannte nach den Vorgängen um die Kaiserproklamation, daß der bayerische König jetzt unter preußischer Vorherrschaft stand, wobei für ihn persönlich erschwerend hinzukam, daß er die preußische Verwandtschaft nicht leiden mochte. Außerdem wußte er, daß er zum Vollzugsorgan der Ministerriege geworden war, welche in Wahrheit die Macht im Staate ausübte. Dabei repräsentierten die Minister von ihrer Parteizugehörigkeit her nicht automatisch die Mehrheitsverhältnisse, die im bayerischen Landtag herrschten, sondern konnten nur vom König berufen und abberufen werden.

Während der Regierungszeit Ludwigs II. verfügte der Landtag ab 1869 durchgehend über eine Mehrheit aus Patrioten und anderen konservativen Gruppierungen, während sich das Ministerium nur aus Vertretern der Liberalen Partei zusammensetzte, was zunächst auch durchaus der liberalen Grundauffassung Ludwigs entsprach. Der führende Kopf im Ministerium war der Jurist Johann v. Lutz, der ab 1869 als Staatsminister des Inneren für Kirchen- und Schulangelegenheiten zuständig war; Lutz war von 1867 bis 1871 auch Staatsminister der Justiz, zudem von 1880 bis 1890 Vorsitzender im Ministerrat. Mehrere Versuche des Königs, dem Drängen der Landtagsmehrheit nachzugeben und den Ministerrat umzubesetzen, scheiterten am Widerstand der Beamtenschaft und der davon betroffenen Minister. Gegenwind kam nicht zuletzt von preußischer Seite, da Bismarck die Fortsetzung der Lutzschen Kultur-kampfpolitik, die ganz auf der preußischen Linie lag, nicht gefährdet sehen wollte.

Wiederum mußte Ludwig erkennen, daß er sich – wie schon im Fall der bismarckschen Reichsgründung – auch dem eigenen Ministerium gegenüber nicht durchsetzen konnte. Er begann, sich zurückzuziehen. Doch der gänzliche Rückzug, der ihm so oft unterstellt wird, fand nie statt. Ludwig II. kam seinen Pflichten als König bis zum Schluß nach, wenn auch häufig widerwillig und ohne innere Anteilnahme.

Am 22. August 1875 nahm er eine Königsparade ab, an der auch sein Bruder Otto teilnahm. Das war die letzte Truppenparade, bei der er sich zeigte. Von einem Rückzug kann man insofern sprechen, als Ludwig II. öffentliche Auftritte tatsächlich zunehmend vermied, wobei er sich jedoch auch hierin den unvermeidlichen Zwängen seines königlichen Amts unterordnete. Daß sein verstärkter Rückzug aus der Öffentlichkeit zeitlich in etwa mit der strengeren Isolierung seines Bruders Otto im Jahr 1880 zusammenfiel, ist sicher kein Zufall.

In seiner Thronrede zur Eröffnung des Parlamentes am 17. Januar 1870 führte König Ludwig noch aus: *So sehr ich die Wiederherstellung einer nationalen Verbindung der deutschen Staaten wünsche und erhoffe, so werde ich doch nur in eine solche Gestaltung Deutschlands willigen, welche die Selbständigkeit Bayerns nicht gefährdet.* Die Rede, in der Ludwig auch das liberale Ministerium Hohenlohe in Schutz nahm, wurde damals viel kritisiert. In der Kammer der Reichsräte wandten sich die königlichen Prinzen fast geschlossen gegen ihn, allen voran die als ultramontan gel-tenden Prinzen Luitpold und dessen Sohn Ludwig.

Im Gegensatz zu König Ludwig II. unternahm Prinz Luitpold bei den Vorbereitungen auf den Deutsch-Französischen Krieg 1870/71 und vor allem bei der nachfolgenden Kaiserfrage rechtzeitig einen Schwenk in die preußische Richtung. In den Berichten über die Kriegsvorberei-tungen kommt denn auch Ludwig wesentlich schlechter weg. Die mil-deste Formulierung ist, daß er aufgrund seiner frankophilen Einstellung diesen Krieg nicht wollte, ihn vielleicht sogar zu verhindern trachtete.

Ein oft wiederholter Vorwurf lautet, daß König Ludwig II. an den ent-scheidenden Tagen Mitte Juli 1870 unauffindbar gewesen sei und sich, nur von Reitknechten begleitet, auf Berghütten aufhielt, um den zu treffenden politischen Entscheidungen auszukommen. Er habe es vor-gezogen, *sich mit seinen Stallburschen in Einöden zu verkriechen.*[51] Die ver-

Prinz Luitpold von Bayern (um 1870), der spätere Prinzregent

zweifelten Minister, allen voran der Außenminister und Vorsitzende des Ministerrats Bray-Steinburg sowie der Kriegsminister Pranckh hätten keine Gelegenheit gehabt, mit dem König in Kontakt zu treten, so daß v. Pranckh zuletzt ohne Zustimmung seines – unauffindbaren – Königs dem Reichskanzler Bismarck die Mobilmachung der bayerischen Truppen zusagte. Dieser im Grunde unzulässige, aber in *deutsch-vaterländischem Sinne mutige Alleingang* des bayerischen Kriegsministers ist in zahlreichen Publikationen beschrieben.

So erzählt Luise v. Kobell in ihrem 1900 erschienenen Buch über die bayerischen Königsschlösser, daß Ludwig II. in der entscheidenden Zeit der Kriegsvorbereitungen fünf bis sechs Tage unterwegs sein wollte, *um die Jagdhütten auf dem Hochvogel und dem Kramer zu besuchen.* Hierzu ist festzustellen, daß Ludwig zwar zwölf Berghütten besaß, aber keine auf dem Hochvogel im Allgäu oder auf dem Kramer bei Garmisch-Partenkirchen.[52] Vom Aufenthalt Ludwigs in diesen Tagen auf den Hütten am Kramer und Hochvogel schreibt dann auch Walter Rummel, der die falsche Behauptung vermutlich von Kobell übernommen hat. Vorsicht ist übrigens auch geboten bei den von Rummel übernommenen Unterlagen und Aussagen seines Schwiegervaters Friedrich v. Ziegler; der Kabinettssekretär Ziegler war einer der »Kronzeugen« für das Gutachten Bernhard v. Guddens, das zur Entmündigung Ludwigs II. führte.[53]

Auch in durchaus seriösen Veröffentlichungen kann man lesen, König Ludwig II. habe 1870/71 – also schon zu Beginn seiner Amtszeit und in einem für das Land Bayern entscheidenden Zeitraum – politisch versagt. Dabei wird Ludwigs angebliche Unauffindbarkeit während der höchst brisanten Tage vor der Mobilmachung, als seine Präsenz höchst notwendig gewesen wäre, immer wieder als Beleg dafür herangezogen, daß seine unglückselige Veranlagung sich schon zu diesem relativ frühen Zeitpunkt gezeigt habe und er folglich von Anfang an nicht über die notwendigen Herrschertugenden verfügte.

Es ist den minutiösen Recherchen von Franz Merta zu verdanken, daß derartige Behauptungen als völlig unzutreffend entlarvt wurden. Merta hat auch die Quellen ausgemacht, aus denen die Unwahrheiten sprudelten: es sind dies zum einen die unter ihrem Mädchennamen als Schriftstellerin hervorgetretene Luise v. Kobell, die mit Ludwigs Kabinettssekretär August v. Eisenhart verheiratet war, zum anderen der Biograph und Zeitgenosse König Ludwigs II. Gottfried v. Böhm. Während Böhm sich auf Aussagen des Hofsekretärs v. Düfflipp stützte, die sich als unzutreffend erwiesen (vielleicht auch durch Böhm nach sechsunddreißig Jahren falsch wiedergegeben wurden), und ihm daher keine absichtliche Geschichtsfälschung vorzuwerfen ist, liegt der Fall bei Luise v. Kobell doch etwas anders. Merta konnte aufzeigen, daß Kobell entscheidende Vorgänge frei erfand und Tatsachen aus eigensüchtigen Motiven entstellte, nämlich um die Rolle, die ihr Mann, der Kabinettssekretär, spielte, in ein strahlenderes Licht zu rücken. Da hierbei nicht nur der König, sondern auch die damals an der Staatsspitze stehenden Minister schlecht wegkommen, erschienen ihre Erinnerungen erst, nachdem alle beteiligten Personen nicht mehr am Leben waren.

Merta weist nach, daß Ludwig in den hochbrisanten Julitagen des Jahres 1870 den wie immer im voraus festgelegten und bekannt gemachten Terminplan minutiös einhielt und bereits am 14. Juli in Schloß Berg eintraf. Nun wird von einigen Autoren kritisiert, daß Ludwig damals überhaupt unterwegs war, während es niemand zu stören scheint, daß zum Beispiel der König von Preußen ebenfalls unterwegs war und erst am 15. Juli in Potsdam eintraf und der gleichermaßen betroffene König von Württemberg aus St. Moritz kommend erst am 17. Juli nach Stuttgart zurückkehrte.

Gerade auch als Frau des Kabinettssekretärs Eisenhart galt Luise v. Kobell als eine durchaus glaubwürdige Augen- und Ohrenzeugin. Ihre Darstellungen wurden von Historikern bedenkenlos übernommen und weiterverwendet. Denn wer könnte eine Situation besser beschreiben, wer die Vorgänge besser beurteilen, als jemand, der so nahe am Geschehen stand? Was das Geschehen um die Mobilmachung von 1870 betrifft, ist Kobells Glaubwürdigkeit durch Mertas Nachforschungen freilich gründlich erschüttert worden. Wenn aber Luise v. Kobells Ausführungen zu diesem so wichtigen und entscheidenden Thema nachweislich ein falsches Bild von Ludwig II. zeichnen, wie steht es dann mit der Glaubwürdigkeit ihrer anderen Aussagen? Luise v. Kobell ist schließlich für Veröffentlichungen über Ludwig II. und seine Zeit eine der beliebtesten und sehr häufig zitierten Zeitgenossinnen.

Merta resümiert: *Als abschließendes Ergebnis dieser Untersuchung kann festgehalten werden: Zunächst konnte der Verbleib des Königs in jenen kritischen Julitagen des Jahres 1870 zweifelsfrei geklärt werden, von dem die Minister angeblich nicht wußten, wo er sich aufhielt. Sodann konnten einige für die Beurteilung der Vorgänge unmittelbar vor dem Erlaß des Mobilmachungsbefehls vom 16. Juli 1870 wichtige Datierungen korrigiert werden. Darüberhinaus konnten Luise von Kobell und die beiden Sekretäre Ludwigs II., August von Eisenhart und Lorenz von Düfflipp als Urheber von falschen Tatsachendarstellungen ermittelt werden, die dann nach dem Verlust der einschlägigen amtlichen Akten als wichtigste noch erhaltene Quellen mit Augenzeugencharakter Anlaß zu beträchtlichen Irritationen und zu unzutreffenden Urteilen über die an jenen Entscheidungen beteiligten Personen gaben. Damit verlieren diese Augenzeugenberichte, die vor allem auch das Ludwigsbild maßgebend mitgeprägt haben, ihren historischen Quellenwert, der ihnen bisher eingeräumt worden ist. Nur bei großem Wohlwollen kann man ihnen allenfalls noch den Quellenwert eines historischen Romans zubilligen. Da*

Gottfried von Böhm Luise von Kobell auch im Zusammenhang mit der Ver-
öffentlichung des sogenannten Kaiserbriefes König Ludwig II. vorwirft, durch
die Mitteilung von Halbwahrheiten viel zur Verbreitung von Geschichtslügen
beizutragen, scheint der hier untersuchte Vorgang im Leben König Ludwigs II.
nicht als einziger untersuchungsbedürftig gewesen zu sein. Dies öffnet der
bayerischen Gechichtsforschung ein weites Arbeitsfeld.[54]

Tatsache ist auch, daß König Ludwig II. über die Pläne Preußens nach
dem Sieg über Frankreich, einschließlich des Kaiserprojekts, frühzeitig
und umfassend informiert war, obgleich immer wieder das Gegenteil
behauptet wird.

Karl Graf von Tauffkirchen, bayerischer Gesandter in Rom, war von
diesem Posten auf eigenen Wunsch beurlaubt und zum Präfekten der
provisorischen Verwaltung des von den Deutschen eroberten Maas-
Departements ernannt worden. Am 8. September 1870 traf er in Reims
einige Male mit Bismarck zusammen, der ihm seine Pläne in der deutschen Frage auseinandersetzte mit der Bitte, diese Ludwig II. zu über-
mitteln.

In den umfangreichen Aufzeichnungen Tauffkirchens, die er unmittelbar nach den Gesprächen mit Bismarck verfaßte, ist unter anderem
zu lesen: *Bezüglich der Frage der Herstellung eines deutschen Bundes sei nun*
eine höchst wesentliche Vorfrage die, ob Bayern freiwillig in irgend welche
Verhandlungen eintreten wolle oder nicht; denn das Wort des Königs von
Preußen, seines Herrn, und sein eigener bestimmter Wille, endlich die Ver-
pflichtung des Dankes, welche der norddeutsche Bund Bayern gegenüber habe,
seien ebensoviele unbedingte Garantien dafür, daß Bayern in dieser Frage
vollständig seine freie Bestimmung und sein freier Wille gelassen werde; – ja
noch mehr, in der Befürchtung, irgend einen Vorschlag zu machen, welcher bei
dem Könige von Bayern keinen Anklang finden könnte, wünsche er, daß in
dieser Beziehung nicht blos die freie Selbstbestimmung, sondern auch die
Initiative demselben verbleibe; diese Initiative jedoch müsse bald ergriffen
werden. Würde dies nicht geschehen, würde im Gegentheil sich in ihm die
Überzeugung festsetzen, daß Bayern nichts als die Fortdauer des gegenwärt-
higen Vertragsverhältnisses wünsche, so würde – abgesehen von der Theil-
nahme desselben an den Friedensverhandlungen mit Frankreich – die deut-
sche Frage eben ohne Bayern geregelt werden müssen und zwar dadurch, daß
Baden, Hessen, und Württemberg unter den mit denselben festzustellenden
Bedingungen in den norddeutschen Bund einträten. Er habe allen Grund zu
glauben, daß diese Bedingungen, wenn Bayern sich fernhalte, von der bishe-

rigen Verfassung des norddeutschen Bundes nur sehr wenig abweichen werden. Bezüglich Badens und Hessens wisse er dies gewiß. Da er nun aber die Unzukömmlichkeiten, welche ein solcher ohne Bayern zu Stande gekommener deutscher Bund mit sich bringe, recht wohl fühle und den Wunsch habe, daß ein solcher Zustand, welcher naturgemäß zur Lockerung der bisherigen Beziehungen mit der Zeit führen müßte, nicht eintrete, so wünsche er, daß der König von Bayern seine Anschauungen und Absichten in dieser Beziehung vertraulich erfahre. Dieselben seien solche, daß er sich der Hoffnung hingebe, S. Maj. werde den heilsamen Entschluß fassen, eine Initiative in dieser Frage ihm gegenüber zu ergreifen. Er wünsche, daß der König von Bayern erfahre, daß er (Bismarck) bereit sei, jeden Vorschlag der bundesmäßigen Annäherung, sofern derselbe nicht eine Aufhebung der bisherigen Verfassung des norddeutschen Bundes involviere, anzunehmen und, falls in kürzester Zeit ihm in dieser Beziehung Eröffnungen gemacht würden, die Verhandlungen mit den übrigen süddeutschen Staaten hierüber insolang auszusetzen, bis die bayerischen Vorschläge besprochen seien. Beispielsweise von mir aufgeführte Vorbehalte, wie eigene Festsetzung des gesammten Budgets unter Vorbehalt von Matrikularbeiträgen zu Bundeszwecken, unbedingtes und vollständiges Commando der Armee im Frieden vorbehaltlich des Commandos in den Bundesfestungen und der Bundesinspection, insbesondere ein eigenes bayerisches Militärbudget, selbständige Verwaltung des Post-, Eisenbahn- und Telegraphenwesens, Beibehaltung der diplomatischen Vertretungen mit Ausschluß der Consulate – alles dies stieß bei Graf Bismarck nicht auf den geringsten Widerspruch. Er machte mir sogar das mir gänzlich unerwartete, weitgehende Zugeständniß, daß, wenn ein gemeinsames Parlament zusammentrete, eine »itio in partes« – wie er sich ausdrückte – der bayerischen oder der süddeutschen Vertreter stattfinden könne, und daß ein von denselben mit 2/3 oder 3/4 Majorität ausgesprochenes Veto die Geltung haben solle, daß solche Gesetze nicht, – oder doch nur im Gebiet des norddeutschen Bundes zur Geltung kommen können.

Daß der König von Preußen den Titel Kaiser von Deutschland erhalte, sprach Bismarck hier als Wunsch aus, jedoch nicht eben als conditio sine qua non. Er ersuchte mich nun, mit möglichster Beschleunigung nach München zu reisen, und wo möglich dem König in Person dasjenige, was er mir mitgetheilt, auszurichten. Woran ihm vorwiegend liege, sei, daß der König erfahre, daß seine freieste Selbstbestimmung geachtet werden wolle und daß eine Initiative von seiner (Bismarcks) Seite durch irgendwelche Vorschläge nur dann werde ergriffen werden, wenn der König selbst den Wunsch ausspreche, die Ansichten Preußens hierüber zu kennen. Ihm würde es weit vorzuziehend erscheinen, wenn der König von Bayern sich selbst entschlösse Vorschläge zu machen, indem hierdurch die Gefahr, durch den bestgemeinten Vorschlag das Gefühl Sr. Majestät zu beleidigen, hinwegfalle. Würde aber der König selbst vorziehen, daß ihm Vorschläge Seitens des Norddeutschen Bundes zukommen, so sei er auch zu diesen in der vertraulichsten Weise bereit. Nur wiederhole er, sei ein sehr rascher Entschluß nothwendig, indem die politischen Verhältnisse ihn zwängen, die deutsche Frage in der nächsten Zeit hoffentlich mit Bayern, – wenn dieses jedoch nicht wolle, ohne Bayern in die Hand zu nehmen.[55]

Am 14. September 1870, wenige Tage nach dem Gespräch mit Bismarck, war Tauffkirchen zur Audienz bei Ludwig II. Dieser war also schon rechtzeitig vor den Münchner Konferenzen vom 22. bis 27. September, an denen der preußische Abgesandte Delbrück teilnahm, über die Absichten und Pläne Bismarcks, auch bezüglich der Kaiserproklamation, informiert. Am 14. September schrieb Ludwig denn auch an den neuen Ministerratsvorsitzenden Graf Otto v. Bray-Steinburg, vermutlich als Folge seines Gesprächs mit Tauffkirchen: *Es ist mir von hohem Interesse, sehr rasch zu erfahren, welche Stellung die Höfe von Dresden, Stuttgart, Karlsruhe und Darmstadt zu dieser Sache einnehmen.*[56]

Bleibt noch nachzutragen, daß Tauffkirchen ausweislich seiner Aufzeichnungen auch in ständigem Kontakt mit Bray-Steinburg stand. Außerdem ist zu beachten, daß der preußische Gesandte bereits am 10. September aus München ins Hauptquartier meldete, der König von Bayern habe seine Minister beauftragt, ein Programm für den Anschluß Bayerns an den Norddeutschen Bund auszuarbeiten.[57]

König Ludwig II. spielte in diesen wichtigen Fragen demnach keineswegs die Rolle des unschlüssigen, sich vor der Verantwortung drückenden Monarchen, wenngleich ihm die anstehenden Entscheidungen sicher schwerfielen, weil er deren Tragweite übersah.

Am 1. Oktober, offenbar als Folge der Anfrage vom 14. September, bedrängte Graf Bray seinen König, die Einladung nach Fontainebleau anzunehmen und bei dieser Gelegenheit dem König von Preußen die Kaiserkrone anzubieten; davon würde er sich Vorteile für eine Ausnahmestellung Bayerns im neuen deutschen Bund versprechen. Am gleichen Tag schrieb Ludwig an Prinz Luitpold, der sich in Versailles vor Ort befand: *Ein Bündnis der deutschen Staaten ist selbst im Interesse Bayerns nicht mehr zu umgehen, und fallen auch hiedurch wie bei den früheren Bundesverhältnissen gewisse Rechte an den Bund, so müssen doch Militär-, Justiz- und Verwaltungshoheit, überhaupt die Hauptattribute der Selb-*

ständigkeit und Souveränität Bayern gewahrt bleiben. Dieß habe ich dem jüngst hier anwesenden Delbrück, der Bismarcks Helfershelfer und rechte Hand ist, kategorisch durch meine Minister erklären lassen. – Die Frage wegen der Annahme der deutschen Kaiserkrone spuckt auch in den Köpfen der jetzt so erregten Menschen; Dieß ist eine höchst fatale, bedenkliche Sache, die hoffentlich fernzuhalten sein wird; König Wilhelm scheint großes Gewicht darauf zu legen und das Anerbieten von meiner Seite zu wünschen. Das fehlte noch, Dieu, m'en préserve! Und am 31. Oktober: *Aus einem Berichte des Grafen Bray ersehe ich zu meinem Unmut, daß, wie ich Dir schon neulich andeutete, ernstlich vom König von Preußen und Bismarck das Anerbieten der deutschen Kaiserkrone durch mich erwünscht wird ... ich sehe wirklich nicht ein, warum ich noch dieses in der That sehr entwürdigende Anerbieten stellen muß ... auch ist die hiesige Münchner – sowie die Mehrzahl der bayerischen Bevölkerung überhaupt von dem wahnsinnigen deutschen Kaiserschwindel angesteckt. – Es ist ein Jammer.*[58]

Am 20. Oktober begaben sich der Außenminister Graf Bray, der Justiz- und Innenminister v. Lutz und der Kriegsminister v. Pranckh zu den Verhandlungen nach Versailles, nachdem vom 22. bis 27. September in München die bereits erwähnten Vorbesprechungen mit dem Norddeutschen Bund unter Anwesenheit des Vorstands des norddeutschen Bundeskanzleramtes, Ministers Rudolf v. Delbrück, stattgefunden hatten. Bei den Versailler Verhandlungen soll Bray dann einen »Alleingang« in der Kaiserfrage unternommen haben. Hugo von und zu Lerchenfeld-Köfering, der spätere bayerische Gesandte in Berlin, der sich bei den Versailler Verhandlungen in der Begleitung Brays befand, schrieb dazu in seinen »Erinnerungen«: *Endlich am 12. November erreicht die Zeit des fast untätigen Zuwartens für die bayerischen Vertreter in Versailles ihr Ende. Bray hatte schon in den letzten Tagen des Oktober Bismarck und Delbrück eine Reihe von Gedanken schriftlich mitgeteilt ... diese Bedingungen bewegten sich im wesentlichen auf dem Boden der Münchner Besprechungen mit Delbrück ... In Bezug auf die Vertretung des Reiches nach außen war Bray in dem Exposé sehr weit gegangen, und hatte an der Vertretung für Bayern einen Anteil verlangt, der mit der einheitlichen Leitung der äußeren Politik nicht vereinbar, zugleich sachlich kaum durchführbar gewesen wäre. Nach den Bray'schen Gedanken sollte die Vertretung des Reiches nach außen gemeinsam durch den Kaiser als Bundespräsidium und den König von Bayern ausgeübt und dementsprechend auch die Reichsgesandten von diesen gemeinsam instruiert werden.*[59]

Das war ganz im Sinne von Ludwig II., der dann noch einen Schritt weiterging und den Vorschlag der zwischen Bayern und Preußen alternierenden Kaiserkrone einbrachte.

Aus all dem geht klar hervor, daß die Münchner Konferenzen von Ludwig genau verfolgt und von ihm beeinflußt waren. Deshalb ist es auch kaum vorstellbar, daß die nachfolgenden Vorschläge Graf Brays ohne Wissen des Königs geschehen sein sollen, zumal sie mit seinen Intentionen konform gingen.

Wie genau Ludwig den Gang der Ereignisse verfolgte, ersieht man auch daraus, daß er sich am 28. November brieflich bei Bray beschwerte, nicht ausreichend über die Details der Verhandlungsführung in Versailles informiert worden zu sein: *Wiewohl den Verhandlungen in Versailles mit der größten Aufmerksamkeit gefolgt ... vermochte ich keinen erschöpfenden Einblick zu gewinnen, da weder von Ihrer Seite noch jener der beiden anderen abgeordneten Staatsminister periodisch Detailsberichte erstattet wurden. Auch über die Hauptpunkte des erzielten Abkommens habe ich weder auf telegraphischem Wege noch durch einen Kurier Meldung erhalten und bin daher bis zur Stunde nicht in der Lage, bezüglich meiner Ratifikation einen Entschluß zu fassen.*

Das zitierte Schreiben war die Antwort auf ein Telegramm, das Bray an diesem 28. November an König Ludwig II. abgeschickt hatte: *Kaiserwürde unaufhaltsam, Zustimmung Bayerns unvermeidlich. Wenn nicht Seine Majestät Initiative ergreifen, so werden die in Versailles versammelten Fürsten und besonders das Parlament entschieden die Sache lösen.*[60]

Zwei Tage später, am 30. November 1870, erschien Graf Holnstein mit dem Entwurf des sog. »Kaiserbriefes« bei Ludwig. Bayern sollte als größtes Land im Deutschen Bund dem König von Preußen die Deutsche Kaiserkrone antragen.

Am 21. Oktober 1870 hatte sich Freiherr v. Werthern in einem Brief an seinen Bruder Thilo offen über die Kaiserfrage ausgesprochen. Die Korrespondenz v. Werthens mit seinem Bruder ist deshalb so interessant, weil sie frei von diplomatischen Formulierungen die wahren Auffassungen des langjährigen preußischen Botschafters in Bayern erkennen läßt: *Gestern früh sind die sieben Schwaben, Bray, Prankh und Justiz-Lutz nach Versailles abgereist; Bray wie einer der gehängt werden soll, weil er einsieht, daß ihm der deutsche Bundesstrick dort unvermeidlich droht. Die Württemberger Suckow und Mittnacht trafen dort einen Tag früher ein, und haben also vollkommen Zeit mit Baden und Hessen im Verein die Grundzüge ihres Beitritts so zu fixieren, daß den Bayern nicht viel übrig bleiben wird als Ja und Amen zu sagen, oder sich zu isolieren und im letzteren Falle im eige-*

nen Lande in die allerfatalste Lage zu geraten. Ich habe diesen Kampagneplan ausführlich mit Delbrück besprochen, und es freut mich, daß er wirklich ausgeführt wird. An die Verhandlungen in Versailles schließt sich eine Einladung unseres Königs an die deutschen Fürsten, zunächst an Lohengrin [gemeint ist König Ludwig II.]. *Ich erwarte jedoch nicht einen Augenblick, daß er hingeht und nun kommt es darauf an, daß ein anderer Fürst im gelegenen Moment die Kaiserfrage aufs Tapet bringt. Bayern zoddelt dann abermals hinterdrein und läßt sich die herrliche Gelegenheit zu einer eminenten Rolle aus einer puren Dummheit und Schwäche entgehen.*

Derselbe Freiherr v. Werthern hatte bereits 1867 seine Aufgabe als preußischer Botschafter in Bayern als das Kunststück bezeichnet, Bayern eine *Euthanasia* zu bereiten und es *mit sanfter Hand zum Tode zu führen!*[61]

Im Vorfeld der Reichsgründung konsultierte Ludwig auch seinen früheren Lehrer Professor Johann Huber zur deutschen Frage. Huber gab eine umfangreiche Stellungnahme ab, die unter anderem auch den Vorschlag enthielt, dem König von Preußen die Kaiserkrone anzubieten. Kurz nach Erhalt dieser Stellungnahme unterschrieb Ludwig am 30. November 1870 in Hohenschwangau den Kaiserbrief.

Ludwig II. schrieb den Brief eigenhändig, während er mit Fieber und heftigen Zahnschmerzen zu Bett lag. An einigen entscheidenden Stellen formulierte er Bismarcks Entwurf um. So wurde durch Ludwig ergänzt, daß es um die Wiederherstellung nicht nur der Kaiserwürde, sondern auch des Deutschen Reiches gehe und es wurde die Mitwirkung der deutschen Fürsten an dieser Aufgabe hervorgehoben. Den abgeänderten Kaiserbrief ließ Ludwig unterschrieben nach Versailles zurückschicken, wo ihn Prinz Luitpold am 3. Dezember 1870 dem Preußenkönig überreichen mußte.

Oberstallmeister v. Holnstein, der als Bote zwischen Bismarck und Ludwig II. unterwegs war, soll seinen König dabei unter ganz massive Pressionen gesetzt haben. Holnstein habe *zu bedenken* gegeben, daß *das Infragestellen des vom deutschen Volke verlangten Kaisertums durch Übelwollen des Königs von Bayern* letztlich nichts nütze und bloß die Gefahr berge, daß die bayerischen Truppen, die im gemeinsamen Kampf mit den Truppen der anderen deutschen Staaten bis Paris vorgedrungen seien, den Kaiser auch *ohne Befehl* ausriefen, *was den widerstrebenden König dem eigenen Volk gegenüber in eine Lage bringen müßte, welcher Se. Majestät sich am besten durch einen Aufenthalt in der Schweiz entziehen würde.*

So berichtete es der Hofmarschall des preußischen Kronprinzen Graf August zu Eulenburg in seinen Aufzeichnungen, die wiederum der ausführlichen Schilderung der Vorgänge in Hohenschwangau durch Holnstein selbst im April 1876 folgten.[62] Holnstein dürfte bei seiner nachträglichen Beschreibung des Ringens um die königliche Unterschrift freilich die eigene Rolle als »Reichsschmied« etwas übertrieben haben, erwartete er doch für seine Dienste eine entsprechende Honorierung von preußischer Seite, die er dann auch bekam.

Es ist schon darauf hingewiesen worden, daß Ludwig II. während der Versailler Verhandlungen den Versuch unternahm, die Vergabe der Kaiserkrone alternierend zu gestalten, d. h. im Wechsel zwischen Preußen und Bayern. Das entsprach freilich keineswegs den bismarckschen Intentionen. Ludwigs Initiative fand allerdings auch bei seinem eigenen Ministerium keine Zustimmung und lief ins Leere.

Bismarck erinnerte sich in dem Ludwig II. gewidmeten Kapitel seiner »Gedanken und Erinnerungen«: *Als außerhalb des Gebietes politischer Möglichkeiten liegend ist mir sein in den Versailler Verhandlungen auftauchender Gedanke erinnerlich, daß das deutsche Kaiserthum resp. Bundes-Präsidium zwischen dem preußischen und dem bairischen Hause erblich alternieren solle. Die Zweifel darüber, wie dieser unpraktische Gedanke praktisch zu machen, wurden überholt durch die Verhandlungen mit den bairischen Vertretern in Versailles und deren Ergebnisse, wonach dem Präsidium des Bundes, also dem Könige von Preußen, die Rechte, die er heut dem bairischen Bundesgenossen gegenüber ausübt, schon in der Hauptsache bewilligt waren, ehe es sich um den Kaisertitel handelte.*[63]

Daraus geht hervor, daß die bayerische Delegation unter der Führung von Prinz Luitpold den Vorschlag ihres Königs wohl nicht sehr energisch verfocht, sondern sich den preußischen Wünschen und Vorstellungen unterordnete. Da man im Jahre 1870 das relativ frühe Ende König Ludwigs II. sicher noch nicht ahnen konnte – Ludwig war fünfundzwanzig Jahre alt und gerade sechs Jahre König – mag dabei auch mitgespielt haben, daß man Ludwig von der Kaiserkrone fernhalten wollte. Wenn er sich mit seiner Idee der alternierenden Kaiserwürde hätte durchsetzen können, wäre er nämlich bei normaler Lebenserwartung und dem erwartungsgemäßen Ablauf der historischen Ereignisse nach dem Tod Kaiser Wilhelms I. 1888 zum deutschen Kaiser gekrönt worden. Es ist müßig, darüber zu spekulieren, wie anders der Gang der Geschichte verlaufen wäre, wenn auf diese Weise ein Kaiser Wilhelm II. gar nicht zum Zuge gekommen wäre ...

Bismarck war jedenfalls zufrieden mit Ludwigs Kaiserbrief. Der preußische König Wilhelm I. wäre zwar auch ohne den schriftlichen Antrag des Bayernkönigs zum deutschen Kaiser ausgerufen worden, hätte allerdings der Antrag aus Bayern gefehlt, wäre dies ein Schönheitsfehler gewesen.

Lerchenfeld-Köfering, der die Verhandlungen in Versailles miterlebte, schrieb dazu: *Der Kaisergedanke lag übrigens in der Luft. Er war die natürliche Frucht der glorreichen Siege. Der Kaiser mußte geboren werden. War es nicht der Herrscher Bayerns, der die Geburtshilfe leistete, so wäre es ein anderer Bundesfürst oder eine Mehrheit von Bundesfürsten gewesen; ja, äußerstenfalls hätte der Reichstag die Rolle übernommen.*[64]

Beim Festbankett in Versailles richtete Bismarck einen feierlichen und wohlwollenden Trinkspruch an die Adresse des abwesenden bayerischen Königs: *Ich trinke auf das Wohl Seiner Majestät des Königs von Bayern, auf das Blühen und Gedeihen seiner tausendjährigen Dynastie. Ich kann nur wiederholen, daß, solange ich etwas zu sagen habe, nie ein Schritt geschehen soll, der Bayern in seiner berechtigten Stellung verletzt. Seine Majestät der König wird an mir, solange ich lebe, einen so ergebenen Diener finden, als wäre ich noch sein Lehensträger.*[65]

Die Anspielung verwies auf eine lange zurückliegende Episode in der Geschichte Brandenburgs. Die Wittelsbacher waren nämlich zur Zeit Kaiser Ludwigs des Bayern im 14. Jahrhundert einige Jahrzehnte lang Markgrafen in Brandenburg und damals hatte ihnen das bismarcksche Geschlecht den Lehenseid geleistet. Wobei anzumerken ist, daß die kurze wittelsbachische Herrschaft über die Mark Brandenburg und Berlin kein besonders rühmliches Kapitel der bayerischen Geschichte darstellt. Die Söhne Kaiser Ludwigs des Bayern wechselten sich in rascher Folge in der Markgrafenwürde Brandenburgs ab: auf Ludwig den Brandenburger, der Margarethe Maultasch ehelichte und sich nach Tirol verzog, folgte Ludwig der Römer, der bald verstarb, dann Otto der Faule, der die Mark für 200 000 Gulden auf Geheiß seiner Frau an seinen Schwiegervater Kaiser Karl IV. verkaufte. So endete 1372 nach fünfzigjähriger Dauer die Herrschaft der Wittelsbacher in der Mark Brandenburg.

König Ludwig II., der für Bayern bei der Reichsgründung ein relativ hohes Maß staatlicher Selbständigkeit und im Vergleich zu anderen Bundesländern deutlich mehr Privilegien erwirken konnte, war dennoch über das Versailler Verhandlungsergebnis unglücklich und litt offensichtlich und nachhaltig unter der Tatsache, daß er durch den

Kaiserbrief zum Zustandekommen des bismarckschen Reichs beigetragen hatte. Noch im Mai 1878 schrieb er an Richard Wagner: *Die Folgen von 70 und 71 verbittern mir die Existenz, die sich wahrlich anders hätte gestalten sollen.*

Mit seinem Bruder Otto erörterte Ludwig das Kaiserproblem zu wiederholten Malen. Otto war mit den bayerischen Truppen dem preußischen Kronprinzen Friedrich Wilhelm zugeteilt, der die dritte Armee befehligte. Otto war auch bei der Kaiserproklamation in Versailles anwesend. Er und sein Onkel Luitpold vertraten den bayerischen König, der diesem Akt fernblieb.

Zuvor hatte Otto noch in einem fast dramatischen Schriftwechsel versucht, Ludwig davon abzubringen, auf Bismarcks Betreiben dem König von Preußen die Deutsche Kaiserkrone anzutragen. Am 25. November 1870, also fünf Tage vor der Unterzeichung des Kaiserbriefs in Hohenschwangau, schilderte Ludwig in einer Art Rechtfertigungsbrief dem Bruder seine Lage: *Ich erlebte mittlerweile recht viel Trauriges! Selbst der bayerische, monarchische Bray beschwor mich mit Pranckh und Lutz, so bald als möglich jenem König die deutsche Kaiserkrone anzubieten, da sonst die anderen Fürsten oder gar der Reichstag es tun würde. Könnte Bayern allein, frei vom Bunde stehen, dann wäre es gleichgültig, da dies aber geradezu eine politische Unmöglichkeit wäre, da Volk und Armee sich dagegen stemmen würden und die Krone mithin allen Halt im Lande verlöre, so ist es, so schauderhaft und entsetzlich es immerhin bleibt, ein Akt von politischer Klugheit, ja von Notwendigkeit im Interesse der Krone und des Landes, wenn der König von Bayern jenes Anerbieten stellt; da, nachdem Bayern nun doch einmal aus politischen Gründen in den Bund muß, hinterher der nun doch nicht mehr ferne zu haltende Kaiser von mir bon gré mal gré anerkannt werden muß. – Da die Sachen leider so stehen, Widerstand vergeblich wäre, so gebietet es das Interesse, wenn die übrigen Fürsten oder gar das Volk von mir überflügelt werden. Jammervoll ist es, daß es so kam, aber nicht mehr zu ändern.* Otto versuchte daraufhin am 28. November in einem fast beschwörenden Brief, Ludwig doch noch umzustimmen: *Höre noch einmal meine Stimme; ich beschwöre Dich, das Schreckliche nicht zu tun! Wie kann es denn für einen Herrn und König eine zwingende Gewalt geben, seine Selbständigkeit dahinzugeben und außer Gott noch einen Höheren über sich anerkennen zu müssen! ... Mögen wir auch für den jetzigen Augenblick Vorteile und Zugeständnisse erlangen, die vielleicht von großem Umfang sind, so wiegen sie doch gewiß nicht den hundertsten Teil von jenem Nachteil auf, den wir durch Dahingebung der Selbständigkeit erleiden.*

Prinz Otto (um 1870)

Die Kaiserproklamation fand am 18. Januar 1871 im Spiegelsaal des Versailler Schlosses statt. Otto schrieb darüber an Ludwig: *Der deutsche Kaiser, das deutsche Reich, Bismarck, die laute preußische Begeisterung, die vielen Stiefel, das alles macht mich unendlich traurig. ... Ach Ludwig, ich kann Dir gar nicht beschreiben, wie unendlich weh und schmerzlich es mir während jener Zeremonie zumute war ... Welchen wehmütigen Eindruck machte es mir, unsere Bayern sich da vor dem Kaiser neigen zu sehen; ich war eben von Kindheit an so was nicht gewöhnt; ... alles so kalt, so stolz, so glänzend, so prunkend und großtuerisch und herzlos und leer.*

Der scharfzüngige Fürst Hohenlohe glossierte am gleichen Tag in seinem Tagebuch die Gespräche der Bayern in Versailles: *Prinz Otto ist vom König hierherberufen worden. Er hat keine Mission in Versailles. Der König wollte ihn hören, und Otto hat nun hier gegen die Kaiseridee, gegen Reise und alles gehetzt. ... So schwankt man hier zwischen Wollen und Nichtwollen, zwischen Nachgiebigkeit und altem Familienstolz. Und schließlich unterwirft man sich aus Furcht.*

Noch während in Versailles über die Modalitäten der Reichsgründung und die damit einhergehende Abgabe von Souveränitätsrechten der Bundesstaaten verhandelt wurde, hatte Ludwig II. seinen Bruder Otto zurückbeordern lassen, um ihm die Krone anzutragen. Dem Kabinettssekretär teilte Ludwig mit: *Bray erhielt den Auftrag von mir, dem Prinzen Otto die Wahrscheinlichkeit meines Entschlusses mitzuteilen. Finden Sie sich in das Unvermeidliche, machen Sie sich mit dem Gedanken meiner Abdankung vertraut. Es wird gut sein, das Dekret baldigst zu entwerfen.*[66]

Es gibt einen Brief an seinen Bruder, den Ludwig bereits *An Seine Majestät, den König Otto I. von Bayern* adressierte. Dies berichtete auch der preußische Gesandte in Bayern v. Werthern im Februar 1871 an Bismarck. Großherzog Friedrich I. von Baden notierte zur gleichen Zeit, daß Ludwig II. an Abdankung denke, weil er glaube, daß sein Ansehen durch die Behandlung der Kaiserfrage zu sehr gesunken sei. Auch Friedrich v. Baden nannte Otto als möglichen Nachfolger, den Ludwig mit einer entsprechenden Urkunde schon davon unterrichtet habe.

Otto scheute jedoch vor dem Königsamt zurück und redete dem Bruder die Abdankungspläne aus. Nicht viel später mußte Ludwig erkennen, daß Otto aus gesundheitlichen Gründen nicht mehr als König in Betracht kam. *Mein Bruder kann nie regieren* äußerte er 1873 in dem eingangs zitierten Gespräch mit Felix Dahn im Jagdschloß auf dem Schachen.[67]

Pikanterweise waren die bayerischen Truppen, die 1866 noch gegen die Preußen marschieren mußten, vier Jahre später im Krieg von 1870/71 zusammen mit dem 5. und 6. preußischen Armeekorps und einer württembergischen und badischen Division dem preußischen Kronprinzen Friedrich Wilhelm unterstellt, der dann auch bei der Siegesparade in München am 16. Juli 1871 anwesend war.

Eine Woche vorher hatte Ludwig seinem Bruder geschrieben: *Denke nur, Otto, aus politischen Gründen, gedrängt von allen Seiten, habe ich mich veranlaßt sehen müssen, den Kronprinzen von Preußen einzuladen, was mich geradezu zur Verzweiflung bringt.*

Ludwig, der nur widerwillig an den Feierlichkeiten teilnahm, sagte dann auch in letzter Minute seine Teilnahme am großen Militärfestbankett, zu dem 900 Gäste geladen waren, ab. Damit überließ er das Feld dem preußischen Kronprinzen, der Ludwigs Fernbleiben durchaus als Affront empfinden mußte.

Am folgenden 18. Juli fuhr Ludwig nach Schloß Berg, obwohl Kronprinz Friedrich Wilhelm noch in München weilte. Der trug es mit Fassung und begab sich mit Botschafter v. Werthern, mit dem er befreundet war, zur Abkühlung in die Militärschwimmschule.[68]

Der Grund für Ludwigs Weigerung, am Festbankett teilzunehmen, war möglicherweise eine saloppe Bemerkung des preußischen Kronprinzen nach der Siegesparade. Friedrich Wilhelm hatte in der Residenz den König beiseite genommen, indem er ihn am Knopf seiner Uniform zog, und in einer Lautstärke, daß alle Umstehenden es hören konnten, gesagt: *So, na, das ist ja Alles schön und gut. Aber nun muß noch gar manches anders werden, bei Dir in Bayern!*[69] Eine derartige Äußerung blieb bei dem empfindsamen König haften, wie ein vergifteter Stachel! Ludwig und der preußische Kronprinz Friedrich Wilhelm verstanden sich nicht; zu unterschiedlich waren die Charaktere der beiden. So hatte Friedrich Wilhelm einmal Ludwigs Angebot eines bayerischen Chevauxlegers Regimentes abgelehnt, weil er meinte, deren Uniform würde nicht zu seiner Körpergröße passen. Diese Ablehnung, die auf Ludwigs geliebter Roseninsel stattfand, trug Ludwig dem Vetter aus Preußen immer nach.

Als die Siegesfeierlichkeiten vorbei waren, schrieb Ludwig am 30. Juli 1871 aus Schloß Berg an Prinz Luitpold: *Mit Dir freue ich mich, lieber Onkel, daß die durch des Kronprinzen Gegenwart ihres ächt Bayerischen Charakters entkleideten Einzugsfeierlichkeiten, glücklich verlaufen sind, gräßlich war mir sein Kommen in Folge der höchst taktloserweise durch ihn aufgedrungenen Einladung.*

Preußen giert nach den bayerischen Reservatrechten

Für Ludwig und Otto war die Kaiserproklamation und der damit zwangsläufig einhergehende Verlust der Souveränität Bayerns, des ältesten deutschen Staates, ein Schlüsselerlebnis. Für Ludwig begann damit seine »innere Emigration«, der zunehmende Rückzug in die Einsamkeit und in seine Scheinwelt; bei Otto lösten die Ereignisse von 1870/71 den Ausbruch der bereits in ihm schlummernden Krankheit aus.

Am 28. Januar 1871, dem Tag der Kapitulation von Paris vor den deutschen Armeen, schrieb Ludwig an Freifrau von Gasser, die Gemahlin des bayerischen Gesandten in Stuttgart: *Es ist ein wahrer Frevel von Seite der preußischen Machthaber, den Krieg so lange fortzuführen und eine Nation bis in ihren innersten Lebensnerv zu erdrücken zu suchen; ich finde es geradezu verbrecherisch; der Grund, daß Deutschland gezwungen ist, seine bedrohten Grenzen gegen den Feind zu vertheidigen, ist längst nicht mehr stichhaltig ... Ich sage nichts von dem unseligen Kaiserthum, das allen rich-*

tig denkenden deutschen Fürsten ein Gräuel sein muß und das leider nicht fernzuhalten war; fort, fort von diesen unseligen politischen und moralischen Foltern!
Konsequenterweise verbot Ludwig für Bayern die offizielle Feier von Kaisers Geburtstag, der nach der Reichsgründung in den anderen deutschen Landesteilen als Festtag begangen wurde.

Ganz allein standen Ludwig und Otto mit ihrer ablehnenden Haltung nicht da, obwohl alle herrschenden bayerischen Politiker dem neuen Kaiser zujubelten. Der frühere und erste Ministerratsvorsitzende Bayerns (von 1849 bis 1859 und von 1864 bis 1866) Ludwig von der Pfordten schrieb am 21. Januar 1871, als die Mehrheit des bayerischen Landtags sich nach langen und heftigen Diskussionen für die Annahme der Versailler Verträge entschlossen hatte, in sein Tagebuch: *Vor 78 Jahren haben die Franzosen ihren König ermordet, heute haben die Abgeordneten Bayerns ihren König und ihr Land unter die preußische Militärherrschaft mediatisiert. Finis Bavariae!*[70]

Und wie hat das bayerische Volk dies alles aufgenommen?

Der Schriftsteller Oskar Maria Graf, 1894 in Berg am Starnbergersee geboren und dort aufgewachsen, erzählt in seinem Roman »Das Leben meiner Mutter« aus den überlieferten Erinnerungen: *Ungefähr drei Wochen nach Neujahr gab es in der Pfarrkirche ein ungewohnt feierliches Hochamt. Viele Würdenträger aus dem Berger Schloß waren in goldgeschmückter Gala-Uniform erschienen. Die Orgel brauste noch einmal so voll und laut durch das hohe Kirchenschiff, und der Gesang des Chores schien weit belebter zu klingen. Auch der Pfarrer trug diesmal das schöne, reichbestickte Meßgewand, das er nur an bedeutsamen kirchlichen Festtagen anzulegen pflegte. Die Leute waren ein wenig verwundert darüber, aber ihre ernsten Gesichter wurden keineswegs anders, als der Geistliche seine Predigt mit den Worten begann: »Gott dem Allmächtigen und Ihrer Majestät, unserem vielgeliebten König, hat es gefallen, Ihr gnädigstes Einverständnis dazu zu erteilen, daß die Länder des deutschen Bundes von nun ab ein Kaiserreich genannt werden! Ihre Majestät, König Wilhelm von Preußen, haben die ehrenvolle, allgemein gewünschte Wahl zum Kaiser der Deutschen huldvollst angenommen, und geruhen, alle Stämme der deutschen Gaue, die in tapferem Heldenmut die unvergeßlichen Siege im Feindesland errungen haben, vertrauend auf Gott den Allmächtigen, mit gnädigstem Dank zu grüßen. Mit Gott für Kaiser und Vaterland!« An dieser Stelle erhoben sich die Würdenträger sehr geräuschvoll in ihren Betstühlen, daß die Bauern, Weiber und Kinder noch verwunderter auf sie schauten und erst nach und nach aufstanden. Als aber jetzt, mitten in der Feierlichkeit, einige Offiziere ihre Säbel zogen und ein »Hoch« auf den Kaiser und auf unser gemeinsames großes deutsches Vaterland aus sich herausschmetterten und endlich gar das Lied »Deutschland, Deutschland über alles« zu singen begannen, da bekamen alle Leute halb erschrockene, halb ärgerliche Mienen. Sie kannten weder den Text noch die Melodie. Für sie klang alles unkirchlich und unangebracht weltlich. Sie blieben stumm, mit gefalteten Händen stehen, und nur die Offiziere und Würdenträger sangen. Es hörte sich blechern an. Die Worte schlugen an die frosterstarrten Kirchenwände und schienen zu zerklirren.*

Das »Tedeum« am Schlusse des Hochamtes, das alle sangen, erfüllte freilich den ganzen Raum, dennoch fehlte ihm die sonstige Feierlichkeit. Die Leute gingen diesmal ungesäumt nach Hause, vielleicht wegen der scharfen Kälte, jedenfalls aber erwarteten sie von diesem Kaiserreich, unter welchem sie sich nichts genaues vorstellen konnten, nicht viel Gutes. »Und vom Frieden hört kein Mensch was!« sagten viele und brummten: »Ja, ein anderes Geld bringen sie auf, die Preußen! Und überall haben sie das erste Wort!«[71]

In dem Gespräch mit Felix Dahn im August 1873 im Jagdschloß auf dem Schachen spielten die Versailler Verträge, das Deutsche Reich und das Verhältnis Bayerns zu Preußen, aber auch das persönliche Verhältnis Ludwigs zum preußischen Kronprinzen Friedrich Wilhelm eine bedeutende Rolle. Dahn wurde bei diesem Gespräch vom König offensichtlich hart gefordert: *Mit überraschender Sachkenntnis stellte der König die eingehendsten Fragen oft über die kleinsten Einzelheiten der Versailler Verträge! Er zeigte sich ebenso genau unterrichtet wie grundgescheit, scharf, ja sogar ein wenig rabulistisch, dialektisch, spitzfindig in seinen Erwiderungen: es ergetzte ihn offenbar, sich im Streite gewandt und glatt zu erweisen; dergleichen hatte ich von diesem schwärmerischen Wagnerverehrer nicht erwartet.*[72]

Wie König Ludwig II. über sein Amt, über die aktuellen politischen und sonstigen Probleme dachte – in manchem fortschrittlich und seiner Zeit voraus, sollen die nachfolgenden beispielhaften Äußerungen aufzeigen.

An seine frühere Erzieherin Sybille v. Leonrod schrieb er am 27. August 1864, fünf Monate nach der Thronbesteigung: *Mein Interesse und meine Liebe zu meinem Berufe nehmen stets zu. – Ich danke es dem lieben Gott, daß Er mir einen Beruf gegeben hat, welcher mir zur Pflicht macht, für das Wohl Anderer zu sorgen.*

Am 2. September 1871: *Das rauhe Kriegshandwerk ... verdirbt die Sitten der Menschen, macht sie unfähig, große und erhabene Ideen zu fassen, stumpft sie ab für geistige Genüsse, denn diese allein sind im Stande dauernd zu fesseln, diese allein gewähren wahre Wonne und dauernde Befriedigung.*

In einem Gespräch über neue Eisenbahnprojekte durch die Alpen (eine Trasse sollte über den Fernpaß gelegt werden) äußerte Ludwig 1878: *Eisenbahnen sind zwar nötig, soviele Eisenbahnen jedoch, wie man jetzt vorschlägt, sind kaum nötig und teilweise sogar schädlich. Auch das sehe ich ein, daß Alpenbahnen gebaut werden müssen. Aber man hat ja die Semmering-, Brenner- und Montcenisbahn. Dazu kommt die Gotthardbahn. Das reicht für lange hinaus. Ich halte dafür, daß das Glück der Völker nicht in der Menge ihrer Eisenbahnen liegt. Auch nicht die Zukunft Bayerns und Tirols. Man soll mir die idyllische Einsamkeit und die romantische Natur, deren malerische Schönheit im Winter noch ungleich größer ist als im Sommer, nicht durch Eisenbahnen und Fabriken stören. Auch für zahllose andere Menschen, als ich einer bin, wird eine Zeit kommen, in der sie sich nach einem Lande sehnen und zu einem Fleck Erde flüchten, wo die moderne Kultur, Technik, Habgier und Hetze noch eine friedliche Stätte weit vom Lärm, Gewühl, Rauch und Staub der Städte übrig gelassen hat.*[73]

Sein politisches Königsideal formulierte Ludwig einmal folgendermaßen: *Die rechte Lösung der sozialen Frage in meinem Lande würde ich für höher halten, als wenn ich durch Waffenruhm Herr von Europa werden könnte und ich möchte nicht das Leben eines meiner Bürger für einen selbstsüchtigen Zweck zu verantworten haben. Ich wünsche von meinem Schöpfer nicht das Glück eines Eroberers, dieses Fürstenwahnwitzes, sondern jenes Glück, daß man nach meinem Tode sage: Ludwig hat nur danach gestrebt, seinem Volke der wahrhaft treueste Freund zu sein, und es ist ihm gelungen, sein Volk zu beglücken.*[74]

Ludwig II. und die Frauen

Schon bald nach seinem Regierungsantritt wurde Ludwig II. von verschiedenen Seiten gedrängt, sich unter den infrage kommenden Schönen nun auch nach einer passenden Königin umzusehen. *Zum Heiraten habe ich überhaupt keine Zeit, das kann der Otto besorgen,* sagte er, als Justizminister v. Bomhard dieses Thema ansprach.

Auch andere Versuche, ihn zu verehelichen, wehrte er zunächst ab. Doch dann vertiefte sich 1866 die Beziehung zu einer seiner Cousinen aus der Familie der Herzoge in Bayern, zu Sophie Charlotte nämlich, der jüngsten Schwester der damals schon über ein Jahrzehnt mit dem österreichischen Kaiser verheirateten Elisabeth. Wie war es zu der Verbindung zwischen König Ludwig II. und Herzogin Sophie in Bayern gekommen?

Ludwig, der sich ab Mai jeden Jahres für längere Zeit in Schloß Berg aufhielt, besuchte des öfteren seine Verwandten in Possenhofen. Dort verbrachten Herzog Max in Bayern und seine Frau Ludovica mit ihren Kindern die Sommermonate. Herzogin Ludovica, eine Halbschwester Ludwigs I., war die Großtante Ludwigs II.; die Töchter waren also strenggenommen Cousinen von Ludwigs verstorbenem Vater Max II.

Schon in der Kindheit hatte Ludwig die kleine Sophie Charlotte verehrt und ihr in einem selbst verfaßten »Faust« die Rolle des Gretchens übertragen. Der Kontakt wurde enger, als Ludwig und Sophie im Verlauf des Jahres 1866 ihre gemeinsame Neigung für Oper und Theater entdeckten, mehr noch: sogar die Begeisterung für Richard Wagners Musikdramen teilten. Sophie, ein gutaussehendes Mädchen, das auf einem Hofball schon einen »Preis der Schönheit« errungen hatte, verfügte über eine passable Singstimme, konnte Klavier spielen und sang ihrem königlichen Vetter bei den Zusammenkünften in Possenhofen aus Wagneropern vor. Das dauerte oft bis spät in die Nacht. An den folgenden Tagen korrespondierten die beiden darüber, wenn Ludwig wegen der Regierungsgeschäfte nicht zu Besuch kommen konnte. Doch bei aller Wagnerbegeisterung hätte ein junges Mädchen von ihrem Verehrer vielleicht nicht nur hören wollen, wie sehr er den gemeinsam geschätzten Komponisten anbetete.

So schrieb Ludwig am 10. Januar 1867: *Meine liebe Sophie, da ich weiß, welchen Antheil Du an allem, was mich betrifft so liebevoll nimmst, so*

Herzogin Sophie Charlotte in Bayern (um 1867)

drängt es mich, Dir die namenlose Freude mitzuteilen, welche mir bevorsteht. Denke nur, mein theurer, so innig geliebter Freund R. Wagner kommt in etwa 8 Tagen hieher. – Ich konnte die so entsetzlich schmerzliche Trennung nicht länger mehr ertragen und beschwor ihn zu kommen. – Jüngst war das herrliche, in seiner Art einzig dastehende Modell des auf den Höhen der Isar sich einst zu erhebenden Festtheaters durch den geistvollen Architekten Semper

105

vollendet, ich freue mich, ihn morgen zu sprechen, um mir den Plan des Baues erklären zu lassen. Auch im Rest des Briefes befaßte sich Ludwig immer wieder mit Richard Wagner, frug Sophie, ob sie auch Wagners Briefe an ihn schon gelesen habe, und schloß: *Nun lebe wohl, meine liebe Sophie, tausend herzliche Grüße sendet Dir Dein treuer Vetter Ludwig.*[75]

Bei einer der spätabendlichen Zusammenkünfte in Possenhofen soll Mutter Ludovica kundgetan haben, daß ihr die häufigen Besuche Ludwigs und seine zahlreichen Briefe an Sophie Charlotte kompromittierend erschienen. In anderen Darstellungen heißt es, Ludwig hätte auf Druck der herzoglichen Familie beziehungsweise auf Bitten der von ihrer Mutter dazu gedrängten Sophie den brieflichen Verkehr einstellen müssen, weil er zu lange unentschlossen in der Schwebe ließ, ob er ernste Absichten habe.

Gewisse Zweifel an der zweiten Version scheinen mir aus verschiedenen Gründen angebracht. So sind die Quellen für diese an sich gefällig und eingängig klingende Darstellung nicht ganz eindeutig. Das Argument, Ludwig lasse Sophie beziehungsweise die Familie zu lange über seine Absichten im unklaren, könnte ein vorgeschobenes gewesen sein oder zumindest ein rein taktisches, um Ludwigs Erklärung zu forcieren. Natürlich hätte im 19. Jahrhundert jede besorgte Mutter versucht, Klarheit für ihre Tochter zu bekommen. Da es sich jedoch im konkreten Fall bei dem Verehrer um keinen geringeren als den König von Bayern handelte, der noch dazu in der herzoglichen Familie von Kind an ein und aus ging, erscheint die mütterliche Besorgnis wenn nicht übertrieben, so doch verfrüht. Die Freundschaft und eifrige Korrespondenz zwischen Ludwig und Sophie hatte ja erst im August 1866 begonnen; es war also bis Januar 1867 noch kein halbes Jahr verstrichen.

Am 19. Januar 1867 schrieb Ludwig an Sophie: *Meine liebe Sophie! Schwer kommt es mich an, diese Zeilen an Dich zu richten, aber ich halte es für meine Pflicht, gerade jetzt Dir zu schreiben. – Schmerzlich ist es mir, sollten Wir wirklich von nun an Unseren schriftlichen Freundschaftsverkehr auf immer unterbrechen, denn (wie ich es Dir zu wiederholten Malen in meinen Briefen versicherte) nie wirst Du aufhören, mir theuer zu sein, zeitlebens werde ich Dir die aufrichtigen und innigen Gefühle meiner treuen Freundschaft bewahren. Oh, habe keinen Groll im Herzen, liebe Sophie, höre meine Bitte und bewahre mir ein gutes Andenken in Deinem Herzen, entziehe mir Deine Freundschaft nicht, oh, sie tut mir so wohl ... Du nahmst so herzlichen, so wahren und aufrichtigen Antheil an meinem Geschicke, liebe Sophie, daß ich Dir dafür innig dankbar sein werde, mein Leben lang. Der Hauptinhalt*

Unseres Verkehrs war stets, Du wirst es mir bezeugen, R. Wagners merkwürdiges, ergreifendes Geschick. – Oh, zürne mir nicht, sende mir einige freundliche Zeilen, die mir beweisen, daß Du mir gut bleibst, bedenke, Dein Freund hat vielleicht nur mehr wenige Jahre zu leben, soll seine karg bemessene Lebenszeit ihm durch den qualvollen Gedanken verbittert werden, daß eines von den wenigen Wesen, die ihn verstanden, denen er theuer war, ihn nunmehr im Stillen haßt? Oh, das verdiene ich nicht, ich darf es kühn sagen. – Lebe wohl, meine liebe Sophie; willst Du es, so schreibe ich nie wieder, lebe glücklich und gedenke mein. –In inniger Freundschaft Dein treuer, aufrichtiger Vetter Ludwig.[76]

Am Abend des 19. Januar, an dem Ludwig die oben zitierten Zeilen schrieb, sah er Sophie auf dem großen Hofball, zwei Tage später, am 21. Januar auf einem Ball im »Museum«.

Am 22. Januar ließ er Sophie seinen Werbungsbrief überbringen und noch am selben Abend zeigte er sich zum erstenmal mit ihr in der Königsloge des Theaters. Damit war die Verlobung zwischen König Ludwig II. von Bayern und Herzogin Sophie Charlotte in Bayern offiziell angekündigt.

Was war geschehen, woher die plötzliche Entscheidungsfreude?

Durch die vor nicht allzulanger Zeit aufgetauchten Liebesbriefe Sophies an Edgar Hanfstaengl, den Sohn des damals wohl berühmtesten Münchner Photographen Franz Hanfstaengl, ist das Rätselraten, ob die Gerüchte über eine Liaison zwischen Sophie und Edgar wahr oder nicht wahr sind, beendet worden. Diese Verbindung hat bestanden und war, wie aus den aufgefundenen Briefen hervorgeht, eine intensive Liebesbeziehung. Das Paar traf sich unter Mithilfe anteilnehmender Hofdamen und Verwandter nicht nur auf dem Schloß Pähl der Familie Hanfstaengl, sondern auch in München im herzoglichen Palais an der Ludwigstrasse und in der Wohnung Edgars in der Kanalstrasse 23. Es sind nicht mehr alle Briefe Sophies an Edgar erhalten; mehrere – vor allem wohl die frühen – mußte Edgar sofort nach der Lektüre der Botin wieder mitgeben.

Der erste vorhandene Brief stammt vom 23. Juli 1867, der letzte vom 10. September 1867. Sophie soll Edgar im Januar 1867 kennengelernt haben, als sie und Ludwig bei Hanfstaengl die offiziellen Verlobungsfotografien aufnehmen ließen. Sofern das stimmt, ist anzunehmen, daß der Brief vom 23. Juli nicht der erste Brief war, den sie an Edgar schrieb. Da Edgars Vater Franz Hanfstaengl zum Bekannten- und Freundeskreis ihres Vaters Herzog Max gehörte und in dessen Zirkeln verkehrte, wäre

Verlobung Ludwigs II. mit Sophie Charlotte

auch nicht auszuschließen, daß Sophie und Edgar sich schon früher – vor dem Januar 1867 – begegneten.

In dem ersten bekannten Brief vom 23. Juli steht allerdings: *Warum mußte ich Dich kennenlernen, nun da meine Freiheit in Fesseln geschlagen ist.*[77]

Auch wenn der Schluß naheliegt, daß die beiden sich bei den foto-
grafischen Aufnahmen im Januar 1867 zum ersten Mal sahen, läßt sich
allein aufgrund dieser Formulierung der Beginn ihrer Liebesgeschichte
nicht mit letzter Sicherheit datieren. Zweifellos steht jedoch fest, daß
die Beziehung zwischen Sophie und Edgar unmittelbar nach Sophies
Verlobung mit Ludwig entstand oder fortbestand. Mehrere Personen
aus ihrem Umfeld waren eingeweiht. Die Treffen mit Edgar im Palais an
der Ludwigstrasse wären sonst nicht möglich gewesen. Sophies Bemühen, Edgar ein »Entkommen« zu sichern, indem sie bei seinem Fortge-
hen Kopfschmerzen und Unwohlsein vortäuschte, um die Dienerschaft
zu beschäftigen und abzulenken, war ein wohl eher kindliches Täu-
schungsmanöver, das sicher nicht hätte verhindern können, daß ein
wohlbekannter junger Mann mehrmals das herzogliche Palais betrat
und nach einiger Zeit wieder verließ, ohne von jemandem aus der zahlreichen Dienerschaft bemerkt und erkannt zu werden.

Gerüchte über die Verbindung Sophies zu Edgar Hanfstaengl tauchten schon sehr bald nach der Auflösung der Verlobung mit Ludwig auf.
Das macht die Annahme sehr wahrscheinlich, daß schon während der
Verlobungszeit dem königlichen Bräutigam entsprechende Nachrichten
hinterbracht wurden.

Unter dieser Voraussetzung lassen sich manche Stellen in dem Abschiedsbrief, mit dem Ludwig am 7. Oktober 1867 die Verlobung löste,
anders interpretieren als dies gemeinhin getan wird. Wenn man eine
größere Anzahl von Ludwigs Briefen gelesen hat und dazu die Fakten
kennt, um die es jeweils ging, so entdeckt man, daß Ludwig selten direkt auf seinen Gegenstand losging, lieber umschrieb, das Thema abrupt wechselte, um später wieder darauf zurückzukommen, gerne auch
Zitate aus Dramen, aus Wagneropern usw. einstreute und diese Zitate
wiederum in Bezug auf sein Thema abwandelte. Der verborgene Sinn
solcher Briefstellen ist für den heutigen Leser nicht immer sofort
erkennbar, vor allem wenn er das eingebaute Zitat nicht als solches
erkennt, damit auch nicht den von Ludwig angesprochenen Sinnzu-
sammenhang erfaßt, der sich häufig nur dem versierten Literaturkenner
erschließt. Man muß also Bescheid wissen sowohl über Ludwigs asso-
ziatives Zitieren wie auch über die Werke, aus denen er zitierte, um
seine meist indirekten Aussagen deuten zu können. Jedenfalls macht
man es sich zu leicht, wenn man – wie einige Autoren – Ludwigs Briefstil als schwülstig und aufgeblasen, als Ausdruck übersteigerten
Herrscherbewußtseins und cäsaropapistischen Hochgefühls abtut oder

Edgar Hanfstaengl

aus Unkenntnis des anzitierten Bedeutungsfelds gar verborgene Suicid-
absichten unterstellt.

In dem Brief an Sophie Charlotte vom 7. Oktober 1867 läßt der
Schlußabsatz durchaus Raum für die Annahme, daß Ludwig Hinweise
auf die Beziehung zwischen Sophie und Edgar Hanfstaengl erhalten
hatte. Ludwig schrieb: *Ich bitte Dich um Fortdauer Deiner Freundschaft;
wenn Du mir Dein Wort zurückgibst, und wenn wir voneinander scheiden, so
bitte ich Dich, thun wir es ohne Groll und Bitterkeit ... Solltest Du bis etwa in
Jahresfrist niemanden gefunden haben, durch welchen Du glaubst, glücklicher
zu werden als durch mich, sollte auch dies bei mir der Fall sein, was ich nicht*

für ganz unmöglich halte, so können wir uns ja immer noch vereinen, vor-
ausgesetzt, daß Du dann noch Lust hast; doch ist es besser, wenn wir jetzt
voneinander scheiden, und uns nicht durch ein bestimmtes Versprechen für
die Zukunft binden.[78]

Unmittelbar danach notierte Ludwig unter Verwendung von zwei
Zitaten aus Wagners »Tannhäuser« in sein Tagebuch: *Sophie abgeschrie-*
ben, das düstre Bild verweht, nach Freiheit doch verlangte ich, nach Freiheit,
Freiheit dürstet's mich! Aufleben nach qualvollem Alp – und weckend mich
aus düstrem Traum![79]

Die Tannhäuser-Zitate stützen die Vermutung, daß nicht allein die
Ludwig häufig unterstellte Unfähigkeit, sich dauerhaft zu binden, für
die Lösung der Verlobung ausschlaggebend war. In dieselbe Richtung
weist der Name »Elsa«, den Ludwig in seinen Briefen Sophie gab, während er sich selbst den »treuen Heinrich« nannte: Elsa steht im »Lohengrin« als Symbolfigur für glückszerstörenden Wortbruch.

Es würde zudem zu Ludwigs Wesen passen, auch in diesem Fall nicht
aufzubegehren, sondern sich verletzt zurückzuziehen. Allerdings macht
sein Abschiedsbrief deutlich, daß er das Verlöbnis nicht allein von seiner Seite aus aufgekündigt sehen wollte, sondern in einer Art beiderseit-
tigem Einvernehmen.

Aus der Korrespondenz zwischen den Müttern der Verlobten geht
hervor, daß Ludwig sogar vorhatte, Sophie die Initiative bei der Lösung
des Verlöbnisses zu überlassen. Am 27. September 1867, also zehn Tage
vor seinem Abschiedsbrief, berichtete Herzogin Ludovica, die *das Ver-*
schieben der Hochzeit über die Liebe des Königs für Sophie etwas ängstlich
und zweifelhaft machte, sie habe aus der Umgebung des Königs gehört,
der König würde lieber erst in einigen Jahren heirathen, er fände, er sei noch
zu jung, ja sogar, daß es besser wäre, Sophie zu veranlassen, selbst zurückzu-
treten. Das hat sie vor einigen Tagen gethan und ihm schriftlich sein Wort
zurück gegeben, er hat es aber nicht angenommen. In einem Brief vom 4.
Oktober teilte Ludovica mit, daß der Vater der Braut, Herzog Max, auf
Einhaltung des Hochzeitstermins Ende November 1867 bestehe und
Ludwig tags zuvor, am 3. Oktober, ein entsprechendes Ultimatum gestellt habe: *Da es sich nicht länger mit Sophiens Ehre vertrüge, er [Herzog*
Max] den König bitten müsse, entweder den Termin in den letzten Tagen
Novembers einzuhalten oder das vor mehr als acht Monaten an uns gerichte-
te Verlangen um Sophiens Hand als ungeschehen betrachten zu wollen.[80]

Am 7. Oktober schrieb Ludwig den bekannten Abschiedsbrief. Am
10. Oktober wurde die Nachricht in München bekannt und rief allge-

meine Aufregung hervor. Man bedauerte Herzogin Sophie. In einem zeitgenössischen Bericht stand freilich auch zu lesen: *Die Verlobung wurde rückgängig, weil dem König Ungünstiges über die Braut zu Ohren gekommen.*[81]

Wenn Ludwig Sophie und ihrer Familie gegenüber auch die Form wahrte, so wurde er den Freunden Richard Wagner und Cosima v. Bülow gegenüber doch deutlicher. Am 19. Oktober 1867 bekannte er in einem Brief an Wagner: *Daß ich mit Sophie unglücklich geworden wäre, ... daß sie mein Wesen nur oberflächlich zu beurtheilen verstand, daß sie nicht die Tiefe besitzt, die ich bei meiner künftigen Gattin verlange.* An Cosima schrieb er: *Sie können sich denken, wie entsetzlich für mich der Gedanke war, den Vermählungstag immer näher und näher heranrücken zu sehen, erkennen zu müssen, daß dieser Bund weder für sie noch für mich glückbringend sein könnte.*

Am 29. November 1867 vermerkte Ludwig in sein Tagebuch: *Gott sei gedankt, nicht ging das Entsetzliche in Erfüllung (mein Hochzeitstag sollte heute sein).*

Ein paar Tage vorher, am 17. November hatte er dem Kabinettssekretär die Anweisung gegeben: *Ich wünsche, daß Sie in meinem Namen Frl. Mallinger das Clavier, welches ich einst der Herzogin Sophie schenkte, zustellen lassen.*[82] Wenig später bestellte Ludwig bei dem Bildhauer Zumbusch eine kleine Portraitbüste eben jener Opernsängerin Mallinger, die das Klavier Sophies erhalten hatte.

Bei Marie Louise von Wallersee, bei Memminger und bei Böhm findet sich der Hinweis, Ludwig habe eine Marmorbüste seiner Braut Sophie, die auf seinem Arbeitstisch stand, eigenhändig in den Hof der Residenz geworfen. Anschließend soll er auch noch die Kupferplatte zerstört haben, von der die Bilder der künftigen Königin Sophie hätten angefertigt werden sollen. Als Grund für diesen Wutausbruch hat Wallersee vermutet, daß dem König hinterbracht wurde, es habe Sophie *sich einst für einen jungen Aristokraten interessiert.*[83] Inzwischen gibt es eine wahrscheinlichere Erklärung: Ludwig könnte von der Verbindung zwischen Sophie und Edgar Hanfstaengl erfahren haben.

Kaiserin Elisabeth war empört über Ludwigs Verhalten gegen ihre Schwester Sophie. Am 19. Oktober 1867 schrieb sie aus Schönbrunn an ihre Mutter Ludovica nach Possenhofen: *Wie sehr ich über den König empört bin und der Kaiser auch, kannst Du Dir vorstellen. Es gibt keinen Ausdruck für ein solches Benehmen. Ich begreife nur nicht, wie er sich wieder kann sehen lassen in München, nach allem, was vorgefallen. Ich bin nur froh, daß Sophie es so nimmt, glücklich hätte sie weiß Gott mit so einem Mann nicht werden können.* Sophie wußte, warum sie es »so« nahm, aber Elisabeth war anscheinend noch ahnungslos, was Edgar Hanfstaengl betraf. Sie scheint sich auch gleich um einen Ersatzbräutigam für Sophie bemüht zu haben. Kaiser Franz Joseph riet in einem Brief an Elisabeth vom 26. Oktober 1867 freilich ab: *Ob ich Rudi nach Possi mitnehmen soll, will ich mir noch überlegen, denn ich glaube nicht, daß er anbeissen würde und dann kann ich überhaupt diese Verbindung für Sophie weder, noch für uns sehr wünschenswert finden.*[84] Es ging um Rudolf Prinz Liechtenstein, den Flügeladjutanten und späteren Ersten Obersthofmeister und Oberststallmeister Franz Josephs, der mit seinen neunundzwanzig Jahren zumindest altersmäßig recht gut zu der zwanzigjährigen Sophie gepaßt hätte.

Sophie Charlotte durfte nach der Auflösung ihrer Verlobung mit Ludwig II. keine Ehe mit Edgar Hanfstaengl eingehen. Sie wurde vielmehr sehr rasch mit Prinz Ferdinand von Bourbon-Orleans, Herzog von Alençon, dem Enkel des französischen Bürgerkönigs Louis Philipp verheiratet. Bereits am 28. September 1868 fand die Trauung statt. Die Familie wollte offensichtlich einen Schlußstrich unter Sophiens Liebeswirren ziehen. Prinz Hohenlohe-Schillingsfürst, der als Staatsminister des Königlichen Hauses offiziell zur Trauung abgeordnet war, vermerkte in seinen Aufzeichnungen: *Niemand weinte, nur der Herzog Max hatte einigemal ein sehr weinerliches Aussehen. Die Braut sah sehr gleichmütig aus ... Das »Ja« der Herzogin klang, als wollte sie sagen, »von mir aus ja« oder »meinetwegen«. Doch will ich damit nichts Böses sagen, mir klang es so.*

Die Ehe wurde nicht glücklich. Das Paar lebte in Paris, wo Sophie sich bald religiös-caritativen Aufgaben zuwandte. Sie trat 1880 dem Dritten Orden der Buße des Hl. Dominikus bei und erhielt den Ordensnamen Marie Madeleine. Mit ihren mannigfachen gesellschaftlichen Beziehungen unterstützte sie den Orden und dessen Arbeit für bedürftige Menschen.

Als 1886 ihr früherer Verlobter Ludwig II. starb, war Sophie neununddreißig Jahre alt. Damals begann für sie eine neue ebenso skandalträchtige wie tragische Liebesaffäre. Sophie verliebte sich Hals über Kopf in einen aus München stammenden Nervenarzt namens Glaser, bei dem sie wegen ihrer periodisch wiederkehrenden Depressionen in

Behandlung war. Über die Verbindung mit Glaser wurde sogar berichtet, »daß sie nicht ohne Folgen blieb«.[85] Es war von Scheidung die Rede, doch weder Sophies Ehemann noch ihre elterliche Familie spielten mit. Das Paar verließ heimlich Paris und wurde bald darauf in Meran entdeckt. Die Liaison wurde gewaltsam beendet, Sophie zunächst nach München geschafft und in die medizinische Obhut ihres Bruders Karl Theodor gegeben. Auf seine Veranlassung kam sie in Behandlung zu dem Psychiater Richard v. Krafft-Ebing nach Wien. Krafft-Ebing, der sich mit Forschungen auf den Gebieten des Sexualverhaltens und der Kriminalpsychologie einen Namen gemacht hatte, brachte sie vorübergehend in seinem privaten Sanatorium für Nervenkranke in der Nähe von Graz unter. Sophies beiderseitige Familien hatten nichts dagegen; Ehebrecherinnen in eine Irrenanstalt zu verbringen war zu dieser Zeit nicht unüblich.

Erstaunlich ist nur, daß nicht einmal die sonst eher tolerant und freizügig eingestellte Kaiserin Elisabeth ihrer jüngsten Schwester beistand, ja sie sogar in ihren Gedichten moralisch verurteilte und schrieb:

> Deinem guten Herrn Gemahl
> Hast die Treue Du gekündigt,
> Stiessest ihm ins Herz den Stahl,
> Ja, Du hast Dich schwer versündigt.

In ihrem Gedichtzyklus »Winterlieder« reimte Elisabeth »An Sophia«:

> Mir graut vor diesem Bild, das ich heut' sehe,
> Und tiefer Schmerz erfüllet meine Brust;
> O wehe! ja und zehnmal wehe!
> Daß zu bemeistern Du Dich nicht gewußt! ...
> Du bist im Irrenhaus, Du bist gefangen,
> Ein Opfer Deiner tollen Leidenschaft;
> Es bricht mein Herz, denk ich der wilden bangen
> Verzweiflung, die Dich packt in Deiner Haft.
> Du wolltest Mann und Kinder schnöd' verlassen,
> Mit dem Verführer in die Weite zieh'n;
> Doch muß Dein sündhaft Hoffen nun erblassen,
> Wo Du jetzt weilst, gelinget kein Entflieh'n!

Das verweist auf den Zwang, der offenbar mit Billigung aller Angehörigen gegen Sophie ausgeübt wurde. Ihre Einweisung in die psychiatrische Anstalt war »Haft« und Strafe für ihre »sündhafte« Leidenschaft. Die Gewaltmaßnahme der Internierung sollte Sophies Willen brechen, was wohl auch gelang.

Herzogin Sophie von Alençon

Kaiser Franz Joseph erhielt von Krafft-Ebing regelmäßig Berichte über Sophies Zustand, die Franz Joseph offenbar auch an Elisabeth weiterleitete. So schrieb er in einem Brief vom 9. November 1887 an Elisabeth: *Beiliegend der letzte Bericht aus Graz über Sophie. Ich verstehe nicht ganz Alençons Vorgehen oder vielmehr Schweigen und fände die Niederlassung in Wien nicht eben bequem. Dieses Mal scheint aber auch mir Sophies physische und moralische Genesung auf Wahrheit zu beruhen.*

Anscheinend dachte man daran, Sophie mit ihrem Ehemann in Wien anzusiedeln, worüber der Kaiser ersichtlich nicht begeistert gewesen wäre.

Sophie kehrte nach einiger Zeit wieder zu Alençon nach Paris zurück und widmete sich verstärkt ihrem religiös-caritativen Engagement.

Glasers Frau beantragte die Scheidung, die sie erhielt, wobei in der Verhandlung pikante Details des Verhältnisses zwischen Sophie und Glaser aufgetischt wurden. Frau Glaser starb später in geistiger Umnachtung in einer Anstalt.

Kaiserin Elisabeth hielt die Affäre ihrer jüngsten Schwester in Versen fest und schrieb über Glaser:

> Schlimm'res aber noch geschah:
> Mit dem Schlüssel in der Taschen
> War's, dass man ihn nahen sah,
> Nachts, Verbotenes zu naschen!
> »Glück und Glas, wie leicht bricht das!« –
> Trotz dem schönsten Hoffnungsscheine;
> Wehe dem, der dies vergaß;
> Und vom Glaser kommt das deine!

Persönlichen Kontakt hatten die Schwestern kaum mehr. So erzählte Franz Joseph in einem Brief vom 3. Oktober 1893 seiner Frau, daß er das Ehepaar Alençon zu deren Silberhochzeit, die sie in Österreich verbrachten, besucht habe. Man kann herauslesen, daß er der Meinung war, dies wäre eher eine Verpflichtung für die abwesende Elisabeth als für ihn gewesen: *Am silbernen Hochzeitstage war ich in Mentelberg, wo ich die Alençons ... fand. Sophie, die sehr gut aussieht, war von Deinem Gratulationstelegramme sehr gerührt, obwohl ich sie versicherte, daß Du gewiß nur telegraphirt hast, weil ich Dich telegraphisch auf den Festtag aufmerksam gemacht hatte.*

Im Alter von neunundvierzig Jahren verfaßte Sophie Charlotte ein etwas eigentümliches Testament, in dem sie mit Datum vom 4. Oktober 1896 unter anderem verfügte: *Ich wünsche und verlange, daß, sobald ich gestorben bin, eine Ordensfrau oder eine Schwester vom Dritten Orden des Hl. Dominikus von der Verbrüderung des Klosters Foubourg St. Honoré 222, mir die Haare abschneide und sie ganz und sofort verbrenne, ohne für wen immer davon aufzubewahren, außer für meinen vielgeliebten Gatten, den Herzog von Alençon, wenn er davon wünscht; jedoch bitte ich ihn, sich gütigst meinem Wunsche zu fügen und meine Haare völlig verbrennen zu lassen. Schon in einem Brief an meinen Gatten vom April 1894, der sich in einem Carton bei*

Sterbebild der Herzogin von Alençon

meinem Ordenskleide vom Hl. Dominikus befindet, habe ich ausgesprochen,
daß ich wünsche, durch eine Ordensfrau oder eine Schwester vom Dritten
Orden sogleich damit bekleidet zu werden.
Ich will, daß man mir keine Blumen beigebe, und daß alles mit größter
Einfachheit veranstaltet werde. Auch soll man mir den Rosenkranz, den ich
stets bei mir trage, in die Hände geben, damit ich ihn mit ins Grab nehme,
ebenso ein Cruzifix und die Ordensregel, die von meinem Obern unterzeichnet ist und in meiner Reisetasche sich findet.

117

Ich will in einem ganz einfachen Sarge, ohne Schmuck, wie eine Ordensperson beigesetzt werden, das Gesicht mit dem Schleier bedeckt. Ich will, daß ein Dominikanerpater bei meinem Begräbnis die Gebete verrichte. Auch will ich, und bitte meinen vielgeliebten Gemahl, auf mein Grab folgende Inschrift setzen zu lassen:
Sophie Charlotte, Herzogin von Alençon, Geborene Herzogin in Bayern, Schwester Marie Madeleine vom Dritten Orden der Buße des Hl. Dominicus, Datum von Geburt und Tod.[86]

Wenige Monate später, am 4. Mai 1897, brach bei einem von ihr organisierten Wohltätigkeitsbazar ein Brand aus. Sophie half einigen jungen Mädchen durch ein Fenster zu entkommen, benutzte aber nicht den gleichen Fluchtweg. Eine Augenzeugin, die sich noch retten konnte, gab an, die Herzogin inmitten der Flammen auf dem Boden kniend und betend gesehen zu haben. Sophie verbrannte bis zur Unkenntlichkeit und konnte nur anhand des Gebisses identifiziert werden.

Elisabeth nahm an der Beisetzung ihrer Schwester in Paris nicht teil. Sie weilte von Ende April bis Anfang Mai 1897 nach mehrmonatiger Abwesenheit für wenige Tage in Wien. Am 12. Mai schrieb ihr der Kaiser schon wieder nach Bad Kissingen: *Nach so unendlich kurzem Zusammensein sind wir wieder auf den schriftlichen Verkehr beschränkt ... Um 1/2 4 Uhr war Philipp Coburg bei mir ... um wegen Sophie zu condolieren. Er kommt von Paris und erzählte mir noch Manches von dem schrecklichen Ereignisse. Alençon hat Kopf und Gesicht ganz verbunden, ist ziemlich verbrannt, wird aber ganz hergestellt werden.*

Sicherlich hat die gemeinsame Wagnerverehrung Ludwig und Sophie Charlotte zusammengeführt. Es könnte aber auch die äußere Ähnlichkeit mit ihrer anmutigen Schwester Elisabeth gewesen sein, die sie für Ludwig so anziehend machte. Sophie wäre dann in seinem Gefühlsleben die Rolle eines »Ersatzes« nicht nur für Wagner, sondern auch für die ältere Elisabeth zugekommen. Denn Elisabeth, die Ludwig tief verehrte, war für ihn natürlich unerreichbar. Die Zuneigung war damals wohl auch recht einseitig; Elisabeth schien sich nicht sehr viel aus Ludwig zu machen, verhielt sich sogar eher abweisend und nach der Lösung der Verlobung von Schwester Sophie kühlte das Verhältnis vorübergehend noch mehr ab.

Elisabeth war Kaiserin von Österreich geworden als Ludwig neun Jahre alt war. Sie war acht Jahre älter als er, der mit knapp neunzehn Jahren König wurde, als sie bereits zehn Jahre Kaiserin war. So ist es nur verständlich, daß zwischen ihnen zunächst kein enger Kontakt bestand. Doch findet sich im Tagebuch Ludwigs II. bereits im Februar 1867 ein Eintrag über Elisabeth: *Ein Götterbild, erhaben, engelgleich, wehe, sie verließ uns wieder, die Theure, Erhabene.*[87]

Im Juli 1867 war Elisabeth zu einem ihrer häufigen Besuche im elterlichen Possenhofen eingetroffen. Ludwig, der damals gerade ein halbes Jahr mit Sophie verlobt war, bedauerte sehr, Elisabeth nicht länger gesprochen zu haben und bat darum, sie bei der Rückfahrt nach Wien noch eine Strecke im Zug begleiten zu dürfen. Anschließend schrieb er ihr: *Es ist mir ein Herzensbedürfnis, Dir aus ganzer Seele nochmals meinen wärmsten und tiefempfundenen Dank auszusprechen für die Güte, mit der Du mir gestattet hast, Dich auf Deiner neulichen Rückreise zu begleiten. Du machst Dir keinen Begriff, liebe Kusine, wie glücklich mich das gemacht hat. Die neulich im Waggon zugebrachten Stunden rechne ich zu den glücklichsten meines Lebens; niemals wird die Erinnerung daran verlöschen. ... Das Gefühl der aufrichtigsten Liebe und Verehrung und der treuesten Anhänglichkeit, das ich, schon als ich noch im Knabenalter war, für Dich im Herzen trug, es macht mich den Himmel auf Erden wähnen und wird nur mit dem Tode verlöschen.*

In den Briefen an seine Braut Sophie sucht man solche Beteuerungen vergeblich.

Ludwigs fortdauernde Verehrung bezeugt ein Brief vom November 1875 an Elisabeths Sohn Kronprinz Rudolf, zu dem Ludwig eine relativ enge Bindung hatte: *Du Glücklicher, Beneidenswerter, dem es vergönnt ist, so viel bei der angebeteten Kaiserin weilen zu dürfen, o bitte, lege mich Ihr zu Füßen und flehe Sie in meinem Namen an, gnädig Ihres getreuen, Sie von jeher und für immer verehrenden Sklaven zu gedenken. ... Dein Bild will ich mir einrahmen lassen, damit ich es zugleich mit dem der Kaiserin beständig vor Augen habe. Denn niemand auf Erden ist mir so teuer als Du und Sie.*[88]

Die Kaiserin gab sich da wesentlich distanzierter. Noch im Januar 1874, als sie in München ihre Tochter Gisela besuchte, die sich im Jahr vorher mit Prinz Leopold von Bayern verheiratet hatte und gerade Mutter geworden war, lehnte sie die ihr angebotene Wohnung in der Residenz ab, um – so Egon Caesar Corti in seiner Biographie über Kaiserin Elisabeth – nicht ständig mit Ludwig beisammen sein zu müssen. Dazu ist anzumerken, daß Corti in seiner seit 1934 oft aufgelegten Biographie durchwegs ein negatives Bild von Ludwig II. zeichnete, während er Elisabeth immer ins beste Licht rückte, womit seine Darstellung in beiden Fällen der neueren Geschichtsforschung nicht mehr standhält.

Kaiserin Elisabeth (um 1865)

Andererseits gibt es Äußerungen Elisabeths, die durchaus emotionale Nähe zu Ludwig verraten. Die Hofdame Gräfin Festetics hielt in ihren Tagebüchern Bemerkungen der Kaiserin über die eigentümlichen wesensmäßigen Gemeinsamkeiten fest, welche Elisabeth bei sich und Ludwig sah, nämlich ihren beiderseitigen Hang zur Schwermut und ihre so ähnliche Liebe zur Einsamkeit.

Das Verhältnis zwischen Ludwig und Elisabeth wurde enger und verständnisvoller, je mehr sich beide isolierten. Der König zog sich in seine Berge, Jagdhäuser und Schlösser zurück; die Kaiserin reiste ruhelos durch die Welt.

Elisabeth hatte in ihrem Besitz ein Bild Ludwigs, das kürzlich in München versteigert wurde. Es war dies eine in rotes Saffianleder gebundene Gouache des jugendlichen Königs, die man aufklappen und aufstellen konnte, so recht geeignet für jemanden, der viel auf Reisen war und dabei dieses Bild mitnehmen wollte.

1881 machte Elisabeth auf einer ihrer zahlreichen Reisen wieder einmal Station in Possenhofen. In ihrer Begleitung war ein (wie man damals sagte) Mohrenknabe namens Rustimo, ein Geschenk des persischen Kaisers, mit dem sie sich eine Weile schmückte und auch die Wiener Gesellschaft schockierte. Es hatte sich in ihrer Kindheit ja auch schon Vater Max mit vier kleinen Mohren umgeben und so die Münchner Bürger provoziert. Nun sang Rustimo fremdländische Lieder bei einer Bootsfahrt, die sie mit Ludwig unternahm. In Erinnerung an diese romantische Fahrt auf dem Starnbergersee schrieb Elisabeth Jahre später während einer Reise durch Holland ein Gedicht an Ludwig, in dem sie ihn als »Adler« grüßte und sich selbst als »Möwe« titulierte. Dieses Gedicht hinterließ sie 1885 im Schlößchen auf der Roseninsel, in der Hoffnung, daß Ludwig, den sie damals nicht treffen konnte, es dort entdecke. Es gab im Schlößchen einen Schreibtisch, zu dessen Schublade nur Elisabeth und Ludwig den Schlüssel hatten. Dort hinterlegten sie, wenn sie sich nicht persönlich sahen, Post füreinander. Ludwig fand denn auch wenig später Elisabeths gereimte Botschaft im »Schließfach« und revanchierte sich ebenfalls mit einem Gedicht.

Mögen auch heutzutage die Verse manchem zu schwärmerisch und gefühlsbetont klingen, so sagen sie doch viel darüber aus, wie diese beiden im Grunde unglücklichen Menschen inzwischen zueinander standen und wie sie die kurzen Momente ruhiger, gleichgestimmter Zweisamkeit genossen, die in keiner Weise einen sexuellen Hintergrund hatten:

Der Gruß von der Nordsee

> Du Adler, dort hoch auf den Bergen
> Dir schickt die Möwe der See
> Einen Gruß von den schäumenden Wogen
> Hinauf zum ewigen Schnee.
>
> Einst sind wir einander begegnet
> Vor urgrauer Ewigkeit
> Am Spiegel des lieblichsten Sees,
> Zur blühenden Rosenzeit.
>
> Stumm flogen wir nebeneinander
> Versunken in tiefer Ruh ...
> Ein Schwarzer nur sang seine Lieder
> Im kleinen Kahne dazu.

Die Antwort des Adlers:

> Der Möwe Gruß vom fernen Strand
> Zu Adlers Horst den Weg wohl fand.
> Er trug auf leisem Fittig-Schwung
> Der alten Zeit Erinnerung,
> Da rosenduft-umwehte Buchten
> Möwe und Adler zugleich besuchten
> Und sich begegnend in stolzem Bogen
> Grüßend aneinander vorüberzogen.
> Zur Bergeshöh' zurückgewandt,
> Dankt Aar der Möwe am Dänenstrand
> Und rauschend entsenden seine Flügel
> Fröhlichen Gruß zum Meeresspiegel.

Auch eines von Elisabeths Titania-Gedichten schlägt eine Brücke zu ihrem Seelenfreund Ludwig:

> Nicht soll Titania unter Menschen gehen
> In diese Welt, wo niemand sie versteht,
> Wo hunderttausend Gaffer sie umstehen,
> Neugierig flüsternd: »Seht die Närrin, seht!«

Wo Mißgunst neidisch pflegt ihr nachzuspähen,
Die jede ihrer Handlungen verdreht,
Sie kehre heim in jene Regionen,
Wo ihr verwandte schön're Seelen wohnen.

Eine solche »verwandte schön're Seele« war zweifellos der königliche Vetter Ludwig.

Ludwig wollte eines Tages Elisabeth ein Album verehren. Für das Sticken der Einbanddecke mit Edelweiß und Alpenrosen ließ er der Künstlerin nur eineinhalb Tage Zeit. Die Stickmeisterin Mathilde Jörres konnte den Auftrag termingerecht ausführen und Ludwig war über die Arbeit und über die schier unmögliche Einhaltung der knappen Frist so beglückt, daß er Mathilde Jörres durch einen reitenden Boten einen riesigen Rosenstrauß überbringen ließ.

Es gab in der Umgebung König Ludwigs sehr wohl Stimmen, die Elisabeths Einfluß auf ihn für ungünstig hielten: *Ihr mangelte, wie auch Ludwig II., der strenge Begriff der Pflicht, die das eigene Behagen der Nothwendigkeit unterordnet. Auch sie krankte an den Fehlern, die eine zu frühe Machtstellung herausfordert. Sie pflegte ihrem königlichen Vetter stets den Grundsatz einzuprägen, »daß man alles tun könne, was man wolle«, ein gefahrvoller Grundsatz für alle, denen ein hohes Amt hohe Pflichten und mit diesen Selbstentsagung auferlegt. Solchen Lehren war der König leider sehr zugänglich.*[89] Eine andere Stimme: *Man darf keck behaupten, daß die Kaiserin Elisabeth die ungeeignetste Freundin und Ratgeberin für ihn war, weil sie ihn vom Boden der Wirklichkeit in eine Nebelregion emporhob, in der er die Richtung verlor und darum von der höchsten Höhe in die Tiefe stürzen mußte. Der sittliche Halt der Kaiserin beruhte lediglich auf der hohen Meinung von ihrer Machtstellung. Im übrigen war sie ganz von der Moral der emanzipierten Frauen beherrscht, die sich »ausleben« wollen.*[90]

Der preußische Botschafter in Bayern v. Werthern kommentierte in einem Brief an seinen Bruder vom 20. Juli 1870 Ludwigs Verehrung für Elisabeth: *Und König Lohengrin? ... le Roi des bavards, wie stand es mit diesem? ... hatte er keine eitlen Minderwertigkeitskomplexe gegen den alten Franz Josef, mit etwas Eifersucht gemischt, weil er eine schwärmerische Verehrung zur schönen Cousine Elisabeth hatte?*[91]

Sehr verbunden fühlte sich Ludwig der russischen Zarin Maria Alexandrowna, einer geborenen Prinzessin von Hessen-Darmstadt, mit der er über beide Eltern verwandt war. 1868 verlebte er mit dem Zaren-

Zarin Maria Alexandrowna

paar einen mehrwöchigen Aufenthalt in Bad Kissingen und anschließend in Bad Schwalbach. Es wurde gemutmaßt, daß die Aufmerksamkeiten des jungen Königs der mitgereisten gerade fünfzehnjährigen Za-
rentochter Großfürstin Maria Alexandrowna galten. Belege dafür finden
sich jedoch an keiner zeitgenössischen Stelle. Sicher ist dagegen, daß
Ludwig in den höchsten Tönen von der Zarin schwärmte und sie in seinen Tagebuchaufzeichnungen immer wieder *meine Kaiserin* nannte.
Eintrag am 4. August 1868: *Nachmittags 4 Uhr bei der Kaiserin, der Heiligen, Angebeteten, blieb bis 3/4 6 Uhr, dringende Ermahnungen an mich
gerichtet … aus jedem Wort erkannte ich den Ausdruck des zärtlich besorgten,
liebenden Mutterherzens.* Die Zarin war einundzwanzig Jahre älter als
Ludwig.

Im September gleichen Jahres kam das Zarenpaar nach München. Einträge im Tagebuch: *Sehr erregt durch den gestrigen Tag, durch das Kommen der Kaiserin ... Seliges Berg, verklärt durch ihre Gegenwart, um 3/4 4 Uhr mit der angebeteten Kaiserin ... nach d. Roseninsel.* Dort bereitete ihr Ludwig ein prachtvolles Fest mit Militärkapellen, Sängern des Hoftheaters, Lampionbeleuchtung und einem großen Feuerwerk. Beim anschließenden Diner nannte Zarin Maria Alexandrowna dieses Fest das poetischste ihres Lebens.

Noch am selben Abend ließ sich Ludwig mit Maria Alexandrowna per Schiff nach Possenhofen übersetzen, um der herzoglichen Familie einen Besuch abzustatten. Der Zeitpunkt war schlecht gewählt. Denn dieser Septemberabend des Jahrs 1868 war der Vorabend vor der Hochzeit von Ludwigs ehemaliger Verlobter Sophie und dem Herzog von Alençon, weshalb in Possenhofen bereits von allen Seiten Verwandte eingetroffen waren.

Als Ludwig 1867 nach Paris reiste, schrieb er an Cosima Wagner: *Auch ich bin begierig auf die* [französische] *Kaiserin, von der ich schon soviel gehört habe. Kaum glaube ich, daß sie meinen Kaiserinnen von Österreich und Rußland an die Seite zu stellen sein wird.*[92]

Bemerkenswert ist Ludwigs Freundschaft mit der Bildhauerin Elisabeth Ney, einer Nichte des napoleonischen Marschalls Ney.

Elisabeth Ney hatte sich in München und bei Rauch in Berlin gebildet und machte sich vor allem mit Bildbüsten im realistischen Stil einen Namen. Sie war mit dem Schotten Edmund Montgomery verehelicht, wollte aber trotzdem weiterhin als »Fräulein Ney« angesprochen werden.

Nachdem sie sich in München niedergelassen hatte, suchte sie nach einem repräsentativen Haus mit Atelier. 1867 entstand in Schwabing, das damals noch ein unmittelbar an München angrenzendes Dorf war, an der Grube 8 (heute Maria-Josefa-Str. 8) eine repräsentative Villa, die Ludwig für die Künsterin errichten ließ. Es war wohl das erste Bauwerk, mit dem sich der König selbst befaßte. Aus den noch vorhandenen Plänen ist ersichtlich, daß nicht nur Elisabeth Ney, sondern auch Ludwig II. Änderungen vornahm.

Elisabeth Ney bemühte sich zunächst vergeblich darum, daß Ludwig ihr für eine Portraitbüste saß. Anfang 1869 willigte er schließlich unter den Bedingungen ein, daß sie während der Sitzungen nicht mit ihm sprechen und auch keine Maße von ihm nehmen dürfe. Ludwig war

Statue Ludwigs II. von Elisabeth Ney

damals dreiundzwanzig, die 1833 in Münster geborenene Ney sechsunddreißig Jahre alt. Zuerst entstand eine Büste, die heute in Hohenschwangau steht; 1870 folgte ein Standbild Ludwigs II. in Georgi-
Rittertracht, das in Herrenchiemsee zu sehen ist.

Ludwig muß im Verlauf der Sitzungen seine abweisende Haltung aufgegeben haben. Elisabeth Ney durfte ein Atelier in der Residenz beziehen, in den sogenannten Odysseussälen, etwa dort, wo sich heute die Garderoben für den Herkulessaal befinden. Sie trat vor den Sitzungen gelegentlich in griechischer Tracht auf und rezitierte aus Goethes »Iphigenie«, die auch Ludwig fast auswendig wußte. Uneins war sie mit Ludwig über Richard Wagner. Die einstige Brautjungfer Cosima v. Bülows gehörte nämlich zu den »Anti-Wagnerianern«, wozu sicher auch die Vorgänge im Hause Wagner 1869/70 beitrugen; Ney war über Cosimas Trennung von Bülow und Eheschließung mit Wagner sehr schockiert und verärgert. An Ludwigs Gunst änderte sich durch solche Meinungsverschiedenheiten aber nichts. Die Juwelen, die er ihr schenken wollte, lehnte sie ab, freilich nicht ohne ihm den Hinweis zu geben, daß Freunde, die sie beschenken wollten, Blumen schickten. Daraufhin sollen täglich die schönsten und seltensten Blumen bei ihr angeliefert worden sein.

In einem Brief vom 23. Februar 1869 erbat sie beim König Urlaub für eine Reise nach Italien: *Vor Monaten schon war meine Sehnsucht in die schöne einsame Natur Italiens zu gelangen so groß, wie unmöglich größer diejenige Ew. Majestät sein kann, wenn der Frühling hier neue Blüten sendet ... Nun, da Unwohlsein Ew. Majestät heimgesucht, ist all mein Mut und Hoffnung geschwunden, sonst würde ich die Bitte gewagt haben an Ew. Majestät, über mich in einer früheren Morgenstunde, wenn die Tageswirren noch nicht erstanden sind, verfügen zu wollen. Dürfte ich das bisher Erreichte wohl aufzubewahren suchen, mit der Bitte zu dieser Arbeit im Sommer mich zurückkehren lassen zu wollen! ... Es muß, es kann das Köpfchen das Schönste, das Herrlichste werden was ich je geschaffen.*

Daß sich die Künstlerin Ney bei König Ludwig II. mehr herausnehmen konnte als gewöhnliche Zeitgenossinnen zeigen ihre Briefe an ihn. Die Briefe zeigen auch, wie gut sie ihn kannte, wie geschickt sie ihn anzusprechen wußte und wie richtig sie seine problematische Natur einschätzte. So schrieb sie am 28. November 1869: *Sollte es wirklich wahr sein, daß das, was die Ew. Majestät Treuergebenen glauben und so sehr erhoffen, daß das, was die Rotte der Übelgesinnten über alles fürchtet, daß Ew. Majestät in Ihrer vollen, herrlichen Kraft vor den versammelten Vertretern des Landes erscheinen wollen, und durch ein von Ew. Majestät gesprochenes offenes sicheres Wort dem vielfach beirrten Lande das wahre Banner zu entfalten, und demselben eine unermeßliche Wohltat zu erweisen gesinnt sind?! ... Wenn es wirklich geschehen sollte, daß ... Sie den Landesvertretern, dem*

Elisabeth Ney (um 1871)

ganzen Volk, ja der ganzen Welt es selber sagen würden, wie sehr Ew. Majestät erkennen, daß das Land augenblicklich in einer ernsten Krisis sich befindet ... Ein Jubelruf wird nicht allein in Bayern, nein, er wird Europa durcheilen, wenn ein jugendlich königlicher Denker dem Gedanken Ausdruck geben wird, welcher in der Entwicklung unserer Zeit ruht, den verkörpert zu sehen ihr dürstet!
Einen Monat später, im Dezember 1869: *Ich verstehe, daß es ein erhabener Ehrgeiz ist, welcher Ew. Majestät verzehrt, ein intensives Leben im Ideal, welches Ew. Majestät gegenwärtig so sehr vereinsamt: – Ew. Majestät mögen in allseitig großartiger Weise die Gegenwart gestalten und trauern, daß Sie dieselbe so wenig bereit dazu finden; ... Mit Entzücken habe ich das Eine: jene*

tiefe Begeisterung, jenes tiefe Erfassen der Bedeutsamkeit des Lebens wahr-genommen; mit unsäglichem Trauern jedoch sehe ich, wie sich die An-knüpfungspunkte mit dem umgebenden Sein immer mehr und mehr Majestät entziehen. – Schon sind sie ja in fast wesenlose Ferne entwichen.

Durch solches Selbstvertiefen, durch solches Sichentziehen allem speziellen Einfluß der Wirklichkeit entschwindet zuletzt jede Handhabe zum tätigen, verständnistieferen Eingreifen, und es erscheint alles Getreibe nur noch als ekles Gewirr. Unser inhaltsvolles Gespräch letzten Abend enthüllte mir, daß auch Ew. Majestät dies, und zwar nicht ohne Schaudern empfinden ... Genießen in der Phantasie nicht, sondern tatkräftiges Eingreifen ist es ja doch, wonach das Wesen Ew. Majestät sich sehnt ... Stete Einsamkeit vermag unmöglich einem solchen Geiste in früher Jugend die Nahrung zuzuführen, welche ihm volle Stärke geben kann seines Wollens Sphäre mit Genügen zu erfüllen. –

Oh, ich möchte die Kraft des Wortes besitzen, um Ew. Majestät zu be-schwören. Überwinden Sie mit einem kräftigen Willensentschluß alle Beden-ken, wie feinsinnig auch, alle Empfindungen, wie zartfühlend auch, welche Ew. Majestät vereinsamen! Jetzt noch, ehe die Zeit des eigentlichen Wachs-tums, des begierig Einsaugenden hingeschwunden ist, ehe Ew. Majestät dann in unbefriedigender Öde einer selbst zerstörenden Pein überlassen bleiben; einer einsamen, dann nimmermehr endenden Pein – die kommen wird, bei einem solch tatglühenden Geiste.

Das sind die vorausschauenden Worte einer klugen und lebenserfah-renen Frau, welcher der jugendliche, schwärmerische König in Gesprä-chen wohl auch sein Herz ausschüttete. Ihre zahlreichen Briefe an Lud-wig sind überhaupt sehr offen, erfrischend und trotz der üblichen Erge-benheitsfloskeln ungewöhnlich freimütig; sie sind nur auf einfachen Bogen und mit flüchtiger Schrift verfaßt. Ludwig hat der Bildhauerin nie schriftlich geantwortet; zumindest sind bisher keine Briefe an »Fräulein Ney« bekannt. Aber er hatte ja genügend Gelegenheit, wäh-rend der Arbeitsstunden im Atelier persönlich auf ihre Schreiben einzu-gehen.

Daß dies der Fall war, zeigt die Fortsetzung ihres Briefs vom Dezem-ber 1869: *Dienstag Nacht. Ew. Majestät: Gott hat Sie geschaffen, wie Sie sind, nicht Sie selbst haben sich so gemacht, deswegen dürfen Sie es anerken-nen. So, glaube ich, hießen ungefähr die liebenswürdigen Worte Ew. Majestät, welche nun heute Abend mich nicht mehr verlassen wollen, fort und fort fra-gend: Hatten dieselben einen anderen Sinn, als den, zu erklären, daß man ohne Eitelkeit sein eigenes Bild meißeln könne? ... Aus geheimnisvollem*

Grunde hineingeschleudert in dies All zu geheimnistiefen Zwecken haben wir bereits mehr als nur innere Ahnungen von einem fernabliegenden, hohen Ziel, zu welchem die ganze Menschheit mühvoll, wehvoll hinarbeitet. Aus dem dunklen Zustand tierischer Leidenschaften schon emporgerungen, schwingt sie bereits das Panier der Milde und Verleugnung jener wilden Triebe, und fast wagen nur noch in der Tiefe all diese unholden Begierden scheu, verschämt und verurteilt zum Tageslicht (zu) schleichen. ... Wie glücklich würde es mich machen, dürfte die nächste Arbeitsstunde mir sagen, daß ich hiermit auch annähernd den Inhalt der tiefsten Gedankenkreise berühre, welche die Seele Ew. Majestät bewegen! ... Offen sollen Ew. Majestät mich finden. – Für die Flüchtigkeit dieser Worte Entschuldigung hoffend und bittend verharre ich in wahrer Ehrfurcht Ew. Majestät alleruntertänigste Elisabeth Ney.

Das war der letzte bekannte direkt an den König gerichtete Brief; es folgten noch einige Briefe, die den Kabinettssekretär Eisenhart zum Adressaten haben. Die letzte vorliegende Notiz an Eisenhart ist undatiert. Ney bedankte sich für ein königliches Geschenk und schloß mit den Worten: *Bin geblieben. Komme heute nicht zur Stadt. Gar zu müde. Weder Egoist noch Knecht.*[93]

Zum großen Erstaunen ihrer Freunde und Bewunderer verließen Elisabeth Ney und Edmund Montgomery ohne Vorankündigung Ende 1870 München und wanderten über Neys Heimatstadt Münster im Dezember 1870 nach Amerika aus. Das Haus an der Schwabingergrube 8, das ihr Ludwig geschenkt hatte, blieb weiter in ihrem Besitz und wurde erst 1895 an den Archäologen Adolf Furtwängler verkauft. In Amerika wurde Elisabeth Ney bald nach der Ankunft 1871 von einem Knaben entbunden, der den Namen Arthur erhielt. In München munkelte man, daß König Ludwig II. der Vater sei und damit der Grund für die hastige Abreise von »Fräulein Ney« in eine ungewisse Zukunft hinlänglich feststehe. Der Knabe Arthur starb im Alter von drei Jahren an Diphterie; Elisabeth Ney hat das Geheimnis – sofern ein solches überhaupt bestand – nie gelüftet.

Die 1850 in Wien geborene Schauspielerin Hermine Bland (eigentlich Steiner) war im August 1875 als »erste sentimentale Liebhaberin« an das Münchner Residenztheater gekommen. Sie blieb lebenslang in München und wurde eine gefeierte Interpretin vor allem der Schillerschen Mädchen- und Frauengestalten, die sie für König Ludwig II. auch häufig in seinen Separatvorstellungen verkörperte. Sie soll Ludwig angebetet haben. Ludwig seinerseits überhäufte die von ihm hochverehrte

Hermine Bland

Bühnenkünstlerin mit großzügigen Geschenken und Juwelen, die Hermine Bland nicht ablehnte. Sie vermachte in ihrem Testament ihren ganzen Schmuck, alle Geschenke Ludwigs II., armen Münchner Kindern. Die Versteigerung wurde nach ihrem Tod im Jahre 1919 von einer holländischen Gesellschaft übernommen und erbrachte einen Erlös von 2,1 Millionen Mark.

Lilla von Bulyowska

In den Reigen der von Ludwig II. verehrten Bühnenkünstlerinnen gehört auch die Hofschauspielerin Lilla v. Bulyowska, zwölf Jahre älter als Ludwig. Sie konnte ihn besonders als Maria Stuart begeistern. Bei einem Bühnenvortrag auf der Roseninsel erschien sie in einem recht durchsichtigen Gewand, was Ludwig wegen seiner Kurzsichtigkeit aber gar nicht bemerkt haben soll. Den letzten Privatauftritt vor dem König hatte sie etwas später im Wintergarten auf der Residenz. Dabei soll sie Ludwig in einem »stürmisch zärtlichen Überfall« auf den Leib gerückt sein, worauf er einem Diener zurief: *Frau von Bulyowska wünscht ihren Wagen!*

Josephine Scheffsky

Die Sängerin Josephine Scheffsky war älter als König Ludwig II. und von massiver Figur. Ein Zeitgenosse, der sie offensichtlich nicht mochte, beschrieb sie folgendermaßen: *In ihrem Äußeren, ihrem Wesen rief sie den Eindruck einer münchener derben Bräuhauskellnerin hervor, ihr Charakter war niedrig, wie ihre ganze Art. – Auch sie beutete des Königs Kasse in geradezu schamloser Weise aus, nachdem es ihr so wenig wie Frau v. Bulyowska gelungen ihn zu gewinnen.*[94]

Josephine Scheffsky hatte ebenfalls die Ehre, in Ludwigs Wintergarten zu singen, plumpste dabei – möglicherweise nicht ganz unabsichtlich – aus dem Nachen ins Wasser und war enttäuscht, daß der König

133

Josephine Scheffsky im Bassin des königlichen Wintergartens

die Rettung den Bediensteten überließ. Als sie den Hofsekretär Ludwig v. Bürkel beim König anschwärzte, wurde von interessierter Seite ihr Sturz auch in des Königs Gunst eingeleitet. Sie fiel in Ungnade, weil man ihr eine Unkorrektheit im Zusammenhang mit der Hofkasse nachweisen konnte.

Den mädchenhaften Reiz der 1829 in Wien geborenen Schauspielerin Marie Dahn-Hausmann hatte einst Ludwig I. in Gedichten besungen. Ludwig II. verband mit der fünfzehn Jahre älteren Stiefmutter des Schriftstellers Felix Dahn eine Seelenfreundschaft, die sich auch in einem Briefwechsel niederschlug. 1875 stellte Ludwig II. ihr und ihrem

Gatten, dem Schauspieler Friedrich Dahn, die Insel Herrenchiemsee für einen Urlaub zur Verfügung. Am 1. August 1875 schrieb er an Marie Dahn-Hausmann: *Sehr verehrte Frau! Es drängt mich Ihnen auszusprechen, daß es mich recht von Herzen freut aus Ihren und Ihres Gemahles Briefen zu ersehen, daß Sie sowie die Ihren gerne auf jener poetischen Insel weilen und Ihnen dort alles so wohl gefällt. Sie haben mir, sehr verehrte Frau, sowie Ihr Gatte, durch Ihr meisterhaftes, geradezu unübertreffliches Spiel in jenen Vorstellungen vor mir im letzten Mai sowie auch früher eine so große Freude bereitet, daß ich stets noch jener unvergeßlichen Stunden mit Begeisterung gedenke.* Ludwig riet ihr dann ab, zum evangelischen Glauben überzutreten, da sie seinem Großvater Ludwig I. einst versprochen habe, nicht die Konfession zu wechseln: *Versprechen, die man einem Toten gab sind doppelt heilig zu halten.* Er schloß den Brief: *Grüßen Sie Ihren Gatten und Ihre Tochter recht vielmals von mir. Möge dieselbe wie ihre Mutter werden, in allem ihr gleichen, dann ist nichts an ihr auszusetzen; dann wird sie geliebt und verehrt werden von Gott und den Menschen, denen Reines noch heilig gilt. Ich schmeichle nicht, ich schreibe wie ich's denke und fühle. Das Gefühl aufrichtiger und wahrer Zuneigung, das ich von jeher für Sie empfand, schon damals als ich noch Kronprinz Sie als Thekla im Wallenstein zum erstenmal spielen sah, dieses Gefühl, ich werde es Ihnen, sehr verehrte Frau, mein Leben lang bewahren, seien Sie dessen versichert. Stets bleibe ich mit der Gesinnung wahrer, treuer Freundschaft, Ihr Ihnen von Herzen geneigter König Ludwig.*

In einem Brief vom 25. April 1876, geschrieben nachts 2 Uhr, bekannte Ludwig: *Unsere Seelen sind, ich glaube es durchzufühlen in einem Punkte, dem Hasse gegen das Niedrige, Unrechte verwandt, und das freut mich. Daß ich oft von einem wahren Fieber des Zornes und des Hasses erfaßt und befallen werde, mich voll des Ingrimms abwende von der heillosen Außenwelt, die mir so wenig bietet, ist begreiflich; vielleicht mache ich einstens meinen Frieden mit der Erdenwelt, wenn alle Ideale, deren heiliges Feuer ich sorgsam nähre, zerstört sein werden. Doch – wünschen Sie das nie! – Ein ewiges Rätsel bleiben will ich mir und anderen. Teuer sind und bleiben Sie mir! Werden Sie nie an mir irre!*

Zwei Jahre später, im April 1878, hatte Ludwig Veranlassung, Marie Dahn-Hausmann einen tröstenden Brief zu schreiben. Ihre Tochter Lilly, die Ludwig im Brief vom August 1875 so freundlich mit dem Wunsch hatte grüßen lassen, sie möge werden *wie ihre Mutter*, war auf der Hochzeitsreise in geistige Umnachtung gefallen: *Seien Sie versichert, daß ich an Ihrem und Ihres Gatten tiefem Schmerz den allerinnigsten, wärmsten Anteil nehme. Was kann nur die Ursache dieses neuen Krankheits-*

Marie Dahn-Hausmann

anfalles sein, nachdem doch für immer alles glücklich überstanden schien? ...
Sind Ihnen nähere Umstände bekannt? ... Daß Sie in Ihrem großen Kummer
an mich sich gewendet haben, vertrauensvoll Ihr tiefstes Leid mir klagten, hat
mich mit wahrer Rührung erfüllt. Ihr Herz hat Sie nicht betrogen, Sie wußten
es, daß das meine in Freuden wie im Leid mit Ihnen fühlt. Stets in allen Lagen
des Lebens können Sie sich fest auf mich verlassen.[95]
Marie Dahn-Hausmanns Tochter ist von ihrer Krankheit nicht mehr
genesen. Ludwigs Anteilnahme und sein Interesse an der *Ursache* und
den *näheren Umständen* von Lilly Dahns Leiden hing sicherlich auch mit
der gerade zu dieser Zeit symptomatisch fortschreitenden geistigen
Krankheit seines eigenen Bruders Otto zusammen.

Unter den Hofdamen seiner Mutter fand Ludwig mütterliche Freundinnen in der Fürstin Fugger-Glött, der Baronin v. Redwitz, verheiratete Freifrau v. Gasser und der Gräfin von der Mühlen. Vor allem bei der zweiundzwanzig Jahre älteren Gräfin von der Mühlen wird schon der unverstandene Knabe Ludwig Zuflucht gesucht haben. Mit Frau v. Gasser stand Ludwig, ähnlich wie mit seiner ehemaligen Erzieherin Frau v. Leonrod, in regem Schriftverkehr und lud bei ihr auch in späteren Jahren immer wieder seine politischen Sorgen ab.

Bald nachdem Ludwig II. die Verlobung mit Herzogin Sophie Charlotte rückgängig gemacht hatte, kam von englischer Seite der Vorschlag, Ludwig mit Luise, der Tochter von Königin Viktoria von England, zu vermählen. Graf Hompesch, der bayerische Gesandte am Londoner Hof, wurde als Postillion d'amour eingesetzt. Nach seinem Vortrag und der Vorlage von Bildern der Prinzessin Luise erhielt er die königliche Antwort: *So ehrenvoll und in mannigfacher Weise ersprießlich die eventuell in Aussicht genommene Verbindung sich auch sonst darstellt, so ist der Sache eine weitere Folge nicht zu geben.* Prinzessin Luise war keine Schönheit. Ludwigs abschlägige Antwort war freilich bereits die zweite Absage des Hauses Wittelsbach an das englische Königshaus, noch dazu in Folge, war doch seinerzeit eine vorübergehend geplante Verbindung zwischen Ludwigs Vater Max und Luisens Mutter Viktoria auch nicht zustande gekommen.[96]

Schon zu Beginn der Regierungszeit von Ludwig II. wurde die Tochter der Königin Isabella von Spanien als mögliche Braut ins Gespräch gebracht. Eine Pariser Zeitung hatte – etwas voreilig – die Nachricht bereits 1864 ausposaunt. Die spanische Gemahlin von Prinz Adalbert, einem Onkel Ludwigs II., soll die Verbindung »eingefädelt« haben. Es wurde bekanntlich nichts daraus; behauptet wird, Ludwig habe über seine künftige Schwiegermutter so schlimme Berichte erhalten, daß er *keinen Apfel von solchem Stamme haben wollte.*

Am 7. Januar 1869 meldet der österreichische Gesandte Graf Ingelheim nach Wien: *Der König hat die Petersburger Reise aufgegeben, da ihm zu Ohren gekommen, daß man ihn dort allgemein als Bräutigam der Großfürstin-Tochter der Kaiserin ansähe.*[97]

Eine späte Verehrerin König Ludwigs II. war die sogenannte »Liliendame«. Lilien zählten zu Ludwigs Lieblingsblumen, sicher auch im Zusammenhang mit seiner bourbonischen Schwärmerei für den Sonnenkönig Ludwig XIV. und die unglückliche Marie Antoinette. Besagte Dame, in Norddeutschland beheimatet, ließ durch eine Hamburger Gärtnerei Lilien im Treibhaus ziehen, so daß sie bereits vor der normalen Blütezeit an Ludwig gesandt werden konnten. Die Absenderin wünschte ausdrücklich anonym zu bleiben. Ludwig, der solche Aufmerksamkeiten sonst fürstlich belohnte, respektierte den Wunsch der Spenderin, auch als er erfuhr, daß sie sich jedes Jahr zum Urlaub in Hohenschwangau aufhielt und es ihm ein Leichtes gewesen wäre, ihr Geheimnis zu lüften. Er ließ sich jedoch durch seinen Kabinettssekretär Ziegler, mit dem sie bekannt war, über sie berichten und frug auch seinen Friseur Hoppe nach ihr aus, welche Haartracht sie trage und ähnliches mehr. Ludwigs Interesse an der anonymen Blumenspenderin bestätigte nach des Königs Tod ebenfalls sein Kammerdiener Weber. Die Lilien begeisterten Ludwig so sehr, daß sie auch beim Wechsel des Hoflagers mitgenommen werden mußten, ja sogar auf Berghütten wurden sie mitgetragen. Wenige Tage vor seinem Abtransport nach Schloß Berg überraschte die »Liliendame« den König mit einem prunkvollen Rosengesteck; es war der letzte Blumengruß, den er als Lebender erhielt.

Ein Frauenheld war Ludwig II. sicher nicht. Doch fällt bei seinen Frauenfreundschaften der – manchmal bedeutende – Altersunterschied auf. Fast alle Frauen, die mit Ludwig in Verbindung gebracht werden, waren älter als er, etliche im Alter seiner Mutter. War hier ein Mutterkomplex mit im Spiel, die Auswirkung der Erziehung, welche über weite Strecken durch Personal und nicht durch die eigene Mutter erfolgte? War es die nicht vorhandene Harmonie zwischen Mutter und Sohn, die hier ihren Ausgleich suchte?

Wahrscheinlich war Ludwig aus seinem Persönlichkeitsgefüge heraus kaum dazu fähig, eine dauerhafte Bindung einzugehen. Dem stand schon sein unbändiger Freiheitsdrang entgegen, aber auch seine Ruhe- und Rastlosigkeit. Vielleicht wirkte hier das Fehlen einer echten mütterlichen Bezugsperson in der Kindheit noch nach, vielleicht auch der Schock, den er als achtmonatiger Säugling erlitt, als seine bäuerliche Amme aus Miesbach an Meningitis (Hirnhautentzündung) erkrankte und starb und er abgestillt werden mußte. Ludwig reagierte damals mit einer heftigen schockartigen Krankheit, so daß eine Weile um sein Leben gefürchtet werden mußte. Vermutlich wurde damals eine Meningitis bei ihm nicht erkannt; seine später wiederholt auftretenden Kopf-schmerzen und die im Sektionsbefund festgestellten Spuren einer Gehirnentzündung könnten auf eine im frühen Kindesalter überstan-dene Meningitis hinweisen. Der Psychoanalytiker Wolfgang Schmid-bauer, der sich intensiv mit der Frage nach einer krankhaften Belastung Ludwigs, aber auch kritisch mit den Expertengutachten und dem Sek-tionsbefund, befaßt hat, räumt in seiner Untersuchung dem Tod der Amme (von pathologischen Befunden abgesehen) große Bedeutung für die seelische Entwicklung Ludwigs ein: *Die Bindungsscheu und gleichzei-tige Bindungssehnsucht, die Angst Ludwigs vor dauerhaften Beziehungen zu Menschen, die ihm ebenbürtig waren, wurzelt wahrscheinlich in diesem Verlust.*[98]

Es wird immer wieder die Frage diskutiert, ob Ludwig homosexuell war. Diese Frage kann weder mit einem klaren Ja noch mit einem kla-ren Nein beantwortet werden. Es ist davon auszugehen, daß eine homo-phile Grundveranlagung vorhanden war; sein Persönlichkeitsbild war aber auch sehr stark narzistisch geprägt. Das wirft wieder die Frage nach Ursache und Wirkung auf. War die narzistische Ausprägung dominant vorhanden, oder entstand sie als Folge vielfältiger Enttäuschungen bei Kontakten zu weiblichen und männlichen Personen? Der Psychiater und Neurologe Johannes Kemper stellt dazu in der oben zitierten Unter-suchung fest: *Es ist müßig, hier die Frage nach der Homosexualität Ludwigs aufzuwerfen. Seine psychische Liebe galt Männern und Frauen, und er hat sie auch unter Beweis gestellt. Daß er dabei enttäuscht wurde, sei es von Wagner, sei es von seiner Liebe zu Elisabeth, ist Ludwigs Schicksal.*
Zurückgeworfen auf sich selbst, setzte er an die Stelle der echten Begegnung und körperlichen Nähe zu anderen das Erleben eigener Grandiosität in Form seiner Bautätigkeit, die sich umso suchtartiger ausweitete, je mehr Ludwig an Menschen scheiterte.[99]

Durchaus aufschlußreich für Ludwigs Verhältnis zu Frauen ist eine Äußerung, die er 1865, im Alter von zwanzig Jahren, gegen Minister von der Pfordten machte: *Bei den meisten jungen Leuten mischt sich Sinn-lichkeit in ihre Beziehungen zum anderen Geschlecht, diese verdamme ich. Da ich gottlob davon nichts weiß, so ist, wie ich sicher glaube, meine Verehrung für die Reinheit der Frauen eine umso tiefer empfundene.*

Prinz Ottos Krankheit

Nichts charakterisiert die Brüder Ludwig und Otto besser als eine Eintragung der beiden ins Gästebuch des Schweizerhauses ihrer Mutter in der Bleckenau. Am 15. August 1864 hinterließ der frischgebackene König Ludwig dort folgendes Gedicht:

> *Wie freu' ich mich, Dich wieder zu begrüßen,*
> *Du stilles Haus nach langer, langer Zeit! –*
> *Vergnügt begrüß' ich dieses Baches friedlich Fließen,*
> *Euch Bäume und euch Berge weit und breit.*
> *Ich athme hier der Berge frische Lüfte,*
> *Erfreu' mich an des Himmels klarem Blau,*
> *Es grüßen mich der Blumen süße Düfte,*
> *Auf ihren Blättern liegt des Himmels frischer Thau.*
> *So sag ich dieser Gegend nun, der hehren,*
> *Mein Aufenthalt wird lange noch hier währen.*
> *Ludwig*

Prinz Otto trug nach dem Bruder am gleichen Tag ein:

> *Eben trug Fürst Taxis*
> *Mit Kellner Praxis*
> *Kaffee und Butter*
> *Uns zum Futter.*[100]

In seinem lebenslustigen Bruder sah Ludwig eine Art Stellvertreter, der statt seiner die ungeliebte Uniform trug, ihn bei militärischen Anlässen vertrat und für ihn an den Jagden teilnahm. Auch bei Ludwigs Braut Sophie Charlotte mußte Otto vermitteln, als eine Krise in der Beziehung eintrat. Bruder Otto erhielt brieflich den Auftrag, Sophie zu versöhnen: *Tröste und beruhige sie vollkommen und sage ihr, daß Du glaubst, meine Zuneigung wandle sich in Liebe.*

Die Ereignisse von 1870/71 – der Krieg gegen Frankreich, die Reichsgründung, der Verlust der bayerischen Souveränität, die Kaiserproklamation – waren für beide Brüder einschneidende Erfahrungen. Sie markierten unter verschiedenen Gesichtspunkten für jeden einen Wendepunkt in seiner Biographie. Für Prinz Otto war die Reichsgründung ein Schlüsselerlebnis, das sich auch auf seinen Gesundheitszustand negativ auswirkte. Ab 1871 verschlimmerte sich sein Befinden zusehends; er litt unter starken Depressionen und wurde allmählich menschenscheu. Der preußische Gesandte in München berichtete hierüber im Detail an Bismarck: *In Betreff der Krankheit des Prinzen Otto von Bayern ... hat mir Freiherr von Perglas im engsten Vertrauen erzählt, daß dieselbe in einem hohen Grad der Zerrüttung des Nervensystems bestehe, die hauptsächlich durch den in sittlicher Beziehung mehr als freien Lebenswandel des Prinzen erzeugt worden sei ... die besten Ärzte hätten bisher ihre Heilversuche ohne jeden Erfolg angewandt und er könne mir nicht verhehlen, daß er den Zustand des jungen Herrn für hoffnungslos erachte.*[101]

Am 6. Januar 1871 beschrieb Ludwig in einem Brief an Frau v. Leonrod den Zustand seines noch nicht dreiundzwanzigjährigen Bruders: *Ein rechter Jammer ist es mit Ottos leidendem Zustande, der sich zusehends verschlimmert. In manchen Dingen ist er aufgeregter und scrupulöser wie Tante Alexandra, was gewiß viel sagen will, er legt sich oft 48 Stunden en suite gar nicht zu Bette, zog seine Stiefel seit 8 Wochen nicht mehr aus, gebärdet sich wie ein Wahnsinniger, macht schreckliche Faxen, bellt wie ein Hund u. hat Momente, in denen er die größten Grobheiten einem ins Gesicht schleudert; dann ist er oft wieder ganz natürlich u. vernünftig wie sonst. – Über Solbrigs Zuziehungen fanden schon Consultationen statt. Folgt er nicht bald dem Rathe der Ärzte, so ist es zu spät für immer.* Zwei Jahre später, am 23. März 1873 berichtete ihr Ludwig: *Gottlob geht es Otto wieder besser, wenn sein Zustand auch allerdings noch viel zu wünschen übrig läßt; hir u. da sind seine Nerven in schauderhafter Erregtheit, in solchen Momenten muß man, die Mutter und ich nicht ausgenommen, wahre Grobheitsexplosionen über sich ergehen lassen.*

Ludwig war über diese Entwicklung sehr unglücklich. Zwischen den Brüdern bestand ein vertrauensvolles Verhältnis und nun stand Ludwig die unangenehme Aufgabe bevor, bei einer weiteren Verschlechterung von Ottos Befinden dessen Isolierung zu veranlassen. Ludwig mußte befürchten, daß Otto – der einzige Mensch, von dem er annahm, daß er ihn, Ludwig, wirklich mochte – ihm dies verübeln werde. Nach einem erfolglosen Kuraufenthalt Ottos in Schloß Ludwigstal im Bayerischen Wald sah sich Ludwig gezwungen, den Gewahrsam in dem damals außerhalb der Stadt gelegenen Schloß Nymphenburg anzuordnen.

Aufgrund eines am 15. Januar 1872 erstellten Gutachtens, daß Otto als geistesgestört zu betrachten sei, schrieb Ludwig am 23. Januar 1872 an den Bruder, er teile die Anschauung der Ärzte, daß nunmehr ein konsequent durchzuführendes Heilverfahren notwendig wäre. Otto habe deshalb mit seinem Gefolge und dem Arzt Dr. Brattler das Schloß

Nymphenburg zu beziehen. Dabei habe er den Anordnungen der Ärzte Folge zu leisten, die wiederum die nötigen königlichen Vollmachten erhalten hätten.

Otto reagierte darauf am 4. März mit einem erschütternden Brief. Er schilderte die für ihn entwürdigenden Begleitumstände seines nächtlichen Transports nach Nymphenburg und betonte, er werde das dem Bruder als »dem Urheber dieser Behandlung« nie vergessen. Dann brach es aus ihm heraus: *Du hast nicht das Recht, mir im Inland zu befehlen, mich an diesen oder jenen Ort zu begeben, Du hast nicht das Recht, mich, da ich kein Unrecht begangen, also zu behandeln ... Nur der Gewalt bin ich gewichen und ich bin ein Gefangener; unerhört hat man mich behandelt ... Ich bin jetzt Dein Gefangener, solange bis es Dir beliebt, mir die Freiheit wieder zu schenken!*[102]

Es drängt sich der Vergleich mit Ludwigs Internierung vierzehn Jahre später auf. Da reagierte Ludwig in ähnlicher Weise auf die Maßnahmen, denen er durch den Psychiater v. Gudden und dessen Begleiter unterworfen war.

Prof. Dr. Johann Bernhard Aloys v. Gudden war 1872 an die Universität München berufen und zum Direktor der Kreisirrenanstalt für Oberbayern ernannt worden. Bei der Behandlung Prinz Ottos wurde Gudden bereits mit zugezogen. Sein erstes Gutachten über den Zustand des Prinzen legte er am 9. Februar 1875 vor und kam darin offenbar zu keinem anderen Ergebnis als die Ärzte im vorausgegangenen Gutachten vom 12. Januar 1872.[103] Otto verblieb weiter unter ärztlicher Aufsicht in Nymphenburg.

In Schloß Nymphenburg lebte Otto zunächst in relativer Freiheit. Er wurde zwar bewacht und ärztlich betreut, konnte sich aber, wenn er sich wohler fühlte, auch frei bewegen. So nahm er in dieser Zeit immer wieder an Veranstaltungen des königlichen Hofes teil, auch an den von ihm so geliebten Jagdgesellschaften.

Ab 1873 mußte die Isolation verstärkt werden. Die Türen von Ottos Wohnräumen in Schloß Nymphenburg wurden mit Gucklöchern versehen; sie waren nur noch von außen zu öffnen. Die Fenster waren verschraubt. Otto hatte aber immer noch Phasen, in denen er sich durchaus normal verhielt. Wenn er fühlte, daß ihn seine Nerven demnächst im Stich lassen würden, forderte er seine Besucher freundlich aber bestimmt auf, ihn jetzt besser zu verlassen.

Die Ärzte vermuteten in den ersten Krankheitsjahren noch, daß Otto Syphilis habe und prophezeiten seinen baldigen Tod. Sein – wie

v. Werthern es zeitgemäß ausdrückte –»in sittlicher Beziehung mehr als freier Lebenswandel« hatte wohl zu dieser falschen Diagnose beigetragen. Ottos Verfassung muß zu dieser Zeit sehr geschwankt haben; Zustände von Verrücktheit wechselten mit fast normalen Phasen. Im Januar 1874 schrieb Ludwig an Sybille v. Leonrod: *Otto geht es im Vergleich zum vorigen Jahr viel besser.* Im Juli 1874: *Mutter und Otto, welcher sein tiefsitzendes Nervenleiden wohl kaum je verlieren wird, befinden sich z. Zt. in Elbigenalp im Lechthale.* Otto mußte also nicht immer in Nymphenburg bleiben. In einem Brief vom 27. Oktober 1874 an Graf Dürckheim kündigte Ludwig den bevorstehenden Aufenthalt seiner Mutter in Partenkirchen an und berichtete: *Für den Prinzen Otto hatte er* [der Abgesandte der Königin] *keine* [Zimmer] *zu bestellen, woraus ich schließe, daß derselbe sich auch für diesen Winter in den Kopf gesetzt hat, Hohenschwangau zu bewohnen.*[104]

Im selben Jahr machte Kaiserin Elisabeth einen Besuch in der Münchener Residenz bei Ludwigs und Ottos Mutter Marie v. Preußen. Otto, der hinzu kam, führte Elisabeth zum Wagen. Offensichtlich war er wieder im Anfangsstadium eines Anfalls, so daß Elisabeth Angst vor seinem starren Blick bekam und ihrer Begleiterin zuflüsterte, sie möge achtgeben, daß Otto sie nicht die Stufen hinunterwerfe.

Über das Verhältnis Ottos zu Elisabeth ist nicht viel bekannt. Es muß aber recht gut gewesen sein. Otto scheint sich auch mit Kaiser Franz Joseph vertragen zu haben, der ihm 1869 den hohen Orden vom Goldenen Vlies verlieh. (Der Orden samt Verleihungsurkunde wurde 1993 in einer Münchner Auktion angeboten.)

Im Januar 1875 konnte Ludwig noch an Frau v. Leonrod berichten: *Otto geht es bedeutend besser, er kam wohl aussehend und gestärkt von Venedig zurück.* Doch am 27. Mai 1875, dem Fronleichnamstag, entfernte sich Otto alleine aus Nymphenburg und eilte in die Münchner Frauenkirche, in der Erzbischof v. Scherr gerade das feierliche Hochamt zelebrierte. Otto rannte durch das Kirchenschiff nach vorne, warf sich auf den Stufen des Hochaltars nieder und legte ein lautes Sündenbekenntnis ab. Dabei gestand er auch Untaten, die er gar nicht begangen haben konnte. Er wurde eilends weggeführt, doch war dieser Vorfall der Anlaß für eine nunmehr strengere Isolierung in Schloß Schleißheim, wo er sich von 1876 bis 1879 aufhielt.

Solange Otto gesund war und Ludwig in ihm den möglichen Nachfolger sehen konnte, der zudem bereits verschiedene Repräsentationspflichten übernahm, war das Verhältnis der beiden Brüder gut und freundschaftlich, wenn auch nicht immer gleich eng. So kritisierte Ludwig den lebenslustigen Bruder in einem Brief an Cosima von Bülow vom Januar 1867: *Als wir neulich aus Nürnberg uns schriftlich unterhielten, meinten Sie, mein Bruder wäre für mich ein verstehender, teilnehmender Freund. O nein, geliebte Freundin, er ist ein ganz gewöhnlicher Mensch, ohne nur den geringsten Sinn für Hohes und Schönes. Er ist den ganzen Tag oft auf der Jagd, viel in Gesellschaft meiner flachen, geistlosen Vettern und des Abends viel im Aktientheater, wo er besonders für das Ballett schwärmt.*[105] Ottos Krankheit entfremdete die Brüder voneinander. Als Ludwig die unumkehrbaren Auswirkungen der psychischen Erkrankung und ihr unaufhaltsames Fortschreiten erkannte, wurde sein Verhältnis zu Otto immer distanzierter. Seine Begegnungen mit Otto wurden seltener. Selbst wenn Otto ihn sprechen wollte, wehrte Ludwig ab. Es scheint, als habe er mit der Krankheit des Bruders nicht unmittelbar konfrontiert werden wollen, vielleicht aus der unterschwelligen Angst, ihn könne eines Tages ein ähnliches Schicksal ereilen. Im übrigen hatte auch Elisabeth diese Angst vor einer familienbedingten Veranlagung zur Geisteskrankheit; ihre Hofdame Gräfin Festetics notierte in ihren Tagebüchern, daß Elisabeth solche Befürchtungen geäußert und dabei auf das Schicksal von Otto und Ludwig hingewiesen habe.

Am 6. November 1875 schrieb Otto aus Nymphenburg an Ludwig: *Heute habe ich erfahren, daß Du gegenwärtig in München bist, sehr würde es mich freuen, wenn ich Dich daselbst besuchen dürfte; ich sehne mich sosehr danach, Dich nach so langer Zeit endlich einmal wieder zu sehen. Hoffentlich bist Du recht wohl und frisch. – So gerne würde ich Dich wegen einer Angelegenheit sprechen ... Könnte ich Dir nicht heute noch meinen Besuch machen, es würde mich so sehr freuen?*[106] Aus dem Besuch wurde anscheinend nichts. Otto muß dann im Zusammenhang der Neujahrsgratulationen nochmals darum gebeten zu haben, Ludwig in München aufsuchen zu dürfen, denn Ludwig lehnte in seinem Dankesbrief vom 5. Januar 1876 nachdrücklich einen Besuch ab: *Recht herzlich danke ich Dir für die aus Anlaß des Jahreswechsels mir ausgesprochenen Glück- und Segenswünsche ... Ich bleibe ohnehin nicht mehr lange hier, überdieß ist es für Deine Gesundheit besser, wenn Du Nymphenburg vorläufig nicht verlässest; komm daher nicht.*[107]

Auch vor anderen Menschen rückte Ludwig von seinem Bruder ab. So hatte er sich schon gut ein Jahr zuvor in einem Brief aus Hohenschwangau vom 27. Oktober 1874 bei Graf Dürckheim, der eine Zeitlang Ottos Adjutant gewesen war, über das *alberne Nörgeln* des kranken

Bruders beklagt: *Im letzten Moment kam Otto neulich noch angereist, fuhr mit mir bis zum Fuße des Fernpasses und marterte mich mit seinem albernen Nörgeln. Bei seinem jetzigen Befinden und seinem jammervollen Aussehen kann er unmöglich eine Reise machen, deren Genuß bei seinem Zustand nur ein sehr unvollkommener sein kann; wollen Sie daher trachten, mit Brancas und Wolfsteiners Hülfe ihn von seinem Vorhaben abzubringen, versprochen habe ich ihm nichts, obwohl er es so hinstellen wird.*[108] (Branca war Adjutant des Prinzen Otto, Wolfsteiner Leibarzt von König Max II. und Königin Marie.)

Am 13. Mai 1875 schrieb Ludwig aus Schloß Berg ebenfalls an Graf Dürckheim: *Viel gedenke ich hier sowie in den Bergen zu lesen und viel auch Ihrer zu gedenken, Ihnen, geliebter Freund, der Sie beseligend in meine Lebensbahn traten und* <u>in Wahrheit ebenbürtig</u> *als Bruder mir zur Seite stehen, während dieß bei dem guten Otto, so sehr ich ihn auch liebe, doch nie der Fall sein kann, wegen der großen Verschiedenheit von Auffassung und Anlagen.*[109]

Die Isolation Ottos konnte bis in die späten 1870er Jahren hin und wieder kurzzeitig unterbrochen werden. Anfang 1880 nahm Otto noch an einer Hofjagd teil, seiner letzten. Am 13. März 1880, rund sechs Wochen vor seinem zweiunddreißigsten Geburtstag, wurde er nach Schloß Fürstenried verlegt und kam in strenge Klausur. Die Öffentlichkeit bekam ihn von diesem Zeitpunkt an nicht mehr zu Gesicht. Sein Zustand verschlimmerte sich zusehends; die Ärzte diagnostizierten völlige geistige Umnachtung. Ludwig gab Anweisungen über die Behandlung seines Bruders. Er verbot Elektroschocks und alle Methoden, die mit Gewaltanwendung verbunden waren. Er soll ihn einige Male in Schloß Fürstenried besucht haben und auch gerufen worden sein, wenn die Wärter mit Otto nicht mehr zurechtkamen. Es wird berichtet, daß es ihm dann gelungen sei, den tobenden Bruder wieder zu beruhigen.

In den folgenden Jahren – Ludwig selbst verblieben nur noch sechs Lebensjahre nach der völligen Isolation des Bruders in Schloß Fürstenried – wurden seine Besuche bei Otto seltener. Otto erkannte auch niemand mehr. Ludwig nahm freilich bis an sein Lebensende Anteil am Schicksal seines Bruders. So ließ er sich regelmäßig die Berichte der Ärzte über Ottos Befinden schicken. Als v. Gudden am 11. Juni 1886 mit seinen Irrenwärtern König Ludwig II. in Neuschwanstein abholte, sah er, daß der jüngste Bericht über Prinz Ottos Zustand auf Ludwigs Schreibtisch obenauf lag. Es war offensichtlich eines der letzten Schriftstücke, mit dem sich Ludwig befaßt hatte. Zu dem Zeitpunkt wußte er bereits, was auch ihm bevorstand.

Elisabeth,
Kaiserin von Österreich

Es mag paradox klingen: Kaiserin Elisabeth, die Tochter des Herzogs
Max in Bayern, war trotz ihres hohen Standes im Grunde ihres Herzens
Republikanerin.

Dazu hat vornehmlich ihr Elternhaus beigetragen. Die liberale Haltung Herzog Max' hatte für eine relativ freizügige, keiner strengen
Etikette unterworfene Erziehung gesorgt. So hatte Elisabeth vom Vater
ihre republikanischen Ideale, ihre Leidenschaft für Pferde, aber auch ein
Gutteil ihres etwas ungebärdigen Wesens mitbekommen. Sie war eine
gute, aber wilde Reiterin, trieb Sport und liebte lange Spaziergänge. Ein
Fußmarsch von Possenhofen nach München war für sie keine Seltenheit, in den Augen ihrer Zeitgenossen und für ihren Stand allerdings
ungewöhnlich.

Als sie sechzehn Jahre alt war, reiste sie mit ihrer Mutter und ihrer älteren Schwester Helene nach Bad Ischl, wo sich auch Erzherzogin
Sophie und deren Sohn Kaiser Franz Joseph I. erholten. Ihre Mutter
Ludovica und Erzherzogin Sophie waren Schwestern. Sie stammten aus
der zweiten Ehe von König Max I. Joseph mit Karoline Friederike v.
Baden; König Ludwig I. war ihr Halbbruder. Das Zusammentreffen mit
dem österreichischen Kaiser wurde von Ludovica gezielt eingefädelt
und mit ihrer Schwester Sophie abgestimmt. Im »Journal des Dames«
wurde Franz Joseph zu dieser Zeit immerhin als die beste Partie der
Christenheit bezeichnet – Ludovica las vielleicht doch nicht nur Mis-
sionskalender! Die Mütter hatten freilich nicht Elisabeth, sondern die
gut drei Jahre ältere Helene als Braut vorgesehen. Franz Joseph entschied sich jedoch spontan für die mitreisende Elisabeth, die ihm besser gefiel. Am 24. April 1854 war Hochzeit, und Elisabeth sah sich mit
knapp sechzehn Jahren an den Wiener Hof versetzt, wo es ganz anders
zuging, als die bayerische Herzogstochter es von zu Hause gewohnt war.

Die abgewiesene Helene heiratete 1858 Erbprinz Maximilian von
Thurn und Taxis. Sie verlor ihren Gatten nach nur neun glücklichen
Ehejahren bereits mit dreiunddreißig Jahren, blieb Witwe, war um die
Mehrung des Thurn und Taxisschen Besitzes bemüht und starb 1890 in
Regensburg.

Kaiserin Elisabeth (um 1854)

Die »graue Eminenz« in der Wiener Hofburg war zweifellos Erzherzogin Sophie, Gemahlin des Erzherzogs Franz Karl von Österreich, der in seiner Harmlosigkeit, aber auch Güte und Wohltätigkeit seinem älteren Bruder Kaiser Ferdinand I. sehr ähnlich und ebenso wenig wie dieser den Staatsgeschäften gewachsen war. Gewiß war ihm Sophie an Geist, Willenskraft und Ehrgeiz weit überlegen.

Als Sophie 1824 mit neunzehn Jahren von München an den Wiener Hof gekommen war, hatte sie dort eine Halbschwester aus der ersten Ehe ihres Vaters Max I. Joseph an der Seite ihres regierenden Schwiegervaters vorgefunden, Charlotte Auguste v. Bayern. Charlotte Auguste war seit 1816 mit Kaiser Franz I. von Österreich verheiratet, der als deutscher Kaiser Franz II. hieß; ihre erste Ehe mit König Wilhelm I. von Württemberg war nach fünfjähriger Dauer 1814 kirchlich annuliert worden. Sie war die vierte Frau von Kaiser Franz. Sophies Gatte Erzherzog Franz Karl war der Sohn aus dessen zweiter Ehe mit Maria Theresia v. Sizilien.

Von Sophie hieß es in Wien bald, sie sei »der einzige Mann« in der Hofburg. Ihr Gatte war ihr treu ergeben, galt aber als schwache Figur, auch in Sophies Augen. Sie hielt ihn nicht für tauglich, die Regierungsgewalt zu übernehmen, falls sein hochgradig epileptischer Bruder Kaiser Ferdinand I., genannt der Gütige, abtreten oder sterben sollte. Ferdinand war 1835 seinem Vater auf dem Kaiserthron gefolgt obwohl er unfähig war, selbst zu herrschen, so daß die Regierungsgeschäfte bereits nach einem halben Jahr von der sogenannten Staatskonferenz unter den führenden Köpfen Metternich und Kolowrat-Liebsteinsky übernommen wurden. Sophie hatte Ferdinand im Gespräch mit Fürst Metternich ungeniert als »Trottel« bezeichnet und war vorübergehend in Panik geraten, als er 1831 verheiratet wurde. Ihre Befürchtungen erwiesen sich aber als unbegründet. Ferdinands Ehe mit Maria Anna von Savoyen blieb kinderlos, und Sophie konnte weiter an der Verwirklichung ihrer ehrgeizigen Pläne arbeiten. Sie wollte nämlich die Kaiserkrone für ihren Sohn Franz Joseph und nicht für ihren Gatten Erzherzog Franz Karl, der eigentlich der nächste in der Thronfolge gewesen wäre, und ein etwaiger männlicher Nachkomme Ferdinands hätte dieses Vorhaben empfindlich stören können. Die Unruhen des Revolutionsjahrs 1848 brachten sie unerwartet schnell an ihr Ziel und Franz Joseph auf den österreichischen Kaiserthron. Am 1. Dezember wurde der achtzehnjährige Erzherzog für volljährig erklärt, worauf Ferdinand der Gütige abdankte und sein Bruder Verzicht auf die Succession leistete.

Kaiser Franz Joseph I. war seiner Mutter für ihre hilfreichen Dienste zeitlebens zu Dank verpflichtet. Er war unter ihrer Aufsicht erzogen worden; ihr großer Einfluß auf ihn blieb wohl bis zu ihrem Tod 1872 bestehen. Die Abhängigkeit Franz Josephs von seiner dominanten Mutter wurde auch durch seine Heirat nicht vermindert und damit begann der Leidensweg der Kaiserin Elisabeth, deren Leben am Wiener Hof keineswegs dem Klischee entspricht, das durch die »Sissi«-Filme vermittelt wird. Mag sein, daß das junge Paar momentan verliebt war, zumindest war es bei Franz Joseph der Fall. Bei Sisi dürfte auch geschmeichelte Eitelkeit im Spiel gewesen sein und ein wenig Stolz, die ältere Schwester ausgestochen zu haben – noch dazu bei einem leibhaftigen Kaiser!

Zwei Gedichte Elisabeths aus den Flitterwochen spiegeln den Gemütszustand der Jungverheirateten wider:

Es kehrt der junge Frühling wieder
Und schmückt den Baum mit frischem Grün
Und lehrt den Vögeln neue Lieder
Und macht die Bäume schöner blüh'n.

Doch was ist mir die Frühlingswonne
Hier in dem fernen fremden Land?
Ich sehn' mich nach der Heimat Sonne,
Ich sehn' mich nach der Isar Strand.

Ich sehn' mich nach den dunklen Bäumen,
Ich sehn' mich nach dem grünen Fluß,
Der leis in meinen Abendträumen
Gemurmelt seinen Abschiedsgruß.[110]

Das könnte noch mit dem Heimweh einer Sechzehnjährigen erklärt werden, doch nicht mehr das folgende Gedicht, das Elisabeth vierzehn Tage nach der Hochzeit während der Flitterwochen in Schloß Laxenburg schrieb:

Oh, daß ich nie den Pfad verlassen,
Der mich zur Freiheit hätt' geführt.
Oh, daß ich auf den breiten Straßen
Der Eitelkeit mich nie verirrt!

Ich bin erwacht in einem Kerker,
Und Fesseln sind an meiner Hand.
Und meine Sehnsucht – immer stärker –
Und Freiheit! Du mir abgewandt!

Ich bin erwacht aus einem Rausche,
Der meinen Geist gefangenhielt,
Und fluche fruchtlos diesem Tausche,
Bei dem ich Freiheit! Dich – verspielt.

In den Flitterwochen entstand auch ein Gedicht über ihre erste Liebe, der sie nachtrauerte. Daraus nur die erste Strophe:

Nur einmal konnt' ich wahrhaft lieben
Es war das erstemal.
Nichts konnte meine Wonne trüben
Bis Gott mein Glück mir stahl.

Es handelte sich um einen jungen Grafen, der in herzoglich-bayeri-
schen Diensten stand, von der Familie aber nicht akzeptiert und deshalb fortgeschickt wurde. Er erkrankte kurze Zeit später und verstarb.

Als Sisi in ihren Flitterwochen diese traurigen Gedichte verfasste,
konnte sie noch gar nicht ahnen, was ihr von seiten des Wiener Hoch-
adels, der sie wegen ihrer Herkunft aus dem Hause der Herzöge in Bayern für nicht standesgemäß hielt, vor allem aber seitens ihrer Tante und
Schwiegermutter Sophie alles bevorstand.

Elisabeth vertraute auch in späteren Jahren ihre Enttäuschungen,
ihren Ärger und ihre Empörung Tagebüchern an, die in Gedichtform
gehalten waren. Da hierbei eine Reihe von Zeitgenossen, insbesondere
Angehörige des Wiener Hofs, nicht gut wegkamen, verhinderte sie, daß
diese Gedichte in Wien blieben. Sie befürchtete ihre Vernichtung. So
verschloß sie ihre poetischen Tagebücher in einer doppelten Kassette,
die nach ihrem Tode an die herzogliche Familie in Bayern ging und erst
sechzig Jahre später geöffnet werden durfte. Auf der in der ersten befindlichen zweiten Kassette stand die Verfügung, daß sie uneröffnet an
den Schweizer Bundespräsidenten weiterzuleiten sei. Anstoß hierfür
dürfte gewesen sein, daß kurz nach dem Selbstmord ihres Sohnes Rudolf dessen Schriften mit republikanischen Tendenzen aus den Wiener

Archiven verschwanden. Erst vor einigen Jahren bekam die Historikerin und Elisabeth-Biographin Brigitte Hamann die Möglichkeit zur Einsichtnahme und Auswertung des dichterischen Nachlasses von Kaiserin Elisabeth.

Erzherzogin Sophie beherrschte den Wiener Hof und auch ihren Sohn, den Kaiser. Elisabeth versuchte, dagegen aufzubegehren, vor allem als sie Kinder bekam, die Sophie sofort in ihre Obhut übernahm. Sie lief Sturm gegen die Wegnahme ihrer Kinder und wandte sich an Franz Joseph. Vergebens, der Kaiser konnte oder wollte sich bei seiner Mutter nicht durchsetzen.

Ein einschneidendes Ereignis war der Tod der ersten Tochter des Kaiserpaars, der kleinen Sophie, die 1857 auf einer Reise durch Ungarn im Alter von zwei Jahren erkrankte und starb. Elisabeth hatte gegen den Widerstand der Erzherzogin ihre beiden Töchter Sophie und Gisela auf diese Reise mitgenommen. Nach diesem Unglück bekam sie die eisige Ablehnung der Erzherzogin erst richtig zu spüren. Elisabeth, die noch keine zwanzig Jahre alt war, erlitt einen gesundheitlichen Zusammenbruch und war in so schlechter körperlicher Verfassung, daß Anlaß zu echter Sorge bestand. Sie erholte sich nur langsam, gab aber nun den Kampf um ihre jüngere Tochter Gisela auf und überließ das Feld der allgewaltigen Sophie.

Die Tochter Gisela sollte später zurück nach Bayern heiraten; ihr Ehemann Prinz Leopold war ein Sohn von Prinzregent Luitpold, also wieder ein Wittelsbacher.

An dem schlechten Gesundheitszustand Elisabeths waren sicher auch die Hungerkuren schuld, denen sie sich aus Angst um ihre Figur immer wieder unterzog. Gleichzeitig mehrten sich die Nervenkrisen, ausgelöst durch die unvernünftige Lebensweise. Elisabeth hatte zeitlebens nur ein Gewicht von ungefähr 50 kg. Sie war, nachdem sie in Wien noch etwas gewachsen war, schließlich 1,72 m groß und überragte damit Kaiser Franz Joseph um einige Zentimeter, was die Hofmaler freilich auszugleichen wußten. Ihr Taillenmaß betrug 50 cm, wobei sie ihre schlanke Taille noch durch Schnüren unterstrich. Das Hüftmaß lag bei 65 cm; doch wurde das Maß damals etwas weiter oben abgenommen als heute. Elisabeth ritt und turnte exzessiv. In der Hofburg hatte sie sich ein regelrechtes »Fitness-Studio« eingerichtet, in dem sie sich manchmal bis zur Erschöpfung ertüchtigte. Auch in der Villa in Ischl, die Kaiser Franz Joseph von dem Wiener Rechtsanwalt Eltz erworben hatte,

Kaiser Franz Joseph I. mit Elisabeth (1858)

absolvierte sie regelmäßig ihre Turnübungen. Im dortigen roten Salon befinden sich noch heute zwei gegenüberliegend angebrachte und schräg gehängte Spiegel, mit deren Hilfe sie ihre Haltung kontrollierte.

Am 21. August 1858 brachte sie in Schloß Laxenburg den lange erwarteten Thronfolger Rudolf zur Welt. Kaiser Franz Joseph war glücklich, sogar Erzherzogin Sophie war zufrieden. Wiederum nahm die Erzherzogin den Enkel sofort in ihre Obhut. Trotz dringender Bitten bekam Elisabeth nicht die Erlaubnis, ihren Sohn selbst zu stillen. Auch als sie unter Milchandrang und Fieber litt, blieb Sophie unerbittlich. Stillen war Angelegenheit der Amme.

Da sich Elisabeths Befinden nicht besserte, ließ man den herzoglichen Hausarzt Fischer aus München kommen. Seine Diagnose ist nicht bekannt, doch in den folgenden Jahren wurde Fischer noch öfter nach Wien geholt. Die Kaiserin hatte nach der Geburt wieder mit Hungerkuren begonnen. Sie ritt stundenlang aus und entzog sich mehr und mehr ihren familiären Verpflichtungen. Dies ausgerechnet in dem für Österreich so unheilvollen Kriegsjahr 1859, in welchem Kaiser Franz Joseph am 24. Juni die Schlacht bei Solferino und damit den von ihm persönlich angeführten italienischen Feldzug verlor; das Habsburger Reich mußte im Frieden von Villafranca die ganze Lombardei abtreten. Derweil schockierte die Kaiserin den Hof, weil sie zu rauchen anfing, und das Rauchen sogar bei Ausfahrten in der Öffentlichkeit nicht unterließ. Ähnlich hatte Lola Montez zwölf Jahre früher die Münchener durch öffentliches Rauchen von Zigarillos empört.

Gegen Ende 1860 hatte sich Elisabeths Gesundheitszustand so verschlechtert, daß ein Lungenspezialist sofortigen Aufenthalt in wärmerem Klima anordnete, da sonst akute Lebensgefahr für sie bestehe. Elisabeth entschied sich für einen sechsmonatigen Aufenthalt auf Madeira. Damit begann ihr manchmal hektisches Reiseleben, das sie bis zuletzt nicht aufgab. Ruhelos eilte sie von einem Ort zum anderen, unternahm stundenlange Fußmärsche, egal wo sie sich gerade aufhielt und sehr zum Entsetzen der sie begleitenden Hofdamen, die häufig den Strapazen nicht gewachsen waren.

Als am 22. April 1868 ihr viertes und letztes Kind geboren wurde, gelang es der inzwischen dreißigjährigen Kaiserin zum ersten Mal ihre Mutterrechte zu behaupten und dieses Kind, eine Tochter, die den Namen Marie Valerie erhielt, bei sich zu behalten. Elisabeth gestand ihrer Kammerfrau Gräfin Festetics: *Erst jetzt weiß ich, welche Glückseligkeit ein Kind bedeutet. Jetzt habe ich schon den Mut gehabt, es zu lieben und bei mir zu behalten. Meine anderen Kinder hat man mir sofort weggenommen. Es war mir nur dann erlaubt, die Kinder zu sehen, wenn Erzherzogin Sophie die Erlaubnis dazu gab. Sie war immer anwesend, wenn ich die Kinder besuchte. Endlich gab ich den Kampf auf, und ging nur noch selten hinauf.*

In den folgenden Jahren entfremdete sich das Kaiserpaar zusehends. Franz Joseph besprach politische Angelegenheiten und Probleme nicht mit seiner Ehefrau, sondern mit seiner Mutter. Elisabeth fühlte sich beiseite gedrängt. Sie reagierte mit Provokationen. So gab sie, den politischen Schwierigkeiten zum Trotz, zahlreiche rauschende Bälle. Sie entwickelte augenscheinlich Sympathien für Ungarn, zunächst wohl aus Opposition gegen den Wiener Hof, später aus echter Überzeugung. Ihre Parteinahme für Ungarn wurde sicher auch gefördert durch den ungarischen Revolutionär und späteren k. und k. Außenminister Graf Gyula Andrássy, den sie sehr verehrte; manche Zeitgenossen glaubten noch mehr in diese Beziehung legen zu müssen. Elisabeth lernte Ungarisch und beherrschte, intelligent wie sie war, diese Sprache bald fließend neben Englisch, Französisch und Neugriechisch. Das trug ihr die Herzen der Ungarn zu, wurde am Wiener Hof freilich weniger erfreut aufgenommen, stand man doch hier dem Königreich Ungarn, mit dessen Autonomiebewegungen man noch immer rechnen zu müssen glaubte, durchaus skeptisch gegenüber.

Elisabeth machte immer wieder Phasen der Krankheit durch mit den stets gleichen Symptomen: Weinkrämpfe, Husten und Schwäche. Über die Krankheiten Sisis ist viel gerätselt worden. Als Kind und junges Mädchen war sie nämlich gesund bis sie an den Wiener Hof kam. Ihre Biographin Brigitte Hamann meint dazu: *Die moderne Medizin würde nicht so sehr von einer geistigen als einer seelischen Krankheit der Kaiserin sprechen. Der übersteigerte Bewegungsdrang, die ständige Weigerung, Nahrung zu sich zu nehmen, weisen (mit allem Vorbehalt gegenüber solch nachträglichen Diagnosen) auf eine Neurose in der Art einer Magersucht, der Anorexia nervosa, hin, die oft mit einer (eher pubertären) Ablehnung der Sexualität gekoppelt ist. So wäre auch das Phänomen zu verstehen, daß Sissi sofort wieder zu gesunden schien, wenn sie sich von Wien und ihrem Ehemann entfernte.*[111]

Nach ihrer Rückkehr von Madeira wurde Elisabeth wieder von Fieber, Hustenanfällen und Nervenkrisen heimgesucht. Der Lungenarzt Dr. Skoda diagnostizierte galoppierende Schwindsucht, für Sisi ein Grund, nunmehr die ehelichen Beziehungen einzustellen. Sie reiste für einen längeren Aufenthalt nach Korfu, wo sie sich später das Achílleion erbauen ließ, eine weitläufige Villa inmitten eines Parks, die auch ihr Cousin Ludwig hätte entwerfen können. Danach weilte sie einige Zeit in Venedig, um dann zur Kur nach Bad Kissingen weiterzufahren. Diesmal war der bayerische Hausarzt Fischer zugezogen worden; seine Diagnose lautete Wassersucht. Von Kissingen kam sie nach Possenhofen, wo sich die mitreisenden Wiener Hofdamen entsetzt über die hier herrschende »Bettelwirtschaft« ausließen. Vor allem Herzogin Ludovica kam in den Berichten schlecht weg. Man erzählte sich von ihr, sie halte beim Essen Hunde auf dem Schoß und würde die Flöhe auf dem Teller »knaxen«.

Zur gleichen Zeit weilten auch die zwei »italienischen« Schwestern Elisabeths in »Possi«, wie die Schwestern ihre Fluchtburg zärtlich nannten. Marie Sophie war mit dem Exkönig von Neapel-Sizilien Franz II. verheiratet, vor dem ihr Vater sie einst so eindringlich gewarnt hatte, Mathilde mit Franz' Halbbruder Luigi Trani. Beide waren ihren Ehemännern entflohen. Dabei war Marie Sophie schwanger, allerdings nicht von dem ihr angetrauten Franz, was Herzog Max – sehr im Gegensatz zu Ludovica – mit Gelassenheit, ja fast mit Ironie zur Kenntnis nahm.

Franz II. von Neapel bestach nicht durch Klugheit, war aber von großer Frömmigkeit. Letzteres mag der Erziehung durch seine früh verstorbene Mutter Marie Christine zu danken sein, die später selig gesprochen wurde. Sein Königreich beider Sizilien verlor er 1860/61 an Garibaldis Republikaner. Als er sich zuletzt in die Festung Gaeta zurückziehen mußte, nahm er sämtliche 66 Reliquiare mit, die er in Besitz hatte, ließ jedoch alles wertvolle Geschirr und sein gesamtes persönliches Vermögen – es wird von 11 Millionen Dukaten berichtet – zurück, Garibaldi zur Freude, der es beschlagnahmte. Seine Gemahlin Marie Sophie ging hingegen als »Heldin von Gaeta« in die Geschichte ein. Genützt haben ihr Mut und ihre unerschrockene Tapferkeit bei der Verteidigung der letzten Festung des Königreiches beider Sizilien freilich wenig. Nach drei Monaten mußte Franz II. kapitulieren und begab sich mit seiner Frau nach Rom. Das Königreich war verloren, doch Marie Sophie gewann in Rom die Liebe von Armand de Lavayss, dem belgischen Kommandanten der Palastwache, die der Papst dem Exkönigspaar zusammen mit dem Palazzo Farnese zur Verfügung gestellt hatte.

Die Kinder dieses Seitensprungs, Zwillingsmädchen, kamen 1862 in aller Heimlichkeit im Kloster St. Ursula in Augsburg zur Welt. Getauft wurden sie von dem Prälaten Ulrich v. Türk, von dem seinerseits gemunkelt wurde, er sei ein unehelicher Sohn Ludwigs I.

Eines der beiden Mädchen wurde dem Vater Armand de Lavayss überlassen, der inzwischen nach Belgien zurückgekehrt war. Der andere Zwilling soll von Herzog Ludwig in Bayern und seiner Frau Henriette Mendel, spätere Baronin von Wallersee auf Veranlassung des Hauses Wittelsbach adoptiert worden und gemäß (gefälschtem) Taufschein an die Stelle eines 1858 geborenen und früh verstorbenen unehelichen Mädchens dieses Paares getreten sein. Diese Tochter war Marie Louise von Wallersee-Larisch.[112]

Marie Sophie kehrte nach längerem Aufenthalt in Augsburg und nach Überwindung einiger Schwierigkeiten zu ihrem Ehemann nach

Rom zurück. Sie hatte nach der Geburt und der Weggabe ihrer Kinder unter Depressionen gelitten und zunächst vorgehabt, ·im Kloster der Ursulinerinnen in Augsburg zu bleiben. Die Familie, allen voran ihre Schwester Elisabeth, konnten sie aber doch dazu bewegen, zu Franz II. zurückzukehren. Als es einige Jahre später erneut zu einer Ehekrise kam und Marie Sophie zu längeren Reisen nach Possenhofen, Wien und Budapest aufbrach, entschloß sich Exkönig Franz 1869, nach nunmehr zehn Ehejahren endlich seine Phimose operieren zu lassen. Sie hatte ihn bisher am regulären Vollzug der Ehe gehindert und seine Frau in die Arme von Liebhabern und zuletzt aus dem römischen Palast getrieben. Wieder gelang es Elisabeth, die jüngere Schwester zur Rückkehr zu Franz zu bewegen. Bald nach der Ankunft Marie Sophies in Rom traf dort auch ein prunkvolles Ehebett ein. Es war ein Geschenk des österreichischen Kaiserpaars, das im Verein mit der geglückten Operation seine Wirkung nicht verfehlte. Im Dezember 1869 gebar Marie Sophie eine – diesmal ehelich gezeugte – Tochter, die freilich nach wenigen Monaten verstarb. Bald danach ging das Paar endgültig auseinander.

Exkönig Franz II. widmete sich fortan der Mystik und Askese und ließ sich am Starnbergersee als Graf de Castro nieder. Er starb 1894 im Alter von neunundfünfzig Jahren.

Marie Sophie nahm zunächst Aufenthalt bei ihrer Schwester Elisabeth in Wien. Später zog sie nach Neuilly-sur-Seine, einem Vorort von Paris. Dort züchtete sie Pferde und hielt Kontakt mit italienischen Aufrührern, die gleich ihr von Garibaldi vertrieben worden waren und an der Restauration der alten staatlichen Ordnung arbeiteten. Zu ihnen gehörte vor allem Errico Malatesta, der bei der Ermordung des italienischen Königs Umberto I. seine Hände im Spiel hatte. 1914 wurde Marie Sophie auf Drängen der italienischen Regierung aus Paris ausgewiesen. Die inzwischen Dreiundsiebzigjährige ließ sich in München nieder und war keineswegs bereit, auf ihre Aktivitäten gegen den Einheitsstaat Italien zu verzichten. Sie wird mit Sabotageakten in Verbindung gebracht, die der deutsche und österreichische Geheimdienst gegen den nunmehrigen Kriegsgegner Italien inszenierten und bei denen 1915 und 1916 zwei Panzerkreuzer sowie ein weiteres Kriegsschiff untergingen. Geleitet wurden diese Aktionen von dem aus Bayern stammenden Monsignore Gerlak, einem guten Bekannten Marie Sophies aus neapolitanischen Zeiten.[113] 1925 starb Marie Sophie im Alter von fünfundachtzig Jahren; ihren lebenslangen Traum von der Wiedererrichtung des Königreiches Neapel-Sizilien nahm sie mit ins Grab.

Es hatte übrigens auch die andere »italienische« Schwester Mathilde ein außereheliches Kind aufzuweisen. Der Vater war ein spanischer Adeliger. Der Ehemann Mathildes, Luigi Trani, ein Halbbruder von Franz II., galt als ausschweifender Lebemann, der sich wenig um die eigene Frau, aber umso mehr um seine zahlreichen Geliebten kümmerte. Er endete, völlig verschuldet, durch Selbstmord im Alter von achtundvierzig Jahren.

Kaiserin Elisabeth, die den Ehebruch und die Flucht ihrer Schwester Sophie Charlotte mit dem Psychiater Glaser so streng verurteilte, brachte beiden »italienischen« Schwestern durchaus Verständnis entgegen und zeigte sich ihnen gegenüber wesentlich toleranter.

Nach fast zwei Jahren Abwesenheit vom Wiener Hof kehrte Elisabeth 1864 wieder nach Hause zurück, nicht zuletzt auf Drängen ihres Vaters, dem seine drei eheflüchtigen Töchter samt Hofstaat in Possenhofen wohl allmählich auf die Nerven gegangen waren.

Im ungarischen Schloß Gödöllö, das sie 1867 zur ungarischen Königskrönung geschenkt bekam, hielt sich Elisabeth immer wieder einige Monate lang auf. In Gödöllö, wo auch große Hofjagden veranstaltet wurden, unternahm sie täglich weite Ausritte. Später ging sie aus Liebe zum Reitsport nach England. Hier ließ sie sich in der Technik des englischen Jagd- und Springreitens unterweisen und ritt die schwierigsten Jagden mit. Kaiserin Elisabeth war sicher eine der besten Reiterinnen ihrer Zeit.

Auf England folgte die Normandie, wo sie einen schweren Reitunfall hatte. In Sassetôt wurde ihr die Geburt einer unehelichen Tochter nachgesagt, doch dürfte diese Geschichte ganz und gar erfunden sein. Offenbar konnten sich einige Untertanen die lange Abwesenheit ihrer Kaiserin von Wien nicht anders erklären und reimten sich daraus und aus dem französischen Krankenhausaufenthalt eine Geschichte zusammen, in der sogar König Ludwig II. als der mutmaßliche Vater eine Rolle spielte.

Nach dem Aufenthalt in Frankreich entschloß sich Kaiserin Elisabeth, wieder für einige Zeit nach Wien zurückzukehren.

Kaiser Franz Joseph war nicht glücklich über die fast ständige Abwesenheit Elisabeths, die er noch immer liebte. Seine Briefe sind voll Klagen darüber. Außerdem warf man der Kaiserin inzwischen auch in der Öffentlichkeit immer öfter vor, ihre Repräsentationspflichten zu mißachten.

1887 äußerte sich der sechsundfünfzigjährige Kaiser anerkennend über eine Schauspielerin, die er im Hoftheater mehrmals auf der Bühne erlebt hatte. Sie hieß Katharina Schratt. Elisabeth reagierte schnell und organisierte die Verbindung zwischen Franz Joseph und der Schauspielerin Schratt. Die Kaiserin war damals neununddreißig Jahre alt, die Schauspielerin sechs Jahre jünger. Elisabeth gab bei dem hoch angesehenen Maler Heinrich v. Angeli, der auch schon den Kaiser porträtiert hatte, ein Bildnis der Katharina Schratt in Auftrag und arrangierte ein Zusammentreffen Franz Josephs mit ihr im Atelier des Malers.

Der Erfolg des Treffens war nachhaltig. Katharina Schratt, die Tochter eines Bäckers aus Baden bei Wien, reüssierte und sollte den Kaiser von nun an bis an sein Lebensende begleiten und betreuen. Die Kaiserin konnte bedenkenlos durch die Welt reisen, sie wußte ihren »Franzi« bei der »lieben guten Freundin«, wie sie von ihm in seinen Briefen meist genannt wurde, in den besten Händen.

Elisabeth hielt guten Kontakt zu Katharina Schratt, traf sich mit ihr zum Tee, wenn sie in Wien war, informierte sie über die Gewohnheiten Franz Josephs und gab ihr Ratschläge und Hinweise. Zu Geburtstagen und an den Festen wurden Briefe und Telegramme gewechselt sowie Geschenke ausgetauscht. Offenbar auf die Glückwünsche Katharina Schratts zu ihrem fünfundfünfzigsten Geburtstag am 24. Dezember 1892 antwortete Elisabeth mit einem Telegramm aus Turin vom 5. Januar 1893: *Herzlichen Dank für wunderschöne Veilchen! Beste Grüße Elisabeth.* Auf einem Begleitzettel für ein Geschenk an Katharina Schratt steht: *Mit den innigsten Wünschen für 1896 von Ihrer treuesten Freundin Elisabeth.*[114]

In der Handschriftenabteilung der Österreichischen Nationalbibliothek befinden sich 900 Briefe mit insgesamt 3 798 Seiten, die Kaiser Franz Joseph im Laufe der Jahrzehnte an seine Freundin Katharina Schratt schrieb. In diesen Briefen bestellte Franz Joseph häufig Grüße von Elisabeth und übermittelte ihre Botschaften, wie zum Beispiel folgende: *Gestern kam ein Brief von der Kaiserin aus Corfù vom 9. an Valerie in welchem sie folgendes schreibt: ... Unserer guten Freundin* [K. Schratt] *herzlichen Dank für ihre lieben Zeilen. Wenn sie mir Freude machen will, so soll sie mir eine gute Photographie von sich mit Unterschrift ihres Namens ... sobald als möglich nach Corfù schicken.*[115]

Am 6. Juli 1894 schrieb der Kaiser aus dem Urlaub in Madonna di Campiglio an die Schratt, er habe auf dem Monte Spinale *beiliegende Edelweisblüten* für sie gepflückt, *welche die Kaiserin trocknen ließ, auch legt sie eine Postkarte als Erinnerung bei. Sie sehen daraus, daß wir an Sie denken*

Katharina Schratt

und Vorgestern beim Herumsteigen auf dem Spinale, meinte die Kaiserin, daß zur vollkomenen Zufriedenheit nur Ihre liebe Gesellschaft fehle und daß Sie ihr so abgehen. Die beigelegte Erinnerungspostkarte der Kaiserin zeigt unter anderem das Grand Hotel Trento mit Angabe des Besitzers Franz Joseph Österreicher. Ob Elisabeth und Katharina Schratt das hartnäckige Gerücht kannten, daß dieser Franz Joseph Österreicher ein unehelicher Sohn des Kaisers aus jungen Jahren gewesen sein soll?

Von einer anderen Reise mit Elisabeth berichtete Franz Joseph aus Cap Martin am 5. März 1896 an die Schratt: *Wie wir vorgestern zu zweien bei Perimont bei dem sehr guten und viel zu copiosen Frühstücke saßen,*

159

sagte die Kaiserin plötzlich: »mir geht etwas ab« und frug mich, ob mir nicht auch etwas abgehe, was ich verneinte und auf meine Frage, was ihr denn abgehe, sagte sie: »Die Freundin, die als Dritte mit uns hier sitzen sollte.« Mir ist so etwas nicht eingefallen und die Kaiserin, die in diesem Fall Ihnen gegenüber schöner dasteht, befahl mir, Ihnen unser Gespräch mitzuteilen.

Ein gemeinsames Thema, über das sich beide Frauen ständig austauschten und zwar meist über den nach zwei Seiten eifrig Briefe schreibenden Kaiser, war der weite Bereich der Gesundheitsvorsorge und hier wiederum insbesondere das schier unerschöpfliche Feld aller denkbaren Kuren zur Gewichtsreduzierung. Elisabeth, die ohnedies ständig Untergewicht hatte, lebte in der dauernden Angst, sie könne zu viel wiegen oder zunehmen; Katharina Schratt neigte tatsächlich zu körperlicher Fülle und mußte immer wieder etwas unternehmen, um abzunehmen. Elisabeth ließ sich über jede neue Kur sofort Bericht erstatten und verfolgte deren Verlauf mit gespannter Aufmerksamkeit. Franz Joseph finanzierte die Kuren beider Frauen, führte die Korrespondenz und warnte vor den möglichen Folgen diverser medizinischer Experimente.

So kommentierte er in einem Brief vom 8. Juli 1891 an Katharina Schratt die Heublumenbäder, denen sie sich in Karlsbad unterzog: *Die Heublumenbäder waren für mich eine vollkommene medizinische oder eigentlich Kneipische Überraschung ... Den Zweck dieses neuen Experimentes kann ich mir nicht recht erklären und mir nur denken, daß der Heugeruch einen an Rappel gränzenden Zustand der geistigen Fähigkeiten herbeiführen muß ... Bis jetzt hatte ich nur von Heubädern in Tirol gewußt, wo die Bauern sich im paradisischen Costüme in einen Heuschober vergraben, so daß nur der Kopf heraussieht und in dieser Situation den ganzen Tag zubringen, sich auch mitunter zur Verstärkung der Kur noch schröpfen lassen. Vielleicht bringt Sie Ihre Passion für Experimental Medizin dazu, auch diese ländliche Kur einmal zu versuchen ... Übrigens kann ich, wie bei der Kaiserin, auch bei Ihnen nur meine freudige Bewunderung über die kräftige Natur aussprechen, die alle diese Bäder, Wässer, Trankln, Pulver, kalte und warme Behandlung aushält. Gott erhalte Sie! Ich habe noch kein Gasteiner Bad genommen, werde aber vielleicht morgen Früh dieses Wagniß versuchen.*

Überhaupt stand Franz Joseph den Karlsbader Kuren eher skeptisch gegenüber. Am 6. Juli 1892 schrieb er an Elisabeth: *Die so lange ersehnten Nachrichten von Dir beruhigen mich aber leider gar nicht, da Du blaß und defatiguirt aussehen sollst, wieder zu viel Bewegung machst und zu wenig ißt. Hoffentlich wird Ischl gutmachen, was Carlsbad verdorben hat.* Ängstlich und etwas sarkastisch zugleich äußerte er sich in einem Brief vom 16. Dezember 1894: *Beängstigt bin ich nur durch den Beginn Deiner Carlsbader Kur und durch die Besorgniß, daß Du Dich wieder aushungerst. Ein eifriger Carlsbader ist von seinen Leiden befreit worden, der arme Dumba, der Vorgestern nachmittag verstorben ist.* Am 25. Februar 1893 hatte er Elisabeth über das Befinden Katharina Schratts berichtet: *Gestern ist die Freundin, da es ihr besser geht, wieder um 1 Uhr zu Ida gekommen, sie sieht aber noch nicht gut aus und ist noch matt. Dr. Staniek hat ihr geraten, jetzt nach Carlsbad zu gehen, ehe sie sich entschließt, will sie aber noch einen Dr. Oser consultiren, der ein Specialist für solche Unterleibsleiden ist.* Die im Brief genannte Ida v. Ferency war die Vorleserin Kaiserin Elisabeths. Sie wohnte in der Hofburg neben den kaiserlichen Gemächern, so daß sich Franz Joseph häufig bei ihr mit der »Freundin« traf, wenn Elisabeth auf Reisen war.

Das Frühjahr spornte die beiden Frauen alljährlich zu neuen Abmagerungsleistungen an. Franz Joseph am 27. März 1897 an Elisabeth: *Es ist wirklich merkwürdig, wie ihr beiden immer dieselben medizinischen Experimente unternehmt und Gottlob, ohne bisher besonderen Schaden genommen zu haben.* Nachdem Elisabeth am 5. April 1897 bei Franz Joseph angefragt hatte, *vergesse mir nicht zu berichten, ob das radeln die Freundin wirklich entfettet,* erhielt sie im Brief vom 1. Juni 1897 einen ausführlichen Bericht: *Sie hat zur Abwechslung gestern eine Milchkur begonnen, bei welcher sie immer 3 Tage nur Milch ohne Brot und Marienbader Wasser genießen und am 4. Tag ordentlich essen will ... Auch will sie fleißig Bycicle fahren, alles zur Abmagerung, da sie seit letztem Herbst 6 kg zugenommen hat.* Etwas später mußte Franz Joseph melden, daß die »ganze Plage« nur 1 1/2 kg gebracht habe.

Am 8. September 1897 wunderte sich Franz Joseph, diesmal offenbar etwas ärgerlich, über Elisabeths Absicht, *in der Villa Hermes zwei Badekabinen, eine für Dich und eine für die Freundin bauen zu lassen, in welchen ihr geröstet oder abgebrannt werden sollt. Es wäre doch schrecklich, wenn Du, nach den traurigen Erfahrungen, welche Du mit den Dampfbädern gemacht hast, wieder eine ähnliche Kur unternehmen und auch die Freundin, die jeden medizinischen Unsinn mitmacht, mit ins Verderben stürzen würdest.*

Ob Seewasserkur, Schwitz- oder Hungerkur, Kneippkur, Milchkur zur Herzstärkung, Gesichtsmassage- und allgemeine Massagekur, Sandkur mit Sand aus Abbazia, Fasten-Milchkur, Sonnenätherkur – um welche Kuren auch immer es sich handelte, sie wurden von Elisabeth oder

Katharina Schratt ausprobiert. Die zwei Frauen diskutierten über Kurmethoden und -erfolge und spornten einander zur Nachahmung an.

Fürst Philipp zu Eulenburg und Hertefeld war ab 1894 deutscher Botschafter in Wien. Im Zuge seiner diplomatischen Mission nahm er sehr bald Kontakt zu Katharina Schratt auf und bezog sie mehr und mehr in seine Pläne ein. Er erfuhr von ihr so manches Wissenswerte und stand ihr seinerseits immer wieder hilfreich zur Seite, auch in finanzieller Hinsicht. Seine Version der Verbindung zwischen Kaiser Franz Joseph und Katharina Schratt lautet folgendermaßen: *Kathi Schratt war ein bildhübsches Naturkind aus kleinbürgerlichem oberösterreichischem Hause, das mit seiner lieblichen Art zu sprechen als Darstellerin bäuerlicher Rollen zu den ersten Künstlerinnen ihres Berufes gezählt werden konnte. Sie gewann das Herz der Kaiserin Elisabeth bei allerhand Wohltätigkeitsvorstellungen, und diese zog sie zunächst als Vorleserin in ihren Verkehr ... So kann es mir auch nicht auffallen, daß die Kaiserin einen besonderen Gefallen an »der Kathi« fand. Ich verstehe es durchaus. Denn Kathi war, abgesehen von dem Zauber ihrer kindlichen Schönheit, ihrer herrlichen Farben, ihres wundervollen glänzenden Goldhaares, ihrer großen, gütigen, blauen Augen, ein »herzensguter Kerl«, immer freundlich, heiter, harmlos, half jedem, soviel sie konnte, und wußte allerhand Geschichten originell zu erzählen. Ihrem Ruf war nicht das geringste Böse nachzusagen.*
Da sich die Kaiserin allmählich mit dem Kaiser und seinen Staatsgeschäften zu langweilen begann, kam sie auf den Einfall, mit Kathi zum Kaiser zu gehen – und schließlich oft und öfters à trois mit dem Kaiser zu speisen. Das ist die Geschichte des Entstehens der rührenden Freundschaft zwischen »Der Schratt« und dem alten Kaiser, dem sie die Zeit bei Tisch und Spaziergängen im Park von Schönbrunn durch ihr freundliches Geplauder vertreibt.[116]
Kaiser Franz Joseph scheint übrigens zeitweise eifersüchtig auf Eulenburg-Hertefeld gewesen zu sein. Aus Cap Martin schrieb er in dem schon zitierten Brief vom 5. März 1896 an Katharina Schratt: *Ich erhielt Ihren lieben Brief gerade im Augenblick als ich mit der Kaiserin nach Mentone zu einem Frühstücke bei Perimont Rumpelmeier gehen sollte und so konnte ich die zweite Hälfte desselben erst im Zuckerbäcker Laden lesen und da ich den Inhalt der Kaiserin, welche Sie herzlichst grüßt, mittheilte, so machte Sie gleich die Bemerkung, daß mir Graf Eulenburg gefährlich werden wird. Das fürchte ich, wie Sie wissen, schon lange, denn der Botschafter ist sehr aimable, viel geistreicher und amüsanter wie ich und wird mich nur zu bald in*

Ihrem Herzen verdrängt haben. So werde ich beständig von schwarzen Gedanken verfolgt und es ist höchste Zeit, daß Sie mich wieder selbst beruhigen, daß ich wieder in Ihre lieben, klaren Augen sehe. Sechs Tage später: *Daß Sie Graf Eulenburg dreimal gesehen haben, ist nach meinem Geschmacke zu oft. Hoffentlich bleibt er auch künftig nicht gefährlich.*

Anlaß zur Eifersucht fand Franz Joseph immer wieder, gehörten doch zu den ernst zu nehmende Favoriten Katharina Schratts so attraktive Männer wie Graf Hans v. Wilczek, der als einer der reichsten Edelleute Österreichs Nordpolexpeditionen finanzierte und sich auch daran beteiligte, ferner der junge Schauspieler Viktor Kutschera, die zwei Burgtheaterdirektoren Max Burckhard und Baron Alfred v. Berger und nicht zuletzt der Bulgarenfürst Prinz Ferdinand v. Sachsen-Coburg, der ein besonders hartnäckiger und den erhaltenen Briefen nach auch ein recht erfolgreicher Verehrer war. Der Industrielle und Bankier Eduard Palmer stand Katharina Schratt als eher väterlicher Freund und Berater hilfreich in vielen Lebenslagen und in Finanzdingen zur Seite.

Obwohl am Burgtheater nicht schlecht bezahlt, war Katharina Schratt fast ständig in Geldnöten. Sie lebte aufwendig, konnte nicht mit Geld umgehen und liebte das Spiel. In Monte Carlo verspielte sie mehrfach größere Summen, wofür immer wieder der Kaiser aufkam, der sie zwar stets tadelte und vor den Gefahren des Spiels warnte, dann aber doch zahlte.

Auch der Erwerb ihres Hauses in der Gloriettegasse 19, direkt an der Mauer des Schloßgartens von Schönbrunn gelegen, wurde großzügig vom Kaiser finanziert. Ursprünglich hatte sich Katharina Schratt für ein Haus an der Ecke Weidlichgasse/Maxingstraße 46 interessiert. Es gehörte einer »Vorgängerin«, nämlich Anna Nahowski, die von 1875 bis 1889, von ihrem sechzehnten bis zu ihrem dreißigsten Lebensjahr die Geliebte Kaiser Franz Josephs gewesen war. Nahowski hinterließ Tagebuchaufzeichnungen, die sich in der Musiksammlung der Österreichischen Nationalbibliothek beim Nachlaß Alban Berg befinden; ihre – und vermutlich Franz Josephs – Tochter Helene war die Ehefrau des Komponisten Alban Berg.

Als Schauspielerin war Katharina Schratt wohl eher mittelmäßig. Sie spielte im Burgtheater in leichten, heute kaum mehr bekannten Lustspielen oder Volksstücken, die aber den Geschmack Kaiser Franz Josephs trafen, der die Klassiker ohnehin nicht liebte. Sie war verheiratet mit einem ungarischen Baron Kiss de Ittebe, der sich im Lauf der Zeit in glücklose Spekulationen verwickelte und nach Begleichung seiner

Schulden durch den Kaiser auswärts in verschiedenen österreichischen Botschaften untergebracht wurde. Aus dieser Ehe hatte sie einen Sohn. Ihr Verhältnis zu Kaiser Franz Joseph verstand Katharina Schratt in einer Weise zu festigen, die ihn zunehmend von ihr abhängig und sie dennoch in den Augen der Öffentlichkeit nicht zu seiner Mätresse machte. Wahrscheinlich erhielt sie sich damit auch die Zuneigung der Kaiserin. Sie beherrschte die Kunst, sich rar zu machen ohne abweisend zu wirken und hielt, indem sie sich – einer Krankheit, einer Kur oder Reise wegen – verweigerte, den wesentlich älteren Liebhaber in dauernder Spannung. Franz Joseph beklagte sich nicht selten bei Elisabeth, wie in einem Brief vom 31. März 1894: *Im Laufe des gestrigen Vormittages erhielt ich einige Zeilen von der Freundin, daß sie wegen starker Grippe im Bette bleiben muß und daher nicht kommen kann. Das macht mich bei meiner trüben Stimmung noch trauriger, umso mehr, als sich nicht berechnen läßt, wie lange mir meine einzige Erheiterung abgehen wird. Ich habe eben viel Pech.* Es gab Zeiten, in denen er sich schon glücklich wähnte, wenn er bei seiner leidenden Freundin am Bett sitzen und ihr die Hand halten durfte. So muß er auch über die monatlich wiederkehrende »stille Woche« genau Buch geführt haben, denn er registrierte sofort, wenn sie verfrüht eintraf und Katharina Schratt vorzeitig ihr Schmerzenslager bezog. Auch Elisabeth wurde von ihm darüber informiert, so in einem Brief vom 7. Februar 1893: *Die Freundin mußte wegen der »stillen Woche«, welche diesmal wieder von Krämpfen begleitet war, vorgestern und gestern im Bett bleiben und so habe ich sie seit Samstag nicht mehr gesehen.*

Nach der Ermordung Kaiserin Elisabeths 1898 wurde das Verhältnis des Kaisers zu Katharina Schratt etwas kühler, bestand aber, wenn auch mit Unterbrechungen, weiter fort.

Als Franz Joseph 1916 mit sechsundachtzig Jahren starb, wurde die langjährige Freundin von seinem Nachfolger Kaiser Karl I. an das Totenbett des Kaisers gerufen, um das sich die Familie versammelt hatte; an der feierlichen Beisetzung in der Kaisergruft durfte sie jedoch nicht teilnehmen. Trotz der immens hohen Abfindung, die sie 1911 auf eigenen Wunsch durch Umwandlung der testamentarischen Verfügung erhalten hatte, zeigte sie sich enttäuscht darüber, daß sie im Testament des Kaisers nicht nochmals bedacht wurde.

Katharina Schratt führte weiterhin ein großes Haus und finanzierte ihren aufwendigen Lebensstil aus dem Verkauf ihres Besitzes an Immobilien, Schmuck und Antiquitäten. Sie starb 1940 ebenfalls im Alter von sechsundachtzig Jahren in Wien, wo man sie bis zuletzt an Gedenk-

Kaiser Franz Joseph I. mit Katharina Schratt

tagen zur Kaisergruft gehen und eine Rose am Sarkophag des Kaisers niederlegen sah. Bestattet ist Katharina Schratt im Hietzinger Friedhof in Wien an der Seite ihres Ehemanns Nikolaus Kiss von Ittebe.

Wenn auch Kaiserin Elisabeth in einem durchaus freundschaftlichen Verhältnis zu Katharina Schratt stand, so kamen doch in ihrem poetischen Tagebuch weder »die Schratt« noch der Kaiser besonders gut weg.
Elisabeth war eine glühende Verehrerin des Dichters Heinrich Heine und lebte in dem Glauben, sein Werk fortsetzen zu müssen. So verfaßte sie in Anlehnung an ein Heinesches Gedicht über den indischen König

Wismawitra, der eine Kuh liebte, die folgenden boshaften Verse, die sie an das Ende eines Naturgedichts über ihre bayerische Heimat setzte; der König Wismawitra steht hier, wie in einer Reihe anderer Gedichte Elisabeths, für Kaiser Franz Joseph:

> ... Da weckt sie lautes Rasseln
> Im Tal aus ihrer Ruh
> Der König Wismawitra
> Kehrt heim von seiner Kuh.
> O König Wismawitra,
> O welch ein Ochs bist du!

Sich selbst sah Elisabeth in ihrer Dichtung gerne als Titania aus Shakespeares Sommernachtstraum; Franz Joseph war dann ihr Oberon:

> Was Ob'ron treibt

> Was Ob'ron treibt, das kümmert nicht Titanien,
> Ihr Grundsatz ist: Einander nicht genieren.
> Frisst Einer Disteln gerne und Kastanien,
> Sie selber will sie ihm sogar off'riren.

Auch darin steckt eine Anspielung auf ein Heine-Gedicht und zwar auf »Pferd und Esel« mit der Zeile vom »Esel, der Disteln schluckte«.

Ein kaum verschlüsseltes Spottgedicht Elisabeths auf Katharina Schratt wurde durch Marie Louise von Wallersee-Larisch überliefert:

> Trost

> Dein dicker Engel kommt ja schon
> Im Sommer mit den Rosen.
> Gedulde Dich, mein Oberon
> Und mach nicht solche Chosen!
> Sie bringt sich mit ihr Butterfaß
> Und läßt sich Butter bereiten,
> Sie macht mit Cognac die Haare naß
> Und lernt am End' noch reiten.
> Sie schnürt den Bauch sich ins Korsett,
> Daß alle Fugen krachen.
> Hält sich gerade wie ein Brett
> Und »äfft« noch andre Sachen.

Im Häuschen der Geranien
Wo alles so fein und glatt
Dünkt sie sich gleich Titanien,
Die arme dicke Schratt.

Wenn Elisabeth auf ihren weiten Reisen und über lange Zeit abwesend war, schrieb ihr Franz Joseph regelmäßig, meist im Abstand von zwei bis drei Tagen, und mitunter recht ausführlich. Die Schreiblust der Kaiserin war längst nicht so ausgeprägt. Die wiederholten Hinweise und verhaltenen Vorwürfe in den Briefen Franz Josephs, daß er seit längerem ohne Nachricht sei, waren wohlberechtigt.

War Elisabeth mit einer der kaiserlichen Yachten unterwegs, dann behalf sich Franz Joseph, indem er sich vom Kapitän die neuen Reiseziele, die Wetterbedingungen oder die glückliche Ankunft in einem Hafen telegraphisch melden ließ. Auch das begleitende Hofpersonal, allen voran Gräfin Festetics de Tolna und Freiherr von Nopsca, der Obersthofmeister der Kaiserin, waren angewiesen, dem Kaiser Bericht zu erstatten und an ihn zu schreiben. Wie das funktionierte, zeigt ein Brief Franz Josephs vom 2. September 1892 an Elisabeth: *Gestern erhielt ich durch ein Telegramm Nopscas die Nachricht Deiner Vorgestern erfolgten Ankunft in Rigi Kaltbad ... Hoffentlich schreibt Madame de Tolna bald, denn ich sehne mich nach Nachrichten.* Anfang 1893 weilte Elisabeth in Spanien. Franz Joseph wußte jedoch nicht genau, wohin er seine Post schicken sollte, denn am 17. Januar 1893 schrieb er ihr: *Daß ich heute wieder einen Brief beginne, soll Dir zeigen, daß ich beständig mit Sehnsucht an Dich denke und gerne, wenigstens schriftlich, mit Dir schwätzen will, denn ich weiss nicht, wohin ich diese Zeilen adressiren soll ... Vorgestern habe ich Dir telegraphirt, um Dir anzuzeigen, daß ich die Briefe Nr. 15 und 16 nach Sevilla expediert habe, da ich aber nicht weiss, wo Du dort wohnst, so habe ich nur überhaupt nach Sevilla telegraphiren können, hoffe aber, daß bei der Durchsichtigkeit Deines Incognito das Telegramm in Deine Hände gelangt sein wird. Vorgestern erhielt ich einen langen, interessanten und besonders amusanten Brief der Gräfin Festetics, der bis zum 9. reicht und für den ich herzlichst danke.* Am 31. März stellte Franz Joseph fest: *Es ist gar so peinlich, gar nicht zu wissen, wie man sich mit Dir in Verbindung erhalten kann ... Aus einem Telegramm Nopscas an Hohenlohe mit dem Auftrage Geld nach Neapel zu schicken, ersehe ich, daß Du auch dorthin gehen willst, da ich aber über den Zeitpunkt gar nichts weis, so traue ich mich nicht, dorthin zu schreiben.* Am 14. September 1893 bedankte er sich für ein Telegramm, das diesmal von Elisabeth persönlich stammte, klagte freilich auch über zu wenig direkte Information: *Nochmals auch schriftlich, meinen innigsten Dank für Dein vorgestriges Telegramm ... Sonst weiss ich nichts von Dir, als was ich in den Zeitungen finde, und das ist wenig. Mit Ungeduld sehe ich daher dem angekündigten Briefe der Gräfin entgegen, der hoffentlich Nachrichten und nicht blos poetische und philosophische Betrachtungen enthalten wird.* Offensichtlich hatte sich sein Brief mit einem Brief von Elisabeth gekreuzt, denn am 16. September 1893 bedankte sich Franz Joseph für die unerwartete Freude: *Deinen lieben Brief vom 14. habe ich wirklich nicht erwartet, ich hoffte nur auf ein Schreiben der Gräfin. Umso freudiger war ich Gestern überrascht und ich danke Dir von ganzem Herzen für Deine Güte.*

Selbst Weihnachten und damit auch ihre Geburtstage am 24. Dezember verbrachte Elisabeth immer wieder auf Reisen. So schrieb ein trauriger Franz Joseph denn auch am 20. Dezember 1893: *Es ist recht melancholisch. Und nun, da Dein Geburtstag herannaht, wünsche ich Dir in treuer Liebe Glück und des Himmels Segen und bitte um Deine fernere Güte und Nachsicht. Glück ist bei uns eigentlich ein unrichtiger Ausdruck und es genügt etwas Ruhe, gutes Einverständniß und weniger Unglück als bisher.*

Das Kabinettssekretariat

Bei der systematischen Entmachtung Ludwigs II., die schließlich in seiner Entmündigung gipfelte, nahm Johann von Lutz eine Schlüsselrolle ein. Lutz war über seine Position im Königlichen Kabinettssekretariat in das Ministerium gekommen und seit 1880 Vorsitzender des Ministerrats, was etwa der Stellung des heutigen Ministerpräsidenten entspricht.

Johann Lutz wurde 1826 im fränkischen Münnerstadt geboren. Er wuchs in einem stark katholisch geprägten Lehrerhaus auf; der Vater war auch Organist und Leiter des Kirchenchores. Der Bub besuchte ein von Augustinermönchen mitgeleitetes humanistisches Gymnasium in Münnerstadt und war vom Vater für den geistlichen Stand vorgesehen. Dafür zeigte er jedoch überhaupt keine Begeisterung, wahrscheinlich weil man ihn zu sehr in diese Richtung zu drängen versuchte. In der Abschluß-Beurteilung des Klassenlehrers nach dem letzten Gymnasialjahr stand unter anderem: *In seinem sittlich-religiösen Betragen gebührt ihm die Note der Auszeichnung.* Fast noch aufschlußreicher, auch für die spätere politische Entwicklung Lutz', ist die handschriftliche Bemerkung am Rande der Zensurliste durch den Religionslehrer, einen Augustinerpater, der mit der Beurteilung durch den Klaßleiter offenbar nicht ganz einverstanden war: *In seinem sittlich-religiösen Betragen benahm er sich immer tadellos, nur möchte er nicht freizusprechen sein von einem gewissen Stolze, von Eingebildetsein auf sein Wissen. Wenigstens zeigte er sich ohne Grund besonders einmal hochmütig dem Religionslehrer gegenüber, ja längere Zeit spielte er den Beleidigten, obwohl die Erinnerung des Religionslehrers nur aus dem besten Herzen kam. Es ist meine innerste Überzeugung, daß Lutz wohl in sittlich-religiöser Beziehung diese günstige Note nicht verdienen möchte, dafür zeugt besonders seine Verachtung, mit welcher er auf andere herabsah, sein geheimer Stolz, der auf unverzeihliche Weise besonders einmal auch dem Religionslehrer gegenüber vor allen seinen Mitschülern sich offenbarte. Offenbar legte er ein gew. Eingebildetsein auf sein Wissen an den Tag. Vielleicht zeigte er sich in mancher Beziehung vor dem Klaßlehrer anders als vor seinen Fachlehrern.*[117]

Nach dem Schulabgang entfremdete sich Lutz zusehends der katholischen Kirche. Er studierte Jura an der Universität Würzburg, machte 1851 ein hervorragendes Examen, hatte aber zunächst keinen Erfolg

Johann von Lutz

mit zahlreichen Bewerbungen für den bayerischen Staatsdienst. Es ist anzunehmen, daß seine Einstellung in kirchlichen Fragen die Hauptursache für die Ablehnungen war. Lutz hatte 1852 protestantisch geheiratet und ließ auch die beiden Kinder aus dieser Ehe protestantisch taufen und erziehen. Das brachte ihn in offenen Konflikt mit der katholischen Kirche. Erst 1854 war er mit seinen Bewerbungen erfolgreich und erhielt eine Anstellung als Assessor beim Kreis- und Stadtgericht Nürnberg. Von Nürnberg aus wirkte er auch in der Kommission zur Abfassung eines gemeinsamen deutschen Handelsrechtes mit. 1861 gelang ihm die Versetzung ins Justizministerium nach München, bereits 1863 wurde er als Hilfssekretär in das Königliche Kabinettssekretariat berufen. Als Ludwig II. 1864 den Thron bestieg, begann der eigentliche Aufstieg des tüchtigen und ehrgeizigen Beamten, der bald schon mit der Verleihung des Verdienstordens der bayerischen Krone auch den persönlichen Ritterstand erhielt. 1865 wurde Lutz Oberappellationsrat unter Beibehaltung seiner Stellung als Hilfssekretär im Kabinettssekretariat, 1866 dann Leiter des Kabinettssekretariats, also Sekretär des Königs in der Nachfolge des entlassenen Pfistermeister, der wegen seiner Opposition zu Richard Wagner in Ungnade gefallen war. Lutz stand von Anfang an in einem guten und vertrauensvollen Verhältnis zu König Ludwig II. und wurde von ihm sehr gefördert und unterstützt. Aus der wichtigen Position des Kabinettssekretärs heraus nahm er sogleich erheblichen Einfluß auf die bayerische Politik, vor allem auf die Kabinettsneubildung unter dem liberalen Chlodwig zu Hohenlohe-Schillingsfürst, der von 1866 bis 1870 Vorsitzender im bayerischen Ministerrat war und der später als Nachfolger Bismarcks Reichskanzler und preußischer Ministerpräsident wurde. Bereits 1867 wurde Lutz von Hohenlohe-Schillingsfürst als Justizminister ins Ministerium geholt. 1869 erhielt er außerdem das Amt des Staatsministers des Innern für Kirchen- und Schulangelegenheiten. Zum Außenminister und Ministerratsvorsitzenden in der Nachfolge Hohenlohe-Schillingsfürsts wurde 1870 auf ausdrücklichen Wunsch Ludwigs II. Otto v. Bray-Steinburg berufen, der schon unter Ludwig I. Minister des Äußeren war und 1847 im Zusammenhang der Lola Montez-Affäre als erster seinen Abschied genommen hatte. Unter Bray-Steinburg stieg Lutz zum starken Mann im Ministerium auf. An den Münchner und Versailler Verhandlungen um den Beitritt Bayerns zum Deutschen Bund nahm er bestimmenden Anteil. Damals entstand auch seine gute Beziehung zu Bismarck, die sich noch festigte, als Lutz im anschließenden Kulturkampf im Bundesrat den sogenannten »Kanzelparagraphen« durchsetzte, der dem Klerus verbot, auf der Kanzel in der Predigt politische Themen zu behandeln. Der Kanzelparagraph galt im ganzen deutschen Reich und war nicht erst nachträglich für Bayern übernommen worden, ja Lutz selbst war der Urheber dieses Paragraphen, was ihm natürlich viel Feindseligkeit von seiten der katholischen Kirche einbrachte.[118]

Nach dem Tod seiner ersten Frau hatte Lutz 1867 zum zweiten Mal geheiratet. Seine zweite Frau war wiederum eine Protestantin und auch die Kinder aus dieser Ehe wurden protestantisch erzogen.

1880 wurde v. Lutz von König Ludwig II. zum Vorsitzenden des Ministerrates berufen und im gleichen Jahr in den erblichen Adelsstand erhoben. 1883 folgte für ihn und seine Nachkommen der erbliche bayerische Freiherrenstand.

In der Diskussion um die Erfüllung der königlichen Aufgaben wurde das Königliche Kabinettssekretariat erneut zu einem Schlüsselproblem. Man könnte auch sagen, dieses Thema wurde wieder einmal aus der Versenkung hervorgeholt, in der es unter Ludwigs Vater Maximilian II. – etwas unrühmlich für beide Seiten – verschwunden war.

Ursprünglich von König Ludwig I. als engster Beraterkreis eingeführt, hatte das Kabinettssekretariat im wesentlichen die Aufgabe, als Bindeglied zwischen dem König und dem Ministerium zu wirken. Der Leiter des Kabinettssekretariats trug den Titel eines Kabinettssekretärs, Kabinettschefs oder Sekretär des Königs. Die gesamte Einrichtung mit allen Mitarbeitern wurde auch als »Kabinett« bezeichnet, das – im Gegensatz zum heutigen Sprachgebrauch – nicht mit dem »Ministerium«, der Gruppe der vom König eingesetzten Minister, verwechselt werden darf.

Unter Ludwig I. fiel die Pufferfunktion des Kabinettssekretariats kaum ins Gewicht, ließ sich doch dieser König ohnehin nicht gerne von anderer Seite dreinreden oder beeinflussen. Er mußte es auch gar nicht in dem Maße wie seine Nachfolger, da während seiner Regierungszeit die Minister noch nicht die Machtstellung innehatten, die ihnen nach 1848 eingeräumt wurde beziehungsweise eingeräumt werden mußte. *Ludwig I. war, wie fast alle Souveräne der vormärzlichen Zeit ein Selbstherrscher, der in den Ministern weniger seine Rathgeber und verantwortlichen Gehilfen, als die zu unbedingtem Gehorsam verpflichteten Vollstrecker seiner Befehle sah. Zur Erleichterung seiner Selbstregierung schuf er das kgl. Kabinettssekretariat, dessen Kosten die Staatskasse zu tragen hatte. Er räumte demselben keinen Einfluß auf seinen Willen ein, gleichwohl führte dessen Einführung zu vielen Konflikten mit den Ministern. Der König ließ aber deren Remonstrationen unbeachtet.*[119]

Den also schon bei seiner Einrichtung durchaus vorhandenen Widerstand gegen das Kabinettssekretariat formulierte der Staatsrechtslehrer und Professor Johann Adam Seuffert in seiner Funktion als Präsident der Ständekammer im Jahr 1831: *Ich kann die Stelle eines Kabinettssekretariats nicht als zur Sphäre des Staatsdienstes gehörig, sondern nur als eine Hofbedienung ansehen, für welche die Ausgaben aus dem Hofetat zu bestreiten sind. Diese Stelle ist dem Organismus einer konstitutionellen Monarchie*

172

gänzlich fremd; sie ist überflüssig, wenn geschieht, was geschehen soll, wenn der Monarch mit seinen Ministern in persönlichem, vertraulichem und vertrauensvollem Verkehr steht. So gab König Max II. nach seinem Amtsantritt 1848 einen Erlaß heraus, der die Befugnisse des Kabinettssekretariats deutlich einzuschränken versprach: *Nachdem Wir das Kabinetssekretariat an Unserem Hofe für alle Angelegenheiten, welche nicht unmittelbar zu Unserer Privat-Disposition belangen, aufgehoben haben, so wollen Wir dies hiermit zur allgemeinen Kenntnißnahme, auch Beachtung gebracht wissen, indem Wir zugleich die ganz oder theilweise in solcher Beziehung noch entgegenstehenden Allerhöchsten Entschließungen außer Kraft setzen. Die an Unsere Person zuständigen Vorstellungen, Bitt-und Gnadengesuche werden Unsere Staatsministerien ungesäumt in jedem gegebenen Fall an Uns vorschriftsmäßig gelangen lassen, sowie es auch ferner für unverwehrt bleibt, solche Gesuche unmittelbar bei Uns einzureichen. Nymphenburg, 15. November 1848.* Dies war jedoch nur eine Scheinkonzession an die öffentliche Meinung, wie sich später herausstellte. Noch am gleichen Tag, an dem der König den obigen Erlaß unterschrieb, wurde nämlich vom Ministerium ein zweiter Erlaß unterzeichnet, der nicht veröffentlicht wurde und durch den alles beim Alten blieb. Es änderte sich auch hinsichtlich der Kostenübernahme nichts; die Aufwendungen für das Kabinettssekretariat wurden wie bisher von der Staatskasse und nicht aus der Zivilliste des Königs bezahlt.

Der Widerspruch fällt ins Auge: die Minister, die angeblich unter der Existenz des Kabinettssekretariats litten, weil sie dadurch vom direkten Kontakt zum Monarchen abgeschnitten waren, sorgten durch den geheimen Erlaß dafür, daß der alte Zustand dem anderslautenden Dekret des Königs zum Trotz erhalten blieb. Die einzige Erklärung dafür ist wohl, daß die Minister so ungestörter regieren und in Verbindung mit dem Kabinettssekretär ihre Absichten besser durchsetzen konnten. In den Vorlagen, die der Kabinettssekretär dem König unterbreitete, wurden in der Regel bereits Vorschläge für die anstehenden Entscheidungen gemacht. Gelang es also den Ministern, den Kabinettssekretär in ihrem Sinne zu beeinflussen, so stand ziemlich sicher fest, daß sich auch der König ihren Wünschen entsprechend entscheiden würde. Die heftige Klage des Ministeriums über den fehlenden Kontakt zum Monarchen, die dann besonders in den Regierungsjahren Ludwigs II. laut wurde, obwohl sich gegenüber früheren Gepflogenheiten unter Max II. nichts geändert hatte, konnte daher kaum ehrlich gemeint sein. Sie war ein vorgeschobenes Argument, wie an anderer Stelle noch genauer darzulegen sein wird.

Die enge Beziehung zwischen Ministerium und Kabinettssekretariat zeigte sich übrigens auch in der personellen Fluktuation: königliche Sekretäre wechselten vom Kabinett gelegentlich in höhere Positionen und wurden Minister. Das herausragende Beispiel dafür ist Johann v. Lutz, der schließlich der große Gegenspieler von König Ludwig II. wurde.

Man kann durchaus davon ausgehen, daß Max II. über den geheimen zweiten Erlaß Bescheid wußte. Er muß ja auch bemerkt haben, daß die Kosten des Kabinettssekretariats nach wie vor nicht aus seiner Zivilliste bezahlt wurden. Das war ihm bestimmt nicht unangenehm, denn seine Zivilliste war Zeit seines Lebens durch die Apanage für den abgedankten König Ludwig I. in Höhe von 500 000 Gulden stark beschnitten. Die Zivilliste Max II. betrug umgerechnet 4 029 565 Mark, nach Abzug von 857 142 Mark für die Apanage Ludwigs I. verblieben ihm noch 3 423 Mark.[120]

König Max kann die volle Beibehaltung des Kabinettssekretariats auch insofern nicht entgangen sein, als die Vorlagen der Minister nach wie vor aufbereitet durch das Kabinettssekretariat auf seinen Tisch kamen – vorausgesetzt er war überhaupt im Lande. Max II. wurde in der Öffentlichkeit manches nachgesehen, was bei seinem Sohn Ludwig II. nicht in dieser Weise toleriert wurde. So schrieben die Münchener Neuesten Nachrichten im Mai 1886: *König Max II. selbst war von schwacher Konstitution, er war kränklich und mußte zu seiner Erholung häufig Reisen machen. Es wäre grausam [!] gewesen, an ihn die Zumutung zu stellen, in stetem ununterbrochenem Kontakt mit den Ministern zu bleiben ... Das Kabinettssekretariat blieb bestehen, bis der edle Fürst, der stets das Beste seines Volkes gewollt aber übel beraten von unverantwortlichen Ministern, es nicht immer erreicht hatte, bis der verfassungstreue König, dem jeder Gedanke an Verletzung der beschworenen Rechte seines Volkes fern gelegen hatte, die müden Augen schloß, beweint von seinem ganzen, schmerzerfüllten Volke.*

Hier wurde mit zweierlei Maß gemessen oder dem altrömischen Grundsatz gehuldigt »De mortuis nil nisi bene«.

König Ludwig II. war sich offenbar der problematischen Stellung des Kabinettssekretariats bewußt, denn bereits wenige Tage nach der Thronbesteigung verfügte er, daß die geheime Behandlung der Regierungsangelegenheiten aufzuhören habe und die Minister fortan regelmäßig Vorträge an ihn persönlich erstatten sollten. Die Münchener Neuesten

Nachrichten vermerkten am 21. Oktober 1865 zufrieden: *Empfangen hat der König vorgestern die Minister v.d. Pforten, v. Pfretzschner und v. Bomhard.* *Wegen der Kürze der Zeit konnte ein weiterer Empfang nicht mehr stattfinden.* Am 9. Dezember 1865 konnte man in den Münchener Neuesten Nachrichten lesen: *Von den nächsten Tagen anfangend wird S.M. der König an jedem der 6 Wochentage einen der K. Staatsminister empfangen. Es findet demnach der dem Geist unserer Verfassung entsprechende Verkehr zwischen König und Ministern wieder statt.*

Schon bald nach dem Regierungsantritt Ludwigs II. ging also in der Öffentlichkeit erneut der Streit um das Kabinettssekretariat los. Wortführer waren die großen Zeitungen. Während unter Ludwigs Vater und Großvater höchstens verhaltene Kritik am Kabinettssekretariat geübt worden war, nahm man nun die Jugend und Unerfahrenheit Ludwigs II. zum Anlaß, gegen diese Einrichtung, die zwischen den König und das Ministerium gestellt war, ganz massiv zu Felde zu ziehen. Alle Blätter, auch die dem Königshaus treu gesinnten, waren sich mehr oder weniger einig in der Ablehnung des Kabinettssekretariats und darüber, daß es abgeschafft werden müsse. Die Standpunkte der einzelnen Zeitungen unterschieden sich nur in Nuancen.

Ludwig II. war zwar zunächst besten Willens, die Zuständigkeiten des Kabinettssekretariats einzuschränken. Es gab auch keine Geheimerlasse wie unter seinem Vater und doch wurde seine grundsätzlich gute Absicht im plötzlich losbrechenden Pressekampf kaum zur Kenntnis genommen. Bei mehr Tatkraft hätte hier allerdings eine Chance für den jungen König bestanden, sich zu profilieren. Hätte Ludwig die Zeichen der Zeit erkannt und den Mut aufgebracht, die Kampagne zu beenden, indem er das Kabinettssekretariat tatsächlich in den Befugnissen eingeschränkt oder es gar aufgelöst hätte, wäre dies eine einmalige Möglichkeit gewesen, den Ablauf der Ereignisse zu verändern und vielleicht sogar gänzlich anders zu gestalten. Die Konsequenz eines solchen Entschlusses wäre allerdings auch gewesen, daß er den laufenden und direkten Umgang mit den einzelnen Mitgliedern des Ministeriums weiterhin hätte pflegen müssen. Doch hatte der neunzehnjährige Monarch nicht die Stärke, eine derart einschneidende Veränderung einzuleiten, zumal ihn seine unmittelbare Umgebung nicht dazu ermunterte. Die Herren des Kabinettssekretariats mit Franz v. Pfistermeister, der schon unter Max II. als Kabinettssekretär gedient hatte, an der Spitze, rieten im Gegenteil von einer Reform auf Kosten des Kabinetts ab, hätten sie doch dabei Posten, Ansehen und Einfluß verloren. So blieb der Status quo bestehen; das Kabinettssekretariats konnte schalten und walten wie bisher und seine Macht in der Folge sogar noch ausbauen.

Die Pressekampagne gegen das Kabinettssekretariat fand ihren Höhepunkt in einem Beitrag, der im Nürnberger Anzeiger vom 13. November 1865 unter dem Titel:»Ein freies Wort an Bayerns König und sein Volk über das Cabinetssekretariat« erschien. Dieser Artikel, der im Anhang (S. 371 ff.) vollständig abgedruckt ist, verdient vor allem deshalb besondere Beachtung, weil König Ludwig II. darin zum ersten Mal und noch dazu so kurze Zeit nach seinem Regierungsantritt auf massive Weise angegriffen wurde und zwar auch wegen Sachverhalten, die er gar nicht zu verantworten hatte. In deutlichen Worten wurde auf den nicht umgesetzten Erlaß Max II. Bezug genommen und verlangt, daß der Sohn endlich die Befugnisse des Kabinettssekretariats begrenzen solle: *Sagen wir's dem jungen Monarchen, daß die Deklaration seines Vaters vom 25. Nov. 1848 noch nicht zur Wahrheit geworden, daß für eine aufgehobene Stelle noch Staatsdiener verwendet und aus der Staatskasse bezahlt werden, im Widerspruch mit der Constitution; sagen wir's ihm, daß das Volk einen der kgl. Staatsminister an seiner Seite wünscht, wenn seine Abwesenheit vom Sitz der Regierung von längerer Dauer ist, keinen unverantwortlichen Hofbediensteten; sagen Wir's ihm: das Budget des Landes hat keinen Etat, das Volk kein Vertrauen für ein Cabinetssekretariat, das sich in Staatsangelegenheiten mischen darf, – vielleicht wird der Zuruf zum Heile des Landes Beachtung finden, vielleicht fällt ein Institut, das trennend zwischen den König und sein Volk geschoben ist, das dem Willen der Nation, dem Geist der Constitution, das dem Recht und dem Glück des Landes zuwiderstrebt! Eine constitutionelle, keine Cabinetsregierung – das fordert Bayerns Volk!*

Max II. erfuhr seinerzeit erheblich mehr Schonung durch die Presse. Der Nürnberger Anzeiger tadelte nämlich auch die langdauernde Abwesenheit Ludwigs vom»Centralsitze der Regierung«: *Unsere Meinung – wir sprechen sie auch in dieser Sache unumwunden und freimüthig aus – ist die: daß der König, wenn er 7 Monate des Jahres fern von seinen Ministern weilt, nur umgeben von dem gänzlich unconstitutionellen Institut des Kabinetssecretariats, übel berathen ist und dadurch des Volkes gerechte Besorgnisse erwachsen.* Ähnliche Beschwerden gab es über Max II. nicht, der doch oft monatelang im Ausland weilte, wo er schlecht oder gar nicht erreichbar war. Es scheint, als sollte vom neuen und jungen König jetzt all das eingefordert werden, was zum Idealbild des konstitutionellen Monarchen nach 1848 gehörte.

Ebenso unvermittelt wie sie aufflammte, war die ganze Aktion gegen das Kabinettssekretariat dann plötzlich wieder beendet und aus den Zeitungen verschwunden, deren Titelseiten das Thema »Kabinettssekretariat« über Wochen gefüllt hatte. Es sah fast so aus, als wäre nichts passiert. Dieser Eindruck war jedoch trügerisch: die Bürokratie hatte über den jungen König gesiegt; das Kabinettssekretariat hatte seine Machtposition behauptet; für die Minister hatte sich ebenfalls nichts geändert. Wahrscheinlich wollten die Minister unter Ludwig II. genausowenig eine Änderung wie unter Max II., denn die Art und Weise über das Kabinettssekretariat und mit diesem zu regieren war eingeführt und lief reibungslos.

Im Frühjahr 1886, als sich die Debatte über die finanziellen Probleme der Kabinettskasse auf dem Höhepunkt befand, brach die Diskussion um das Für und Wider des Kabinettssekretariats erneut los. In den Münchener Neuesten Nachrichten erschien in mehreren Fortsetzungen ein Bericht mit dem Titel »Das königliche Kabinettssekretariat. Ein Rückblick«, aus dem hier bereits zitiert wurde. Weiter heißt es dort: *Auch jetzt können die unleidlichen Zustände, welche das Ansehen des bayerischen Staates, die Würde der Krone schädigen und die finanziellen Interessen des Landes bedrohen, einer Lösung zugeführt werden, welches das konstitutionelle Leben des Staates kräftigt, die Würde der Krone mit neuem Glanze umgibt, den verfassungsmäßigen Einfluß und die Achtung ihrer verantwortlichen Räthe hebt – freilich nur dann, wenn die leitenden Staatsmänner und die Vertreter des Volkes den Muth haben, selbst auf die Gefahr hin Verzicht auf ihre dermalige Stellung leisten zu müssen, mit ehrfurchtsvoller Energie auf die Heilung unseres Staatskörpers zu dringen. Jetzt ist ihnen die Möglichkeit und damit die Pflicht gegeben, den Wirkungskreis einer Institution, welche vormärzliche Willkür zwischen die Krone und die berufenen Rathgeber derselben eingeschoben hat, so zu begrenzen, daß er der Verfassung entspricht. Um diesen Preis wird das ganze bayerische Volk gerne finanzielle Opfer zur »Sanirung« der k. Kabinettskasse bringen; ist es doch die Überzeugung aller Patrioten, daß ohne die Stellung, welche das k. Kabinets-Sekretariat seit Dezennien einnimmt, der persönliche Verkehr des Trägers der Krone mit den Räthen derselben statt zu einer Seltenheit zu einer Regel geworden wäre, und daß der weise und ernste Rath der Letzteren rechtzeitig auf die Gefahren hingewiesen hätte, welche die übermäßige Belastung der Kabinetskasse herbeiführen mußte.*
Es wurde also unmißverständlich zum Ausdruck gebracht, daß bei einer erheblichen Einschränkung der Befugnisse des Kabinettssekre-

tariats die Bereitschaft bestünde, die finanziellen Defizite der königlichen Kabinettskasse durch staatliche Mittel auszugleichen. Die sonst durchaus kritisch eingestellten Münchener Neuesten Nachrichten brachten diese Zeilen im Mai 1886, einen Monat vor dem Tode König Ludwigs II., als von allen Seiten schon an seinem Sturz gearbeitet wurde, als das Gutachten Guddens, mit dem er entmündigt werden sollte, bereits fertig war und die Zustimmung von Prinz Luitpold zur Regentschaftsübernahme bereits seit geraumer Zeit vorlag.

Die Münchener Neuesten Nachrichten erörterten ferner den oben erwähnten Kampf gegen das Kabinettsekretariat im Jahr 1865 und faßten die Folgen zusammen:*Der Streit gegen das Kabinetssekretariat ... wurde mit solcher Heftigkeit geführt und durch die geschickten Manöver der Freunde des Sekretariats und des Ministeriums so von der Hauptsache abgelenkt, daß er rauh hineingriff, in die Welt der Ideale, die sich Se. Maj. der König geschaffen und die Freudigkeit störte, mit der er bisher die Zügel der Regierung geführt hatte. Jetzt lernte der Monarch viel mehr Menschen von ihrer schlechten als von ihrer guten Seite kennen, erfuhr soviel niedrige Schmeichelei, verbunden mit versteckten Drohungen, soviele Intriguen und eigennützige Bestrebungen, daß es begreiflich erscheint, wenn Se. Maj. fortan dem kleinlichen Getriebe eigennütziger und ehrgeiziger Intriganten und Diplomaten immer mehr die Einsamkeit der erhabenen Gebirgswelt vorzog.* Ein spätes Eingeständnis, daß man mit dieser Kampagne am Beginn der Herrschaft Ludwigs II. dem jungen König nicht nur Unrecht getan, sondern ihn auch in die Isolation gedrängt hatte.

Die Artikelreihe schloß am 22. Mai 1886 mit einem fast beschwörenden Aufruf an den König: *Möge es einem ernsten Manne, von unbezweifelter Treue, einem Bayern ohne Lug und Trug gelingen, bis vor das Antlitz Se. Majestät zu dringen und geneigtes Gehör zu finden, wenn er den Ernst der Lage wahrheitsgetreu schildert und die ehrfurchtsvolle Bitte ausspricht:*
Eure Königlich Majestät!
Hocherregt ist die Stimmung des ganzen Landes und getrübt die hoffnungsvolle Freudigkeit, mit welcher seit Jahrhunderten das bayerische Volk zum Throne emporblickt.
Möge Euere Majestät die Rathschläge unberechtigter Personen zurückweisen, und die eigenen, wenn auch noch so idealen, aber unerfüllbaren Wünsche zurückdrängen!
Möge Euere Majestät den Vorstellungen berufener und bewährter Räthe der Krone die verdiente Beachtung schenken, und auf die Stimme Ihres treuen Volkes hören. – Sie ist Gottes Stimme!

Majestät, kehren Sie zurück aus der Einsamkeit der hehren Gebirgswelt in die Mitte Ihres treuen Volkes! Es wird Sie mit Jubel empfangen!

Sprechen Sie nochmals die erhabenen Worte und bekunden Sie durch Thaten Ihren festen königlichen Willen:
»Ich will meinem Theuren Volke zeigen, daß sein Vertrauen, seine Liebe, sein Wohl mir über Alles geht!«

Die Schulden Ludwigs II.

Da die prekäre Situation der königlichen Kabinettskasse den ersten Anlaß für die Entmachtung Ludwigs II. bot, ist an dieser Stelle eine genauere Darstellung seiner Finanzlage erforderlich. Die Finanzen unter Ludwig II. sind zwar oft – mündlich und schriftlich – diskutiert worden, jedoch nicht immer zutreffend und schon zu Ludwigs Lebzeiten nicht immer sachlich.

Botschafter v. Werthern berichtete bereits 1876 an Bismarck, daß Ludwig in Geldverlegenheiten sei. Zu diesem Zeitpunkt waren jedoch noch keine ernsthaften Bedenken angebracht, denn die Kabinettskasse wies erstmals im folgenden Jahr 1877 Schulden auf.[121] Da Werthern seine Informationen aus der unmittelbaren Umgebung des Königs – insbesondere von Graf Holnstein – und aus Gesprächen mit Mitgliedern des königlichen Hauses bezog, ist nicht auszuschließen, daß die voreiligen Hinweise auf drohende Schulden in bestimmter Absicht lanciert wurden.

Die Kosten für die drei Schloßbauten Linderhof, Neuschwanstein und Herrenchiemsee waren von der königlichen Kabinettskasse zunächst mit 12,4 Millionen Mark veranschlagt worden. Letztlich fielen aber etwa 31,3 Millionen Mark an. Der Voranschlag wurde um 18,9 Millionen Mark überschritten. (Da sich nach 1871 im Deutschen Reich die Mark gegen den Gulden durchsetzte, werden hier alle Geldsummen in Mark angegeben; das Wertverhältnis war etwa 1 Gulden = 1,70 Mark.)

Als Ludwig starb, hinterließ er Schulden von 14,3 Millionen Mark. Bei Einhaltung des Etats hätte es also wohl kaum Probleme gegeben.

Die Etat-Überschreitungen verteilen sich sehr unterschiedlich auf die drei Schlösser[122]:

Objekt	Plan	Anfall	Überschreitung
Neuschwanstein	3,2	6,2	3,0 = 94%
Linderhof	3,5	8,5	5,0 = 143%
Herrenchiemsee	5,7	16,6	10,9 = 191%
Gesamt	12,4	31,3	18,9 = 152%

(Zahlen in Millionen Mark)

König Ludwig II. in bayerischer Generaluniform (1880)

An der Gesamtüberschreitung um 152 % waren natürlich die ständigen Änderungs- und Ergänzungswünsche des Königs maßgebend beteiligt, sowie die Eile, die er bei vielen Anschaffungen forderte. Es drängt sich aber auch der Verdacht auf, daß man den König da und dort kräftig ausnahm und größere Beträge in die Taschen von Betrügern und Provisionsempfängern wanderten.

Otto Gerold zitiert in den von ihm herausgegebenen »Erinnerungen eines Augenzeugen« einen anonymen Beobachter, der mit dem Umfeld Ludwigs II. recht gut vertraut war: *Überhaupt fiel es mir während meines langjährigen Aufenthaltes in Bayern und in der Nähe des Königs auf, daß dieser im ganzen wenig wirklich getreue Diener oder gewissenhafte Beamte hatte. In der ganzen Hofhaltung herrschte eine Art von bequemem Schlendrian, der allem Störendem gern aus dem Weg ging. Hörte ich von einem Beamten – ich schließe auch die höheren kaum aus – ein besonderes Rühmen ... so wußte ich genau, daß dieser Gepriesene ein sehr nachlässiger Diener seines Herrn war, der alle fünf grade sein ließ, sich um den Vorteil oder Nachteil des Monarchen nicht kümmerte, Gewährungen gab, wo es nicht sein durfte und die eigene Behaglichkeit durch nichts trüben lassen mochte. Über die maßlosen Ausbeutungen des Königs, die man ruhig geschehen ließ, gehe ich hinweg ...*[123]

Die Presse hatte schon bald nach dem Amtsantritt König Ludwigs II. begonnen, sich mit seinen finanzielle Angelegenheiten zu beschäftigen. Auslöser waren die Ausgaben für Richard Wagner, die sich bis zu dessen Abreise aus München am 10. Dezember 1865 auf insgesamt etwa 323 000 Mark beliefen. Im Zusammenhang damit und unter Bezugnahme auf einen Artikel in der Neuen Freien Presse in Wien meldeten die Münchener Neuesten Nachrichten am 15. Dezember 1865: *In Bayern besteht bereits seit der Regierung Ludwig I. die Einrichtung, daß von denjenigen Geldern der Civilliste und des sonstigen Königlichen Privateinkommens, welche nicht ausgegeben werden, die Beamten des K. Kabinetssekretariats gewisse Prozente beziehen. (Es wäre sehr interessant zu erfahren, ob diese Mitteilung auf Wahrheit beruht.).* Tags darauf, am 16. Dezember erfolgte der Abdruck einer Erklärung des Sekretariats Seiner Majestät des Königs, daß diese Nachricht vom 15. 12. *gänzlich aus der Luft gegriffen* sei. Das prompte Dementi der Angeschuldigten war zu erwarten.

Die Neue Freie Presse schrieb am 22. Januar 1866: *Ferner treten immer greller maßlose Überforderungen der Lieferanten für die Bauten des Königs zu Tage, denen ein rasches Ende bereitet werden soll.*

1884 waren Schulden von 8,3 Millionen Mark aufgelaufen. Der König, der sich selbst immer wieder intensiv mit der Finanzlage befaßte, nahm nach langwierigen Verhandlungen am 30. Mai 1884 ein Darlehen von 7,5 Millionen Mark beim Konsortium Bayerische Hypotheken- und Wechselbank, Süddeutsche Bodenkreditbank, beide München, und Königliche Bank, Nürnberg, auf; die Laufzeit betrug 16,5 Jahre, bei einem Zinssatz von 5 % p. a.

Ein zunächst angebotenes Darlehen von 6 Millionen Mark mit einer Laufzeit von zehn Jahren hatte Ludwig abgelehnt, da ihm die Laufzeit zu kurz war und ihn außerdem die Bedingung störte, das Darlehen dürfe nur an das Finanzministerium ausbezahlt werden mit der weiteren Auflage, das Geld zweckgebunden nur zur Tilgung bereits bestehender Schulden zu verwenden. Diese Bedingung, die für einen regierenden König nur schwer annehmbar erscheint, blieb allerdings auch beim folgenden Darlehensvertrag bestehen. Ludwig, der sich, wie man sieht, selbst intensiv in die Darlehensverhandlungen einschaltete, konnte aber eine deutliche Verlängerung der Laufzeit erreichen.

Interessant ist, daß Prinz Ludwig, der Sohn von Prinz Luitpold, seine Verbindungen im Aufsichtsrat der Bayerischen Hypotheken- und Wechselbank nutzen wollte, um das Darlehen an seinen königlichen Cousin Ludwig II. zu verhindern, was ihm letztlich aber nicht gelang. Botschafter v. Werthern teilte Bismarcks Schwiegersohn Graf Rantzau noch am 6. März 1884 mit: *Die Hypotheken und Wechselbank, in deren Aufsichtsrat allerdings der Oberhofmarschall des Prinzen Ludwig, Graf Holnstein, Vetter des Oberststallmeisters, sitzt, habe jede Anleihe kurz abgewiesen.*

Der erst Anfang des Jahres 1884 ins Amt berufene Kabinettssekretär Philipp Pfister berichtete dann in einem Brief vom 31. März 1884 an den preußischen Geheimen Regierungsrat Rottenburg, einen mit der Verwaltung des »Reptilienfonds« befaßten Mitarbeiter Bismarcks, von den Einzelheiten der schließlich doch gelungenen Darlehensgewährung. Pfister brachte auch die von ihm durch ein Konkurrenzangebot erreichten leichteren Tilgungsbedingungen zur Sprache: *Ursprünglich war eine zehnjährige Tilgungsperiode von demselben Konsortium geplant; der König hätte jährlich 900.000 M. für Zins u. Amortisation leisten müssen und wäre damit an die Kette gelegt und bis zum Äußersten gebracht worden. Das war Absicht der betr. Coterie, hinter welcher der dem König feindliche, auf die Thronfolge spekulierende Prinz Ludwig stand.*[124]

Schon ein halbes Jahr vorher hatte v. Werthern in einem Schreiben nach Berlin vom 14. November 1883 gemeldet: *Das Mißverhältnis zwischen der raschen Vermehrung der königlichen Familie, welche sich im nächsten Jahr auf 48 Personen belaufen wird und den großen Ausgaben S.M. des Königs für Bauten erregt immer mehr Bedenken.*[125]

An dieser »raschen Vermehrung« hatte Prinz Ludwig mit elf überlebenden Kindern (zwei Kinder starben im Säuglingsalter) erheblichen Anteil. Es ist zwar durchaus verständlich, daß es ihn wurmte, wie der königliche Cousin viele Millionen für seine Schlösser ausgab und er, nur mit knappen Mitteln ausgestattet, für seine Familie im wesentlichen auf den Ertrag seines Gutes Leutstetten angewiesen war. Dennoch ist es moralisch kaum vertretbar, daß er deshalb die Lösung von König Ludwigs finanziellen Problemen zu verhindern oder zumindest zu erschweren suchte. Der Verdacht liegt nahe, Prinz Ludwig habe am Sturz König Ludwigs II. mitgewirkt, um selbst an die Macht zu kommen.

Als Sicherheit für das zum 30. Mai 1884 gewährte Darlehen diente ein Depot von 2 100 Aktien der Bayerischen Hypotheken- und Wechselbank, die zum Zeitpunkt der Verhandlungen über das Darlehen mit einem Wert von 4,5 Millionen Mark veranschlagt wurden. Die Bayerische Hypotheken- und Wechselbank war eine Gründung König Ludwigs I. und die Aktien gehörten zum sogenannten Familien-Fideikommiß von König Max II. Ludwig II. wollte die Aktien eigentlich verkaufen, um den Erlös zur Schuldentilgung und für weitere Bauten zu verwenden. Dies stieß auf den Widerstand der Bank, die wohl befürchtete, der Verkauf eines so großen Paketes könne den Kurs gewaltig nach unten drücken. Allerdings hätte für Ludwig die Möglichkeit bestanden, bei einem Verkauf dieses Paketes von 5,25 % des damaligen Grundkapitals der Bank an einen interessierten Großanleger, einen Preis zu erzielen, der über dem von der Bank für die Wertberechnung ermittelten Durchschnittskurs von 250 % gelegen hätte. Ein Paketzuschlag wäre sicher erreichbar gewesen. Aber möglicherweise wäre auch unter diesen Bedingungen ein solcher Paketwechsel nicht wünschenswert für die Bank gewesen, die Wert darauf legte, daß das bayerische Königshaus zu ihren Großaktionären zählte.

Offenbar hatte jedoch nicht nur Ludwig II. selbst, sondern auch das Ministerium zunächst daran gedacht, die Aktien der Bayerischen Hypotheken- und Wechselbank abzustoßen. Dies geht aus dem schon erwähnten Brief Pfisters vom 31. März 1884 an Rottenburg hervor: *Der Plan der Minister, den Wertbestand des Fideikommisses zu 4 1/2 Mill. im*

*Wege einfacher Verwaltungsmaßnahmen zu veräußern und dafür eine 5 %
Hypothekenschuld des Königs auf seine neuen Schlösser zu errichten, scheiterte an der Hartnäckigkeit der Juristen der Hypothekenbank, welche die
Umschreibung der auf den Namen lautenden Aktien von einem Zeugnis des
Hausministers v. Crailsheim abhängig machten, daß der Fideikommißver-
walter von Bürkel zur Veräußerung der bez. Effekten befugt sei. Der Minister
verweigerte dieses Zeugnis aus Furcht vor persönlicher zivilrechtlicher Haf-
tung, sich hinter der Einrede der Inkompetenz verschanzend; der Fideikom-
mißverwalter, der die Aktien bereits der Bank übergeben hatte, verlangte sie
infolgedessen zurück, weil auch ihm die Augen über das zivilrechtliche Risiko
aufgingen. Ich stehe diesem Fiasko persönlich ferne und baue meine Hoffnung
auf die mit Baring Brothers in London eröffneten Unterhandlungen über eine
6 – 8 Millionen Anleihe.* Am 4. April 1884 bestätigte Botschafter v. Werthern unter Bezug auf Pfister dem Grafen Rantzau: *Der beabsichtigte und
bereits im Vollzuge begriffene Einbruch in den Wertpapierbestand des König
Max II. Privatfideikommisses ist seit heute als definitiv gescheitert zu betrachten. Heute steht auf der Bildfläche ein Englisches Anlehen; in der Reserve ein
Anlehen mit Konsens des Prinzen Otto, als nächsten Agnaten; der letztere
Punkt ist aber das allertiefste Geheimnis.*[126]

Warum letztlich der Verkauf der Aktien nicht stattfand, muß offen
bleiben. Sicher ist nur, daß verschiedene Interessen und unterschied-
liche Motive hindernd zusammenwirkten. Wäre ein Verkauf zustande
gekommen, hätte es Ludwigs Schuldsumme nicht unerheblich redu-
ziert. Dies wiederum hätte so manchem nicht ins Konzept gepaßt. So
aber blieb es dabei, daß die Aktien als Sicherheit für das Darlehen dienten und die aus den Wertpapieren fließenden Erträge direkt zur Zins-
zahlung und Tilgung verwendet wurden. Der verbleibende Rest der
Amortisation mußte aus der Kabinettskasse gedeckt werden. Auf eine
hypothekarische Absicherung des Darlehens auf den Bauten des Königs
wollte sich die Bayerische Hypotheken- und Wechselbank nicht einlas-
sen, obwohl die Schlösser einen beachtlichen Wert repräsentierten, der
allerdings nicht so ohne weiteres hätte verflüssigt werden können. Die
Bank wollte nicht eines Tages Eigentümerin von Neuschwanstein,
Linderhof oder Herrenchiemsee sein. Sie konnte ja nicht wissen, daß
das in Anbetracht der heutigen Besucherzahlen vielleicht gar kein so
schlechtes Geschäft geworden wäre.

Den mit der Darlehensvergabe befaßten Banken wurde kein Einblick
in die finanzielle Situation der Kabinettskasse gewährt. Sie konnten also
nicht feststellen, ob die zur freien Disposition verbleibenden Beträge

ausreichten, um Zinsen und Annuitäten zu begleichen. Der Standpunkt der Bayerischen Hypotheken- und Wechselbank als Konsortialführerin lautete daher: *Wir würden dasselbe lieber nicht machen, sehen aber gleichwohl keinen Ausweg, dasselbe abzuweisen.*[127] Die Münchener Neuesten Nachrichten vom 22. 5. 1886 sahen diesen Sachverhalt etwas harmloser: *Man wird nicht in Abrede stellen können, daß es nicht einmal der vollen Million bedürfte, welche der königlichen Kabinetskasse jetzt mehr zufließt als unter König Max II.,*[128] *um bei dem jetzigen niedrigen Zinsfuße die Schuld derselben in verhältnismäßig kurzer Zeit zu tilgen. Man darf auch überzeugt sein, daß es unter den bereits angedeuteten Bedingungen möglich wäre, ein Konsortium zur Unifizirung der Schuld zu finden, und sei es den Landtag, sei es die Agnaten zur Übernahme einer Garantie der Verzinsung und Tilgung zu bestimmen.*

Ein tags zuvor erschienener Artikel berichtete, welche Schuldenberge vergangene bayerische Herrscher hinterlassen hatten, die – anders als in der gegenwärtigen Situation – vom Land Bayern und seiner Bevölkerung getilgt werden mußten. So hinterließ Herzog Wilhelm V. im 16. Jahrhundert an Schulden 13 Millionen Gulden, zu deren Tilgung das Land über drei Jahrzehnte benötigte. Schon sein Vater Herzog Albrecht V. hatte mit seiner Prunksucht Bayern große Schulden aufgebürdet. Und wiederum dessen Vater Herzog Wilhelm IV. nötigte schon in jungen Jahren seine Untertanen zur Tilgung hoher Summen, da er vor allem *niedrigen Gesellen seine Gunst zuwand und an deren Zuchtlosigkeit Vergnügen fände, obgleich deren Umgang schon ein schlichter Edelmann unter seiner Würde erachten müsse.*

Der Vollständigkeit halber sei ergänzt, daß der »blaue« Kurfürst Max Emanuel, ein eifriger Schlösserbauer, Schulden in Höhe von 26 Millionen Gulden hinterließ, für die Bayern bis in die Regierungszeit Ludwigs I. hinein aufkommen mußte. Erst die eiserne Sparsamkeit Ludwigs I., der unter anderem die Ministergehälter um 40 % und den Militäretat um 17 % von 6 auf 5 Millionen Gulden kürzte, machte das Land wieder schuldenfrei. Ein sparsamer König war freilich die Ausnahme: Max I. Joseph liebte in jungen Jahren die Frauen und das Spiel und ließ sich von seinen hohen Schulden immer wieder durch seinen Gönner, den französischen König Ludwig XVI. befreien; Ludwig I. entwarf einen Tilgungsplan um die nicht unerheblichen Schulden seines Sohnes Max abzutragen.

Bevor das Darlehen des bayerischen Bankenkonsortiums zustande kam, war der Nachfolger Ludwig v. Bürkels im Kabinettssekretariat und

König Ludwig II. (1883)

frühere Polizeirat der Polizeidirektion München Philipp Pfister beim Reichskanzler Otto v. Bismarck gewesen, um mit ihm über neue Finanzierungsmöglichkeiten zu sprechen. Die intensiven Bemühungen Pfisters um neue Geldquellen brachten ihm denn auch in einschlägigen Kreisen den Beinamen »Kgl. Hofquellensucher« ein. Bismarck drängte in den Gesprächen darauf, das Finanzgebaren durchsichtiger zu gestalten und rückte, obwohl Kaiser Wilhelm zugestimmt hätte, von einer Darlehensgewährung an König Ludwig ab. Er verwies Pfister an den Bankier Bleichröder, mit dessen Konditionen jedoch Ludwig nicht einverstanden war. Schließlich nahm Pfister doch 1 Million Mark aus Bismarcks Kasse mit nach Bayern, wovon 300 000 Mark auf die seit 1871 übliche Jahreszahlung an König Ludwig II. aus dem Welfenfond angerechnet wurden.

Daß Bismarck dem zuerst vorgesehenen Darlehen trotz kaiserlicher Billigung nicht zustimmte, könnte an der Haltung des preußischen Kronprinzen Friedrich Wilhelm gelegen haben, die durch den preußischen Innenstaatssekretär v. Boetticher überliefert ist: *Ihm, dem Kronprinzen, scheint es sich zu empfehlen, daß Preußen sich bei Zeiten einen Einfluß auf die Erhaltung des Bestandes des bayerischen Hausvermögens sichere, und dies werde dadurch möglich sein, daß dem König von Bayern eine größere Summe vorgestreckt und dagegen die Verpfändung der zu jenem Vermögen gehörigen Realitäten und Bestände ausbedungen werde. Er halte einen solchen Einfluß auch gegenüber der Perspektive eines ultramontanen Regimentes nach der etwaigen Erledigung des bayerischen Thrones für sehr nützlich, wenn nicht notwendig.*

Es bleibt hier offen, was wohl mit der »etwaigen Erledigung des bayerischen Thrones« gemeint war: die Absetzung König Ludwigs II. oder die Annexion Bayerns nach dem Muster des ehemaligen Königreiches Hannover. Allerdings gibt es noch eine etwas andere Version zu Friedrich Wilhelms Aussage. Danach habe der Kronprinz geäußert, Preußen solle dem bayerischen Hausvermögen soviel vorstrecken, daß es der Hauptgläubiger auch des nächsten Königs sein werde: *dann muß er tanzen, wie wir pfeifen, weil wir ihn sonst jeden Tag ruinieren können.* Friedrich Wilhelms Rede vom »nächsten König« gibt der Vermutung Raum, daß man auch in Preußen bereits zu diesem Zeitpunkt von der baldigen Ablösung Ludwigs II. ausging.[129]

Den Dankesbrief, den Ludwigs Kabinettssekretär Pfister am 18. März 1884 an Bismarcks Schwiegersohn Graf Rantzau schrieb, hätte sein König jedenfalls nicht lesen dürfen. Pfister faßte hier die Eindrücke seiner Berlinreise zusammen: *Welche Gegensätze erkannte ich zwischen Berlin und München! Was ich dort zu sehen das Glück hatte, war ein neuer Beweis, daß das Deutsche Reich und die Deutsche Nation seiner Zukunft ruhig entgegensehen kann. Die Leitung liegt in den rechten Händen, die von tüchtigen, ehrlichen, wahrhaftigen und echt deutschen Kräften gestützt werden.*[130]

Im übrigen war Philipp Pfister, der »kgl. Hofquellensucher«, nur sehr kurz, nämlich vom 1. Februar bis zum 4. Juli 1884 als Kabinettssekretär tätig. Doch gelang es ihm, in diesen fünf Monaten einiges Kapital für Ludwig II. aufzutreiben. Als er am 4. Juli 1884 von seiner Stelle »in Gnaden« enthoben wurde, beantragte er sechs Wochen Urlaub zur Wiederherstellung seiner Gesundheit, im Januar 1885 nochmals sechs Wochen für eine Kur in Karlsbad; beide Urlaube wurden ihm bewilligt. Am 17. Dezember 1887 stellte Pfister den Antrag an den Prinzregenten, ihn für zwei Jahre vom Dienst zu beurlauben, was ebenfalls bewilligt wurde. Als Grund für diesen Antrag gab er an: *Der Besitz des von mir angekauften Schloßgutes Eurasburg bei Wolfratshausen zwingt mich, die Verwaltung und den Betrieb desselben mit ganzer Kraft in die eigene Hand zu nehmen.* Trotz der Beurlaubung wurde Pfisters (ruhendes) Gehalt im Frühjahr 1889 um 10 % erhöht. Er kam jedoch nicht mehr lange in den Genuß der höheren Bezüge, da er am 4. November 1889 im Alter von erst siebenundfünfzig Jahren verstarb.[131]

Durch das Darlehen des Bankenkonsortiums unter Führung der Bayerischen Hypotheken- und Wechselbank vermeintlich von aller Schuldenlast befreit, ließ Ludwig sogleich rege weiterbauen, so daß bis Sommer 1885 weitere 6 Millionen Mark Schulden entstanden. Diese neuerliche Verschuldung drang sehr bald in die Öffentlichkeit. Im Inland wie im Ausland erschienen darüber Zeitungsberichte. Die Münchner Presse hielt sich zunächst vergleichsweise zurück, wobei die Münchener Neuesten Nachrichten vorrangig damit beschäftigt waren, die Meldungen und Kommentare auswärtiger Blätter abzuwehren.

Für Aufsehen sorgte schließlich ein Artikel, der am 17. September 1885 ausgerechnet im Berliner Börsencourier erschien. (Der Artikel ist vollständig im Anhang, S. 375 f., abgedruckt.) Unter der Überschrift »Die Lage in Bayern« befaßte sich der Beitrag mit den großen »Finanzverlegenheiten« des bayerischen Königs, wobei in diesem Zusammenhang ein erforderlicher Betrag von 25 Millionen Mark erwähnt ist. Daran schloß sich die auf Bayern gemünzte Bemerkung an, es sei davon abzuraten, *Mittel des Landes für kolossale zweck- und nutzlose Ausgaben ...,* *wie die Ausstattung der zahlreichen vom Könige befohlenen Prachtbauten sie erfordern,* bereitzustellen. Auch im Urteil über König Ludwig hielt sich der Börsencourier nicht zurück. Das Blatt führte aus, daß einem Privatmanne, *der in ähnlichem Umfange einem Hang zu großen Ausgaben nachgegeben hätte,* das Recht zur selbständigen Vermögensverwaltung längst entzogen worden wäre. Eine Reihe von Symptomen weise auf den anormalen Geisteszustand des bayerischen Königs hin; Ludwig II. befände sich nicht mehr im Besitz all jener Eigenschaften, welche für die Erfüllung der hohen Pflichten seines Amtes erforderlich seien. Mit scheinbarer Konsequenz wurde als Fazit gefordert, daß sowohl im Interesse Bayerns wie auch des Reichs gegen König Ludwig II. einzuschreiten sei. Einen Vorschlag dafür hatte man auch schon parat: *Es ist wahrscheinlich, daß bei einer solchen Erledigung der Angelegenheit den Ärzten eine größere Aufgabe zufallen wird, als den Politikern. ... Der schweren Schädigung der Finanzen des Bayerischen Staates muß im partikularen wie im Reichsinteresse Einhalt geboten werden.*

Das liest sich wie das Signal zum Angriff, das es vermutlich auch sein sollte. Hinter dem vorgeschobenen Reichsinteresse verbargen sich handfeste andere Interessen, die auf einen Machtwechsel in Bayern hinwirkten. Ganz offensichtlich wurde der Berliner Börsencourier als Sprachrohr benutzt, um die von preußischen Stellen mitbetriebene Entmachtung König Ludwigs II. einzuleiten. Die Situation, in die Ludwig durch seine – grundsätzlich nicht unlösbaren – Finanzverlegenheiten geraten war, bot den willkommenen Angriffspunkt. Bismarck, der in dieser Angelegenheit bekanntlich anderer Meinung war und wollte, daß sich Preußen von den innerbayerischen Problemen fernhalte, scheint hierbei geschickt umspielt worden zu sein.

Die Münchener Neuesten Nachrichten reagierten rasch und eindeutig. Am 19. September erschien ihre Replik auf den Artikel des Berliner Börsencouriers: *Wir glauben uns im vollen Einklange mit der gesammten öffentlichen Meinung Bayerns zu befinden, wenn wir gegen eine derartige frivole Auffassung innerbayerischer Dinge laut und nachdrücklich protestiren ... Wenn König Ludwigs Neigungen ihn abseits von den Pfaden des Gewöhnlichen und Ueblichen führen, so hat darunter noch niemals das hohe und unentwegte Pflichtbewußtsein des Regenten gelitten. Wer da weiß, mit welcher Gewissenhaftigkeit und Treue König Ludwig sich auf seinen einsamen Schlössern den Regierungsgeschäften bis in's Kleinste widmet, wird mit Entrüstung die unwahren Behauptungen und Schlußfolgerungen jenes Berliner Blattes von sich weisen. Gerade in Norddeutschland und in liberalen Kreisen sollte man sich stets vor Augen halten, was Bayerns König für das Reich gethan hat.* (Die Entgegnung der Münchener Neuesten Nachrichten vom 19. September 1885 ist im Anhang, S. 377, vollständig abgedruckt.)

Das ist ein erstaunlich klares Bekenntnis zu König Ludwig II. Offensichtlich sollte den immer wieder kolportierten Meldungen und Gerüchten, er kümmere sich nicht um seine Amtspflichten, entgegengesteuert werden. Der gutgemeinte Protest der Münchener Neuesten Nachrichten konnte aber auch anders ausgelegt werden. So gab es den Vorwurf, daß die Münchener Neuesten die Öffentlichkeit bloß auf eine Sanierung der königlichen Kasse durch das Land vorbereiten wollten, hatten sie doch in ihrem Artikel den Börsencourier dahingehend referiert, daß die bayerischen Minister sich in der Frage nach den notwendigen Schritten bereits hätten entschließen müssen, *die Thatsache der Überschuldung der kgl. Hofkasse dem Landtage vorzulegen, um eventuell zunächst eine Entscheidung darüber herbeizuführen, ob das Land die betreffenden Schulden übernehmen wolle.* Unter Druck dementierten die Münchener Neuesten Nachrichten eine solche ministerielle Entscheidung, um dann zu betonen, daß die Hofkasse samt ihren Schulden eine Privatangelegenheit des Königs sei. Damit war unter Ausnutzung der lokalen Presse recht geschickt die Ablehnung eines möglichen Antrags auf staatliche Hilfe zur Entschuldung Ludwigs II. vorbereitet.

Der Legationssekretär der preußischen Botschaft in Bayern Fürst zu Eulenburg-Hertefeld zeigte sich über den Protest der Münchener Neuesten Nachrichten verwundert. Er meinte in einem Bericht nach Berlin, daß das sonst durchaus nicht königstreue Blatt dem Inhalt des Artikels im Börsencourier eigentlich hätte zustimmen müssen und stellte abschließend fest: *Der Artikel des Börsencourier macht hier wegen seines mit Ausnahme einiger falscher Daten sachlich gehaltenen Inhalts großes Aufsehen.*[132] Daß Eulenburg über die Münchener Reaktionen auf den Börsencourier-Artikel nach Berlin berichtete, läßt Schlüsse auf die politische Funktion dieser Pressekampagne zu.

Um sich die Dimension der Bautätigkeit König Ludwigs II., seiner Ausgaben dafür und der dadurch entstandenen Schulden im zeitgenössischen Kontext klar zu machen, seien hier zum Vergleich einige Daten aus Preußen genannt.

Eine Liste über den Schloßbesitz der Hohenzollern umfaßt 69 Positionen der über weite Teile des nördlichen Reiches verteilten Schlösser dieser Familie. Die Aufstellung enthält noch nicht das Schloß in Urville bei Metz, das Kaiser Wilhelm II. erwarb, auch nicht das ebenfalls von Wilhelm II. gekaufte Achilleon auf Korfu, das sich Elisabeth hatte errichten lassen. Wilhelm II. konnte sich den Unterhalt dieser zahlreichen Schlösser und die genannten Zuerwerbe auch leisten. Es standen

ihm nämlich rund 42 Millionen Mark im Jahr zur Verfügung, davon 22
Millionen aus der Staatskasse und 20 Millionen aus Privateinkünften,
die letztlich auch wieder auf Geldanlagen aus den Staatszuweisungen
zurückzuführen sein dürften. Der Etat des preußischen Königs und
Deutschen Kaisers war nach den Ausgaben für Armee und Flotte der
drittgrößte Budgetposten im Reichshaushalt. Der Hof Kaiser Wilhelms
II. kostete mehr als die Summe der Etats für den Reichskanzler, die
Reichskanzlei, das Auswärtige Amt mit dem gesamten diplomatischen
Korps und Konsulardienst, das Kolonialamt und die Reichsjustizver-
waltung zusammen.[133] Dagegen nehmen sich die Zivilliste des baye-
rischen Königs, seine Privateinnahmen und die Aufstellung seiner
Schlösser vergleichsweise bescheiden aus.

König Ludwig II. verfügte seit seiner Thronbesteigung im Jahre 1864
über eine jährliche sogenannte Zivilliste (Apanage) von zunächst knapp
4,0 Millionen Mark, die 1877 auf rund 4,2 Millionen erhöht wurde. Er
hatte etwa 10 % des Jahresetats des preußischen Königs beziehungsweise deutschen Kaisers zur Verfügung. Im Vergleich zum gesamten bayerischen Staatshaushalt von 228 Millionen war die königliche Zivilliste in
Bayern weniger aufwendig als in Preußen: sie betrug nur 1,38 % des
bayerischen Gesamthaushalts. Aus der Zivilliste mußte der König zunächst die gesamte Hofhaltung einschließlich sämtlicher Personal-
kosten für die Hofbediensteten und deren Altersversorgung bestreiten,
was sehr viel Geld verschlang. Dafür gab es eine Reihe von Einzeletats,
zum Beispiel für Marstall, Gestüte, Hofjagd, Leibjäger, diverse Theater.
Ferner mußten die Unterhaltskosten der königlichen Bauten aus der
Zivilliste finanziert werden, wozu selbstverständlich auch die unter
Ludwig I. und Max II. errichteten Bauten gehörten. Während anfangs
nach Abzug aller festen Kosten und unter Hinzurechnung der Einnahmen aus dem Privat-Fideikomiß Max' II. für Ludwig II. noch etwa
1,4 Millionen Mark zur freien Verfügung verblieben, waren es später
durch Zinsen und Tilgungen von Darlehen zur Baufinanzierung nur
mehr etwa 0,9 Millionen. Diese frei verfügbaren Mittel bildeten die sogenannte Kabinettskasse. Sie war die Privatschatulle des Königs, dem
damit relativ enge Ausgabengrenzen gesetzt waren. Die gelegentlich anzutreffende Rechnung, die Multiplikation der jährlichen Zivilliste mit
den Regierungsjahren Ludwigs II. führe zu einem beachtlichen Einnah-
mevolumen, aus dem die Bauten leicht hätten finanziert werden können, ist ein Trugschluß. Bayern hatte nach der Revolution von 1848
einen konstitutionellen König mit stark eingeschränkten Befugnissen,

der zwar ordentlich bezahlt wurde, der aber für seinen persönlichen Aufwand und die von einem Monarchen selbstverständlich erwartete repräsentative Hofhaltung selbst aufzukommen hatte.

Bis 1868 mußte Ludwig, wie sein Vater Max II., aus der Zivilliste jährlich rund 880 000 Mark an den abgedankten Ludwig I. abgeben. 1885 war eine Erhöhung der Zivilliste um 800 000 Mark geplant. Hätte man dies verabschiedet, so wäre die Dispositionsmasse der Kabinettskasse fast verdoppelt worden und einige Probleme wären leichter zu lösen gewesen. Es kam aber nicht dazu. Man wußte das Unternehmen im Vorfeld zu verhindern; der Landtag, der darüber zu entscheiden gehabt hätte, befaßte sich gar nicht damit.

Dabei wäre eine Anhebung der Zivilliste nicht unberechtigt gewesen. Die geringe Erhöhung um 200 000 Mark im Jahr 1877 bedeutete umgerechnet auf die bisher dreizehn Regierungsjahre König Ludwigs II. eine Anhebung um 0,38 % pro Jahr. Die 1885 geplante Anhebung um 800 000 Mark hätte dann zwar für den Zeitraum von 1877 bis 1885 pro Jahr eine Steigerung um 2,4 % bedeutet, zusammen mit der geringfügigen Erhöhung von 1877 die Zivilliste für die gesamte Regierungszeit von 1864 bis 1885 jedoch nur um 1,2 % pro Jahr erhöht.

Im Winter 1885 schickte Ludwig seinen Flügeladjutanten Graf Dürckheim-Montmartin nochmals zu Bismarck, wiederum erfolglos. Am 6. März 1886 wandte sich Ludwig, diesmal schriftlich, erneut an den preußischen Kanzler. Bismarck empfahl dem bayerischen König in seinem Antwortbrief vom 14. April 1886, sich an den Landtag zu wenden, und rechnete auch gleich vor, wie dies bei Anwendung eines Zinssatzes von 3,5 % auf die gesamte Summe von 13,5 Millionen Mark, bestehend aus dem zu 5 % bereits aufgenommenen Darlehen von 7,5 Millionen Mark und der neuerdings benötigten Summe von 6 Millionen, darzustellen sei: *Es unterliegt nach meinem alleruntertänigsten Dafürhalten keinem Zweifel, daß die Landesvertretung in Bestätigung der bewährten Anhänglichkeit des Bayerischen Volkes an sein Herrscherhaus nicht nur die Rückstände der Kabinettskasse, sondern auch die Mittel für den Abschluß der begonnenen Bauten bewilligen werde ... Aus jeder anderen Quelle wird das Geld nur gegen Sicherheiten zu erhalten sein, die nicht zur Verfügung stehen ... Nur die Stände Bayerns bedürfen einmal keiner Sicherheit und dann werden sie selbst ein Interesse daran empfinden, daß die von Eurer Majestät zur Zierde des Landes begonnenen Bauten nicht dem Verfall, sondern der Vollendung entgegengeführt werden. ... Die vor einigen Jahren für die Kabinetts-*

kasse aufgenommene Anleihe von 7 500 000 Mark erfordert jetzt jährlich 450 000 Mark zu ihrer Verzinsung und Amortisation; mit einer Erhöhung dieser Summe um nur 22 500 Mk. würde man zu 3 1/2 Prozent nicht nur die obige Anleihe, sondern auch die jetzt noch erforderlichen sechs Millionen verzinsen könne, da die Zinsen zu 3 1/2 Prozent für 13 500 000 Mk. nur 472 500 Mk. betragen würden. Der bayerische Staat würde aber jede Anleihe zu 3 1/2 Prozent mit Leichtigkeit machen ... Ich habe mir erlaubt, bei Seiner Majestät dem Könige, meinem Herrn, diskret zu sondieren, ob Allerhöchstderselbe einen Ausweg anraten könne ... Seine Majestät war aber gleichfalls nicht imstande, einen anderen Ausweg zu empfehlen, als den von mir alleruntertänigst dargelegten des Antrags an den Landtag. Seine Majestät erinnerten dabei an analoge Vorgänge in England, wo wiederholt die Schwierigkeiten des königlichen Haushaltes in diesem wie im vorigen Jahrhundert durch eine ministerielle Vorlage an das Parlament erledigt worden sind.[134]

Ein näherliegendes Beispiel als das englische Königshaus wäre der baubegeisterte bayerische König Ludwig I. gewesen, dem aus staatlichen Überschüssen 20 Millionen Mark für seine Bauten bewilligt worden waren. Allerdings waren die Bauten Ludwigs I. im Gegensatz zu den Schlössern Ludwigs II. für die Öffentlichkeit bestimmt und zugänglich. Daß im heutigen demokratischen Bayern auch Ludwigs II. Schlösser dem zahlenden Publikum offenstehen und allein Neuschwanstein jährlich zwischen 1,5 und 2 Millionen Besucher aus aller Welt anzieht, konnte damals noch niemand ahnen.

Als Ludwig II. sich nach einigem Zögern dann doch zu dem Schritt entschloß, eine Staatsanleihe beim Landtag zu beantragen, stellten sich die regierenden Minister geschlossen gegen ihn.

Bereits am 6. Januar 1886 hatte sich der Ministerratsvorsitzende Johann v. Lutz in einem sehr ausführlichen Schreiben an den Vorstand der königlichen Hofkasse Ludwig v. Klug gewandt, um diesem zu erläutern, daß eine Vorlage an den Landtag wegen Bewilligung eines Darlehens oder Übernahme von 20 Millionen Mark auf die Staatskasse zugunsten der Kabinettskasse nicht in Frage komme. Die entscheidende Passage in Lutz' Schreiben lautet: *Es bleibt sonach fürs erste nur noch die Frage übrig, ob Seine Majestät nicht an das bayerische Volk appellieren sollten und ob es nicht möglich sei, vom Landtage die Bewilligung zu der von Seiner Majestät gewünschten Summe von ca 20 Millionen oder doch der zur Schuldentilgung erforderlichen 6 Millionen zu erlangen. In der That ist mir zur Kenntniß gekommen, daß auch Seine Majestät diesen Ausweg schon ins Auge zu fassen geruht haben.*

Sie können sich denken, verehrtester Herr Rath! daß die Minister Seiner
Majestät des Königs, welchen ja die zahlreichen Auslassungen in der Presse
des In- und Auslandes über die Lage der Kabinetskasse und die in Bayern von
Mund zu Mund gehenden Gerüchte nicht unbekannt geblieben sein können,
sich die Frage schon wiederholt vorgelegt haben, ob es räthlich, ja ob es überhaupt möglich sei, den Landtag um Hülfe anzugehen, und daß sie allesammt
bemüht gewesen sind, zu erforschen, ob ein Schein von Hoffnung für eine günstige Aufnahme der betreffenden Vorlage und für einen Erfolg derselben
besteht. Nachdem mir der eingangs erwähnte Brief Seiner Majestät zugegan-
gen war, habe ich die hier aufgeworfenen Fragen wiederholt mit sämmtlichen
Ministern besprochen; auch habe ich an manchem geeigneten Ort, wo volles
Vertrauen am Platze ist, neuerdings die Fühlhörner ausgestreckt und Erkundigungen eingezogen. Das Resultat unserer Erkundigungen und Berathungen
ist das, daß sämmtliche Minister der festen und unumstößlichen Überzeugung sind, es müsse jeder Versuch, den Landtag zur Willigung irgend einer
Summe über den Betrag der Civilliste hinaus zu bewegen, mit einer Niederlage
enden, durch welche das Ansehen der Krone auf das Schwerste geschädigt
würde.

Wir Minister halten deshalb eine Vorlage an die Kammer behufs der Er-
langung irgend einer Summe, wenn auch nur des Betrags, der zur Schulden-
zahlung nothwendig ist, für unmöglich, müßten deshalb auch eine solche seiner Majestät auf das Angelegentlichste widerrathen und würden die Verantwortung dafür, wenn sie befohlen werden sollte, nicht übernehmen können.

Am 17. April 1886, drei Tage nach Bismarcks Brief und Ratschlag, erteilte König Ludwig handschriftlich folgenden Befehl an das Ministerium: Es ist Mein Wille, daß zur Ordnung der Verhältnisse Meiner Kabinetskasse von Meiner Regierung noch dem gegenwärtig versammelten Landtage eine Vorlage gemacht und mit thunlichster Beschleunigung die hierauf
bezüglichen Vorschläge Mir unterbreitet werden.

Darauf erhielt Ludwig am 5. Mai 1886 nochmals einen sehr umfangreichen Bericht des gesamten Ministeriums, in dem dargelegt wurde,
daß Gespräche mit den Präsidenten und einflußreichen Mitgliedern der
Kammern erneut deren ablehnende Haltung gegenüber einer staatlichen Finanzhilfe bestätigt hätten. Auf eine längere Passage über die
sparsame Wirtschaftsführung König Max' II. folgte der Appell an König
Ludwig II., sich am Vater ein Beispiel zu nehmen: Alles, was Euere Königliche Majestät, um zu einem so trostreichen Resultate zu gelangen, auf Sich
nehmen müßten, bestände lediglich darin, daß Eure Majestät Allerhöchst-Ihre
Hofhaltung auf dem Fuße einzurichten hätten, auf welchem der höchstselige

Herr Vater Eurer Königlichen Majestät, weiland Seine Majestät König Max II., Hof gehalten hat. Es war eine einfache und sparsame, aber immerhin würdevolle Hofhaltung ... Wenn die Gant ausbricht, können Euere Majestät Allerhöchst-Sich vor die Frage gestellt sehen, ob Allerhöchst-Dieselben noch die Zügel der Regierung in der Hand behalten können ... Der Bericht schließt mit der Bitte, der König möge in seine Hauptstadt München zurückkehren: *Wenn Euere Königliche Majestät in Gnaden geruhen sollten, den flehentlichen Bitten der treugehorsamst Unterzeichneten stattzugeben und unter Entlassung der Chevauxlegers aus dem Allerhöchsten Privatdienste behufs persönlichen Verkehrs mit der Welt und mit den jeweiligen Trägern Allerhöchst-Ihrer Regierung hieher zurückkehren und in dem dargelegten Sinne die Verhältnisse der Kabinetskasse zu ordnen, würden Euere Majestät Allerhöchst Sich Selbst Ruhe und Frieden, dem Vaterlande aber Glück und Heil bescheren. Ein jeder der treugehorsamst Unterzeichneten wäre selbstredend beglückt, wenn es ihm gestattet wäre, persönlich vor Eurer Majestät zu erscheinen, um in Unterwürfigkeit jede weiter erforderliche Aufklärung zu bieten. Jeder ist des Allerhöchsten Befehls gewärtig, Vor Eurer Majestät zu erscheinen.* Es unterzeichneten: Johann v. Lutz (Minister des Innern für Kirchen- und Schulangelegenheiten und Ministerratsvorsitzender), Johann Nepomuk v. Fäustle (Justizminister), Emil v. Riedel (Finanzminister), Friedrich v. Crailsheim (Minister des Äußeren), Max v. Feilitzsch (Minister des Innern), Adolf v. Heinleth (Kriegsminster).[135]

Die Kreditvorlage an den Landtag erfolgte trotz der eindeutigen königlichen Weisung nicht mehr.

Zu dem Zeitpunkt, als der Brief des Gesamtministeriums geschrieben wurde, war das Gutachten des Psychiaters Gudden, mit dem die Entmündigung betrieben werden sollte, bereits bestellt und im Entstehen. Insofern mag der Brief der Minister ihr Gewissen beruhigt haben, wenn er nicht überhaupt aus strategischen Erwägungen geschrieben wurde und eher für die Öffentlichkeit als für Ludwig II. bestimmt war, sozusagen als vorweggenommene Rechtfertigung für die bereits geplanten Aktionen gegen den König.

Es war auch nicht so, daß Ludwig die Situation der Kabinettskasse verkannt und nicht die Dringlichkeit eingesehen hätte, mit der Sparsamkeit geboten war.

So hatte er in einem Schreiben an den Leiter der Hofkasse v. Klug verfügt: *An mein Hofsekretariat. Mit Rücksicht auf die bestehenden Verhältnisse ist eine Einschränkung der Ausgaben in allen Zweigen Meines Hofdienstes geboten. Es ist deshalb Mein Wille, daß der Bedarf Meiner Hofstäbe auf das*

Nothwendigste beschränkt und durchgreifende Vereinfachungen und Ersparungen bei denselben herbeigeführt werden. Ich beauftrage Mein Hofsekretariat, im Benehmen und mit Unterstützung der Chefs Meiner Hofstäbe, die hienach erforderlichen Einleitungen alsbald zu treffen. Hohenschwangau, den 27. April 1886, Ludwig.[136]

Nach heutiger Diktion würde man sagen, Ludwig II. versuchte – allerdings zu spät – eine Gemeinkostenanalyse in Auftrag zu geben, um seine Kosten zu senken.

In einem Brief Klugs vom 10. Dezember 1885 aus München an den königlichen Kammerlakai Lorenz Mayr in Linderhof ist von einem Herrn Söhnlein die Rede, der dem König ein Darlehen von 10 Millionen Mark anbiete und in den nächsten Tagen bereits die erste Rate von 400 000 Mark auszahlen könne. Eine der Bedingungen des Herrn Söhnlein, auf die Ludwig angeblich nicht eingehen wolle, sei die Verleihung eines Adelsprädikats an den Darlehensgeber.

Klug beschwor Mayr, den König doch umzustimmen: *Herr Söhnlein, der bis jetzt so viel Zeit und Geld geopfert hat, erwartet sich diesen Beweis der Allerhöchsten Zufriedenheit, wenn er morgen oder übermorgen die ersten 400.000 M. bringt und wird, ein Zweifel darüber ist nicht vorhanden, mit dem Geld auf Nimmerwiedersehen abreisen, wenn ihm die so innig erbetene Allerhöchste Anerkennung versagt wird. An seinem guten Willen lag es wahrlich nicht, wenn nur 10 Millionen geboten werden; dieselben sind eine so riesig hohe Summe, daß kein Bankhaus der Welt gefunden werden wird, welches mehr unter den gleichen Bedingungen hergeben könnte. Es klingt ja ohnedem unglaublich, daß sich ohne Agnaten-Zustimmung, ohne weitere Sicherheit als die Hypotheken auf zwei königliche Schlösser Jemand getraute, mit solch' hoher Summe sich zu entriren. Ich fürwahr getraue mir niemanden mehr zu finden, der so selbstlos und so willig den Allerhöchsten Intentionen nachkommen möchte, ich bin ganz außerstande, ein zweitesmal auf so liebenswürdiges Entgegenkommen irgendwo zu hoffen ... Ich wage nochmals inständigst und mit aufgehobenen Händen Seiner Majestät die allerehrfurchtsvollste Bitte zu unterbreiten, die erbetene Anerkennung einem Manne Allerhuldvollst gewähren zu wollen, der vielleicht allein imstand ist, auch späterhin mit weiteren Millionen der Kabinetskasse zu Hilfe zu kommen.*[137]

Dieser Brief mutet sehr eigentümlich an. So ist es nur schwer vorstellbar, daß sich der Leiter der Hofkasse in einer so diffizilen Angelegenheit an den Kammerlakai Mayr und nicht direkt an den König wandte und dieser wiederum seine Ablehnung über den Kammerlakai an Klug ausrichten ließ und sich nicht selbst mit seinem Hofsekretär in Verbindung setzte. Aus Klugs Schreiben geht hervor, daß Mayr ihn von der Absage Ludwigs telegraphisch unterrichtet hatte. Dabei gibt es aus dieser Zeit eine Reihe von Briefen König Ludwigs an Klug, in denen er ihn äußerst dringend aufforderte, nun endlich das erforderliche Geld herbeizuschaffen. So erscheint auch die Begründung für Ludwigs ablehnenden Bescheid wenig glaubwürdig. Da der König in den letzten Monaten seines Lebens buchstäblich Himmel und Hölle in Bewegung setzte, um Darlehen zu erhalten, hätte er ein entsprechendes Angebot wohl kaum daran scheitern lassen, daß er dem Geldgeber den Wunsch nach einem Titel verweigert hätte. Die hypothekarische Eintragung auf die Schlösser wäre da eher ein Ablehnungsgrund gewesen.

Wenn es den Brief tatsächlich gegeben hat, dann ist allerdings vorstellbar, daß der Kammerdiener Mayr sich bereits zu diesem Zeitpunkt illoyal gegenüber dem König verhielt. Seine Illoyalität trat später deutlich zutage im Zusammenhang mit dem Guddenschen Gutachten und mit Ludwigs Festnahme in Neuschwanstein. Es gibt eine interessante Bemerkung von Mayr, die er im Frühjahr 1886 äußerte, als er auf die desolate Lage der Kabinettskasse und die Möglichkeit, sie zu beheben, angesprochen wurde: *Wenn er* [d. i. König Ludwig II.] *sich nicht gutwillig fügt, wird man zu anderen Mitteln greifen müssen und dann kann es sich ereignen, daß der unglückliche Mann das wird, was man jetzt von ihm behauptet.*

Daraus ist zu schließen, daß Lorenz Mayr den König zwar für unglücklich, aber eben – noch – nicht für geisteskrank hielt. Trotzdem hat er, der ständig um Ludwig II. war, kurze Zeit später bereitwillig belastendes Material zum Guddenschen Gutachten beigesteuert. Mayr scheint zudem über das gegen Ludwig geplante Vorgehen informiert gewesen zu sein, unterließ es aber, seinen König davon zu unterrichten. Dasselbe berichtete der hier schon mehrfach zitierte anonyme Augenzeuge auch über die meisten anderen Personen um Ludwig: *Die gesamte Umgebung des Königs, vielleicht mit alleiniger Ausnahme des Kammerdieners Weber, war schon seit einiger Zeit aus München über das ihrem Herrn Bevorstehende unterrichtet. Sie ließen die Dinge ruhig an sich herantreten. Treue und wirkliche Anhänglichkeit hegten sie für ihren Gebieter nicht, dem sie ihre Existenz und eine sorgenfreie Zukunft dankten. Nur das Stallpersonal war in Unkenntnis des Kommenden gelassen worden, damit es nicht zuviele Mitwisser gäbe.*[138]

Einige dieser Bediensteten waren – neben Mayr – Informanten, die

Dr. Gudden mit Unterlagen für sein Gutachten versorgten. Der treue Kammerdiener Weber wurde nicht befragt.

Wenn nicht nur Mayr sondern auch der Hofsekretär Klug mit dem König kein ehrliches Spiel trieb, dann könnte der Brief vom 10. Dezember 1895 – immer vorausgesetzt, er wurde damals überhaupt geschrieben – auch als Alibi für Klug (und vielleicht auch für Mayr) gedacht gewesen sein. Die Vermutung, daß Klug – und mit ihm auch der in der Hofhaltung des Königs tätige Stabskontrolleur Friedrich Zanders – unredlich handelten, wird erhärtet durch einen vorhandenen Brief von Ferdinand Neustätter, dem Direktor der Süddeutschen Theater- und Konzertagentur.

Neustätter schrieb am 29. März 1886 an Zanders: *Mein lieber Freund Zanders! Unserem guten König muß geholfen werden, so ruft stets eine innere Stimme in meinem Herzen und so habe ich schon im Herbste v. Jhs. mich bemüht, die Sache zu besorgen und habe es bei mir bekannten Capitalisten bereits auf 80 Millionen gebracht, jedoch scheiterte Alles an den geringen Zinsen von 3,5 %, die mir der Hofsekretär K. [d. i.* Ludwig Klug] *hier zusagte. Man verlangte 4–5 %. Sonst waren die Bedingungen fast in Ordnung. Da ich nun vermute, daß sich die Sache doch noch realisiren ließe, wenn Seine Majestät! sich zu etwas mehr Zinsen entschlösse, so teile ich es Dir mit, und bitte Dich, mir mit Rat an die Hand zu gehen, wie ich solches Seiner Majestät! offeriren kann oder ob Du es mir zu Liebe übernehmen willst. Herr Hofsekretär K. scheint mir etwas zu genau zu sein und zu strenge. Müßte ich hiezu vielleicht eine Eingabe machen oder könnte Jemand Solches persönlich referiren – mit Herrn Hofsekretär K.jedoch kann ich in dieser Sache Nichts mehr machen. Ich sehe nun Deiner gütigen Antwort unter strengster Diskretion entgegen und grüße Dich herzlich Ferdinand Neustätter.*[139]

Neustätter, der in dieser Angelegenheit sicher unmittelbaren Zugang zu einem an einem Darlehen für den König ehrlich interessierten Hofsekretär gehabt hätte, glaubte vermutlich, am ehesten über Zanders zum König vordringen zu können und ahnte nicht, daß Zanders seinen Brief dem König gar nicht zur Kenntnis brachte, ihn allenfalls Klug vorlegte und bei diesem nichts erreichte. Aus Neustätters Brief geht auch deutlich hervor, daß er es schon einmal ergebnislos bei Klug versucht hatte, wobei dieser Versuch angeblich an der Zinsforderung der Darlehensgeber von 4–5 % scheiterte. Daß Ludwig die Forderung von 4–5 % für zu hoch hielt, ist freilich unwahrscheinlich, hatte er doch bei dem Darlehen über die Bayerische Hypotheken- und Wechselbank im Frühjahr 1884 einem Zins von 5 % zugestimmt.

Am 16. März 1886 berichteten die Münchener Neuesten Nachrichten unter Berufung auf den Hannoverschen Kurier: *Hofsekretär Klug unterhandelt nunmehr mit der Preußischen Bodenkreditbank. Eine Offerte des Bankhauses Landau, Berlin, lautet auf 13 Millionen mit 3 pct Zinsen und acceptirte die von Klug gestellten Bedingungen.* Trotzdem wurde die Offerte abgelehnt, was darauf hinzudeuten scheint, daß die Aufnahme einer größeren Anleihe überhaupt nicht beabsichtigt ist. In diesem Fall wären die von Klug laut Neustätter bewilligten 3,5 % Zinsen sogar unterschritten worden, trotzdem kam das Darlehen nicht zustande. So hatte wohl der Hannoversche Kurier mit seiner Vermutung recht. Man war nicht interessiert, Ludwig II. durch die Aufnahme einer weiteren größeren Anleihe aus seiner finanziellen Anspannung herauszuhelfen. Es gab auf seine Entmachtung hinwirkende Kreise, die seine Schulden als Argument gegen ihn zu brauchen schienen.

Wenige Wochen zuvor, am 23. Januar 1886, hatte man in der Wiener Neuen Freien Presse lesen können: *Der Chef der Cabinetskasse constatirt, daß verschiedene Grundstücke, beziehungsweise der Ertrag derselben, nicht für die Civilliste gebucht sich vorfinden, obwohl sie Eigenthum derselben seien. Ferner treten immer greller maßlose Überforderungen der Lieferanten für die Bauten des Königs zu Tage, denen ein rasches Ende bereitet werden soll. Klug berechnet den Werth der von der Hypotheken- und Wechselbank mit 7 Millionen belehnten Grundkomplexe auf mindestens 12 Millionen, und seine Absicht geht dahin, eine Anleihe in dieser Höhe zu contrahiren, zum Zwecke der Heimzahlung des früheren Anlehens und Flüssigmachung von Bargeld, um auch die weiteren Gläubiger zu befriedigen. Die Stuttgarter Installationsfirma hat etwas mehr als 40.000 Mark bar erhalten, und auch dadurch ist einer der drängendsten Gläubiger zum Schweigen gebracht, ebenso wurden zwei hiesige Gläubiger befriedigt. Am 1.d.M. wurde die regelmäßig geplante Ratenzahlung an die vorgemerkten Gläubiger, denen eine fünfpercentige Verzinsung garantirt ist, begonnen. Alles läuft darauf hinaus, aus eigener Kraft eine bessere Finanzlage anzustreben. Zu diesem Zweck offenbar ist eine allgemeine Inventar-Aufnahme des gesamtem königlichen Eigenthums angeordnet, und der Chef der Cabinetskasse spricht davon, einige Grundstücke, falls ein guter Preis dafür geboten würde, zum Verkaufe zu beantragen. Hier scheint der Platz der Leibregiments-Kaserne gemeint zu sein, der mit 3 Millionen bewerthet ist. Für sein Memorandum hat Klug ein Handschreiben inhaltlich des Ausdrucks »Allerhöchster Zufriedenheit« erhalten.*

Zu den angesprochenen Grundstücksverkäufen ist es nicht mehr gekommen; der Gang der Ereignisse war schneller. Die relativ zügige und weitgehend geräuschlose Tilgung der Schulden nach Ludwigs Tod erhärtet die auch im Bericht der Neuen Freien Presse ausgedrückte Feststellung, daß mehr Vermögensmasse vorhanden war als man annahm beziehungsweise zugab.

Nachdem schon früher eine von König Ludwig zur Schuldenabdeckung initiierte Anleihe eines französischen Bankenkonsortiums unter Mitwirkung Preußens aus politischen Gründen vereitelt worden war, weil man vor allem befürchtete, daß der als frankophil geltende Ludwig den Kredit mit einer Neutralitätszusage Bayerns gegenüber Frankreich vergelten könnte, unternahm Ludwig Anfang 1886 einen Versuch, bei englischen Banken Geld zu beschaffen. An seinen Flügeladjutanten Graf Dürckheim schrieb er am 26. März 1886: *Mein lieber Graf! Da wohl durch den Herzog von Westminster und die anderen Lords wohl kaum etwas anderes zu erreichen sein dürfte, möchte der deutsche Bothschafter in London sich besonders an englische Banken wenden, lasse ich sagen. Im Oktober wurden mir erst 20 Millionen zu sehr günstigen Bedingungen durch eine englische Bank angeboten (selbst Klug zweifelte nicht am Zustandekommen) plötzlich brachen sie dort ab u. streckten der serbischen Regierung, die Geld zum Kriege gegen die Bulgaren brauchte, Summen vor, da die Bedingungen günstigere waren, bien aimable! Was aber damals nicht ging, kann doch überhaupt zu ermöglichen sein! Viele Grüße Ludwig.*[140]

Zuletzt schien sich König Ludwig dann doch damit abzufinden, daß er seine Schlösser als Sicherheit verpfänden müßte, wenn er noch Geld bekommen wollte. So schrieb er am 14. April 1886 an Prinz Ludwig Ferdinand von Bayern: *Geliebter Vetter! Da der Fürst von Lippe sehr geizig sein soll, wird er ohne Garantien wohl nichts hergeben. Es wird nichts anderes übrig bleiben, als daß Winterhold mit Herrenwörth als Garantie herausrückt; ich ersuche Dich, ihn hierüber zu instruiren und daß er nicht nachlassen soll, wenn irgend noch ein Hoffnungsschimmer zu erspähen ist.*[141]

Als im Frühjahr 1886 klar erkennbar wurde, daß die regierenden Minister nicht mehr willens waren, dem König aus seiner finanziellen Notlage herauszuhelfen, weil eben diese Notlage als Hebel für seine Entmachtung dienen konnte, schlossen sich fünf einflußreiche bayerische Bankiers und Industrielle zusammen und schrieben dem König einen

Brief, in dem sie ihn baten, in die Hauptstadt zurückzukehren. Zugleich stellten sie für seine Rückkehr die erforderliche finanzielle Hilfe in Aussicht, die seine Schulden beseitigen würde. Der Brief, der als Adresse an den König in Münchener Bürgerkreisen kursierte, ist Ludwig II. vermutlich niemals zu Gesicht gekommen. Es soll ein »schwarzes Kabinett« bei der Polizeidirektion München bestanden haben, über das auf Anweisung der Regierung alle an den König gerichteten Schreiben geleitet und aussortiert wurden.[142] Wenn dem so war, erklärt dies auch den folgenden Vorgang. Fast gleichzeitig mit dem Angebot der fünf königstreuen Privatpersonen erklärte sich die Frankfurter Versicherungsgesellschaft bereit, eine Anleihe von 20 Millionen Mark zu beschaffen. Briefe, die der Vorstandsvorsitzende dieser Gesellschaft Kleeberg an König Ludwig richtete, erreichten diesen nicht, so daß Kleeberg sich am 19. Mai 1886 hilfeheischend an Bismarck wandte und ihn ersuchte, dem König die Sachlage bekannt zu machen. Kleeberg schilderte in seinem Brief, *daß mit dem König ein »eigenthümliches Spiel getrieben« werde, zum großen Gaudium der Demokraten und der Ultramontanen und zum schweren Schaden der Monarchie. Die Geldkalamitäten der königlich bayerischen Kabinetskasse wären jeden Augenblick zu beheben und alle Interessenten sofort zufrieden zu stellen, wenn es überhaupt »in der Absicht gewisser Persönlichkeiten läge, den öffentlichen Skandal zu beseitigen«. Die »absurdesten Gerüchte« über den König von Bayern würden »vertraulich« kolportiert, um ihn nach Möglichkeit zu diskreditieren. Zu welchem Zweck dies geschehe, darüber bestehe kaum noch Zweifel ... daß unerhörte Intrigen gegen diesen deutschen Fürsten, dem das ganze deutsche Volk zu Danke verpflichtet ist, im Werke sind.*[143] Bismarck vermerkte am Rand dieses Schreibens: *Durch die Ereignisse überholt.*

Bei der Beurteilung von König Ludwigs Schulden, die allesamt in bleibenden Werten steckten, sollte man sich zum Vergleich die hohen Summen vergegenwärtigen, die der bayerische Staat damals für Kriege und militärische Aktionen ausgab. Für den Krieg 1866 gegen Preußen waren es zum Beispiel umgerechnet 52 Millionen Mark; da der Krieg verloren wurde, mußte an Preußen eine Entschädigung von nochmals 30 Millionen Gulden, das sind umgerechnet 51 Millionen Mark, bezahlt werden. Für den Krieg von 1870 wurden 44 Millionen Mark beantragt und bewilligt.

Preußen hatte nach dem gewonnenen Sechundsechziger Krieg auf der nicht unerheblichen Kriegskontribution bestanden. Daß König

Otto Graf von Bismarck

Wilhelm I. dabei doch einige Bedenken hatte, zeigt die unter volks- und finanzwirtschaftlichen Gesichtspunkten ziemlich dumme Ausrede in einem Brief an seine »liebe Cousine«, die Königin-Mutter Marie, vom 23. August 1866: *Ich hoffe, Du wirst einsehen, daß ich Bayern mit einer Nachsicht behandelt habe, [für] die mein Volk und meine Armee mir wenig Dank wissen werden! ... Die Contribution klingt hoch, ist es aber insoferne nicht, da dergleichen Summen nicht dem Volke auferlegt werden, sondern den Banquiers, die so allmählich befriedigt werden in langen Jahren, daß das Volk gar nichts davon in seiner Tasche spürt. Somit ist also in einer Art gegen Bayern verfahren worden, wie man es in Preußen nicht erwartet und nicht billigen wird.*[144]

Bei der Darstellung der Finanzlage König Ludwigs II. dürfen die Zahlungen Bismarcks an Ludwig aus dem Zinsertrag des Welfenfonds nicht unerwähnt bleiben.

Der Welfenfonds wurde 1868 von der preußischen Regierung aus dem beschlagnahmten Privatvermögen des wegen seiner antipreußischen Aktivitäten abgesetzten Königs von Hannover, Georg V., gebildet. Hannover war nach der Annexion durch Preußen 1866 eine preußische Provinz geworden. Die Zinserträge des Fonds, jährlich etwa 1 Million Mark, bildeten den sogenannten »Reptilienfonds«, einen der öffentlichen Kontrolle entzogenen Fonds, den Bismarck verwaltete und nicht zuletzt auch dafür verwendete, sich die Presse gefügig zu machen.

Insgesamt 4 Millionen Mark flossen in den Jahren von 1871 bis 1886 »zur Förderung von Kunst und Kunstgewerbe« in die Kassen des bayerischen Königs und dies wohl nicht, wie oft behauptet wird, als Kuhhandel im Zusammenhang mit Ludwigs Kaiserbrief. Bismarck kam es vielmehr auf eine stabile und berechenbare bayerische Politik an; er war interessiert am Bestand der liberalen Regierung in Bayern, die ihm unter Ludwig gewährleistet schien. Deshalb hielt er zunächst auch gar nichts von den Plänen, den als ultramontan geltenden, konservativen Prinzen Luitpold anstelle von Ludwig II. zum Regenten zu machen. Prinz Ludwig, Luitpolds Sohn, spielte in Bismarcks Überlegungen zur Nachfolge auf dem bayerischen Thron damals aus den gleichen Gründen keine Rolle. An der ultramontanen Einstellung von Prinz Ludwig änderte sich auch nichts, als sein Vater Prinz Luitpold seine ablehnende Haltung zur preußischen Vormachtstellung im Reich revidierte und dadurch politisch merkbar an Boden gewann.

Es gibt Anzeichen dafür, daß die Zahlungen aus dem Welfenfonds einsetzten, als Ludwig II. nach der Reichsgründung mit dem Gedanken spielte, zurückzutreten. Oberststallmeister v. Holnstein berichtete damals an den preußischen Botschafter v. Werthern und dieser wiederum an den Reichskanzler Bismarck, »er möge sich der bewußten Sache erinnern, um die Gedanken des Königs abzulenken«. Für Bismarck war Ludwig II. nicht nur das »geringere Übel« auf dem bayerischen Thron, er war für ihn eine tragende Säule in seinem Reichsgebäude und bei weitem den Prinzen Luitpold und Ludwig vorzuziehen.

Als König Ludwig II. den Münchner Polizeipräsidenten wegen einer zu Kaisers Geburtstag angeordneten Beflaggung rügte, wurde dies sofort v. Werthern zugetragen, der es eilfertig an Bismarck weitermeldete. Bismarck ließ durch Staatssekretär v. Bülow erwidern: *Der Herr habe so große*

Verdienste um uns, und könne bei allen berechtigten und unberechtigten Eigentümlichkeiten uns noch so nützlich und unentbehrlich werden, daß wir uns jedenfalls freuen müßten, ihn zu haben, und jene Schrullen tunlichst ignorieren könnten.[145]

Einer der Nutznießer an den Zahlungen aus dem Ertrag des Welfenfonds war der »Roßober« Graf Holnstein, der als Verbindungsmann zwischen Ludwig und Bismarck nicht weniger als 10 % Provision für sich vereinnahmte. Ludwig wußte von dieser Provision seines Spielgefährten aus Kindertagen und späteren Oberststallmeisters, äußerte sich darüber auch immer wieder erzürnt, wie sein langjähriger Kabinettssekretär Eisenhart berichtete, schritt aber nicht dagegen ein. Die Verbindungen Holnsteins zu preußischen Stellen wurden im Lauf der Jahre so eng, daß Ludwig möglicherweise befürchtete, Holnstein könne die Zahlungen zum Erliegen bringen, wenn er daran nicht mehr partizipierte.

Zahlungen aus dem Zinsertrag des Welfenfonds erhielten auch andere Politiker auswärtiger Staaten, Generäle, einige hohe kirchliche Würdenträger und Pressevertreter. Bismarck soll bei seinem Ausscheiden aus dem Amt 1890 einen Betrag von 231 000 Mark in Anspruch genommen haben.[146]

Unabhängig vom Welfenfonds wurde zudem am 22. Juni 1871 ein preußisches Gesetz über Dotationen für Feldherren und Staatsmänner erlassen, das Zuwendungen aus den französischen Reparationszahlungen in nicht unerheblichem Ausmaß an verdiente Persönlichkeiten regelte. Auch Bismarck profitierte von dieser Zuwendungsregelung. Er erhielt die Domäne Lauenburg im Wert von umgerechnet 3 Millionen Mark.[147] Zu den anderen Empfängern gehörten Prinz Friedrich Carl von Preußen, der sächsische Kriegsminister und spätere Ministerpräsident v. Fabrice, sowie in Bayern der General Ludwig von und zu der Tann-Rathsamhausen. Geld für solche Zuwendungen war durch die französischen Entschädigungszahlungen nach dem Krieg von 1870/71 in Hülle und Fülle vorhanden. Die Sieger hatte der Krieg 1,2 Milliarden Mark gekostet, Frankreich zahlte bis 1873 insgesamt 5,7 Milliarden Mark an Entschädigungen.

Das aus diesen Entschädigungszahlungen finanzierte Reichstagsgebäude in Berlin kostete 24 Millionen Mark. Die erwähnten Dotationen an Feldherren und Staatsmänner beliefen sich – ohne die Zahlungen aus dem Zinsertrag des Welfenfonds – auf insgesamt 12 Millionen Mark. Die am Krieg beteiligten Staaten erhielten ebenfalls Reparationsgelder, davon Bayern allein 270 Millionen Mark.

Im Vergleich mit diesen Zahlen und bei Kenntnis aller Fakten erscheinen Bismarcks Zuwendungen an König Ludwig II. in einem anderen Licht. Die immer wieder vorgetragene Version, Ludwig habe sich mit Geldern aus dem Welfenfonds den »Kaiserbrief« abkaufen lassen, trifft nicht den Kern der Sache. Gut informierte Politiker wie der Ministerratsvorsitzende v. Lutz haben allerdings Gerüchte dieser Art genährt. Von Lutz stammt die Aussage, es habe 1870 »eine großartige Schmiererei stattgefunden«.[148]

Über die Zahlungen aus Bismarcks »Reptilienfonds« wußten zu Lebzeiten Ludwigs II. nur einige wenige Eingeweihte Bescheid. Bismarck legte seinerzeit betont Wert darauf, daß über diesen Fonds nichts bekannt wurde und stellte dies auch dadurch sicher, daß er maßgebliche Presseleute daraus großzügig bedachte. Am Bekanntwerden dieser Zahlungen lag den Empfängern so wenig wie dem Geber. Der »Reptilienfonds«, dessen Mittel vorrangig der Meinungsbeeinflussung dienten, war lange Zeit der öffentlichen Kontrolle entzogen und alle, die Geld erhielten, profitierten vom Schweigen der Presse. Belege gab es keine; vorhandene Unterlagen ließ Bismarck vernichten. Erst 1893, drei Jahre nach Bismarcks Entlassung, stiftete ein Bericht Unruhe mit der Behauptung, es wären hundert Quittungen für Zahlungen aus dem Fonds aufgetaucht. Diese Quittungen erwiesen sich jedoch sehr bald als Fälschungen. Um dieselbe Zeit wurde dann auch in Münchner Zeitungen erstmals über Zahlungen an Ludwig II. berichtet; sieben Jahre nach seinem Tod stießen sie nicht mehr auf großes Interesse. Ob das Ausscheiden Holnstein aus dem Dienst im Jahre 1892 mit dem Bekanntwerden seiner Provision aus dem Welfenfonds zusammenhing, muß offenbleiben.

Graf Holnstein starb am 1. Februar 1895 auf seinem Gut Schwarzenfeld in der Oberpfalz. Es wird erzählt, er habe im Zusammenhang mit der Königskatastrophe geäußert, er wolle blind werden, wenn ihn eine Schuld am Tode des Königs träfe. Als er starb, war er völlig erblindet.

Bei allen zeitgenössischen Querelen um die Schulden des Königs aus seiner Bautätigkeit blieb unberücksichtigt, daß er durch seine Schloßbauten, die – nach heutiger Diktion – in strukturschwachen Gebieten entstanden, eine Vielzahl von Arbeitsplätzen geschaffen oder erhalten hat.

Der Bürgermeister des Marktes Garmisch schrieb am 30. Dezember 1868 an die Königliche Hofbauintendanz:

Unterthänigste Vorstellung des Marktmagistrates Garmisch
Betreff: Die Überhandnahme der Armuth im Markte Garmisch
Dem Vernehmen nach sollen in Bälde im Linderhof bei Oberammergau für
Seine Majestät, unseren innigstgeliebten König und Herrn, mehrere größere
Bauten ausgeführt werden.
Angesichts der in erschreckender Weise immer mehr überhand nehmenden
Armuth und der herrschenden Erwerbslosigkeit im Markte Garmisch wagen
wir, an Königliche Hofbau-Intendanz die ehrfurchtsvollste Bitte zu stellen,
huldvollst zu geruhen, daß eine größere Anzahl der hiesigen Gewerbsleute,
wie Schreiner, Drechsler, Schnitzler, Maurer etc., soweit thunlich hierbei ge-
neigteste Berücksichtigung finden.
Um nur einen Beleg für die hier herrschende Noth zu liefern, erlaubt man sich
darauf aufmerksam zu machen, daß bei jeder Perception von Steuern, Brand-
assekuranzbeiträgen, Umlagen etc. weitaus die Mehrzahl der Einwohner des
Marktes Garmisch bei dem besten Willen nicht im Stande sind, auch nur ein
paar Kreuzer aufzutreiben, um ihren Pflichten gegen den Staat etc. wenigstens
theilweise nachzukommen, und so kommen durch die nach und nach in Folge
des vorgeschriebenen Zwangsverfahrens ausbrechende Ganten etc. immer
mehr Familien ins grenzenloseste Elend und an den Bettelstab, da es auch
dem rüstigsten Manne nicht gelingt, für sich und seine Familie Verdienst zu
finden.
Ehrfurchtsvollst geharrt Der Königlichen Hofbauintendanz unterthänigst
gehorsamster Magistrat Garmisch,
Knilling Bürgermeister, Heilgemayr Marktschreiber.[149]
Der Wunsch der Garmischer wurde erfüllt. Über zwei Jahrzehnte hat
der ganze Landstrich vom Bau der Königsschlösser gelebt.

Außerdem gab Ludwig durch seine der Zeit vorauseilenden Ideen
und Vorstellungen eine Menge von Impulsen, die technische Neuerungen nach sich zogen. Diesem Thema war 1986, in Ludwigs einhun-
dertstem Todesjahr, eine Ausstellung mit dem Titel »König Ludwig II.
und die Technik« des TÜV Bayern gewidmet. Mit zunehmendem Staunen liest man im Begleitheft zu dieser Ausstellung, wie weit Ludwig in
den Plänen zur Verwirklichung seiner phantastischen Ideen dem damaligen Stand der Technik vorgriff. Ob es raffinierte technische Inno-
vationen im Innern seiner Schlösser, des Wintergartens in der Residenz
oder der zahlreichen Außenanlagen von Linderhof waren, ob es sich
um die Elektrifizierung und Beheizung seiner Prunkschlitten für nächtliche Winterausfahrten, um die Verbesserung der Theaterbeleuchtung

oder die Ausstattung von Eisenbahn-Salonwagen handelte – immer kümmerte sich König Ludwig selbst darum, machte Vorschläge und überwachte die Ausführung. Er hatte das Talent, seine Vorstellungen so genau und präzise anzugeben, daß die Handwerker danach arbeiten konnten.

Schloß Herrenchiemsee wurde von Ludwig als »bayerisches Versailles« geplant, ohne daß er zu diesem Zeitpunkt das Original schon gesehen hätte. Er entnahm seine Kenntnis ausschließlich schriftlichen und bildlichen Unterlagen. Aus den Aufzeichnungen im Geheimen Hausarchiv läßt sich Art und Umfang der von Ludwig benutzen Literatur rekonstruieren; es handelt sich um Tausende von Titeln. Georg Baumann bemerkt dazu in seinem Buch »Königliche Träume«: *Es dürfte zu seiner Zeit kaum einen Architekten oder Wissenschaftler gegeben haben, der es an Quellenstudium und Detailkenntnis über die Zeit des französischen Absolutismus mit Ludwig II. hätte aufnehmen können. Aus dieser Kenntnis heraus konnte er dann auch den ausführenden Künstlern die genauen Anweisungen geben, die seine Bauten zu seinen ureigenen Werken machen.*[150]

Wie interessiert Ludwig an allen technischen Neuerungen war und wie er sich sofort mit ihrer Anwendung befaßte, zeigt eine Briefstelle aus seiner Korrespondenz mit dem Bühnentechniker Friedrich Brandt, an den er am 26. Februar 1883 schrieb: *Herzlich danke ich Dir, Dich mit einem Sachverständigen über das Telephon ins Benehmen gesetzt zu haben. Recht schade ist es, daß bis jetzt in der weiten Strecke, die zwischen Uns liegt, Wir mittels desselben nicht verkehren können.*

Manche im Wortsinn »hochfliegende« Idee geriet ihm allerdings später zum Verhängnis. So urteilte Bernhard v. Gudden in dem Gutachten, das Ludwigs Entmündigung einleitete: *In das Gebiet überwuchernder und die Schranken der Wirklichkeit und Möglichkeit ganz außer Acht lassender Phantasie würde denn auch wie so vieles andere ... der geäußerte lebhafte Wunsch seiner Majestät zu verweisen sein, in einem von Pfauen gezogenen Wagen durch die Luft zu fliegen, der dem Maschinenmeister Brandt erteilte allerhöchste Auftrag, eine Flugmaschine zu Fahrten über den Alpsee bei Hohenschwangau anzufertigen.*

Ludwig hatte tatsächlich den Einfall, einen »Pfauenwagen« – wie er sein Projekt im diesbezüglichen Schriftwechsel mit Friedrich Brandt nannte – über den Alpsee fliegen zu lassen. Allerdings sollte es sich hier keineswegs um einen »von Pfauen gezogenen« Wagen, sondern um einen Wagen in Pfauenform handeln. Seine Vorstellungen erläuterte

Ludwig in einem Brief vom 5. November 1869 an Friedrich Brandt: *Wenn, was mir sehr unlieb wäre, unser durch Gas zu treibender Luftwagen bis zum November nicht fertig zu bringen ist, worüber Du mittlerweile Aufschluß erhalten haben wirst, so bitte ich Dich <u>dringend sogleich</u> und ohne das <u>geringste Säumen</u> den nur zum Ansehen, nicht für Menschen bestimmten Pfauenwagen zu bestellen, dieser kann leicht in sehr kurzer Zeit vollendet werden, wenn es mit Gas durchaus nicht gehen sollte, so können wir ihn mittels Drähten fliegen lassen. – Bestelle ihn ohne das geringste Aufsehen zu erregen, aber schleunigst, ich bitte Dich!*[151]

Auch der Architekt Georg von Dollmann, der 1874 die Leitung sämtlicher königlicher Bauten übernahm, wurde bei den Überlegungen zur Verwirklichung des »Pfauenwagens« zugezogen. Das Vorhaben wurde dann aufgrund der damals noch nicht zu bewältigenden technischen Schwierigkeiten zurückgestellt, anscheinend aber nie ganz aufgegeben.

Das Hauptproblem bestand darin, daß man Seile stützenlos über eine Entfernung von 1 240 Metern mit einem Höhenunterschied von knapp 50 Metern hätte spannen müssen. Den technischen Berechnungen nach rissen jedoch Drahtseile bei einer solchen Entfernung allein aufgrund des eigenen Gewichtes. Hanfseile lehnte man wegen der Windgefahr und der möglichen Witterungseinflüsse ab. Um das am Seil hängende Gewicht zu reduzieren, wurde überlegt, die Pfauengondel mit einem Ballon zu verbinden. Dafür gab es offensichtlich Vorbilder. So wurde ein am Seil geführter Ballon 1867 zum ersten Mal auf einer Pariser Weltausstellung gezeigt und das war Ludwig II. sicherlich bekannt. Mutige Menschen konnten damit je nach Windrichtung eine Art Fesselballonfahrt über einen Teil von Paris erleben. Zum Unterschied von Ludwigs Projekt hatte der Ballon in Paris einen einzigen Fixpunkt. Beim Alpsee-Flugprojekt waren zwei Fixpunkte vorgesehen, zwischen denen sich der am Seil hängende und durch einen Ballon erleichterte Pfauenwagen hätte bewegen sollen.

In den folgenden Jahren blieb der Fesselballon eine Attraktion der Pariser Weltausstellung mit immer größerer Tragekapazität und immer weiterem Radius. 1878 konnten darin dreißig bis vierzig Personen eine Ballonfahrt über Paris erleben. Am 16. August 1878 geschah jedoch ein Unfall: eine Windböe warf den Ballon um, durch einen Riß entwich das Gas, doch kam dabei glücklicherweise niemand zu Schaden.

Dieser Unfall bestätigte im Nachhinein Dollmanns Bedenken beim Alpsee-Projekt. Dollmann hatte zurecht Angst gehabt vor den Windeinflüssen beim zusätzlichen Einsatz eines Ballons.

Eine Seilbahn mit Ballonunterstützung auf den Rigi in der Schweiz wurde 1909 als »Aerostatische Bergbahn« geplant und kam der Ludwigschen Idee durchaus nahe. Sie wurde aber nicht realisiert, weil auch hier Wind- und Wettereinflüsse als nicht beherrschbar erschienen. 1883 erwähnte König Ludwig im Schriftwechsel mit Friedrich Brandt einen Artikel über lenkbare Luftschifffahrt, der ihn offenbar erneut darüber nachdenken ließ, ob man seine Idee des »Pfauenwagens« nicht am einfachsten mittels eines Luftschiffes lösen könne. Bei dem Artikel dürfte sich um die schriftliche Fassung eines Vortrags gehandelt haben, den Professor Carl Zehden am 7. Dezember 1882 in Wien über das Thema »Die Luftschiffahrt als Verkehrsmittel« gehalten hatte. Zehden war darin zu dem Ergebnis gelangt, daß nach der Konstruktion eines geeigneten Motors Luftschiffe als brauchbare Verkehrsmittel funktionieren könnten, wie Zeppelin dann auch wenige Jahre später praktisch bewies. Ludwig muß sehr bald auf die Niederschrift des Vortrags gestoßen sein, denn bereits am 26. Februar 1883 schrieb er an Brandt: *Es freut mich zu hören, daß der von mir gefundene Aufsatz über Luftschiffahrt Dein Interesse erregt hat.* Am 19. März 1883: *Wenn Du den Bericht über die Luftschiffahrt nicht mehr brauchst, ersuche ich Dich, ihn zurückzusenden.*[152]

Im Nachlaß von König Ludwig II. befindet sich ein handschriftliches Exemplar des Vortrags von Carl Zehden.[153] Die Passage über das *gewichtslos machende Zaubermittel* Luftballon mag Ludwig wieder an sein Alpsee-Projekt von 1869 erinnert haben. Zehden führte in seinem Vortrag aus: *Speculative Köpfe erkannten schon im vorigen Jahrhunderte, daß ein Erheben in die Lüfte für den specifisch schweren Menschen möglich wäre, falls es ihm gelänge, sich mit einem Körper zu verbinden, der specifisch viel leichter als die Atmosphäre ist. Dieses den Menschen gewissermassen gewichtslos machende Zaubermittel war der <u>Luftballon,</u> welchen Ende vorigen Jahrhunderts die Brüder Montgolfiers in Annoney erfanden.*

Gegen Ende seines Vortrags zog er das Fazit: *Die Frage der Luftschiffahrt aber haben wir bis zu einem Stadium entwickelt gesehen, daß sie sich in die Frage nach der Herstellung einer möglichst leichten, wirksamen Kraftmaschine zuspitzt. Das steht heute schon fest, sobald wir über einen derartigen practischen Motor verfügen, haben wir mehr (oder) weniger brauchbare Luftschiffe ... Die übergroßen Zweifler, deren es noch mehr als genug gibt, mögen sich zwei Thatsachen zu Gemüthe führen. Erstens wie langsam sich unsere wichtigsten Verkehrsmittel, der Wagen und das Schiff vervollkommneten, und zweitens mit welch' ungeheueren Schwierigkeiten die größten Erfinder auf dem Gebiete des Verkehrs gegen Spott, Neid, Eifersucht und*

Beschränktheit sich durchkämpfen mußten, falls sie nicht im Kampfe erlagen.
Ja gerade in diesem Gebiete der Culturgeschichte begegnen uns die meisten
Erfinder auf einer Art von Calvarienweg.

Vier Jahre nach Ludwigs Tod gab es in Bayern eine »Königlich Bayerische Luftschiffer-Lehrabteilung« und ein weiteres Jahr später (1891)
unternahm Otto Lilienthal seinen ersten gelungenen Gleitflugversuch.
So abwegig oder verrückt war die Flug-Idee König Ludwigs also nicht.
Schon gar nicht war sie die Ausgeburt eines kranken Gehirns, als die sie
v. Gudden hinstellte. Für ihn und seine Mitgutachter wäre es ein leichtes gewesen, sich an Hand der verfügbaren Unterlagen darüber zu informieren, was der König und die von ihm beauftragten Techniker tatsächlich meinten und wollten. So zeigt allein der kleine Abschnitt über den
»Pfauenwagen« in dem insgesamt sehr umfänglichen psychiatrischen
Gutachten, wie oberflächlich und schlampig vorgegangen wurde. Die
Interpretation von Ludwigs Flugideen im Gutachten ist ein gutes Beispiel dafür, daß Gudden an der Wahrheit nicht wirklich interessiert war.
Für Gudden stand das Ergebnis von Anfang an fest. Ersichtlich kam es
ihm nur noch darauf an, die bestätigenden Belege zu sammeln. Die wi-
dersprechenden oder den König entlastenden Fakten ignorierte er.

Gewiß war der »Pfauenwagen« ein besonders publikumswirksames
Detail des Gutachtens. Es leuchtete eben auch schlichten, doch mit der
Gabe des gesunden Menschenverstands versehenen Gemütern ein, daß
verrückt sei, wer sich derartigen Phantastereien hingebe. In der Debatte
der Abgeordnetenkammer am 19. Juni 1886, wenige Tage nach Ludwigs
Tod, mußte bezeichnenderweise gerade der »Pfauenwagen« als Argument für die Unzurechnungsfähigkeit Ludwigs herhalten.

Als Jahrzehnte später Ludwigs Ideen technisch längst in die Tat umgesetzt waren, zog er damit noch immer Hohn und Spott auf sich. So
mokierte sich der Sohn des preußischen Botschafters in Bayern v. Werthern im Kommentar zu dem von ihm herausgegebenen Briefwechsel
seines Vaters Georg mit dessen Bruder Thilo v. Werthern über König
Ludwigs II. Flugpläne: *Warum sollte er sich nicht ein »Flugzeug« bauen las-*
sen aus Holz in Form eines weiß und gold lackierten Schwanes, auf dem man
sitzen konnte, im Hermelinmantel mit Sammetbarett und Diamantagraffe,
das dann auf der Schulter getragen wurde, von 12 strammen Alpenbauern-
burschen, die im Schnee, den Berg herunter Trab laufen mußten, damit er
dächte, er flöge, er wäre Lohengrin und flöge zu seiner Elsa, – oder zu seinem
Richard? – Das macht gar nichts: »Du bleibst der König, auch in Unter-
hosen!«[154]

Es stellt sich die Frage nach den Gründen, die den Ministerrat veranlaßten, sich bei der Frage der Schuldentilgung Ludwigs II. so kompromißlos ablehnend zu verhalten. Bis Anfang der 1880er Jahre war an sich keine Veränderung eingetreten. Ludwig hielt sich in der Einsamkeit der Berge und in seinen Schlössern und Jagdhäusern auf, wo er bis auf manche Repräsentationsverpflichtungen seinen Aufgaben und Obliegenheiten als König nachkam. Daß er die Minister in aller Regel nicht sehen wollte, sondern die Arbeit über den Kabinettssekretär erledigte, war den Herren bisher immer ganz gelegen gewesen; sie konnten umso ungestörter regieren. Ludwig hatte das liberale Ministerium im Amt belassen, obwohl im Landtag die Konservativen die Mehrheit besaßen. Zuinnerst war er nämlich liberal eingestellt, nicht zuletzt als Gegenreaktion auf die übermäßig konservative Erziehung durch seinen Vater. Im Unterschied zu seinen familiären Gegenspielern der Luitpoldinischen Linie, die als erzkonservativ und ultramontan galten, neigte Ludwig II. auch in kirchlichen Dinge zu liberalen Auffassungen. Er sympathisierte mit dem Stiftsprobst Ignaz Döllinger, der sich wegen der beiden Dogmen der unbefleckten Empfängnis Mariens (1854) und der päpstlichen Unfehlbarkeit (1870) mit Rom überworfen hatte. Döllinger wurde 1871 vom Papst exkommuniziert. Ludwig II. beließ den traditionsgemäß dem Königshaus sehr verbundenen Theologen jedoch in allen Ämtern und Ehrenstellungen.

Anläßlich einer geplanten Italienreise schrieb Ludwig in einem Brief vom 27. Oktober 1874 an Graf Dürckheim: *Obwohl ich durchaus keine Begeisterung für die Geschichte Italiens fühle, und keine Sympathie für seine Bevölkerung hege, so ziehen mich die in diesem gesegneten Lande zahlreich und wundervoll wie kaum sonst auf Erden zu schauenden Kunstwerke jeder Art doch in hohem Grade an; besonders Venedig, Florenz, Neapel, vor allem aber Rom, wo es aber noch sehr die Frage ist, ob es möglich ist, dem Hl. Vater auszukommen.*[155]

Der Papst, dem er nicht begegnen wollte, war Pius IX., unter dessen Amtsführung das Marien-Dogma von der unbefleckten Empfängnis erlassen wurde. In die Amtszeit Pius' IX. fiel auch das 1. Vatikanische Konzil von 1869/70 mit der neuen dogmatischen Definition der Unfehlbarkeit des Papstes.

Nach den mißglückten Versuchen eines Regierungswechsels in den 1870er Jahren wurde Ludwig II. in der ersten Hälfte der 1880er Jahre abermals bedrängt, ein neues Ministerium zu berufen, das der Landtagsmehrheit entspräche, die sich noch stärker auf die konservative

Seite verlagert hatte. Inzwischen war Ludwig, der bislang konsequent am liberalen Ministerium festgehalten hatte, einem Regierungswechsel hin zur konservativen Seite nicht mehr ganz abgeneigt. Prinz Luitpold war im Gegensatz zu Ludwig immer dafür gewesen, das liberale Ministerium gegen ein konservatives auszuwechseln. Doch nun stellte er sich plötzlich auf die Seite des regierenden liberalen Ministeriums. Dieser Umstand ist für die folgenden Ereignisse zu beachten.

Bereits im September 1885 befahl Prinz Luitpold den Vorsitzenden des Ministerrates Lutz zu sich und stellte unter Hinweis auf die finanziellen Verhältnisse der Kabinettskasse die Frage, ob das Ministerium nicht im Interesse des Landes Bayern einschreiten müsse. Lutz bejahte, schob den Schwarzen Peter aber wieder zu Prinz Luitpold zurück, der ihn gerne bei der Regierung gehabt hätte. Lutz war sich der ohnehin gefährdeten Position des Ministeriums bewußt und wollte zu diesem frühen Zeitpunkt kein weiteres Risiko eingehen. Luitpold akzeptierte das und wünschte nur einen Wink hinsichtlich des richtigen Zeitpunktes. Die immer wieder anzutreffende Behauptung, Prinz Luitpold habe in edler Zurückhaltung lange gezögert, ehe er zur Regentschaftsübernahme bereit war, er habe sich dazu schweren Herzens und bloß aus Pflichtgefühl drängen lassen, trifft nicht den Kern der Sache. Wenn Luitpold die Regentschaft wirklich nicht gewollt hätte, dann hätte er sie seinem Sohn Ludwig überlassen können, der seinerseits nicht ungern Prinzregent geworden wäre. Immerhin war Luitpold bei Übernahme der Regentschaft mit fünfundsechzig Jahren bereits im pensionsfähigen Alter, Prinz Ludwig hingegen gleichaltrig mit Ludwig II., zu diesem Zeitpunkt also im besten Alter von einundvierzig Jahren. In den Augen des österreichischen Botschafters Karl v. Bruck stellte sich Luitpolds zögernde Haltung damals so dar: *Wie man mir beifügte, ist dies dahin zu verstehen, daß Prinz Luitpold fürchtet, seinen Pudel nicht mehr täglich nach Nymphenburg fahren zu können und seine wöchentlichen Kegelpartieen aufgeben zu müssen ... Es bliebe dann freilich der Ausweg, daß Prinz Luitpold, um aus seinen alten Gewohnheiten nicht herauszukommen, zu Gunsten des Prinzen Ludwig abdiziern könnte, dazu scheint bisher aber am allerwenigsten Lust vorhanden zu sein und spielt wieder der Ehrgeiz die erste Rolle.*[156]

In den diplomatischen Kreisen Münchens sprach man seit längerem über eine mögliche Regentschaft. So hatte v. Werthern schon am 30. Januar 1883 an Bismarcks Schwiegersohn Graf Rantzau geschrieben, daß seit Zieglers Rücktritt als Kabinettssekretär »das Haus Luitpold in permanenter Beratung« sitze und man sich allmählich auf die Regentschaft einrichte. Weiter bemerkte er: *Unsere bisherigen guten Freunde im Hofe und im Stalle sind dabei nicht die letzten.* Wer gemeint war, ist bekannt: Oberststallmeister v. Holnstein gehörte sicher zu den »guten Freunden«.

Im Sommer 1885 führte der Ministerratsvorsitzende v. Lutz mehrere Gespräche mit Prinz Luitpold über eine mögliche Regentschaft. Danach änderte Luitpold seine Haltung gegenüber dem liberalen Ministerium, dessen Ablösung er nun nicht mehr befürwortete. Im Gegenteil: es gab in der Folgezeit eine feste Zusage an Lutz und seine Ministerkollegen, daß sie bei einem Wechsel des Regenten im Amt blieben. Der österreichische Gesandte v. Bruck berichtete am 5. Februar 1886 an den Außenminister Graf Kálnoky nach Wien: *Es fanden ... sehr vertrauliche Besprechungen zwischen Prinz Luitpold und Herrn v. Lutz statt, die zu dem Resultate führten, daß Prinz Luitpold sich bestimmt dafür ausgesprochen hat, er würde, im Falle er an die Spitze einer Regentschaft treten müsse, unbedingt das derzeitige Ministerium beibehalten und gar keine Personaländerung in demselben vornehmen. Seitdem es Herrn von Lutz gelungen ist, das ganze Vertrauen des Prinzen Luitpold zu gewinnen, ist die Möglichkeit einer Regentschaft viel näher gerückt.*

Dieselbe Nachricht kommentierte am gleichen Tag der preußische Legationssekretär Graf Eulenburg-Hertefeld in einem Schreiben an Herbert v. Bismarck: *Er* [d. i. Lutz] *hat sehr geschickt operiert, und seine bestimmte Äußerung, daß Prinz Luitpold im Falle einer Regentschaft mit dem jetzigen Ministerium weiterarbeiten würde, läßt auf ein Einverständnis der beiden alten Jagdfreunde Luitpold und v. Lutz schließen. Dieser Fall würde für uns unzweifelhaft der günstigste sein.* Lutz hatte persönlich Eulenburg darüber informiert, *daß ihm Prinz Luitpold sechsmal die unbedingte Versicherung habe aussprechen lassen, daß er bei einem Wechsel das derzeitige Ministerium beibehalten wolle.*[157]

Johann v. Lutz kam es wohl auch auf die Beibehaltung seiner eigenen Stellung an. König Ludwig II. hatte ihn stets gefördert; ihm hatte Lutz seinen Aufstieg und seinen Adelstitel zu verdanken. Das zählte offensichtlich nicht mehr als er oben war und eine etwaige Ablösung durch Ludwig befürchten mußte.

Lutz blieb nach dem Tode König Ludwigs unter Prinzregent Luitpold zwar im Amt, mußte aber schon bald gegen Schwierigkeiten ankämpfen und in manchen Positionen zurückstecken, als bereits 1887 erneut kirchenpolitische Auseinandersetzungen entbrannten. Aus Gesundheitsgründen trat er am 3. Mai 1890 überraschend zurück, fast gleichzeitig mit Bismarcks Entlassung. Das war sicher kein Zufall, denn Lutz hatte in der Führung des Kulturkampfs in Bayern mit Kanzelparagraph usw. seinen Meister Bismarck noch übertroffen und war von Bismarck im Amt gestützt worden, auch wenn dieser nicht immer mit dem Vorgehen von Lutz einverstanden war, wie er nach seiner Absetzung dem fränkischen Publizisten Anton Memminger mitteilte.[158] Wenige Monate nach seinem Rücktritt ist Johann v. Lutz im Alter von vierundsechzig Jahren verstorben. Der bayerische Historiker Karl Alexander von Müller hat über ihn geurteilt: *Lutz gehört zu den umstrittensten, aber auch zu den bedeutendsten Persönlichkeiten der neuen bayerischen Geschichte.*

Es gab im vorigen Jahrhundert in der königlichen Haupt- und Residenzstadt München ein sehr dicht gesponnenes politisch-gesellschaftliches Beziehungsgeflecht; dazu gehörte auch, was man heute »Seilschaften« nennt und was schon damals »Spezl-Wirtschaft« hieß. Ein idealer gesellschaftlicher Ort der Kommunikation und Pflege solcher Beziehungen war die Jagd. Wie der Minister v. Lutz, so war auch der Bildhauer und Erzgießer Ferdinand v. Miller d. J. ein Jagdfreund des Prinzen Luitpold. Miller erinnerte sich später an Gespräche, die schon Anfang 1885 über eine mögliche Regentschaft geführt wurden und an denen er selber beteiligt war. In seinen »Erinnerungen an den Regenten« zitiert Miller eine Äußerung von Prinz Luitpold ihm gegenüber: *Man hat mir die Übernahme der Regentschaft nahegelegt. Das werde ich aber nie tun, bis nicht von allen Ärzten die Krankheit genau festgestellt ist.* Luitpold hat also mit seinen Freunden ganz offen über die Regentschaft geredet und sie anscheinend nicht als eine höchst vertrauliche Staatsangelegenheit betrachtet. Überdies steckt in Luitpolds Aussage ein erster Hinweis auf das psychiatrische Gutachten.

Im Sommer 1885 und auf den Herbstjagden des gleichen Jahres wurden dann die Unterredungen zwischen Luitpold und v. Lutz fortgeführt.

Zwei wichtige Knotenpunkte im politischen Beziehungsgeflecht bildeten zweifellos die preußische Botschaft mit dem Gesandten Georg v. Werthern und dem Legationssekretär Philipp zu Eulenburg-Hertefeld sowie die österreichische Botschaft mit ihrem Botschafter Karl v. Bruck. Die Macht lag allerdings auf der preußischen Seite. Werthern saß wie eine Spinne im Netz, die, assistiert von Eulenburg-Hertefeld, ihre Fäden nach allen Richtungen gesponnen hatte. Auch v. Gudden, der Verfasser des entscheidenden Gutachtens über König Ludwig II., verkehrte seit den 1870er Jahren im Hause v. Wertherns.

Einer der Hauptinformanten Wertherns war Graf Holnstein, der die Preußen mit allen wissenswerten Hofnachrichten versorgte. Holnstein hatte zudem eine ausgeprägt feine Witterung für alles Kommende und wußte sich meistens rechtzeitig darauf einzustellen. Diese Wendigkeit Holnsteins sei im folgenden ausführlicher beschrieben. Als 1881 das katholische Zentrum aus den Reichstagswahlen als stärkste Partei hervorgegangen war und auch in Bayern im gleichen Jahr die Konservativen die absolute Mehrheit im Landtag bekamen, hielt Bismarck aus innenpolitischen Gründen eine partielle Aufweichung der Kulturkampfgesetze für geraten. Holnstein, der davon schnell Wind bekam, schwenkte flugs vom liberalen Lager zu den Konservativen über. Eine Rolle mag für ihn auch gespielt haben, daß es erste Anzeichen für die Ablösung König Ludwigs durch einen Regenten gab und als nächste Agnaten die Prinzen Luitpold und Ludwig anstanden, die damals noch beide der konservativ-ultramontanen Seite zugerechnet wurden. Holnstein marschierte also in seinen Eigenschaften als Mitglied der Kammer der Reichsräte, als starker Mann bei Hofe und als Duzfreund Herbert v. Bismarcks zum Vorsitzenden des Ministerrates Johann v. Lutz, um ihm den »freundschaftlichen Rat« zu geben, möglichst bald zurückzutreten. Es gehe nämlich nicht länger an, daß ein bayerischer Kultusminister keine religiöse Gesinnung habe. Lutz hatte als strammer Kulturkämpfer die Wendung des Reichskanzlers nicht mitmachen wollen und sich im Reichstag sogar gegen die Bismarckschen Aufweichungstendenzen ausgesprochen. Lutz reagierte unverzüglich auf das Vorpreschen Holnsteins und setze nun seinerseits seine Beziehungen ein. Er wandte sich sofort an den königlichen Kabinettssekretär Ziegler, mit dem ihn eine enge Freundschaft verband, um die Meinung König Ludwigs in dieser Frage auszuloten. Aus dem Kabinett kam sehr bald die beruhigende Nachricht, der König teile nicht die Auffassung des Oberststallmeisters v. Holnstein. Doch damit gab sich der mißtrauisch gewordene Lutz noch nicht zufrieden. Freund Ziegler mußte ein huldvolles Handschreiben des Königs erwirken, das sich an Lutz persönlich richtete und in dem Ludwig II. seinem Minister und dessen »Amtsgenossen« seinen Dank, seine Anerkennung und seine Unterstützung aussprach. Ziegler entwarf dieses Schreiben und Lutz begutachtete es, bevor es am 23. Februar 1882 dem König zur Unterschrift vorgelegt wurde. Damit der Brief auch die rechte Öffentlichkeitswirkung erhielt, wurde er in den Münchener Neuesten Nachrichten vom 1. März 1882 publiziert. (Das vollständige Schreiben ist im Anhang, S. 378, abgedruckt.)

Lutz und das liberale Ministerium waren wieder einmal der konservativen Gefahr entronnen. Über Bismarcks Auffassung hatte sich Lutz lange zuvor bei v. Werthern kundig gemacht. Der schrieb darüber am 28. November 1881 an Graf Rantzau: *Unserem dicken Freund Lutz geht der Anus sehr auf Grundeis und der Abschied von der süßen Gewohnheit des ministeriellen Daseins und dem affilierten Wildpark in Anzing wird ihm entsetzlich schwer. Im Lauf unserer langen Unterredung fragte er mich, ob der Fürst sich über die Lage in Bayern geäußert habe? ... Ja, wenn der Fürst riete ... meinen Krempel einzupacken und abzuziehen, so würde das sehr in die Waagschale fallen.*

Lutz' Befürchtungen mögen Werthern momentan amüsiert haben, Holnsteins Schwenk auf die konservative Seite verärgerte ihn nachhaltig. Folglich versuchte er, Holnstein beim Reichskanzler und dessen Sohn Herbert v. Bismarck, mit dem Holnstein eng befreundet war, in Mißkredit zu bringen. Gleichzeitig unternahm er es, Holnstein auch bei den bayerischen Ministern anzuschwärzen. Der Lebenslauf des Oberststallmeisters gab genügend Anhaltspunkte und ein tüchtiger Botschafter hatte für diesen Fall seine Dossiers parat.

Am 28. November 1881 erzählte Georg v. Werthern in einem Brief an Herbert v. Bismarck: *Zu den abtrünnigen guten Freunden ... gehört auch Holnstein. Vorgestern sagte er in seiner impertinenten Weise zu meiner Frau, wäre der Fürst mir gefolgt, so stünde er heute anders da ... Wenn er* [d. i. Holnstein] *sich jetzt zu Tische setzt, schlägt er fromm das Kreuz wie ein Kooperat!* Einen Tag später berichtete Werthern von einem Besuch beim Minister des Königlichen Hauses und des Äußeren Crailsheim: *Heute früh war ich bei Crailsheim. Er bestätigte mir, daß Holnstein ein gläubiger Katholik geworden ist und nimmt sicher an, daß derselbe gegen Simultanschulen und Zivilehe im Reichsrat stimmen wird. Dieser Umschwung stamme aus der Erwartung, daß auch in Berlin ein frommer Wind wehe und der Fürst dem Zentrum große Konzessionen machen wolle. Daß die hiesige Schwarze Partei ihre Direktiven vom Zentrum bekommt, hält Crailsheim für ausgemacht und davon, ob letzterem der Kamm wächst oder nicht, wird auch Lutzens Schicksal abhängen, wenigstens zum großen Teil.*

Friedrich v. Crailsheim hatte ebenfalls seine Fäden zur preußischen Botschaft gezogen. Er musizierte häufig mit dem Botschaftssekretär Eulenburg-Hertefeld, dem er 1885 sogar die Aufführung eines Schauspiels, das Eulenburg geschrieben hatte, am Münchner Hoftheater ermöglichte.

In der Folge fuhr die preußische Botschaft noch schwereres Geschütz gegen Graf Holnstein auf. Es handelte sich um den »Fall Rixinger«, der hier insofern von Interesse ist, als in seinem Zusammenhang Holnstein auch der Unterschlagung von Geldern aus der Königlichen Kabinettskasse beschuldigt wurde. Botschafter v. Werthern meldete unter Beifügung von Aktenstücken im Frühjahr 1883 nach Friedrichsruh: *Hildegard Rixinger, die viel bekannte Courtisane, Tochter des Hofbeleuchtungsdieners Jakob Rixinger und Schwester der berühmten Schwindlerin Marie Rixinger, hat ein sehr bewegtes Leben hinter sich. Ihre Schönheit ... ihr distanziertes äußeres Wesen und ihr natürlicher Witz ... machten sie der Männerwelt bis in die neueste Zeit begehrenswert ... Besonders opferte der bayerische Adel an ihrem Altare ... Wenige kennen die Geheimnisse des abenteuerlichen Lebens dieser Person. In München, Hamburg, Wiesbaden, Baden-Baden, Saxon am Genfersee, Monaco, New York, New Orleans, Rio de Janeiro und Wien warf sie unter den Namen Deutsch, Reichmann, und Erkens ihre Netze aus. Nach München zurückgekehrt, kam sie gerade recht, sich der aufblühenden Tochter Albertine ... ihrer oben bezeichneten Schwester Marie anzunehmen, welche schon im Jahre 1866 wegen Betrugs mit 4 Jahren Zuchthaus bestraft, einer neuen Verurteilung wegen Betrugs entgegensehend sich in Untersuchungshaft befand. In dieser bedrängten Lage sucht Hildegard Rixinger alte Freunde auf, darunter den ... Grafen Holnstein und zwar mit gutem Erfolg ... Zu ihr unterhielt er ein Verhältnis ... Das vertrauliche gegenseitige »Du« scheint aus früherer Zeit zu datieren. Aber auch noch andere Vertraulichkeiten gehen auf eine frühere Zeit zurück, in welcher Graf H., plötzlich zu hohen Würden gelangt, eine mächtige Hand hatte und sich großen persönlichen Vertrauens seines ah. Herrn erfreute. Damals hatte Hildegard R. auch Zutritt zum Arbeits-Cabinett des Grafen; sie scheint ihm sogar bei kleineren schriftlichen Arbeiten geholfen und Einblicke in höchst intime Angelegenheiten genommen zu haben ... Dieser Freundin bediente er sich außerdem, um durch Fälschungen der Unterschrift des Königs erhöhte Summen von der Kabinettskasse zu erlangen ... In neuerer Zeit bilden diese Affären für Hildegard R. eine ergiebige Quelle, dem Grafen H. nicht unbeträchtliche Summen abzupressen. Er suchte sie sich daher in wenig kluger Weise durch Verdächtigungen beim Polizeipräsidenten Pechmann zu entledigen. Dadurch kam die Angelegenheit erst ins Rollen. Die Untersuchung des Falles wurde einem »diskreten Polizeirat« übertragen.*

Es gelang Werthern jedoch nicht, die Stellung Holnsteins zu erschüttern. Der »Roßober« saß – um ein Bild zu gebrauchen – zu fest im Sattel; er hatte Verbindungen nach allen Seiten, wußte über zu vieles Bescheid und hatte es verstanden, sich die richtigen Leute zu verpflichten.

Aus der nachfolgenden Königstragödie ging Maximilian Graf v. Holnstein eher gestärkt hervor, konnte er sich doch auch in dieser Angelegenheit an den richtigen Stellen nützlich machen. Als intimer Kenner der Hofverhältnisse unter Ludwig II. und bereit, am Sturz seines Gönners mitzuhelfen, wurde er von Prinz Luitpold in die Vorbereitungen zur Regentschaftsübernahme eingebunden. Holnstein war auch Mitglied der ersten erfolglosen »Fangkommission«, die den König in Neuschwanstein abholen sollte. Der ihm unterstellte Stallmeister Hornig war einer der Hauptinformanten, die Gudden mit Material für sein Gutachten versorgten. Hornig befand sich damit in Gesellschaft des langjährigen Kabinettssekretärs v. Ziegler, der dank seiner guten Verbindungen zu Lutz inzwischen in der Hierarchie des Kultusministeriums aufgerückt war. Ziegler seinerseits war wiederum mit Botschafter v. Werthern befreundet und galt als »Intimus« des bayerischen Innenministers Max v. Feilitzsch'. Auch für Ziegler lohnte sich die Mitwirkung bei der Königstragödie. Am 31. Oktober 1886, drei Monate nach dem Tod König Ludwigs II., wurde er Staatsrat, 1888 Regierungspräsident von Oberpfalz und Regensburg und 1894 Regierungspräsident von Oberbayern.[159]

Doch nun wieder zurück zum Ablauf der Ereignisse 1885 in München. Als man König Ludwigs Absicht bemerkt hatte, das liberale Ministerium gegen eine der Landtagsmehrheit entsprechende konservative Regierung auszuwechseln, war Alarm geschlagen worden und das nicht von den bayerischen Ministern sondern auch in der preußischen Botschaft in München. Die bayerische und preußische Presse brachte immer häufiger kritische Beiträge, die sich zunehmend deutlicher und schärfer mit König Ludwig II., seinem Lebensstil, seinen ungewöhnlichen Verhaltensweisen, seinen Schulden und den daraus angeblich dem Land Bayern drohenden Gefahren befaßten. Den Auftakt hatte der Berliner Börsencourier mit dem hier bereits behandelten Artikel vom 17. September 1885 gemacht. Nachdem die Minister glaubten, die Öffentlichkeit sei genügend vorbereitet, wurde Bernhard v. Gudden gerufen. Man wußte, daß die Schuldenlage der Kabinettskasse allein zu einer Amtsenthebung nicht ausreichen würde.

Das psychiatrische Gutachten

Der Psychiater Prof. Dr. Bernhard v. Gudden war 1872 gegen den Widerstand der zuständigen Fakultät der Ludwig-Maximilians-Universität München und gegen die Meinung eines der königlichen Leibärzte, Dr. Max v. Gietl, aber auf Druck des Ministeriums, nach München berufen worden. Gudden gehörte zu den namhaftesten deutschen Psychiatern seiner Zeit. Bevor er nach München kam, war er Professor für Psychiatrie an der Universität Zürich; davor – von 1855 bis 1869 – war er Leiter der Kreis-Irrenanstalt Werneck bei Würzburg gewesen, die er zur modernsten Anstalt Deutschlands ausgebaut hatte.

Bereits am 23. März 1886 bot Gudden dem Ministerium an, nach Vorlage von Zeugenaussagen ein schriftliches Gutachten zu erstellen, das König Ludwig II. Geisteskrankheit bescheinige und seine Regierungsunfähigkeit dokumentiere. Damit wäre die Möglichkeit gegeben, ihn wie seinen Bruder Otto zu internieren. Wenn außerdem anzunehmen war, daß der Zustand der Regierungsunfähigkeit des Königs länger als ein Jahr dauern würde, bestand nach der bayerischen Verfassung die Möglichkeit, einen anderen Regenten einzusetzen. Auch ein solcher Zeitfaktor mußte im Gutachten seinen Niederschlag finden.[160]

Es gibt einen düsteren Ausspruch von Nostradamus: *Wenn der Karfreitag auf St. Georg, Ostern auf St. Markus, Fronleichnam auf St. Johannis fiele, so sei Schreckliches zu erwarten.* Tatsächlich fielen diese Feiertage im Jahre 1886 mit den Heiligenfesten zusammen.

König Ludwig hatte im Winter 1885/86 das Hoflager nicht wie bisher nach München verlegt, er war im Gebirge geblieben. Am 16. Januar 1886 berichteten die Münchener Neuesten Nachrichten: *Verschiedene Blätter melden, daß die Hierherkunft Sr. Maj. des Königs von Hohenschwangau am 13. nächsten Monats erfolgen werde. Nach eingezogenen Erkundigungen erfahren wir nun, daß über die Verlegung des Hoflagers hierher heuer noch keine Verfügung erfolgt ist.*

Acht weisse Elefanten bringen mich nicht dorthin, soll König Ludwig zu diesem Zeitpunkt über eine Rückkehr in seine Hauptstadt geäußert haben.

Am 23. März 1886 fand die erste Unterredung zwischen Bernhard v. Gudden und dem Ministerratsvorsitzenden v. Lutz statt, bei der Gudden sich bereit erklärte, ein psychiatrisches Gutachten über König Ludwig II. auszuarbeiten. Im Auftrag des Ministerrats stellte Gudden dann im Juni in nur zwei Tagen sein Gutachten fertig, das im wesentlichen nichts anderes enthält als die Wiedergabe einer Fülle den König belastenden Materials aus der Feder oder aus mündlichen Berichten von Bediensteten, Stallknechten und Hofschranzen. Betrachtet man die Liste der Zuträger, so zeigt sich, daß nicht wenige der Informanten bei Ludwig in Ungnade gefallen waren oder nicht die erwartete Förderung erfahren hatten. Zahlreiche für Ludwig günstige Stellungnahmen, die bei der Abfassung des Gutachtens vorlagen, wurden nicht verwendet. Personen, von denen von vornherein Angaben über gesunde Züge im Charakter des Königs zu erwarten waren, wurden erst gar nicht befragt, auch dann nicht, wenn sie sich selbst als Zeugen anboten.

Daß ein Punkt des Gutachtens, nämlich die Sache mit dem »Pfauenwagen« als Argument für eine Geistesstörung Ludwigs nicht haltbar ist und nur zustande kam, weil man sich nicht die Mühe machte, den einzelnen Behauptungen der Befragten nachzugehen, ist im vorausgegangen Kapitel schon dargelegt worden. Einer weiteren Feststellung, die viel Aufsehen erregte, muß ebenfalls mit sehr viel Skepsis begegnet werden. Dem Kammerdiener Mayr soll es laut Gutachten 1882 ein ganzes Jahr lang nur mit einer schwarzen Maske vor dem Gesicht erlaubt gewesen sein, beim König zu erscheinen, weil Ludwig wegen eines Fehlverhaltens von Mayr dessen Gesicht nicht habe sehen wollen. Ferner steht in dem Gutachten, etwa um 1885 habe der König das chinesische Hofzeremoniell für seine Dienerschaft eingeführt. Aufschlußreich ist in diesem Zusammenhang, daß sich in einer französischen Reisebeschreibung über Deutschland aus dem Jahre 1875 neben einer Reihe von Unfreundlichkeiten über Mitglieder des bayerischen Königshauses auch der Hinweis findet, beim König von Bayern müsse ein Hofzeremoniell ähnlich dem chinesischen eingehalten werden.[161] Hier dürfte eine der trüben Quellen gefunden sein, aus der die Zeugen Guddens fischten und durch die ihre Phantasie beflügelt wurde. Wohl weil es sich gar so schön erzählte, gab Mayr die Aussage über das Tragen von schwarzen Masken in einer nachträglichen Vernehmung vom 15. Juni 1886, also nach dem Tod des Königs, nochmals zu Protokoll. Doch macht die mehrmalige Behauptung eine Aussage nicht glaubwürdiger.

Franz Carl Müller, Assistenzarzt bei v. Gudden und tätig in Fürstenried bei Prinz Otto, berichtete über seine Erlebnisse während der »letzten Tage Ludwigs II.«: *Mein Chef, Obermedizinalrat v. Gudden ...*

Bernhard von Gudden

schwieg wie das Grab. Da, es war am 24. Mai, als er auf dem sonntäglichen Besuche nach Fürstenried kam, führte er plötzlich, ohne jede äußere Veranlassung eine Unterhaltung herbei und sprach fast eine Stunde lang vom König, daß er ihn für krank halte, und zwar für verrückt, daß seine Krankheit der des Prinzen Otto sehr ähnlich sei, daß es nicht mehr lange so fort gehen könne und dergl. mehr. Wir waren über diesen Offenheitsausbruch sehr erstaunt und ich sagte [zu einem Kollegen:] ... Soviel ich den Chef kenne, hat er einen bestimmten Grund gehabt, darüber zu sprechen. Passen Sie auf, nun geht es bald los.

Und an anderer Stelle: *Am 1. Juni kehrte ich nach München zurück. Man merkte sowohl an den vielen Besuchen, die Gudden von hohen Staatsbeamten erhielt, als auch an seiner durch fortdauernde Beschäftigung hervorgerufenen Unsichtbarkeit, dass Grosses bevorstände ... Am 8. Juni kam Gudden zur üblichen Conferenzstunde ins ärztliche Bureau und nahm ... mich mit ins Vorzimmer. Dort sagte er mir: in den nächsten Tagen wird die Regentschaft eingesetzt, wir fahren morgen nach Hohenschwangau und erklären dies dem König, dann fahren wir mit dem König nach dem Linderhof, wo er behandelt wird. Sie gehen mit mir, übernehmen die Behandlung in Linderhof. Treffen Sie die nötigen Vorbereitungen für eine Reise von 14 Tagen.*[162]

Die Frage muß offenbleiben, warum Müller, der die Behandlung König Ludwigs in dem zunächst dafür vorgesehenen Schloß Linderhof hätte übernehmen sollen, sich auf Anweisung Guddens nur für eine »Reise von 14 Tagen« vorbereiten sollte.

Der frühere Hofsekretär v. Bürkel notierte zum Verhalten der verantwortlichen Politiker: *Nachdem bei E.* [d.i. Exzellenz Friedrich v. Crailsheim, Außenminister) *durch die Irrenärzte die Gewißheit der geistigen Erkrankung feststand, war es ihm nur mehr darum zu thun, durch möglichst drastische Fälle diese Überzeugung auch dem Publikum beizubringen, deshalb ließ er sich nur solche ganz starken Stücke erzählen, und bildete aus solchen ausschließlich das Protokoll ... Lutz wollte zunächst gerichtliches Einschreiten, Ganterklärung* [d.h. Zwangsvollstreckung] *provozieren, denn einen König auf der Gant gäbe es nicht; allein Crailsheim und Klug* [zu diesem Zeitpunkt Hofsekretär] *waren dagegen, weil die Wirkung nicht so sicher war.*[163]

Wie ein vorweggenommener Kommentar zu der Art und Weise, in der das Gutachten über den Geisteszustand König Ludwigs zustande kam und dann verwendet wurde, liest sich da ein Artikel aus den Münchener Neuesten Nachrichten, der freilich nicht im Jahre 1886 erschienen ist, sondern bereits zwei Jahrzehnte früher publiziert wurde, als im zweiten Regierungsjahr König Ludwigs das Kabinettssekretariat zur Diskussion stand. In den Münchener Neuesten Nachrichten stand am 2. Dezember 1865: *Ist es loyal, dem Könige vorzuschreiben, welchen Personen er in Privatangelegenheiten Vertrauen schenken und welcher Richtung er in Kunst oder Musik angehören soll? Ist es loyal, ihm vorzurechnen, wieviel er für seine Privatneigungen aus eigenen Mitteln verausgabt? Ist es loyal, wenn man sich an die Fersen der königl. Bediensteten heftet, um selbst die Anzahl der Krüge Bier, die der königliche Haushalt täglich konsumirt, zu erfahren? Ist es loyal, wenn Personen die Worte und Absichten des Königs, die sie durch dessen Vertrauen erfahren, sofort der ihnen ergebenen Presse mittheilen, mit dem Auftrage, sie zu verdrehen? Im bürgerlichen Leben jagt man eine Magd davon, die, was im Hause vorgeht, oder ihrer Dienstherrschaft Übles nachredet, die Klatschweiber am königl.* **Hoflager haben nur dem Hochsinn des Monarchen zu danken, daß ihnen nicht gleiches geschieht.**

Eine Untersuchung König Ludwigs durch den Psychiater Gudden oder wenigstens ein ärztliches Gespräch fand weder zu einem früheren noch zu dem aktuellen Zeitpunkt statt, an dem Gudden das Gutachten erstellte. Es wurde auch – wie am Beispiel des »Pfauenwagens« deutlich gemacht werden konnte – keinerlei Quellenforschung betrieben, aus Schriftstücken König Ludwigs wurde mißverständlich und zusammenhanglos zitiert, keine der verwendeten Zeugenaussagen wurde überprüft oder mit zugänglichen anderen Belegen verglichen.

Der von Gudden angeblich um den 7. Juni 1886 – seinem zweiundsechzigsten Geburtstag – in Tag- und Nachtarbeit mit heißer Feder niedergeschriebene Entwurf für das Gutachten wurde am 8. Juni drei weiteren nach München berufenen Ärzten vorgelegt und von ihnen unterschrieben, obwohl sie nach eigenem Bekunden an der Ausarbeitung des Gutachtens nicht mitgewirkt hatten. Die Unterzeichner waren – neben Dr. v. Gudden – seine früheren Mitarbeiter Dr. Hagen, Königlicher Hofrat und Direktor der Psychiatrie in Mittelfranken, Dr. Hubrich, Königlicher Hofrat und Nachfolger Guddens in der Psychiatrie Werneck sowie Prof. Dr. Grashey, Direktor der Psychiatrie in Würzburg und Schwiegersohn Guddens. Keiner der drei hatte König Ludwig ärztlich untersucht, bevor er am 8. Juni 1886 seine Unterschrift unter das Gutachten setzte. Hubrich war ein paar Monate vor Abfassung des Gutachtens, am 4. Dezember 1885, mit dem Ritterkreuz I. Klasse des königlichen Verdienstordens vom Hl. Michael ausgezeichnet worden.

Als Fazit ihres Gutachtens über den Geisteszustand König Ludwigs II. erklärten alle vier unterzeichneten Ärzte »einstimmig«:

1. Seine Majestät sind in sehr weit fortgeschrittenem Grade seelengestört und zwar leiden Allerhöchstdieselben an jener Form von Geisteskrankheit, die den Irrenärzten aus Erfahrung wohl bekannt mit dem Namen Paranoia (Verrücktheit) bezeichnet wird;

2. Bei dieser Form der Krankheit, ihrer allmählichen und fortschreitenden Entwicklung und schon sehr langen, über eine größere Reihe von Jahren sich erstreckender Dauer ist Seine Majestät für unheilbar zu erklären und ein noch weiterer Verfall der geistigen Kräfte mit Sicherheit in Aussicht.

Hubert von Grashey

3. Durch die Krankheit ist die freie Willensbestimmung Seiner Majestät vollständig ausgeschlossen, sind Allerhöchstdieselben als verhindert an der Ausübung der Regierung zu betrachten und wird diese Verhinderung nicht nur länger als ein Jahr, sondern für die ganze Lebenszeit andauern.

Das ärztliche Gutachten über König Ludwigs Geisteszustand vom 8. Juni 1886 ist zusammen mit dem Nachtrag nach Vorliegen des Obduktionergebnisses vom 17. Juni 1886 ungekürzt im Anhang (S. 379 ff.) abgedruckt.

Oberstleutnant Karl Theodor v. Washington, der als Adjutant König Ludwigs nach Schloß Berg abgestellt worden war, berichtete später über ein Gespräch zwischen den Psychiatern Grashey und Gudden, das stattfand, nachdem Grashey den bereits in Berg internierten König längere

Zeit gesprochen hatte: *Gudden, Zanders* [kgl. Stabskontrolleur] *und ich standen in der Laube im Hof, als Dr. Grashey vom Besuch S. M. kam und sagte:* »*Für rettungslos halte ich den Zustand S.M. nicht.*« *Gudden war darüber aufgebracht. Er sagte mit kurzen Worten:* »*Darüber sprechen wir ein anderes Mal.*« *Das Gespräch wurde abgebrochen und wir gingen auseinander ...*[164]

Grashey, der Schwiegersohn v. Guddens, hatte das Gutachten, das König Ludwig lebenslang andauernde Geisteskrankheit bescheinigte, zwar unterschrieben, war aber nach dem Gespräch mit Ludwig offensichtlich nicht mehr davon überzeugt, daß sein Zustand so »unheilbar« sei, wie im Gutachten stand. Guddens autoritäre und abwehrende Reaktion zeigt, daß er keine vom Tenor des Gutachtens abweichende Meinung zuzulassen bereit war. Grashey, der sich wohl widerspruchslos fügte, scheint kein sehr strenges ärztliches Gewissen gehabt zu haben.

Der Psychoanalytiker Wolfgang Schmidbauer und der Psychiater und Neurologe Johannes Kemper haben sich ausführlich mit dem Krankheitsbild König Ludwigs befaßt und dabei das Guddensche Gutachten sowie den Sektionsbefund kritisch unter die Lupe genommen. Sie kommen in ihrem 1986 erschienenen Buch zu einem für ihre damaligen Kollegen außerordentlich negativen Ergebnis. Das Gutachten, so ihr Urteil, kam auf methodisch nicht korrekte Art und Weise zustande. Gudden und die drei anderen Ärzte arbeiteten unwissenschaftlich, auch in Relation zum damaligen Wissensstand; sie waren nicht in der Lage, von ihren Vorurteilen abzusehen. Ein Teil der Informanten log. Zur Zusammensetzung des Gutachtergremiums heißt es bei Schmidbauer und Kemper: *Es berührt jedoch immer noch merkwürdig: Ausschließlich die Direktoren der fränkischen Nervenkrankenhäuser, die einen ihrer Leute in der Landeshauptstadt in führender Position hatten, erstatteten das Gutachten. Warum war aus den anderen bayerischen Bezirken niemand vertreten? Es wird viel vom Mißbrauch der Psychiatrie als verlängertem Arm des Staates gesprochen, aber bot sie sich hier nicht auch an?*

Als nicht vorurteilsfrei und insofern unzulänglich kritisieren Schmidbauer und Kemper auch ein Gutachten neueren Datums, das Wilhelm Wöbking im Rahmen seines Buches »Der Tod König Ludwigs von Bayern« in Auftrag gab.

Ihre eigene Antwort auf die Frage »Wie krank war Ludwig II. wirklich?« fassen Schmidbauer und Kemper in folgenden Punkten zusammen:

Seelengestört war Ludwig II. unzweifelhaft, aber Paranoia hatte er nicht. Ludwig war, als er mit 18 Jahren den Thron bestieg, auf diese Rolle in keiner Weise vorbereitet.

Er litt an einer narzistischen Grundstörung, die im wesentlichen auf das Fehlen von Verständnis und Einfühlung in der Kindheit zurückgeht. Daher war er auch extrem kränkbar, was wiederum seinen Rückzug aus der Realität förderte. Er litt nicht an Schizophrenie. Rettungslos war sein Zustand nicht. Ein weiterer Verfall der geistigen Kräfte war nicht mit Sicherheit anzunehmen. Er war nicht von Wahnvorstellungen befallen.

Die angenommene Suizidneigung Ludwigs war kein Ausdruck von Paranoia oder Schizophrenie, sondern die Bilanz eines neurotisch erkrankten, möglicherweise abhängigen Menschen (Tabletten, Alkohol), der sich in extremer Weise in die Enge getrieben sah.

König Ludwigs Charakterbild stellt sich laut Schmidbauer folgendermaßen dar:

1. Ludwig II. war sehr freigebig, er beschenkte gerne Menschen, die ihm gefielen, vor allem Künstler. Einige von diesen verehrte er schwärmerisch, in einer Weise, die auf seine Zeitgenossen überschwenglich wirkte.

2. Er legte großen Wert auf die Pflege seiner eigenen Person, ließ sich die Haare kräuseln, liebte prunkvolle Gewänder und Fahrzeuge, nahm auch auf Bergtouren vielgängige Menüs zu sich.

3. Er war außerordentlich kränkbar und hatte sehr große Mühe, Kränkungen zu verarbeiten, ohne entweder die Flucht aus der kränkenden Situation zu ergreifen oder zumindest symbolisch die Kränkung ungeschehen zu machen. Vielleicht wurde er in solchen Situationen manchmal auch tätlich, obwohl er sonst Gewalttätigkeiten verabscheute.

4. Sein Erleben und Verhalten war sehr stark von Phantasien über ideale Welten der Vergangenheit bestimmt, die er in seinen Bauten möglichst genau wiederherstellen wollte. Die Schöpfung dieser idealen Welten wurde vom König mit großer Unrast betrieben: Es war, als könne er nicht in einer einzigen (etwa der Gralsburg oder dem Hof des Sonnenkönigs) dauerhaft leben, sondern müßte diese Traumwelten häufig wechseln, sie weiter ausbauen und ständig neue davon entwerfen.

5. Der König hatte wohl nie ein befriedigendes Sexualleben. Wenn er sich selbst befriedigt hat (worauf die Tagebücher hinweisen könnten, wenn man sie als Quelle akzeptiert), dann sicher mit heftigen Gewissensbissen. Sexuelle Beziehungen zu Frauen hat er anscheinend gemieden, aber auch seine Beziehungen zu Männern sind eher narzistisch als von einem Wunsch nach sexueller Befriedigung bestimmt.

6. Die Pflege des eigenen Körpers ist nach unserem Verständnis nicht von Zweckmäßigkeit bestimmt, sondern von irrationalen Ängsten geprägt. Ludwig II. gestattete z. B. keinem Zahnarzt, ihm bei seinen heftigen Beschwerden zu helfen, sondern duldete lieber die heftigsten Schmerzen und auch die ästhetische Beeinträchtigung durch den relativ raschen Verlust seiner Zähne. Er lehnte auch sonst ärztliche Hilfe ab und schickte notfalls einen Diener, der z. B. die Medikamente für sich selbst forderte und die Beschwerden des Königs als seine eigenen ausgab.[165]

Christoph Biermann, Professor an der Universitäts-Nervenklinik Tübingen, hat sich in einem 1973 im Deutschen Ärzteblatt veröffentlichten Aufsatz ebenfalls eingehend mit der Krankengeschichte König Ludwigs beschäftigt: *Wenn wir also die psychiatrischen Diagnosen betrachten, die sich in der Literatur über Ludwig II. finden, ergeben sich Verwirrung und teilweise Widerspruch: gesunder Idealist, Romantiker der Illusion, schizoid-narzistische Persönlichkeit, Paranoia, Schizophrenie, Gehirnkrankheit, beginnende progressive Paralyse, Homosexualität? Geschichtliche Quellen über die psychische Verfassung des Königs, besonders in seinen letzten Jahren, sind nur beschränkt zugänglich. Demnach könnte man bei einem mehr oder weniger vielsagenden »ignoramus« stehenbleiben, nüchtern zur Tagesgeschichte übergehen oder dem Schriftsteller A. Sailer (1961) beistimmen, der ein Gemälde mit dem Titel »nicht darüber reden« von 1887 wiedergibt, das mahne, »dem toten König sein Geheimnis zu lassen«.*[166]

Biermann hat König Ludwig sein Geheimnis dann doch nicht gelassen, sondern seinerseits eine Spätsyphilis des Gehirns diagnostiziert. Dabei stützte er sich vor allem auf Gottfried v. Böhms Ludwig-Biographie von 1922, die stark auf dem Guddenschen Gutachten fußt, und auf dieses Gutachten selber. Für Biermann war das Ergebnis des Guddenschen Gutachtens, die amtlicherseits festgestellte »Paranoia«, ein »gewünschtes und damit vorgeschobenes Ergebnis«, das den Zweck hatte, von der Spätsyphilis des Gehirns oder möglicherweise auch von einer anderen ebensowenig »gesellschaftsfähigen« Krankheit abzulenken. Biermann vermutete, daß aus diesem Grund noch immer nicht alle einschlägigen Unterlagen im Geheimen Hausarchiv einzusehen seien.

Der Untertitel von Biermanns Aufsatz »Krankengeschichte ohne Patient« weist auf ein Problem aller ärztlichen Feststellungen über den geistigen Zustand König Ludwigs hin: sie kamen zustande, ohne den Patienten untersucht oder mit ihm gesprochen zu haben. Das schmälert die Relevanz aller Ergebnisse, auch Biermanns eigener, entkräftet allerdings Einwände gegen Diagnosen nach König Ludwigs Tod, weil nachträglich nicht etwas verlangt werden kann, was Gudden und seine zeitgenössischen Kollegen versäumten. Darüber hinaus bemerkt Biermann ganz richtig, daß das Guddensche Gutachten bestellte Arbeit war, gewissermaßen das erforderliche Werkzeug für die Entmündigung des Königs. Das sollte vor allem jenen zu denken geben, die noch heute unkritisch die im Gutachten zusammengetragenen Angaben nachbeten, nicht zuletzt weil diese Angaben im Geruch des Skandals stehen und sich in Verbindung mit einem bayerischen König immer wieder vermarkten lassen.

1978 erschien von Adolf v. Liebermann ein weiterer Artikel über »die Leiden König Ludwig II.« im Deutschen Ärzteblatt. Unter der Überschrift »Abnorm, aber nicht geisteskrank« kommt Liebermann zu folgendem Befund: *König Ludwig II. von Bayern war neurotisch, vielleicht erblich im Sinne einer Schizophrenie leicht belastet. Nichts spricht für eine kongenitale Lues* [angeborene beziehungsweise vererbte Syphilis], *dagegen ist eine syphilitische Infektion möglich mit den Folgen einer Menschenscheu und mit möglichen Hirnschäden im Sinne des frühen Stadiums einer sich entwickelnden Paralyse. Er war abnorm und kaum regierungsfähig, in keiner Weise aber geisteskrank und internierungsbedürftig.*

Bemerkenswert ist hierbei vor allem Liebermanns Urteil über den Gutachter Bernhard v. Gudden: *Hier beginnt das Problem Gudden interessanter zu werden als das Problem Ludwig. Wie kann ein Arzt, ein Psychiater, ein Universitätsprofessor so subaltern sein? Der Herr Minister hat befohlen, der König ist als geisteskrank zu bezeichnen, und der »Arzt« geht hin und setzt ihn fest, ohne Untersuchung. Auf die Frage, wie er ihn als geisteskrank bezeichnen könnte, ohne ihn untersucht zu haben, antwortet Gudden dem König: Es steht genug in den Akten. Das widerspricht jeder ärztlichen Moral, dem Eid des Hippokrates und würde heute gegen die Gesetze über Freiheitsberaubung verstoßen, selbst wenn supponiert wird, daß Gudden an die Geisteskrankheit des Königs geglaubt hätte. Aber: Der Herr Minister hat es befohlen, und Gudden gehorcht. Er hätte ja sonst seine Position verlieren können.*[167]

Zusammenfassend bleibt festzuhalten, daß die zitierten modernen Mediziner übereinstimmend das Guddenschen Gutachten und insbesondere die Art und Weise, wie es zustande kam, ablehnen. Allerdings halten auch alle die Regierungsfähigkeit von König Ludwig II. zum Zeitpunkt der Entmündigung für zumindest eingeschränkt. Dabei sind sich Schmidbauer/Kemper und Liebermann darin einig, daß bei Ludwig II. keine Geisteskrankheit vorlag, weshalb auch keine Internierung erforderlich war; nach Schmidbauer/Kemper und Liebermann bestanden auf jeden Fall Heilungschancen für die angenommenen gesundheitlichen Belastungen. Biermann dagegen nimmt aufgrund seiner Spätsyphilis-These beginnende paralytische Veränderungen der Gehirnfunktionen an.

Nicht alle seine Zeitgenossen hielten König Ludwig gleichermaßen für regierungsunfähig. Einen ganz anderen Eindruck hatte Otto v. Bismarck. Er schrieb in seinen »Gedanken und Erinnerungen«, daß er mit König Ludwig II. kurz vor dessen Thronbesteigung ein einziges Mal persönlich zusammengetroffen sei: *Es war dies das einzige Mal, daß ich den König Ludwig von Angesicht gesehen habe, ich bin aber mit ihm, seit er bald nachher (10. März 1864) den Thron bestiegen hat bis an sein Lebensende in günstigen Beziehungen und in verhältnismäßig regem brieflichen Verkehre geblieben und habe dabei jederzeit von ihm den Eindruck eines geschäftlich klaren Regenten von national deutscher Gesinnung gehabt, wenn auch mit vorwiegender Sorge für die Erhaltung des föderativen Prinzips der Reichsverfassung und der verfassungsmäßigen Privilegien seines Landes.*[168]
Von Bismarck ist auch eine Äußerung über Ludwig II. aus dem Jahr 1883 überliefert: *Nach dem Tode wird die Welt ihre Meinung über den bedeutenden König ändern, wenn sie nicht nur seine Kunstschöpfungen, sondern auch seine staatsmännische Korrespondenz kennt. Sein königliches Bewußtsein war nicht bloße Eitelkeit, nicht blendende Alleswisserei, sein staatsmännisches Tun war keine Torheit ... Er versteht das Regieren besser, als alle seine Minister.*[169]
Selbst der preußische Botschafter v. Werthern, der König Ludwig bekanntlich nicht sehr schätzte und sich oft über ihn mokierte, schrieb am 3. Mai 1886 an Bismarck: *Dabei erstrecken sich die Eigentümlichkeiten Ludwigs doch nur auf Privatangelegenheiten, die Regierungsgeschäfte wurden glatt und korrekt erledigt.*[170]

Die ordentliche Erledigung der Regierungsgeschäfte belegt auch das nachträglich von Franz Merta im Rahmen seiner Studie über »König Ludwig II. und den Mobilmachungsbefehls von 1870« zusammengestellte »Itinerar«. Da fast alle amtlichen wie privaten Schriftstücke Ludwigs nicht nur mit dem Datum, sondern auch mit dem Ort der Unterzeichnung versehen sind, konnte Merta in mühevoller Kleinarbeit für die ganze Regierungszeit des Königs eine fast lückenlose Übersicht geben. Es ist hier schon dargestellt worden, daß der gegen Ludwig vorgebrachte Vorwurf, er sei in den Julitagen 1870, als über Bayerns Kriegseintritt zu entscheiden war, unauffindbar gewesen, durch Mertas Recherchen widerlegt werden konnte. Auch andere Schilderungen über Ludwigs angeblich ziel- und rastloses Herumreisen von Berghütte zu Berghütte, von einem Schloß zum anderen verweist das Itinerar endgültig ins Reich der Legenden. Merta führt ferner aus: *Überraschende Aufschlüsse vermittelt das Itinerar in seiner ausführlichen Form über die Arbeitsweise Ludwigs II. bei der Erledigung der Regierungsarbeit. Es widerlegt die offizielle Behauptung, daß Ludwig II. vor allem in den späteren Jahren an der praktischen Regierungsarbeit nicht mehr mitgewirkt und dies allein den Ministern überlassen habe, deren Pflichttreue und Tüchtigkeit es allein zu verdanken gewesen sei, daß die Regierungsgeschäfte geordnet weitergeführt werden konnten und das Staatswohl keinen Schaden erlitten habe. Eine solche Führung der Regierungsgeschäfte ohne die Mitwirkung des Königs wäre nach den geltenden Verfassungsbestimmungen über die Ministerverantwortlichkeit einem permanenten Verfassungsbruch gleichgekommen. Tausende von Belegen beweisen dagegen, daß die gesamte Regierungsarbeit im Gegensatz zu diesen offensichtlichen Zweckbehauptungen vollkommen verfassungskonform bis zum 8. Juni 1886, dem vorletzten Tag vor der Gefangennahme des Königs in der Weise abgewickelt wurde, daß von der Gesamtregierung oder den jeweils zuständigen Ministerien zur Sanktionierung der beabsichtigten Maßnahmen Anträge an den König gerichtet oder bei Initiativen des Königs entsprechende Anträge vom Gesamtministerium bezw. dem zuständigen Ministerium erbeten wurden, denen dann der König durch seine Unterschrift in der Regel seine Zustimmung erteilte, sie gelegentlich auch modifizierte oder ablehnte, wobei er dann meist andere Vorschläge erbat. Dieses Verfahren wurde nicht nur bei Akten der Gesetzgebungstätigkeit angewendet, sondern auch bei einer geradezu unglaublichen Fülle von einfachen Verwaltungsangelegenheiten, die infolge der sehr engen Auslegung der einschlägigen Verfassungsbestimmungen ebenfalls der Zustimmungspflicht des Königs unterlagen ... In Bezug auf die von der Verfassung vorgeschriebene Mitwirkung des Königs an der Regierungsarbeit entbehrt deshalb der Vorwurf der Pflichtvernachlässigung gegen Ludwig II. jeder tatsächlichen Grundlage.*

Aus dem Itinerar ist nicht nur genau nachvollziehbar, wann sich Ludwig an welchem Ort aufgehalten hat, sondern auch klar zu erkennen, daß er seine Aufenthalte nicht spontan und planlos wählte. Der Wechsel von- Ort zu Ort fand nach einem wiederkehrenden System statt; Ludwig traf manchmal über Jahre hinweg an den gleichen Orten an den selben Tagen ein. Ein solcher Turnus war schon deshalb ohne

König Ludwig II. (letzte Aufnahme 1885)

entsprechende Vorherplanung gar nicht möglich, weil der König nicht alleine reiste, die Hofstäbe jeweils mit umziehen mußten, für Proviant vorgesorgt werden mußte usw. Auch das ist aus dem Mertaschen Itinerar nachvollziehbar: *Insbesondere aufgrund der amtlich festgestellten Geistesgestörtheit des Königs müßte das Itinerar Ludwigs II. wenigstens für die letzten Lebensjahre eigentlich ein Bild völliger Konfusion, Unberechenbarkeit,*

Planlosigkeit, Launen- und Sprunghaftigkeit bieten. Nichts von alldem läßt sich dort feststellen. Ja, dem unvoreingenommenen Betrachter verrät es vielmehr im Gegenteil einen außerordentlich ausgeprägten Ordnungssinn und Gestaltungswillen sowie eine ungewöhnlich starke Grundhaltung der Beharrlichkeit und einer zur Kompromißlosigkeit neigenden Konsequenz. Dabei verläuft die Entwicklung von den Früh- zu den Spätjahren entgegen allen Erwartungen von einer anfänglich grösseren Spontaneität zu einer immer festeren, klareren und überschaubaren Ordnung. Selbst die häufigen Ortswechsel, die in der Literatur vielfach als Anzeichen innerer Unruhe gewertet wurden, sprechen nicht dagegen, denn auch diese vollzogen sich nach den Gesetzen der Zweckmäßigkeit und Ordnung ... Die Bergfahrten wurden nach einer Phase von Kombinationsexperimenten nach regionalen Gesichtspunkten zu – wie Kenner dieser Gegenden einräumen müssen – zweckmäßigen Gruppen zusammengefaßt und über viele Jahre hinweg zum gleichen Zeitpunkt durchgeführt ... Auch die Bearbeitung des Geschäftseinlaufs wurde dieser strengen Zeitplanung untergeordnet und fand nach dem festgelegten Rythmus immer dort statt, wo sich der König zum betreffenden Zeitpunkt dann gerade aufhielt, also auch auf seinen Berghütten. Für Chaos, Planlosigkeit, Unberechenbarkeit, Launenhaftigkeit – Merkmalen also, die auf eine Geistesgestörtheit hindeuten könnten – bietet das Itinerar keine Anhaltspunkte.[171]

An dieser Stelle mag es interessant sein, König Ludwig II. selbst zu der ihm in der Öffentlichkeit und in zunehmendem Maße auch in der in- und ausländischen Presse zugeschriebenen Geisteskrankheit zu vernehmen. In einem Gespräch äußerte er 1882: *Wenn nicht alles, was ich gelesen und selbst beobachtet habe, mich täuscht, dann ist ein gut Teil dessen, was man für Verrücktheit erklärt, in Wirklichkeit Überempfindlichkeit. Es wird oft hämisch angedeutet oder sogar offen erklärt, ich sei ein Narr. Vielleicht bin ich es, aber ich zweifle daran. Verrücktheit neigt eher dazu, sich vor sich selbst zu verstecken. Ein wirklich Verrückter ist in der Regel die einzige Person, die ihre Verrücktheit nicht erkennt. Es wäre natürlich möglich, daß ich zu keiner Erkenntnis meiner selbst gelangen könnte, außer in einem exaltierten Zustand. Ich glaube aber, daß ich mich ganz ruhig und vernünftig betrachten kann, – selbst diese Behauptung könnte freilich als Zeichen meiner Narrheit ausgelegt werden. Und doch zweifle ich daran, ob eine wirklich verrückte Person sich so beobachten und prüfen könnte, wie ich es tue. Ich bin einfach anders gestimmt als die Mehrheit meiner Mitmenschen. Ich kann nicht teilnehmen an dem, was sie Vergnügen nennen, denn es ... zerstört mein Wesen.*[172]

Entmachtung
und Ende Ludwigs II.

In den letzten Wochen der Königstragödie war das Land voller Gerüchte. In- und ausländische Zeitungen ergingen sich in allen nur möglichen Vermutungen. Am 22. April 1886 berichteten die Münchener Neuesten Nachrichten über die zerrütteten finanziellen Verhältnisse des Königs: *Zu den 5 gegen die Zivilliste bei dem Landgericht München I anhängenden Klagen, zu deren Verhandlung bereits Termin anberaumt ist, sind in den letzten Tagen noch einige neue gekommen. U. a. hat eine Württembergische Firma ihre über einen namhaften Betrag bereits früher gestellte, aber wieder zurückgezogene Klage neuerdings eingereicht.* Am 10. Mai 1886 meldeten sie: *(Gerüchte) Ohne irgend eine Gewähr dafür zu übernehmen, haben wir das hier umlaufende, ebenso lebhaft geglaubte als bestrittene Gerücht von einem Ankauf des neuen Schlosses auf Herrenchiemsee durch den Kaiser von Österreich verzeichnet. Zwar spricht die innere Wahrscheinlichkeit keineswegs zu Gunsten des Gerüchts, aber der »N.Fr.Pr.«* [Neuen Freien Presse, Wien] *wird heute aus München eine Bestätigung der Nachricht insofern gemeldet, daß in der That Unterhandlungen zum Zwecke des erwähnten Käufers eingeleitet worden seien.* Drei Tage später wurde diese Nachricht dementiert; es habe sich um *eine reine Erfindung* gehandelt. Am 24. Mai wurden die Leser der Münchener Neuesten Nachrichten davon unterrichtet, daß die Angelegenheit offensichtlich in eine neue Phase trete. Man nahm an, daß mit den beiden Kammern Fühlung aufgenommen werde, was auch die mehrmalige Anwesenheit des Kabinettsekretärs v. Schneider in München erkläre. Schneider war, wie in den Tagen zuvor in der Zeitung stand, mehrmals von Hohenschwangau nach München gekommen, um mit dem Vorsitzenden im Ministerrat Johann v. Lutz zu konferieren. Auch von einem lebhaften Briefwechsel des Kabinetts mit den Prinzen des königlichen Hauses wurde berichtet.

Zwischen dem Bayerischen Kurier und der Allgemeinen Zeitung entbrannte ein Meinungsstreit darüber, ob das Ministerium am desolaten Zustand der Kabinettskasse eine Mitschuld habe. Die Leitartikel waren voll davon. Dabei übernahm der Bayerische Kurier vom 9. Juni 1886 einen Kommentar aus der Augsburger Postzeitung: *Überhaupt ist es nur durch die Versumpfung der öffentlichen Meinung in Bayern erklärlich, daß das Ministerium eines konstitutionellen Staates, das seit Jahren sich den Mangel jedes persönlichen Verkehrs mit dem Monarchen gefallen ließ, nicht längst von einem Sturme allgemeinen Unwillens erdrückt worden ist, gar nicht zu reden davon, daß es eine Entwicklung der Dinge duldete, die dem Ansehen der Krone im äußersten Maße nachtheilig sein mußte. Warum haben die Räthe der Krone, die das Uebel wachsen sahen, nicht schon früher, als ihre seinerzeitigen Vorstellungen unbeachtet blieben, jenen Ernst gezeigt, der geboten war und vielleicht eine Wendung herbeigeführt hätte? Es liegt vielleicht Absicht darin, wenn jetzt aller möglicher und unmöglicher Klatsch verbreitet wird, um die öffentliche Aufmerksamkeit von der Frage abzuziehen, welcher Schuldanteil das Ministerium Lutz trifft. Umsomehr ist es geboten, mit Nachdruck auf das Maß der Verantwortung hinzuweisen, für welche das Ministerium Lutz aufzukommen hat.*

Alle schienen zu spüren, daß etwas in der Luft lag. Es wußte bloß noch keiner so recht, was passieren würde und von den offiziellen Stellen war wenig zu erfahren.

So schrieb die Allgemeine Zeitung am 1. Juni 1886 nur: *Soweit unsere Kentniß reicht, faßt man in der Fraktion der Rechten die Lage mit einem ihr vollständig entsprechenden Ernste auf und man bewahrt dort eine Diskretion, welche wir in Zeitungen, die von liberalen Abgeordneten bedient sind, nicht finden. In dieser Hinsicht berufen sich die »Neuesten« heute mit vollem Recht namentlich auf die »Kölner Zeitung«, wo Herr Marquardsen die Eier seiner Weisheit niederzulegen pflegt.* Im Bayerischen Kurier stand am 2. Juni: *Angesichts der hochgradigen Spannung in allen Volkskreisen erscheinen uns Beschwichtigungen und Vertuschungen, welche nicht den Thatsachen entsprechen weit gefährlicher als rückhaltlose Offenheit.*

Während die bayerischen Zeitungen im Mai und noch in den ersten Junitagen 1886 nur mutmaßten, daß etwas bevorstehen könne, aber nichts über eine geplante Regentschaft schrieben, waren einige ausländische Zeitungen offenbar besser informiert. Bereits am 7. Mai 1886 meldete in Wien die Neue Freie Presse: *Mit dem Heraustreten der Agnaten aus ihrer Reserve, mit der Fühlung, welche Minister v. Lutz mit der Kammer nahm, taucht auch gleichzeitig die Kunde auf, daß der König ernstlich leidend und die Einsetzung einer Regentschaft vielleicht nur mehr die Frage weniger Wochen sei. Sogar das Gerücht fand Verbreitung, daß die Eventualität eines Thronwechsels nicht als ausgeschlossen gelte und diesem Gerüchte folge die sich als inspirirt darstellende Versicherung, daß im Falle des Eintritts dieser Eventualität die Annahme eine irrige wäre, Prinz Ludwig, der älteste Sohn des Prinzen Luitpold würde auf den Thron gelangen, daß vielmehr der letzt-*

genannte Prinz seinen Anspruch auf die Krone nicht aufgebe.
Wenige Tage später: *Der Regent wird trotz seiner 65 Jahre Prinz Luitpold sein, der ohnehin der zunächst Berechtigte ist. Bei dieser Art der Lösung würde der bayerische Staatswagen seine bisherigen Bahnen in der Hauptsache nicht verlassen, und namentlich der Minister Frhr. v. Lutz am Ruder bleiben.* Interessanterweise brachte die in Passau erscheinende Donau-Zeitung beide Meldungen aus Wien und zwar am 13. und 30. Mai 1886, während in den Münchner Zeitungen nichts stand.

In den ersten Junitagen 1886 traf Kaiserin Elisabeth mit ihrer jüngsten Tochter Marie Valerie in Feldafing ein. Elisabeth wußte, daß die Absetzung König Ludwigs in irgendeiner Form bevorstand, war sie doch sicher nicht schlechter informiert als die Neue Freie Presse, die bereits ausführlich über Regentschaft oder Thronwechsel berichtet und spekuliert hatte. Aus Meran war ihr Bruder Herzog Karl Theodor ebenfalls an den Starnberger See gereist. Zwischen den Geschwistern fand ein Treffen statt, bei dem Elisabeth und Karl Theodor darin übereinkamen, daß *vor jeglicher Entscheidung, die dem König, seinen Geisteszustand und etwa daraus abzuleitende Entschlüsse beträfe, unter allen Umständen ein Familienrat einberufen werden solle. Diesem Forum müsse der gesamte Fall bis in die geringfügigsten Einzelheiten unterbreitet werden. Von seinen Entschlüssen wären alle weiteren Schritte abhängig zu machen.*[173] Gut gemeint, doch zu spät! Die Weichen waren zu diesem Zeitpunkt längst gestellt. Während Kaiserin Elisabeth und Herzog Karl Theodor auf die Einberufung des Familienrates warteten, wurde andernorts bereits die Proklamation verfaßt, die dann am 10. Juni den Beginn der Regentschaft von Prinz Luitpold verkündete. Nicht nur König Ludwig II. selbst, auch ein Teil seiner Familie war offensichtlich über den bevorstehenden gravierenden Schritt nicht im voraus informiert worden.

Die einschlägigen Paragraphen der bayerischen Verfassung regelten nicht eindeutig, wem die Initiative zu einer außerordentlichen Regentschaft zukam, falls der König selbst keine Vorsorge getroffen hatte oder hatte treffen können. Auch die höchsten Vertreter des Reichs waren uneins: Bismarck neigte zu der Auffassung, für diese Entscheidung sei der bayerische Landtag zuständig; Kaiser Wilhelm I. ließ hingegen durch den Unterstaatssekretär Graf Berchem an Bismarck melden, daß der bayerische Fürstenrat und der Familienrat darüber zu entscheiden hätten. Letzteres war auch die Meinung Elisabeths und Karl Theodors, aber sicher nicht die Ansicht aller Mitglieder des Hauses Wittelsbach.

Es lag allerdings bereits seit 1884 der erste Band des »Bayerischen Staatsrechtes« von Max v. Seydel vor. Der bayerische Staatsrechtslehrer war darin zu dem Ergebnis gelangt, daß zwei Institutionen zur Anregung einer außerordentlichen Regentschaft befugt seien: entweder das Gesamtministerium oder die Person, die als nächster Agnat zur Übernahme einer etwaigen Regentschaft anstand. Damit hatte Seydel zwei Jahre vor Eintreten des konkreten Falls die seines Erachtens verfassungsrechtliche Voraussetzung festgeschrieben, die es erlaubte, den wittelsbachischen Familienrat zu übergehen.

Richard Sexau, der Biograph Herzog Karl Theodors und langjährige Vertraute von dessen zweiter Gattin Maria José v. Braganza, hat die Haltung, die Karl Theodor zu den Vorgängen bei der Entmachtung König Ludwigs II. einnahm, eindringlich geschildert: *Aufs schärfste verurteilt Carl-Theodor, der am 8. Juni mit Gattin nach Tegernsee zurückgekehrt war, das selbstherrliche Vorgehen des Ministerkollegiums. Nie und nimmer hätten nach seiner Auffassung die Minister die Frage eines Thronwechsels, der Entmündigung des Königs allein mit dem für eine Regentschaft verfassungsmäßig vorgesehenen ältesten Agnaten beraten dürfen. Erst mußte das Gesamthaus Wittelsbach gehört werden. Carl-Theodor durchschaut aber auch, aus welchen Gründen man diesen dunklen Weg gewählt hat. Für ihn besteht kein Zweifel, daß allein die Minister den Familienrat hintertrieben haben. Sie wußten fraglos, es würden sich keinesfalls sämtliche Agnaten, mit den von ihnen geplanten Maßnahmen einverstanden erklären. Prinz Luitpold galt hingegen für politisch uninteressiert und unerfahren, fremdem Einflüssen jedoch immerhin zugänglich. Die Drahtzieher dieses verhängnisvollen Puppenspieles – auch sie glaubt Carl-Theodor zu kennen. Freiherr von Lutz, der Vorsitzende des Ministerrats, gilt ihm zuvörderst als treibende Kraft. Jahrelang hat er die Königsbauten und die dadurch hervorgerufene Verschuldung gedeckt. Jetzt aber fürchtet er, der Landtag könne ihn zur Rechenschaft ziehen und seinen Rücktritt fordern. Er will sich indes um jeden Preis an der Macht halten; wenn es nicht anders geht, so eben durch den Sturz des Königs, vorausgesetzt, daß dessen Nachfolger ihm die Ministerpräsidentschaft sichert. Die Schuld an der Finanzmisere gilt es von sich abzuwälzen. Ist erst der König mundtot, so droht ihm von dessen Seite keine Gefahr mehr. Holnstein hat fraglos bereitwillig die Hand zur Helferschaft dargereicht ... Den Verlust seiner Vorzugs- und Machtstellung schreibt er indes nicht dem eigenen Verschulden zu, er setzt ihn vielmehr auf das Konto seines Königs, verfolgt diesen mit seinem Haß, sammelt Material gegen ihn und bietet es feil, so daß schließlich sogar Bismarck sich veranlaßt sieht, vor ihm zu warnen. Die übrigen Mitspieler im Königsdrama sind Werkzeuge in der Hand dieser beiden Männer. So sieht Carl-Theodor die Hintergründe des Geschehens.*[174]

Am 7. Juni kündigte v. Werthern seiner Regierung in Berlin an, daß am 8. Juni ein Handschreiben des Prinzen Luitpold an Kaiser Wilhelm folgen werde, in dem Luitpold die Übernahme der Regentschaft in Bayern mitteile. An diesem 8. Juni wurde auch das Gutachten der ärztlichen Sachverständigen abgegeben. Der Brief Luitpolds vom 8. Juni 1886, der gleichlautend an den deutschen Kaiser und die deutschen Bundesfürsten sowie an den österreichischen Kaiser Franz Joseph ging, ist im Anhang (S. 390 f.) abgedruckt.

Am 9. Juni 1886, einen Tag vor der Proklamation der Regentschaft in München, meldeten die Münchener Neuesten Nachrichten ohne weiteren Kommentar: *(Hoftafel) Heute Nachmittags 2 Uhr findet bei Prinz Luitpold Hoftafel zu neun Couverts statt. Hierzu sind geladen die Minister v. Lutz, v. Fäustle, v.Crailsheim, die Staatsräthe v. Bomhard und Pfistermeister, Oberststallmeister Graf Holnstein und Obersthofmarschall Frhr. v. Malsen.*

Noch am 10. Juni 1886, dem Tag der Regentschaftserklärung, die in den meisten Zeitungen erst einen Tag später erschien, mochte der Bayerische Kurier nicht so recht an die vollendeten Tatsachen glauben: *Es sollen die Minister, weil ihnen der Monarch ihr Verbleiben im Amt nicht mehr garantirt, nun, wie man sagt, den Spieß umkehren wollen und den Monarchen in eine Lage bringen, welche ihn von der Regierung ferne hält. Ja leben wir denn in der Türkei, in Rußland , oder in Bayern? Wenn der unendlich traurige Fall eintritt, daß eine Regentschaft wegen schwerer Krankheit des Königs bestellt werden muß, können denn das die Minister thun? Müssen nicht in erster Linie die Agnaten, die zahlreichen Prinzen des königlichen Hauses, vorab das Haupt derselben, der greise Prinz Luitpold mitwirken.*

Am 11. Juni 1886 veröffentlichten dann alle Blätter des Landes die am Vortag verkündete Regentschaftserklärung, die den zahlreichen Gerüchten und Mutmaßungen ein Ende, aber auch das Entmündigungs-Karussell in Gang setzt:

Im Namen Seiner Majestät des Königs

Unser Königliches Haus und Bayerns treubewährtes Volk ist nach Gottes unerforschlichem Rathschlusse von dem erschütternden Ereignis betroffen worden, daß Unser vielgeliebter Neffe, der Allerdurchlauchtigste, Großmächtigste König und Herr, Seine Majestät König Ludwig II., an einem schweren Leiden erkrankt sind, welches Allerhöchstdieselben an der Ausübung der Regierung auf längere Zeit im Sinne des Titels II § 11 der Verfassungs-Urkunde hindert.

Da Seine Majestät für diesen Fall Allerhöchstselbst weder Vorsehung getroffen haben, noch dermalen treffen können und da ferner über Unseren vielgelieb-ten Neffen, Seine königliche Hoheit den Prinzen Otto von Bayern, ein schon länger andauerndes Leiden verhängt ist, welches ihm die Übernahme der Regentschaft unmöglich macht, so legen Uns die Bestimmungen der Verfas-sungs-Urkunde als nächstberufenem Agnaten die traurige Pflicht auf, die Reichsverwesung zu übernehmen.

Indem Wir dieses, von dem tiefsten Schmerze ergriffen, öffentlich kund und zu wissen thun, verfügen Wir hiemit in Gemäßheit des Titels II, §§ 11 und 16 der Verfassungs-Urkunde die Einberufung des Landtags auf Dienstag den 15. Juni laufenden Jahres.

Die königlichen Kreisregierungen werden beauftragt, sofort alle aus ihrem Kreise berufenen Abgeordneten für die zweite Kammer unter schriftlicher Mittheilung dieser öffentlichen Ausschreibung aufzufordern, sich rechtzeitig in der Haupt- und Residenzstadt München einzufinden.

München, den 10. Juni 1886

   Luitpold, Prinz von Bayern

   Dr. Frhr. v. Lutz, Dr.v. Fäustle, Dr. v. Riedel,

   Frhr. v. Crailsheim, Frhr. v. Feilitzsch, v. Heinleth

Der katholische Moniteur de Rome frohlockte bereits am 11. Juni 1886 über die Einsetzung der Regentschaft in Bayern: *Diese Regentschaft ist eine Thatsache von alleräußerster Wichtigkeit. Prinz Luitpold ist überzeu-gungstreuer Katholik, ein erleuchteter Geist und ein Charakter von seltener Loyalität. Er hat ein bayerisches Herz. Der Umstand, daß er nun an der Spitze des Staatswesens steht, wird dem bestehenden Zwiespalte zwischen einer (in ihrer Majorität) katholischen Kammer und dem liberalen Ministerium, der zu einer chronischen Krankheit geworden ist, ein Ende machen. Dies Ereigniß wird eine bedeutsame Tragweite nicht bloß für Bayern, sondern für ganz Deutschland haben. – Wir unser Seits sagen von Herzen Amen – so geschehe es – hiezu!*

Freilich mußten die interessierten Kreise in Rom bald erfahren, daß ihr »Amen« etwas zu früh kam, weil Prinz Luitpold dem liberalen Mini-sterium das Verbleiben im Amt im Vorhinein zugesichert hatte. Die Do-nauzeitung setzte sogar noch bis Ende des Monats auf die ultramonta-ne Gesinnung Prinz Luitpolds und spekulierte am 29. Juni 1886 über den Rücktritt des liberalen Ministeriums: *Es verlautet von gut unterrichte-ter Seite, daß das Ministerium Lutz entschlossen ist, seine Demission zu geben. Es wird dem Prinzregenten nach Schluß des Landtages seine Porte-feuilles zur Verfügung stellen und damit eine klare Situation herbeiführen. Das Land wird in Bälde wissen, woran es ist. Wir können die Entscheidung*

des Prinzregenten in Ruhe abwarten und wollen derselben in keiner Weise vor-
greifen, aber soviel läßt sich mit Rücksicht auf die Weisheit und Kaltblütigkeit
des Regenten behaupten, daß er sich zu keinem Experimente hergeben wird.
Die Donauzeitung hatte nur insofern recht, als das Land tatsächlich
»in Bälde« wußte, woran es war: der Prinzregent blieb bei der bisherigen
Regierung, dem liberalen Ministerium Lutz.

Nachdem das Gutachten des Psychiaters Gudden die Handhabe zur
Entmündigung König Ludwigs II. bot und damit den amtierenden Ministern ermöglichte, sich des Mannes zu entledigen, der als einziger die
Macht hatte, sie abzusetzen, nachdem Prinz Luitpold seine Bereitschaft
zur Regierungsübernahme erklärt und zugleich zugesagt hatte, daß er
das Ministerium im Amt belassen würde, war in München soweit alles
geregelt – nur der König selbst, der in Neuschwanstein saß, wußte nichts
von alledem. Es wäre durchaus angebracht gewesen, daß Prinz Luitpold
seinen königlichen Neffen aufgesucht und persönlich in Kenntnis gesetzt hätte, zumal Ludwig ja immer wieder an Rücktritt gedacht hatte.
Ludwig hätte möglicherweise freiwillig abgedankt, allerdings unter anderen Bedingungen und sicherlich nicht mehr, nachdem das Gutachten erstellt und die Entmündigung vollzogen war. So vermied Luitpold
eine persönliche Konfrontation und beschränkte sich auf ein Schreiben
an König Ludwig II., das er der ersten aus elf Mitgliedern bestehenden
»Fangkommission« mit auf den Weg nach Neuschwanstein gab. Zu dieser ersten Kommission gehörten neben verschiedenen Höflingen auch
die beiden Ärzte Bernhard v. Gudden und sein Assistent Franz Carl
Müller, der Prinz Otto in Fürstenried betreute, sowie vier – damals so genannte – Irrenpfleger.

Die Herren kamen am Abend des 9. Juni mit einem Sonderzug in
Hohenschwangau an und nahmen zunächst ein siebengängiges Menü
zu sich. Es zeugt von besonderer Taktlosigkeit, daß die Speisekarte mit
»Souper de sa Majesté le roi« überschrieben war. Die Speisenfolge
bestand aus:

     Consommé aux noque
     Truites à la hollandaise
     Poulet à la Marengo
     Terrine de foie gras
     Cuissot de Chevreuil rôti
     Asperges
     Crème à la vanille aux framboises

Dazu wurden vierzig Maß Bier und zehn Flaschen Champagner konsumiert.

Durch einen Bediensteten des Stallpersonals, den Kutscher Fritz Osterholzer, wurde König Ludwig gewarnt. Osterholzer hatte nämlich im königlichen Stall mitbekommen, wie der »Roßober« Graf Holnstein, welcher der Kommission angehörte, das Anspannen der Pferde für eine Nachtfahrt des Königs verbot, und war sofort zu seinem königlichen Herrn gelaufen.

Ludwig nutzte die ihm von Bediensteten angebotene Fluchtmöglichkeit nach Österreich nicht. Er ließ das Schloß versperren und die Gendarmerie alarmieren, die nach kurzer Zeit zusammen mit Feuerwehren aus der Umgebung anrückte.

Im Geheimen Hausarchiv liegt der handschriftliche Bericht eines mit »Boppeler Wachtmeister« unterzeichneten Gendarmen aus Füssen, der mit seiner Mannschaft vom König nach Neuschwanstein beordert worden war.[175] Boppeler hat diesen Bericht am 20. Juni 1886, also unmittelbar nach den Ereignissen um die Entmündigung in Neuschwanstein verfaßt. Seine Beschreibung ist die eines Augen- und Ohrenzeugen, der sich als handelnde Person die ganze Zeit über selbst mitten im Geschehen befand. Dieser hohen Authentizität wegen wird der Bericht des Wachtmeisters Boppeler nachfolgend ungekürzt und in der originalen Rechtschreibung und Zeichensetzung wiedergegeben; auch die Abkürzungen wurden nicht aufgelöst. Er ist sicher zuverlässiger und neutraler, als manche der wesentlich später im Nachhinein verfaßten Interpretationen des Geschehens um die Festnahme des Königs.

Boppelers Bericht ist auf liniertem Schulheft-Papier (Vermerk: Liniatur Nr. VI, Deutsch V. u. VI. Classe) geschrieben. Er beginnt ohne Anrede und Überschrift: *In der Frühe 1/2 3 des 10. Juni 1886 wurde ich von dem reitenden Gend. Brückner zu S. My. dem Könige befohlen, mit dem Befehle meine sämtliche Mannschaft nach Neuschwanstein zu beordern, den H. Bezirksamtmann in Kenntniß zu setzen, u. mit demselben sofort zu erscheinen, da ein Staatsstreich vollführt, und der König mit Gewalt fortgeführt werden sollte. Ich kommandirte meine Mannschaft sofort ab, begab mich zu Bez.Atm. [zum Bezirksamtmann] und fuhr mit demselben nach Hohenschwangau. Dort angekommen sagte ich zu H. L., daß ich mich sofort zum König begebe, um seine Befehle entgegen zu nehmen, und um mich von der Sachlage zu überzeugen. H. Bez.A. vorsichtig wie immer, sagte mir, daß er vor der Hand nichts thun werde, sondern im Gasthof zur Alpenrose auf weitere*

Nachricht von mir warten, u. dann erst seine Maßregeln treffen werde. Ich begab mich nun ins Schloß, wo ich Gendarmen auf Posten traf, und mir der dortige Stationsbefehlshaber rapportirte, daß ich sofort zu My. kommen solle. Ich traf S. My. im Speisezimmer, wo er mir mit den Worten entgegenkam: H. Wachtm. helfen Sie mir – geben Sie mir einen Rat, was muß ich thun? Es ist eine Entmündigungskommission gekommen, man will mich wegbringen und mein Onkel Luitpold Besitz von der Krone ergreifen. – Mich des Thrones entsetzen, schmerzt mich nicht, aber mich für irrsinnig lebend begraben, mich von den Wärtern mit Fäusten schlagen lassen wie mein Bruder Otto nein! Dies ertrag ich nicht, ich bin ärmer wie ein Bettler, der kann die Gerichte in Anspruch nehmen, ich als König nicht. Ich gab My. den Rath, über Tyrol nach München zu gehen und unverzüglich den Landtag einzuberufen. – worauf mir My. erwiederte, dies wäre sicher das einfachste, doch wir leben nicht in der Zeit des Faustrechtes, ich wahre mein gutes Recht und gehe nicht, mein Volk soll mich beurtheilen ob ich wahnsinnig – oder nicht. Darauf gab mir My. den Befehl, aufs alte Schloß zu gehen, die ganze Kommission, wenn nicht mit Güte, dann mit Gewalt aufs Schloß zu bringen und weiterer Befehle gewärtig zu sein. Ich bemerkte S. My., daß ich als G. W. ohne etwas in Händen zu haben, zu solchen Herrn nicht hingehen könne, ich bedürfe eines Verhafts-Befehls von S. My, worauf der König erwiederte, bitte schreiben sie welchen, ich werde ihn unterzeichnen u. siegeln, ich kann es nicht, da ich in meinem Leben einen solchen nicht gesehen – als ich mit diesem Schriftstück ausgestattet begleitete mich My. bis an die Thür, mit den Worten bleiben Sie mir treu u. beweisen Sie Ihren Muth. Ich begab mich nun zuerst zu H. Beza. um ihn in Kenntniß zu setzen, mit der Aufforderung, mich zu begleiten – was er jedoch mit den Worten: gehen Sie allein, wenn sie im Nothfalle meiner bedürfen lassen sie mich holen ablehnte. Ich ging nun ins alte Schloß, besetzte mit meiner Mannschaft die Ein- und Ausgänge, und begab mich allein in daßselbe, vielmehr in den sog. Cavalier-Bau, wo ich zuerst den M.R. v. Gudden traf. Ich stellte mich vor, wo mich dann derselbe recht hönisch fixirte u. die Frage stellte, was ich von ihm wolle? Ich sagte er sei wahrscheinlich auch einer dieser Herrn, welche heute Nacht ins Schloß eindringen wollten; er sagte, ja da war ich auch dabei, geht's vielleicht Sie was an? Mich direkt nicht, antw. ich, doch werde ich die Befehle meines Königs vollziehen u. Sie, sowie die ganze Kom. verhaften. Er sah mich ganz verblüfft an und sagte: Hören Sie mal, das kann Ihren Kopf kosten, der König ist ein Narr u. hat nichts mehr zu befehlen; ich erwiederte ihm, daß mir nichts bekannt sei, daß der König ein Narr u. nicht mehr König sei, ich werde einfach seine Befehle vollziehen u. wenn ich Gewalt anwenden müßte, denn wo höhere Köpfe auf dem Spiele stehen, werde nach meinem nicht mehr gefragt. M.R. G. wurde bedenklich u. sagte: Ich bin nicht der Anführer dieser Comm., wollen Sie auch zu Ex. d. Staats.M. von Crailsheim gehen, der ist es. Ich ging dann zu diesem, der gebärdete sich wie ein Rasender, und dann als er sah, daß es nichts nütze wie ein Feigling. Er sagte, er werde sich über mein Vorgehen beschweren, worauf ich ihm zur Antw. gab, dies bleibe ihm unbenommen, er soll es thun. Er sprang wie ein Verzweifelter im Zimmer umher, dann sagte er H. W. verlangen Sie Alles – Geld, Stellung was Sie wollen, sagen Sie zu My. Sie haben uns nicht getroffen, wir gehen ein-zeln und heimlich davon, ich sagte ihm, daß ich bedaure es nicht thun zu können, ich bin kein meineidiger Soldat, ich habe den Eid der Treue geschwo-ren – und diesen Eid breche ich nicht; Ex. ließ dann die anderen Herrn sowie Bez.A. holen welcher mich bereden sollte die Herrn gehen zu lassen, was der-selbe auch that, ich bedeutete ihm, daß es mir leid thue, seinem Befehl wie-dersprechen zu müssen, da nichts mich von meinem Vorhaben abbringen werde. Unterdessen kam der P.Exp. [Postexpedient] und fragte mich, was er denn mit den Depeschen von My. anfangen solle, in den Papierkorb zu wer-fen oder abzusenden, sagte ich ihm, dies gehe mich nichts an, wenn ers ver-antworten könne die Depeschen v. S. My. zu unterschlagen, so sei das seine Sache. Was dann auch wirklich geschah, und ich dieselben aus dem Papierkorb später an mich nahm. D. Dep. lauten an Kaiser Wilhelm, Kaiser Franz von Österreich, verschiedene Regiments-Commandeure, worin er Hilfe verlangte. die anderen Herrn weigerten sich nicht mitzugehen, nur Graf Holnstein sagte H. W. ich füge mich, geben Sie mir Ihr Ehrenwort, mich zu beschützen. Können Sie dieses nicht thun – so schießen Sie mich in diesem Zimmer nieder, denn insultieren lasse ich mich von dieser aufgeregten Volksmenge nicht! Ich gab ihm mein Wort, daß ihm nichts geschehe, dann sah er zum Fenster hinaus u. sagte schauen Sie diese empörte Menge an, wie wollen Sie uns da beschützen? Ich sagte daß mein Wort bei diesen Menschen mehr gelte, als das eines Ministers, schüttelte er ungläubig den Kopf. Holn-stein benahm sich doch wie ein Mann, Exz. von Crailsheim wie eine Mehme [Memme]. Ich ging nun hinaus, und ersuchte den Hauptm. der Feuerw. sich nicht thätlich an den H. zu vergreifen, da selbe meine Gefangenen und ich da-für haftbar sei, mir zu liebe sah man von Mißhandlungen ab, jedoch die Titel wie Bande, Lumpen, Königsmörder, Hochverräther, Staats-Betrüger, Gesindel meineidiges schwirrten nur so in der Luft. Ein Wink von mir, dann wäre die Macht zu Ende gewesen, wenigstens haben alle diese hochbetitelten mir ihr theures Leben zu danken. Dieser noch nie gesehene Zug bestand: Zuerst d.[ie] H.[erren] Crailsh.[eim] Holnst.[ein] Törringen-Jettenb. [Törring-Jetten-bach] dann kam ich, hinter mir Washington, [schlecht lesbar:] Marquise

Ferres [?], Graf Moy, dann 3 Gend.[armen] u. Bezirksa.[mtmann] dann Gudden, Müller[,] Grasheu [Grashey]und wieder 6 Gend.[armen], vor u. rückw. ein Zug Feuerwehr u. eine tausendköpfige Volksmenge. Ich rapportierte S. My, derselbe ließ dann bis auf weiteres die H. jeden einzeln in einem Zimmer unterbringen, befahl ihnen die Uniform zu nehmen, und in strengem Gewahrsam zu halten. Mayestät befahl dann anzuspannen, Er fahre nach München u. zeige sich seinem Volk, währenddessen kam der Adjutant Graf Dürckheim und rieth Mayestät von S. Vorhaben ab, die Proklamation von der Einsetzung der Regentschaft sei erlassen. May. komme nicht mehr fort, werde abgefaßt und in ein Irrenhaus gesteckt, da alles schon vorbereitet sei, es wurde berathschlagt was zu machen sei, und während dem kamen 36 Mann Gend. der St.kp. München, besetzten alle Zugänge des Schloßes, schlugen sofort die Einsetzung des Regenten am Thore an und der König war ein Gefangener. Ich erhielt den Oberbefehl über die Mannschaften, da man, wenn man einen anderen damit betraut hätte, das Äußerste befürchtete. Ich kam von S. Mayestät nicht mehr fort bis Er nach Berg abgeführt wurde.

Fortsetzung über das Interessanteste folgt.

Als der König die Gend. von München sah, fragte er, was solches bedeute? Ich erwiederte ihm, daß selbe gekommen um das Schloß zu bewachen und den strengsten Befehl haben aus demselben weder jemanden hinaus noch hineinzulassen. Der König sah mich ganz starr an und sagte: So bin ich nun Gefangener ohne etwas verbrochen zu haben! Was that ich meinem Volk, daß es mich so verläßt? Ich armer König, hab ich keinen Freund, der mir hilft? Es wurde dann in meiner Gegenwart vom Grafen Dürckheim und dem König berathschlagt was zu thun sei, ob nicht Flucht möglich wäre, doch umsonst, es war alles für den K. abgeschnitten. Graf Dürckheim ordnete noch schriftliche Sachen und der König verbrannte alle Briefe von Hesselschwer[d]t und Anderen, um wie er sagte, daß Seinetwegen Niemand kompromitirt werde, die übrige Zeit ging der König in seinen Gemächern ruhelos auf u. ab. Graf Dürckheim wurde schleunigst abberufen, und der König seinem Geschicke überlassen. Am andern Tage früh 9 Uhr stund ich am Fenster, als der Proviant-Wagen zum Thore herein fuhr, demselben entstieg ein Irrenwärter, ich ging hinunter um zu sehen, was das wäre, doch gab mir derselbe auf Befragen keine Antwort, ich schaute in das Innere des Wagens und entdeckte eine Flasche Chloroform, welche ich sofort auf das Pflaster hinaus schleuderte, mit den Worten, ich glaube man will uns alle schlafend machen. Ich kehrte auf meinen Posten zurück, wo ich den König leichenblaß und händeringend im Vorzimmer traf, mich mit den Worten anredend, wie arm bin ich Ihnen gegenüber, ich hab keine Seele die meinen Schmerz mit mir theilt, O wäre es doch vorüber! da wurde es mir zur Gewißheit, daß der König sich mit Todes-gedanken beschäftigte. Nachmittags um 4 Uhr befahl der König dem Kammer-diener Maier er wünsche (indem derselbe zwei Tage nichts mehr genossen) abends 6 Uhr im Sänger-Saal zu speisen, unterdessen kam Bezirksarzt D. Köpf, um den König zu untersuchen, da er denselben in Füssen holen ließ. Der König fragte den B.A. ob er ihn auch für einen Narren halte, wie die Anderen, Köpf sagte in seiner derben Weise May. dann sind wir alle Narren, ich finde in meiner langjährigen Praxis selten einen ganz normalen Menschen, worauf der König lächelnd erwiederte, also bin ich nicht mehr verrückt wie andere Menschen auch; und verabschiedete sich dann von D. Köpf mit den Worten, ich danke Ihnen für Ihre Mühe, leben Sie wohl. Als der König sich zu essen begeben wollte, öffnete ich die Flügelthüren, unterdessen sah der König, wel-cher hinter mir stund, daß jemand fremder die Stiege herauf ging, und bat mich nachzusehen wer es gewesen, ich erkannte die 4 Irrenwärter, und wollte dies mittheilen, währenddem stand D. Gudden und Müller schon vor dem Könige. Er fragte selbe, was sie wollen? Worauf Gudden sagte, Mayestät sind krank, und da ist es nothwendig, daß May. sich einer Untersuchung unter-zieht; der König ging zurück in die Mitte des Vorzimmers, verkreuzte die Arme, und sah die beiden Ärzte eine zeitlang durchdringend an, sagte dann zu Gudden: Hören Sie, wie können Sie als gewiegter Irrenarzt so gewissenlos sein und ein Zeugniß ausstellen, welches über ein Menschenleben entscheidet, Sie haben mich seit zwölf Jahren nicht mehr gesehen! G. auf dieses nicht vorbe-reitet sagte ganz verwirrt: May. nach den Aussagen der Dienerschaft habe ich solches gethan. So! sagte der K. nach den Aussagen dieser bezahlten Individ-ien, die ich aus nichts zu etwas gemacht habe, zum Dank und Lohn haben sie mich verrathen! Wie lange glauben Sie denn, daß, wenn ich wirklich krank bin, zu meiner Heilung bedarf? G. erwiederte, dies kommt auf May. an; May. muß sich meinen Befehlen unterordnen; der König sah ihn ganz wüthend an, und sprach ein Wittelsbach muß nie, dies merken Sie sich und begab sich dann mit den Worten, ich verzichte auf's Essen ins Speisezimmer zurück, die beiden Ärzte ihm nach, der König drehte sich in der Thüre um, und sagte, ich verbitte mir Ihre Zudringlichkeit, ich will allein sein – doch die Ärzte ließen sich nicht abweisen, und blieben in dessen Zimmer. Der König lief wie ein gehetztes Thier, die ganze Nacht jammernd und stöhnend auf und nieder, von Zeit zu Zeit meinen Namen rufend, und mich bat, ihn nicht zu verlassen. Ungefähr um 4 Uhr früh kam May. wie es schien ruhig, auf mich zu, mit den Worten: Herr Wachtmeister! Ich danke Ihnen und Ihrer Mannschaft für die treuen Dienste, welche Sie mir geleistet. Es thut mir in der Seele weh, selbe Ihnen nicht mehr lohnen zu können, leben Sie wohl, wir sehen uns nicht mehr. Ich konnte mich der Thränen nicht enthalten, der König sah mich tief-traurig an, und ging auf Schloßdiener Niggl zu, indem er sagte, Niggl, bewahren Sie meine Räume als ein Heiligthum, lassen Sie's nicht provanieren von Neugierigen, in denen ich bittersten Stunden des Lebens durchlebte – Leben Sie wohl, mich sehen Sie nicht mehr. Darauf kam D. Gudden heraus und sagte, man möchte sich bei der Abfahrt ruhig verhalten. In einer 1/4 St. werde nach Schloß Berg aufgebrochen. Dann kommen meine Offiziere von He... [unleserlich wegen Einriß] und Steppes und platzirten sich an der Treppe. Der König kam blaß und zögernd aus seinem Zimmer, schaute sich noch einmal um und sagte, leb wohl Du mein Schwanstein, Du mein Schmerzenskind, Mayor Steppes ging auf den König zu, in welcher Absicht ist mir nicht klar geworden, der König maß ihn ganz verächtlich, und sagte rühren Sie mich nicht an, ich kann allein gehen; Für diese hervorragende Dienstleistung bekam er den Michl und ich nichts, als daß ich in Untersuchung gezogen wurde; Belohnen wollte man mich nicht und bestrafen konnte man mich nicht. Das Bewußtsein recht gehandelt zu haben ist mir Lohn genug.

Geschrieben zu Füssen den 20. Juni 1886

Boppeler Wachtmeister

Als der Wagen von Schwanstein fortfuhr, hatte sich eine nahe an ... [unleserlich wegen Einriß] köpfige Menge zusammengelaufen, schrie und weinte, der König dankte nach allen Seiten, und drückte den Kindern, welche ihm Blumen in den Wagen warfen, die Hand. Dieser lebende Leichenzug wird mir unvergeßlich bleiben.

In der Literatur wird vermutet, daß der eine Woche nach dem Tod König Ludwigs vom Gendarmerie-Wachtmeister Boppeler niedergeschriebene Bericht für Ludwigs Bruder und Nachfolger König Otto I. bestimmt war und an das Ministerium weitergereicht wurde. Inhaltliche Aspekte, die Diktion des Berichts und die Form, in der er vorliegt, sprechen freilich erheblich gegen diese Annahme. In einem offiziellen Bericht an König Otto oder an ein Mitglied des Ministeriums hätte Boppeler den Staatsminister Crailsheim sicher nicht als »Memme« bezeichnet und genauso wenig den Bezirksamtmann als einen unentschlossenen Feigling dargestellt. Außerdem hätte ein Wachtmeister sich in einem offiziellen Bericht kein Urteil über die Ordensverleihung an einen der Offiziere erlauben dürfen. Allerdings verweist das im Geheimen Hausarchiv dem Bericht beiliegende Kuvert wiederum auf König Otto als ursprünglichen Adressaten. Das Kuvert verzeichnet nämlich als Absender: »Von der Administration des Vermögens S.M. des Königs Otto«. Die Anschrift ist angegeben mit: »Seine Excellenz den K. Staatsminister des

Ferdinand Boppeler

K. Hauses, des Äußern Herrn Dr. Freiherrn von Podewils-Dürniz«. Von gleicher Hand ist links unten notiert: »Mit 600.- M bar«. Eine Reihe weiterer Vermerke stammt von anderer Hand: »praes. am 27. Juli 1908 Nr. 168«, ferner »K. bayer. Geheimes Hausarchiv«, außerdem »Eigentum Sr. Majestät des Königs Otto v. Bayern« und ganz unten links »Gendarmeriewachtmeister Boppeler 1886«.

Es ist also davon auszugehen, daß der Wachtmeister Boppeler den Bericht zunächst nur für sich selbst niederschrieb, um die Erlebnisse der für ihn sehr aufregenden Tage festzuhalten. Ein solches Gedächtnisprotokoll war aber auch von Nutzen, weil Boppeler eine Maßregelung von höherer Seite oder eine erneute Vernehmung nicht ausschließen konnte. Vermutlich haben die Angehörigen Boppelers nach seinem Tod oder dem seiner Frau den Bericht weitergegeben, wahrscheinlich an die mit König Ottos Angelegenheiten befaßte Verwaltung; der Registrierungsvermerk von 1908 könnte hierfür ein Indiz sein. Von dieser Stelle aus könnte der Bericht dann an den Minister Podewils gegangen sein, der ihn wiederum dem Geheimen Hausarchiv überstellte. Zum Zeitpunkt der Abfassung des Berichts war Klemens v. Podewils-Dürniz noch Legationssekretär an der bayerischen Gesandtschaft in Berlin; Minister wurde er erst 1902, zunächst Innenminister für Kirchen- und Schulangelegenheiten und dann von 1903 bis 1912, wie auf dem Kuvert vermerkt, Staatsminister des Königlichen Hauses und des Äußeren.

Wie auch immer der Bericht ins Geheime Hausarchiv gelangt ist, er zeigt jedenfalls den beachtenswerten Mut eines kleinen Gendarmeriewachtmeisters, der seinem König treu ergeben war und der sich von hohen und höchsten Persönlichkeiten nicht einschüchtern ließ. Der »noch nie gesehene Zug« der Gefangenen von Hohenschwangau hinauf nach Neuschwanstein, den Boppeler zusammenstellte und von Gendarmen und Feuerwehrleuten eskortieren und bewachen ließ, muß sich gespenstisch und abenteuerlich ausgenommen haben. Zweifellos war dies die große Stunde im Leben des Wachtmeisters Boppeler, die er auch schriftlich festhalten wollte.

In manchen nicht unwesentlichen Einzelheiten weicht Boppelers Schilderung von anderen durch die Literatur über Ludwig II. inzwischen verfestigten Darstellungen ab. So schrieb Boppeler, daß der König sich am Abend der Festnahme gerade zu Tisch begeben wollte, als Gudden mit der Entmündigungskommission erschien. Kein Wort von der gängigen Version, Ludwig habe nach dem Turmschlüssel verlangt und als er das Zimmer in der Absicht verließ, sich auf den Turm hinauf zu begeben, hätten die dort bereitstehenden Ärzte und Pfleger zugegriffen, um den erwarteten Selbstmordversuch des Königs zu verhindern. Boppelers Bericht vom 20. Juni enthält auch keine Angaben über die in vielen anderen Publikationen breit erörterten angeblich so fürchterlichen und grausamen Befehle, die König Ludwig zur Behandlung der verhafteten Mitglieder der Kommission erlassen habe und die nur durch die Besonnenheit des Personals nicht zur Durchführung gelangt seien. Unter der Voraussetzung, daß Boppeler das Protokoll nur für sich selbst und nicht zur Weitergabe abfaßte, hätte er Hinweise auf solche Befehle sicher nicht unterdrückt,wenn sie denn tatsächlich erteilt worden wären. Doch damit nicht genug: die Sachlage um Boppelers Zeugenschaft ist nämlich komplizierter. Es gibt erstaunlicherweise einen zweiten Boppeler-Bericht im Geheimen Hausarchiv, in dem manches ganz anders dargestellt ist als im zitierten ersten Bericht vom 20. Juni 1886 und in dem auch Passagen enthalten sind, die im ersten Bericht fehlen. Dieser zweite Bericht ist undatiert. Er trägt die Überschrift: »Die Tätigkeit der Gend. Mannschaft der Brigade Füssen während der Ereignisse am 10. Juni 86 zu Hohenschwangau«.[176] Der zweite Bericht ist in etwas besserem Stil und orthographisch sicherer abgefaßt als der erste Bericht, ebenfalls in der Ich-Form geschrieben und von der gleichen Hand, die ihn niederschrieb, mit »Ferdinand Boppeler Wachtmeister« unterzeichnet. Die Unterschrift wurde nachträglich – wann wohl? – weitgehend unleserlich gemacht; sonst enthält der gesamte Bericht keinerlei Fehlstellen oder Beschädigungen. Die Handschrift des zweiten Berichts ist jedoch eine andere als die des ersten Berichts. Die äußere Form unterscheidet sich ebenfalls erheblich. Für den zweiten Bericht wurden unlinierte, kräftige, weiße Kanzleibögen verwendet und die Seiten mit einer weißblauen Kordel geheftet. Dazu paßt, daß die Titulaturen der Kommissionsmitglieder durchwegs korrekter und zutreffender sind als im ersten Bericht. Auffallend ist überdies, daß in der zweiten Darstellung des Geschehens in Neuschwanstein, Boppeler seine Instruktionen nicht vom König direkt (wie im ersten Bericht), sondern über den Kammerlakai Mayr erhält, nach dieser Version also überhaupt keinen direkten Kontakt mit dem König gehabt hätte.

Es drängt sich ein Verdacht auf: wenn der erste Bericht – wie mit großer Wahrscheinlichkeit anzunehmen ist – von Boppeler stammt, dann kann der zweite Bericht nicht ebenfalls von ihm geschrieben sein. Zumal sich in der gesamten Akte auch keinerlei Hinweis darauf findet, daß es sich bei diesem zweiten Bericht um die Niederschrift einer Vernehmung oder einer Aussage von Wachtmeister Boppeler handelt.

Der zweite Bericht enthält jetzt auch Aussagen über die Befehle, die König Ludwig zur Behandlung der in Haft genommenen Kommissionsmitglieder erlassen haben soll. Im Gegensatz zum ersten Bericht, wo derlei Angaben gänzlich fehlen, wird jetzt mitgeteilt: *Nach Eintreffen dieser Herrn erstatte ich im Schlosse Neuschwanstein wieder Meldung worauf mir Lakai Mayer einen von Sr. M. selbst geschriebenen Auftrag zeigte, wonach die Herren mit Stricken gebunden bis auf das Blut gehaut u. die Uniform vom Leibe gerissen werden sollte. Ich begab mich hierauf in den Torbau zurück und stellte vor dem Zimmer der Herrn einen Doppelposten auf mit der Weisung Niemand in das Zimmer der frgl. Herrn einzulassen oder dieselben gar mißhandeln zu lassen, weil ich schon während des Ganges von Hohenschwangau nach Neuschwanstein dem H. Oberstallmeister versicherte, daß ich sämtl. Herrn mit meiner Mannschaft gegenüber der aufgeregten Feuerwehr u. anderen Persönlichkeiten vor Mißhandlungen oder anderen Unbilden zu schützen. Als sachdienlich führe ich hier an, daß als ich am 10. 6., vorm. 6 1/2 u. mit den genannten Herrn den Weg vom alten in das neue Schloß zurücklegte u. ich bei dieser Gelegenheit denselben gegenüber erklärte, daß ich die Befehle meines Königs vollziehen müsse, dieselben die weiteren Fragen stellten, ob ich sie dann auf Befehl des Königs auch erschießen oder den Kopf abschlagen od. gar mißhandeln würde, worauf ich erwiderte, daß niemand ohne Verurteilung gerichtet werden kann u. ich einen derartigen Befehl umsoweniger vollziehen würde, als ja ein Gefangener überhaupt nicht mißhandelt werden darf. Auf die weitere Frage ob ich mit meiner Mannschaft sie beschützen werde, wenn der König, wenn sie in Neuschwanstein interniert werden, den dortselbst befindlichen Chevauxlegers den Befehl geben würde, auf sie zu schießen oder wenn er der Feuerwehr od. Lakaien den Befehl erteilen sollte, sie zu mißhandeln p.p. da antwortete ich mit »ja« u. daß ich mit meiner Mannschaft für sie eintreten werde.*

Die hier erwähnten Befehle König Ludwigs zur Mißhandlung der Gefangenen galten natürlich als weiterer Beweis seiner Unzurechnungsfähigkeit. So gibt es kaum eine historische Darstellung der Vorgänge vom 9. und 10. Juni 1886 in Neuschwanstein, in der die Befehle nicht – in dieser Interpretation – aufgeführt sind. Was variiert, ist der Grad der Ludwig unterstellten Grausamkeit, der im Kontext immer lächerlich wirkt und immerhin bis zur Anweisung »Augen ausstechen lassen« reicht. Wenn dabei allerdings der zweite Boppeler-Bericht als Beleg zitiert wird, so dürfte nach dem bisher Dargelegten klar geworden sein, wie fragwürdig allein die Quellensituation und damit wohl auch der Wahrheitsgehalt der ganzen Episode über Ludwigs angebliche sadistische Befehle ist.

Eben diese Befehls-Episode aus Neuschwanstein wird aber auch herangezogen als Bestätigung vergleichbarer Bestrafungsphantasien und entsprechender Anordnungen Ludwigs, die im Gutachten des Psychiaters Gudden stehen, jedoch ebenfalls nur auf mündlichen Zeugenaussagen beruhen. Der Urheber für die Behauptung, König Ludwig habe solche grausamen Befehle gegeben, dürfte der »Roßober« Maximilian v. Holnstein gewesen sein. Holnstein war es nämlich, der nach der Festnahme der ersten »Fangkommission« dem etwas später ebenfalls inhaftierten Assistenzarzt Müller erzählte, der König habe den schriftlichen Befehl gegeben, den Kommissionsmitgliedern »die Augen auszustechen, die Haut abzuziehen, nichts zu essen zu geben«. Auch das Waschen habe er ihnen untersagt, sollten sie doch »in ihrem Dreck verkommen«. Bei seiner Schilderung der königlichen Befehle lag Holnstein laut Müller »in Hemdsärmeln gemütlich im Bett« und »hatte seine Uhr an die Wand gehängt«.[177] Es liegt also die Vermutung nahe, daß Holnstein sich einen schlechten Scherz erlaubte.

Der sprach sich freilich schnell herum. Bereits am 11. Juni 1886, also nur einen Tag später, unterrichtete der eifrige preußische Botschafter v. Werthern seinen Dienstherrn Bismarck telegraphisch über diese angeblichen Befehle, die König Ludwig selbst in den letzten Tagen seines Lebens dementierte.

Wilhelm Wöbking geht in seiner 1986 erschienenen Untersuchung über den »Tod König Ludwig II. von Bayern« soweit, die Echtheit aller beiden mit »Boppeler« unterzeichneten Berichte anzuzweifeln. Er begründet seinen Zweifel am ersten Bericht damit, daß der Gendarmeriewachtmeister Boppeler noch vor dem 20. Juni von den Staatskommissaren Kopplstätter und Müller vernommen wurde und dabei zu Protokoll gab, er habe den Befehl zur Verhaftung der Mitglieder der ersten »Fangkommission« durch den Kammerlakai Mayr erhalten und nicht – wie dann im Bericht vom 20. Juni 1886 steht – vom König direkt bekommen. Davon ausgehend mißtraut Wöbking der in diesem ersten Bericht durchgängigen Behauptung des Ich-Erzählers »Boppeler« über seinen unmittelbaren und andauernden Kontakt mit dem König. Wachtmeister Boppelers Aussage vor der Staatskommission deckt sich hingegen mit der Beschreibung im zweiten undatierten »Boppeler«-Bericht. Widersprüchlich wird Wöbkings weitere Argumentation, wenn er annimmt, daß Boppeler den ersten Bericht an das Ministerium des Königlichen Hauses und des Äußeren schickte – diese auch an anderen Stellen auftauchende falsche Annahme über den Empfänger konnte bereits anhand der Kuvert-Beschriftung widerlegt werden –, es dann aber für »nicht eindeutig« hält, daß Boppeler den Bericht selbst abgefaßt hat.[178]

So ist gegen Wöbking an der Authentizität des Berichts vom 20. Juni 1886 festzuhalten. Es ist durchaus wahrscheinlich, daß der Gendarmeriewachtmeister Boppeler nach der Vernehmung durch die Staatskommissare den ersten Bericht für sich selbst niederschrieb, zumal die Angst vor Vorgesetzten und unliebsamen beruflichen Konsequenzen ein plausibler Grund dafür ist, daß er bei seiner Vernehmung andere Angaben über den Ablauf des Geschehens machte als nachher in seinem Bericht. Es war nämlich der Füssener Gendarm Boppeler beileibe nicht der einzige an der Entmündigung und dem Tod von König Ludwig II. beteiligte Zeuge, der seine Aussagen mehrmals veränderte oder auch widerrief. Wenn sogar ein Dr. Schleiß von Löwenfeld, Geheimrat und Leibchirurg des Königs, zu dem öffentlichen Dementi veranlaßt werden konnte, er habe niemals eine vom Standpunkt des psychiatrischen Gutachtens abweichende Meinung über den Geisteszustand des Königs abgegeben – glücklicherweise blieb seine anderslautende Stellungnahme an Bismarck erhalten –, dann darf man auch nicht ausschließen, daß ein kleiner Wachtmeister bei seiner Vernehmung dazu gebracht wurde, die offiziell »passenden« Aussagen zu machen. Boppelers nachfolgender anderslautender Bericht vom 20. Juni könnte geradezu als ein Beweis für die Manipulation seiner Aussagen vor der Staatskommission angesehen werden, sofern man nämlich annimmt, daß er durch die unzensierte Niederschrift seiner Erlebnisse für sich und gegebenfalls auch für die Nachwelt die Wahrheit festhalten wollte. Die überraschenden Übereinstimmungen zwischen der Untersuchungsaussage des Wachtmeisters Boppeler und dem undatierten zweiten Bericht, der vermutlich eben nicht von Boppeler stammt, stehen zu dieser Hypothese nicht im Widerspruch, sondern stützen sie: der unbekannte Verfasser des zweiten Berichts kannte wohl Boppelers Aussage vor der Staatskommission, konnte aber nicht wissen, daß es von Boppeler selbst bereits eine anderslautende Niederschrift gab. Hätte Boppeler, wie irrigerweise angenommen wird, seinen Bericht vom 20. Juni gleich an das Ministerium geschickt, dann wäre der Unterschied zu seinen bei der Untersuchung kurz vorher gemachten Aussagen bemerkt worden und hätte mit Sicherheit zu Konsequenzen gegen ihn geführt. Auch aus diesem Grund ist auszuschließen, daß Boppeler die Niederschrift seiner Erlebnisse an das Ministerium schickte, denn wer liefert sich selbst freiwillig ans Messer?

Offen muß bleiben, von wem und zu welchem Zweck der zweite undatierte »Boppeler«-Bericht verfaßt wurde. Ein Zweck könnte gewesen sein, die – falschen – Aussagen Boppelers vor der Staatskommission zu untermauern. Nachdem der zweite Bericht Angaben enthält, die als Belege für König Ludwigs angebliche Geisteskrankheit verwendet

werden können, sind weitere Absichten nicht schwer zu erraten.
Boppeler selbst muß kurz nach den Vorgängen in Neuschwanstein
aus welchen Gründen auch immer aus dem Gendarmeriedienst ausge-
schieden sein. Die letzte Nachricht über ihn findet sich in den Kirchen-
büchern von Mindelheim. Dort ist Boppeler bereits zwei Jahre später,
nämlich am 24. Juli 1888, im Alter von erst fünfzig Jahren verstorben.
Als Todesursache ist Magenkrebs genannt.

Damit ist die Recherche über die Berichte des Wachtmeisters Boppeler freilich immer noch nicht ganz abgeschlossen. Es gibt beziehungsweise es gab nämlich noch ein drittes auf Boppeler zurückgeführtes und
an das Innenministerium gerichtetes Schreiben, das die Ereignisse um
den 10. Juni 1886 darstellt. Die Überschrift ist fast dieselbe wie beim
zweiten (undatierten) Bericht; als Verfasser ist ein Ferdinand Poppeler
[!] genannt. Dieser dritte Bericht, der im Bayerischen Hauptstaatsarchiv
unter Buchstabe »P« mit der Nummer MInn 66 851 a registriert wurde,
ist seit 1993 aus dem Hauptstaatsarchiv verschwunden. Zudem ist im
Nachweisbuch unter dem Stichwort »Prinzregent Luitpold« eine Akte
mit Unterlagen über die Regentschaftsübernahme für den Zeitraum von
1886 bis 1901 verzeichnet und dazu vermerkt, daß diese Unterlagen seit
kurzem nicht mehr vorhanden sind.

An dieser Stelle ist noch eine Anmerkung zur Bezeichnung Schloß
»Neuschwanstein« zu machen. Man findet in der einschlägigen Literatur immer wieder die Behauptung, daß das von Ludwig II. erbaute »Neue
Schloß« zu seinen Lebzeiten noch nicht »Neuschwanstein« genannt wurde; dieser Name sei erst später entstanden. Beide »Boppeler«-Berichte
belegen nun, daß die Bezeichnung »Neuschwanstein« durchaus schon
zu Lebzeiten Ludwigs verwendet wurde. Als König Ludwig am 11. Juni
Abschied nahm, sprach er »leb' wohl, Du mein S c h w a n s t e i n ...«.
Da das Schloß zunächst zur Unterscheidung von Schloß Hohenschwangau als »Neues Schloß Hohenschwangau« benannt wurde, dürfte sich
aus der Zusammenziehung der beiden Begriffe schon recht früh die Bezeichnung »Neuschwanstein« ergeben haben. Als am 26. Juni 1886 in
der Bayerischen Abgeordnetenkammer der Bericht des Besonderen Ausschusses verlesen wurde, tauchte der Name »Neuschwanstein« jedenfalls auch schon auf; es war also üblich das Schloß mit diesem Namen
zu bezeichnen.[179]

In München erfuhr man sehr bald von der mißglückten Aktion der
ersten »Fangkommission«. Man wurde tätig und erwirkte, daß die

Inhaftierten heimlich freigelassen wurden. Am späten Abend dieses 10. Juni kamen sie wie begossene Pudel wieder in München an. Die Donauzeitung meldete am 13. Juni 1886 über die weiteren Vorgänge in Neuschwanstein: *Ein Telegramm an den Grafen Dürckheim, welches diesen herbeirief und der auch erschien ging noch fort, ein zweites, welche eine Compagnie Jäger von Kempten schaffen sollte, wurde wohl expedirt, in München aber sistirt. Von da an durfte kein Telegramm des Königs mehr expedirt werden.*

Kurz nachdem die Mitglieder ersten »Fangkommission« freigelassen worden waren, traf also Graf Alfred v. Dürckheim-Montmartin im Neuen Schloß Hohenschwangau ein. König Ludwig informierte ihn über das bisherige Geschehen. Dürckheim berichtete später über dieses Gespräch, daß der König »völlig klar« war und eingehend mit ihm darüber sprach, was jetzt zu tun sei. Den Vorschlag, nach Österreich zu fliehen, lehnte Ludwig ab. Er gestattete Dürckheim jedoch, vom österreichischen Grenzort Reutte aus Telegramme an ihm gewogene Personen um Unterstützung abzusenden. Darunter war auch ein Telegramm an Bismarck, das den Reichskanzler über das bisher Vorgefallene unterrichtete. Bismarck, der Ludwig schätzte und auch in den »Gedanken und Erinnerungen« achtungsvoll seiner gedachte, zeigte sich sehr besorgt. Er sonderte das Telegramm Dürckheims sofort aus, damit es nicht dem Kaiser vorgelegt wurde. Dann forderte er einen Bericht des preußischen Botschafters v. Werthern aus München an.

Das Telegramm traf Bismarck nicht unvorbereitet. Er war seit Wochen über alles in Kenntnis gesetzt worden. Sogar den Befund von Gudden einschließlich der Unterlagen, die dem psychiatrischen Gutachten zugrunde lagen, hatte man ihm bereits im Mai 1886 zur Vorlage beim Kaiser zugesandt. Kaiser Wilhelm I. gab Bismarck die ärztlichen Zeugnisse am 31. Mai wieder zurück mit dem Bemerken, daß Preußen sich nicht in diese Angelegenheit einschalten werde.

Daraus ist auch ersichtlich, daß das Gutachten, das zur Entmündigung König Ludwigs diente, in wesentlichen Teilen und vor allem im Ergebnis längst vor dem Datum der Unterzeichnung am 8. Juni 1886 fertig vorlag. Nachdenklich muß stimmen, daß eine ganze Reihe der zitierten Zeugenaussagen – angeblich? – erst Anfang Juni gemacht wurden, zu einem Zeitpunkt, als bereits eine – fertige? – Fassung an Bismarck und Kaiser Wilhelm gesandt worden war.

Zum Vorgehen des Ministeriums bemerkte Bismarck später in einem Gespräch mit Anton Memminger, man hätte *die Sache immerhin ein*

Alfred Graf von Dürckheim-Montmartin

wenig anders anpacken und die königlichen Prinzen vorschicken müssen, die die Entmündigung beschlossen hatten, nicht die Büttel des Irrenhauses. Wenn bei dieser Prozedur die Minister der Volkswut anheimgefallen wären, hätten sie nur ihre Unterlassungssünden gebüßt.[180]

Nachdem in München durchgesickert war, daß Ludwigs Flügeladjutant Graf Dürckheim Telegramme aus Österreich, darunter auch an Bismarck, abgeschickt hatte, beorderte ihn der Kriegsminister im Auftrag des Prinzregenten Luitpold telegrafisch nach München. Möglicherweise

hatte v. Werthern bayerischen Stellen gegenüber geplaudert. Ludwig
verlor mit Dürckheim seine letzte Stütze und sah doch ein, daß er den
Freund gehen lassen mußte, wenn er ihm nicht Schaden zufügen wollte. Graf Dürckheim wurde nach seiner Ankunft in München am 11.
Juni sofort verhaftet und ins Militärgefängnis gebracht. Der Bayerische
Kurier meldete am 13. Juni: *Der Flügeladjutant Graf Dürckheim, der sich
schwere militärische Vergehen zu Schulden hat kommen lassen, ist bei seiner
Ankunft hier in Haft genommen worden und ist strengste Untersuchung bereits eingeleitet.*

Dürckheim wurde allerdings aufgrund einer Haftbeschwerde nach
vier Tagen wieder freigelassen. Trotzdem wurde gegen ihn ein Verfahren
wegen Hochverrats eingeleitet. Die Klage erwies sich jedoch als recht-
lich haltlos: König Ludwig hatte Dürckheim am 9. Juni telegrafisch
nach Neuschwanstein gerufen, die Regentschaftsproklamation Prinzregent Luitpolds war aber erst am 10. Juni erlassen worden, ohne dem
König zur Kenntnis gebracht worden zu sein. Da Ludwig auch den Brief
Luitpolds vom 8. Juni noch nicht erhalten hatte, mußte ihm die Einsetzung der Regentschaft unbekannt sein. Er war also nicht in der Lage,
Dürckheim davon zu informieren. Somit konnte Graf Dürckheim die
Ausführung von Weisungen seines obersten Dienstherren König Ludwigs II. nicht als Hochverrat angelastet werden. Nun hätte der aufrech-
te Alfred v. Dürckheim mit Sicherheit nicht anders gehandelt, auch
wenn er von der Regentschaftsübernahme gewußt hätte. Das war seinen Gegnern klar, die ihm freilich juristisch nichts anhaben konnten.

Von Graf Dürckheim war immer bekannt, daß er treu zu seinem
König stand, daß er Einfluß auf Ludwig hatte und daß er, eben weil er
häufigen Umgang mit Ludwig pflegte, gute Dienste als Informant würde leisten können. Deshalb wurde mehrfach versucht, ihn als Zeugen
gegen Ludwig II. zu gewinnen. Er sollte belastendes Material liefern und
Nachteiliges über den König aussagen, denn sein Wort hätte erheblich
mehr Gewicht gehabt als die eilfertig zusammengetragenen Aussagen,
die dem Gutachter Gudden aus den Reihen der Bediensteten zur Verfügung standen. Das geht aus Dürckheims handschriftlichen »Notizen zur
Königskatastrophe von 1886« hervor, die im Faksimile veröffentlicht
sind. Danach tat sich besonders Graf Holnstein hervor im Bemühen,
Dürckheim auf die Seite der Gegner König Ludwigs zu ziehen. So unternahm Holnstein den vergeblichen Versuch, Dürckheim dazu zu bewegen, Briefe, die König Ludwig mit der Bitte um Kredite an verschiedene

ausländische Potentaten geschrieben hatte, dem Prinzen Luitpold zugänglich zu machen. Dürckheim teilt in seinen »Notizen« außerdem mit, daß der Oberststallmeister Holnstein durch die ihm unterstehenden Bediensteten im königlichen Stall über alles Bescheid wußte, was König Ludwig tat oder zu tun veranlaßte und an wen Briefe oder Botschaften expediert wurden. Offensichtlich war ein regelrechter Nachrichtendienst aufgebaut worden mit Holnstein als Mittelpunkt, von dem aus Informationen an die daran interessierten Stellen weitergegeben wurden. Der preußische Botschafter in München Georg v. Werthern war zum Beispiel so eine Stelle. Holnstein gehörte auch zu den Geladenen der Hoftafel, die am 9. Juni 1886, dem Vorabend der Regentschaftserklärung, bei Prinz Luitpold stattfand und war (wie schon dargestellt) gleichfalls Mitglied der erfolglosen ersten »Fangkomission«. Daß er darüber hinaus zu einem der Kuratoren über den entmündigten König bestellt wurde, kann man eigentlich nur als geschmacklos empfinden.

Graf Dürckheim vertritt in seinen »Notizen« die Meinung, daß es wohl nicht möglich gewesen wäre, in der beschriebenen Weise gegen König Ludwig vorzugehen und durch Ausstreuen von Gerüchten und die Veröffentlichung entsprechender Presseberichte Stimmung gegen den König zu machen, wenn Ludwig – wie sonst üblich – um die Jahreswende 1885/86 sich nach München begeben hätte. Dürckheim suchte auch nach einer Erklärung für Ludwigs ungewöhnliches Verhalten und schrieb: *Großes Unglück für den König, daß er im Herbste 1885 (November) nicht wie sonst alljährlich nach München kam. Er war (am 10. November Abends) schon unter Wegs von der Vorder-Riß über Seeshaupt wie sonst nach München zu fahren, als er plötzlich den Befehl zur Umkehr gab, und nach Linderhof, einige Tage darauf nach Hohenschwangau ging. Welches die Ursache dieser plötzlichen, verhängnisvollen Sinnesänderung war, ist mir nicht bekannt geworden ... Meine ganz bestimmte Vermuthung geht dahin, daß »man« den König nicht in München haben wollte, und ihm deßhalb Gott weiß was vormachte (übertriebene Schilderung einer gegen ihn in München herrschenden Stimmung, wegen der durch seine Bau-Passion herbeigeführten Krisis der Kabinetskasse; – oder ihm sagte es würde durch die Separat-Vorstellungen gerade jetzt wegen der Krisis böses Blut gemacht ... irgend etwas dergleichen muß ihm geschickt beigebracht worden sein. Durch irgendeinen »Vertrauensmann« z. B. Hesselschwerdt oder so Jemanden, der in höherem Auftrage handelte). – Dieses Nicht nach München Kommen im Spätherbst 1885 war ein entscheidender Wendepunkt, – der Anfang vom Ende ... die*

Folge war (nur zwar eine bei dem Charakter des Königs unter den obwalten-
den Verhältnissen vorauszusehende Folge) daß der König auch im Winter
(Februar 1886) nicht wie sonst in die Stadt kam; – wenn aber der König ge-
kommen wäre, – wäre der ganze Verlauf der Krisis sicher ein anderer gewesen,
die ganze Katastrophe des Sommers 86 nicht, oder nicht so erfolgt.[181]

Diese »ganz bestimmte Vermuthung« Dürckheims wird durch weitere Vorkommnisse bestätigt. Der österreichische Gesandte v. Bruck berichtete am 5. Februar 1886 nach Wien, König Ludwig habe beim bayerischen Innenminister Maximilian v. Feilitzsch angefragt, ob es unter
den gegeben Umständen nicht angezeigt sei, nach München zu kommen. Der Innenminister habe entschieden davon abgeraten: *Er halte es*
im persönlichen Interesse S.M. für geboten, daß König Ludwig, solange die
Schwierigkeiten in der Kabinettskasse nicht vollständig behoben sind, von
München fern bleiben möge.

Am 2. April schrieb v. Bruck nach Wien, daß die Patriotenpartei im
Magistrat der Stadt München den Antrag eingebracht habe, den König
im Namen der Stadt zu bitten, in seine Residenz zu kommen und sich
dem Volk zu zeigen. Dieser Antrag wurde von der liberalen Fraktion
aber zu Fall gebracht. Minister Lutz quittierte den Vorgang mit der Bemerkung, daß ein Erscheinen des Königs in der Stadt der Anfang vom
Ende wäre.[182]

Dürckheim zitiert überdies die Minister Fäustle und Riedel, die anläßlich eines Diners, das um dieselbe Zeit beim sächsischen Gesandten
v. Fabrice stattfand, mit unbefangener Rücksichtslosigkeit über ihren
König feststellten: *Wenn der nicht nachgibt, dann machen wir kurzen Pro-*
zeß mit ihm.

Holnstein arrangierte Ende Mai 1886, daß Dürckheim zum Kriegsminister Adolf v. Heinleth bestellt wurde, in der Annahme, daß es
Dürckheims oberstem Dienstherrn wohl gelingen werde, den königstreuen Flügeladjutanten auf die Seite des Ministeriums zu ziehen. Um
der erwarteten Aufforderung, gegen König Ludwig auszusagen, zu entgehen, drehte Dürckheim den Spieß um und bat den Minister gleich zu
Beginn der Audienz, etwas vortragen zu dürfen. Dann schilderte er die
verschiedenen Vorschläge, die Holnstein ihm gemacht hatte, und erklärte, daß er es mit seinem Offizierseid auf den König nicht verein-
baren könne, derartigen Aufforderungen nachzukommen. Falls der
Kriegsminister beabsichtige, ihm ebenfalls solche Aufträge zu erteilen,
würde er – Holnstein – sich genötigt sehen, zum König zu reisen, um
ihm darüber Bericht zu erstatten. Laut Dürckheims »Notizen« konnte

daraufhin der Minister seine eigentliche Absicht nicht mehr äußern und nur noch etwas verlegen sagen: *»Sie müssen nicht denken, daß wir illoyal wären, wir sind (lächelnd) keine Hochverräther oder Revolutionäre, wir kennen auch unsere Pflichten.«* Vom Ende der doch recht eigentümlichen Unterredung teilt Dürckheim mit: *Während er* [v. Heinleth] *das alles recht verlegen vorbrachte hatte er sich der Thür genähert; ich unterbrach ihn und sagte »das geht mich zunächst nichts an, – ich kann Ihnen nur sagen daß Sie sehr im Irrthum sind, wenn Sie glauben, der König sei irrsinnig; – das ist er keineswegs«. »Viele Leute sind doch hierüber anderer Ansicht« erwiderte er; »ja, – was für Leute« – sagte ich hierauf – »Leute in untergeordneten Dienststellungen, vom Stall, oder solche die vielleicht in Ungnade gefallen sind; – dagegen hat vor sehr kurzer Zeit erst g.B.(?) Herr v. Ziegler, der den König genau kennt, mir gegenüber seine Ansicht dahin geäußert, daß wer den König wirklich kenne, ihn gewiß niemals für irrsinnig halten könne« ... »gerade Herr v. Ziegler scheint aber dann seine Ansicht nun geändert zu haben« erwiderte darauf der Minister und empfahl sich hierbei, indem er – dießmal sehr verlegen lächelnd – hinzufügte »Ich bedauere Sie unnöthig gestört zu haben«.*[183]

Der Minister v. Heinleth kannte bei dieser Unterredung natürlich das bereits vorliegende Guddensche Gutachten und die darin enthaltenen Aussagen Friedrich v. Zieglers, der 1876/77 und von 1880 bis 1883 Kabinettssekretär war. Aufgrund dieser Stellung war Zieglers Aussage gegenüber den anderen überwiegend von Bedienten stammenden Zeugnissen von besonderem Gewicht.

Dürckheims Haltung trug sicher nicht dazu bei, ihn bei dem zur Regentschaft entschlossenen Prinzen Luitpold besonders beliebt zu machen. Zu Ungunsten Graf Alfred v. Dürckheims kam dazu, daß er sich im Jahre 1883 beinahe mit einem Sohn von Prinz Luitpold, mit Prinz Arnulf, duelliert hätte. Dürckheim, der damals im Regiment des Prinzen Arnulf und zeitweise dessen Adjutant war, fand eines Tages einen Liebesbrief Arnulfs an seine Frau, worauf er Arnulf zum Duell forderte. Auf Intervention von Prinz Luitpold wurde das Duell verboten. Die Herren wurden aufgefordert, sich gegenseitig zu entschuldigen; Dürckheim sollte in der Konsequenz von München weg versetzt werden. König Ludwig, der das Duellverbot bestätigen mußte, verhinderte die Strafversetzung Dürckheims und machte ihn zu seinem Flügeladjutanten. Das war für Dürckheim durchaus ehrenhaft, ärgerte aber Prinz Luitpold und dessen Familie, was möglicherweise von Ludwig auch beabsichtigt war. 1884 wurde die Ehe Dürckheims geschieden.

Graf Dürckheim wurde aber noch ein anderer Vorfall angelastet, der in den Augen der Gegenpartei erheblich schwerer als alles übrige wog: die Proklamation König Ludwigs II. vom 9. Juni 1886, die Dürckheim mit dem König entworfen hatte und die von Ludwig unterschrieben wurde. Da zum Zeitpunkt der Abfassung dieser Proklamation bereits alle Telegrafenämter in Bayern Anweisung erhalten hatten, keine Telegramme des Königs oder der zu ihm stehenden Personen weiterzuleiten, konnte sie nicht verbreitet werden. Sie gelangte jedoch auf nicht mehr nachvollziehbare Weise an die Redaktion der Bamberger Zeitung, die sie am 11. Juni 1886, einen Tag nach der Regentschaftsproklamation des Prinzen Luitpold abdruckte. Die Zeitung wurde allerdings beschlagnahmt, bevor sie in größerem Umfang verkauft werden konnte. Die Proklamation, das letzte Aufflackern eines königlichen Widerstandswillens, der eigentlich schon gebrochen war, hat folgenden Wortlaut:

Proklamation:

Ich, Ludwig II., König von Bayern, sehe Mich veranlaßt an Mein geliebtes Bayerisches Volk und die gesamte Deutsche Nation folgenden Aufruf zu erlassen: Der Prinz Luitpold beabsichtigt, sich ohne meinen Willen zum Regenten Meines Landes zu erheben, und Mein bisheriges Ministerium hat durch unwahre Angaben über Meinen Gesundheitszustand Mein geliebtes Volk getäuscht und bereitet hochverräterische Handlungen vor.

Ich fühle Mich körperlich und geistig so gesund wie jeder andere Monarch, und der geplante Hochverrat ist so überraschend, daß Mir keine Zeit bleiben wird, Gegenmaßregeln zur Vereitelung der vom Ministerium beabsichtigten Verbrechen zu treffen.

Falls die geplanten Gewaltakte zur Ausführung kommen und Prinz Luitpold ohne Meinen Willen die Regierungsgewalt an sich reißt, beauftrage ich Meine treuen Freunde, mit allen Mitteln und unter allen Umständen Meine Rechte zu wahren.

Ich erwarte von allen treuen Bayerischen Beamten, insbesondere aber von jedem ehrliebenden Bayerischen Offizier und jedem braven Bayerischen Soldaten, daß sie eingedenk des heiligen Eides, durch welchen sie Mir Treue gelobt haben, Mir auch in diesen schweren Stunden treu bleiben und Mir im Kampfe gegen die nächststehenden Verräter beistehen werden. Jeder königstreue Bayer wird aufgefordert, den Prinzen Luitpold und das bisherige Ministerium als Hochverräter zu bekämpfen. Ich fühle Mich mit Meinem geliebten Volk eins und bin der festen überzeugung, daß Mein Volk Mich gegen den geplanten Hochverrat schützen wird.

Ich wende Mich auch an die gesamte deutsche Nation und an die verbündeten Fürsten.

Soviel in Meiner Macht lag, habe Ich zum Aufbau des deutschen Reiches bei-
getragen und darf deshalb von der deutschen Nation erwarten, daß sie es
nicht duldet, wenn ein deutscher Fürst durch Hochverrat verdrängt wird.

Falls Mir keine Zeit bleiben sollte, Mich an Seine Majestät den deutschen
Kaiser direkt um Hilfe zu wenden, dann vertraue ich der Gerechtigkeit, wel-
che Mir zum mindesten keinen Widerstand entgegensetzt, wenn ich die Hoch-
verräter in meinem Land den Gerichten überliefere.

Meine braven und treuen Bayern werden Mich sicherlich nicht verlassen, und
für den Fall, daß man Mich mit Gewalt verhindern sollte, Mein Recht selbst
zu wahren, soll dieser Aufruf an jeden treuen Bayer eine Aufforderung sein,
sich um Meine treuen Anhänger zu scharen und an der Vereitelung des geplan-
ten Verrates an König und Vaterland mitzuhelfen.

Gegeben zu Hohenschwangau am 9. Juni 1886

Ludwig

König von Bayern

Hier ist möglicherweise auch der Schlüssel zur Beantwortung der Frage zu finden, warum Ludwig gegen den Rat Bismarcks und Dürckheims
letztlich doch nicht mehr den Mut aufbrachte, nach München zu eilen,
sich dem Volke zu zeigen und die Ereignisse zu seinen Gunsten zu wenden. Er hätte nämlich bei einer Rückkehr nach München seinen Onkel
Luitpold nicht nur schriftlich des Hochverrats bezichtigen müssen, wie
es in der Gegenproklamation geschah, sondern daraus auch die juristisch notwendigen Folgen ziehen müssen, die in einem solchen Fall
Hinrichtung bedeutet hätten. Dazu wäre Ludwig nicht fähig gewesen;
dazu fehlte ihm die Kraft. Ein Mensch, der wie er zuinnerst auf Frieden
und Ausgleich bedacht war, mußte vor einer solchen Konsequenz
zurückschrecken. Ist das ein Beweis seiner Regierungsunfähigkeit?
Vielleicht ja, doch sicher ist es kein Indiz für eine Geisteskrankheit.

Die Mitwirkung des Grafen Dürckheim an der Abfassung und der
versuchten Verbreitung dieser Proklamation sollte die Basis für eine Anklage wegen Hochverrats liefern, die aber schließlich doch unterblieb.
Nach dem Zeugnis des bayerischen Gesandten in Berlin Hugo von und
zu Lerchenfeld-Koefering hat sich Bismarck für Dürckheim verwandt
und davor gewarnt, den persönlichen Adjutanten eines Bundesfürsten
zu verfolgen, weil dieser sich – zu Recht oder zu Unrecht – für seinen
Herrn eingesetzt habe. Lerchenfeld berichtet in seinen Aufzeichnungen,
daß Bismarck ihn zu sich bat und beauftragte, *in seinem Namen der*
Bayerischen Regierung den Rat zu erteilen, Dürckheim sofort in Freiheit zu

setzen.[184] Die Intervention des Kanzlers machte offenbar Eindruck auf Prinzregent Luitpold, der zu Beginn seiner Amtszeit sicher keine Konfrontation mit Bismarck wollte. So wurde Graf Dürckheim freigelassen. Nach seiner Entlassung aus der Haft und der Niederschlagung der beabsichtigten Anklage wegen Hoch- und Landesverrats, stand Graf Dürckheim beim neuen Hof wohl nicht gerade in besonderer Gunst. Seine Bitte, den toten König noch einmal sehen zu dürfen, wurde abgeschlagen, sein Ansuchen um eine Abschiedsaudienz beim Prinzregenten vor seiner Versetzung nach Metz abgelehnt. Seine weitere Karriere scheint jedoch unter den Vorgängen des Jahres 1886 nicht gelitten zu haben. Alfred v. Dürckheim-Montmartin war zuletzt kommandierender General in Würzburg und starb dort im April 1912 im Alter von zweiundsechzig Jahren. Auf seinem Sarg lag ein Kranz mit einer Schleife des Prinzregenten Luitpold, der ihn nur um einige Monate überlebte.

Während man zunächst an eine bewachte Unterbringung König Ludwigs in Linderhof gedacht hatte, entschloß sich der düpierte Ministerrat nunmehr, die Sache zu verschärfen und den entthronten König nach Schloß Berg am Starnbergersee bringen zu lassen, das in aller Eile für seine Internierung vorbereitet wurde. Wie in einer »Irrenanstalt« wurden Tür- und Fenstergriffe abgeschraubt und Gucklöcher in den Türen angebracht. Durch die Erfahrungen mit der ersten »Fangkommission« gewitzigt, wollte man den König offenbar etwas weiter weg von der ihm treu ergebenen Gebirgsbevölkerung unterbringen. Es gibt Hinweise, daß auch v. Gudden für Schloß Berg als Aufenthaltsort plädierte, weil er und seine Ärzte, die auch den Prinzen Otto betreuten, dann die beiden Patienten näher beisammen hätten.

Wenige Wochen vor diesem Entschluß der Minister hatte sich König Ludwig mit seinem Gefolge noch offiziell in Schloß Berg aufgehalten und war dann wieder nach Neuschwanstein zurückgekehrt. Traditionsgemäß bezog er nämlich alljährlich um den 11. Mai Schloß Berg, und so konnte der Bayerische Kurier den königlichen Umzug dorthin denn auch 1886 unter dem Datum vom 11. Mai melden. Die Münchener Neuesten Nachrichten berichteten am 13. Mai 1886, daß sich am Hoflager Berg die Herren des königlichen Kabinetts, Geheimsekretär Rat Stattner und Geheimsekretär Haiß, außerdem Obermedizinalrat Geheimrat von Schleiß befanden. Daraus ist zu entnehmen, daß Ludwigs Leibarzt Max Schleiß v. Löwenfeld bis zuletzt in der nächsten Umgebung des Königs war. Die in der Kammer der Abgeordneten am

26. Juni 1886 vorgetragene Behauptung, v. Schleiß habe den König seit zehn Jahren nicht mehr gesehen, war demnach nicht richtig. Der Verlauf der Landtagsdebatte vom 26. Juni 1886, bei der es um die nachträgliche Legitimierung des Vorgehens gegen König Ludwig II. ging, wird an anderer Stelle noch ausführlich darzustellen sein. Daß die zitierte Zeitungsmeldung vom 13. Mai 1886 über die Anwesenheit Schleiß' am Hoflager Berg den Schluß nahelegt, der Arzt habe über König Ludwigs Gesundheitszustand bis zuletzt Bescheid gewußt, ist allerdings auch für den folgenden Zusammenhang wichtig. Wenige Tage nach der Katastrophe von Berg wurde nämlich in der Wiener »Presse« ein Gutachten des königlichen Leibarztes Schleiß v. Löwenfeld veröffentlicht. Schleiß widersprach darin dem Befund der Psychiater; er bestritt die dem König attestierte Paranoia und reduzierte Ludwigs Zustand auf »Eigentümlichkeiten« und »Excentritäten«. Zugleich erhob Schleiß Vorwürfe gegen die »Bedientenseelen«, die seit Jahren die Umgebung Ludwigs bildeten, und kritisierte heftig die psychiatrische Behandlung, die man Ludwig zuteil werden ließ und die ihn wohl »verrückt machen« könne. Am 17. Juni 1886 druckte die »Süddeutsche Presse« das Schleißsche Gutachten nach, zusammen mit einer Erklärung v. Schleiß', er habe *weder ein Gutachten über den Geisteszustand Seiner Majestät des Königs abgegeben, noch einen Bericht darüber in den Zeitungen veröffentlicht*. Ebenfalls publiziert wurde ein Dementi des betagten Franz Xaver v. Gietl, den Schleiß in seinem »Gutachten« als den zweiten königlichen Leibarzt zitierte, der seiner Anschauung sei, *daß der König nicht geisteskrank ist*. (Gutachten und Widerrufe sind im Anhang, S. 392 f., abgedruckt.)

Die volle Wahrheit ist heute im Einzelnen nicht mehr zu ermitteln. Nachdenklich muß freilich stimmen, daß der königliche Leibarzt v. Schleiß, der im Gegensatz zu v. Gudden häufig um Ludwig II. war, an der Erstellung des psychiatrischen Gutachtens nicht beteiligt wurde, vermutlich weil man von ihm keine Zustimmung zu der gewünschten Diagnose erwarten konnte. Aus medizinischer Sicht hätte das Guddensche Gutachten eine ungleich höhere Beweiskraft gehabt und auch mehr Akzeptanz erfahren, wenn der oder die königlichen Leibärzte mit unterzeichnet hätten. Erst bei der Obduktion der Leiche des Königs am 15. Juni 1886 wurde Schleiß hinzugezogen. Seiner am 17. Juni 1886 publizierten Erklärung zufolge hat v. Schleiß aber nicht nur bestritten, jemals ein eigenes Gutachten abgegeben zu haben, sondern die »Phantasie-Abnormitäten (Verrücktheit)« Ludwigs unter Hinweis auf das

Sektionsergebnis sogar bestätigt. Beachtenswert ist dabei die Herkunft der Schleißschen Erklärung: sie wurde der Zeitung durch die königliche Polizeidirektion zugestellt. Das ist sicher nicht der normale Instanzenweg und läßt die Annahme zu, daß v. Schleiß in dieser Angelegenheit vor den Münchener Polizeidirektor zitiert und zum Widerruf veranlaßt wurde.[185]

Die Vermutung, daß v. Schleiß nicht freiwillig widerrief, sondern daß hier amtlicherseits – mit welchen Mitteln auch immer – nachgeholfen wurde, bestätigt indirekt ein langer Brief, den Schleiß am 10. Juni 1886 an Bismarck schrieb. Darin begründete er aus seiner leibärztlichen Sicht manche »unglückseligen Eigenheiten« König Ludwigs mit Vererbung und mit Erziehungsfehlern, die seine ungünstigen ererbten Eigenschaften noch verstärkten. Weiter führte Schleiß aus, daß »der traurige Zustand der Cabinetskasse« herbeigeführt wurde *durch die Begünstigung und widerstandslose Ausführung seiner Pläne von Seiten seiner Ingenieure und der alles sonst für unmöglich geltende möglich machenden Hofsecretäre ... Gewissenlose Schmeicheleien und erheuchelte sklavische Unterwerfung seiner über die Maßen lügenhaften Diener* [die Unterstreichung stammt von Bismarck] *hat ihn abgewöhnt, nackte Wahrheiten anzuhören. Allein abgesehen von diesen ererbten und anerzogenen unglückselige Eigenheiten haben Seine Majestät der König die Integrität Seiner Urteilskraft vollständig bewahrt und es wird eine unconstitutionelle oder unvernünftige Regierungshandlung Allerhöchstdemselben nicht nachgewiesen werden können und Seine Cabinetssekretaire werden Allerhöchstdessen gesunde Urteilsfähigkeit und guten Takt nicht verläugnen können.* Dann versicherte Schleiß noch einmal ausdrücklich, daß er von der Existenz *eines schweren Leidens, welches Seine Majestät den König Ludwig II. an der Ausübung der Regierung dauernd verhindert,* nicht überzeugt ist. Damit stellte Schleiß den Kernpunkt des Guddenschen Gutachtens in Frage, denn nur die mindestens ein Jahr andauernde Verhinderung an der Ausübung der Regierung gab Luitpold und dem Ministerrat die Handhabe zur Einsetzung der Regentschaft.

Werthern berichtete dazu an Bismarck, daß Schleiß versucht habe, eine ähnliche Stellungnahme in der Augsburger Abendzeitung zu veröffentlichen, was aber von der Zeitung abgelehnt wurde. Dabei dürfte es sich um das »Gutachten« gehandelt haben, das dann in der Wiener Presse erschien. Werthern erläuterte ferner, daß das Urteil des Dr. v. Schleiß *gar keinen Wert* habe, da er *Allerhöchstdenselben*, nämlich König Ludwig II., seit zwei Jahren gar nicht mehr gesehen habe.[186] Immerhin verkürzte Werthern die Zeitspanne, in welcher der Leibarzt v. Schleiß seinen König nicht mehr gesehen haben soll, von zehn – wie am 26. Juni 1886 im Landtag behauptet wurde – auf zwei Jahre. Beide Angaben werden dadurch nicht glaubwürdiger. In der Wiener Medizinischen Wochenschrift erschien am 22. Juni 1886 eine Abhandlung »Zur Königskatastrophe in Baiern«, in der sich der renommierte Wiener Nervenarzt Professor Jaromir v. Mundy mit dem Gutachten seines Kollegen v. Gudden und dem gesamten Vorgehen bei der Entmündigung König Ludwigs befaßte. Der Beitrag erregte großes Aufsehen und war auch Gegenstand der Debatte in der bayerischen Kammer der Abgeordneten am 26. Juni 1886. Mundy wurde bei dieser Gelegenheit durch den bayerischen Ministerratsvorsitzenden v. Lutz in scharfer Weise abqualifiziert: *Der Herr Vorredner hat sich auf einen österreichischen Irrenarzt berufen. Nun ist es sehr mißlich, den Werth der Auslassungen dieses Herrn hier zu kritisiren. Es ging ja nicht ab ohne einen Rückblick auf die Eigenschaften der betreffenden Person; aber ich bin bereit, dem Herrn Vorredner aus guter Quelle mitzutheilen, was ich von dem betreffenden Doktor weiß, und vielleicht ist er dann auch geneigt, in seiner Rede diese Geschichte als eine Sache von geringerem Werthe zu bezeichnen.*[187]

Mundy war ein anerkannter Psychiater; er war maßgeblich am Zustandekommen des Gesetzes zur Organisation des öffentlichen Sanitätsdienstes in Österreich beteiligt und nach den Erfahrungen beim Brand des Wiener Ringtheaters der Begründer der Freiwilligen Rettungsgesellschaft. Mundy war Inhaber von vierundfünfzig in- und ausländischen Auszeichnungen.

In seinem Artikel vom 22. Juni 1886 legte Mundy dar: *Wohl ist dabei ernstlich in Erwägung zu ziehen, daß man mit Kranken, die auf Thronen herrschen, wenn dieselben der Nacht der Verwirrung verfallen, nicht so umzugehen wagt, wie mit gewöhnlichen Sterblichen, die an Irrsinn leiden. Die Pietät, die schonendsten Pflichten, für die höchste Person, und, was wohl hiebei nicht übersehen werden darf, so manche zwingende politische und soziale Schwierigkeit, endlich des treuen Volkes Glauben und Aberglauben, erschweren das Handeln und erzeugen Verzögerungen oder führen zu unrichtigen Maßnahmen. Im vorliegenden Falle scheint aber dabei, in Bezug auf Vorhersehen und Vorsorgen mehr noch als sonst versäumt worden sein, wenn man sich der mildesten Form des Ausdruckes bedient ... Ehe man sich aber zu diesen Vorbereitungschritten entschlossen hatte, wäre es die erste Pflicht gewesen, einen oder zwei fremdländische Koryphäen auf dem irrenärztlichen Gebiet nach der Landeshauptstadt zu berufen, auf dass dieselben im Vereine mit ihren Kollegen des Inlandes ... über die Maßnahmen schlüssig werden, welche dem gegebenen Falle, unter genauer Rücksichtnahme aller Nebenumstände am Besten entsprechen. Wir können unsere Verwunderung darüber hier nicht unterdrücken, daß nämlich der von den Massgebenden erwählte gelehrte Irrenarzt eine solche Verantwortung und die damit nothwendig verknüpften Folge in erster Linie nur auf sich nahm und sie mit einigen inländischen Kollegen teilte ... Ist in dieser Hinsicht alles Nöthige sorgsamst verfügt worden, dann, dünkt es uns, hat noch immer nicht der ausgewählte Irrenarzt mit seinen Konsilarien und mit dem düsteren Gefolge der Wärter zuerst den Zutritt zum Kranken, wo nicht Gefahr im Verzuge nachweisbar ist, sondern der dem Kranken als zumeist sympathisch bekannte Prinz und Verwandte ... Ein so gearteter Kranker, wie der König von Baiern, hätte wohl das Recht gehabt, nicht nach der Schablone behandelt zu werden.*[188]

Am 11. Juni machte sich die wesentlich kleinere zweite »Fangkommission« auf den Weg nach Neuschwanstein. Sie bestand nur mehr aus v. Gudden und seinem Assistenzarzt Müller sowie fünf Irrenpflegern. Die Vertreter des Staates und des Hofes, die bei der ersten Kommission noch dabei waren, blieben in München zurück.

Nicht mehr mitgenommen wurde auch der Brief des nunmehrigen Prinzregenten Luitpold an seinen königlichen Neffen, den Ludwig somit nie zu Gesicht bekam. Die Herren der ersten »Fangkommission« hatten bei ihrer überstürzten Abreise keine Gelegenheit mehr gehabt, den Brief zu übergeben und es offenbar nicht für nötig gehalten, ihn zur Übergabe an den König in Neuschwanstein zu lassen. So nahmen sie ihn denn wieder mit zurück nach München, wo er letztlich verblieb.

Der Brief lautete:

Durchlauchtigst Großmächtigster König
Gnädigster und geliebtester Herr Neffe!
Durch übereinstimmendes Gutachten einer Mehrzahl von ärztlichen Sachverständigen ist die höchst betrübende Thatsache festgestellt worden, daß der gegenwärtige Zustand der Gesundheit Euerer Königlichen Majestät Allerhöchstdieselben an der weiteren Ausübung der Regierungsrechte behindert und Fürsorge für Allerhöchstderen Vertretung in privatrechtlicher Hinsicht erheischt.
Als durch die Staatsverfassung in Folge der notorischen Erkrankung Seiner Königlichen Hoheit des Prinzen Otto zur Regentschaft berufener Agnat des Königlichen Hauses habe ich die schmerzliche Pflicht zu erfüllen, die zur verfassungsmäßigen Konstituirung der Reichsverwesung erforderlichen Maßnahmen vorzukehren. Ich habe demnach unter sofortiger Einberufung des

Landtages provisorisch die Zügel der Regierung ergriffen und als Kuratoren zur Wahrnehmung der persönlichen und privatrechtlichen Interessen Euerer Königlichen Majestät den Königlichen Oberststallmeister Grafen Maximilian von Holnstein aus Bayern und den Reichsrath der Krone Bayerns Clemens Graf von Törring-Jettenbach bestellt.

Indem ich Euerer Königlichen Majestät hievon ehrfurchtsvollst Anzeige erstatte, bitte ich Gott, daß Er Allerhöchstderselben Kraft verleihen möge, diese unabwendbare Folge des vom Allmächtigen über Euere Königliche Majestät verhängten schweren Leidens mit königlicher Würde zu tragen und daß Sein unerforschlicher Rathschluß durch baldige Genesung Euerer Königlichen Majestät die Rücknahme dieser in Allerhöchstderen eigenem Interesse zur Zeit unabweislichen Vorkehrungen ermögliche.

In dieser Hoffnung verbleibe ich in unverbrüchlicher Treue und Anhänglichkeit an die geheiligte Person Euerer Königlichen Majestät

Allerhöchst-Deren

Unterthänigst treugehorsamster Oheim

Luitpold

Pz. v. Bayern

Anstelle dieses Briefes hatte v. Gudden am 11. Juni ein Legitimationsschreiben des Prinzregenten mit folgendem Wortlaut in der Tasche:

Vollmacht

für den K. Obermedizinalrath Herrn Dr. Bernhard von Gudden, welcher beauftragt ist, Seine Majestät den König in ärztliche Behandlung zu nehmen, zu diesem Behufe sich nach Hohenschwangau zu begeben, Seine Majestät von dort nach Schloß Berg zu verbringen und überhaupt alles vorzukehren, was zu diesem Zweck im ärztlichen Interesse geboten erscheint.

Alle Civil- und Militärbehörden werden angewiesen, dem genannten K. Obermedizinalrathe zur Erfüllung seiner Aufgaben jede erforderliche Unterstützung zu gewähren.

München, den 11. Juni 1886

Luitpold

Prinz von Bayern

Die Ankunft der zweiten Kommission bedeutete für König Ludwig keine Überraschung; er hatte mit ihrem Kommen gerechnet.

Von München aus hatte man dafür gesorgt, daß die königstreue Bewachung des Schlosses durch regierungstreue Personen ersetzt wurde und so konnte Gudden den König durch seine Irrenwärter auf dem Gang vor seinem Zimmer festnehmen lassen, als er es verließ. Ludwig war nach Zeugenaussagen bei der Festnahme zunächst erregt, unterhielt sich dann aber fast drei Stunden in seinem Zimmer mit den Ärzten v. Gudden und Müller, wobei er gegen Gudden auch Vorwürfe äußerte über die Art des Vorgehens und über den Umstand, daß Gudden sich nicht die Mühe einer ärztlichen Untersuchung oder wenigstens eines Gesprächs mit ihm gemacht habe.

Der Assistenzarzt Franz Carl Müller hat die Unterredung zwischen König Ludwig (L) und Bernhard v. Gudden (G) festgehalten:[189]

(L) Wie können Sie mich für geisteskrank erklären, Sie haben mich ja gar nicht vorher angesehen und untersucht?

(G) Majestät, das war nicht nothwendig; das Aktenmaterial ist sehr reichhaltig und vollkommen beweisend, es ist geradezu erdrückend.

(L) So? So? Also Prinz Luitpold hat es jetzt glücklich so weit gebracht, dazu hätte er nicht so einen Aufwand von Schlauheit gebraucht, hätte er ein Wort gesagt, dann hätte ich die Regierung niedergelegt, und wäre ins Ausland gezogen. Nun, wie lange wird die »Kur« wohl dauern?

(G) Majestät, in der Verfassung steht: »wenn der Regent länger als ein Jahr durch irgend einen Grund an der Ausübung der Regierung gehindert ist, dann tritt die Regentschaft ein«, also würde ein Jahr vorläufig der kürzeste Termin sein.

(L) Nun, es wird wohl rascher gehen, man kann es ja machen wie mit dem Sultan, es ist ja leicht, einen Menschen aus der Welt zu schaffen.

(G) Majestät, darauf zu antworten, verbietet mir meine Ehre.

Trotz der für ihn niederschmetternden Situation, in der sich Ludwig – nur von Ärzten und Irrenwärtern umgeben – befand, führte er den Dialog offensichtlich sehr beherrscht und sachlich. Bemerkenswert ist Guddens Verweis auf die Verfassung als Antwort auf Ludwigs Frage nach der voraussichtlichen Behandlungsdauer. Von der entsprechenden Gesetzesformel leitete der Arzt ab, daß der kürzeste Zeitraum von Ludwigs »Kur« ein Jahr sein werde, vielmehr sein müsse. Es war also von vornherein eine beschlossene Sache, König Ludwig mindestens ein Jahr lang als Geisteskranken zu behandeln, ganz unabhängig davon, wie sich sein Gesundheitszustand nach Einleiten der medizinischen Betreuung tatsächlich gestalten sollte. Die Begründung war nicht medizinisch, sondern der Form nach juristisch, de facto aber politisch: ein Jahr unter psychiatrischer Kuratel war notwendig, weil sonst die Verfassung keine Regentschaft erlaubt hätte. Erstaunlich ist nur die Unverfrorenheit, mit der Gudden dies dem König gegenüber äußerte. Luitpold hatte in dem Brief an Ludwig, den dieser nie erhielt, immerhin noch dem Wunsch Ausdruck gegeben, daß der »unerforschliche

Rathschluß« des Allmächtigen durch »baldige Genesung« die Rücknahme der »zur Zeit« unabweislichen Vorkehrungen ermögliche.

Tage später in Schloß Berg frug Ludwig den in seiner Hofhaltung tätigen Stabskontrolleur Friedrich Zanders, ob er glaube, daß man ihn »übers Jahr noch ebenso gefangen halten wird wie heute?« Zanders versuchte den König zu beruhigen und meinte, die Behandlung könnte vielleicht auch in einer kürzeren Zeit zum Erfolg führen. Darauf Ludwig: *Glauben Sie das wirklich? ... L'appétit vient en mangeant. Mein Onkel Luitpold wird sich an das Regieren gewöhnen und so viel Gefallen daran finden, daß er mich nie wieder herausläßt!*[190]

Noch ein zweites ist an dem überlieferten Dialog zwischen Ludwig und Gudden bemerkenswert, nämlich Ludwigs Äußerung über Prinz Luitpold: *Hätte er nur ein Wort gesagt, dann hätte ich die Regierung niedergelegt.* Wahrscheinlich wäre es nicht ganz so einfach gegangen, aber daß Ludwig in diesem Moment die Möglichkeit eines Rücktritts betonte, zeigt, wie aussichtsreich ein ernsthafter Versuch in diese Richtung gewesen wäre. Der Vorschlag der Ultramontanen im Landtag, dem König 30 Millionen Mark zu bewilligen, wenn er gleichzeitig seinen Rücktritt erklärte, hätte sicher dazu beitragen können, die Chancen für eine Abdankung zu vergrößern.

Am frühen Morgen des 12. Juni 1886 wurde Ludwig in einer Kutsche, die im Inneren keine Türklinken und am Boden Fußfesseln hatte, nach Schloß Berg gebracht.

Zu einem seiner Diener hatte Ludwig in Neuschwanstein gesagt: *Daß man mir die Krone nimmt, könnte ich verschmerzen, aber daß man mich für irrsinnig erklärt hat, überlebe ich nicht. Ich könnte es nicht ertragen, daß es mir ergeht wie meinem Bruder Otto, dem jeder Wärter befehlen darf und dem man mit Fäusten droht, wenn er nicht folgen will.*[191]

Häufig werden diese Worte als Hinweis auf Selbstmordgedanken König Ludwigs gedeutet. Dem ist nicht unbedingt beizupflichten. Wenn Ludwig sich hätte töten wollen, so wäre dies in Neuschwanstein in den beiden Tagen zwischen der ersten und zweiten »Fangkommission« leichter gegangen als dann in Schloß Berg. Gegen einen Selbstmord sprechen außerdem eine Reihe weiterer Fakten. Nur kurz die zwei wichtigsten: Zum einen war Ludwig ein sehr guter Schwimmer; er hat öfter den Alpsee durchschwommen. Warum hätte er also gerade den für einen guten Schwimmer fast unmöglichen Tod durch Ertrinken wählen sollen? Zum anderen nahm Ludwig vor dem letzten Spaziergang mit

Gudden am 13. Juni 1886 noch mit großem Appetit ein mehrgängiges Menü zu sich und wählte dazu wie üblich mehrere Getränke. Es ist schwer vorstellbar, daß ein Mensch, der zum Selbstmord entschlossen ist, sich selbst noch eine Henkersmahlzeit spendiert und gut schmecken läßt. Im übrigen hätte es Ludwig seinen Gegnern nicht so leicht gemacht, ihn als König loszuwerden; dazu war er viel zu sehr verärgert über die Art und Weise, wie man ihn auszuschalten versuchte.

Als Beweis für die angebliche Suizidneigung Ludwigs werden auch immer wieder schriftliche Äußerungen aus seinen Tagebüchern oder Briefen herangezogen. Eine solche scheinbar verräterische Bemerkung im Tagebuch ist zum Beispiel»Ertrinken, versinken, unbewußt, höchste Lust!«. Dabei handelt es sich um die Schlußverse aus Wagners »Tristan und Isolde«, die Ludwig eben nicht nur im Tagebuch, sondern auch auf einem Telegramm an Richard Wagner nach der Uraufführung der Oper zitierte.

Man weiß nicht, wie und warum König Ludwig an jenem 13. Juni 1886 gleich zu Beginn des Spaziergangs, bei dem Gudden die ihn sonst begleitenden Wärter zurückschickte, ums Leben kam. Zu viele Rätsel bleiben offen. Das Geschehen wurde oft untersucht und mancherlei Hypothesen und Theorien wurden aufgestellt. Dabei handelt es sich im wesentlichen immer wieder um drei mögliche Szenarien: Selbstmord, Fluchtversuch oder Gewalt durch Dritte. Für jede dieser drei Möglichkeiten lassen sich Argumente, Beweisstücke, nachträglich niedergeschriebene Zeugenaussagen, durch Dritte übermittelte Geständnisse auf dem Sterbebett, Erzählungen von Zeitzeugen oder Vertrauten von Zeugen anführen.

Die Selbstmordtheorie wurde oben bereits ausgeschlossen. Hypothesen über einen – vereitelten – Fluchtversuch erscheinen da erheblich plausibler.

Nun wird als Argument gegen die Flucht-Hypothese häufig angeführt, daß Ludwig das Angebot seiner Getreuen, ihn zwischen dem Besuch der ersten und der zweiten »Fangkommission« nach Österreich zu bringen mit der Bemerkung abgelehnt habe, »was soll ich in Österreich?«. Dabei wäre Österreich bestimmt der beste Zufluchtsort gewesen; seine Seelenfreundin, die Kaiserin Elisabeth hätte ihm sicher weitergeholfen. (Auf Korfu hätte zum Beispiel das Achilleon zur Verfügung gestanden.) Man muß jedoch davon ausgehen, daß Ludwig zu diesem Zeitpunkt das ganze Ausmaß und die Endgültigkeit der Aktion gegen

ihn noch nicht überblickte. Er war ohne Nachricht aus der Residenzstadt. Er kannte nicht einmal die Proklamation vom 10. Juni 1886, mit
der Prinz Luitpold seine Einsetzung als Regent bekanntgab. Der Brief, in
dem Luitpold seinem königlichen Neffen Entmündigung und Regentschaft mitteilte, war ihm nicht übergeben worden. Das Gutachten des
Psychiaters Gudden war ihm – zumindest im Wortlaut – unbekannt. So
hatte Ludwig wahrscheinlich die Hoffnung nicht aufgegeben, daß noch
eine Wendung zu seinen Gunsten eintreten könne. Bei seinem lücken-
haften Wissensstand über das gegnerische Vorhaben mußte ihm die
Flucht als eine zu endgültige Handlung erscheinen, die ihn in der Konsequenz den Thron kosten werde. Er mußte das Gefühl haben, es damit
seinen Verfolgern etwas zu leicht zu machen, ihn loszuwerden. Als
jedoch die Wachmannschaften aus München anrückten und die Bewachung von Schloß Neuschwanstein übernahmen, stellte er mit Graf
Dürckheim und dem Füssener Gendarmeriewachtmeister Boppeler kurzzeitig Überlegungen an, ob noch eine Flucht möglich sei; Dürckheim
und Boppeler rieten ab, da alle Wege versperrt seien.

In Berg hingegen wird Ludwig die ganze Tragweite des Komplotts
gegen ihn erkannt haben. Nun mußte ihm klar sein, daß der Ring um
ihn endgültig geschlossen war. Ein Fluchtversuch von Schloß Berg aus
ist daher sehr einleuchtend; er wäre sozusagen Ludwigs letzte Chance
gewesen.

Kaiserin Elisabeth weilte an diesem Pfingstfest, das 1886 auf den 13.
Juni fiel, in Possenhofen. Eine Kutsche stand am Abend des Todestages
in der Nähe des Berger Schloßparks, was der in Berg anwesende Oberstleutnant v. Washington in seiner »Aufzeichnung der Ereignisse, die sich
vom 6. bis 14. Juni 1886 zugetragen« bestätigte. Ungewöhnlich viele
Ruderboote waren in der Nähe des Schlosses auf dem See – nur Neugie-
rige? Die Boote fielen auch Ferdinand v. Miller auf, der damals am Starnbergersee lebte. Er war noch am Abend des 13. Juni nach Berg gerudert
und berichtete: *Vor dem Parktore waren Radspuren deutlich sichtbar. Man
sah an ihnen, daß ein Wagen dagestanden war und gewendet hatte.*[192]

Es gibt handschriftliche Notizen des königliche Leibfischers Jakob
Lidl, der an der Bergung der Leichen Ludwigs II. und Bernhard v.
Guddens beteiligt war. Daß sie von Lidl selbst geschrieben wurden, ist
eindeutig durch einen graphologischen Vergleich mit anderen Aufzeichnungen des Fischers Lidl bestätigt worden.[193] In den Notizen erwähnt Lidl die Flucht des Königs. Ferner gibt es ausführliche mündliche
Erläuterungen des Fischers, die aber nicht belegt sind.

So erscheint es realistisch, daß König Ludwig einen Fluchtversuch nach einem Kampf mit Gudden nicht überlebte. Gudden soll Nichtschwimmer gewesen sein, was sein Schwiegersohn Grashey allerdings dementierte. Falls Gudden tatsächlich nicht schwimmen konnte, stellt sich die Frage, ob er wirklich dem König ins Wasser folgte. Was hätte ein Nichtschwimmer gegen den bekannt guten Schwimmer Ludwig eigentlich ausrichten können?

Zweifel daran, daß wirklich ein Kampf zwischen Ludwig und Gudden stattfand, weckt wiederum das Zeugnis des Fischers Lidl. Nach seinen Notizen wurde ein anderer Fischer beauftragt, mit einem an einen Stock genagelten Holzpantoffel in Ufernähe die etwa 1 1/2 Meter auseinanderliegenden Fußspuren näher zusammenzulegen, um einen Kampf vorzutäuschen.

Die vor dem Park wartende Kutsche taucht in zahlreichen Schilderungen von Augen- und Zeitzeugen auf. Kaiserin Elisabeth wird immer wieder damit in Verbindung gebracht. Selbst ihr Bruder Herzog Karl Theodor vermutete mindestens eine Mitwisserschaft ihrerseits. Eine Verwandte beschrieb, daß die Kaiserin Elisabeth ihr später von Fluchtvorbereitungen erzählte, die sie damals eingeleitet habe. Elisabeth habe Ludwig wissen lassen, daß nicht weit vom Gartengitter seeaufwärts ein Kahn auf ihn warte. Er hätte also nur das ein Stück ins Wasser reichende Gitter umgehen müssen, um den Kahn zu erreichen.[194] Die ebenfalls auf dieser Parkseite wartende Kutsche wäre dann vermutlich die nächste Station gewesen oder sie stand einfach als zusätzliche Sicherheit zur Verfügung, falls Ludwig aus irgend einem Grund den Kahn nicht erreichte.

Auch Richard Sexau berichtet von Anwohnern am Starnbergersee, die bereit waren, König Ludwig zur Flucht zu verhelfen: *Gräfin Mathilde Rambaldi, Herrin des südlich von Berg gelegenen Schlosses Allmanshausen, hat, was sie in den Unglückstagen des 13. Juni 1886 erlebt und beobachtet hat, ihrem Schwiegersohn Friedrich Freiherrn Kress von Kressenstein, wiederholt eingehend dargelegt – »eine stille Frau« – wie dieser ausdrücklich in seinem Begleitschreiben betont – »alles andere denn eine Schwätzerin« – eine Charakteristik, die ich aus eigener Kenntnis der verehrungswürdigen Persönlichkeit der alten Dame vollauf bestätigen kann.*

Gräfin Rambaldis Schwester war mit dem Major Hornig verheiratet, dem Bruder jenes besonderen königlichen Günstlings, des Stallmeisters und Privatsekretärs gleichen Namens, der allerdings, wieder einmal in Ungnade gefallen, das letzte Lebensjahr nicht wie bisher als der Vertrautesten einer in dessen unmittelbaren Umgebung zugebracht hat.

Major Hornig lebte auf der seinem Bruder von Ludwig II. geschenkten Villa in Seeleiten, in unmittelbarer Nachbarschaft von Allmanshausen. Dort habe er auffallenderweise etwa zehn Tage vor dem Unglück in Berg anstatt wie sonst zwei Pferde deren zehn untergebracht. Am 13. Juni selbst seien Graf Rambaldi, der Gatte der Kronzeugin, und die beiden Brüder Hornig den ganzen Vormittag über im Ruderkahn zwischen Leoni und Berg hin und her gekreuzt ungeachtet der unausgesetzten Regengüsse. Auf die Frage der Gräfin nach dem Grund dieses höchst zweifelhaften Vergnügens habe der Gatte die ausweichende Antwort erteilt, es mache ihnen eben Spaß.

Gleich nach dem Mittagessen aber hätten die drei Herren wiederum den Kahn losgemacht, um den ganzen Nachmittag über unablässig zwischen dem Dampfersteg Leoni und Berg hin und her zu rudern.

Erst lange nach Einbruch der Dunkelheit sei Rambaldi heimgekehrt.

Verstört habe er, wie unter einem Zwang stehend, mehr zu sich selbst als zur Gattin, statt des gewohnten Grußes die Worte hervorgestoßen, »wir haben einen Hut gefunden, die Sache ist aus!« *Mehr war trotz wiederholter und drängender Bitten nicht aus ihm herauszubringen.*

Ebensowenig wie Hornig hat Graf Rambaldi Aufzeichnungen hinterlassen; alles, was auf den Tod Ludwigs II. irgendwie Bezug hatte, vielmehr vor seinem Ableben sorgfältig vernichtend.[195]

Die Süddeutsche Presse vom 19. Juni 1886 druckte eine Zuschrift Hubrichs ab, der zu den Mitunterzeichnern von Guddens psychiatrischem Gutachten gehörte. Darin stand: *Die weiteren Schritte des Königs laufen, wie Augenzeugen berichten, nicht gegen das Innere des Sees, sondern parallel mit dem Gestade. Ich möchte es deshalb offen lassen, ob der Untergang des Königs ein geplanter Selbstmord oder ein Fluchtversuch war.*

Dazu paßt wiederum, daß ein Bootshaus mit zwei Kähnen, die vom Wasser aus auch dann zu erreichen waren, wenn das Bootshaus verschlossen war, in der Nähe der Unfallstelle lag. Es wurde bald nach dem Unglückstag auf höheren Befehl abgebrochen. Sollte hierdurch etwas vertuscht werden?

Der Sektionsbefund über die Leiche König Ludwigs ergab keinen eindeutigen Hinweis auf einen Herztod, übrigens auch nicht auf einen Tod durch Ertrinken. Obermedizinalrat Joseph v. Kerschensteiner deutete in einem Gutachten den Befund, äußerte sich darin aber nicht zur Todesursache, die man dem Sektionsbefund selbst auch nicht eindeutig entnehmen kann.

Am 26. Juni 1886 brachte die
»Leipziger Illustrierte« einen
Bericht über die Vorgänge des
13. Juni 1886, die zum Tod König
Ludwigs II. führten. Der Text
wurde illustriert mit einer
Zeichnung von Robert Aßmus, auf
welcher der Badesteg von Schloß
Berg zu sehen ist, der in die Bade-
und Bootshütte
mündet. Am gleichen Tag wie
die »Leipziger Illustrierte« brachte
die französische Zeitschrift
»L'Illustration« einen Bericht in
gleicher Sache. Der nach Schloß
Berg entsandte Zeichner M. de
Haenen fertigte ein Bild des
Unglücksortes an, auf dem am
linken Bildrand der Badesteg zu
sehen ist, aber bereits ohne das
abschließende Bade- und Bootshaus, das bei Aßmus noch vorhanden ist. Dessen Zeichnung
war vermutlich schon vor dem
13. Juni entstanden, de Haenen
wurde offensichtlich erst nach
dem Todestag entsandt, um
für den Bericht in »L'Illustration«
ein aktuelles Bild zu liefern.
Inzwischen war die Bade- und
Bootshütte aus unerfindlichen
Gründen abgerissen worden.

Kerschensteiners Gutachten befaßt sich jedoch detailliert mit dem Zustand von Ludwigs Gehirn. Dabei kann man sich kaum des Eindrucks erwehren, daß hier im Nachhinein der Beweis für die Richtigkeit der im Guddenschen Gutachten diagnostizierten unheilbaren Paranoia erbracht werden sollte. So wurde Ludwigs angeblich um 36 Gramm unter dem Durchschnitt liegendes Hirngewicht als Anomalie bewertet, während Schmidbauer in der schon zitierten Untersuchung Ludwigs Hirngewicht von 1 349 Gramm als absolut normal bezeichnet. In der Sektion wurde eine gewisse Deformation des Gehirns festgestellt, die laut Schmidbauer mit der im Säuglingsalter durchgemachten Menengitis zu erklären ist. Schmidbauer kommt zu dem Fazit, daß Kerschensteiner bei seinem Sektionsgutachten Hypothesen bildete, »deren Mut unübertroffen ist«.[196] Den Tod Guddens bezeichnet Schmidbauer als »Akt erweiterter Notwehr« – wenn es denn so gewesen ist!

Kritisch äußerte sich schon der Wiener Nervenarzt v. Mundy zum Sektionsbefund sowie zu dem dazu verfertigten Gutachten und hier insbesondere zur Schilderung des Gehirnzustandes. Er meinte in seinem Beitrag in der Wiener Medizinischen Wochenschrift, nachdem er eine Reihe von fehlenden Angaben aufführte, die in einem solchen Bericht eigentlich vorhanden sein müßten: *Sonach ist das diagnostische Resultat dieses Befundes nicht recht bestimmbar.*

(Das Gutachten über den Sektionsbefund bei der Leichenöffnung des Königs sowie die Stellungnahme v. Mundy's dazu ist im Anhang, S. 393 ff., wiedergegeben.)

Zuletzt zur »Mordtheorie«: König Ludwig hat sich in Schloß Berg nach seiner Festsetzung mehrmals bei verschiedenen Personen danach erkundigt, ob man ihm eventuell nach dem Leben trachte. Er befürchtete Gift in den Speisen und bemerkte zum Assistenzarzt Müller: *Ja es ist doch sehr leicht, einem Menschen ein Mittel in die Suppe zu schütten, daß er nimmer erwacht.* Als Müller ihm etwas später berichtete, daß er sich mit einem anderen Kollegen in der Betreuung des Königs abwechsle, sagte Ludwig: *Na, der wird schon ein Mittelchen wissen, mich unbemerkt aus der Welt zu schaffen.*[197] Bevor er sich zum erstem Mittagessen in Schloß Berg niederließ, stellte er an einen Wärter die Frage, *ob Dr. Gudden vorher im Zimmer gewesen oder sich an den aufgetragenen Speisen, dem Wein zu schaffen gemacht.*[198]

Ludwig frug auch danach, ob im Park postierte Gendarmen gegebenenfalls auch auf ihn schießen würden. Er hatte jetzt also den Ernst der

Lage voll erkannt und rechnete offenbar mit dem Schlimmsten. Die Frage nach der Schießbereitschaft der Gendarmen kann man zweifach deuten: einerseits als gedankliche Vorbereitung auf eine Flucht, andererseits als Beweis gegen Selbstmordabsichten. Wäre Ludwig nämlich entschlossen gewesen, aus dem Leben zu scheiden, so hätte ihn die Möglichkeit erschossen zu werden, wahrscheinlich nicht allzu sehr in Angst versetzt.

Für eine Erschießung des Königs, für die immer wieder Argumente ins Feld geführt werden, gibt es ebenfalls keine Beweise. Was es gibt, sind von Dritten geäußerte, aber nicht eindeutig belegte und belegbare Aussagen, daß Ludwig erschossen worden sei. Dazu gehören (1.) Angaben des bereits erwähnten Leibfischers Jakob Lidl und (2.) die eidesstattliche Erklärung einer Zeugin, daß ihr von der Reichsgräfin Wrbna-Kaunitz der Mantel Ludwigs, den er am Todestag trug, mit zwei Einschußlöchern im Rücken gezeigt wurde. Der Verbleib dieses angeblichen Beweisstückes ist unbekannt. Schließlich ist (3.) die durch ein (nicht mehr vorhandenes) Gedächtnisprotokoll überlieferte Auskunft des Bezirksarztes Magg bekannt, der auf dem Totenbett gestand, er habe, entgegen seiner früheren und im Leichenschauprotokoll festgehaltenen Aussage, am Rücken des Königs Schußverletzungen entdeckt.[199] Magg gehörte mit dem Oberamtsrichter Jehle und dem Bezirksarzt-Stellvertreter Heiß der Gerichtskommission an, die am Pfingstmontag, dem 14. Juni 1886, gegen 2 Uhr morgens den Tod König Ludwigs II. und Bernhard v. Guddens amtlich feststellte. Jehle und Heiß hätten daher etwaige Schußverletzungen ebenfalls erkennen müssen.

Eine Ermordung König Ludwigs ist also nicht beweisbar, aber immerhin möglich, denn im Park waren bewaffnete Gendarmen.

Gegen die Annahme, der König sei erschossen worden, spricht die Einbalsamierung der Leiche. Man hätte damit Schußverletzungen sozusagen »konserviert«.

In den Münchener Neuesten Nachrichten vom 15. Juni 1886 findet sich in den Berichten zum Tod König Ludwigs die folgende Feststellung: *Bemerken möchten wir noch die merkwürdige Thatsache, daß die zwei ständig auf dem Wege, den der König und Gudden genommen hatten ... patrouillierenden Gendarmen von dem ganzen, sich in kurzer Entfernung von ihnen abspielenden Drama nicht einen Laut, noch irgendein Geräusch vernommen haben.*

Eine Variante der »Mordtheorie« zieht die unbeabsichtigte Tötung des Königs durch v. Gudden in Betracht. Gudden soll brieflich gegenüber einer ihm nahestehenden Person geäußert haben, daß er *immer ein Mittel bereithalte, um den ihm körperlich überlegenen König sofort bei Bedarf schachmatt zu setzen.*[200] Das führt zu der Frage, ob Ludwig etwa unter der Einwirkung dieses »Mittels«, den Tod im See fand. Gudden könnte das »Mittel« verwendet haben, als Ludwig zu entkommen versuchte. Die tödlichen Folgen seines ärztlichen Eingreifens könnten bei Gudden dann zu einer panischen Reaktion gegen sich selbst geführt haben. Guddens Uhr blieb 1 1/4 Stunden später stehen als die ebenfalls nicht wasserdichte Uhr des Königs, ein Faktum, das bisher nicht befriedigend erklärt werden konnte. Die Deutung, Gudden habe seine Uhr häufig nicht aufgezogen, klingt nicht recht plausibel. Es ist wenig glaubhaft, daß der zur Beobachtung und Betreuung des Königs abgestellte Arzt, der auch den Zeitplan des Patienten aufstellte und mit zu überwachen hatte, ausgerechnet am ersten Tag seiner hochbrisanten Tätigkeit mit einer nicht aufgezogenen Uhr in der Tasche herumlief.

Gehen wir von der Annahme aus, Gudden habe, »um den ihm körperlich überlegenen König sofort bei Bedarf schachmatt zu setzen«, eine Injektionsspritze mit einem Mittel, das zum Beispiel kurzfristig zu Muskellähmung führte, bei sich gehabt. Es ist nun folgendes Szenario denkbar: Der König rennt plötzlich los, entledigt sich seiner Obergewänder, läuft ins Wasser, um entlang des Ufers zu entkommen. Der Arzt springt ihm sofort nach, setzt ihm von rückwärts die Spritze an, die schnell wirkt und bei dem inzwischen weiter ins Wasser gelaufenen König zum Tod führt, entweder weil er aufgrund der Muskellähmung nicht mehr schwimmen kann oder weil durch eine zu hohe Dosierung andere lebenswichtige Funktionen ausfallen. Der Nichtschwimmer Gudden – vielleicht fehlt ihm auch nur die Kraft dazu – kann Ludwig nicht aus dem Wasser holen. So läuft er in hoher Aufregung im Uferbereich umher und erzeugt die Fußspuren, die man später für die Spuren eines hin- und herwogenden Kampfes zwischen den beiden Männern hält. Die Erkenntnis, daß er den Tod des ihm anvertrauten Königs verursacht hat, muß Gudden in Panik versetzen, zumal er gegen den Rat der anderen Ärzte den Spaziergang mit Ludwig ohne Begleitpersonal unternommen hat. Er muß außerdem fürchten, den Anlaß zu beachtlichen politischen Verwicklungen geschaffen zu haben. Die Umstände, unter denen der König den Tod fand, lassen es durchaus zu, die unbeabsichtigte Tötung als Mord auszulegen, der auf höheren Befehl geschah und so aussehen soll, daß ein Unfall oder Selbstmord vorgetäuscht werden kann. Persönlich droht ihm der Verlust seiner beruflichen Stellung und des gesellschaftlichen Ansehens. Die schier ausweglose Situation, in der sich Gudden plötzlich befindet, läßt ihm Selbstmord als einzige Lösung erscheinen ...

Das ist – zugegeben - nur eine weitere Hypothese, für die es aber handfeste Anhaltspunkte gibt und die insofern nicht unwahrscheinlicher ist als die verbreitete Vermutung, Ludwig habe Selbstmord begangen und den Arzt, der ihn daran hindern wollte, zuvor umgebracht, was von einigen Autoren abmildernd als Akt erweiterter Notwehr bezeichnet wird. Um den König von dem Makel des – nicht erwiesenen – Mordes an Gudden zu befreien, sollte auch diese durch Indizien gestützte Theorie ernstlich bedacht werden. In dubio pro reo ...

Der Assistenzarzt Müller war mit Oberstleutnant v. Washington unter den ersten Augenzeugen nach Bergung der Leichen. Beide bemerkten in ihren unabhängig voneinander erstellten Berichten nichts über Würgemale am Hals des toten Gudden, von denen andere, später hinzugekommene Betrachter erzählten, so etwa der preußische Legationssekretär Fürst v. Eulenburg-Hertefeld. Man kann mit Fug und Recht davon ausgehen, daß Müller die Leiche seines Vorgesetzten Gudden nicht nur oberflächlich betrachtet, sondern sehr genau untersucht hat. In diesem Zusammenhang gibt auch die Tatsache zu denken, daß Guddens Leiche nicht obduziert und offiziell keine Todesursache festgestellt wurde. Assistenzarzt Müller erwähnt in seinem Bericht über die Ereignisse in Berg ebenfalls, daß bei v. Gudden entgegen seinem Rat und aus unbekannten Gründen keine Obduktion vorgenommen wurde.[201]

Nicht so recht erklärbar ist ein Streit, der nach Ludwigs Tod zwischen Guddens Schwiegersohn, dem Universitätsprofessor Hubert Grashey und dem Assistenzarzt Franz Carl Müller darüber ausbrach, ob Gudden tatsächlich den Befehl gegeben habe, daß beim letzten abendlichen Spaziergang am 13. Juni 1886 keine Wärter mitgehen sollten. Müller hatte den Wärter Schmeller für diesen Spaziergang eingeteilt und Schmeller hatte sich auch dazu fertig gemacht. König Ludwig war bereits mit großen Schritten losgelaufen, als der Wärter Mauder ihm einen Schirm nachtrug. Ludwig ließ sich den Schirm geben und Mauder ging zurück. Als Mauder auf der Höhe des dem König nacheilenden Gudden war, sagte der zu ihm, daß kein Wärter mitgehen solle. Dies meldete Mauder an den Arzt Müller, der daraufhin Schmeller anwies, nicht mitzugehen. Grashey vertrat später die Ansicht, die Bemerkung Guddens an Mauder habe nur bedeutet, die Pfleger sollten nicht hinter oder mit dem König gehen, sondern sich hinter ihm – v. Gudden – in größerer

König Ludwig II. und von Gudden in Schloß Berg

Entfernung bewegen. Müller habe den Befehl mißverstanden; er hätte den Wärter Schmeller nicht zurückhalten dürfen.

Grashey konnte sich darauf berufen, daß Gudden beim Mittagsspaziergang dem Pfleger ebenfalls durch eine Handbewegung bedeutet hatte, etwas zurückzubleiben, was dieser auch befolgte. Er ging jedoch weiter hinterher, ließ allerdings den Abstand so groß werden, daß er unterwegs einige Male die Spur verlor.

Der Streit wurde öffentlich ausgetragen, weil Grashey im Nekrolog über seinen Schwiegervater Bernhard v. Gudden im Juli 1886 schrieb: *Nach meiner Auffassung dürfen sich die Pfleger weder durch eine Handbewegung noch selbst durch ein in des kranken Königs Gegenwart etwa gesprochenes Wort »zurückschicken« lassen, sondern mußten derartige Weisungen immer so auffassen, daß sie zwar in der Nähe zu bleiben haben aber sich einfach nicht blicken lassen dürfen ... Und wenn Gudden auch den Pflegern in dieser Richtung vielleicht nicht die volle Einsicht zutrauen durfte, so konnte er sie doch bei Assistenzarzt Dr. Müller voraussetzen, der ja im Schlosse anwe-*

*send war und die Pfleger zurückkommen sehen mußte und, soviel ich weiß,
auch wirklich zurückkommen sah.*

Müller gab daraufhin am 18. November 1886 zu seiner Rechtfertigung eine Erklärung heraus, in der er Grasheys Behauptungen entge-
gentrat, und ließ am 6. März 1887 eine längere Mitteilung in gleicher
Sache folgen. Inzwischen war auf seine Veranlassung der Pfleger Mauder
unter Eid vernommen worden. Laut dem Vernehmungsprotokoll, das
Müller in seine Mitteilung vom 6. März 1887 aufnahm, sagte Gudden
zu Mauder: *Es darf kein Pfleger mitgehen.* Der Satz wurde von Gudden
halblaut gesprochen, so daß der König ihn nicht hören konnte.

Darauf veröffentlichte Grashey im April 1887 einen Nachtrag zu seinem Nekrolog auf Bernhard v. Gudden. Darin warf er Müller wider-
sprüchliche Aussagen vor und blieb bei der Auffassung, Gudden habe
mit seiner Weisung an Mauder keinesfalls den Auftrag geben wollen,
daß die Wärter im Schloß bleiben sollten; Gudden habe nur gemeint,
sie sollten sich in größerem Abstand halten.[202]

Tatsache ist, daß um die Mittagszeit des 13. Juni Gudden, Müller und
Washington darüber diskutiert hatten, ob Spaziergänge mit dem König
ohne Begleitung von Wärtern ratsam wären oder nicht. Dies hat Karl
Theodor v. Washington zu Protokoll gegeben. Ohne konkreten Anlaß
hätte eine solches Gespräch wohl nicht stattgefunden. Franz Carl
Müller berichtete: *Der König wünschte spazieren zu gehen. Ich bestimmte
Pfleger Schmeller, er solle hinterdreingehen, obwohl Gudden mir mitgeteilt
hatte (in Gegenwart Grashey und Washington), daß er allein ginge.* Und zu
der erwähnten mittäglichen Unterhaltung: *Baron Washington redete
demselben (Gudden) mittags zu, er solle nicht allein mit S.M. solche Gänge
unternehmen, bezw. äußerte Bedenken darüber. Dr. Gudden erwiderte indessen, Seine Majestät seien vollkommen ruhig, haben sich ganz in die gegenwärtige Lage gefügt, und es bestehe keine Veranlassung, zu einer Überwa-
chung auf den Spaziergängen in seiner Begleitung.* Müller will Gudden noch
vor dem Abendspaziergang ebenfalls gewarnt haben: *Er (Gudden) würde
am Abend wieder mit dem König ausgehen und zwar allein. Ich bat ihn,
davon abzustehen und gebrauchte die Worte: »Ich würde es nicht thun, Sie
erschweren mir nur meine Stellung.«*[203]

Wenn es sich wirklich so verhielt, wie Washington und Müller erzählten, dann wäre Grashey eindeutig widerlegt. Man frägt sich allerdings, warum Müller die Fakten in dieser Deutlichkeit nicht schon in
seiner auf Grasheys Nekrolog folgenden ersten Mitteilung dargelegt hat.

Man frägt sich freilich auch, warum der Streit entfacht und dann so verbissen geführt wurde. Ein Grund ist zweifellos, daß Grashey die Verantwortung für das Fernbleiben der Wärter dem Assistenzarzt Müller zuschieben wollte, um dadurch seinen Schwiegervater Gudden zu entlasten, da ja möglicherweise bei der Anwesenheit von Pflegern die Katastrophe nicht eingetreten wäre. Nachdem aber Gudden offensichtlich bereits am Mittag des 13. Juni eine Diskussion darüber entfachte, ob die Pfleger beim Spaziergang nicht wegbleiben könnten, beabsichtigte er selbst anscheinend schon zu diesem Zeitpunkt, den Abendspaziergang ohne Pfleger anzutreten. Aus welchem Grund? Warum wollte er mit dem König allein sein?

Grasheys Rechtfertigungen und sein Bemühen, auf Müller die Schuld abzuwälzen, bekämen aber auch Sinn, wenn die zuvor dargestellte Version zuträfe, daß Gudden durch sein Eingreifen – vermutlich durch eine lähmende Injektion – Ludwigs Flucht verhindern wollte und dabei unbeabsichtigt den Tod des Königs verursachte.

Wenn Ludwig tatsächlich zu fliehen beabsichtigte (wofür sehr vieles spricht), dann hatte er sicher erheblichen Anteil an Guddens Entscheidung, mit ihm den Abendspaziergang allein anzutreten. Wären nämlich – wie mittags – auch am Abend zwei Wärter mitgegangen, dann hätte Ludwig keinen Fluchtversuch wagen können. Denn gegen zwei Männer, die jünger, schneller und kräftiger als Gudden waren, hätte er sich wohl kaum zur Wehr setzen können. Ludwig könnte also bereits beim mittäglichen Spaziergang mit Gudden darauf hingewirkt haben, daß am Abend die Wärter nicht mehr mitgingen; Zeugen dafür gab es nicht, denn die begleitenden Wärter gingen in einem so großen Abstand hinter den beiden her, daß sie deren Gespräch nicht mithören konnten. Die Diskussion nach dem Mittagsspaziergang, ob Gudden in Zukunft allein mit dem König spazierengehen solle oder nicht, könnte die Folge von Ludwigs Bemühungen gewesen sein. Gudden glaubte offenbar, durch ein solches Zugeständnis seinem Patienten näher zu kommen, was Ludwig ihm möglicherweise geschickt suggeriert hatte.

Man wird es wahrscheinlich nie erfahren, was wirklich geschah. Dennoch sollte die hier skizzierte Version einer unbeabsichtigten Tötung König Ludwigs mit anschließendem Selbstmord des dafür verantwortlichen Gudden ernsthaft erwogen und in die Reihe möglicher Erklärungsansätze für das Geschehen am Abend des 13. Juni 1886 aufgenommen werden. Auch Grashey geht in seinem Nekrolog auf seinen Schwiegervater v. Gudden davon aus, daß König Ludwig ursprünglich fliehen wollte und an Selbstmord erst dachte, als Gudden die Flucht verhindern wollte. Grasheys Beweisführung verliert jedoch an Stringenz, wenn er behauptet, der König habe zuerst Gudden und dann sich selbst umgebracht. Wenn Ludwig, wie Grashey im Nekrolog schrieb, *nicht mit Selbstmordgedanken in den Park ging, sondern höchstens mit Fluchtgedanken*, warum sollte er dann, als der Weg nach Guddens Tod frei war, nicht die Flucht antreten, sondern sich töten? Versuchte Grashey mit seiner Argumentation eine Tat seines Schwiegervaters zu decken? Selbst Wilhelm Wöbking, der den Tod König Ludwigs II. von Bayern mit kriminalistischer Akribie untersuchte und uneingeschränkten Einblick in die Unterlagen des Geheimen Hausarchivs erhielt – sogar in sonst schwer zugängliche Akten – kam zu dem abschließenden Ergebnis, daß der Ablauf der Tragödie offen bleiben muß.

Ein ewiges Rätsel will ich bleiben mir und anderen, schrieb Ludwig in geringfügiger Abwandlung eines Schillerzitats aus »Die Braut von Messina« am 25. April 1876 an die Schauspielerin Marie Dahn-Hausmann. »Ein ewig Rätsel« bleiben auch die Umstände seines traurigen Endes.

Viele verwunderliche Dinge ereigneten sich an diesem 13. Juni 1886 und in den Tagen zuvor. Der Legationssekretär der preußischen Botschaft in Bayern, Philipp Fürst zu Eulenburg-Hertefeld, ein Duzfreund des späteren Kaisers Wilhelm II., war nach Neuschwanstein geeilt, als er von der Verhaftung der ersten »Fangkommission« erfuhr. Was hatte er dort zu tun? Schon ein Jahr zuvor hatte er sich für eine Entmündigung König Ludwigs eingesetzt, obwohl ihn dieses Thema überhaupt nichts anging und auch Bismarck angeordnet hatte, sich nicht in die inneren bayerischen Angelegenheiten einzumischen. Nach dem Tod Ludwigs erschien Eulenburg als einer der ersten in Schloß Berg und untersuchte die Unglücksstelle. Was hatte er damit zu schaffen? Wie war er überhaupt in das bewachte Schloß gelangt? Wozu waren dort Gendarmen postiert, wenn schon in der dem ungeklärten Tod des Königs unmittelbar folgenden Nacht ein preußischer Gesandtschaftssekretär problemlos in das Schloß spazieren, sich die Unglücksstelle anschauen und den Leichnam des Königs betrachten konnte? Der Vorgang ist umso erstaunlicher, als für die Bewohner des Dorfes Berg ein behördlicherseits angeordnetes Ausgehverbot erlassen worden war.

Oskar Maria Graf beschreibt in dem biographischen Roman »Das Leben meiner Mutter« die Stimmung in seinem Heimatdorf Berg: *Gegen Abend kam in jedes Berger Haus ein Polizeibeamter mit zwei Gendarmen. Sie*

verlangten nach dem Familien-Oberhaupt, und der hohe Herr sagte befehls-mäßig: »Ab heute ist es verboten, nach Einbruch der Dunkelheit die Straße zu betreten, Besuche zu machen oder sich in Wirtshäusern aufzuhalten! Bei Tag darf niemand sich in die Nähe der Schloßmauern oder oben am Parkzaun sehen lassen. Das ist streng untersagt, verstehen Sie?!«... Im Dorf tauchten überall Gendarmeriepatrouillen auf. Feindselig und drohend sahen sie aus mit ihren umgehängten Karabinern. Mit bösen Blicken verfolgten sie die Leute. Die Kinder liefen erschreckt vor ihnen davon. Eine seltsame Lautlosigkeit, ein stummer Druck durchzog Berg. Jeder Mensch war eingeschüchtert und empört, und in mancher Stube schimpfte einer: »Ja, Herrgott, muß man sich das gefallen lassen? Das Maul soll jeder halten, und unseren König wollen sie weg-räumen?! Ganz insgeheim wollen sie ihn umbringen wie einen Lumpen! Diese Sippschaft! Gift wollen sie ihm einfach geben, die Lumpen, die windigen!«.[204]
Fürst zu Eulenburg berichtete einem Freund über seine Erlebnisse im Sommer 1886: *Ich habe die unerhörten Aufregungen, die das Königsdrama mit sich brachte, gut ertragen. Es war von wunderbarem Interesse, diese un-glaublichste aller Katastrophen der Neuzeit, gleichsam mithandelnd, zu erle-ben. Eingeweiht in die sich vorbereitende Staatsaktion , die den unglücklichen König entmündigen sollte, habe ich auch nachher die Ereignisse in Hohen-schwangau miterlebt, wo der wahnsinnige König die Kommission, die ihm seine Absetzung verkünden sollte, zum Tod verurteilte. Ich bin auch in der Nacht in Starnberg geweckt worden, als der König mit Gudden drüben in Berg tot im Wasser gefunden worden war. Niemals werde ich den Eindruck verges-sen, als ich im Nebel des Morgengrauens mit meinem Fischer Jakob Ernst ein-sam über den See ruderte. Die Stille des Todes lag über Schloß Berg und leichenblaß, wie erstarrt, keines Wortes mächtig, standen die Diener im Hof, auf den Gängen, als ich mit klopfendem Herzen zu dem Zimmer eilte, wo der mythus-umsponnene König, ein wahnsinniges Lächeln auf den verblaßten Lippen, die schwarzen Locken kühn um die weiße Stirn wallend, soeben tot auf sein Bett niedergelegt worden war.*[205]
Das Miterleben der Ereignisse in Hohenschwangau hat sich wohl etwas anders abgespielt, als Eulenburg es in seinem Brief dem Freund schilderte. Auf der Fahrt nach Hohenschwangau, die der Legations-sekretär gegen die Warnung seines Botschafters v. Werthern antrat, wel-cher meinte, *der Preuße sei in dem Kreise aufgeregten Bergvolkes seines Le-bens nicht sicher,* traf Eulenburg auf die inzwischen freigekommenen Herren der ersten »Fangkommission«, die sich auf der Heimfahrt nach München befanden. Er schloß sich ihnen an, reiste mit ihnen nach München zurück und ließ sich unterwegs den Hergang erzählen.[206]

König Ludwig II. auf dem Totenbett

Graf Washington, der dieser ersten Kommission angehörte, erwähnte allerdings in seinen Aufzeichnungen über die Ereignisse vom 6. bis 14. Juni Fürst zu Eulenburg-Hertefeld mit keinem Wort.

Merkwürdig ist auch, daß Prinzregent Luitpold vom Verschwinden und vom Tod König Ludwigs erst nach Mitternacht erfuhr, obwohl Oberstleutnant v. Washington bereits Stunden zuvor in mehreren Telegrammen den jeweils aktuellen Stand nach München berichtet hatte. Der Ministerrat trat zwar zusammen, aber ohne den Prinzregenten, der erst zu später Stunde geweckt und benachrichtigt wurde. Washington schrieb dazu: *Ferner wunderte es mich auf das höchste, durch den Hofsekretär zu erfahren, daß die Herren Minister ohne den Prinzregenten Rat gehalten hatten. In einem solchen Falle, bei dem dazu noch eine ungeheuere Aufregung im ganzen Volke war, wäre es doch wahrscheinlich notwendig gewesen, als erste Pflicht zum Prinzregenten zu eilen und mit ihm zu beraten. Das war und ist meine Meinung und ich überlasse es dereinstens der Welt, darüber zu urteilen, ob diese Meinung richtig war ... Es wunderte mich in diesem unverständlichen Zusammenhang auch, daß Oberst Freyschlag* [General-Adjutant des Prinzregenten und Chef der Geheimkanzlei] *wenigstens nicht schon längst bei S. K. Hoheit war. Dies erklärt sich später dadurch, daß, wie Freyschlag mir sagte, er um 12 1/2 Uhr drei Depeschen auf einmal erhalten habe! Ich habe mich nicht weiter um diese Sache bekümmert, aber ich finde es unerhört, daß eine derartige Nachlässigkeit des Bahnpersonals möglich sein sollte! Der Adjutant S. M. des Königs telegraphiert um 9 1/2 Uhr abends an den Adjutanten Sr. K. Hoheit des Prinzregenten, um ihn in Kenntnis zu setzen von einem Fall, der für das Land von lebenswichtiger Bedeutung ist, und die Depesche gebraucht von Berg nach München über drei Stunden! Das verstehe einer, der mag. Ich weiß nicht, ob Freyschlag es weiter untersuchen ließ. Er sagte mir später, er habe sich beschwert.*[207]

Wenn die Telegramme tatsächlich so spät zugestellt wurden, dann stellt sich die Frage, woher dann der Ministerrat informiert war, der doch schon sehr viel früher zusammentrat?

Der tote König Ludwig wurde für mehrere Tage in der Residenz aufgebahrt, wo das Volk von ihm Abschied nehmen konnte. In der Hand hielt er einen Jasminstrauß, den Kaiserin Elisabeth in Possenhofen für ihn gebunden hatte. In ihrem dichterischen Nachlaß findet sich dazu folgendes Gedicht:

Du sandtest mir blühende Rosen
Einst über den lieblichsten See
Mit Zweigen des weißen Jasmines
Gleich duftendem Nachwinterschnee.
Doch jüngst erst band ich ein Sträußchen
Aus duftendem, weißem Jasmin.
Sie brachtens wohl über das Wasser,
Sie legten auf's Herz es Dir hin.
Drauf wand ich aus blühenden Rosen
Den Kranz von berauschendem Duft.
Den trug ich voll Sorgfalt und Liebe
Hinab in die dunkelnde Gruft.
Dort habe ich Abschied genommen
Und drücke noch leise zum Schluß
mein unvergeßlicher König;
Auf Deinen Sarg einen Kuß.

Der Tod Ludwigs hat Elisabeth sehr beschäftigt. Wie stets in solchen Fällen versuchte sie, das Erlebte dichterisch zu verarbeiten.

Nachstehend einige Verse aus einer Reihe von Gedichten, die sich mit dem Tod von König Ludwig befassen:

Ja, ich war ein Märchenkönig,
Sass auf hohem Felsenthrone,
Schlanke Lilie war mein Szepter,
Funkelnd' Sterne meine Krone.
Aus den frommen tiefen Thälern
Aus den reichen weiten Gauen
Pflegt' das Volk zu seinem König
Ehrfurchtsvoll stets aufzuschauen.
Doch das feige Hofgesinde
Und die Blutsverwandten spannen
Tückisch heimlich ihre Netze,
Und auf meinen Sturz sie sannen.
Schergen sandten sie und Ärzte,
Den »Verrückten« einzufangen,
Wie den Edelhirsch der Wilddieb
Meuchlings fällt in Strick und Stangen ...

In einem anderen Gedicht erscheint Ludwig wieder als Adler und sie
selbst als Möwe:

Den Adler vom Felsenhorste
Dort oben in schwindelnder Höh',
Den jagenden Wolken so nahe,
Dem sonnenschimmernden Schnee.
Sie haben ihn eingefangen,
Die stolzen Schwingen gelähmt,
In ewige Fesseln geschlagen,
Bis daß er zu Tod sich einst grämt.
Geheimnisvoll rauschen die Wellen
Und flüstern es schauernd der Nacht:
»In unserem Schoß hat sich eben
Der Königsaar umgebracht«.
Klagend umkreiset die Möwe
Den Spiegel des lieblichen See's
Zur Zeit der blühenden Rosen,
Zur Zeit des bittersten Weh's!

In den Wochen nach dem Tode Ludwigs besuchte Elisabeth die Orte,
die sie und Ludwig geliebt hatten und nahm sich von dort Blumen und
Blätter zur Erinnerung mit. Diese Andenken bewahrte sie in eigenhändig beschrifteten Kuverts.[208] Eines trägt die Aufschrift: *3 Rosen von
der Roseninsel, Juli 1886.* Ein anderes: *Vom Lieblingsbalkon in Hohen-*

*schwangau (Aussicht auf die Alpen), gepflückt am Dienstag
20. Juli 1886.* Das dritte schließlich: *Zwei Blätter vom Parke in Linderhof, gepflückt am Samstag 31. Juli 1886.*

Die Reisen zu gemeinsamen Plätzen, die Mitnahme von Erinnerungs-
stücken und deren genaue Beschriftung zeugen von der Trauer Elisabeths um Ludwig und davon, wie sehr sein Tod noch nach Wochen ihr
Inneres bewegte. Beim Gleichklang der Seelen, bei der frappierenden
Ähnlichkeit der Veranlagungen mag Elisabeth dabei an eine Verbindung, ja Übereinstimmung ihres eigenen Schicksals mit dem Geschick
Ludwigs gedacht haben. Sie spielte in dieser Zeit auch mit Selbstmordgedanken, wie aus mehreren ihrer Gedichte hervorgeht.

In einem dieser Gedichte verwandelt sich ihre Seele nach dem Tod
des Ertrinkens – wie kann es anders sein – in eine Möwe:

... Im leichten Möwenkleide
Treib' ich mich jetzt umher,
Auf Felsen weiß wie Kreide
Und bald am hohen Meer ...

Oder makabrer:

... Nun liegt mein Körper unten
Im tiefsten Meeresgrund
Die Riffe dort, die bunten,
Die rissen ihn noch wund ...
An meinen Fingern saugen
Blutegel, lang und grau
In die verglasten Augen
Stiert mir der Kabeljau.
Und zwischen meinen Zähnen
Klemmt sich ein Muscheltier. –
Kommt wohl die letzte Thräne
Als Perle einst zu dir?

Und an die Nordsee gewandt:

... Seitdem läßt keine Ruhe,
du mir bei Tag und Nacht;
Rufst mich bald wild und drohend,
Dann wieder schmeichelnd sacht.
Du willst mich wiegen, schaukeln,
Dein Arm ist ja so weich,
Bis endlich Du mich dennoch
Ziehst in Dein nasses Reich.

Auch zum zweiten Todestag ihres »Königsvetters« entstand ein Gedicht:

In der Nacht des 13. Juni 1888

Ludwig, Ludwig, Königsvetter!
Ludwig, es ist Mitternacht,
Dunkel droht im West ein Wetter,
Doch noch strahlt der Venus Pracht.
Ludwig, sind es nicht zwei Jahre,
Daß Du kalt und todesbleich
Ruhtest auf der schwarzen Bahre,
Und verwaiset steht Dein Reich?
Weinend zieh'n des Sees Fluten
An das Ufer heut heran,
Und des Sees Tiefen bluten,
Wie die Todesstunden nah'n.
Schwere schwüle Düfte treiben
Aus der dunklen Königsgruft,
Rosen und Jasmin betäuben
Wehmutsvoll die nächt'ge Luft.
Rosen und Jasmin bekränzen
Deinen dunklen Sarkophag,
Blumen, die in Thränen glänzen,
Heut an Deinem Todestag.
Dunkel ist die Kirche oben.
Doch es wacht St. Michael.
Rache scheint er zu geloben,
Und sein Schwert, schon flammt es hell.

Elisabeth scheint Ludwigs Schlösser später immer wieder besucht zu haben, so auch zum 10. Jahrestag seines Todes. Kaiser Franz Joseph teilte in einem Brief vom 7. Juli 1896 seiner Freundin Katharina Schratt mit: *Von der Kaiserin erhielt ich Gestern ein Telegramm aus Linderhof, wohin sie zu Fuß von Hohenschwangau gekommen war. Was sie weiter unternimmt weis ich nicht.*

Am 19. Juni 1886 wurde König Ludwig II. feierlich und mit großem Gepränge in München in der Kirche St. Michael zu Grabe getragen. Während der Totenmesse wurde die Menge durch einen ungeheuren Blitz, der auf die St. Michaelskirche herabfuhr und den darauf folgenden gewaltigen Donnerschlag erschreckt.

Glücklicherweise hat der Blitz nicht gezündet, wie die Zeitungen am nächsten Tag zu berichten wußten.
Der Augsburger Bürgermeister v. Fischer sagte in seiner Trauerrede vor dem Magistrat der Stadt: *Ich kann nur sagen, daß König Ludwig II. seines Volkes Stolz gewesen ist und daß unter des jetzt verewigten Königs Regierung Bayern sich eine ruhmreichere und einflußreichere Stellung, als es je zuvor besaß, in Deutschland errungen hat. In Liebe und Dankbarkeit werden wir allzeit König Ludwigs II. gedenken.*[209]

Durch Ludwigs Tod hatten sich für die Minister und vielleicht auch für manchen Angehörigen der königlichen Familie einige Probleme erledigt. Die Endgültigkeit dieser Lösung mußte jedoch allen Betroffenen Unbehagen verschaffen.

Oft genug hatte König Ludwig in seinem kurzen Leben an freiwillige Abdankung gedacht. Als die Probleme immer drängender wurden, hätte man ihm die Möglichkeit dazu anbieten müssen. Ob allerdings der als Prinzregent vorgesehene Luitpold der richtige Mittler gewesen wäre, sei dahingestellt. Ludwig hatte sicher Vorbehalte gegen seinen Onkel, da er Luitpold und dessen Sohn Ludwig immer verdächtigte, nach dem Thron zu schielen. Es hätte aber durchaus Persönlichkeiten gegeben, die ihren Einfluß auf Ludwig hätten geltend machen können. Nachdem die Regentschaftübernahme durch Prinz Luitpold verfügt worden war und sich die erste »Fangkommission« nach Neuschwanstein aufgemacht hatte, war es für Abdankungsgespräche jedenfalls zu spät. Als Ludwig den Psychiater Gudden und seine Mitarbeiter erkannte, muß ihm klar geworden sein, daß ihm jetzt das gleiche Schicksal wie seinem Bruder Otto bevorstand. Unterschwellig hatte er schon immer genau davor Angst gehabt.

Elegant gelöst wurde die Königskrise des Jahres 1886 gewiß nicht. Diplomatisches Geschick zeigten weder die Minister, die wahrscheinlich nur ihr Amt und ihre Stellung im Sinne hatten, noch die Prinzen Luitpold und Ludwig, die zwar viel Opfergeist zur Schau trugen, jedoch unverkennbar an der Übernahme der Macht interessiert waren.

Außerdem stellt sich die Frage, ob die Vorgänge um König Ludwigs II. Entmündigung, Sicherheitsverwahrung und Tod, sowie die damit verbundene Einsetzung der Regentschaft des Prinzen Luitpold wirklich durch die Gesetze gedeckt waren. Der Vorsitzende des Ministerrats Johann v. Lutz versicherte zwar mehrmals und eilfertig dem danach fragenden Prinzen Luitpold, daß man den gesetzlichen Vorschriften gefolgt sei und Luitpold seinerseits glaubte diesen Beteuerungen gerne und ungeprüft. Dennoch ist die Antwort eindeutig: man hat sich nicht an die bestehenden Gesetze gehalten; die Entmündigung des König, seine Sicherheitsverwahrung und die Einsetzung der Regentschaft waren gesetzwidrig.

Das kann anhand der damaligen Gesetzeslage unschwer festgestellt werden. In der Civilprozeßordnung für das Deutsche Reich (CPO) vom 30. 1. 1877 war festgelegt, daß jemand nur durch Beschluß des Amtsgerichtes für geisteskrank erklärt werden konnte; zuvor mußte jedoch die betroffene Person unter Beiziehung eines oder mehrerer Sachverständiger von diesem Gericht gehört werden (§ 593 Satz 1 CPO). In weiteren Paragraphen war geregelt, wer den Antrag auf Entmündigung einreichen konnte und welche Beweismittel vorgelegt werden mußten. Wurde nach Anhörung des Betroffenen und nach Verhandlung vor Gericht die Entmündigung ausgesprochen, dann konnte der Entmündigte den Beschluß innerhalb eines Monats anfechten (§ 605 Satz 1 CPO). Dazu mußte ihm von Amts wegen bei Bedarf ein Anwalt gestellt werden. Blieb es trotz der Anfechtung bei der gerichtlichen Entmündigung, so war dies noch nicht gleichbedeutend mit Freiheitsbeschränkung oder gar Sicherheitsverwahrung. Im Polizeistrafgesetzbuch für Bayern, das König Ludwig am 29. 12. 1871 erlassen hatte, war geregelt, daß ein Entmündigter gegen seinen Willen nicht in eine Anstalt eingeliefert werden konnte. Möglich war die Einlieferung nach Art. 80 Abs.1 nur, wenn »eine solche Person einen Angriff gegen Personen oder fremdes Eigenthum verübt oder die öffentliche Sittlichkeit verletzt«. Zusätzlich war für eine Einweisung das Gutachten eines Amtsarztes erforderlich.

Ein normaler Bürger konnte also in Bayern nicht ohne weiteres entmündigt und in Sicherheitsverwahrung genommen werden. Warum ging es dann beim obersten Repräsentanten des Landes, dem König, so reibungslos? Warum wurde er nicht angehört? Warum wurde hier nicht das Königlich Bayerische Amtsgericht eingeschaltet, warum in der Frage der Sicherheitsverwahrung nicht nach den bestehenden Gesetzen vorgegangen? Galten denn die Landesgesetze nicht für den König? War er der allgemeinen Gerichtsbarkeit nicht unterworfen?

Die Antwort darauf findet sich in § 5 des Einführungsgesetzes zur Civilprozeßordnung. Dort ist festgehalten, daß für die Landesherren die Bestimmungen der Civilprozeßordnung nur dann Anwendung finden, wenn nicht besondere Vorschriften der Hausverfassungen oder der Landesgesetze abweichende Bestimmungen enthalten.

In Bayern existierte als Hausverfassung des Königshauses das Königliche Familienstatut vom 5. 8. 1818. Führende damalige Staatsrechtler wie Max v. Seydel kamen in ihren Kommentaren zu dem Ergebnis, daß auch der König der allgemeinen Gerichtsbarkeit unterliegt, wo er sich »außerhalb des Gebiets des öffentlichen Rechts im vermögensrechtlichen Verkehr bewegt«. Ein ordentliches gerichtliches Verfahren, das auf eine Entmündigung König Ludwigs II. abzielte, war durch das Königliche Familienstatut also keinesfalls ausgeschlossen. Das Verfahren hätte nach den oben genannten Regeln abgewickelt werden müssen. Dem König hätten dann die gleichen Rechte zugestanden wie jedem seiner Bürger.

Ferner hätte für die Einsetzung der Regentschaft nach der Bayerischen Verfassung vom 26. 5. 1818 (Titel II § 11, vgl. Fn. 274) der Landtag eingeschaltet werden müssen, was de facto erst geschah, als König Ludwig II. bereits tot war. Einer Entscheidung des Landtags über eine Regentschaft hätte zwangsläufig die Entmündigung nach den oben beschriebenen Rechtsvorschriften vorausgehen müssen.[210]

Somit war nicht nur die Entmündigung des Königs gesetzwidrig und damit juristisch ungültig, sondern auch die bereits am 10. Juni 1886 proklamierte Regentschaft des Prinzen Luitpold. Da dieser Mangel – die fehlende Legitimität der Herrschaft Luitpolds – erst durch die folgende Landtagssitzung am 26. Juni 1886 behoben wurde, kann die von Luitpold angeordnete Sicherheitsverwahrung des Königs in Schloß Berg auch nicht als »Maßregel« des neuen Regenten im Sinne des Königlichen Familienstatuts interpretiert werden. In Titel IV § 3 heißt es dort, daß es dem Monarchen zustehe, »alle zur Erhaltung der Ruhe, Ehre, Ordnung und Wohlfahrt des königlichen Hauses dienlichen Maßregeln zu ergreifen«. Luitpold war, als er der Sicherheitsverwahrung Ludwigs zustimmte, im juristischen Sinne noch nicht Monarch; er wähnte nur, es schon zu sein. Tatsächlich gab er seine Zustimmung zur Sicherheitsverwahrung bevor sich die erste »Fangkommission« am 9. Juni auf den Weg nach Hohenschwangau machte, also noch vor der Regentschaftsproklamation am 10. Juni 1886, nach der er erst annehmen konnte, Regent zu sein.

1864

1867

1871

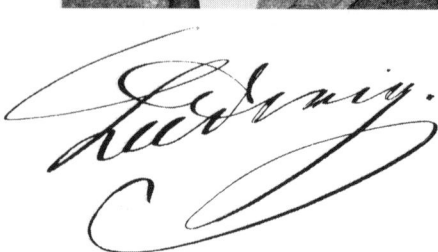

1876

1881

1885

293

Die Nachfolger

Nach dem Tod König Ludwigs II. wurde sein Bruder Otto, der wirklich geisteskrank war und in geschlossenem Gewahrsam in Schloß Fürstenried lebte, als König Otto I. sein Nachfolger auf dem Thron. Im Bayerischen Kurier vom 19. Juni 1886 erschien dazu folgender Bericht: *König Otto nahm die Mitteilung der zu ihm nach Fürstenried entsandten Persönlichkeiten von der Erbschaft des Thrones theilnahmslos entgegen, betrachtete die Herren und begann Gespräche ohne Zusammenhang mit dieser Angelegenheit. In der »Wiener D.Z« werden Äußerungen eines der Aerzte des nunmehrigen Königs Otto über den Zustand desselben und über sein Verhältnis zu König Ludwig mitgetheilt. Der erwähnte Arzt war verpflichtet, den Prinzen mit dem ganzen Aufgebot seiner Kunst zu behandeln; aber es blieb ihm verwehrt, in äußersten Fällen auch nur ein einziges Mittel anzuwenden, welche die moderne Irrenheilkunde gestattet oder empfiehlt. Nur mit mildem Zuspruch sollten und durften die Ärzte dem kranken Bruder des Königs nahen; schon die Drohung mit Gewalt war ihnen von Ludwig II. strengstens verboten. Wenn Prinz Otto schlechterdings sich ihren Anordnungen nicht mehr fügen wollte, dann wurde als höchste Instanz der König aufgerufen. Mehr als einmal fuhr Ludwig II. dann in Fürstenried ein; am liebsten bei nachtschlafender Zeit. Mehr als einmal trat er dem Tobenden gegenüber. Und mehr als einmal soll Prinz Otto inmitten der heftigsten Wahnsinnsanfälle der Autorität des Königs sich gebeugt haben, von dem Blick der Majestät zum Gehorsam gebracht worden sein. Ein erschütternder Gedanke, daß der in brüderlicher Liebe wirkende königliche Arzt bestimmt war, dereinst selbst in Wahsinnsnacht zu fallen! Ob er eine Vorahnung davon hatte? Ob das Schreckgespenst des eigenen Schicksals ihn seitdem verfolgte? Wer weiß es? König Otto ist von Wahnvorstellungen befangen. Er sieht Personen und Dinge, die nicht vorhanden sind. Er hat aber lichte Stunden.*

Am 23. Juni 1886 folgte ein weiterer und ausführlicher Artikel über »König Otto I.«, den der Bayerische Kurier diesmal aus der Wiener Presse übernahm. Ein »Spezialberichterstatter« hatte Fürstenried besucht: *Ein Spezialberichterstatter der Wiener »Pr.« hat einen Besuch in Fürstenried gemacht und schreibt über den unglücklichen König Otto: König Otto ist seinem verstorbenen Bruder Ludwig sehr ähnlich, er galt wie dieser als bezaubernder Jüngling; man schwärmte für seine schönen Augen, man war entzückt von der eleganten Gestalt und alle Herzen jubelten ihm zu. Heute ist sein Blick unstät,*

und wenn auch die Augen ihre wunderbare Blume erhalten haben, ein geisti-
ger Ausdruck tritt aus ihnen nicht hervor; seine rosige Gesichtsfarbe ist durch
eine kreidehafte Blässe verdrängt, und der Reiz seiner Worte ist verdrängt
durch die kindische, lallende Redeweise, die nur bei den Ausbrüchen seiner
Leidenschaften eine schärfere Form annimmt. Körperlich scheint er sich wohl
zu befinden, aber seine geistige Kraft nimmt immer mehr ab; auch wenn sich
von Zeit zu Zeit ein heller Moment zeigt, welcher wie ein Lichtblick die
Schatten der Nacht durchzuckt, so ist doch jede Genesung ausgeschlossen,
und es ist vielleicht nicht mehr lange Zeit und Bayern beweint wieder einen
König, wenn auch nur einen nominellen. Seine Lebensweise ist eine sehr ein-
fache. Manche Tage verlangt er nicht die mindeste Thätigkeit, er sitzt dann
im Lehnsessel, starrt vor sich hin, raucht Cigaretten, die er selbst verfertigt,
spricht nicht ein Wort und ist vollkommen apathisch. Ob es Gewohnheit ist,
daß er raucht oder ob er ein Behagen dabei empfindet, vermochte man mir
nicht zu sagen; es scheint aber, daß diese Thätigkeit bei ihm rein mechanisch
vor sich geht. Mitunter weicht die Lethargie von ihm ab und er verlangt –
Zeitungen. Liest er etwa deren Inhalt? Nimmt er an dem Kunstleben der
Residenz, das er früher so sehr geliebt, noch irgend welchen Antheil; beschäf-
tigen ihn lokale Ereignisse, oder ist es gar die Politik, zu der er greift? Auch
das Lesen ist eine mechanische Arbeit; er blickt in das Blatt, er durchfliegt den
Inhalt, aber keine Bemerkung zeigt, daß er etwas davon verstanden. Er wirft
das Blatt fort und sinkt in den Lehnstuhl, um wieder in seine Apathie zu ver-
fallen. Auch nach Büchern greift er und macht's mit ihnen wie mit den
Zeitungen. So wie seine scheinbare geistige Thätigkeit, so ist auch seine kör-
perliche Aktion eine wechselnde; periodenweise verläßt er nicht einmal sein
Zimmer und dann wieder eilt er in den Park, und – mag es Sommer oder Win-
ter sein, Sonnenschein ihn wecken oder Schneesturm oder Regen jeden ande-
ren abhalten, sich im Walde aufzuhalten, – sucht er Erdbeeren, das ist seine
Lieblingsbeschäftigung. Diese Perioden sind die lichtesten in seiner traurigen
Existenz. In früherer Zeit war er oft unruhig und für seine Umgebung gefähr-
lich, allein dieses Krankheitsstadium ist vergangen; er ist jetzt ruhig und es
scheint, daß man keine Furcht bezüglich seiner habe. Man hat ihm auch jetzt
»freie Ausgänge« über die Bannmeile des Schlosses gewährt und zumeist ge-
schah dies, wenn die Ärzte erproben wollten, in welcher Weise sich seine Gei-
steskrankheit zeige, wenn er scheinbar unbewacht sei. Unbemerkt folgten ihm
Ärzte und Wärter. Otto richtete seine Schritte immer dem Walde zu – und
sucht Erdbeeren. Als er einmal bei dieser Beschäftigung in Sommerszeit eine
alte Frau traf, die Erdbeeren pflückte, da setzte er sich zu ihr auf den Boden
und sprach mit ihr in so zusammenhängender Rede, daß sie nicht erkannte,

sie habe es mit einem Irrsinnigen zu thun; noch weniger wußte sie, daß es der Prinz war. Willig folgte er dann wieder der Einladung, in's Schloß zurückzukehren. Auch Ausflüge zu Wagen werden manchmal unternommen. Einer der Ehrenkavaliere sitzt an seiner Seite, ein Arzt auf dem Rücksitze und ein Wärter auf dem Bock neben dem Kutscher. Er erwidert den Gruß der ihm begegnenden Landleute in freundlicher Weise. Seit sechs Wochen jedoch hat er das Schloß nicht verlassen. Aus seinem früheren Leben hat er insoweit Erinnerungen bewahrt, als er des österreichischen Kaiserhauses mit großer Anhänglichkeit gedenkt. Man hat ihm den Tod Sr. Majestät des Königs Ludwig angezeigt, und ihm die Proklamation bekanntgegeben, in der erklärt wird, daß er als Nachfolger seines Bruders den Königsthron besteige. Er scheint aber hievon nicht mehr aufgefaßt zu haben, als das Wort »Majestät«. Er lächelte und wiederholte das Wort »Majestät« mehrmals. Und damit der Klang des Wortes recht oft ertöne, schellt er jetzt häufig, um die zu rufen, welche ihn mit »Euer Majestät« anreden müssen. Die freundliche Auskunft, die mir in Fürstenried über alle meine Erkundigungen zu Theil wurde, setzt mich in die Lage, Ihnen auch über die Form Mittheilungen zu machen, in der dem König Otto seine neue Würde bekannt gegeben wurde. Dienstag den 15. erschienen der Obersthofmarschall und Kurator des Königs Otto, Baron Malsen, und der zweite Kurator General v. Prankh in Fürstenried, und meldeten dem Kranken den Tod des Königs Ludwig. Prinz Otto schien die Worte nicht zu verstehen, denn er zeigte keine Regung und gab keinen Laut von sich, sodaß die beiden Würdenträger die Überzeugung erhalten mußten, Prinz Otto sei von der erschütternden Botschaft gänzlich unberührt geblieben, daß also sein Geist jetzt vollständig umnachtet ist. Hierauf wurde ihm die Thronfolge- und Regentschafts-Proklamation vorgelegt und vorgelesen. Aber er hörte nur das Wort Majestät, dies weckte wieder einen Theil seines Erinnerungsvermögens. Die Proklamation ließ ihn ganz gleichgiltig, aber als er von den beiden Würdenträgern mit der Anrede »Eure Majestät« begrüßt wurde, lächelte der Kranke und er gab seiner Freude in Wort und Miene Ausdruck, halblaut wiederholte er den Titel und sagte dann auch zu seinem Kammerdiener: »Du mußt mich jetzt Majestät nennen!« und um diese Titulatur öfter zu hören, begehrte er immer wieder die Diener vor sich zu sehen. Mit dem Titel kam ihm auch die Erinnerung an München, und er verlangte, dorthin geführt zu werden. Allein dieser Wunsch ist unerfüllbar. Otto bleibt auch als König in Fürstenried.

Die im Bericht des Wiener Journalisten geäußerte Erwartung, Otto habe nicht mehr lange zu leben, folgte der gängigen Meinung der Ärzte, erfüllte sich jedoch nicht. König Otto lebte – ohne jemals zu regieren – noch bis 1916 in Fürstenried.

Schloßwache von König Otto I. in Fürstenried

Schilderungen wie die oben zitierte über die Lebensweise des neuen – wenngleich bloß nominellen – bayerischen Monarchen blieben nicht unwidersprochen. So veröffentlichte die Allgemeine Zeitung eine eingehende Beschreibung »des Zustandes Sr. Majestät des Königs Otto«, die vom Bayerischen Kurier am 10. Juli 1886 »vollinhaltlich« wiedergegeben wurde. Die Ausführungen sind für uns heute vor allem wegen der detailgenauen Schilderung des für Otto umgebauten Schlosses samt seiner Anlagen besonders interessant.

Bayerischer Kurier: *Wir haben wiederholt den Wunsch ausgesprochen, es möge gegenüber den auf Sensation oder auch den reinen Skandal spekulierenden Angaben namentlich der auswärtigen Presse, eine authentische Darlegung des Zustandes Sr. Majestät des Königs Otto erfolgen. Eine solche finden wir nun heute in der »Allg. Ztg.« und geben sie vollinhaltlich hier wieder: »Lange genug, bis zum Übermaße, hat eine gewisse Presse, von den unlautersten Absichten geleitet, das namenlose Unglück, von dem Bayerns Volk und Thron heimgesucht wurden, dazu benützt, um für allerlei Nebenzwecke und selbstsüchtige Interessen Kapital zu schlagen, sündigend auf die Unwissenheit*

*und Leichtgläubigkeit der großen Masse. Neuerdings wendet sich die Klatsch-
sucht der nicht näher zu bezeichnenden Organe nach dem Schlosse Fürstenried, wo Bayerns kranker König Otto weilt. Obwohl, wie ja selbstverständlich,
jedem Unberufenen der Eintritt in den Fürstensitz verwehrt ist, wissen doch
»Spezialkorrespondenten« ausführliche Berichte über das Schloß und seinen
hohen Bewohner zu erstatten; es wird über das Aussehen Sr. Majestät erzählt,
Höchstdessen Umgebung beschrieben, die Appartements, die Se. Majestät
bewohnen werden ausführlich geschildert, kurz, es werden die intimsten Vorgänge aufgetischt. Alles dies beruht auf Kombinationen, gehört in das Gebiet
der Phantasie von sensationslüsternen Journalisten und entbehrt thatsächlich
jeglicher Unterlage. Wir sind nun in der Lage, dem müßigen Gerede folgende
authentische Daten gegenüberzustellen. Was vor allem das Befinden Sr. Majestät betrifft, so erfreut sich Höchstderselbe ganz normaler körperlicher Gesundheit. Von Seite der Kuratoren ist Alles aufgeboten worden, um den hohen
Kranken mit all dem der königlichen Würde entsprechenden Komfort zu umgeben. Daß die Umgebung des Königs angewiesen ist, demselben die größte
Sorgfalt zu widmen, ist selbstverständlich, und die Kavaliere und Aerzte
kommen ihrem Dienste mit Pflichttreue und Opferwilligkeit auf das gewis-
senhafteste nach. Wer Schloß Fürstenried seit einer Reihe von Jahren nicht
mehr gesehen hat, wird sich wundern, welche Veränderung mit dem alten
Jagdschlosse vor sich gegangen ist. Fürstenried liegt inmitten nervenstärken-
der duftender Nadelwälder und bietet entzückende Aussicht auf das herrliche
Panorama der Alpenkette. Durch Um- und Neubau, durch geschmackvolle
Einrichtung und Ausschmückung des Innern, durch Anlage kunstvoller Gärten wurde ein Landsitz geschaffen, würdig jedes Fürsten und so behaglich, wie
er nur gedacht werden kann. Der hohe Kranke bewohnt die Hochparterreräu-
me des Schlosses, wo demselben eine Flucht von Zimmern mit prächtigen
Salons zur Verfügung steht. Die Einrichtung ist eine fürstliche, alles ge-
schmackvoll, nicht überladen. Die mit den feinsten Damasttapeten bekleide-
ten Wände schmücken werthvolle Gemälde, darunter Ansichten von Berchtesgaden und Hohenschwangau, wo der König so oft in der glücklichen Jugend-
zeit geweilt; an beiden Enden der Appartements liegen Schlaf- und Bade-
zimmer, welche täglich gewechselt werden können. Im Westen des Schlosses
liegt ein großer von Effner angelegter Garten. Ein herrlicher Baumschlag,
kunstvolle französische und englische Anlagen, duftende Blumenbeete, üppi-
ges Gesträuch, stellen diesen Park unseren schönsten Schloßgärten an die
Seite; schöne Marmorgruppen, Statuen, Vasen, Springbrunnen, darunter einer
mit dem berühmten Eustachiushirsch aus dem Schlosse zu Neuburg a.D.
erhöhen noch den herrschaftlichen Eindruck des Ganzen. Links befindet sich*

ein Gewächshaus, eine Art kleiner Wintergarten, und hieran reihen sich zwei Neubauten: der Marstall und die Wagenremisen. Ueber ersterem befinden sich die Gelasse für die Dienerschaft, und die Räumlichkeiten über den Remisen werden gegenwärtig zu einer Art Kaserne für 24 Soldaten umgewandelt, welche künftig den Ehrendienst bei Sr. Majestät zu versehen haben, so daß auch in dieser Hinsicht der Würde des Königs vollkommen Rechnung getragen ist. Wie für Alles, so haben die Kuratoren auch für die religiösen Bedürfnisse auf das sorgfältigste Bedacht genommen, wie wir von einer Seite erfahren haben, die wohl als die kompetenteste erachtet werden muß. Im Schlosse und in den Gärten genießt der hohe Kranke jede mit seinem Befinden nur irgendwie vereinbare Freiheit, häufige Spazierfahrten wechseln mit Promenaden in den Anlagen ab, und von einer Gefangenschaft, wie in manchen Blättern gefaselt wurde, ist keine Rede. Der Aufenthaltsort unseres unglücklichen Königs ist eines Fürsten würdig; das ganze Arrangement, die Einrichtung, der Ton , der im Schlosse herrscht, kurz alles trägt fürstliches Gepräge, und man darf sich in den weitesten Kreisen davon überzeugt halten, daß die maßgebenden Faktoren, vor allem die Kuratoren, ihr ganzes Bestreben darauf richten, die Würde der umflorten Majestät in jeder Weise zu wahren. Vielleicht genügen vorstehende Zeilen, um die eingangs erwähnten »Spezialkorrespondenten« zu veranlassen, sich für ihre Sensationslust ein anderes Objekt auszuwählen, als den Ort, der Jedem heilig sein sollte, in dessen Brust noch nicht die Gefühle der Pietät und der Achtung vor dem Unglücke erloschen sind.«

Nachdem bei Inkrafttreten der Thronfolge nach Ludwigs II. Tod die bayerische Königskrone auf seinen Bruder Otto überging, wurden wieder die medizinischen Gutachter gebraucht, denn dieser König war nun tatsächlich nicht regierungsfähig. Das mußte freilich erst offiziell festgestellt werden, konnte aber aufgrund der jahrelang dokumentierten Krankheit Ottos rasch erledigt werden. Bereits einen Tag nach Ludwigs Tod, am 14. Juni 1886, lag ein Gutachten über die »geistige Störung« seines Nachfolgers Otto I. vor. Darin bestätigten die Psychiater Hagen, Grashey und Hubrich (mit Ausnahme des zusammen mit Ludwig ums Leben gekommenen Bernhard v. Gudden also dieselben Ärzte, die am 8. Juni 1886 das ärztliche Gutachten über den Geisteszustand König Ludwigs unterschrieben hatten), *daß Seine Majestät Otto I. König von Bayern in Folge langjähriger und unheilbarer Geistesstörung als verhindert an der Ausübung der Regierung zu betrachten sei und daß diese Verhinderung mit Bestimmtheit für die ganze Lebenszeit andauern werde.* (Das vollständige Gutachten ist im Anhang, S. 397 f., wiedergegeben.)

König Otto I. mit dem Arzt F. C. Müller

Eigentlich wäre dieses amtliche Gutachten über Ottos Zustand schon bei der Regentschaftsübernahme durch Prinz Luitpold am 10. Juni 1886 fällig gewesen. Stattdessen ließ Luitpold in seiner Proklamation nur verlautbaren, daß *über Unseren vielgeliebten Neffen, Seine königliche Hoheit den Prinzen Otto von Bayern, ein schon länger andauerndes Leiden verhängt ist, welches ihm die Übernahme der Regentschaft unmöglich macht.* Das war juristisch inkorrekt und ein weiterer Mangel, mit dem die Ausübung der Herrschaft durch Prinzregent Luitpold am 10. Juni 1886 begann und der erst vier Tage später – durch das genannte Gutachten vom 14. Juni 1886 – im Nachhinein behoben wurde. So zeigt sich wieder die unüberlegte Eilfertigkeit, mit der König Ludwig II. entmachtet und Prinz Luitpold zum Regenten gemacht wurde.

In der Regentschaftsvorlage, die in der 193. Plenarsitzung der Abgeordnetenkammer am 26. Juli 1886 vorgetragen wurde, ist zur Krankheit Ottos ausgeführt: *Was nun zunächst die dauernde Verhinderung Seiner Majestät des Königs Otto I. an der Ausübung der Regierung anlangt, so ergibt sich aus der Thatsache, daß nach einer im ärztlichen Gutachten vom 8. Januar lfd. Js. enthaltenen Konstatirung Prinz Otto schon im 17. Lebensjahre an qualvollen Zuständen von Angst und innerer Unruhe litt, Hallucinationen*

hat, gereizt und zu Gewaltthätigkeiten geneigt ist, ferner daß nach den vorge-
legten Akten schon seit dem Jahre 1878 eine Kuratel über Allerhöchstden-
selben wegen geistiger Erkrankung besteht, aus der Konstatirung des Vorhan-
denseins eines ärztlichen Gutachtens der Herren Doktoren Gietl, Solbrig,
Wolfsteiner und Brattler vom 15. Januar 1872, aus der im wesentlichen verle-
senen, auf genauen Aufzeichnungen der beobachtenden Aerzte beruhenden
Krankengeschichte vom 16. März 1878 bis 1. Mai 1886, aus den eidlichen
Depositionen des Assistenzarztes Dr. Müller, welcher vom 1. Dezember 1884
bis in die Gegenwart in der Umgebung Seiner Majestät sich befindet, endlich
aus dem unter'm 15. lfd. Mts. abgegebenen Gutachten der Herren Doktoren
Hagen, Grashey und Hubrich, daß König Otto an Exaltations- und Depres-
sionszuständen, an Sinnestäuschungen, geistiger Schwäche und Verwirrung
leidet, und daß keine Hoffnung auf Besserung besteht. Vom tiefsten Mitleid
für den beklagenswerthen geistigen Zustand Seiner Majestät des Königs Otto
I. erfüllt, mußte daher der Ausschuß die traurige Überzeugung gewinnen, daß
Seine Majestät König Otto I. wohl voraussichtlich für seine ganze Lebenszeit
an der Ausübung der Regierung durch geistige Krankheit verhindert ist, und
daß auch am 10. Juni ds. Js. Allerhöchstderselbe durch dieses Hinderniß ab-
gehalten war, die Regentschaft zu übernehmen.

Nachdem das Gutachten vorlag, das die unheilbare Geisteskrankheit
von König Otto I. feststellte, war der Weg frei dafür, daß Prinz Luitpold
an Stelle der kranken Majestät die Regentschaft übernahm, die er bereits
vom 10. bis zum 13. Juni 1886 anstelle von König Ludwig II. innege-
habt hatte.

Der Publizist Anton Memminger schrieb nach Ludwigs Tod einige
scharfe Artikel in der vom ihm begründeten Neuen Bayerischen Landeszeitung, die der Öffentlichkeit aber nur in eingeschränktem Umfang zur
Kenntnis gelangten, weil die Polizei im Auftrag der Staatsanwaltschaft
jedesmal die entsprechenden Ausgaben beschlagnahmte. Memmingers
Versuche, die Zeitung unter Weglassung der beanstandeten Artikel,
allerdings mit dem Vermerk»Konfisziert« an der Stelle, an welcher der
inkriminierte Beitrag ursprünglich stand, unters Volk zu bringen, löste
erneute Beschlagnahme auch dieser Ausgaben aus.

Stärksten Repressionen sah sich Memminger ausgesetzt, als er am
17. Juni 1886 in der Neuen Bayerischen Landeszeitung die Meinung
vertrat, daß die Ernennung des Prinzen Otto zum König nicht rechtmäßig sei. Die bayerische Verfassung sehe nämlich vor, daß der König
den Eid auf die Verfassung leisten müsse. Dazu sei Otto jedoch nach

dem Gutachten der Ärzte nicht fähig, weil er den Eid weder verstehen noch halten könne. Memminger in seinem Artikel: *Aber Prinz Otto konnte König nicht werden, weil er keine rechtsgiltige Handlung vornehmen, also auch nicht schwören kann.* (Der ganze Aufsatz ist im Anhang, S. 397 f., wiedergegeben.)

Der »König Otto I.« überschriebene Artikel wurde sofort wieder konfisziert und offensichtlich ging die Münchner Polizei dabei so gründlich vor, daß selbst die Bayerische Staatsbibliothek in München bis heute kein Exemplar der beanstandeten Ausgabe der Neuen Bayerischen Landeszeitung vom 17. Juni 1886 besitzt.

Die Staatsanwaltschaft ließ es aber mit der Beschlagnahme noch nicht genug sein. Memminger wurde außerdem der Majestäts- und Ministerbeleidigung beschuldigt. Der Vorwurf der Majestätsbeleidigung wurde zwar wieder fallen gelassen, doch am 16. Oktober 1886 mußte sich Memminger vor dem Schwurgericht Würzburg wegen fünffacher Ministerbeleidigung verantworten. Memminger hatte an den »genialen König Ludwig II.« erinnert und den Eigennutz des Ministeriums Lutz angeprangert, das den Prinzen Otto zum König eingesetzt habe, *um sich auf seinen Sesseln weiter halten und in gewohnter Weise weiterwursteln zu können.* Seine Verteidigungsrede vor Gericht schloß Memminger mit den Worten: *Ich rechtfertige mich selbst nicht weiter. Wenn es wirklich in Bayern ein Verbrechen ist, seinen König zu verteidigen, dann erwarte ich mein Urteil.* Das Schwurgericht verurteilte Memminger zu zwei Monaten Gefängnis, nachdem der Staatsanwalt fünf Monate Haft gefordert hatte. Seine Strafe saß Memminger in einer feuchten und dunklen Zelle des bald darauf aufgelassenen Würzburger Gefängnisses ab.[211]

Memminger war nicht der einzige Journalist, der im Oktober 1886 im Zusammenhang mit Berichten über die Hintergründe der Königskatastrophe und der Regentschaftsübernahme wegen »Ministerbeleidigung« verurteilt wurde. Dasselbe widerfuhr dem Schriftleiter des Münchener Fremdenblattes Franta, der vier Monate Gefängnis erhielt. Johann Wickl, Redakteur des Fränkischen Volksblattes, wurde für zwei Monate ins Gefängnis geworfen; der Antrag des Staatsanwalts hatte wie bei Memminger auf fünf Monate gelautet. Ebenfalls zwei Monate Haft erhielten Johann Schuirer, pensionierter Offizier und Redakteur der Amberger Volkszeitung, und Mathias Renner, der Redakteur des Donauboten. Sie alle hatten in ihren Zeitungen, ähnlich wie Memminger, das Vorgehen gegen König Ludwig II. und das Verhalten des Ministeriums kritisiert. Der Redakteur Wickl vom Fränkischen Volksblatt hatte zum

Beispiel die Rücksichtslosigkeit der Maßnahmen gegen den König angeprangert und das gesamte Verfahren einen »Staatsstreich« genannt. Er hatte auch angezweifelt, daß Ludwig wirklich krank war und dem Minister v. Lutz vorgeworfen, er habe nach seinem Gutdünken eine »Ministerrepublik« errichtet und sich selbst zum »Gouverneur von Bayern« gemacht.

Im Verfahren gegen Wickl trat Ludwigs Kammerdiener Alfons Weber auf und machte folgende Aussage: *Ich war im ersten Kammerdienst des Königs, sein Kammerlakai vom 28. April–1. November 1885 und dann vom 28. Mai bis zum 12. Juni 1886. Über die angebliche Geisteskrankheit des Königs habe ich gar keine Wahrnehmungen gemacht. Auch habe ich keinerlei Veränderungen wahrgenommen. Ich war stets beim König in unmittelbarster Nähe. Ich habe ihn angekleidet und ihm serviert. Ich hatte Bestellungen zu machen an Kabinettssekretär Schneider, an Hoffourier Hesselschwerdt, Hofsekretär Rat Klug usw. Schriftstücke an die Minister hatte ich nicht zu besorgen, das sei Sache des Kammerlakaien Mayer gewesen. Der König zeigte niemals eine Spur von Geisteskrankheit. Als die Katastrophe heranrückte, äußerte er zu mir:* »Man will mich geisteskrank erklären wie meinen Bruder Otto!«.[212]

Obwohl der Chevauxleger Weber bis zuletzt den Kammerdienst bei König Ludwig verrichtete, ist er in Guddens ärztlichem Gutachten nicht als Zeuge aufgeführt. Vielleicht hat Gudden ihn nicht vernommen, vielleicht hat Webers Aussage aber auch dem Psychiater nicht ins Konzept gepaßt.

Schon am 16./17. Juni 1886 hatte der Bayerische Kurier unter der Überschrift »Wichtige staatsrechtliche Fragen« Überlegungen zur Nachfolge Ottos angestellt, die – sehr viel vorsichtiger – in eine ähnliche Richtung gingen wie Memmingers späterer Artikel. Der Bayerische Kurier konnte sich bei seiner Argumentation auf das »Bayerische Staatsrecht« von Max Seydel berufen und schreiben: *Auch für Bayern gilt der im deutschen Staatsrechte allgemein anerkannte Satz, daß bei Erledigung des Thrones durch Tod oder Verzicht des bisherigen Inhabers die Krone dem verfassungsmäßig Berufenen von selbst anfällt, ohne daß es zunächst eines Erwerbungsaktes bedürfe. Allein, wenn auch die Krone dem Berufenen ohne seinen Willen anfällt, erwirbt er sie doch nicht gegen seinen Willen. Er muß daher, sobald er dazu in der Lage ist, sich über die Annahme der Krone erklären. Bei dem Regierungsantritte soll der neue Herrscher den Königseid leisten. Die Eidesleistung geschieht in einer feierlichen Versammlung der Staatsminister und übrigen Mitglieder des Staatsrathes u.s.w. ... Der Eid lautet:* »Ich *schwöre nach der Verfassung und den Gesetzen des Reichs zu regieren, so wahr mir Gott helfe und sein heiliges Evangelium.« Die Eidesleistung ist keine Bedingung des Kronerwerbes oder des Regierungsantrittes. Der Verzicht auf den Erwerb der Krone kann ausdrücklich oder stillschweigend – durch Nichtübernahme der Regierungsgeschäfte – erklärt werden.* Danach war zwar der Eid, den Otto nicht leistete, keine Bedingung für den Erwerb der Krone; der Inhaber der Krone mußte dann jedoch, *sobald er dazu in der Lage ist, sich über die Annahme der Krone erklären.* Diese Annahmeerklärung konnte Otto ebenfalls nicht abgeben. War Otto nun rechtmäßig bayerischer König geworden oder nicht?

Am 17. Juni 1886 versammelte sich zum ersten Mal nach der Königskatastrophe wieder der Landtag. Nach einer kurzen Trauerrede des Präsidenten Karl v. Ow-Felldorf trug der Vorsitzende des Ministerrates Johann v. Lutz eine Vorlage zur Übernahme und Fortsetzung der Regentschaft durch den Prinzregenten Luitpold vor. Darauf wurde aus den 155 Landtagsabgeordneten eine bereits vorbestimmte Gruppe von 28 Abgeordneten durch Akklamation als Block gewählt. Das war der Ausschuß, der sich mit den Einzelheiten der Regierungsvorlage betreffend die Regentschaftsübernahme befassen sollte. Dann mußten die Abgeordneten noch zustimmen, daß der Finanzminister die Vergütung für den Prinzregenten für den Rest des Haushaltsjahres 1884 einplanen dürfe. Danach gingen die Volksvertreter auseinander. Die von den Ministern als Trauersitzung für den toten König Ludwig II. einberufene Versammlung der Kammer hatte ausweislich des stenographischen Protokolls der Sitzung 25 Minuten gedauert.

Am 26. Juni 1886 trat die Kammer der Abgeordneten erneut zusammen. Zunächst wurde über die Tätigkeit des am 17. Juni gebildeten Ausschusses zur Beratung der Frage der Regentschaft berichtet. Dabei wurde das Guddensche Gutachten wiedergegeben, ferner das Sektionsgutachtens über die Leiche König Ludwigs verlesen. Ziemlich umfänglich wurde das Plenum noch einmal über die Krise der Kabinettskasse unterrichtet, wobei ein Bericht des Finanzministers an den König zur Lage der Kabinettskasse referiert wurde und die Ablehnung des königlichen Antrages an die Kammer um einen Zuschuß oder ein Darlehen zur Sprache kam. Kurzum: das Ministerium rechtfertigte mit den bekannten Unterlagen und Fakten sein Vorgehen gegen König Ludwig II., dessen Entmündigung und die nachfolgende Regentschaftsübernahme durch Prinz Luitpold.

Außerdem wurde die neue Situation dargelegt, die Krankheit und Regierungsunfähigkeit König Ottos I. vorgetragen und mitgeteilt, daß die Regentschaft, unter der Ludwig gestanden hatte, fortgesetzt beziehungsweise nun Otto unter Regentschaft gestellt werden müsse. Dazu war die nachträgliche Zustimmung der Kammer der Abgeordneten einzuholen.

Der Vortrag des Ausschusses und die Verlesung von Berichten und Briefen nahmen den ganzen Sitzungsvormittag von 9.38 Uhr bis 12.55 Uhr, also 3 Stunden und 17 Minuten in Anspruch. Daran schloß sich eine zweistündige Mittagspause an. Um 3.05 Uhr wurde die Sitzung fortgeführt und die Diskussion eröffnet. Von den anwesenden 151 Abgeordneten meldeten sich nur vier Herren zu Wort. Ihre Beiträge sind allerdings recht bemerkenswert. Die vier Abgeordneten kritisierten nämlich das Ministerium, das nach ihrer Meinung nicht unschuldig am unglücklichen Verlauf der Ereignisse gewesen sei. So hätten die Minister sich nicht ausreichend um den persönlichen Kontakt zum König bemüht und auch zu wenig unternommen, um die Verbindung zwischen König und Volk wiederherzustellen. Die Entmündigung Ludwigs, die solch tragische Folgen gehabt habe, sei von vornherein nicht der richtige Weg gewesen. Eine bessere Lösung wäre die ja durchaus mögliche freiwillige Abdankung König Ludwigs gewesen. Wenn es dem Ministerium wirklich Ernst gewesen wäre mit den notwendigen Veränderungen, so hätte es durch einen Rücktritt entsprechenden Druck auf den König ausüben können. Doch die Minister hätten an ihren Sesseln geklebt.

Einer der vier Redner war der Würzburger Abgeordnete Johann Baptist Stamminger, der als katholischer Pfarrer und Bibliothekar der Universitätsbibliothek in Würzburg vor allem die katholischen Vereine Unterfrankens vertrat. Stamminger begann seinen Debattenbeitrag mit einem Goethezitat:

> *Ihr führt ins Leben ihn hinein,*
> *ihr laßt den Armen schuldig werden,*
> *dann überlaßt ihr ihn der Pein? ...*

Das aber weiß ich, meine Herren, daß, wenn einerseits feststeht: »*Im Jahre 1880 war die Krankheit unheilbar geworden,*« *und man andererseits dem Volke sagt,* »*die Räthe der Krone haben davon keine Ahnung gehabt*«, *daß das Volk dieß zweifelnd aufnimmt ... Es erinnert sich daran, daß schon vor zehn Jahren ein Münchner Blatt, das heute das Ministerium verteidigt, die sonderbarsten Dinge von dem Leben des Königs gesagt hat; es erinnert sich daran, wie dieser König und in ihm das Königthum seit mehreren Jahren von Blättern des Inlandes und des Auslandes in Bild und Wort durch die Gosse geschleift worden ist, ohne daß man davon gehört hätte, daß eine richterliche Einschreitung oder wenigstens nur in den wenigsten Fällen eine solche stattgefunden hat ...*

Aber, meine Herren, diese Absperrung von dem Volke ist noch weiter gegangen; sie hat zu einer förmlichen Absperrung auch zwischen König und Ministerium geführt. Seit Jahren hat keiner der Minister die Majestät mehr gesehen. Seine Excellenz, der Herr Kultusminister haben diesen Zustand selbst in der anderen Kammer als »einen nichtsweniger als idealen« bezeichnet. Sie haben ihn aber damit erklärt, daß es eigentlich derselbe gewesen sei wie unter den beiden vorangegangenen Königen, und daß sie in einer noch glücklicheren Lage gewesen wären, indem im Anfange seiner Regierung Seine Majestät die Minister öfter zu Konferenzen berufen hätte ... Meine Herren! Seine Excellenz [i.e. Minister v. Lutz] hat uns gesagt, wie schwer es ihm geworden sei, die Maßregeln zur Entmündigung des Königs zu treffen. Hätte es denn nicht einen viel leichteren Weg gegeben? ... Darum hätte ich, wenn es möglich gewesen wäre, ich sage nochmals, wenn es möglich gewesen wäre, hätte ich gewünscht, daß man den Weg der Abdankung beschritten hätte. Auf diesem Wege wäre das Gefühl des Königs geschont worden, und auf diesem Wege wäre die Entmündigung eine Privatsache geworden und uns diese psychische Sektion, die wir hier zum großen Schaden des monarchischen Gefühls vor dem ganzen Lande vornehmen müssen, erspart geblieben.[213]

Gegen Ende seiner Ausführungen kam der katholische Geistliche Stamminger auf ein Thema zu sprechen, das vor allem im Volk große Beunruhigung ausgelöst haben soll: König Ludwig wollte am 13. Juni 1886, jenem Pfingstsonntag, der sein Todestag wurde, den Gottesdienst besuchen, was ihm der Arzt v. Gudden verwehrte. Stamminger fragte nach: *Es wäre beruhigend, zu erfahren, ob man denn am ersten Pfingstfeiertage, an dem Tage des hl. Geistes, Seiner Majestät wenigstens den Besuch der heiligen Messe oder überhaupt einen geistlichen Zuspruch angeboten hat. Eine bejahende Antwort in dieser Beziehung würde eine der häufigsten Anklagen vernichten.*

Zuletzt ging Stamminger noch einmal auf die überstürzte Entmachtung König Ludwigs ein: *Fassen Sie folgende Thatsachen zusammen: Der Brief, welchen jener Agent geschrieben, der sich unter dem Deckmantel des Hauses Orleans einzuschleichen suchte* [es ging darin um ein französisches Darlehensangebot an Ludwig II.], *ist datirt vom 4. auf den 6. Januar 1886. Auf diesem Brief steht ausdrücklich geschrieben: »Lettre absolument per-*

Johann Baptist Stamminger

sonelle au roi.« »*Ein Brief, unbedingt zu den eigenen Händen des Königs«.
Dieser Brief vom 4. auf den 6. Januar, wie das Postzeichen aussagt, wurde sai-
sirt* [beschlagnahmt]. *Nun frage ich, meine Herren, konnte man denn einen
Brief des Königs unterschlagen, wenn man nicht wenigstens zu dieser Zeit an
seinem geistigen Zustand schon gezweifelt hat?*

In seiner langatmigen Erwiderung berief sich der Vorsitzende des
Ministerrates v. Lutz zu wiederholten Malen auf das psychiatrische Gutachten, das die Entmündigung als einzige Lösung gelassen habe. Dabei
schoß Lutz mit seinen Behauptungen über die Geisteskrankheit Ludwigs II. weit übers Ziel hinaus: *Sie machen uns den Vorwurf, daß wir die
Bestellung der Regentschaft nicht in früheren Jahren, wenn ich den Herrn
Abgeordneten Stamminger recht verstanden habe, nicht schon im Jahre 1880
in's Werk gesetzt haben. Meine Herren! Wenn Sie sich der Verhandlungen im
Ausschusse erinnern und der eingehenden Darlegungen der Psychiater, die Sie
gehört haben, dann werden Sie mir zustimmen, wenn ich sage, mit ganz dem*

gleichen Rechte können Sie auch behaupten, es sei ein Unrecht gewesen, Seine Majestät überhaupt an die Regierung gelangen zu lassen. Denn nach den einstimmigen Anschauungen dieser Herren hat die Geisteskrankheit Seine Majestät bereits vor der Thronbesteigung befallen gehabt und ist im Grunde genommen nur eine Weiterentwicklung während der Zeit, in der wir die Verwaltung haben, eingetreten. Vorhanden war nach den Ansichten dieser Ärzte die Krankheit vorlängst.

Das Rededuell zwischen Stamminger und v. Lutz hatte – abgesehen von den unterschiedlichen Auffassungen der beiden Kontrahenten zu den Vorgängen um die Entmachtung König Ludwigs – auch andere politische und persönliche Hintergründe. Johann Baptist Stamminger, Sohn bäuerlicher Eltern aus Zell am Main, war 1859 zum Priester geweiht worden, 1862 als Praktikant in die Würzburger Universitätsbibliothek eingetreten und hier seit 1866 Bibliothekar. Als 1874 der Oberbibliothekar Dr. Anton Ruhland, seinerseits fast dreißig Jahre katholischer Landtagsabgeordneter, verstarb, sollte Stamminger dessen Nachfolge antreten. Nachdem die Beförderung länger als ein Jahr ausblieb, sprach Stamminger beim zuständigen Minister v. Lutz vor. Er wurde ungnädig empfangen. Lutz erkannte Stammingers Leistungen in der Bibliothek zwar an, eröffnete ihm aber rückhaltlos, daß er die Beförderung eines politischen Gegners nicht beabsichtige. Denn Stamminger war ein engagierter Führer der Katholiken Unterfrankens, der gegen Lutz' Kulturkampfpolitik opponierte, wo es nur ging. Auf den Vorhalt Stammingers, daß ihm die bayerische Verfassung politische Rechte und Meinungsfreiheit garantiere und daß ihm sein Gewissen und sein Beruf den von ihm eingeschlagenen Weg vorschreibe, ging v. Lutz nicht ein und beendete die Unterredung mit dem Satz: *Wie können Sie verlangen, daß wir Sie zum Oberbibliothekar ernennen, Sie, welcher dem Ministerium so feindlich gegenüberstehen?* Lutz' Anerbieten, eine freiwerdende Pfarrei zu übernehmen, lehnte Stamminger ab. Den Gefallen, sich ganz aus dem Universitätsbetrieb zurückzuziehen, tat er Lutz nicht und blieb unter einem neuen Vorgesetzten Bibliothekar.

Es gehörte nämlich zur Kulturkampfpolitik des Kultusministeriums, den Anteil der katholischen Professoren und Universitätsbediensteten zugunsten eines höheren Anteils von evangelischen Professoren und solchen aus anderen Länder zurückzudrängen. Dagegen hatte Stamminger am 3. Februar 1886 eine aufsehenerregende Rede im Landtag gehalten und damit eine mehrtägige Grundsatzdebatte ausgelöst, an deren Ende der Minister v. Lutz hatte zurückstecken müssen.[214]

In der Landtagssitzung am 26. Juni 1886 wurde Stamminger durch den Amberger Abgeordneten Johann v. Walter unterstützt, dessen Kritik am Vorgehen des Ministeriums gegen König Ludwig sogar in einer Rücktrittsforderung an die Minister gipfelte. Walter führte in seinem Beitrag zur Debatte aus: *Das bayerische Volk sagt sich: Wenn die Umgebung des Königs seit einer Reihe von Jahren eine andere gewesen wäre, wenn man es nicht zugelassen hätte, daß Seine Majestät nur mehr vom niederen Dienstpersonal umgeben waren, wenn man es nicht zugelassen hätte, daß Er vollständig in der Einsamkeit sich abschloß, wenn man es nicht zugelassen hätte, daß Er jeden persönlichen Verkehr mit seinen verantwortlichen Räthen aufgab, dann, meine Herren, wäre Vieles, Vieles nicht gekommen, es wäre eine Katastrophe vielleicht nicht, vielleicht erst später, und jedenfalls nicht in der Weise eingetreten, die wir jetzt zu beklagen haben ... Es hat der Herr Kollege Dr. Stamminger auch darauf hingewiesen, daß man Seine Majestät König Ludwig II. nicht unter die Regentschaft hätte stellen sollen, sondern die Möglichkeit einer Thronentsagung hätte nahelegen sollen. Meine Herren! Ich glaube, daß Seine Excellenz die Möglichkeit eines derartigen Schrittes doch etwas schwerer geschildert hat, als er in der That war. Seine Majestät König Ludwig II. haben Selbst in zwei Schriftstücken den Entschluß niedergelegt, daß Sie abdiziren* [abdanken] *wollen, und ich glaube, wenn man ihm, nachdem einmal gewiß war, daß die Mittel nicht geboten werden können, um die Krisis der Kabinetskasse zu beseitigen, die Nothwendigkeit einer Abdiktion nahe gelegt und wenn man einem derartigen Rathe zugleich, wenn er nicht befolgt worden wäre, mit der Demissionirung des Ministeriums Nachdruck gegeben hätte, dann, glaube ich, wäre die Abdikation doch schon zu erreichen gewesen. Es ist bekannt, daß im Mai lfd. Js. Seine Majestät der König ein neues Ministerium suchte und nicht fand, und wenn das bisherige Ministerium mit seiner Entlassung eingekommen wäre, dann glaube ich, wäre für Seine Majestät dem König absolut nichts Anderes übrig geblieben als abzudanken und dann wäre der unheilvolle Schritt, den wir zu beklagen haben, höchst wahrscheinlich nicht geschehen. Die Abdankung wäre eine freiwillige gewesen und würde wahrscheinlich nicht zu der Katastrophe geführt haben, die jetzt eingetreten ist ... Der Herr Kollege Dr. Stamminger hat die Vermuthung ausgesprochen, daß, wenn die Konferenz vom 30. April ein affirmatives Resultat statt eines negativen gehabt hätte, wahrscheinlich seine Majestät König Ludwig II. noch am Leben und noch in der Ausübung seiner Regierungsgewalt befindlich wäre. Meine Herren! Diese Anschauung wird nicht nur hier im Hause von vielen getheilt, diese Anschauung ist im ganzen Lande eine ziemlich verbreitete ... Es ist sehr zu bezweifeln, ob es je gelingen wird, diese*

Anschauung zu zerstreuen. Es ist ja wahr, daß für die k. Staatsregierung zwingende Gründe vorlagen, diese Konferenz zu veranlassen und ihr die Nothwendigkeit nahe zu legen, die Krisis der Kabinetskasse beseitigen zu helfen. Aber wahr ist doch auch, daß dabei von einer Krankheit, von einer schweren Krankheit Seiner Majestät des Königs mit keiner Silbe die Rede war, und dieser Umstand berechtigt doch zu Zweifeln, ob Alles so gekommen wäre, wie es gekommen ist, wenn damals geholfen worden wäre. [Gemeint ist die Ablehnung eines Zuschuß oder eines Darlehens aus der Staatskasse für König Ludwig.] *Meine Herren! Alles in Allem genommen, ist man in den weitesten Kreisen draußen im Lande der Überzeugung, daß in der That es sich für die Berather der Krone nur darum gehandelt habe, die Portefeuilles zu erhalten und daß man auch jeden Schritt grundsätzlich gemieden habe, welcher diese Portefeuilles in irgend welche Gefahr bringen konnte ... ich bin überzeugt, daß zwar das Volk nach dieser Richtung vollständig beruhigt sein wird, und daß es von heute ab von der schweren Erkrankung Seiner Majestät des Königs Ludwig II. überzeugt ist, daß es aber vielleicht nie die Überzeugung gewinnen wird, daß an dieser Katastrophe das k. Staatsministerium vollständig moralisch unverantwortlich und unschuldig ist. Ich fürchte, meine Herren, daß Ruhe und Frieden und daß jenes einmüthige Zusammenleben, welches zu einer wohlthätigen Entwicklung unseres Staatslebens absolut nothwendig ist, kaum möglich sein wird, solange nicht ein Wechsel in den Personen der Minister eingetreten ist.*

Einem Teil seiner Parteigänger war Stammingers mutige Rede in der Landtagsdebatte vom 26. Juni 1886 freilich nicht deutlich genug ausgefallen. Man hielt ihm vor, die Angriffe hätten noch schärfer formuliert werden müssen, er habe die Regierung zu sehr geschont. Stammingers Entgegnung zeigt den aufrechten Charakter dieses Mannes: *Für ein Ministerium bleibt es doch immer die schwierigste Aufgabe, zur Entmündigung des Königs zu schreiten. Der Minister v. Lutz hat sich in meisterhafter Weise gerechtfertigt. Es ist wahr, von diesem Mann habe ich mein Leben lang nur Zurücksetzung erfahren; aber in jenen Tagen herrschte im Volke gegen ihn die größte Erbitterung und da durfte ich nicht unedel sein.*[215]

Franz Carl Müller, der Assistenzarzt Bernhard v. Guddens, nahm ebenfalls an der Sitzung des Landtags am 26. Juni 1886 teil. Er berichtete später: *Man hat es anscheinend absichtlich vermieden, die Rede auf die sexuellen Excesse des Königs zu bringen. Ich selbst habe die Überzeugung, daß der König in diesem Punkte so wenig gesündigt hat, wie sein Bruder Otto, dem man ja auch alles Mögliche nachgeredet hat. Ich weiß, daß dies auch Guddens Ansicht war.*[216]

Allerdings wurden die Abgeordneten über eine Reihe absonderlicher Eigenschaften und Handlungen des toten Königs Ludwig unterrichtet, die seine Geisteskrankheit beweisen sollten. In diesem Zusammenhang kamen auch die Reisen des Reichsarchivdirektors Franz v. Löher zur Sprache: *Seine Majestät der König ... wie vom Zeugen Hornig bekundet wird ... ertheilte den Auftrag an einen Gelehrten, Geheimrath von Löher, ein Land zu suchen, in welchem eine absolute Regierung möglich wäre und das sich gegen Bayern austauschen ließe. Und dieser Auftrag wurde unglaublicher Weise natürlich erfolglos vollzogen!*

Ganz ähnlich hatte es schon im Guddenschen Gutachten unter Berufung auf den Stallmeister Richard Hornig geheißen, daß König Ludwig beabsichtige, Bayern gegen eine hohe Summe Geldes an Luitpold abzutreten oder an Preußen zu verkaufen und für sich *nach einem anderen Königreiche* suchen ließ, *in dem ein absolutes Regierungssystem möglich wäre*; Geheimrath v. Löher habe aus diesem Grund *auf Kosten der Kabinetskasse weitläufige Seereisen* gemacht.

Daran stimmte, daß König Ludwig nach der Reichsgründung 1870/71 wieder intensiver an Abdankung gedacht hatte, in erster Linie zugunsten seines Bruders Otto. Dessen fortschreitende Geisteskrankheit und der Verlust an bayerischer Selbständigkeit brachten Ludwig auf die Idee, nicht nur abzudanken, sondern zudem auszuwandern. Der Gedanke an Auswanderung muß Ludwig über Jahre hin immer wieder beschäftigt haben, denn 1872, 1873 und 1875 schickte er den Vorstand des bayerischen Reichsarchivs Franz v. Löher auf Reisen zu den griechischen und kanarischen Inseln sowie nach Zypern und Kreta, um dort nach einem passenden Ansiedlungsplatz für ihn zu suchen.[217] Hofsekretär Dürflipp, der wohl einige Befürchtungen über Ludwigs Auswanderungspläne geäußert hatte, erhielt die Antwort, *daß das Vorgehen des Königs in dieser Richtung durchaus nicht so abenteuerlich erscheine, wie er vielleicht glaube. Es ist nur die Absicht deßselben, im Falle einmal die Angriffe von Seiten Preußens unerträglich würden, oder Bayern am Ende gar aufhören sollte, ein Königthum zu sein, Allerhöchst sich einen Platz reservirt zu haben, um dort ungestört zu leben, denn einem fremden Fürsten möchte der König nicht zur Last fallen.*[218]

Bezeichnenderweise hatte Gudden für sein Gutachten nicht den Reichsarchivvorstand v. Löher befragt, der im Auftrag Ludwigs gereist war und die richtigen Informationen aus erster Hand hätte beisteuern können.

Nach Bekanntgabe der Landtagsdebatte vom 26. Juni 1886 meldete sich Franz v. Löher in einer Zuschrift an die Augsburger Abendzeitung zu Wort, in der er die unrichtigen Behauptungen vor der Kammer ins Reich der Fabeln verwies. Seine Erklärung wurde am 30. Juni 1886 abgedruckt. Löher stellte darin klar, daß er nie den Auftrag gehabt habe, ein Land für König Ludwig II. zu suchen, *in welchem eine absolute Regierung möglich wäre, und das sich gegen Bayern austauschen ließe.* Ebensowenig habe er *auf Kosten der Kabinettskasse eine Reise unternommen um das neue Königreich ausfindig zu machen und zu erwerben.* Löher protestierte energisch gegen solchen *Unsinn.* Er erläuterte kurz die Reisen, die er im Auftrag Ludwigs *in der denkbar kürzesten Zeit* und *mit den denkbar geringsten Kosten* unternommen und über die er dem König Berichte vorgelegt hatte. Dabei habe er den Eindruck gewonnen, daß Ludwig sich durch die Schilderungen eines *Vielgereisten* Kenntnisse über fremde Länder erwerben wollte, sich möglicherweise auch nur *anregend unterhalten* ließ. Allerdings spielte Ludwig mit dem Gedanken, in fernen *Landschaften voll stiller, erhabener Schönheit* sich ein Schloß zu bauen, dort *kürzere oder längere Zeit* zu wohnen, vielleicht sogar ganz überzusiedeln. Löher habe solche Pläne aber – wenngleich nur schriftlich – entschieden bekämpft und erreicht, *daß der König von jeder Auswanderung ... Abstand nahm.* (Franz v. Löhers in der Augsburger Abendzeitung veröffentlichte Erklärung ist im Anhang, S. 398 f., abgedruckt.)

Im Anschluß an die Diskussion stimmten die Abgeordneten namentlich darüber ab, ob die vom Prinzen Luitpold übernommenen Regentschaft nach dem Tode Ludwigs II. fortgesetzt werden solle. Alle 151 anwesenden Abgeordneten billigten es, König Otto unter die Regentschaft Prinz Luitpolds zu stellen und votierten mit »ja«.

Um 18.15 Uhr wurde die Sitzung geschlossen. Die Debatte der Abgeordneten hatten 3 Stunden und 10 Minuten gedauert. Nach der beschämend kurzen Trauerversammlung am 17. Juni 1886, bei der innerhalb von 25 Minuten auch noch die Bezüge des Prinzregenten beschlossen wurden, nahm sich die Kammer am 26. Juni 1886 insgesamt immerhin 6 1/2 Stunden Zeit, wovon die Hälfte freilich auf die Verlesung langatmiger und weitgehend bekannter Dokumente entfiel. Im Ergebnis war jedenfalls der Prinzregent Luitpold bestätigt worden und das regierende Ministerium mit Johann v. Lutz an der Spitze im Amt geblieben. Die bisherigen Minister hatten sich in die nun anbrechende »Prinzregentenzeit« hinübergerettet.

Einen Hinweis auf die tatsächlichen Machtverhältnisse gibt eine Formulierung, die offenbar in Presseberichten über die Sitzung der

Kammer der Reichsräte zu lesen war und gegen die der Bayerische Kurier vom 26. Juni 1886 entschiedenen Protest einlegte: *In einem hiesigen Blatte lesen wir, daß sich die Kammer der Reichsräthe »einstimmig für die von den Ministern eingesetzte Regentschaft« erklärt habe. Dagegen muß denn doch laut und öffentlich protestirt werden. Die Minister haben gar nichts ein-, noch abzusetzen, und es dürfte doch ein etwas zu großer Eifer sein, die Minister als die ersten und einzigen Urheber der Schritte hinzustellen, die ja zweifellos gethan werden mußten. Se. Kgl. Hoh. der Prinz-Regent ist nicht von den Ministern eingesetzt, sondern er selbst hat, kraft der Verfassung, nachdem er die Nothwendigkeit eingesehen hatte, die Regentschaft übernommen, und das Ein- und Absetzen ist von da an lediglich seine Sache. Das fehlte uns auch noch, daß wir eine Regentschaft von des Ministeriums Gnaden hätten! Wir sind der Ansicht, es dürfe im Lande unter keinen Umständen die Meinung Platz greifen, daß Se. Kgl. Hoh. der Prinz-Regent seine überaus schwierige und verantwortungsvolle Stelle in irgendeiner Weise den Ministern verdanke ...*

Johann v. Lutz war es gelungen, die zwei Tagebücher König Ludwigs II., die den Zeitraum von 1869 bis 1886 – also den größten Teil seiner Regierungszeit – umfaßten, noch vor den ersten Sitzungen der Kammern in seinen Besitz zu bringen. Beide Tagebücher befanden sich zuvor in der Obhut des Kammerlakaien Lorenz Mayr, dem Ludwig vertraute, nicht ahnend, daß gerade Mayr einer der gesprächigsten Informanten des Psychiaters v. Gudden werden sollte.

Den ausdrücklichen Befehl seines Königs, alle Tagebücher und Briefe, die sich in Neuschwanstein und in Schloß Berg befanden, zu verbrennen, mißachtete Mayr. Bereits am 15. Juni 1886 händigte er die beiden ihm anvertrauten Tagebücher zusammen mit anderen Unterlagen bei seiner Vernehmung der Ministerialkommission aus. So kamen sie in den Besitz des Ministerratsvorsitzenden v. Lutz, der sie als weiteres Beweismaterial bereithielt, mit dem er in den anberaumten Sitzungen der Kammer der Reichsräte und der Abgeordneten die Unzurechnungsfähigkeit König Ludwigs nachweisen und sein Vorgehen gegen den König rechtfertigen wollte. Die Reichsräte und Landtagsabgeordneten zeigten jedoch mehr Pietät als die Minister und verzichteten auf eine Einsichtnahme oder gar Verlesung, wie Lutz vorgeschlagen hatte.

Danach behielt Lutz die Tagebücher bei sich und fertigte Abschriften und Pausen von Eintragungen an, die ihm geeignet erschienen, im Bedarfsfall als Beweismittel dienen zu können; auch einige Originalseiten wurden von ihm entnommen. Nach seinem Tod verblieben die Tagebücher nicht in seinem Nachlaß, sondern kamen in das Geheime Hausarchiv, wo auch die frühen Tagebücher König Ludwigs aus der Zeit vor 1869 verwahrt wurden. Die neu hinzugekommenen Bände 1869 bis 1886 wurden jedoch getrennt von den schon vorhandenen aufgehoben und im zweiten Weltkrieg ein Raub der Flammen, während die Tagebücher bis 1869 erhalten blieben.

1925 gab Lutz' Stiefsohn Riedinger unter dem Pseudonym Edir Grein die »Tagebuchaufzeichnungen von Ludwig II., König von Bayern« in Liechtenstein heraus. An diesem Machwerk ist bereits der Titel irreführend. Riedinger hatte nur die Abschriften, Pausen und die paar von Lutz herausgetrennten Originalseiten zur Verfügung und dieses wenige hat er verfälscht, chronologisch verkehrt geordnet, falsch abgeschrieben oder mißinterpretiert. Ein Rezensent bezeichnete das schmale Buch später als *eine nur auf einem Vertrauensmißbrauch gröbster Art beruhende, lediglich auf Geldschneiderei berechnete Schleuderarbeit* und tadelte: *Wo man den Herausgeber nachprüft, sieht man seine unerhörte Unfähigkeit. Keines von den Zitaten ist festgestellt, ja er hat sie nicht einmal als Zitate erkannt.*[219]

Was Riedinger-Grein als »Tagebuchaufzeichnungen von Ludwig II.« ankündigte, sind in Wahrheit nur 33 Seiten aus einem Tagebuch, das insgesamt etwa 400 Seiten umfaßte. Riedinger brauchte freilich auch nicht mehr, um in der Einleitung seines Buchs zu erklären, König Ludwig habe damit *den von seiner Hand geschriebenen und daher nicht ableugbaren Beweis erbracht, daß er bereits von Anfang seiner Regierung geisteskrank war.* Das erinnert doch sehr an Johann v. Lutz und seine Behauptungen über die *vorlängst* vorhandene Geisteskrankheit des Königs.

Es ist wiederum das Verdienst von Franz Merta, durch sorgfältige Nachforschungen die Odyssee der Tagebücher Ludwigs II. aufgeklärt zu haben. Darüber hinaus vermochte Merta aufgrund seiner Literaturkenntnisse zur Entschlüsselung von Ludwigs Aufzeichnungen beizutragen. Tatsächlich wird erst durch Mertas Erläuterungen klar, wie belesen König Ludwig war und über welch großen Zitatenschatz er verfügte. Ludwig streute nämlich eine Vielzahl von Dichterworten in seine Tagebucheinträge und Briefe ein, die er meist gar nicht als Zitate kenntlich machte und obendrein dem jeweiligen Zusammenhang entsprechend abwandelte. So tragen Ludwigs Tagebücher, die seine Gegner als Beweis für seine Verrücktheit verwenden wollten, in den Händen kundiger Leser zu einer posthumen Ehrung und Rechtfertigung für den König bei, *der nur von der Literatur besessen war.*[220]

Einen Monat nach Ludwigs Tod besuchte Kaiser Wilhelm I. den neuen Prinzregenten auf der Durchreise nach Bad Gastein. Luitpold galt inzwischen als treuer und zuverlässiger Bundesgenosse im Deutschen Reich.

Als fünf Jahre später der übernächste Kaiser Wilhelm II. nach Bayern reiste und in das Goldene Buch der Stadt München den Spruch schrieb: »Suprema lex regis voluntas« (Des Königs Wille ist oberstes Gesetz), soll sich mancher bayerische Bürger geärgert und noch einmal darüber nachgedacht haben, ob es wirklich ein Glück war, daß Bayern zum Reich kam.

Prinzregent Luitpold, der die Regentschaft im Alter von fünfundsechzig Jahren angetreten hatte, nannte sich selbst »des Königreiches Verweser« und vermied es während seiner langen Regierungszeit an die Königswürde des kranken Otto I. zu rühren. Finanziell hätte sich die Krone zwar für ihn gelohnt, denn die Zivilliste des Königs war bedeutend höher als die des Prinzregenten, doch hatte man ihm die Art und Weise der Entmachtung Ludwigs II. immer wieder zum Vorwurf gemacht. Er mußte also den Volkszorn fürchten, wenn er Otto I. aus dem Königsamt entfernte und sich selbst auf den Thron setzte.

Karl Möckl hat in seiner Darstellung der »Prinzregentenzeit« darauf hingewiesen, daß dem alten und neuen Vorsitzenden des Ministerrates Johann v. Lutz von Anfang an daran lag, daß Luitpold in seiner Stellung blieb. Lutz war *ein den Ministern verpflichteter und tief in die Vorgänge verstrickter Prinzregent lieber, als ein zumindest potentiell mit Macht ausgestatteter König Luitpold.*[221]

Luitpold entsprach auch ganz den Idealvorstellungen des amtierenden – und de facto auch herrschenden – Ministeriums von einem Regenten. Er war bereit zu jedweder Repräsentation. Er zeigte sich gerne in der Öffentlichkeit, am liebsten bei militärischen Anlässen, weniger gern bei der Eröffnung von Kunstausstellungen und anderen schöngeistigen Veranstaltungen, die er dennoch geduldig durchstand. Er war leutselig. Er war ohne politischen Ehrgeiz und er war zufrieden, wenn er seiner Jagdleidenschaft nachgehen konnte.

Kaiserin Elisabeth war wütend auf ihren Onkel Luitpold wegen der Vorgänge um die Entmachtung und den Tod Ludwigs. Sie zerstritt sich deshalb vorübergehend mit ihrer Mutter Ludovica und ihrem Bruder Karl Theodor, die beide die Partei Luitpolds ergriffen. Elisabeth schwor sogar, nie mehr nach Bayern zu kommen, was sie allerdings – wie so manch andere Schwüre – dann doch nicht wahr machte. Zu sehr hing ihr Herz an Possenhofen, von dem sie sich in ihrem Zorn bereits lyrisch verabschiedet hatte:

> Leb wohl mein See! In Deinen Schoß
> Werf' ich die Heimat heute
> Und ziehe rast- und heimatlos
> Auf's neue in die Weite!

In ihrem dichterischen Nachlaß finden sich auch Verse über Prinzregent Luitpold, in denen sie ihre Meinung unverblümt geäußert hat:

> Der Prinzregent
>
> Seht den heuchlerischen Alten!
> Drückt ihn sein Gewissen nicht?
> Thut so fromm die Hände falten,
> Sauersüß ist sein Gesicht.
>
> Wie sein langer Bocksbart wackelt!
> Falsch're Augen sah man nie;
> Ist sein Hirn auch ganz vernagelt,
> Steckt es doch voll Perfidie.
>
> Seinen Neffen, seinen König
> Stiess der tückisch von dem Thron;
> Doch dies ist dem noch zu wenig,
> Säh sich dort gern selber schon.
>
> Könnt ihr auch noch dies ertragen
> Bayerns Volk, dann seid ihr's werth,
> Dass am Pranger angeschlagen,
> Ihr in Ewigkeit entehrt!
>
> Eh' sie ihn zum König salben,
> Stürzt mit donnerndem Gekrach
> Wenigstens ihr, stolze Alpen,
> Tötend über Bayerns Schmach!

Prinzregent Luitpold

Die einfachen Leute um den Starnbergersee waren nicht besser auf den Prinzregenten zu sprechen als seine kaiserliche Nichte. So erzählt Oskar Maria Graf in »Das Leben meiner Mutter«, wie die Bewohner seines Heimatdorfes Berg die Auflösung von Ludwigs Hofhaltung in Schloß Berg aufnahmen: *Die Berger Hofhaltung wurde aufgehoben, sang- und klanglos verschwand die Dienerschaft nach und nach. ... Alle wertvollen Möbelstücke, darunter ein goldener Betstuhl des Königs, wurden auf höheren Befehl weggeführt. Das machte böses Blut im Dorf und in der Pfarrei.*

»Umbringen und ausrauben auch noch! Pfui Teufel!« schimpften die Leute ganz offen. Vom neu ernannten »Landesverweser«, dem Prinzregenten Luitpold ... wollte kein Mensch etwas wissen, am allerwenigsten die Berger. Die waren froh, daß er sich nie bei ihnen sehen ließ. »*Windiger Erbschleicher*« *war das mildeste Schimpfwort, mit dem sie ihn belegten.*[222]

1911 erschien zum neunzigsten Geburtstag von Prinzregent Luitpold am 12. März eine Festschrift »Unser Prinzregent 1821–1911«, die selbstverständlich eine ganz andere Sicht vermittelt. Hier steht im Abschnitt über die Ereignisse des Jahres 1886: *In mannigfaltiger Weise fiel ihm [Prinzregent Luitpold] die Vertretung des weltflüchtigen Königs zu, aber aus der schönen und edlen Zurückhaltung wurde er herausgerufen durch die drängende Notwendigkeit. Er mußte, so sehr er sich sträubte, das Steuer ergreifen, das den Händen seines unglückseligen Neffen mehr und mehr entglitt. Erst als die äußerste Pflicht gebot, hat er es gefaßt. Aber da es sein mußte, mit fester und sicherer Hand. Es war freilich unmöglich, von der edlen Gestalt des Königs selbst das Verhängnis fernzuhalten, der durch einen stolzen und freien Tod das umnachtete Leben endete. Aber der Regent setzte alle Kraft daran, dem Lande den Schmerz um den Toten und seinen nicht minder unglücklichen Bruder und Nachfolger zu mildern. Die Geschichtsschreibung ferner Tage wird die treue Ritterlichkeit des Prinzen Luitpold, die er in diesen schweren Zeiten, wie ja Zeit seines Lebens, in so edler, schlichter Weise bewahrt, in hellem Licht zeigen.*[223]

Am 12. Dezember 1912 verstarb Prinzregent Luitpold, der zum Repräsentant einer Epoche geworden war, im Alter von fast einundneunzig Jahren. Die Nachfolge lag bei seinem inzwischen achtundsechzigjährigen Sohn Ludwig. Ein halbes Jahr älter als König Ludwig II. mußte Prinz Ludwig fast drei Jahrzehnte auf die Regentschaft warten, obwohl er sich schon 1867 einmal als Bewerber auf den Thron Ludwigs II. ins Gespräch gebracht hatte.

Die Vorhersage der Ärzte von 1875, Otto werde bald sterben, war nicht eingetreten; mittlerweile war auch klar geworden, daß er keine Syphilis hatte. Otto war immer noch König und gelegentlich freute ihn seine Würde. Wenn ihn die Wärter in Schloß Fürstenried, das er nicht mehr verließ, mit »Majestät« ansprachen, glitt in lichteren Momenten ein glückliches Lächeln über sein Gesicht. Er ließ die Wärter dann mehrmals kommen und die Anrede wiederholen. Andere Vorteile scheint er aus seinem Königtum nicht gezogen zu haben.

Ohne selber davon zu wissen, konnte der geisteskranke König Otto

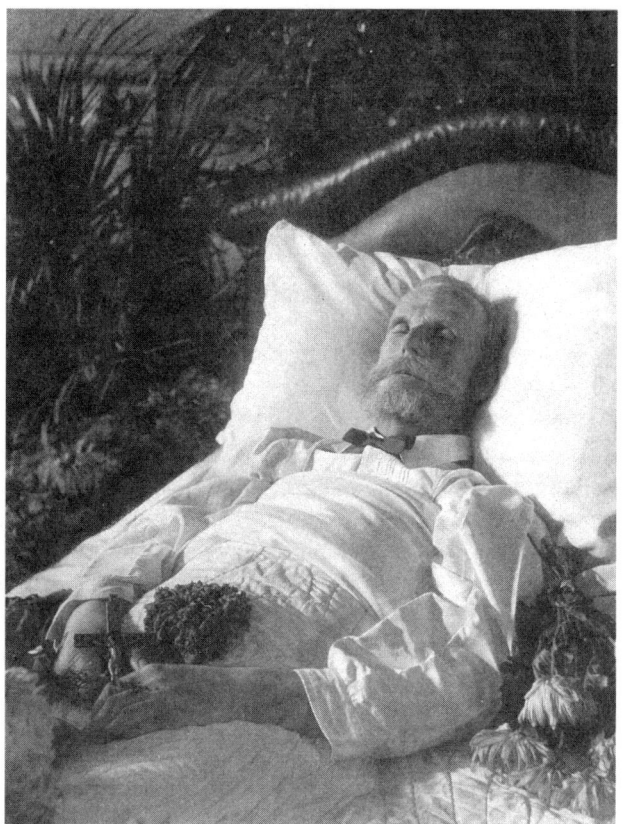

König Otto I. auf dem Totenbett

aber seinem Bruder Ludwig noch nach dessen Tod einen Dienst erweisen. Da er die ihm als König zustehenden Bezüge nur zum Teil für sich und seine Betreuung verbrauchte, konnte er aus seiner Zivilliste und seinem Vermögen die hinterlassenen Schulden Ludwigs für den Schlösserbau abtragen und Tilgungen in Höhe von zwei Millionen Mark bezahlen. Auch der Rest der Schulden wurde im Lauf der Jahre abgedeckt. Teilweise wurde der Erlös von Mobiliar aus den Schlössern, von Kunstgegenständen und anderen Dingen aus Ludwigs Besitz, mit deren Verkauf früh begonnen wurde, dafür verwendet. So meldete der Bayerische Kurier bereits am 3. Juli 1886: *Die Juwelen König Ludwig II. Am Freitag den 2. Juli war in Schloß Berg durch das Marschallamt, den Oberstaatsanwalt und den Oberamtsrichter Jehle die Inventuraufnahme. Dabei fanden sich nach der »Donauztg.« in den verschiedenen Schubläden und Fächern eine erstaunliche Menge von Brillanten und anderen Edelsteinen, Ringen, Busennadeln, Uhren, Ketten und werthvollen Pretiosen, welche einen sehr beträchtlichen Werth haben. Die Kommission glaubt, daß sich in Linderhof, Schwanstein und den anderen Schlössern ebenfalls Mengen solch werthvoller Gegenstände vorfinden werden.* Außerdem wurden schon im August 1886 die Schlösser der Öffentlichkeit zugänglich gemacht und die Einnahmen aus den Eintrittsgeldern gleichermaßen zum Schuldenabbau verwendet.

Die Schulden König Ludwigs II., die der äußere Anlaß für seine Entmachtung waren, wurden restlos getilgt; es blieb keine Mark an der Staatskasse hängen.

Prinz Ludwig war zunächst wie sein Vater Luitpold Prinzregent. Er leitete jedoch bald nach Übernahme der Regentschaft die erforderliche Verfassungsänderung für seine Königsproklamation ein. Das Verfahren zog sich fast ein Jahr hin. Die Königsfrage war natürlich durch die Erinnerung an das tragische Geschehen von 1886 vorbelastet und führte zu heftigen Debatten in den Kammern. Schließlich beriet die Abgeordnetenkammer am 30. Oktober 1913 in der 173. öffentlichen Sitzung über die Verfassungsänderung und stimmte ab: 122 Abgeordnete waren dafür, 27 waren dagegen. Die Gegenstimmen kamen von den Vertretern der sozialdemokratischen Fraktion. Sie lehnten den Gesetzentwurf ab, nicht etwa, weil sie besonders an König Otto hingen, sondern weil sie die Auffassung vertraten, der monarchische Gedanke habe durch die Politik des derzeitigen »Parteiministeriums Hertling« in Bayern ohnehin gelitten; sie seien keine »Königsmacher«, sondern »Verfassungsschützer«.

Am 4. November wurde das Gesetz für die Regentschaftsbeendigung auch von der Reichsratskammer angenommen; am 5. November 1913 teilte eine von allen Ministern mitunterzeichnete königliche Bekanntmachung dem bayerischen Volk die Thronbesteigung König Ludwigs III. mit. Als Ludwig III. am 8. November in der Residenz den Eid auf die Verfassung leistete, saß auf der Pressetribüne der 1867 in Berlin geborene und inzwischen in München ansässige Journalist und Schriftsteller Kurt Eisner. Er schrieb in einem Bericht für die sozialdemokratische Münchner Post: *Soeben hat Prinz Ludwig der Monarchie das Grab gegraben. Von heute an hat der Treueid keine Bedeutung mehr.* Fünf Jahre später entfesselte Eisner die Revolution in München, beendete die Herrschaft der Wittelsbacher in Bayern und wurde bayerischer Ministerpräsident.

König Ludwig III.

Da das Königtum von Gottesgnaden durch die Verfassungsänderung ausdrücklich nicht beeinträchtigt werden sollte, behielt Otto I. den Königstitel. Ludwig III. verzichtete auf die Krönung, ließ jedoch proklamieren, daß er von den ihm »nach Gottes Gnade zukommenden königlichen Rechten« vollen Besitz ergreife. Es gab demnach von 1913 bis zu Ottos Tod 1916 in Bayern zwei Monarchen.

In der Bevölkerung fand die Absetzung und Enteignung des in Fürstenried internierten Otto wenig Beifall. Zu stark waren die Vorgänge um König Ludwig II. noch in aller Gedächtnis. Es hatte ja auch das

321

Zentrum erst im zweiten Anlauf der Regentschaftsbeendigung zugestimmt. Im Hause Wittelsbach war man ebenfalls geteilter Meinung. Eine beträchtliche Anzahl der Prinzen, die als Wittelsbacher automatisch der ersten Kammer angehörten, blieb der Abstimmung fern. Die Schwester Ludwigs III., Prinzessin Therese, gehörte ebenfalls zu den Kritikern. Sie vertrat die Ansicht, daß man vor der Königsproklamation den Tod König Ottos hätte abwarten müssen. Prinzessin Therese, eine gebildete und weitgereiste Frau, die jahrelang wissenschaftlich tätig war und später ihrem seit 1864 verwitweten Vater Prinzregent Luitpold das Hauswesen führte, mochte ihren Cousin Otto sehr. Aus ihren Tagebuchaufzeichnungen geht hervor, daß sie Otto gerne öfter in Fürstenried besucht hätte, ihr Vater jedoch – warum auch immer – nur einen Besuch pro Jahr erlaubte, der zudem vorher angemeldet werden mußte.

Wäre Luitpold nicht Prinzregent sondern König gewesen, so wären nach den geltenden Gesetzen nicht nur seine eigenen Bezüge, sondern auch die Apanagen seiner drei Söhne erheblich höher gewesen. Das spielte für Prinz Leopold, der durch seine Heirat mit Gisela von Österreich ein Schwiegersohn des Kaiserpaars Elisabeth und Franz Joseph geworden war und großzügige Zuschüsse aus Wien bezog, und für Prinz Arnulf, der die ebenfalls vermögende Theresia von Liechtenstein geheiratet hatte, eine geringere Rolle als für Prinz Ludwig.

Ludwig war mit einer Habsburgerin von beiden Elternseiten, Marie Therese v. Österreich-Este, verheiratet, bewirtschaftete das Schloßgut Leutstetten nördlich von Starnberg und hatte elf Kinder – hauptsächlich Mädchen – zu versorgen (zwei Kinder waren bei der Geburt gestorben). »Millibauer« und »Topfenresl« wurde das Paar im Volk genannt. Ludwig sah seinem Vater Luitpold, der noch im Alter eine eindrucksvolle, durchaus ritterliche Erscheinung war, nicht ähnlich. Er war von gedrungener Gestalt, füllig, ging leicht gebückt und war in der Kleidung eher nachlässig. »Ludwig der Vielfältige« wurde zu einem seiner Spitznamen wegen seiner meist ungebügelten langen und bequemen Hosen. Er heiße lieber der »Vielfältige«, als der »Einfältige«, soll er darauf einmal schlagfertig erwidert haben.

Dabei war Ludwig eine noch viel nüchternere Natur als sein Vater. Bekannt war sein ausgeprägter Erwerbssinn, der ihm den Thron sicher nicht nur der Würde, sondern auch der finanziellen Mittel wegen erstrebenswert machte. Bis zum Tode seines Vaters Luitpold erhielt Prinz Ludwig aus der Apanage des Prinzregenten 150 000 Mark im Jahr. Als Nachfolger im Amt des Prinzregenten erhielt er 442 857 Mark, während

König Otto I. eine Apanage von 4,2 Millionen Mark bezog. Nach seiner Thronbesteigung wurde die Königs-Apanage zum ersten Mal seit Ludwig II. wieder erhöht; König Ludwig III. bezog nun 5,4 Millionen Mark im Jahr. Diesen Beschluß faßte die Kammer der Abgeordneten am 21. November 1913 vormittags; am Nachmittag des gleichen Tags wurde die vorgeschlagene Aufbesserung der Lehrerbesoldung abgelehnt.

König Otto in Fürstenried hatte von seiner Absetzung und weitgehenden Enteignung nichts mehr mitbekommen. Er zählte inzwischen fünfundsechzig Jahre und zur seelischen und geistigen Zerrüttung trat nun auch der körperliche Verfall. Otto litt zunehmend an heftigen Darmstörungen, denn zu seinen Wahnvorstellungen gehörte der Glaube, ständig von seinen Ahnen umgeben zu sein und diese Vorstellung hinderte ihn wiederum an der Verrichtung seiner Notdurft. Er starb am 11. Oktober 1916. Als Todesursache wurde Darmverschlingung und eine Knickung des Darmes infolge mangelhafter Darmtätigkeit angegeben. Bei der Obduktion sollen keine krankhaften Veränderungen im Gehirn festgestellt worden sein.

Am 14. Oktober 1916 wurde der Leichnam König Ottos in der Michaelskirche aufgebahrt. Der Andrang des Publikums, das vor dem offenen Sarg defilierte, war so groß, daß sich den ganzen Tag über lange Schlangen bildeten, die auch noch die angrenzenden Straßen füllten. Erstaunlicherweise hatten die Menschen viel Sympathie für Otto und sicher auch Mitleid. Gelegenheit, zu mißfallen, hatte er, der nie regiert hatte und seit vier Jahrzehnten nicht mehr in der Öffentlichkeit gestanden war, nie gehabt. Zudem dürfte ihn der mysteriöse Tod seines Bruders Ludwig II. dem Volk interessant gemacht haben. Viele kamen sicher aus Neugierde. Wenn auch als Toten, so konnten sie nun doch zum ersten Mal den Mann sehen, der nominell von 1886 bis 1913, also siebenundzwanzig Jahre lang – oder, zählt man die Jahre nach der umstrittenen Absetzung durch Ludwig III. hinzu, sogar dreißig Jahre lang – ihr unsichtbarer König war und der sechsunddreißig Jahre seines Lebens abgeschieden von der Welt auf bedauernswerte Weise hinter den Mauern des Schlosses Fürstenried verbringen mußte.

Paradoxerweise hat Otto I., der nicht regierte, am längsten von allen bayerischen Königen die Krone getragen. Maximilian I. Joseph, der erste bayerische König, war neunzehn Jahre König (von 1806 bis 1825); er regierte allerdings zuvor schon sechs Jahre als Kurfürst von Bayern. Ludwig I. regierte knapp dreiundzwanzig Jahre als König (von 1825 bis

1848). Maximilian II. war sechzehn Jahre König (von 1848 bis 1864). Ludwig II. saß zweiundzwanzig Jahre auf dem Königsthron (von 1864 bis 1886). Ludwig III., der sich noch zu Lebzeiten des von 1886 bis 1913 nominell herrschenden Ottos zum König ausrufen ließ, war schließlich nur noch fünf Jahre im Königsamt (von 1913 bis 1918); davor war er ein knappes Jahr Prinzregent gewesen.

Ludwig III. konnte sich seiner Königswürde also nur kurze Zeit erfreuen. Neun Monate nach seiner Thronbesteigung begann der Erste Weltkrieg, an dessen Ende auch das Ende der bayerischen Monarchie stand. Kurt Eisner rief in der Nacht vom 7. auf den 8. November 1918 die Republik Bayern aus und erklärte die Dynastie Wittelsbach für abgesetzt.

Es wird gerne die rührende Geschichte kolportiert, daß den König, der auf seinen gewohnten Spaziergang im Englischen Garten nicht verzichten wollte, ein Münchner Arbeiter mit den Worten gewarnt habe: »Majestät, schaug'n S' daß hoamkumma, sunst is's g'feid!« Ganz so harmlos ging die bayerische Monarchie allerdings nicht zuende. König Ludwig III. ging an diesem 7. November zwar tatsächlich im Englischen Garten spazieren. Er hatte beim Polizeipräsidenten anfragen lassen, wo er seinen Verdauungsspaziergang unternehmen könne, und den Rat erhalten, den Englischen Garten zu wählen. Hier sei er weit genug weg von der für 15 Uhr nachmittags angesetzten Massendemonstration vor der Bavaria auf der Theresienwiese und somit relativ sicher. Er solle aber bis spätestens 16 Uhr wieder in der Residenz sein. Doch kaum war Ludwig III. losgegangen, als ihm schon ein Polizist auf dem Fahrrad nachgeschickt wurde, der ihn zur sofortigen Rückkehr aufforderte. Die Residenz konnte er zu diesem Zeitpunkt bereits nur noch durch einen Hintereingang betreten.

Am Abend erschienen dann der Ministerratsvorsitzende Dandl und der Innenminister Brettreich beim König und rieten ihm dringend, sofort abzureisen, damit er nicht eingeschlossen und zur Abdankung gezwungen würde und weil außerdem bei seinem Verbleiben in der Residenz nicht mehr für seine Sicherheit garantiert werden könne.

Noch in der gleichen Nacht fuhr Ludwig III. mit seiner schwerkranken Frau, vier Töchtern, seinem Enkel Albrecht und einigen Getreuen in drei Mietautos nach Schloß Wildenwart am Chiemsee. Tags darauf entschloß er sich zur Flucht und überquerte im Berchtesgadener Winkel die Grenze nach Österreich. In Anif bei Salzburg entband er die bayerischen Truppen und die Beamten von ihrem Treueid auf den König. Auf den Thron hat Ludwig III. jedoch ausdrücklich nicht verzichtet. Nach einiger Zeit kehrte das Königspaar wieder nach Wildenwart zurück, wo am 3. Februar 1919 die Königin Marie Therese starb.

Als der bayerische Ministerpräsident Kurt Eisner am 21. Februar 1919 in das Parlament eilte, um dort seinen Rücktritt wegen der vorausgegangenen Wahlniederlage zu erklären, wurde er vor dem Hotel Bayerischer Hof von dem beurlaubten Leutnant im Leibregiment Graf Anton v. Arco auf Valley erschossen. Das Königshaus hatte nichts mit der Mordtat zu tun, doch glaubte sich Ludwig III. wieder durch die regierenden Räte bedroht und floh auf abenteuerlichen Wegen erneut über die Grenze nach Österreich. Am 18. Oktober 1921 starb der letzte bayerische König Ludwig III., fast siebenundsiebzigjährig, auf Schloß Sárvár in Westungarn. Mit ihm endete nach 738 Jahren die Herrschaft der Wittelsbacher in Bayern.

Das bayerische Volk, das ihn nie besonders mochte, hatte ihn schon fast vergessen und nahm von seinem Ableben kaum Notiz. Nach dem verlorenen Krieg und zu Beginn der Inflation, war jeder mit seinen eigenen Problemen beschäftigt und hatte andere Sorgen.

Erzherzog
Rudolf von Österreich

Drei Jahre nach dem Tod Ludwigs II., der Elisabeth tief bewegt hatte, erlitt sie im Januar 1889 durch das tragische Ende ihres einzigen Sohnes Rudolf einen noch viel schwereren Schicksalsschlag.

Der am 21. August 1858 in Schloß Laxenburg bei Mödling geborene Thronfolger war schon in frühester Jugend gegen seine Neigungen zu hartem Soldatenleben gezwungen worden. Sein vom Kaiser bestellter Erzieher, Graf Leopold Gondrecourt, drillte das eher ängstliche und früh-reif-intelligente Kind, das sich schon mit fünf Jahren in vier Sprachen verständlich machen konnte, mit brutalen militärischen Schikanen. So mußte der kleine Rudolf Exerzierübungen bis zur völligen Erschöpfung durchstehen; er wurde zur Abhärtung mit eiskaltem Wasser übergossen; man ließ ihn unvermittelt alleine im nächtlichen Wald stehen oder feuerte direkt neben dem Schlafenden Pistolen ab. Als sich der körperliche Zustand des siebenjährigen Buben bedenklich verschlechterte, griff Elisabeth energisch ein. Sie hatte Erfolg und konnte eine Änderung bewirken. Die drakonischen Maßnahmen wurden aufgegeben und der Erzieher wurde gewechselt. Rudolf war seiner Mutter zeitlebens für ihr Einschreiten zu seinen Gunsten dankbar.

Sein neuer Erzieher, Joseph Latour v. Thurmburg, war ganz anders als der Vorgänger. Latour erzog den Knaben, der in vielem seiner Mutter ähnelte, in liberalem Geist. Das hatte zur Folge, daß der junge Erzherzog sich in zunehmendem Maße für republikanische Ideen begeisterte und auch darin seiner Mutter glich, obwohl er sich darüber nicht mit ihr verständigte. Rudolf entwickelt sich zum Einzelgänger innerhalb der kaiserlichen Familie, die sich jedoch ohnehin nur an höheren Feiertagen vollzählig versammelte.

Zwischen Kaiser Franz Joseph und Kronprinz Rudolf gab es wohl niemals ein richtiges Vater-Sohn-Verhältnis. Eine Vaterfigur für Rudolf war hingegen sein Großvater Erzherzog Franz Karl, der Gatte der im Hintergrund die Fäden ziehenden Wittelsbacherin Sophie. Nach dem Tod des Großvaters schrieb Rudolf am 19. März 1878 an seinen fast dreißig Jahre älteren Freund, den deutschen Zoologen Alfred Brehm: *Ich danke Ihnen vielmals für Ihren Brief und die so wohlthuende Theilname an dem*

Kronprinz Rudolf (um 1871)

großen Unglück, das uns alle hier, besonders mich sehr hart getroffen hat. Mein armer Großvater war ein selten edler und wirklich mildreicher Mann, der nicht nur für unsere ganze Familie, ein Centrum und wahrer Vater war, sondern auch für alle Armen Wiens und der ganzen Monarchie ein Beschützer und Wohlthäter bis zu seinem Ende blieb.[224]

Rudolfs Verhältnis zum Vater war eher wie zu einem Vorgesetzten. Diesen Eindruck mußten auch Dritte aus Rudolfs Briefen gewinnen, in denen er von seinem Vater selten anders als in aller Förmlichkeit vom »Kaiser« schrieb. *Ich bin jetzt sehr viel beschäftigt, da ich durch die Gnade S.M. des Kaisers zum Generalinspector der Infanterie ernannt wurde,* steht zum Beispiel in einem Brief vom 22. März 1888.[225]

Vielleicht hat Erzherzog Franz Karl, selber ein begeisterter Jäger, in seinem Enkel Rudolf das Interesse für die Natur geweckt. Obwohl ihm sein Wunsch, Naturwissenschaften zu studieren, nicht erfüllt wurde und er sich autodidaktisch bilden mußte, brachte es Rudolf doch zu einigem Ansehen in seinem Lieblingsfach, der Zoologie und hier wiederum besonders in der Ornithologie. Auf dem Gebiet der Vogelkunde hat er auch einige anerkannte wissenschaftliche Werke verfaßt. Für sein erstes Buch »Fünfzehn Tage auf der Donau« wurde er zum Ehrenmitglied der ungarischen Akademie der Wissenschaften ernannt und erhielt die Ehrendoktorwürde der Pester Universität. In dem Buch beschrieb Rudolf eine fünfzehntägige Reise, die er 1878, also zwanzigjährig, zusammen mit dem renommierten Zoologen Alfred Brehm und dem Wiener Ornithologen Homeyer zu Studienzwecken unternommen hatte.

Mit Brehm sollte Rudolf bis zu dessen Tod 1884 noch weitere ausgedehnte Forschungsreisen unternehmen, sehr zum Mißfallen Kaiser Franz Josephs, der seinen Sohn lieber bei militärischen Aktivitäten sah. Aus dem regen Briefwechsel, den Erzherzog Rudolf mit Alfred Brehm unterhielt, wurde bereits zitiert; der Brief vom 19. März 1878, in dem sich Rudolf für die Anteilnahme am Tod seines Großvaters bedankte, begleitete die Sendung einer schwer lokalisierbaren Jagdtrophäe: *Ich schicke Ihnen beiliegend den versprochenen Steinadler. Sie werden mit Recht unzufrieden sein, denn das Exemplar hat so gar nicht den Charakter, der von mir erlegten Adler, und doch ist er aus Ungarn, aus der Gegend des Platten-See's. Es ist zwar wahr, daß im westlichen Ungarn sehr viele Vögel der steyerischen und österreichischen Vogel-Fauna gefunden werden, und daß die Strecke von den steyerischen Alpen bis zum Platten-See für einen Steinadler eine Kleinigkeit ist, während meine Adler, die ich zwischen Donau und Theiß erlegte, gewiß keine Söhne der Alpen, sondern eher der Karpathen, Nord-Ungarns oder Siebenbürgens sind. Doch leider war es jetzt ganz unmöglich einen Steinadler zu erhalten, der ganz autentisch im östlichen Ungarn erlegt wurde. Dieser, den ich Ihnen schicke ist gewiß auf ungarischer Erde erlegt worden, das hat Herr Hodek mir verbürgt, doch ob er auch dort das Licht erblickte, scheint mir zweifelhaft zu sein ... Sie sollten uns auch die Freude machen, in unserer geographischen Gesellschaft einmal zu sprechen, ich werde morgen darüber mit dem Präsidenten Dr. Hochstätter sprechen.*

Auch in Prag, wo Rudolf seit August 1878 ein militärisches Kommando innehatte, beschäftigte er sich intensiver mit zoologischen Studien als mit dem Militärwesen. Im Brief an Alfred Brehm vom 25. Mai 1882 ist jedenfalls die Infanteriedivision, deren Generalmajor er war, mit keinem Wort erwähnt: *Prag 25. Mai 1882. Lieber Freund! Heute gingen zwei Sendungen nach Berlin ab; erstens die Kiste mit Skeletten von canis luparder und canis aureus? und zweitens ein Paquett an Sie direkt adressiert mit Bälgen von den nämlichen Thieren. Die Skelette werden Sie im Museum finden. Ich bin neugierig, was sich in dieser Angelegenheit herausstellen wird. Unterdessen arbeite ich hier ruhig fort und setze meine in diesem Frühling eifrig betriebenen Vogelzugs-Beobachtungen weiter, so viel dies eben in dieser Jahreszeit noch geht. Sehr eigenthümliche Erscheinungen betreffs verspätetem und unregelmäßigem Eintreffen verschiedener Arten hatte ich jetzt Gelegenheit zu notieren. Bis in kurzer Zeit hoffe ich den zweiten Artikel, meine Frühlingsbeobachtungen besprechend, in das Wiener Fachjournal einrücken lassen zu können, dann sende ich Ihnen beide Aufsätze. Mit dem weissen Cormoran kam unser alter Freund Homayer auch nicht ganz in das Reine; er sendete mir das Exemplar, ohne bestimmten Ausspruch gefällt zu haben, zurück; viel Freude bereitete ihm ein junger Aquila Bonellii, den ich ihm zur Ansicht und zur thatsächlichen Begründung meiner Bestimmung zuschickte. Vor einigen Wochen fand ich nämlich diesen Adler im fürstenbergischen Schlosse Laica [?] unter vielen anderen Jagdtrophäen begraben; man hatte denselben in den Wäldern nahe vom Schlosse vor einigen Jahren erlegt. Vor 14 Tagen erlegte ich neben Prag einen kleinen Falken, der auf einer Pappel an einer der Hauptstrassen zwischen Feldern weit von jedem Walde stand. Am ganzen ungewöhnlichen und vertrauensseligen, und dabei verwirrten Benehmen erkannte ich gleich, dass ich es mit einem seltenen Gaste zu thun hätte, und schoß das verdächtige Thier herab. Das Kleid stimmt nicht mit F. vespertinus überein, Form, Schnabel, Extremitäten und Größe ganz und gar. Professor Friç, der ihn ausbalgte, bestimmte ihn als Vespertinus, da ich aber berechtigte Gründe habe an den Kenntnissen dieses sogenannten Forschers zu zweifeln, wanderte das fragliche Exemplar zu Homayer. Sehr gespannt bin ich auf dessen Antwort.*[226]

Schon in jungen Jahren hatte Rudolf zahlreiche Liebschaften und amouröse Abenteuer. Besonders die »süßen Mädel« aus dem Volk scheinen es ihm angetan zu haben. Erhalten geblieben ist der undatierte Brief an eine unbekannte Wienerin, für die der Kronprinz das erste Liebeserlebnis war und der er zum Abschied schrieb: *Theuere Freundin! Ich war keinen Abend mehr Herr meiner Zeit und war auch für zwei Tage weg von Wien; konnte Sie daher nicht mehr sehen. Mit diesem beiliegenden kleinen Betrag kaufen Sie sich etwas hübsches als Erinnerung an Ihren ersten Freund; den Ring tragen Sie als Andenken an denjenigen, dem es vergönnt war Sie ein-*

Verlobung des Kronprinzen Rudolf mit Stefanie von Belgien (1881)

zuführen in das Zauberreich der Liebe. Hoffentlich werden Sie glücklich und zufrieden, und denken manchesmal an Ihren ersten Roman. Ich verlasse Wien und kehre an meinen Posten zurück. Mit vielen Grüßen Ihr alter Freund.[227]

Rudolfs Ehe mit der belgischen Königstochter Stephanie war nicht glücklich.

Nach ergebnisloser Brautschau in Spanien, Portugal und Sachsen, wo ihm die heiratsfähigen Prinzessinnen samt und sonders nicht gefielen, kam Belgien an die Reihe. Die belgische Kronprinzessin Stephanie, ein pausbäckiger und blonder sechzehnjähriger Backfisch, machte auf Rudolf einen »positiven Eindruck«. Das reichte. Rudolf wollte das Heiraten wohl endlich hinter sich bringen. Er bewarb sich erfolgreich und machte Stephanie zu seiner Braut. Kaiser Franz Joseph war dafür, zumal er die Verbindung vorgeschlagen hatte; Kaiserin Elisabeth war dagegen.

Die Hochzeit wurde für den 15. Februar 1881 anberaumt, vom belgischen Königspaar dann aber kurz vorher und durchaus zum Ärger des Wiener Hofes abgesagt mit der Begründung, ihre Tochter sei für die Ehe körperlich noch nicht reif. Doch nur wenig später wurde die Eheschließung auf den 10. Mai 1881 festgelegt. Gräfin Festetics, Hofdame der Kaiserin Elisabeth, beschrieb die junge Braut in ihrem Tagebuch: *Sie war ... sehr lang mit rohen Gliedern. Ihre gelben Haare fingen erst am Mittelkopfe an. Sie sah aus wie ein Albino, hatte kleine schlaue Augen, die rot umrändert waren ... Schön ist nur ihre Haut an ihr, der Verstand fehlt, glaube ich, vollkommen.*

Die meisten Männer urteilten nicht günstiger. So meinte etwa Fürst Khevenhüller: *An der Kronprinzessin ist nicht viel, fadblond, wenig Haare, Gesicht ohne Ausdruck, Nase lang.*

Wiederum aus weiblicher Sicht kommentierte Marie Louise v. Wallersee-Larisch, die als Nichte der Kaiserin in Wien lebte, die Verbindung: *Die zahlreichen Damen, die Rudolf kannten und liebten waren überglücklich. Denn bei <u>der</u> Braut stand nicht zu befürchten, daß jemals ein vorbildlicher Ehemann aus ihm werden sollte.*[228] Stephanie, die als unerfahrenes Mädchen in die Ehe ging und an dem ihr fremden Wiener Hof wohl keine Freunde hatte, war sicher nicht zu beneiden. Ihre Situation erinnert in manchem an die Lage der jungen Sisi, die bei ihrer Verheiratung mit Franz Joseph 1854 kaum jünger als nun die belgische Prinzessin war und – glaubt man ihren Gedichten – ihre ersten ehelichen Erfahrungen ebenfalls als Desillusion erlebt hatte. Stephanie schrieb über ihre Hochzeitsnacht am 10. Mai 1881 in ihren Memoiren: *Welche Nacht, welche Qual, welche Abscheu! Ich hatte nichts gewußt, man hatte mich als ahnungsloses Kind zum Altar geführt. Meine Illusionen, meine jugendlichen Träumereien waren vernichtet. Ich glaubte an meiner Enttäuschung sterben zu müssen.*[229] Am 21. Mai 1881 wurde die frisch vermählte Erzherzogin siebzehn Jahre alt.

Elisabeth schätzte ihre Schwiegertochter nicht sonderlich. Für sie war die wenig grazile Belgierin, die es im Gegensatz zu Rudolf sichtlich genoß, sich bei offiziellen Anlässen öffentlich zu zeigen, ein »Trampeltier«.

Als »Trampeltier« wurde Stephanie auch in dem Gedicht verspottet, in dem sich Elisabeth über ihre bei einem Familienempfang in der Hofburg versammelte Sippe lustig machte:

> ... Ob'ron, ei zu Deiner Rechten
> Welch' ein mächtig Trampeltier,
> Statt der langen falschen Flechten
> Siehst Du blondes Fell jetzt hier!
> Doch die Augen sind dieselben
> Listig lauernd wie vorher,
> Auch die Löckchen noch, die gelben,
> Liegen auf der Stirne schwer.
> Und den Stolz in seinen Zügen
> Trägt es selbst als Trampeltier:
> Volksgejohl ist sein Vergnügen,
> Vivat! Slava! Sein Plaisir.
> Darum zieht's in allen Städten,
> Märkten feierlich herum;
> Voraus muß der Tambour treten;
> Aufgepaßt! Nun kommt's, bum, bum! ...

Es blieb nicht aus, daß Rudolf außerhalb seiner Ehe Trost suchte und fand. Eine seiner zahlreichen Geliebten war Mizzi Caspar, eine Halbweltdame, die zu den durch die Wiener Kupplerin Wolf an vornehme Kunden vermittelten Schönen gehörte. Die Dienste der Wolf nahm Rudolf auch für männliche Gäste in Anspruch, die er durch die vermittelten Damen ausspionieren ließ.

Ein solcher Gast war der preußische Kronprinz und spätere deutsche Kaiser Wilhelm II. Die beiden Thronfolger waren fast gleichaltrig, der am 27. Januar 1859 geborene Wilhelm nur knapp ein halbes Jahr jünger als Rudolf. Rudolf konnte den in seinen Augen »aufgeblasenen und säbelrasselnden« Hohenzollern nicht leiden; Wilhelm sah im Hochgefühl preußischer Siege – 1866 auch über Österreich – auf die in seinen Augen provinziellen Habsburger herab. Als Rudolf 1880 nach der Ernennung zum Generalmajor der österreichischen Armee durch Kaiser Franz Joseph vom deutschen Kaiser zum Generalmajor der deutschen Armee bestimmt wurde und aus diesem Anlaß Berlin besuchte, interessierte ihn Alfred Brehm wesentlich mehr als Kronprinz Wilhelm und das deutsche Kaiserhaus. Im Jahr darauf sagte er die Einladung zur

Mizzi Caspar

Hochzeit Wilhelms und Augusta Viktorias von Holstein-Augustenburg am 27. Februar 1881 mit dem Hinweis auf seine eigene, ursprünglich auf den 15. Februar festgelegte und dann verschobene Hochzeit ab und schrieb – unter dem Datum von Wilhelms Geburtstag – an den österreichischen Botschafter in Berlin, Graf Széchényi, einen Brief, der ein wenig an ähnliche Weigerungen König Ludwigs II. erinnert: *Palais de Bruxelles 27. Janvier 1881. Lieber Graf! Heute erhielt ich ein Schreiben unseres Kaisers, in welchem Er die Gnade hatte mir mitzutheilen, daß der Berliner Hof abermals mein Erscheinen bei den Hochzeitsfeierlichkeiten des Prinz*

Wilhelm wünscht, und es mir vollkommen freistellt, ob ich nach Berlin reisen will oder nicht. Der Kaiser erwartet sich, daß ich es unter den für mich jetzt nicht eben sehr angenehmen Umständen vorziehen werde, nicht in Berlin zu erscheinen und befahl mir in diesem Falle, dem Prinzen Wilhelm in einem vertraulichen Briefe die Gründe mitzutheilen, die mich abhalten, zu einem Feste zu reisen, deßen Zeuge ich sonst sehr gerne gewesen wäre.[230]

Gleichwohl gebot die politische Vernunft, schon wegen des Bündnisses zwischen Deutschland und Österreich, daß die beiden Kronprinzen zueinander Kontakt hielten.

Wilhelm besuchte bei seinen Aufenthalten in Wien gerne die gerade gefragtesten Etablissements, wobei ihm Rudolf nicht nur mit einschlägigen Kenntnissen zuhilfe kam, sondern ihm das kostspielige Vergnügen auch finanzierte. Rudolf verbuchte die Aufwendungen für derartige Besuche unter »Ausgaben für Wohltätigkeit«, wie aus einer erhaltenen Quittung über 3 000 Gulden hervorgeht. Den preußischen Kronprinzen machten die »Wohltaten« meistens redselig und seine Gespielinnen merkten gut auf. Was die Kupplerin Wolf auf diesem Umweg erfuhr, gab sie an Erzherzog Rudolf und der wiederum an den österreichischen Botschafter in Berlin weiter. Im übrigen arbeitete die Wolf auch im Nachrichtengeschäft für mehrere Auftraggeber.

Wenn Rudolf also durch die Wolf zu wissen bekam, daß Wilhelm das österreichische Kaiserreich für ein morsches Staatsgebilde hielt, das bald zusammenbrechen werde, dessen deutschsprachige Provinzen dabei dem Deutschen Reich zufallen würden und dessen Monarch sich – falls er es wünsche – dann nach Ungarn absetzen könne, so wird Rudolfs ohnehin geringe Zuneigung zu Wilhelm sicher nicht gewachsen sein.

Außerordentlich verärgert war der österreichische Thronfolger, als in einer Zeit des wiederauflebenden Antisemitismus nicht nur Berliner Zeitungen, sondern auch Pariser Blätter, darunter der Figaro, Berichte brachten, in denen er wegen seiner persönlichen Beziehungen zu Juden verunglimpft wurde. Man warf ihm ganz unverhohlen eine Liebesaffäre mit einer Jüdin vor und stellte ihm, dem »verjudeten, sittenlosen Kosmopoliten«, den »christlichen, untadeligen deutschen Kaiser Wilhelm II.« gegenüber. Durch Moriz Szeps, einen jüdischen Journalisten, mit dem Rudolf eng befreundet war, ließ er dem Figaro einen Artikel über die »Wiener Affären« Wilhelms zukommen. Der Beitrag wurde allerdings, wohl mit Rücksicht auf den gerade zum Deutschen Kaiser gekrönten Wilhelm II., nicht gedruckt, blieb aber als Manuskript erhalten; es ist im Anhang (S. 400 f.) wiedergegeben.[231]

Kronprinz Rudolf (um 1887)

Rudolfs Vorbehalte gegen vieles, was aus Deutschland kam, betraf offenbar auch eine in der deutschen Armee eingeleitete Rechtschreibreform. So ordnete er 1880 als Kommandant des k. und k. Infanterieregimentes Nr. 26 in einem Schreiben an das k. und k. Reserve Commando in Jung-Bunzlau an: *In unserer Armee ist die Neu-deutsche Schreibweise nicht eingeführt. Die höheren Commanden bedienen sich der alten Schreibweise; die unteren Stellen haben sich danach zu richten; Daher wird in diesem Regimente die neue deutsche Schreibweise, wie z. B. Befel, ohne h, nicht geduldet. Gegen Rückschluß S.u.S. Rudolf, Oberst.*[232]

Die politischen Wurzeln für das distanzierte Verhältnis des österreichischen Thronfolgers zum deutschen Kaiserhaus reichten weiter zurück. Im deutsch-dänischen Krieg von 1864 stand Österreich auf der Seite von Preußen. Der Krieg war ausgebrochen, weil das Herzogtum Holstein mit Dänemark gegen den österreichisch-preußischen Protest vereinigt worden war. Kurz vor Ausbruch des Krieges schrieb Kaiser Franz Joseph: *Ich bitte den Kriegsminister in meinem Namen wissen zu lassen, daß das Corps für Holstein mit der möglichst größten Beschleunigung aufzustellen ist, da die Preußen, nach eingelaufenen Berichten, sich sehr eilten und ich nicht möchte, daß wir Angesichts von ganz Deutschland gar zu spät nachkämen. Franz Josef.*[233]

Diese fast rührend wirkende Notiz des österreichischen Kaisers, der Angst hatte, *Angesichts von ganz Deutschland* zu spät zum Krieg zu kommen, dokumentiert zugleich, daß Österreich im Netz der Bismarckschen Machtpolitik gefangen war und als Schachfigur benutzt wurde, ohne daß Franz Joseph sich dessen bewußt war und ohne daß er selbst die Initiative ergriff. Zwei Jahre nach dem gemeinsamen siegreichen Feldzug gegen Dänemark schloß Preußen mit Italien ein Bündnis für den Kriegsfall gegen Österreich. Zwei Monate später erklärte Italien den Österreichern den Krieg, an dessen Ende Österreich trotz einiger Siege Venetien an Italien abtreten mußte.

Die Gasteiner Konvention von 1865, in der die eroberten Elbherzogtümer zwischen Preußen und Österreich geteilt worden waren, konnte nur auf kurze Zeit das gespannte Verhältnis zwischen den ehemaligen Bundesgenossen verdecken. Österreich fühlte sich zu Recht von Preußen betrogen, weil Preußen, dem bereits Schleswig unterstellt war, auch das österreichisch verwaltete Holstein besetzte. Am 7. Juni 1866 rückten preußische Truppen in Holstein ein; Bismarck bereitete den Anschluß Österreichs an den Deutschen Bund vor. Das war den Österreichern zuviel und ohne zu begreifen, daß Bismarck gerade diese Reaktion provozieren wollte, mobilisierten sie gegen Preußen. Es kam zum Krieg von 1866, den Preußen in der entscheidenden Schlacht bei Königgrätz durch den Sieg seiner Armee über die österreichische Nordarmee gewann. Zu den Verlierern dieses Kriegs um die Vorherrschaft in Deutschland gehörten auch Bayern und die anderen deutschen Staaten und Fürstentümer, die den Österreichern zuhilfe gekommen waren. In den Friedensschlüssen von Nikolsburg und Prag verzichtete Bismarck zwar großmütig und gegen den ursprünglichen Willen des preußischen Königs auf Gebietsabtretungen der Österreicher, vereinnahmte aber endgültig die Elbherzogtümer Schleswig und Holstein, zudem Hannover, Kurhessen, Nassau und Frankfurt. Preußen übernahm die politisch-militärische Vorherrschaft in Deutschland und begann sich zur Großmacht zu entwickeln; das Habsburger Reich wurde aus der deutschen Politik ausgeschlossen, seine Großmachtstellung war gefährdet.

Nach dem siegreichen Feldzug gegen Frankreich 1870 paßte wiederum eine Allianz mit Österreich in Bismarcks Konzept. 1872 kam es zum Dreikaiserbund zwischen dem Deutschen Reich, Österreich-Ungarn und Rußland, mit dem sich Österreich bereits vor der sich anbahnenden Bildung europäischer Machtblöcke festlegte. In der Allianz sicherte Österreich dem Bündnispartner Rußland zu, sich bei einem Krieg Rußlands gegen die Türkei neutral zu verhalten, und erhielt dafür umgekehrt die Garantie, daß Rußland die Annexion Bosniens und der Herzegowina durch Österreich dulden werde. Mit seiner Balkanpolitik begab sich Österreich freilich auf jenes (sprichwörtliche) gefährliche Terrain, auf dem 1914 das österreichische Thronfolgerpaar dem weltkriegsauslösenden Attentat von Sarajewo zum Opfer fallen sollte.

Bismarck sah das aufreibende österreichische Engagement auf dem Balkan nicht ungern. Es hielt Österreich beschäftigt und außerdem diese Probleme von Europa fern. Kaiser Franz Joseph und seine Berater ließen sich offenbar arglos in das Bündnissystem Bismarcks eingliedern. Doch einer am Wiener Hof durchschaute das politische Spiel, das mit Österreich getrieben wurde: Kronprinz Rudolf. Er war jedoch politisch völlig einflußlos, da ihm sein Vater strikt jede Teilhabe an der Macht verweigerte. Vielleicht wäre nicht nur das Schicksal Rudolfs sondern auch die Geschichte seines Landes anders verlaufen, wenn Franz Joseph den Thronerben ernst genommen und frühzeitig in die Regierungsverantwortung eingebunden hätte. Denn viele der zunächst revolutionär aussehenden Vorstellungen des Kronprinzen waren zumindest im Ansatz richtig und entbehrten nicht des politischen Weitblicks.

Die schon erwähnte Mizzi Caspar wurde ab 1886 häufig in Begleitung von Erzherzog Rudolf gesehen. Schon im gleichen Jahr kaufte sie sich für 60 000 Gulden ein Haus auf der Wieden, dem durchaus vornehmen 4. Bezirk in Wien. Dort soll sich auch die folgende, in der Wiener Skandalpresse verbreitete Szene abgespielt haben: Rudolf hielt sich wieder einmal bei Mizzi Caspar auf und sein »Leibfiaker« Bratfisch, den er gerne bei »inoffiziellen« Ausfahrten benutzte, stand und wartete vor dem Haus auf der Wieden, als Erzherzogin Stephanie mit einem Hof-

Mary von Vetsera

wagen vorfuhr und Bratfisch befahl, sie mit seiner Kutsche in die Hofburg zu fahren. Im Austausch ließ sie den Hofwagen stehen, der natürlich die Schaulustigen anlockte. Als der Kronprinz nach seinem Schäfer-
stündchen aus dem Haus trat, sah er sich unvermittelt mit den Ovatio-
nen der versammelten Menge konfrontiert.

Rudolf wollte eigentlich mit Mizzi Caspar in den Tod gehen. Die lachte ihn aber nur aus. Eine andere, noch sehr junge und von Rudolf im vierten Monat schwangere Geliebte, die Baronesse Mary Vetsera, nahm den in ihren Augen wohl romantischen Vorschlag, sich gemeinsam selbst zu töten, offensichtlich ernster. Die Nacht vom 27. auf den 28. Februar 1889 verbrachte Rudolf noch bei Mizzi Caspar in Wien. Am 28. Januar reiste er mit Mary Vetsera nach Mayerling.

Ein Zeitgenosse beschrieb seine Gefährtin: *Die Baronesse war nicht eigentlich, was man eine Schönheit nennt, am wenigsten eine vornehme, edle Schönheit; das Wort Schopenhauers vom »Knalleffekt der Natur« paßt selten so gut wie hier; von der üppigen, früh erblühten Gestalt, dem hübschen Gesichtchen mit den zuckenden Lippen, dem kecken Stumpfnäschen, den feucht schimmernden blauen Augen, ging ein Hauch heißer Sinnlichkeit aus, welcher umso mehr auf die Männer wirkte, je sinnlicher ihre eigene Natur war ... Sie war mäßig begabt, ihre Bildung entsprach nothdürftig jener ihrer Kreise ... Sie hatte keinerlei, buchstäblich keinerlei geistige Interessen und interessierte sich, außer für ihre Toilette, nur für den Rennsport.*

Mary Vetsera war siebzehn, als 1888 ihre Affäre mit Rudolf begann, den sie seit längerem schwärmerisch verehrte. Elf Jahre zuvor hatte bereits ihre Mutter Baronin Helene Vetsera dem jungen Erzherzog mit aufdringlichen Liebesbeweisen nachgestellt. Kaiser Franz Joseph äußerte damals erstaunt: *Was die Frau mit Rudolf treibt, ist unglaublich. Reitet ihm auf Schritt und Tritt nach.* So erhielt Rudolf von der Baronin eine Zigarettendose zum Geschenk, auf der ihr Vorname »Helene« eingraviert war und in der ein Fidibus mit Datum und Uhrzeit für ein Rendezvous lag.[234]

Die seit 1877 mit Graf Larisch verheiratete Nichte Kaiserin Elisabeths, Marie Louise v. Wallersee-Larisch war eine Freundin von Helene Vetsera. Gräfin Larisch war auch am Arrangement der Treffen zwischen der jungen Baronesse und Erzherzog Rudolf beteiligt; in der Regel wurde Mary Vetsera im Haus der Gräfin vom erzherzoglichen Fiaker Bratfisch abgeholt. Bei Marys letzter Fahrt nach Schloß Mayerling verhielt es sich ebenso.

1887 war Rudolf schwer erkrankt. Offiziell handelte es sich um ein Blasenleiden und um Rheuma, in Wahrheit aber dürfte es eine Geschlechtskrankheit, vermutlich Gonorrhoe, gewesen sein. Rudolf reagierte einerseits mit Depressionen, andererseits mit forcierter Betriebsamkeit und Lebensgier. Damals plagte ihn außerdem ein starker nervöser Husten, der ihn vor allem bei einem Berlinaufenthalt mit zahlreichen öffentlichen Verpflichtungen behinderte. Sein Leibarzt verordnete Morphium, von dem Rudolf vermutlich nicht mehr loskam. Diese Abhängigkeit und der Alkohol, zu dem Rudolf in depressiven Phasen Zuflucht nahm, trugen im Verein mit seinem zweifellos ausschweifenden Lebenswandel zum fortschreitenden Verfall seiner Gesundheit bei.

Am Morgen des 26. Januar 1889 hatte Rudolf an den Redakteur Joseph v. Weilen einen Brief geschrieben, der keinerlei Anzeichen von Verwirrung oder etwas Ähnlichem zeigt. Rudolf erwähnte darin, daß er in den nächsten Tagen nach »Meierling« komme und dort sicher die Zeit finden werde, einen angemahnten Artikel fertigzustellen. Im Laufe des Tages beschäftigte er sich mit ornithologischen Fragen; man hatte ihm ein seltenes Waldhuhn zur Begutachtung übergeben und er schrieb seine Untersuchungsergebnisse nieder. Am selben Tag kam es aber auch zu einer Unterredung mit Kaiser Franz Joseph, bei der es nach Ohrenzeugenberichten sehr heftig zuging. Dabei soll der Kaiser gegenüber dem Sohn geäußert haben: *Du bist nicht würdig, mein Nachfolger zu werden.*[235]

Anlaß zu diesem Streit zwischen Vater und Sohn könnte eine Druckschrift gewesen sein, die im April 1888 in Paris unter dem Pseudonym »Julius Felix« erschienen war. Sie war »Österreich-Ungarn und seine Allianzen« überschrieben und übte in Form eines offenen Briefes an Kaiser Franz Joseph heftige Kritik an der Bündnispolitik des österreichischen Kaisers. Anstelle des gemeinsamen Vorgehens mit Bismarck und dem Deutschen Reich wurde ein Zusammengehen Österreichs mit Frankreich – gegen Rußland – gefordert. Das entsprach der politischen Einstellung Rudolfs, aus der dieser niemals einen Hehl gemacht und die er bei verschiedenen Gelegenheiten auch direkt geäußert hatte. Da sich Franz Josephs persönliche Gespräche mit seinem Sohn auf die Themen Jagd, Familie und Armee beschränkten und Rudolf in politischen Angelegenheiten den Vater nicht ansprechen durfte, sondern nur Antworten auf dessen Fragen zu geben hatte, hatte Rudolf zunehmend den Weg über verschiedene Presseorgane gewählt, in denen er anonym oder unter falschem Namen seinen – rebellischen – politischen Standpunkt darlegte; manchmal war der Wiener Zeitungs-Redakteur Moriz Szeps sein Sprachrohr. Obwohl der letzte Beweis dafür fehlt, ist also anzunehmen, daß sich auch hinter »Julius Felix« der Kronprinz Rudolf verbarg. In Österreich wurde die antideutsche Schrift sofort nach Erscheinen beschlagnahmt; gelegentlich ist daher vermutet worden, Kaiser Franz Joseph habe sie gar nicht zu Gesicht bekommen. Das ist allerdings unwahrscheinlich. Nachdem der Polizeiapparat für die Beschlagnahme in Bewegung gesetzt wurde und in eingeweihten Kreisen der Kronprinz als der Urheber galt, wird das Corpus Delicti wohl auf des Kaisers Schreibtisch gelandet sein.[236]

Auch aus anderen Quellen war Franz Joseph über die politischen Auffassungen seines Sohnes recht gut informiert. Rudolf wurde nämlich rund um die Uhr von Polizeiagenten überwacht, die über jeden seiner Schritte und über jeden seiner Besucher minutiös Bericht erstatteten. Seine Bewacher hatten allerdings zwei Auftraggeber: es gab Agenten, die im Auftrag des Wiener Polizeipräsidenten ermittelten, und andere, deren Auftraggeber die preußische Botschaft in Wien war. Im ersten Fall wurden die Berichte vom Polizeipräsidium an Kaiser Franz Joseph weitergeleitet, im zweiten Fall von der preußischen Botschaft an Bismarck und von diesem – sofern Bismarck die Nachricht für wichtig und ihre Übermittlung für opportun hielt – an den deutschen Kaiser.

Zeugen zufolge war Rudolf nach der Auseinandersetzung mit seinem Vater am 26. Januar gänzlich verändert und sichtbar verstört. Zu diesem Zeitpunkt scheint er den Entschluß zum Selbstmord gefaßt zu haben. Anscheinend wähnte er sich in einer ausweglosen Situation: schwer krank, morphiumabhängig, vom Vater verachtet, politisch isoliert und außerdem noch mit der Schwangerschaft von Mary Vetsera belastet.

Am 30. Januar 1889 endete Erzherzog Rudolfs Leben und das seiner Geliebten, der Baronesse Mary Vetsera im Jagdschloß Mayerling. Beide wurden dort tot aufgefunden. Über den wahren Hergang des Unglücks wird heute noch gerätselt; möglicherweise wird nie ganz geklärt werden können, was sich während dieser Winternacht in Mayerling ereignete. Es wurde viel spekuliert und sogar der französische Politiker Clemenceau als Drahtzieher eines politisch motivierten Mordes verdächtigt. Doch scheint – nach allem, was bekannt ist – ein Selbstmord des unglücklichen Kronprinzen mit seiner dazu bereiten Geliebten festzustehen.

In der Wiener Zeitung erschien am 31. Jänner 1889 zunächst folgende Meldung: *Seine K. und K. Hoheit der durchlauchtigste Erzherzog Rudolph ist gestern, den 30. d. Mts. zwischen 7 und 8 Uhr früh in seinem Jagdschlosse in Meyerling bei Baden, am Herzschlag plötzlich verschieden.*

Die Version vom Herzschlag hielt sich jedoch nicht lange. Sehr bald wurde die wahre Todesursache bekannt und auch öffentlich mitgeteilt. Schon tags darauf, am 1. Februar 1889, konnte man in der gleichen Zeitung lesen: *Die gestern von uns über das niederschmetternde Ereignis des*

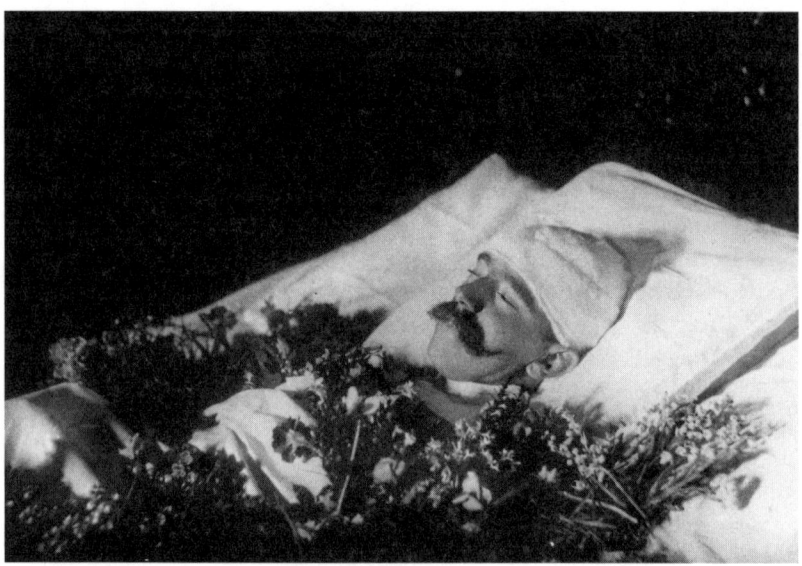

Kronprinz Rudolf auf dem Totenbett

Hinscheidens Sr. k. und k. Hoheit des durchlauchtigsten Herrn Kronprinzen Erzherzogs Rudolf gebrachten Mittheilungen stützten sich auf die ersten Wahrnehmungen, die von der nächsten Umgebung des erlauchten Dahingeschiedenen unter dem betäubenden Eindrucke des schicksalschweren Vorfalles hieher gelangten ... Auf diesem ersten Eindrucke beruhten die nach Wien gelangten Mittheilungen und die Annahme eines Schlaganfalles ... Hofrath Dr. Widerhofer constatirte bei der sofort vorgenommenen Untersuchung, daß am Kopfe des Verewigten eine beträchtliche Wunde mit ausgebreiteter Loslösung der Schädeldecke und Schädelknochen vorhanden war, welche den sofortigen Tod zur Folge gehabt haben mußte. Dieselbe wurde als Schußwunde constatirt, und an der Seite des Bettes, in unmittelbarer Nähe der rechten Hand, befand sich der entladene Revolver. Die Lage der Waffe ließ keinen Zweifel darüber, daß die Tödtung mit eigener Hand erfolgt ist ... Wir können nicht verschweigen, daß manche Personen aus der nächsten Umgebung Sr. k. und k. Hoheit in den letzten Wochen mehrfache Zeichen von krankhafter Nervenaufregung an höchstdemselben wahrnahmen, sodaß man die Ansicht festhalten muß, dieses schreckliche Ereignis sei ein Ausfluß momentaner Sinnesverwirrung gewesen. Außerdem glauben wir anführen zu sollen, daß Se. k. und k. Hoheit seit einiger Zeit häufig über Kopfschmerz klagte, den er selbst auf einen Sturz mit dem Pferde im letzten Herbste zurückführte. Dieser Unfall wurde aber seinerzeit auf ausdrücklichen Befehl Sr. k. und k. Hoheit geheimgehalten.

Damit sollte die Öffentlichkeit unverkennbar darauf vorbereitet werden, daß zumindest zum Tatzeitpunkt ein geistiger Defekt vorgelegen habe. Der gleichzeitige Tod der Mary Vetsera in Mayerling wird hier nicht erwähnt und wurde auch in der weiteren Berichterstattung unterschlagen.

Wiederum nur einen Tag später, am 2. Februar 1889, veröffentlichte die Wiener Zeitung auf der ersten Seite das Gutachten, das auf der Grundlage des Sektionsbefundes der Leiche Kronprinz Rudolfs abgegeben wurde. (Es ist im Anhang, S. 401 f., abgedruckt.) Darin stand nun nichts mehr von einer »momentanen Sinnesverwirrung«. Die Ärzte hatten ähnlich wie bei König Ludwig II. den Schädel und das Gehirn der Leiche untersucht und waren dabei laut Gutachten auf eine Reihe von Abnormitäten im Gehirn gestoßen, *welche erfahrungsgemäß mit abnormen Geisteszuständen einherzugehen pflegen und daher zur Annahme berechtigen, daß die That in einem Zustand von Geistesverwirrung geschehen ist.* Es ist allerdings im selben Gutachten ganz richtig festgestellt, daß der Tod des Kronprinzen durch *Zertrümmerung des Schädels und der vorderen Hirnpartieen* als Folge eines *aus unmittelbarer Nähe gegen die rechte vordere Schläfengegend* abgefeuerten Schusses eintrat. Insofern muß doch erheblich daran gezweifelt werden, daß bei derart gravierenden Kopf- und Hirnverletzungen tatsächlich einwandfreie *pathologische Befunde* des Gehirns möglich gewesen sollen.

Wahrscheinlich war der Zweck des Gutachtens sowieso nicht die korrekte medizinische Diagnose, sondern die posthume Entlastung des Kronprinzen von einer Tat, die ihm Religion und Sitte als schwere Schuld anrechneten, wenn er sie denn mit Bewußtsein vollbracht hätte. So diente die ärztliche – und damit scheinbar objektive, unumstößliche – Feststellung, *daß die That in einem Zustand von Geistesverwirrung geschehen ist*, sicher der Rechtfertigung eines kirchlichen Begräbnisses, das normalerweise einem Selbstmörder nicht gewährt wurde. Darüber hinaus trug sie dazu bei, Rudolf nachträglich von der vollen Verantwortung für den Tod von Mary Vetsera zu befreien.

Derselbe Philipp Fürst zu Eulenburg und Hertefeld, der nach dem Tod König Ludwigs II. als einer der ersten Schaulustigen die Unglücksstelle in Berg besichtigte, hat in seinen Erinnerungen auch eine Meinung zum Tod des Kronprinzen Rudolf geäußert, obwohl er erst 1894,

also fünf Jahre nach der Tragödie von Mayerling, als preußischer Botschafter nach Wien kam. Eulenburg, der in den 1880er Jahren Gesandtschaftssekretär in Bayern war, schrieb das Unglück von Mayerling
Rudolfs bayerischem Erbteil mütterlicherseits zu: *Der Kronprinz war geistig nicht normal. Seine Liederlichkeit und seine Ausschweifungen überschritten die Grenze der Vernunft, und in diese Extravaganzen spielten seltsame
Selbstmordgedanken hinein. Er hatte nicht nur einer, sondern meines Wissens
zwei Damen der Halbwelt, mit denen er verkehrte, ganz ernsthaft den Vorschlag gemacht, zusammen aus dem Leben zu scheiden – sich zu erschießen,
was diese Damen mit einigem Erstaunen ablehnten. In diesen seltsamen
Ausschreitungen lag unzweifelhaft eine erbliche Belastung von Mutterseite.
Die Mutter der Kaiserin, Ludowika von Bayern, war die Schwester der Mutter
des Kaisers Franz Josef, Sophie von Bayern. Und nicht genug: Der Vater der
Ludowika, König Max I. und die Großmutter ihres Mannes (des Herzogs Max
in Bayern) waren Geschwister. Das stellt sicherlich einen Herd der Inzucht
dar, der bis zu einem gewissen Grad das Drama von Meierling beleuchtet.
Aber anscheinend hatte die katholische Kirche wohl weidlich das tonsierte
Haupt geschüttelt, aber schließlich doch immer Dispens erteilt. Der Vater der
Kaiserin war der Chef der herzoglichen Linie und ein derartig »sonderbarer«
Herr durch sein ganzes Leben hindurch, daß man sich über die »Sonderbarkeiten« seiner zahlreichen Kinder durchaus nicht wundern darf. Ich unter-
streiche diese bayerische Erbschaft, die sich auf das Gehirn des österreichi-
schen Enkelsohnes niedersenkte, aus dem Grunde, weil sie bei der furchtbaren
Katastrophe von Meierling erdrückend auf die unglückliche Kaiserin Elisabeth
wirkte.*[237]

Als Vertrauter Kaiser Wilhelms II. war Eulenburg-Hertefeld von nicht
zu unterschätzendem politischem Einfluß, bis er 1903 aus dem diplomatischen Dienst ausscheiden mußte, weil Polemiken des Journalisten
Maximilian Harden, eines glühenden Bismarck-Verehrers, dem engen
Freund Kaiser Wilhelms Homosexualität und Meineid unterstellt und
ihn zur Zentralfigur in der sogenannten »Eulenburg-Affäre« gemacht
hatten.

Kronprinz Rudolf hinterließ keinen Abschiedsbrief an seinen Vater.
Nach den Vorgängen der vorausgegangenen Wochen brachte er entweder nicht mehr den Mut dazu auf oder aber er verzichtete ganz bewußt
darauf, an seinen Vater noch einmal das Wort zu richten. Rudolf hat
jedoch einen liebevollen Brief an seine Mutter geschrieben, der freilich
nicht mehr erhalten ist. Indirekt soll er sich in diesem Brief an die
Mutter auch an Kaiser Franz Joseph gewandt haben, indem er bemerk-

te: *Ich weiß sehr gut, daß ich nicht würdig war, sein Sohn zu sein.*[238] Damit hätte Rudolf noch einmal auf die heftige Auseinandersetzung wenige Tage vor seinem Tod verwiesen, bei der Franz Joseph sinngemäß eben dies zu ihm gesagt haben soll.

Rudolfs Gemahlin Kronprinzessin Stephanie erhielt einen sehr kurzen und trockenen Abschiedsbrief auf schwarz gerändertem Trauerpapier. Er lautete: *Liebe Stephanie! Du bist von meiner Gegenwart und Plage befreit; werde glücklich auf Deine Art. Sei gut für die arme Kleine, die das einzige ist, was von mir übrigbleibt. Allen Bekannten, besonders Bombelles, Spindler, Latour, sowie Gisela, Leopold etc. etc. sage meine letzten Grüße. Ich gehe ruhig in den Tod, der allein meinen guten Namen retten kann. Dich herzlich umarmend, Dein Dich liebender Rudolf.*[239]

Die »arme Kleine« war die fünfjährige Tochter des Paars, die nach ihrer Großmutter und Taufpatin Elisabeth hieß; Charles Graf Bombelles war Rudolfs Obersthofmeister, Heinrich Ritter v. Spindler der Leiter des kronprinzlichen Sekretariats, Joseph Latour v. Thurmburg der ehemalige – zweite – Erzieher Rudolfs, Prinzessin Gisela schließlich die mit Prinz Leopold von Bayern verheiratete Schwester von Rudolf.

Ob die verwitwete Erzherzogin »glücklich« wurde, ist schwer zu entscheiden. Ihre hohe Stellung am Wiener Hof hatte sie durch Rudolfs Tod jedenfalls verloren. Sie unternahm daher zunächst weite Reisen und verheiratete sich 1900 – sehr zum Verdruß ihrer inzwischen siebzehnjährigen Tochter und gegen den Willen ihres belgischen Vaters, der ihr vorübergehend den Titel »Königliche Hoheit« entzog und die Apanage strich – mit dem ungarischen Grafen Elemér Lonyay. Auch Kaiser Franz Joseph hätte Stephanie gerne anders – in seinen Augen wohl besser – verheiratet, nämlich mit eben jenem Neffen und Thronfolger Franz Ferdinand, dessen Ermordung durch serbische Verschwörer 1914 in Sarajevo den Ersten Weltkrieg auslöste.

Für den Sektionschef im Außenministerium, Graf Szögeyény, hatte Rudolf eine schriftliche Anweisung hinterlassen: *In meinem Arbeitskabinett in der Hofburg steht neben dem Sofa ein kleiner Tisch. Mit dem beigeschlossenen goldenen Schlüssel öffnen Sie dessen Lade, darin finden Sie meine Schriften, mit deren Sichtung ich Sie betraue, es Ihrer Einsicht überlassend, welche Sie für die Öffentlichkeit auswählen. Ich muß aus dem Leben scheiden.*[240] Szögeyény dürfte somit als erster zensierend in Rudolfs schriftlichen Nachlaß eingegriffen haben. Daß weitere Schriften Rudolfs mit republikanischen Tendenzen dann sehr bald aus den Wiener Archiven verschwanden, wurde im Zusammenhang mit der Beschreibung von

Kaiserin Elisabeths Vorkehrungen für eine sichere Aufbewahrung ihres poetischen Nachlasses bereits erwähnt.

Schon Kaiserin Elisabeth teilte – obwohl sie sicherlich eine Nutznießerin des monarchischen Systems war – die republikanische Einstellung mit ihrem Sohn, soweit bekannt, ohne sich mit ihm darüber zu verständigen. Ihre Enkelin, Rudolfs Tochter, sollte im Verlauf eines bewegten Lebens sogar zur Sozialdemokratin werden.

Die am 2. September 1883 geborene »Erzsi«, wie sie in Verkürzung der ungarischen Schreibweise »Erzsebeth« für »Elisabeth« genannt wurde, war die erklärte Lieblingsenkelin Kaiser Franz Josephs, den Rudolf als Vormund der Tochter eingesetzt hatte. 1902, zwei Jahre nach der Wiederverheiratung ihrer Mutter, ging »Erzsi« mit dem Fürsten Otto von Windisch-Graetz eine ebenfalls unstandesgemäße Ehe ein. Sie durfte sich zwar weiter »Kaiserliche und Königliche Hoheit« nennen, mußte aber auf jegliche Thronfolgerechte verzichten.

Die Ehe, aus der vier Kinder hervorgingen, wurde nicht glücklich; die Trennung des Paars versorgte die Skandalpresse mit Geschichten über Ehebruch, sexuelle Abartigkeit und Potenzschwierigkeiten in der Hocharistokratie.

»Erzsi« wurde im Testament ihres 1916 verstorbenen kaiserlichen Großvaters reichlich bedacht. Sie schien trotz Affären und Ehegeschichte fest im Kaiserhaus und in dessen Tradition verwurzelt, muß aber wohl schon während des Kriegs Kontakte zur Sozialdemokratie aufgenommen haben. Als 1918 der Erste Weltkrieg zu Ende und die k. und k. Monarchie zusammengebrochen war, setzte sie sich mit dem österreichischen Sozialisten Viktor Adler in Verbindung und wurde aktive Sozialdemokratin. Vermutlich ist sie bereits 1922 in die sozialdemokratische Partei eingetreten; der erste offizielle Mitgliedsausweis, der noch existiert, wurde am 1. Oktober 1925 ausgestellt. Bald lernte die »rote Erzherzogin« den sozialdemokratischen Abgeordneten Leopold Petznek kennen, mit dem sie politisch zusammenarbeitete und auch eine Lebensgemeinschaft bildete.

Sie war aktive Sozialdemokratin mit Sinn und Gespür für die Nöte und Sorgen des einfachen Volkes, legte aber trotzdem zeitlebens nie das Gebaren der hochgeborenen Prinzessin ab.

Leopold Petznek mußte 1944 in das KZ Dachau. Nach der Befreiung durch die Amerikaner kehrte er 1945 wieder nach Wien zurück. 1948 heiratete das Paar. Petznek starb 1956; die »rote Erzherzogin«, die in ihren letzten Lebensjahren an den Rollstuhl gefesselt war, folgte ihm 1963 im Alter von achtzig Jahren nach. Ihren beachtlichen Kunstbesitz vermachte sie dem österreichischen Staat. Die Tochter wurde mit dem Pflichtteil bedacht, ebenso die Enkel; zwei Söhne waren bereits vor ihr gestorben, der einzige noch lebende Sohn erhielt Grundbesitz in Wien. Die Erben glaubten, daß noch Schmuck im Park vergraben sein könne, da ihnen die Auflistung im Testament lückenhaft erschien. Sie konnten erreichen, daß Pioniere des österreichischen Bundesheeres mit Spezialgeräten den Park absuchten. Sie wurden tatsächlich fündig; was die gefundenen Dosen enthielten, wurde jedoch nie bekannt.[241]

Elisabeths letzte Jahre

Elisabeth hatte der Selbstmord ihres Sohnes zutiefst getroffen. Sie kapselte sich noch mehr ab. Ihre spiritistischen Neigungen verstärkten sich und sie versuchte in spiritistischen Sitzungen zu Rudolf und Ludwig II. Kontakt herzustellen. Prinz Reuß, der deutsche Botschafter in Wien, berichtete nach Berlin, daß die Kaiserin sich *fortwährend dem Grübeln über den Vorfall* hingebe, sich *Vorwürfe* mache und *dem ererbten Wittelsbacher Blut die geistige Verwirrung Ihres beklagenswerten Sohnes* beimesse.[242]

Mit dem Todesjahr Rudolfs endet abrupt Elisabeths dichterisches Tagebuch, in dem sie seit 1885 fünf Jahre lang ihre Lebens- und Zeitgenossen in Versen karikiert hatte. Nach Rudolfs Tod trug Elisabeth auch kein farbiges Kleid mehr. Sie hüllte sich nur noch in schwarze, ganz selten in graue Gewänder. Außerdem verschenkte sie einen Großteil ihres Schmucks an ihre Töchter und Verwandten. Zur Empfängerin einer Brosche sagte sie: *Dies ist ein Andenken an die Zeit, wo ich gelebt habe.*[243] Elisabeth war jetzt zweiundfünfzig Jahre alt, verbarg ihr Gesicht hinter Tüchern, Fächern und Schirmen und ließ sich nicht mehr photographieren oder porträtieren. Aufnahmen von ihr aus dieser Zeit sind daher selten und konnten nur heimlich entstehen.

Ihre Unrast nahm zu. Es konnte geschehen, daß sie auf ihren ruhelosen Reisen unangesagt und nur in Begleitung einer Hofdame in einem fremden Land einen Fürsten oder König aufsuchte oder unvermutet bei einer Adelsfamilie Halt machte. Dabei wurde sie wohl nicht immer freundlich empfangen, wie sich einem Brief Kaiser Franz Josephs vom 10. April 1894 entnehmen läßt: *Ich bin froh, daß Deine Nizzaer Indigestion* [Verdauungsstörung] *so rasch vorübergegangen ist und daß Du dort von der alten Hexe nicht auch noch Prügeln bekommen hast, aber es wird doch noch einmal dazu kommen, denn man dringt den Leuten nicht so uneingeladen in die Häuser.*

Zwischen ihren Reisen tauchte Elisabeth zwar immer wieder in Wien auf, reiste aber – kaum angekommen – zum Entsetzen der sie begleitenden Hofdamen schon bald wieder ab. Über Land fuhr sie meistens in ihrem eigenen Salonwagen mit der Eisenbahn, Seereisen legte sie in einer der kaiserlichen Yachten zurück. Sie scheute weder Sturm noch Regen und ließ sich bei stürmischer See sogar einmal auf Deck an einen Stuhl anbinden, um die Naturgewalten zu erleben und dabei nicht über

Bord zu gehen. Eine für sie angefertigte gummierte Pelerine hat sich erhalten und wurde 1993 in einer Münchner Auktion mit anderen Gegenständen aus ihrem persönlichen Besitz versteigert. Die Fußmärsche, die sie überall, bei jeder Witterung und in enormem Tempo zurücklegte, waren legendär. So berichtete während eines Ägyptenaufenthalts 1891 der österreichische Geschäftsträger in Kairo an den Außenminister in Wien, daß die durchschnittliche Marschleistung der Kaiserin acht Stunden pro Tag betrage, und das bei großer Hitze.

Nora v. Fugger hat die seltenen Gelegenheiten, bei denen sie in Wien einen Blick auf Kaiserin Elisabeth werfen konnte, in ihren Erinnerungen an den »Glanz der Kaiserzeit« beschrieben: *Ich begegnete ihr öfters auf ihren Spaziergängen durch den Schönbrunner Park. Doch in dem Augenblicke, als man in ihre Nähe kam, hielt sie den Fächer, den sie immer bei sich trug, vors Gesicht, sodaß man ihre Züge nicht sehen konnte. Einmal gelang es mir doch, sie zu sehen ... Ich fand sie sehr verändert, stark gealtert. Ihr Teint war ledern, doch ihre Gestalt immer gleich schön, schlank und beweglich, ihre Haltung die gleiche – aufrecht und stolz. Sie ging so rasch, daß man es eigentlich kaum mehr ein Gehen nennen konnte – sie lief und ihr griechischer Lehrer hatte die Aufgabe, ihr während dieses Spazierenlaufens aus den griechischen Klassikern vorzulesen. Der Kaiser erzählte mir einmal, daß sie den Weg vom Schönbrunner Schloß hinauf zur Gloriette und zurück meist sechzehnmal zurücklege. Es ist gewiß erstaunlich, daß der arme Grieche dies aushielt. Allerdings mußte, wie ich später erfuhr, nach einiger Zeit doch ein Ersatz für ihn aus Griechenland importiert werden.*[244]

Für kurze Zeit kehrte Elisabeth auch immer wieder nach Possenhofen zurück, um sich hier ganz den Erinnerungen an die Vergangenheit hinzugeben. Sehr zum Unwillen ihrer Leibwächter, die sie abschüttelte, wann immer es ging, liebte sie lange nächtliche Spaziermärsche durch die Wälder, wobei die Bewacher Mühe hatten, ihr unbemerkt zu folgen.

In den Jahren 1890/91 ließ sich Elisabeth auf der griechischen Insel Korfu nahe dem Ort Gasturi eine Villa im Stil eines italienischen Renaissancepalastes erbauen, die sie Achilleion nannte. Vielleicht versuchte sie auf diese Weise die Trauer über Rudolfs Selbstmord zu überwinden. Das scheint jedoch nicht gelungen zu sein. Sie wurde jedenfalls in ihrem Achilleion nicht heimisch und dachte schon bald nach der Fertigstellung an Verkauf. Kaiser Franz Joseph riet ihr in einem Brief vom 6. April 1893 eindringlich davon ab: *Wenn ich auch schon seit einiger Zeit merke, daß Dich Dein Haus in Gasturi nicht mehr freut, seit es fertig ist, so war ich doch durch Deinen Entschluß, es jetzt schon zu verkaufen, etwas erstaunt und ich glaube, daß Du Dir die Sache doch noch überlegen solltest. Valerie und ihre zahlreichen Kinder werden auch ohne den Erlös für Dein Haus nicht verhungern und es wird sich doch ganz sonderbar machen und zu keinen angenehmen Bemerkungen Anlaß geben, wenn Du gleich, nachdem Du die Villa mit sovieler Mühe, mit sovieler Sorgfalt und mit so vielen Kosten gebaut, so Vieles hintransportirt hast, nachdem noch in aller letzter Zeit ein Terrain dazu gekauft wurde, plötzlich den ganzen Besitz losschlagen willst. Vergesse nicht, welche Bereitwilligkeit die griechische Regierung bewiesen hat, um Dir zu dienen, wie von allen Seiten Alles mitwirkte, um Dir angenehm zu sein und Dir Freude zu machen und nun war Alles umsonst. Ich habe Kálnoky noch nicht gesprochen, weis daher nicht, was Nopsca ihm in Deinem Auftrage geschrieben hat, so viel ich verstehe, soll aber der amerikanische Gesandte nach Corfu reisen, was für ihn eine starke Zumutung ist, besonders in dem Augenblicke, wo er von seinem Posten abtritt. Auch kann ich mir nicht vorstellen, daß er der Mann ist, um einen Käufer herbei zu schaffen. Ich kann mir überhaupt nicht denken, daß sich so leicht ein solcher finden wird, der einen Preis zahlt, wie Du ihn erwartest und wie er den, für das Etablissement aufgewendeten Summen entsprechen würde. Auch soll das Gebäude schon Reparatur bedürftig sein, was die Sache noch erschwert. Die Angelegenheit müßte jedenfalls mit großer Vorsicht und vielem Takte eingeleitet werden, um sie halbwegs anständig erscheinen zu machen und doch wird sie viel Staub aufwirbeln. Darum kann ich Dich nur bitten, die Sache noch einmal reiflich zu überlegen. Für mich hat Deine Absicht auch eine traurige Seite. Ich hatte die stille Hoffnung, daß Du, nachdem Du Gasturi mit so vieler Freude, mit so vielem Eifer gebaut hast, wenigstens den größten Theil der Zeit, welche Du leider im Süden zubringst, ruhig in Deiner neuen Schöpfung bleiben würdest. Nun soll auch das wegfallen und Du wirst nur mehr reisen und in der Welt herum irren.*

Franz Josephs mit merkbarem Unmut vorgetragene Ermahnungen scheinen zumindest insofern gefruchtet zu haben, als der Besitz in Gasturi nicht verkauft wurde. Seine Hoffnung, das Achilleion würde Elisabeth zu mehr Seßhaftigkeit verleiten, hat sich allerdings nicht erfüllt. Sie hat sich in ihrer Villa auf Korfu nur sehr selten und immer nur für kurze Zeit aufgehalten.

1907, ein knappes Jahrzehnt nach Elisabeths Tod, erwarb Kaiser Wilhelm II. das Anwesen von den Habsburgern. Er fuhr bis zum Ausbruch des Ersten Weltkrieges jedes Frühjahr mit seiner Yacht »Hohenzollern« nach Korfu und verbrachte mehrere Wochen im Achilleion.

*Das Kaiserpaar Franz Joseph und Elisabeth in Bad Kissingen
(1898). Letztes gemeinsames Bild*

Gegen Ende der 1880er Jahre tauchten in der europäischen Presse zunehmend Berichte auf, in denen unverhohlen von einem »hochgradigen Nervenleiden« der Kaiserin Elisabeth geschrieben wurde. Ihre Extravaganzen und Launen wurden als Symptome einer beginnenden Geisteskrankheit gedeutet, deren Ausbruch durch die tragischen Ereignisse am Starnbergersee und in Mayerling beschleunigt worden war. Es wurde auch auf die »ererbte Belastung« in der Wittelsbacher Familie Elisabeths hingewiesen und Parallelen zum »unglücklichen Baiern-König« Ludwig II. gezogen. In einem Artikel, der im Berliner Tageblatt am 21. April 1889 erschien und dessen Autor sich gut unterrichtet zeigte, stand, daß ein Nervenarzt zugezogen und – weil die Kaiserin sich gegen ärztliche Hilfe wehrte – ihr als päpstlicher Legat vorgestellt worden war. Die Diagnose dieser hervorragenden *Capacität auf dem Gebiete der Nerven-Heilkunde* sei *keineswegs eine günstige* gewesen. (Der vollständige Artikel ist im Anhang, S. 401 ff., abgedruckt.)

Daß in den folgenden Jahren die öffentlichen Spekulationen über Elisabeths labilen Gesundheitszustand nicht aufhörten, offenbart die warnende Bemerkung Kaiser Franz Josephs in dem oben zitierten Brief vom 6. April 1893, der Verkauf des eben gebauten Achilleions werde *viel Staub aufwirbeln*, sich *doch ganz sonderbar machen und zu keinen angenehmen Bemerkungen Anlaß geben.*

Elisabeth machte immer noch Fastenkuren und bekam Hungerödeme an den Beinen. Ihr Gewicht schwankte zwischen 44 und 47 kg. Den Winter 1897/98 verbrachte sie, gepeinigt von Krankheiten und von Melancholie, an der französischen Riviera. Sie war jetzt sechzig Jahre alt und beklagte, daß die physische Kraft sie verlassen habe. Längere Spaziergänge waren ihr nicht mehr möglich; sie konnte nur noch kurze Rundgänge machen. Sie reiste zur Kur nach Bad Nauheim und von dort im Spätsommer 1898 an den Genfer See, wo sie in Caux bei Montreux ebenfalls eine Kur begann.

Am 9. und 10. September 1898 brachte Franz Joseph in seinen beiden letzten Briefen an die Kaiserin, die sie freilich nicht mehr erreichen sollten, seine Freude über ihr anscheinend gebessertes Befinden zum Ausdruck. Er schrieb: *Ich bin glücklich, daß Du mit Deinem vom Wetter begünstigten Aufenthalte in Caux zufrieden bist und daß es Dir in der guten Luft ziemlich gut geht. Es muß jetzt am Genfer See herrlich sein ... Sehr erfreut hat mich die bessere Stimmung, die Deinen Brief durchweht.*

Am 10. September 1898 wollte Elisabeth nach einem Zwischenaufenthalt in Genf mit dem Schiff wieder nach Montreux zurückfahren. An diesem Tag hatten die Genfer Zeitungen von ihrer Anwesenheit in der Stadt berichtet. Luigi Lucheni, ein fünfundzwanzigjähriger italienischer Anarchist, der durch eine spektakuläre Tat auf sich aufmerksam machen wollte, beschloß daraufhin, ein Attentat auf die österreichische Kaiserin Elisabeth zu verüben.

Lucheni hatte ursprünglich vorgehabt, einen Prinzen aus dem Hause Orleans zu ermorden. Dieser Plan war jedoch bereits daran gescheitert, daß er den Prinzen an keinem der Orte mehr antraf, nach denen er ihm nachreiste. Nun lauerte Lucheni der Kaiserin vor ihrem Hotel in Genf auf. Als sie das Hotel verließ, stieß er ihr eine dünne, messerscharf geschliffene Feile in die Brust. Elisabeth stürzte, stand aber sogleich wieder auf, bedankte sich bei den Umstehenden, die ihr zu

Hilfe kommen wollten, in drei Sprachen und ging mit ihrer Begleiterin zum Schiff. Sie hatte nicht bemerkt, daß Luccheni zugestoßen hatte. Vielmehr glaubte sie, er habe sie nur berauben wollen. Erst auf dem Schiff brach sie zusammen. Man schaffte sie noch ins Hotel zurück, wo der eilig herbeigerufene Arzt nur noch den Tod feststellen konnte. Elisabeths des Öfteren geäußerter Wunsch, schnell und schmerzlos sterben zu dürfen, war in Erfüllung gegangen.

Als Kaiser Franz Joseph durch seinen Generaladjutanten Graf Paar die Nachricht von der Ermordung Elisabeths überbracht wurde, sagte er: *Sie ahnen nicht, wie sehr ich diese Frau geliebt habe.*

Bei der Obduktion beschränkte man sich auf die Feststellung der Todesursache. Es wurde eine Hoftrauer von sechs Monaten angeordnet. Bald nach der Aufbahrung der toten Kaiserin gab es eine politische Auseinandersetzung wegen der Inschrift auf dem Sarg, die anfangs nur »Elisabeth Kaiserin von Österreich« lautete. Sofort kam Protest von ungarischer Seite, Elisabeth sei doch auch »Königin von Ungarn« gewesen. Eilig wurde die Inschrift ergänzt, worauf sich prompt die Böhmen meldeten und den Zusatz »Königin von Böhmen« forderten.

Die Bestattung Elisabeths in der Wiener Kaisergruft fand mit dem üblichen Gepränge statt. Die Trauer in der Wiener Bevölkerung hielt sich jedoch in Grenzen. Man hatte mehr Mitleid mit dem achtundsechzigjährigen Kaiser, den neun Jahre nach dem Tod des Thronfolgers nun ein weiterer Schicksalsschlag getroffen hatte. Die Wiener Zeitung vom 12. September 1898 drückte es so aus: *Wenn in diesem furchtbaren Augenblicke noch ein Gefühl Raum hat in den Herzen, so ist es das des überquellenden Mitleids für unseren heißgeliebten* Kaiser. *Zu dem allmächtigen Gott flehen die Völker Österreichs, daß er ihrem schwergeprüften Kaiser in diesen qualvollen Stunden seinen Beistand leihe, daß er ihm die Kraft gebe, das Unerträgliche zu tragen, und auch diesen neuen, entsetzlichen Schicksalsschlag zu verwinden. Möge ihn das Bewußtsein trösten, daß Millionen seiner Unterthanen mit ihm empfinden, daß sie sich Eins fühlen mit ihrem Monarchen.*

Franz Joseph nahm wenige Tage nach den Begräbnisfeierlichkeiten seine regelmäßigen Spaziergänge mit Katharina Schratt wieder auf. Ihr hatte er bereits am 10. September 1898, einen Tag nach dem Tod Elisabeths, geschrieben: *Schönbrunn, 10. September 1898. Theuerste Freundin, daß auch Sie nach Wien geeilt sind, freut mich sehr. Mit wem könnte ich besser über die geliebte Verklärte sprechen, als mit Ihnen? Ich bin morgen um 11*

Elisabeths Mörder Luigi Luccheni wird abgeführt

Uhr vormittag frei. Kommen Sie nicht durch den Garten, sondern durch die Kammer. Ihr aufrichtig ergebener Franz Joseph.

Durch Eulenburg-Hertefeld ist überliefert, was Katharina Schratt, die sich eine »Wahlschwester« Elisabeths nannte, von ihrem letzten Zusammentreffen zu erzählen wußte: *Sie wollte durchaus den Tod, sogar die Ermordung, denn als ich einst von der Notwendigkeit polizeilicher Bewachung sprach, sagte die Kaiserin:* »*Was täte es schon, wenn mich einer umbrächte? Das wäre mir lieb und kein Schade!*« *Gar nicht lange vor ihrer letzten Abreise ging ich mit den Majestäten im Garten spazieren. Da fing die Kaiserin scherzend an, von ihrem Tode zu sprechen.* »*Ach, da wäre niemand so, als der Ritter Blaubart froh*«, *sagte sie. Der Kaiser war ganz ärgerlich und sagt:* »*Geh, red' nicht so.*« *Dann hat die Kaiserin auch alles Schreckliche aufgezählt, was in der Familie geschehen war.*[245]

Der Mörder Luccheni wurde gefaßt und zu lebenslanger Haft verurteilt. 1910 erhängte er sich in seiner Zelle mit einem Gürtel.

Bei der Sichtung des Nachlasses stellte man mit Erstaunen fest, daß Kaiserin Elisabeth ein respektables persönliches Vermögen besaß, nämlich ohne Immobilien etwa 10 Millionen Gulden, angelegt in guten Wertpapieren. Kaiser Franz Joseph hatte all die Jahre ihren aufwendigen Lebensstil finanziert, während sie ihre Apanage zum größten Teil zinsbringend anlegte. Es gibt Hinweise, daß sie der Monarchie keinen langen Bestand mehr zutraute und damit rechnete, eines Tages im Exil von ihrem Vermögen leben zu müssen. Für eine zweite Überraschung sorgte die Entdeckung, daß von ihrem legendären Schmuck, der bislang auf 4 bis 5 Millionen Gulden geschätzt wurde, nur noch ein verhältnismäßig kleiner Teil im Wert von etwa 50 000 Gulden vorhanden war; alle anderen Schmuckstücke hatte sie zu Lebzeiten bereits verschenkt.[246]

Ein Psychogramm Elisabeths in Stichworten könnte lauten: Kaiserin wider Willen; resignativ; romantisch veranlagt; Rückzug in eine private Innenwelt, in die Dichtung, in der sie sich als Feenkönigin Titania fühlte und auch so benannte; unfähig zu einer dauerhaften Bindung; rastlos; von unbändigem Freiheitsdrang erfüllt; naturbegeistert; exzentrisch und ihre Umgebung provozierend; verschwenderisch; hochintelligent; politisch denkend, aber nicht durchsetzungsfähig und entscheidungsschwach. Das sind einige charakteristische Züge dieser interessanten und eigenwilligen Frau, die fast alle in frappierender Weise auch für Ludwig II. zutreffen.

In diesem Zusammenhang wird immer wieder die Frage gestellt, war König Ludwig II., war Kaiserin Elisabeth, war Kronprinz Rudolf »verrückt«? Diese Frage kann bei keiner der drei genannten Persönlichkeiten eindeutig mit Ja oder mit Nein beantwortet werden. Zu groß ist die Bandbreite zwischen »geistig normal« und »geistig abnormal«. Die Einstufung hängt nicht zuletzt davon ab, welche Stellung die oder der Betroffene in der Gesellschaft einnimmt und welchem Beruf er nachgeht. Was man zum Beispiel bei einem Künstler als Laune hinzunehmen bereit ist, würde man bei einem Regenten oder Politiker nicht akzeptieren.

Im Gutachten Bernhard v. Guddens über Ludwig II. steht unter anderem, daß Ludwig vor sehr alten Bäumen gelegentlich den Hut zog oder mit ihnen Zwiesprache hielt, was als eines der vielen Beispiele für seine Verrücktheit gewertet wurde. Elisabeth bezeichnete einen Baum in ihrem ungarischen Schloß Gödöllö als ihren besten Freund in dieser

Welt. Immer wenn sie dorthin kam, oder von dort abreiste, ging sie nach ihrem eigenen Bericht zu diesem Baum und hielt mit ihm stumme Zwiesprache. Sie bezeichnete ihn als ihren Vertrauten, der alles von ihr wußte, aber niemandem davon berichtete. Wahrhaft eine seltsame Übereinstimmung!

In Elisabeths dichterischem Nachlaß findet sich ein Gedicht über Ludwig II., in dem sie sich mit der Frage nach der »Verrücktheit«, die sie offenbar beschäftigt hat, auseinandersetzt:

> Schließlich, was ist wohl Verrücktheit?
> Thoren gibt's genug und Narren,
> Diese für verrückt zu halten,
> Mag der Welt oft widerfahren.
>
> Selten ist die wahre Weisheit,
> Selt'ner noch Verrücktheit wahre,
> Ja vielleicht ist sie nichts and'res
> Als die Weisheit langer Jahre.

Zu ihrem griechischen Vorleser und Sprachlehrer Christomanos hat sie einmal geäußert: *Haben Sie nicht bemerkt, daß bei Shakespeare die Wahnsinnigen die einzigen Vernünftigen sind? So weiß man im Leben nicht, wo die Vernunft und wo der Wahnsinn sich findet, sowie man auch nicht weiß, ob die Realität der Traum, oder der Traum die Wirklichkeit ist. Ich neige dahin, jene Leute für vernünftig zu halten, die man wahnsinnig nennt. Die eigentliche Vernunft hält man für gefährliche Verrücktheit.*[247]

Ludwig II. hat 1882 in einem Gespräch mit dem amerikanischen Schriftsteller Lew Vanderpool über sich selbst gesagt:[248]
Es scheint, daß es im Haushalt des Lebens nur Raum gibt für eine einzige Sorte von Menschen. Wer etwas sein will, muß roh, grob, phlegmatisch sein; wer von anderer Art ist, den heissen Freund und Feind excentrisch ... Ich verachte das Pack, das die Majorität ausmacht, diese Kreaturen, die nur dem Aussehen und dem Namen nach Menschen sind – und doch beschleicht mich manchmal das Gefühl, daß man ihnen ähnlicher sein müßte, um bequemer leben zu können ... Der bloße Gedanke daran, daß ich mich eines Tages soweit vergessen könne, mich in der gewöhnlichen Weise der Menschen zu erniedrigen, verursacht mir schon Qualen. Wenn ich den Durchschnitt der Menschen beobachte und die unbeschreibliche Gleichgültigkeit, mit der sie

sich allen Gemeinheiten und Plattheiten hingeben, oder Dinge begehen, an die nur zu denken mich bis ins Innerste meiner Seele schaudern macht, so frage ich mich doch manchmal, ob diese Art von Lebewesen nicht zu beneiden ist. Meine eigene Verfassung ist mir so rätselhaft, wie sie Ihnen sein mag. Ich habe nicht einmal eine vernünftige Erklärung dafür; weder mein Vater noch meine Mutter waren anormal empfindlich oder hatten mit übertriebenen Skrupeln zu kämpfen ...

Wenn nicht alles, was ich gelesen und selbst beobachtet habe, mich täuscht, dann ist ein Gutteil dessen, was man für »Verrücktheit« erklärt, in Wirklichkeit Überempfindlichkeit. Es wird oft hämisch angedeutet, oder sogar offen erklärt, ich sei ein Narr. Vielleicht bin ich es, aber ich zweifle daran. Verrücktheit neigt eher dazu, sich vor sich selbst zu verstecken. Ein wirklich Verrückter ist in der Regel die einzige Person, die ihre Verrücktheit nicht erkennt. Es wäre natürlich möglich, daß ich zu keiner Erkenntnis meiner selbst gelangen könnte, außer in einem exaltierten Zustand. Ich glaube aber, daß ich mich ganz ruhig und vernünftig betrachten kann – selbst diese Behauptung könnte freilich als Zeichen meiner Narrheit ausgelegt werden. Und doch zweifle ich daran, ob eine wirklich verrückte Person sich so beobachten und prüfen könnte, wie ich es tue.

Ich bin einfach anders gestimmt als die Mehrheit meiner Mitmenschen. Ich kann nicht teilnehmen an dem, was sie Vergnügen nennen, denn es widert mich an und zerstört mein Wesen. Gesellschaft ist mir entsetzlich und ich halte mich ihr fern. Frauen machen mir den Hof, aber ich gehe ihnen aus dem Wege. Wäre ich ein Dichter, so könnte ich vielleicht Lob ernten, wenn ich die Dinge in Versen sagte. Aber mir ist die Gabe, mich auszudrücken, nicht gegeben, und so muß ich es leiden, daß ich verlacht, verachtet und verleumdet werde. Man nennt mich einen Narren. Wird Gott, wenn er mich einst zu sich ruft, mich ebenso nennen?

Totenmaske der
Kaiserin Elisabeth

Anhang

Anmerkungen

1 Reiser, Armer verrückter Märchenkönig.
2 Schilke, Elisabeth und Ludwig II. im Spiegel von Medizin und Kunst, S. 11, 63, 83 und 90–92.
3 Bayr. St.bibl., Autogr. Cim. Ludwig II. v. B. 44/A/64/332.
4 Bayr. St.bibl., Autogr. Cim. Ludwig II. v. B. 8/81/7029.
5 Heindl, Marie, Königin von Bayern (keine Seitenangaben).
6 Rauch, Schloß Herrenchiemsee, S. 27 und Fn. 25.
7 Reiser, Armer verrückter Märchenkönig.
8 Möller, Persönliches über König Ludwig II., Teil 1, S. 5.
9 Schupp, Eine königliche Bergsteigerin, S. 127/128.
10 Böhm, Ludwig II. König von Bayern, S. 463.
11 Heyse, Jugenderinnerungen und Bekenntnisse, S. 251.
12 Böhm, S. 440/441.
13 Vanderpoole, Ludwig of Bavaria. A Personal Reminiscence. Zit. nach Evers, Ludwig II. von Bayern. Theaterfürst – König – Bauherr, S. 142–144.
14 Böhm, S. 9.
15 Wolf, König Ludwig II. und seine Welt, S. 28.
16 Böhm, S. 444/445.
17 Hacker, Ludwig II. von Bayern in Augenzeugenberichten, S. 246.
18 Böhm, S. 401.
19 Böhm, S. 446.
20 Bayr.St.bibl., Autogr.Cim. Ludwig II. v. B. 14/A/66/220.
21 Hacker, S. 189.
22 Conrad, König und Schauspielerin, drei Briefe Ludwigs II. an die Hofschauspielerin Marie Dahn-Hausmann, S. 314.
23 Petzet, Ludwig II., in: Gauweiler/Stölzl, Bayerische Profile, S. 189.
24 Böhm, S. 448–450.
25 Böhm, S. 451/452.
26 Die hartnäckig – selbst in der Wittelsbacher Geschichte des Adalbert von Bayern – wiederholte Behauptung, Marie Leopoldine sei zum Zeitpunkt des Todes von Karl Theodor tatsächlich schwanger gewesen, jedoch nicht vom Kurfürsten, sondern vom Kämmerer Carl Graf v. Arco, trifft nicht zu. Vgl. dazu Krauß-Meyl, Das Enfant Terrible des Königshauses, S. 76–85.
27 Strohmayer, Psychiatrisch-genealogische Untersuchung der Abstammung König Ludwigs II. und Ottos I. von Bayern, S. 64.
28 Strohmayer, S. 46.
29 Möller, Teil I, S. 5.
30 Grüsser, Justinus Kerner 1786–1862, S. 274.
31 Strohmayer, S. 56.
32 Strohmayer, S. 51.
33 Fugger, Im Glanz der Kaiserzeit, S. 378–380.
34 GHA, Nachl. Luitpold Nr. 64.
35 Dahn, Erinnerungen, S. 306/307.
36 Haasen, Ludwig II. Briefe an seine Erzieherin. – Die Briefe Ludwigs II. an Sybille Meilhaus, verheiratete v. Leonrod, sind hier in chronologischer Folge abgedruckt und daher anhand der Datumsangabe leicht auffindbar, so daß sich auch bei weiteren Zitaten aus diesem Briefwechsel Anmerkungen mit Seitenangaben erübrigen.

37 Rübesamen, Des einsamen Königs hohe Residenzen, S. 42 und 76.
38 Memminger, Der Bayernkönig Ludwig II., S. 5/6.
39 Gregor-Dellin, Richard Wagner, S. 523.
40 Hacker, S. 117.
41 Böhm, S. 197/198.
42 Breyer, Der Fluch, er will, daß nie das Werk gelinge ...
43 Conrad, S. 314.
44 Bayr. St.bibl., Autogr. Cim. Ludwig II. v. B. 60/A/67/996.
45 Bayr. St.bibl., Autogr. Cim. Ludwig II. v. B. 27/77/21 694.
46 Hacker, S. 114/115.
47 Hüttl, Ludwig II. König von Bayern, S. 110 unter Hinweis auf PAAA.
48 Memminger, S. 205, 213 und 318.
49 Bayr. St.bibl., Autogr. Cim. Ludwig II. v. B. 44/A/64/332.
50 Hacker, S. 291.
51 Kobell, Unter den ersten vier Königen Bayerns, Bd. 2, S. 129.
52 Merta, König Ludwig II. und der Mobilmachungsbefehl von 1870, S. 692 und
   705/706. – Unterhalb des Kramers bei der Steppbergalm existierte zwar eine
   Jagdhütte, die bei den Hofjagden von Max II. als Unterkunftshütte für
   Jagdgäste und Jäger diente. Sie zählte aber nicht zu den im königlichen Besitz
   befindlichen Jagdhäusern, die von Ludwig II. nach dem Tod seines Vaters
   Max II. übernommen wurden. Ein Besuch Ludwigs auf dieser
   Unterkunftshütte bei der Steppbergalm ist nicht überliefert.
53 Rummel, König und Kabinettschef. Aus den Tagen Ludwigs II., S. 26.
54 Merta, König Ludwig II. und der Mobilmachungsbefehl von 1870,
   S. 716/717.
55 Müller K. A., Bismarck und Ludwig II. im September 1870. Aktenstücke aus
   den Papieren des Grafen Karl von Tauffkirchen, S. 579/580.
56 Sexau, Ludwig II. und Bismarck, S. 472, unter Verweis auf Unterlagen im
   GHA.
57 Müller, K. A., Bismarck und Ludwig II. im September 1870. In: Historische
   Zeitschrift Bd. 111, S. 109.
58 Rall, König Ludwig II. und Bismarcks Ringen um Bayern 1870/71,
   S. 149/150.
59 Lerchenfeld-Koefering, Erinnerungen und Denkwürdigkeiten, S. 73.
60 Sexau, Ludwig II. und Bismarck, S. 473 und 475.
61 Rall, Ludwig II. und Bismarcks Ringen um Bayern, S. 8 und 194/195.
62 Hacker, S. 192/193.
63 Bismarck, Gedanken und Erinnerungen, Bd. 1, S. 381.
64 Lerchenfeld-Koefering, S. 74.
65 Wolf, König Ludwig II. und seine Welt, S. 144.
66 Hacker, S. 205, 188, 189 und 183.
67 Dahn, S. 295.
68 Wolf, S. 148.
69 Dahn, S. 323.
70 Hüttl, S. 189/190, auch unter Hinweis auf Nachlaß Sexau, Ana 346 Bl 5c.
71 Graf, Das Leben meiner Mutter, S. 58/59.
72 Dahn, S. 290.
73 Memminger, S. 8/9.
74 Rall/Petzet/Merta, König Ludwig II. Wirklichkeit und Rätsel, S. 156/157.
75 Bayr.St.bibl., Autogr.Cim. Ludwig II. v. B. 19/A/70/475.
76 Gebhardt, König Ludwig und seine verbrannte Braut, S. 66.

77 Gebhardt, S. 104.
78 Gebhardt, S. 141.
79 Merta, Ludwig II. Kein Fall für den Psychiater, S. 5/6. Vgl. hierzu auch: Merta, Die Tagebücher König Ludwigs II. von Bayern. – Merta zeigt überzeugend auf, wie belesen Ludwig II. war.
80 Heindl, (o. S.)
81 Memminger, S. 28.
82 Böhm, S. 402/403, Fn. 1. Vgl. dazu auch: Evers, S. 132.
83 Wallersee, Die Heldin von Gaeta, S. 190, Memminger, S. 28, Böhm, S.403.
84 Nostitz-Rieneck, Briefe Kaiser Franz Josephs an Kaiserin Elisabeth (2 Bände). – Wenn nichts anderes angegeben ist, stammen alle Zitate aus Briefen des Kaisers an seine Frau aus diesen Bänden. Die Briefe sind dort nach Datum geordnet, so daß bei künftigen Briefzitaten aus dieser Sammlung auf die Angabe von Seitenzahlen verzichtet wird.
85 Memminger, S. 30.
86 Gebhardt, S. 181–183.
87 Alle Zitate aus Ludwigs Tagebuch in diesem Kapitel: GHA, TB Kabinettsakten Ludwig II., 64, 66. Zit. auch bei Evers, S. 132–140.
88 Hüttl, S.112/113.
89 Gerold, Die letzten Tage König Ludwig II., S. 13.
90 Memminger, S. 54.
91 Rall, König Ludwig II. und Bismarcks Ringen um Bayern 1870/71, S. 191.
92 Du Moulin-Eckart, Cosima Wagner, Bd. 1, S. 368.
93 Müller-Münster, Elisabeth Ney, S. 76–87.
94 Gerold, S. 33.
95 Conrad, S. 314.
96 Rall, König Ludwig II. und Bismarcks Ringen um Bayern 1870/71, S. 73.
97 Sexau, Ludwig II. und Bismarck, S. 468.
98 Schmidbauer/Kemper, Ein ewiges Rätsel will ich bleiben mir und anderen, S. 27.
99 Schmidbauer/Kemper, S. 103/104.
100 Böhm, S. 11.
101 Schweiggert, Schattenkönig. Otto, der Bruder König Ludwig II. von Bayern, S. 68.
102 Rall/Petzet/Merta, S. 47/48.
103 Der wörtliche Inhalt der beiden Gutachten ist nicht bekannt. Eine Einsichtnahme im GHA war nicht möglich.
104 Bayr. St.bibl., Autogr. Cim. Ludwig II. v. B. 39/A/66/221.
105 Hacker, S. 247.
106 Bayr. St.bibl., Autogr. Cim. Prinz Otto.
107 Bayr. St.bibl., Autogr. Cim. Ludwig II. v. B. 30/A/72/657.
108 Bayr. St.bibl., Autogr. Cim. Ludwig II. v. B. 38/A/62/438.
109 Bayr. St.bibl., Autogr. Cim. Ludwig II. v. B. 44/A/64/332.
110 Sämtliche hier zitierten Gedichte von Kaiserin Elisabeth sind entnommen aus: Hamann (Hrsg.), Kaiserin Elisabeth. Das poetische Tagebuch, und Hamann, Elisabeth. Kaiserin wider Willen.
111 Hamann, Elisabeth. Kaiserin wider Willen, S. 107 und 151.
112 Wallersee, S. 98–119 und S. 270–276.
113 Petacco, Die Heldin von Gaeta, S. 280/281.
114 ÖNB, Autogr., 969/47, 1 und 3.
115 Ein Großteil der zahlreichen Briefe Kaiser Franz Josephs an Katharina Schratt

ist veröffentlicht bei: Hamann, Meine liebe gute Freundin! Die Briefe Kaiser Franz Josephs an Katharina Schratt; die Briefe sind dort im Anhang in chronologischer Folge mit den Signaturen der ÖNB aufgeführt.

116 Eulenburg-Hertefeld, Erlebnisse an deutschen und fremden Höfen, S. 201/202.

117 Grasser, Johann Freiherr von Lutz, S. 13.

118 Die von Lutz stammende Ergänzung des Strafgesetzbuches sah vor, Geistliche mit Gefängnis oder Festungshaft von bis zu zwei Jahren zu bestrafen, die in Ausübung ihres Berufes an geweihter Stätte Angelegenheiten des Staates in einer den öffentlichen Frieden gefährdenden Weise zum Gegenstand einer Erörterung machten. Vgl. Grasser, S. 78.

119 Alle nicht anderweitig nachgewiesenen Zitate in diesem Kapitel stammen aus der Artikelserie: Das königliche Kabinettssekretariat (ohne Verfasserangabe). In: Münchener Neueste Nachrichten 39. Jg., Nr. 125, 129, 130, 133, 135, 139, 141, 142, erschienen im Zeitraum 5. bis 22. März 1886, jeweils S. 1.

120 Zur besseren Vergleichbarkeit sind die Guldenbeträge zum Kurs 1 Gulden = 1,70 Mark umgerechnet worden, der bei der Währungsumstellung 1871 galt.

121 Philippi, König Ludwig von Bayern und der Welfenfonds, S. 90, Fn. 80.

122 Linnenkamp, Die Schlösser und Projekte Ludwigs II., S. 171.

123 Gerold, S. 27.

124 Philippi, König Ludwig von Bayern und der Welfenfonds, S. 100 und 108.

125 Barton, Die preußische Gesandtschaft in München als Instrument der Reichspolitik in Bayern, S. 51.

126 Philippi, König Ludwig von Bayern und der Welfenfonds, S. 104 und 105.

127 Jungmann-Stadler, Die Bayerische Hypotheken- und Wechselbank und die Darlehen an die Königliche Kabinettskasse in den Jahren 1884 und 1886, S. 441.

128 Wie schon erwähnt, wurden die Zivillisten von Max II. und Ludwig II. bis zum Tode Ludwigs I. um dessen Apanage in Höhe von 850 000 Mark gekürzt; außerdem war die Zivilliste Ludwigs II. um 200 000 Mark höher als die seines Vaters Max II.

129 Hüttl, S. 335.

130 Philippi, König Ludwig von Bayern und der Welfenfonds, S. 96 und 103.

131 Bayr. H.St.A., Akte MInn 40033.

132 Barton, S. 53.

133 Sombart, Wilhelm II.: Sündenbock und Herr der Mitte, S. 107 und 109. Hier auch Hinweis auf John C. G. Röhl, Kaiser, Hof und Staat, München 1987.

134 Wolf, S. 228/229.

135 Bayerischer Kurier vom 27. und 28. Juni 1886, S. 4–8.

136 Rall/Petzet/Merta, S. 160.

137 Der Brief wird bei Grein, Tagebuchaufzeichnungen von Ludwig II., König von Bayern, S. 127, ohne Quellenangabe zitiert.

138 Gerold, S. 16/17 und 64/65.

139 Ausstellungskatalog König Ludwig II. Städtisches Museum Rosenheim. Originalbrief im Besitz von Herrn Karl Joss.

140 Bayr. St.bibl., Autogr. Cim. Ludwig II. v. B. 46/Td/68/230.

141 Bayr. St.bibl., Autogr. Cim. Ludwig II. v. B. 23/75/2098.

142 Memminger, S. 229/230.

143 Hüttl, S. 377–379, unter Hinweis auf PAAA Bayern 56 Nr.1 secr vol 1, fol 38 verso–39 verso.

144 Heindl, (o. S.)

145 Philippi, Zur Geschichte des Welfenfonds, S. 225, Fn. 89, und Philippi, König Ludwig von Bayern und der Welfenfonds, S. 87–89.
146 Philippi, Zur Geschichte des Welfenfonds, S. 217–219.
147 Bereits 1867, nach dem Deutschen Krieg, war Bismarck mit einer Dotation von umgerechnet 1,2 Millionen Mark bedacht worden, womit er das Gut Varzin in Pommern erwarb. Zum 70. Geburtstag 1885 erhielt er das Gut Schönhausen zum Geschenk. Vgl. Bedürftig, Taschenlexikon Bismarck, S. 68, Stichwort Dotationen.
148 Rall, Bismarcks Reichsgründung und die Geldwünsche aus Bayern, S. 409–411, und Rall, König Ludwig II. und Bismarcks Ringen um Bayern 1870/71, S. 174–178.
149 Rall/Petzet/Merta, S. 151.
150 Baumann, Königliche Träume, S. 170 Fn. 4. Vgl. dazu auch die detaillierten Ausführungen in: Rauch, Schloß Herrenchiemsee.
151 Bayr. St.bibl., Autogr. Cim. Ludwig II. v. B. Nr. 82.
152 Bayr. St.bibl., Autogr. Cim. Ludwig II. v. B. 60/A/67/996 und 62/A/68/906.
153 GHA, Kab.-Akt Kg. Ludwig II., Nr. 416.
154 Rall, König Ludwig II. und Bismarcks Ringen um Bayern 1870/71, S. 192.
155 Bayr. St.bibl., Autogr. Cim. Ludwig II. v. B. 39/A/66/221.
156 Brief von Bruck, 8. Mai 1886, zit. nach Möckl, Die Prinzregentenzeit, S. 107, Fn. 288.
157 Möckl, S. 105, 147/148 und Fn. 408–410.
158 Memminger, S. 162/163.
159 Möckl, S. 53, Fn. 59 und 60, 91–96, 144/145 Fn. 403.
160 Die einschlägigen Artikel der bayerischen Verfassung lauteten:
Tit. II § 9: Die Reichsverwesung tritt ein, a) während der Minderjährigkeit des Monarchen; b) wenn derselbe an der Ausübung der Regierung auf längere Zeit verhindert ist, und für die Verwaltung des Reiches nicht selbst Vorsorge getroffen hat, oder treffen kann.
§ 11: Sollte der Monarch durch irgendeine Ursache, die in ihrer Wirkung länger als ein Jahr dauert, an der Ausübung der Regierung gehindert werden, und für diesen Fall nicht selbst Vorsehung getroffen haben, oder treffen können, so findet mit Zustimmung der Stände, welchen die Verhinderungsursachen anzuzeigen sind, gleichfalls die für den Fall der Minderjährigkeit bestimmte gesetzliche Regentschaft statt.
161 Tissot, Voyage au Pays des Milliards, S. 316–319. In der deutschen Übersetzung des Buches fehlt allerdings der ganze Abschnitt über Bayern.
162 Müller F. C., Die letzten Tage Ludwig II. von Bayern (SMH), S. 772, und Müller F. C., Die letzten Tage König Ludwig II. von Bayern (FMB), S. 11.
163 Baumann, S. 24, Fn. 2.
164 Washington, Die letzten Tage König Ludwig II., eine Königskatastrophe, S. 1051.
165 Schmidbauer/Kemper, S. 12/13, 24/25, 55, 70–73 und 84/85.
166 Biermann, Leiden eines Königs, S. 2688.
167 Liebermann, Abnorm aber nicht geisteskrank, S. 2537.
168 Bismarck, Bd. 1, S. 381.
169 Hüttl, in: Charivari-Sonderheft 1995, S. 14.
170 Schmidbauer/Kemper, S. 59.
171 Rall/Petzet/Merta, S. 147/148 und 152.
172 Biermann, S. 2691.
173 Sexau, Die Tragödie König Ludwigs II. Fluchtversuch, nicht Selbstmord, S. 2.

174 Sexau, S. 3/4.
175 GHA, Autographen Nr. 555.
176 GHA, MKH 207.
177 Müller F. C., Die letzten Tage Ludwig II. von Bayern (SMH), S. 776.
178 Wöbking, Der Tod König Ludwigs II. von Bayern, S. 89–91, Fn. 8, und S. 401.
179 Merkt, Ludwig II., König von Bayern. Protokolle aus dem besonderen Ausschuß der Bayerischen Kammer der Abgeordneten, S. 40.
180 Memminger, S. 162.
181 Dürckheim-Montmartin, Notizen zur Königskatastrophe 1886, S. 2–4.
182 Möckl, S. 96.
183 Dürckheim-Montmartin, S. 16 und 32/33.
184 Müller K. A., Bismarck und die Königskatastrophe 1886, S. 661.
185 Die Unterlagen, die sich über v. Schleiß im Bayr.H.St.A. befinden, enthalten keine Dokumente über diesen Vorgang. Die Akte MInn 60367 enthält ein Gesuch v. Schleiß' an König Ludwig I. vom 18. April 1837 mit der Bitte um Anstellung als Hof-Stabs-Wundarzt, eine Mitteilung des Innenministeriums an den König vom 5. Juni 1837, daß v. Schleiß »als Armenarzt des 22. ärztlichen Districtes von München« aufgenommen wurde »und somit in die Reihe der praktischen Ärzte dieser Stadt wirklich eingetreten ist«. Dem Gesuch des Arztes an den König lag die Beurteilung durch seinen Lehrer und zeitweisen Vorgesetzten Geh. Rat Philipp Franz v. Walther, Professor und königlicher Leibarzt bei, der u. a. bescheinigte, daß Schleiß »über ausgezeichnete Kenntniße in allen Theilen der Medicin und Chirurgie« verfüge. Als letztes in chronologischer Folge enthält die Akte eine Mitteilung König Ludwigs II., wonach »der Titel Obermedicinal Rath an den zweiten Leibarzt, den königlichen Leibchirurgen Schleiß v. Löwenfeld« zu verleihen ist. Es folgen die entsprechenden amtlichen Vollzugsschreiben. Weitere Unterlagen sind nicht enthalten.
186 Hüttl, S. 396–398, auch Fn. 114 unter Hinweis auf PAAA, in dem der Brief Schleiß v. Löwenfelds vom 10. Juni 1886 verwahrt ist unter: Bayern 56 Nr.1 secr vol 2 A 7328. Ebenso Fn. 116 unter Hinweis auf PAAA: Bayern 56 Nr.1 secr vol 2 A 7290.
187 Merkt, S. 134/135.
188 Mundy, Zur Königskatastrophe in Baiern, S. 910/911.
189 Müller F. C., Die letzten Tage König Ludwig II. von Bayern (FMB), S. 26/27; ebenfalls: Die letzten Tage Ludwig II. von Bayern (SMH), S. 779.
190 Gerold, S. 106.
191 Gerold, S. 92.
192 Hacker, S. 412.
193 Glowasz, Wurde Ludwig II. erschossen?, S. 161–180.
194 Rall/Petzet/Merta, S. 45.
195 Sexau, S. 7.
196 Schmidbauer/Kemper, S. 89.
197 Müller F. C., Die letzten Tage Ludwig II. von Bayern (SMH), S. 785.
198 Gerold, S. 104.
199 Glowasz, S. 71, 88 und 93.
200 Rall/Petzet/Merta, S. 45.
201 Müller F. C., Die letzten Tage König Ludwig II. von Bayern (FMB), S. 52.
202 Der Nekrolog von Grashey auf seinen Schwiegervater v. Gudden, sein Nachtrag sowie die Erklärung von F. C. Müller finden sich vollständig in: Merkt, S. 163–212.

203 Müller F. C., Die letzten Tage Ludwig II. von Bayern (SMH), S. 786–788; außerdem: Die letzten Tage König Ludwig II. von Bayern (FMB), S. 37; ferner: Washington, S. 1051.

204 Graf, S. 259/260.

205 Wolf, S. 244/245.

206 Eulenburg-Hertefeld, Das Ende König Ludwigs II. und andere Erlebnisse, S. 64/65.

207 Washington, S. 1118.

208 Aufbewahrt im Sissi-Museum, München.

209 Süddeutsche Presse Nr. 141 vom 17. Juni 1886, S. 1.

210 Vgl. Gauweiler, Quod licet bovi non licet Jovi, in: Gauweiler/Stölzl: Bayerische Profile, S. 209–215.

211 Memminger, S. 344/345 und 353/354.

212 Memminger, S. 358.

213 Dieses und alle folgenden Zitate aus der Debatte in der Kammer der Abgeordneten am 26. Juni 1886 stammen, soweit keine anderen Quellen genannt sind, aus Merkt, S. 32/33 und 104–148.

214 Vgl. Andenken an J. B. Stamminger, S. 12 und 33–38.

215 Andenken an J. B. Stamminger, S. 45. – Als Führer der katholischen Partei im fränkischen Raum hat Stamminger schon sehr früh seine politische Leitlinie formuliert und am 13. Juni 1868 im Fränkischen Volksblatt veröffentlicht. Sein Programm zeugt von einem beachtlichen politischen Weitblick, aber auch von einer toleranten Haltung, wie sie zu dieser Zeit nicht immer vorzufinden war.
Stamminger schrieb: »Wir wollen nach Innen die Freiheit des Volkes gewahrt, aber auch eine starke Regierung, die über den Parteien steht und nicht selbst Partei ist. Wir wollen die Kirche, die katholische und die protestantische, in ihren Rechten ungekränkt. Zu jenem verpflichtet uns die Verfassung, die wir immer hochgehalten, dieses gebietet uns der Katechismus. Wir wollen in allen Gebieten eine ersprießliche Entwicklung, ohne Stillstand, aber auch ohne Überstürzung; denn so wenig alles Vorhandene schon darum gut, weil es bereits länger besteht, ebensowenig und noch weniger ist das Neue schon darum besser, weil es neu ist. Nach Außen halten wir fest an dem Gedanken eines großen, einigen Vaterlandes. Gewiß ist auch uns jene Hoffnung kein eitler Traum, daß jener verdorrte Baum auf dem bekannten Felde – das Wahrzeichen unseres Vaterlandes - einmal wieder zu grünen anfange, daß sodann ein deutscher Fürst seinen Schild daran aufhängen und die zerrissenen Stämme zu einem mächtigen Volke einigen werde. Die Einigung unseres Volkes kann (sich) nicht auf dem Weg der Unterjochung des Einen unter den Anderen, sondern in der Vereinigung Aller mit gleichen Rechten und gleicher Selbständigkeit vollziehen.«
Zit. nach: Andenken an J. B. Stamminger, S. 31/32.

216 Müller F. C., Die letzten Tag Ludwig II. von Bayern (SMH), S. 792.

217 Hacker, S. 205; auch: Gregor-Dellin, Traum und Wirklichkeit – Ludwigs künstliche Paradiese, in: Kath. Akademie-Tagung vom 26./27. April 1986: Ludwig II. Die Tragik des Märchenkönigs, S. 9–29, hier S. 26.

218 Vermutlich Franz v. Löher. Zit. nach Petzet, Architektur als Kulisse – Die Kunst Ludwig II. In: Kath. Akademie-Tagung vom 26./27. April 1986, S. 30–80, hier S. 45.

219 Riedner, Buchbesprechungen, S. 486/487.

220 Vgl. Merta, Die Tagebücher König Ludwigs II. von Bayern; ders., Ludwig II. Kein Fall für den Psychiater. Ein König, der nur von der Literatur besessen war.
221 Möckl, S. 138, Fn. 378.
222 Graf, S. 264/265.
223 Du Moulin-Eckart, Unser Prinzregent, S. 18.
224 ÖNB, Autogr. 1127/36-5.
225 ÖNB, Autogr. 125/48-8.
226 ÖNB, Autogr. 1127/36-2.
227 ÖNB Autogr. 1127/36-1.
228 Hamann, Rudolf. Kronprinz und Rebell, S. 159 und 162.
229 Weissensteiner, Die rote Erzherzogin, S. 29, 31/32.
230 ÖNB, Autogr. 1127/36-3.
231 Vgl. Hamann, Rudolf, S. 335–337.
232 ÖNB, Autogr. Beilage zu 125/48-1.
233 ÖNB Autogr. 55/41-10.
234 Hamann, Rudolf, S. 109/110, 419/420 und 431/432.
235 Hamann, Rudolf, S. 442.
236 Vgl. Hamann, Majestät, ich warne Sie ..., S. 191–227.
237 Eulenburg-Hertefeld, Erlebnisse an deutschen und fremden Höfen, S. 179/180.
238 Zit. bei Corti, Elisabeth, die seltsame Frau, S. 373. Corti scheint der Abschiedsbrief Rudolfs an Kaiserin Elisabeth noch zugänglich gewesen zu sein.
239 ÖNB Autogr. 1121/35-3.
240 Fugger, S. 279.
241 Weissensteiner, S. 98–116, 134–145 und 220.
242 Hamann, Elisabeth. Kaiserin wider Willen, S. 563.
243 Hamann, Elisabeth, S. 568.
244 Fugger, S. 377/378.
245 Eulenburg-Hertefeld, Erlebnisse, S.198/199.
246 Nach heutigem Wert entsprechen 10 Mio. Gulden ca. 145 Mio. DM, 4 bis 5 Mio. Gulden ca. 56 bis 70 Mio. DM und 50 000 Gulden ca. 5 Mio. DM.
247 Böhm, S. 414.
248 Vanderpool, Ludwig of Bavaria, zit. nach Rauch, Herrenchiemsee, S. 16, und Evers, S. 143/144.

Abkürzungen:

Bayr.H.St.A. = Bayerisches Hauptstaatsarchiv München
Bayr.St.bibl. = Bayerische Staatsbibliothek München
FMB = Fischer's medizinische Buchhandlung
GHA = Bayerisches Hauptstaatsarchiv, Geheimes Hausarchiv
ÖNB = Österreichische Nationalbibliothek Wien
PAAA = Politisches Archiv des Auswärtigen Amtes Bonn
SMH = Süddeutsche Monatshefte

Dokumente

-fr. (Richard Wagner?) in: Münchener Neueste Nachrichten,
18. Jg., Nr. 333 vom 29. November 1865, S. 5794/5795.

-fr. Sie wünschen von mir über Wagner's hiesige Stellung und Verhältnisse zu hören.
Ich glaube allerdings, daß ich Ihnen das Richtige sagen kann, weiß aber nicht, ob Sie
sich eine deutliche Vorstellung von Allem werden machen können, obgleich es hier
wie überall hergeht, nämlich, daß es sich nicht um Prinzipien, sondern um reine Persönlichkeiten handelt. Als der König vor anderthalb Jahren Wagner aufsuchen ließ
und zu sich beschied, hat es sich einzig darum gehandelt, dem lange Heimatlosen
ein dauerndes Asyl und Arbeitsmuße zu schaffen. Wagner hatte dem König offen
mitgetheilt, daß mit einem ruhigen Häuschen mit Garten, und den nöthigen Mitteln, die ihn vom Arbeiten fürs Geld dispensiren sollten, allen seinen Wünschen gedient sei. Aus der hierdurch herbeigeführten angenehmen Niederlassung Wagner's
würden noch keine eigentlichen Mißhelligkeiten für ihn erwachsen sein, wenn
nicht der leicht aufzuregende Neid auch gegen solche Vergünstigungen absichtlich
in das Spiel geführt worden wäre, als es sich im persönlichen Interesse der Glieder des
k. Kabinets gelegen zeigte, Wagner schnell und gewaltsam von München zu entfernen, dessen vermeintlicher übermäßiger Einfluß auf den König gewissen Herren
über den Kopf zu wachsen schien. Dieser Wendepunkt begann von dem Tage, an
welchem der König Semper empfing, um ihm Aufträge zu Plänen für ein großes Mu-
ster-Theater zu geben. Die Wahrheit ist, daß man sich immer mehr zu überzeugen
hatte, daß die Vorliebe des Königs nicht eine vorübergehende jugendliche Laune
war, welcher geschmeidig nachzugeben man sich gefügig gezeigt hatte. Von nun an,
wo man die Interessen der k. Civilliste durch diese ernste Neigung des von seiner
Umgebung gänzlich unbegriffenen Monarchen gefährdet glaubte, legte man es darauf an, nachdem ein freches Lügengewebe eine schnelle Entfernung herbeizuführen
nicht vermocht hatte, durch allerhand Besorgnisse, welche man sowohl dem König,
als Wagner zu erwecken suchte, das zwischen Beiden bestehende Verhältniß auf einen möglichst nichtssagenden Verkehr zu beschränken. Alles scheiterte an dem Feuer des Königs, welcher zwar einzig Wagner Ruhe zu seinen Arbeiten gönnte, andrerseits aber doch auch die Maßregeln ergriffen zu sehen wünschte, welche mustergülti-
ge Aufführungen seiner Werke vorbereiten sollte[n]. Wir wissen nun, daß selbst dieser Wunsch unerreichbar ist ohne ein gründliches Eingreifen in das allgemeine Mu-
sik- und Theaterwesen; Keinem ist es deutlicher wie Wagner, daß seine Kunsttenden-
zen nur durch einen allgemeinen blühenderen Zustand der deutschen Kunst überhaupt zu verwirklichen sind. Jeder Schritt für sein Interesse führt ihn somit auf den
Weg der durchgreifendsten Reformen auf diesem Gebiete. Mit Schreck mußte dieß
Wagner ersehen; ihm, dem nur an Vergessenheit und Ruhe zur endlichen Wiederauf-
nahme seiner Arbeit lag, mußte es klar werden, daß er selbst hiezu nur gelangen
könnte, wenn er nach den weitesten Beziehungen hier sich nach außen gleichzeitig
bethätigte. Was es heißt, diese Ueberzeugung auf dem Boden Münchens zu gewinnen, können Sie sich schwer vorstellen; – auf einem Boden, wo allen seinen Kunst-
tendenzen die persönlichen Interessen auf das Schroffste entgegenstanden! Er glaubte sich deßhalb beruhigend und belehrend vernehmen lassen zu müssen, und that
dieses in einem Bericht an den König über eine in München zu errichtende deutsche

Musikschule; nicht eine einzige kritische Stimme irgend welcher Bedeutung ließ sich über diesen veröffentlichten Bericht hören. Dagegen zeigten sich von nun an die Merkmale einer noch weiter verbreiteten Verschwörung, deren Ziel es offenbar war, Wagner das Verbleiben in München durch künstliche Herbeiführung und Häufung von Unannehmlichkeiten aller Art gänzlich zu verleiden. Da man gegen Wagner's gut belegte Ansichten über den Werth unsrer künstlerischen Zustände nichts vorzubringen vermochte, griff man einfach wieder dazu, ihn beim Volk zu verleumden, um durch den Erfolg dieser Verleumdung wiederum abschreckend auf den König zu wirken. Selbst der Hang des Königs zur Zurückgezogenheit, welcher seiner Gesundheit förderlich zu sein scheint, wird von den Adeligen und dem Klerus, welche sich am meisten dadurch betroffen fühlen, Wagner Schuld gegeben: diejenigen, denen aus Gründen ihres Vortheils an des Königs Unnahbarkeit gelegen ist, und die deßhalb diesen Hang des Monarchen bestärken, verschmähen wiederum nicht, bei jeder Partei, mit der sie gerade zu thun haben, jenen sonderbaren, auf Wagner fallenden Verdacht mit verschiedentlichen Gründen auszustatten. Diese Leute, die ich nicht zu nennen brauche, weil sie zur Zeit der Gegenstand einer allgemeinen verachtungsvollen Entrüstung in Bayern sind, finden es somit nicht nur dienlich, sondern ersehen ihr letztes Rettungsmittel darin, daß sie des Königs unerschütterliche Freundschaft für Wagner nach jeder Seite hin, und den Interessen jeder Partei schmeichelnd, als verderblich hinstellen, um somit den gegen sie gerichteten Unwillen abzuleiten, auf den von den Meisten unbegriffenen Mann. Sie können sich nun denken, wie Wagner hierbei zu Muthe ist, dem einzig an seiner Arbeitsruhe gelegen ist, und der jeder politischen Partei fern steht, wenn er sich auf diese Weise stets wie mit den Haaren auf das nackte Feld der politischen Tagesintrigue gezogen sieht. Bereits ging er auch ernstlich damit um, diesen nutzlosen Aufregungen sich gänzlich zu entziehen, was ihm durch die großmüthigst ausgesprochenen Wünsche des Königs unmöglich wurde, während andrerseits allerdings die von seinem königlichen Beschützer neu in ihm belebten Hoffnungen für ein Gedeihen seiner edelsten Kunstbestrebungen ihn immer wieder von selbst fesseln. Somit bleibt ihm nichts zu erwarten, als daß diejenigen, welchen er jetzt so gelegen kommt, um von ihnen als Ableitung des allgemeinen Volkswunsches benutzt zu werden, mindestens an der Festigkeit des Königs scheitern, welcher allerdings Wagner einzig richtig zu beurtheilen im Stande sein kann, und daß in Folge dessen diese Herren zu einem anderen Strategem greifen, welches endlich Wagner Ruhe läßt, falls sie nicht durch die Unverschämtheit ihres Spiels sich vollständig den Hals brechen. Denn dieß Eine können Sie glauben: von irgend welchem Prinzip, von irgend welcher Parteistellung, gegen welche Wagner im Kampfe begriffen wäre, ist nicht die Rede, sondern es ist dieß lediglich ein Spiel der gemeinsten persönlichen Interessen, welches sich noch dazu auf eine ungemein kleine Anzahl von Individuen zurückführen läßt; ich wage, Sie zu versichern, daß mit der Entfernung zweier oder dreier Personen, welche nicht die mindeste Achtung im bayerischen Volke genießen, der König und das bayerische Volk mit einem Male von diesen lästigen Beunruhigungen befreit wären.

Fr. K., Königsfreiheit. In: Münchener Neueste Nachrichten, 19. Jg., Nr. 12 vom 12. Januar 1866, S. 1–3.

In älteren Zeiten, ja noch vor gar nicht langer Zeit, erlaubten sich die Könige und Fürsten, um nur von Deutschland zu reden, mancherlei Freiheiten mit dem Gut, dem Leben und Blut ihrer Unterthanen. Daß sie ihre eigenen Höfe tyrannisch beherrschten, daß vor ihrem Blick und Machtwort vom Minister bis zum Küchenjungen Alles zitterte, wenn nur irgend etwas einem Manne Aehnliches auf dem Throne saß, verstand sich namentlich im letztvergangenen Jahrhundert von selbst. Wie aber in das Privatleben des Unterthanen durch fürstliche Willkür eingegriffen, wie Kleiderordnungen, Luxus- und Betragensverbote erlassen, wie Leute gewaltsam zu Soldaten gepreßt, mitunter ins Ausland verkauft, Ehen gewaltsam geschlossen und aufgehoben worden, wie willkürliche Verhaftungen, Ausweisungen, Untersuchungen und Bestrafungen ohne und wider alle Rechtsform, ja bis zum Tode selbst gang und gäbe waren, dieß weiß Jeder, der in die Geschichte des vergangenen Jahrhunderts und den Anfang des gegenwärtigen nur einigermaßen hineingeblickt hat. Und jetzt? Wie haben sich die Zeiten verändert! Heutzutage haben souveräne Fürsten und Könige, abgesehen von den Schranken, die ihnen konstitutionelle Verfassungen in allen staatsrechtlichen Beziehungen, in der Justizpflege und sogar in der Polizei in den Weg legen, kaum mehr Freiheit, im eigenen Hause sich frei zu bewegen. In den täglichen Vorkommnissen ihres Lebens, auf jedem Schritte und Tritte umgibt sie jenes Ueberbleibsel alter unumschränkter Macht, die Hofetiquette, freilich jetzt leer und inhaltslos, weil der darin versteckte abergläubische Götterkultus des Fürsten aus dem Glauben der Menschen entwichen ist. In der That sehen wir auch nur wirklich kräftige und geistreiche Fürsten sich gänzlich von diesen Fesseln befreien und sie spielend zerbrechen! – Allein erst unserer Zeit scheint es vorbehalten, hier den Gegensatz auf die höchste Spitze zu treiben. Wir brauchen nicht an jene Eingriffe in das Privatleben der Könige zu denken, wie sie z.B. in Griechenland und Dänemark unter sehr ähnlichen Umständen nationale Eifersucht und demokratischer Uebermuth ausführten, wir haben in nächster Nähe, in unserem loyalen und königstreuen Bayern, Dinge erlebt, die die frechsten Eingriffe sonstiger Gewalthaber in das Privatleben bei Weitem überboten! – Sonst war man besonders in sogenannten konstitutionellen Staaten der Ansicht, daß in der Feststellung der Civilliste des Königs die genaue Grenze gezogen sei, wo das Interesse und das Recht des Landes, dareinzureden, was die Krone ausgäbe, wieviel, zu welchen Zwecken, und an wen sie es verwende, aufhöre – daß ferner in dieser Civilliste das reine Privateinkommen des Königs gegeben sei, für das er Niemand verantwortlich gemacht werden könne. – Allein die neuesten Vorgänge in München und die 800 Adreßlieferanten des Hrn. Hofrath Pfistermeister haben uns eines Besseren belehrt. Danach stünde der König in seinen Ausgaben und mit seiner ganzen Civilliste unter der Kontrole seines loyalen, besonders in katholischen Kasinos sich manifestirenden Adels und der Bürgerschaft, er hätte vor Allem an bayerische Ausländer, ja sogar an Schwaben, Franken und Pfälzer sowenig als möglich auszugeben, insbesondere nicht zuviel für Kunst, Zukunftsmusik etc., wenn sie nicht von Einheimischen repräsentirt wird, zu opfern, er hätte sich vielmehr der größten Sparsamkeit zu befleißigen und dafür zu sorgen, daß die Civilliste im Lande verzehrt werde, daß ihre Einkünfte verhältnismäßig dem hoffähigen Adel, der loyalen Bürgerschaft, und endlich ein erklecklicher Ueberschuß der Kirche zu Gute komme. Hierüber zu wachen wären diese drei wahrhaftigen Vertreter des Landes besonders berufen. Ließe sich gleichwohl ein junger, dem Idealen zugeneigter Fürst beikommen, hiegegen zu handeln und an einen fremden »Zugereisten«, Zukunftsmusikanten etc. etc. oder gar noch Barrikadenhelden Tausende, ja über Hunderttausend zu vergeuden, so hätte diese natürliche Kuratel dagegen einzutreten, der Eindringling wird fortgejagt und dem betreten Fürsten das Medusenbild des »beunruhigten Volkes« vorgehalten, auf daß er künftig in das, »was sich schickt und zum Guten führt« sich fügen lerne, denn was sich biegen soll, muß man beizeiten daran gewöhnen!...Die jüngsten Ereignisse in München können belehrt haben, daß dieß Alles leider bittre Wahrheit und wirklich vorgekommen ist. – Und leider gibt es noch viele und sonst recht brave und tüchtige Männer, welche wirklich glauben, die Geschichte mit dem Richard Wagner sei doch nicht in der Ordnung, dieser sei zu übermüthig gewesen, der hätte den König noch ganz und gar ausgezogen, einer solchen Verschwendung müsse Einhalt gethan werden, hier habe das Volk schon dareinzureden. – Gerade dieser Irrthum ist es, der in seiner ganzen Nacktheit dargestellt und widerlegt werden muß. Es ist der oberste Grundsatz der Freiheit, daß ein Jeder in seiner eigenthümlichen Rechtssphäre ungehindert schalten und walten kann wie er will, solange er nicht entgegenstehende Rechte Anderer verletzt. Vor Allem im Privatleben und in seinem ökonomischen Haushalten nimmt ja doch der einfachste Bürger das Recht in Anspruch, frei verfügen zu können. Soll nun einem Fürsten das Recht eines Privatmannes nicht zustehen, soll es für ihn kein Privatleben geben, in welches im Namen des Staatsinteresses Niemand etwas dareinzureden hat? Wollen wir nur das einfachste Beispiel wählen, und einem solchen Sparsamkeits-Ueberwachungsphilister vorhalten, wie es denn ihm gefallen würde, wenn seine Nachbarn oder gar seine Dienstboten ihn in seinen Ausgaben, seinem Luxus kontrolliren und bekriteln wollten und z. B. darauf drängen, daß Frau und Tochter durchaus nicht so große Krinolinen und weitschichtige Kleider, solchen Schmuck ec. zu tragen brauchten, daß der Visiten und Thee-Dansants im Hause viel zuviele wären, der Herr viel zuviel auf gute Cigarren ec. verwende und dieß Alles viel besser auf Almosen für arme Bettler und gute Löhne für die Dienstboten verwendet werde? Was würde er sagen, wenn, ähnlich wie im Wagner'schen Falle geschah, wo servile Beamte bereits von einem Defizit der Civilliste von ganz genau 180.000 fl. zu erzählen wußten, ihm jede Ausgabe nachgerechnet, dabei schändlich übertrieben und ihm endlich vom Herunterkommen und nahen Bankerott der Familie vorgeschwatzt würde? – Er würde sich wahrscheinlich mit dem bekannten Sprichwort Alexanders helfen – ja Bauer, das ist ganz was Anderes – und wieder darauf zurückkommen, daß die Gelder der Civilliste aus den Steuern des Landes entnommen werden. In der That betrachten diese Menschen, so loyal sie sonst sind und so großen Respekt sie sonst vor der Gewalt des Regenten haben, hier ihn doch als einen Großpensionär des Staates, der ihr Geld verzehre!

Ein freies Wort an Bayerns König und sein Volk über das Cabinetssekretariat. In: Nürnberger Anzeiger vom 13. November 1865, S. 1 und 2.

Als nach seines Vaters Tode König Ludwig II. den bayerischen Königsthron bestieg, trug das ganze Land dem jungen Monarchen seine Sympathien entgegen. Ihm war plötzlich auf ungestählte Schultern eine Last gelegt, welche selbst dem erfahrenen, gewiegten Manne oft zu schwer wird. Aber er wollte sie tragen, von der Treue seines Volkes unterstützt und von seinen Ministern, mit denen er in unmittelbaren Verkehr treten wollte, berathen. Man hörte diesen letzteren Entschluß allenthalben mit großer Freude, denn seit des ersten Maximilians Zeiten war dies nicht mehr der Fall gewesen; eine volksfeindliche Camarilla, im Cabinetssekretariat, hatte sich zwischen Bayerns Fürsten, und ihre zuständigen Berather gedrängt und einen unseligen, vom Lande mit Recht beklagten Einfluß geübt. Das sollte nun anders werden, so hoffte das Volk.

Und wie hat sich seine Hoffnung erfüllt?

Schon im vorigen Jahre, bald nach dem Antritt seiner Regierung hat der junge König angefangen, den ganzen Sommer über, bis Ende November fern von der Hauptstadt, dem Centralpunkte der Regierung, auf dem Lande zu verweilen. Und mit Anfang des Sommers dieses Jahres entfernte er sich gleichfalls aus München, zuerst nach Berg am Starnbergersee, dann nach Hohenschwangau, in die Vorderriß und weiter – und die Minister sieht er die ganze Zeit seines Landaufenthaltes wenig oder gar nicht.

Es schien und scheint hiernach, daß der junge König eben doch lieber mit den Herren des von seinem Vater zurückgelassenen Kabinetssekretariats, die er schon früher kannte, konferirt, als mit seinen und der Krone Ministern und darin möchte sowohl das Geheimniß seiner langen Abwesenheit vom Centralsitze der Regierung, als auch das mancher andern mißliebigen Erscheinungen gefunden sein. Dieses Verhältniß mag auch die Entfernung des Ministers Neumayr aus seiner Stelle veranlaßt haben, wie wir sofort näher erörtern werden – das wenigstens ist eine unläugbare Thatsache, daß er einer Cabinetsintrigue zum Opfer fiel – und es ist nach alledem wohl an der Zeit, ein freimüthiges Wort darüber zu reden.

Das Institut des Cabinetssekretariats ist erst von König Ludwig I. zum Behuf seiner Selbstregierung, die er bekanntlich in hohem Maße übte, eingeführt worden. Vorher, zur Zeit König Maximilians I., kannte man dieses Institut nicht. Gleich bei dessen Einführung gab es mit den Ministern, die sich hierdurch etwas auf die Seite geschoben sahen und denen es ein Dorn im Auge war, mancherlei Conflikte, um die sich aber König Ludwig I. im Bewußtsein seiner Selbstherrlichkeit nichts kümmerte. Er behielt sein neugeschaffenes Institut bei.

So ging es fort bis in die 1830er Jahre, mit denen einige Aufregung im deutschen Verfassungsleben entstand. Es kam damals, auf dem bayerischen Landtage von 1831, auch das inconstitutionelle Institut des Cabinetssekretariates sehr heftig zur Sprache. Unter anderen hatte sich der berühmte Staats- und Rechtslehrer Prof. Dr. Seuffert, damals zweiter Präsident des Abgeordnetenhauses so ausgesprochen: »Ich kann die Stelle eines Cabinetssekretariates nicht als zur Sphäre des Staatsdienstes gehörig, sondern nur als eine Hofbedienung ansehen, für welche die Ausgaben aus dem Hofetat zu bestreiten sind. Diese Stelle ist dem Organismus einer constitutionellen Monarchie gänzlich fremd; sie ist überflüssig, wenn geschieht was geschehen soll, daß der Monarch mit seinen Ministern in persönlichem vertrauensvollen Verkehr stehe.«

Allein auch hierum kümmerte sich König Ludwig I. nichts, und zwar um so weniger, als die Kammermajorität, schon ganz reaktionär, die permanente Civilliste votirt hatte.

So ging es hiernächst wieder ohne irgend eine Aenderung mit dem Cabinetssekretariat fort; auch daß dasselbe nicht auf den Hofetat genommen wurde, sondern a Conto des Staatsärars geblieben, ließ man sich ruhig gefallen, bis endlich im Jahr 1848 die Stände abermals heftig gegen das Institut des Cabinetssekretariats aufgetreten waren.

König Max II. sah sich hiernach veranlaßt, durch Declaration vom 15. Nov. 1848 das Cabinetssekretariat für alle Staatsangelegenheiten aufzuheben und nur noch für die Hof – und Privatangelegenheiten des Königs, sowie für Bitt – und Gnadengesuche, fortbestehen zu lassen.

Demungeachtet fuhren aber die damaligen Minister fort, ihre Berichte an das Cabinetssekretariat zu senden und das Personal desselben wurde auch nicht von der Hofkasse, was doch sein sollte, sondern aus der Staatskasse fortbezahlt und König Max blieb außer unmittelbarem Verkehr mit den Ministern.

In dieser Art hatte das Ministerium v. d. Pfordten – Ringelmann – Aschenbrenner, das im März 1849 eingetreten war, das Cabinetssekretariat vorgefunden, und von ihnen war allerdings nicht zu erwarten, daß sie des Königs Erklärung vom 15. Nov. 1848 zur Wahrheit werden ließen. Es begann die unselige Zeit der Reaction und ihr war es gleichgiltig, daß ein königliches Versprechen nicht erfüllt wurde. Der König selbst war, man kann es in der That sagen, weit mehr der Constitution treu geblieben, als seine Minister, denn er hatte, als Staatsrath v. Silcher als Cabinetssekretär abtrat und Hofrath von Pfistermeister seine Stelle einnahm, wenigstens letzteren auf seinen Hofetat zur Zahlung übernommen. Das übrige Personal des Cab.-Sekr. blieb aber dem Staatsärar zur Last und wo sich einzelne Stimmen dagegen erhoben, besonders in der Presse, da wurden sie von der reactionären Regierung zum Schweigen gemaßregelt. Der Landtag blies mit der Regierung in ein Horn und so blieb Alles beim Alten.

König Max starb. Und nun erwartete man, daß die Minister sich rühren, und ein anderes, mehr konstitutionelles Regime herbeiführen würden, was in der That so leicht erschien, nachdem der junge König sich geneigt hiefür erklärt hatte.

Allein sie blieben Alle zurück. Ein Theil derselben war ja selbst durch Pfistermeister auf den Ministersitz gehoben worden und wußte dankbar zu sein; der andere Theil war durch Freundschaft mit dem Cabinetssecretär verbunden, so daß immer Einer den Anderen unterstützte in Allem, was Jeder gern erreicht und durchgesetzt haben mochte. Und dieses Verhältniß erschwerte den Zugang zur Krone außerordentlich. Ein dritter Betheiligter, der nicht beide Parteien auf seiner Seite hatte, vermochte den König nicht zu erreichen, und so konnte dieser auch die gerechte Sache nicht unbefangen, in ihrem wahren Lichte, sehen.

Sollte die Cabinetsintrigue, welche den Minister Neumayr stürzte, nicht vielleicht ähnlich eingefädelt gewesen sein?

Den jugendlichen König, obwohl er anfänglich in eine andere Bahn einzulenken schien, mochte die Einwirkung des Hrn. v. Pfistermeister und das eigene bessere Behagen, alte Bekannte, und jüngere Leute als die Minister sind, um sich zu haben – bestimmen, seinen Aufenthalt auf dem Lande so sehr zu verlängern. Die Herren des Cabinetssecretariats sind hiermit nicht unzufrieden, weil ihre Diäten auf Kosten der Staatskassa hübsch anschwellen und – weil sie dem jungen König dabei immer vertrauter und unentbehrlicher werden und immer größeren Einfluß erlangen.

Oder sollte es Zufall sein – oder ist es wirklich Verdienst? – daß die Herren des Cabinets, Hofrath v. Pfistermeister Staatsrath, Lutz Oberappelationsrath, Leinfelder Legationssekretär, Brochier königl. Rath, alle in kurzer Zeit nach einander geworden sind?

Wie nimmt sich hiergegen die Thatsache aus, daß diejenigen zwei Minister, welche der Constitution noch am aufrichtigsten ergeben waren, v. Mulzer und v. Neumayr, gegen den laut ausgesprochenen Willen des Volks ihre Stellen verlassen mußten, ohne daß man irgend einen stichhaltigen Grund dafür nennen konnte?

Und der Dritte, Kriegsminister v. Lutz, hat bereits, unter gleichen Umständen, seine Entlassung erbeten und wird jenen beiden wohl folgen. Wohin wird das führen? Des Königs Wille, wenn er wahr berichtet ist, kann dies nach Allem, was dem Lande über seinen Charakter bekannt worden, kaum sein! Und das Land sollte schweigen und über seine heiligsten Interessen sorglos sein, wenn Pfistermeister, der frühere Auditor, Lutz, lediglich Justizmann, und Leinfelder, nichts weiter als Sprachkenner –

sämmtlich dem Volk nicht verantwortlich wie die Staatsminister! – des Königs ganze Umgebung bilden? Wahrlich, das Volk würde zum Verräther an sich selbst und seiner Zukunft, wollte es da sich scheuen, seine Stimme laut und kräftig zu erheben.

Nachdem der König auch heuer wieder der Residenz und seinen Räthen bis Ende November fernbleiben will, da mochte Herr von Pfistermeister, der die Stimmung des Publikums recht gut kennt, fürchten, es könnten doch Stimmen laut werden, die ihm und seinen Freunden zum Schaden gereichen möchten. Und um jene Zeit erschien in der bayerischen Zeitung die ungeschickte Entschuldigung, deren sich unsere Leser erinnern. Es wird also nicht schwer sein, zu enträthseln, aus welcher Quelle sie stammte. Kurz darnach ging uns eine Correspondenz aus München für unser eigenes Blatt zu, welche der Bayr. Ztg. ob der taktlosen Motivirung jener Erklärung entgegentritt – was wir für gerechtfertigt hielten – zugleich aber in den entgegengesetzten Fehler verfiel, indem sie mit allzugroßer Vertrauensseligkeit des Königs Thun dem Volke willkommen nannte, wogegen wir aufgrund unserer Ueberzeugung entschieden ankämpfen müssen.

Unsere Meinung – wir sprechen sie auch in dieser Sache unumwunden und freimüthig aus – ist die: daß der König, wenn er 7 Monate des Jahres fern von seinen Ministern weilt, nur umgeben von dem gänzlich unconstitutionellen Institut des Kabinetssecretariats, übel berathen ist und dadurch des Volkes gerechte Besorgnisse erwachsen.

Niemand in ganz Bayern denkt daran, dem jungen König den Genuß der freien Natur mißgönnen oder verkümmern zu wollen, aber dem Wohldenkenden ist es nicht einerlei, ihn unter ganz anderem Einfluß heranreifen zu sehen, als konstitutionellem! Man rühmt den Freiheitssinn des jungen Königs, und es ist erfreulich, was man davon hört, aber dies Alles berechtigt nicht zum blinden Vertrauen besonders unter den jetzt gegebenen Umständen. Der Freiheitssinnn wird nimmer gute Früchte tragen, wenn er nicht gut geleitet wird. Glühte nicht auch König Ludwig I. in seiner Jugend für Freiheit und Vaterland? Und in den Händen der Pfaffen ward aus dem freiheitsbegeisterten Jüngling ein König, der die Freiheit nur für sich in Anspruch nahm und als Absolutist regierte! Zuerst hat ein König vor dem Gesetz, dessen Hüter und Vollstrecker er ist, sich beugen und entsagen zu lernen. Und das lernt man nicht in der Umgebung von dienstfertigen Hofkavalieren, sondern in der Schule des Staatslebens, umgeben von den gesetzlichen Räthen der Krone!

Die rechte Leitung des bildungsfähigen, trefflich angelegten Charakters Ludwigs ist für's Wohl des Vaterlandes, zumal in der Zeit eines so gewaltigen politischen Wogens, eine Frage von höchstem Interesse. Jetzt, wo nicht Hofmänner in den Anforderungen des Vergnügens, sondern wo Minister in den hochwichtigsten Fragen, in der Frage um »Sein oder Nichtsein« Bayerns, jeden Tag mit dem König konferiren sollten, ist ihnen dieser Weg abgeschnitten. Selbst die Resolutionen lassen – wie solches während des improvisirten Ausflugs des Königs in die Schweiz vorkam – ziemlich lange auf sich warten und doch spricht die Bayerische Zeitung, daß die Regierungs-Geschäfte durch die Abwesenheit des Königs nicht aufgehalten werden? Die Minister schweigen, lassen das Cabinetssekretariat trotzalledem unangefochten; da muß die öffentliche Stimme reden. Wir üben heilige Pflicht, indem wir's thun. Wollte Gott, unsere Stimme träfe des Königs Ohr! Sagen wir's dem jungen Monarchen, daß die Deklaration seines Vaters vom 25. Nov. 1848 noch nicht zur Wahrheit geworden, daß für eine aufgehobene Stelle noch Staatsdiener verwendet und aus der Staatskasse bezahlt werden, im Widerspruch mit der Constitution; sagen wir's ihm, daß das Volk einen der kgl. Staatsminister an seiner Seite wünscht, wenn seine Abwesenheit vom Sitz der Regierung von längerer Dauer ist, keinen unverantwortlichen Hofbediensteten; sagen wir's ihm: das Budget des Landes hat keinen Etat, das Volk

kein Vertrauen für ein Cabinetssekretariat, das sich in Staatsangelegenheiten mischen darf, – vielleicht wird der Zuruf zum Heile des Landes Beachtung finden, vielleicht fällt ein Institut, das trennend zwischen den König und sein Volk geschoben ist, das dem Willen der Nation, dem Geist der Constitution, das dem Recht und dem Glück des Landes zuwiderstrebt!
Eine konstitutionelle, keine Cabinetsregierung – das fordert Bayerns Volk!

Die Lage in Bayern. In: Berliner Börsencourier, Nr. 471 vom 17. September 1885, Morgenausgabe, S. 1.

Die eigenthümlichen Verhältnisse, welche in dem zweitgrößten Deutschen Bundesstaat in Folge der seltsamen Neigungen und Lebensgewohnheiten des Königs Ludwig II. obwalten, bilden seit Jahren den Gegenstand von mysteriösen und abenteuerlichen Schilderungen, die immer von neuem mit pikanten Details die Runde durch die Presse machen. Die precäre Lage der Bayerischen Hofkasse ist ein offenes Geheimniß. Bekannt ist, daß vor mehreren Jahren durch ein unter merkwürdigen Umständen von der Bayerischen Hypotheken- und Wechselbank gewährtes hypothekarisches Darlehen von 10 Millionen Mark außerordentliche Mittel beschafft wurden, durch welche die für die Prunkbauten des Königs eingegangenen Schulden beglichen werden sollten. Eingeweihte Personen wußten schon lange, daß diese 10 Millionen bei weitem nicht hinreichen würden, um die Verpflichtungen der Königlichen Hofkasse zu ordnen. Man spricht jetzt von weiteren 25 Millionen, welche zur Bezahlung der kolossalen, vom König befohlenen Bau- und sonstigen Ausgaben erforderlich seien.

Es kann nicht zweifelhaft sein, daß diese Verhältnisse auch von einer ganz anderen Seite als von der des pikanten Hofklatsches betrachtet werden können und müssen. Mit Achselzucken, Vertuschen und gegenseitigem Zuflüstern interessanter Details werden dieselben nicht geordnet, und doch erscheint eine solche Ordnung nothwendig, wo ein gekröntes Haupt, insbesondere ein Deutscher Bundesfürst in's Spiel kommt. Auch die staatsrechtliche Seite der Angelegenheit macht es erforderlich, dieselbe einer ernstlichen Erörterung zu unterziehen. Man erzählt sich, daß die maßgebenden Personen und Parteien in Bayern thatsächlich nicht wissen, welche Schritte sie thun und wie sie sich überhaupt verhalten sollen. Die Bayerischen Minister sollen sich endlich entschlossen haben, die Thatsache der Ueberschuldung der Königlichen Hofkasse dem Landtage vorzulegen, um eventuell zunächst eine Entscheidung darüber herbeizuführen, ob das Land die betreffenden Schulden übernehmen wolle.

Hier erhebt sich zunächst die Frage: Kann und darf die Bayerische Kammer die Mittel des Landes für kolossale zweck- und nutzlose Ausgaben hergeben, wie die Ausstattung der zahlreichen vom Könige befohlenen Prachtbauten sie erfordern? Man wird kaum in der Lage sein, eine solche Frage bejahend zu beantworten. Die Bayerische Krone besitzt von alten Zeiten her eine stattliche Anzahl Residenzen und Schlösser in den verschiedenen Provinzen des Staates, deren Unterhaltung dem Lande ein kolossales Stück Geld kostet. Die riesigen Schloßbauten, welche König Ludwig II. befohlen hat, und von denen einzelne einen Bauaufwand von ca. 20 Millionen erfordern, gehen über das Bedürfniß einer, dem Lande angemessenen Hofhaltung weit hinaus, und dürften von einem Regenten, der die Mittel des Landes und die Fonds der Civilliste mit Freigebigkeit, aber doch maßvoll zu verwenden bestrebt ist, nicht übernommen werden, wenn auch für die Herstellung nichts mehr zu bezahlen wäre. Die Unterhaltung dieser Gebäulichkeiten muß nämlich fortwährend so große Summen verschlingen, daß für sonstige nothwendige Bedürfnisse und für den Aufwand der Hofhaltung aus der Civilliste von 4 1/2 Millionen nicht genug übrig bliebe.

Die Thatsache dieser seit Jahren in einem, die vorhandenen Mittel so weit überschreitenden Umfange vom König angeordneten Bauten findet keine andere Erklärung, als in einer bedenklichen Neigung des Königlichen Bauherrn. Wenn es sich um einen Privatmann handelte, der in ähnlichem Umfange einem Hang zu großen Ausgaben nachgegeben hätte, so würden dessen Angehörige die Pflicht gehabt haben, einzuschreiten und einen gerichtlichen Beschluß erwirkt haben, der ihm das Recht zur selbstständigen Vermögens-Verwaltung abspricht. Eine geradezu erdrückende Menge von Umständen und Anzeichen spricht dafür, daß es die Wirkung eines anormalen Zustandes ist, welche in diesen Anzeichen zu Tage tritt. Andere Symptome desselben sind die Menschenscheu des Königs, die seltsame Art des Kunst-Enthusiasmus, welcher in ungeheuer kostspieligen Theater-Aufführungen mit Ausschluß der Oeffentlichkeit eine nach gewöhnlichen Begriffen unerklärliche Befriedigung findet; die ungewöhnliche Art der Behandlung der Regierungsgeschäfte, die ohne jede allgemein gebräuchliche und nothwendige persönliche Berathung mit den Ministern stattfindet; endlich der seltsame Verkehr mit allen Beamten und Angestellten des Hofes. Man wird schwerlich irregehen, wenn man diese Thatsachen als einen Beweis dafür betrachtet, daß König Ludwig nicht mehr im Besitze all' jener Eigenschaften sich befindet, welche eine Erfüllung der hohen Pflichten seines Berufs gewährleisten. Welch' weitere und bedenklichere Symptome sollen abgewartet werden, bis ein Einschreiten der maßgebenden oder berufenen Factoren zur Abstellung von Mißständen oder zur Verhütung von weiteren Verlegenheiten und Beeinträchtigungen des Landeswohls als unabweisbar erkannt werden wird?

Das öffentliche Interesse nicht nur des Bundeslandes Bayern, sondern auch des Reiches, wie nicht minder die Rücksicht auf das monarchische Princip erheischen eine rasche und entschiedene Klarlegung des Sachverhalts und die eventuelle Ergreifung derjenigen Maßregeln, welche für einen solchen Fall geboten erscheinen. Es scheint, daß eine solche unvermeidliche Klarlegung stattfinden wird, wenn die Angelegenheit der fünfundzwanzig Millionen in der Bayerischen Kammer zur Sprache gelangt. Der Fall ist viel zu eclatant, als daß hierüber ein Zweifel herrschen könnte. Die Finanzverlegenheiten datiren nicht von heute und nicht von gestern, sie waren seit Jahren mit mathematischer Gewißheit vorauszusehen. Nichtsdestoweniger haben die Ausgaben angedauert, ja, sie haben in steigender Progression zugenommen. Sollte die Kammer, wie dies allerdings wahrscheinlich ist, eine Tilgung der Königlichen Schuld aus Landesmitteln beschließen, so könnte dies natürlich nicht anders geschehen, als daß sie sich sichere Garantien gegen die Erneuerung der gleichen Vorfälle in unzweifelhafter Form zu verschaffen sucht. Wie dies aber möglich sein soll, ohne zugleich die Dispositionsfähigkeit des Monarchen auf irgend eine Weise für die Zukunft zu beschränken, läßt sich nicht wohl absehen. Es ist wahrscheinlich, daß bei einer solchen Erledigung der Angelegenheit den Aerzten eine größere Aufgabe zufallen wird, als den Politikern.

Die staatsrechtlichen Schwierigkeiten der Lage können nicht von so großer Bedeutung sein, um die nöthigen Schritte fernerhin zu verschieben und mittlerweile planlos den Zufall walten zu lassen. Wenn in der Bayerischen Verfassung für derartige Fälle keine Vorsorge getroffen ist, so ist doch der nothwendige Gang der Dinge durch die staatsrechtliche Logik klar vorgezeichnet. Es ist ein erbberechtigter Nachfolger des Königs vorhanden. Diesem wäre für den Fall, daß sich die allgemeine Annahme als begründet erweist, die Regentschaft anzuvertrauen. Eine Betheiligung des Bundesrathes an den nöthigen Schritten ist jedenfalls geboten. Denn gewiß ist das Reichs-Interesse durchaus nicht in letzter Linie dabei involvirt, daß eine prompte und sachgemäße Erledigung der Angelegenheit erfolgt. Das Particular-Interesse des Bayerischen Bundesstaates kann aber hierbei durchaus nicht als im Widerspruch mit dem Reichs-Interesse stehend anerkannt werden. Der schweren Schädigung der Finanzen des Bayerischen Staates muß im particularen wie im Reichs-Interesse Einhalt geboten werden. Der jüngste Besuch des Bayerischen Prinzen Arnulf am hiesigen Hofe dürfte wohl durch die Lage der Dinge veranlaßt worden sein. Die außerordentlichen Beweise von Anerkennung und Freundschaft, die der Prinz in Berlin gefunden, sind Anzeichen, daß man hier gern die Hand zu bieten bereit ist, den beklagenswerthen Fall in einer für das Bayerische Königshaus wie das Land befriedigenden Weise zu regeln.

Ein Protest. In: Münchener Neueste Nachrichten, 38. Jg., Nr. 262 vom 19. September 1885, S. 1.

Wir waren schon früher öfter in die Nothwendigkeit versetzt, die Unkenntniß und Anmaßung, mit welcher manche norddeutsche Blätter, ohne Unterschied der Parteistellung, über bayerische Angelegenheiten sich ausließen, zu berichtigen und zurückzuweisen. In letzter Zeit indessen wurden jenseits des Mains Sensationsgerüchte und Klatschgeschichten eifrig kolportirt, welche die Ignoranz oder die Böswilligkeit ihrer Urheber in so helles Licht setzten, daß eine ausdrückliche Widerlegung überflüssig zu sein schien. Gewisse Dinge richten sich selbst. Wenn wir in unserem Schweigen nun heute eine Ausnahme machen und mit nachdrücklichem Protest dem »die Lage in Bayern« betitelten Artikel eines Berliner Blattes, das seine weite Verbreitung hauptsächlich der sorglichen Pflege des Kulissenklatsches verdankt, entgegentreten, so geschieht das wegen des ganz ausnehmend kecken Tones und der Schwere der Beleidigungen, welche darin gegen Se. Maj. den König von Bayern enthalten sind. Es verbietet sich von selbst die wörtliche Wiedergabe der gravierendsten Stellen; der Gedankengang des Artikels aber ist folgender: Die kgl. Kabinetskasse sei in schweren Geldnöthen – man spreche von 25 Millionen, welche zur Bezahlung der kolossalen Bauten erforderlich, aber nicht vorhanden seien. Die maßgebenden Personen und Parteien hätten sich bereits mit der Frage befassen müssen, welche Schritte hier zu thun wären, und die bayerischen Minister hätten sich entschlossen, die Thatsache der Überschuldung der kgl. Hofkasse dem Landtage vorzulegen, um eventuell zunächst eine Entscheidung darüber herbeizuführen, ob das Land die betreffenden Schulden übernehmen wolle. Das Berliner Blatt verneint diese Frage, und knüpft an die aus solcher Verweigerung entstehenden Folgen Betrachtungen über die Person und die Gewohnheiten Sr. Majestät, welche wir hier unterdrücken müssen, deren Ziel aber das ist, daß Bayern und das Reich, die bayerische Volksvertretung, die Agnaten und der Bundesrath der schweren Schädigung der Finanzen des bayerischen Staates Einhalt thun und die Konsequenzen der staatsrechtlichen Logik rückhaltlos ziehen müßten, selbst über die Person des gegenwärtigen Königs hinweg.

Wir glauben uns im vollen Einklange mit der gesammten öffentlichen Meinung Bayerns zu befinden, wenn wir gegen eine derartige frivole Auffassung innerbayerischer Dinge laut und nachdrücklich protestiren; es ist eine unberufene Einmischung eines Ignoranten in Privatangelegenheiten des Monarchen – noch sind die Verhältnisse der Kabinetskasse dies unzweifelhaft –, die zum Ausgangspunkt der Deduktionen jenes Artikels gemacht werden, und es ist ein Wirrsal von Frivolität, Halb- und ganz Unrichtigem, in das schließlich unser Monarch verstrickt wird. Wenn König Ludwigs Neigungen ihn abseits von den Pfaden des Gewöhnlichen und Ueblichen führen, so hat darunter noch niemals das hohe und unentwegte Pflichtbewußtsein des Regenten gelitten. Wer da weiß, mit welcher Gewissenhaftigkeit und Treue König Ludwig sich auf seinen einsamen Schlössern den Regierungsgeschäften bis in's Kleinste widmet, wird mit Entrüstung die unwahren Behauptungen und Schlußfolgerungen jenes Berliner Blattes von sich weisen. Gerade in Nordeutschland und in liberalen Kreisen sollte man sich stets vor Augen halten, was Bayerns König für das Reich gethan hat. Eine kecke Anmaßung, die nur durch augenfällige Ignoranz gelindert erscheint, ist es, wenn man die Oeffentlichkeit mit derartigen Attentaten auf die Wahrheit und die Insulten gegen einen hochverdienten Fürsten behelligt.

Das Handschreiben Sr. Maj. des Königs an den Staatsminister v. Lutz. In: Münchener Neueste Nachrichten, 35. Jg., Nr. 60 vom 1. März 1882.

Das von Sr. Maj. dem König an den Vorsitzenden des Ministerraths, den kgl. Staatsminister Dr. v. Lutz erlassene, Allerhöchste Handschreiben lautet vollständig:

Mein lieber Minister v. Lutz! Ich habe mit Bedauern die Schwierigkeiten verfolgt, welche in den letzten Monaten dem, wie Ich weiß, nur auf das Wohl des Landes gerichteten Wirken Meiner Minister in den Weg gelegt wurden, und finde Mich bewogen, die bestimmte Erwartung auszusprechen, daß Sie und Ihre Amtsgenossen, die von Mir berufenen Räthe der Krone, auch fernerhin fest ausharren und mit aller Kraft für die Rechte Meiner Regierung eintreten werden, wie es bisher geschah.

Was insbesondere das Verhältniß der Kirche zum Staate betrifft, so habe Ich der Kirche stets und aus innigster Ueberzeugung Meinen vollen Schutz gewährt und werde nie aufhören, den religiösen Sinn Meines Volkes, in welchem Ich die Grundlagen der Ordnung erkenne, zu schirmen. Es ist Mein Wille, daß den religiösen Bedürfnissen des Landes die sorgsamste Beachtung und Pflege zu Theil werde.

Ich will aber ebenso sehr, daß Meine Regierung jetzt und in Zukunft allen Bestrebungen entgegentritt, welche darauf abzielen, die unzweifelhaften und nothwendigen Rechte des Staates zurückzudrängen und welche Staat und Kirche in eine unheilvolle feindliche Stellung bringen würden.

Indem ich diesen Meinen Willen hier zur Bekräftigung wiederholten Ausdruck gebe, spreche Ich Ihnen und Ihren Amtsgenossen für das treue Ausharren unter so großen Schwierigkeiten gerne Meine warme Anerkennung aus und versichere Sie, Mein lieber Minister v. Lutz, des vollsten Vertrauens, mit welchem Jch bin

Ihr wohlgeneigter König Ludwig.
München den 28. Februar 1882.

Ärztliches Gutachten über den Geisteszustand Seiner Majestät des Königs Ludwig II. von Bayern vom 8. Juni 1886 mit Nachtrag vom 17. Juni 1886. GHA 36/1/3 V und 36/1/4, Abschrift.

So peinlich es für die unterzeichneten Ärzte ist, an die Beurtheilung des geistigen Zustandes Seiner Majestät ihres Königs heranzutreten, sie müssen dem erhaltenen Befehle Folge leisten und erstatten hiermit unter ausdrücklicher Berufung auf den von ihnen geleisteten Eid, ihrer schweren Verantwortlichkeit vollkommen bewußt, nach Pflicht und Gewissen das verlangte Gutachten, wobei sie bemerken, daß eine persönliche Untersuchung Seiner Majestät, was weiter auseinanderzusetzen überflüßig sein wird, unthunlich, bei dem vorliegenden Aktenmaterial aber auch nicht nothwendig war.

Zunächst darf an die notorische Thatsache erinnert werden, daß eine Tante Seiner Majestät, Ihre Königliche Hoheit Prinzessin Alexandra eine lange Reihe von Jahren (bis zum erfolgten Tode) an unheilbarer Geisteskrankheit litt. Ist hierauf auch nicht allzugroßes Gewicht zu legen, so muß umso mehr hervorgehoben werden, daß auch der jüngere Bruder Seiner Majestät, Seine Königliche Hoheit Prinz Otto von Bayern, unheilbar geisteskrank ist, daß Höchstdessen Erkrankung in ihren Anfängen sich bis in die Jugend verfolgen und Züge erkennen läßt, deren Verwandtschaft mit gewissen Erscheinungen bei Seiner Majestät sich unwillkürlich und unabweisbar aufdrängt.

Dem mitunterzeichneten Obermedizinalrath von Gudden klagte Seine Königliche Hoheit zu einer noch relativ freien Zeit, daß Höchstdessen qualvolle Zustände von Angst und innerer Unruhe sich vorübergehend schon in früher Jugend bemerkbar gemacht hätten, daß beispielsweise es Seiner Königlichen Hoheit als Lieutenant mit 17 Jahren bei der ersten Residenzwache, als Münchener Einwohner voll freudiger Theilnahme sich sammelten und zuschauten, zu Muthe gewesen sei, als ständen Höchstderselbe am »Schandpfahle«; dabei leiden Seine Königliche Hoheit an den widerwärtigsten Empfindungen in der Brust und im Unterleibe, an Hallucinationen sämmtlicher Sinne, an motorischen Erregungen, die sich in den verschiedensten schleudernden und springenden Bewegungen der Arme und Beine äußern, sind nicht selten gemüthlich in hohem Grade gereizt und zu Gewaltthätigkeiten geneigt, dabei, im Gegensatz und gewissermaßen im Gegengewichte zu so manchen niederdrückenden Empfindungen und Vorstellungen, nicht selten von einem so außerordentlich gesteigerten Bewußtsein Höchst-Seiner Stellung durchdrungen, daß Aeußerungen, wie »Niemand hat mir zu befehlen, selbst der König nicht« öfters vernommen und alle Bemühungen, auf Seine Königliche Hoheit durch ärztlichen Rath oder möglichst schonend getroffene äußere Veranstaltungen einzuwirken, von vornehrein verloren waren.

Auch bei Seiner Majestät scheinen schon früher ähnliche Anwandlungen von innerer Angst und Aufregung sich eingestellt zu haben. Seine Königliche Hoheit Prinz Otto theilte dem mitunterzeichneten Obermedizialrathe von Gudden gelegentlich seiner eigenen bezüglichen Klagen mit, daß Seine Majestät an demselben Übel litten. Seine Majestät seien überhaupt sehr ängstlich und hätten bei den Spaziergängen im englischen Garten Seiner Königl. Hoheit oft den Auftrag gegeben, ja darauf Acht zu geben, daß keine Begegnung mit Anderen stattfände. Auch der verstorbene Staatsrath von Neumayr theilte demselben Arzte mit, wie schwer mitunter schon relativ kurze Zeit nach der Thronbesteigung bei dem Besuche der fränkischen Kreise es gehalten habe, Seine Majestät zu bewegen, an die Öffentlichkeit zu treten. Im Jahre 1872 wurde Herr Ministerialrath von Ziegler in das Kabinetssekretariat berufen.

Derselbe hörte (vergl. dessen Aeußerungen Bogen 1) von Staatsrath Eisenhart und von Personen des Hofes, wie schwer es Seine Majestät ankomme, Audienzen zu ertheilen, insbesondere solche staatsgeschäftlicher Natur. Die Scheu vor Begegnungen mit Menschen trat mehr und mehr zu Tage (I.c.), die Besuche der Kirche in Berg wurden immer seltener, endlich ließen Seine Majestät im abgeschlossenen Parke zu Berg ein romantisches Kirchlein bauen und sich die Messe lesen, ohne daß derselben irgend Jemand beiwohnen durfte. (Bogen 2.) Um keinen Menschen im Theater sehen zu müssen, kam es zu den bekannten Separatvorstellungen (vgl. Aeußerungen des k. Stallmeisters Hornig Blatt 5, auch die des k. Ministerialrathes von Ziegler Bogen 2). Der Verkehr mit Menschen wurde Seiner Majestät immer entsetzlicher (v. Ziegler Bogen 6). Nach Ablauf des Hohenschwangauer Winteraufenthaltes nach München zurückzukehren, war für Seine Majestät fürchterlich. Der Aufenthalt in Hohenschwangau wurde deßhalb immer weiter ausgedehnt, und von 1876 bis 1883 nach und nach um einen Monat verlängert. Die Befehle zur Abreise von Hohenschwangau wurden im letzten Augenblicke gegeben. (v. Ziegler Bogen 4.) Wochenlang schon vorher habe es Seine Majestät aufgeregt, wenn die Hofhaltung nach München verlegt werden sollte. In Seeshaupt oder Peißenberg seien Allerhöchstdieselben stundenlang unentschlossen und zögernd umhergegangen, bis der Zug bestiegen wurde, wären lieber wieder umgekehrt, München sei für Allerhöchstdieselben »eine Qual, ein Gefängniß«, so die eigenen Worte Seiner Majestät. Dieselbe Aufregung pflegte den Hoftafeln, die deßhalb öfters auch aufgeschoben wurden, vorherzugehen. Es sei – wieder die eigenen Worte Seiner Majestät – Allerhöchstderselben zu Muthe, »als gehe es zum Schaffot.« Acht bis zehn Glas Champagner seien jedesmal zur Erleichterung vorher getrunken worden (vergl. Ziff. 15 und 16 in den Aeußerungen des k. Marstallfouriers Heßelschwerdt und k. Kammerdieners Welker). Mit der Annäherung des Eisenbahnzuges an die Stadt, sagt der k. Stallmeister Hornig (Blatt 5) steigerten sich die Zorn – und Wuthausbrüche Seiner Majestät und Ministerialrath von Ziegler spricht sich über die Hoftafeln folgendermaßen aus (Bogen 6): Wochenlang vor einer Tafel war von diesem »Unglück« die Rede und jeder Gegenstand des Vortrages trat vor diesem Thema weit in den Hintergrund. Die Vorträge verlängerten sich bis zu 3–4 Stunden, Seine Majestät konnten kein Ende finden, ergingen sich über die Tafelgäste in den aufgeregtesten, unglaublichsten Ausdrücken und sagten verschiedene Male die für den nächsten Tag bestimmte Tafel noch in der vorhergehenden Nacht ab, obwohl alle Vorbereitungen getroffen waren. War aber wirklich der Tag einer solchen Tafel gekommen, dann war die Stimmung bei dem Vortrag, welcher stets noch wenige Stunden vor der Tafel stattfand, die aufgeregteste, die man sich denken kann. Hastige Erkundigungen über den einen oder anderen der Gäste, Hin- und Herlaufen im Zimmer, Verwünschungen aller Art, – dies war das stets wiederkehrende Bild. Die Eingeweihten sahen diesen Tafeln immer mit Angst entgegen, weil sie befürchten mußten, die Kraft der Selbstbeherrschung Seiner Majestät werde unterliegen. Seine Majestät befahlen auch, daß der Allerhöchste Platz an der Tafel mit Aufsätzen, Blumen u.s.w. so besetzt werde, daß man Allerhöchstdieselben so wenig als möglich sehen könne, auch wurde die lärmendste Musik absichtlich befohlen. Bei der Tafel selbst ließen Seine Majestät oft wilde Blicke umherschießen, stießen auch hier und da voll Wuth mit dem Säbel auf den Boden (vergl. auch die Mittheilungen des Herrn Ministerialraths von Ziegler über das Verhalten Seiner Majestät beim Besuche der Wagner'schen Aufführungen in Bayreuth im Jahre 1876 (Bogen 11), – die Mittheilungen desselben Berichterstatters über die Reise in die Schweiz mit dem Schauspieler Kainz (Bogen 12), sowie über das Benehmen Seiner Majestät gegenüber verschiedenen Höchsten und Allerhöchsten Herrschaften.

Die nicht selten auftretende Aufgeregtheit Seiner Majestät vor Empfängen vor und nach Besuchen, vor Hoftafeln, bestätigt auch Oberregierungsrath von Müller unter Ziffer 4 seiner Aeußerung. In ganz besonderem Grade habe sie sich gezeigt bei den ersten allerunterthänigsten Vorträgen über das Wittelsbacher Jubiläum, welche Vorträge zumeist in den Monat Dezember 1879 fielen; die allerehrerbietigsten Vorstellungen, welche auf Theilnahme Seiner Majestät an dem Feste abzielten, bewirkten eine sich immer mehr steigernde Aufregung; es trat von Tag zu Tag klarer hervor, daß ein definitiv bejahender Entscheid nicht erfließen werde und daß das Offenhalten der Frage zu fortgesetzter Monate langer Beunruhigung Seiner Majestät führen würde, ohne die Hoffnung auf eine schließliche allergnädigste Anwohnung auch nur mit einiger Wahrscheinlichkeit zu eröffnen.

Die Folgen dieser krankhaften Verstimmungen und innerlichen Hemmungen wurden immer trüber und verhängnißvoller. Der k. Stallmeister Hornig, welcher seit dem Jahre 1867 in der Umgebung Seiner Majestät sich befindet, berichtet in seinen Aufzeichnungen (Blatt 1) daß anfangs Seine Majestät noch ein größeres Bedürfniß nach dem Verkehr mit Menschen fühlten. Es seien bei den nächtlichen Ritten, die meistens beim Mondscheine unternommen wurden, Feste im Walde veranstaltet worden, zu denen jüngere Bedienstete vom Marstallpersonale, auch Lakaien befohlen wurden. Unter Zelten wurde dann bis zum frühen Morgen gezecht und andere Unterhaltungen in kleinen Spielen z. B. Ring verstecken, Schneider leihe mir deine Scheere u. s. w. gesucht. Später hörten diese Unterhaltungen auf, doch kam es noch in neuerer Zeit vor, daß gelegentlich des Aufenthalts Seiner Majestät auf dem Schachen Stallleute im dortigen, im türkischen Style eingerichteten Zimmer in orientalischer Weise sitzend, mit Seiner Majestät Sorbet trinken und aus türkischen Pfeifen rauchen mußten. Auch im sogen. beim Linderhof gelegenen Hundinghause kam Ähnliches vor, auf Fellen ruhend zechte das Personal aus großen Trinkhörnern Meth. Notorisch dagegen ist, daß Seine Majestät seit einer längeren Reihe von Jahren persönlich nicht mehr mit den Inhabern der höchsten Hofstellen, mit dem k. Staatsministerium verkehren, daß (Äußerungen von Heßelschwerdt und Welker vom 18. Mai/1) Allerhöchstdieselben in den letzten Jahren sogar den Kabinetssekretär nur vielleicht zweimal, den Hofsekretär aber gar nicht mehr sahen. Der ganze persönliche Verkehr Seiner Majestät beschränkt sich gegenwärtig auf wenige Personen von der untergeordneten Dienerschaft, und bildet die fast kindlich hilflose Lage, in die Allerhöchstdieselben durch diese Isolirung gerathen sind, (Lakaien und Friseure auf der Suche nach neuen Ministern und einem neuen Kabinetssekretär) einen wahrhaft tragischen Contrast zu dem vorhandenen in geradezu unnatürlicher Weise hinaufgeschraubten Bewußtsein (vergl. unter Anderem auch die Äußerung des Geheimsekretärs Thelemann) absoluter Machtfülle und Selbstherrlichkeit.

Ob Seine Majestät an eigentlichen Hallucinationen leiden, läßt sich mit voller Sicherheit nicht behaupten. Es sprechen dafür die Wahrnehmungen Heßelschwerdts (Vernehmung vom 18. Mai Ziff. 14), das geringste Geräusch erschrecke Seine Majestät. Bei den Spaziergängen (bei Tag und bei Nacht) äußerten Allerhöchstdieselben oft, Sie hätten etwas gehört, Tritte, Worte und dann zu ihm, der nichts gehört habe, gesagt, Du hörst eben nicht gut, Heßelschwerdt. Nie hätten Sich freilich Seine Majestät darüber geäußert, welche Worte gehört worden seien. Auch in den Wohnräumen (dies wird auch vom Kammerdiener Welker bestätigt) hätten Seine Majestät nicht selten Geräusche wie von Tritten in den oberen Zimmern zu hören geglaubt und es hätte dann nachgesehen werden müssen, ob nicht Jemand da sei, was aber nie der Fall gewesen wäre. Wenn Seine Majestät allein im Zimmer sich befinden (Vernehmung Heßelschwerdts vom 3. Juni 1886 VI sowie Welkers) sprechen und lachen Allerhöchstdieselben oft laut, so daß man glauben könnte, es sei große muntere Gesellschaft in demselben versammelt.

Wenigstens als auf Illusionen beruhend läßt sich das Verhalten Seiner Majestät deuten, von welchem Ministerialrath von Ziegler (Bogen 6 seiner Aufschreibungen) berichtet:»Nicht einmal, sondern oft und oft argwöhnten Seine Majestät, ich hätte Allerhöchstdieselben beim Vortrage mit einem unziemlichen, besonderen Blick angesehen. Gleich nach dem Vortrag erhielt ich den Befehl, mich deßhalb zu rechtfertigen und ich habe auf diese Rechtfertigung unsägliche Zeit verwenden müssen.« Herr von Ziegler glaubt diesen »Argwohn« auf das Gefühl Seiner Majestät, einen absonderlichen Eindruck zu machen und auf das Bewußtsein einer anomalen Eigenthümlichkeit zurückführen zu müssen, was höchstwahrscheinlich zutreffend ist und mit dem Wesen der Illusion in Uebereinstimmung sich befindet. Wohl nur als Ausschweifungen der Phantasie, allerdings höchst ungewöhnlichen, die Grenzen der Norm weit übersteigenden Grades, dürfte dagegen aufzufassen sein, was Stallmeister Hornig (vergl. seine Darlegungen Blatt 4) berichtet, Seine Majestät, bei einigen Graden Kälte und bei Schneegestöber im Freien essend, hätten sich ans Meergestade versetzt und von heißen Sonnenstrahlen beschienen geglaubt; auch das, was sich auf Blatt 15 vorfindet, allerdings auch einen Blick in die Tiefe eines Abgrundes werfen läßt, bei dem man schaudern müßte, wenn nicht das tiefste Mitleid mit dem Allerhöchsten Kranken wenigstens mildern dazwischen träte:»Jetzt habe ich in Gedanken – Worte Seiner Majestät – der Königin eine große Wasserflasche am Kopfe zerschlagen, habe sie an den Zöpfen auf der Erde herumgeschleift, ihr die Brüste mit den Absätzen zerstampft« (vergl. auch ähnliche Mittheilungen des Herrn Ministerialrathes von Ziegler Bogen 14) oder:»jetzt war ich in Gedanken in der Gruft der Theatinerkirche, habe den König Max aus dem Sarge herausgerissen und seinen Kopf beohrfeigt.« – In das Gebiet überwuchernder und die Schranken der Wirklichkeit und Möglichkeit ganz außer Acht lassender Phantasie würde denn auch, wie so vieles Andere, was an anderen Orten zur Besprechung kommen wird, der geäußerte lebhafte Wunsch Seiner Majestät zu verweisen sein (Hornig 4), in einem von Pfauen gezogenen Wagen durch die Luft zu fliegen, der dem Maschinenmeister Brand ertheilte Allerhöchste Auftrag, eine Flugmaschine zu Fahrten über den Alpsee bei Hohenschwangau anzufertigen, die Imitation der blauen Grotte auf Capri, um deren Blau zu studiren Stallmeister Hornig zweimal nach Capri geschickt wurde, der Mond im Schlafzimmer Seiner Majestät (vergl. von Ziegler Bogen 3), und dann wird dieser Abschnitt nur noch mit dem kurzen Hinweis auf die gelegentlichen Liebes-, Freundschafts- und Dankbarkeitsversicherungen Seiner Majestät, die schon der Form nach überschwänglich (vergl. die an Herrn Oberregierungsrath v. Müller und Herrn Ministerialrath von Ziegler gerichteten Briefe Seiner Majestät) ihren wesentlich phantastischen Ursprung durch ihre kurze Dauer und ihren jähen unmotivirten Abbruch kennzeichnen, seinen Abschluß finden können.

Nachträglich übrigens kommt noch eine Mittheilung des Kammerlakaien Mayr zu den Akten, die kaum darüber einen Zweifel läßt, daß Seine Majestät wirklich an Hallucinationen leiden.»Alles ertrage ich zwar, aber das ist zum Verzweifeln, wenn der König sich etwas einbildet und sich davon absolut nicht abbringen läßt, wenn er z.B. so anfängt, Thue das Messer (oder irgend einen anderen Gegenstand) weg, und wenn ich sage, Majestät, es ist keines da, so examinirt er stundenlang ununterbrochen fort, »Es soll aber eins da sein, wo wäre es denn hingekommen, Du hast es weggethan, wo hast Du es hingethan, warum hast Du es weggethan, gleich legst Du es wieder hin.« (Vergl. Schreiben des k. Rathes Klug.) Das sei, fügt Mayr hinzu, zum wahnsinnig werden.

Unverständlich bleiben zunächst die Vorkommnisse, wie folgende: Einen Baum zwischen Berg und Ammerland nennen Seine Majestät den »heiligen Baum«, Heßelschwerdt weiß nicht, weßhalb – sooft Allerhöchstdieselben an diesem Baum vorübergehen, fahren oder reiten, verbeugen Sie Sich tief davor. Ebenso wird ein Zaun bei Ammerland bei jedesmaligem Vorüber-Fahren, -Gehen oder -Reiten von Seiner Majestät gewissermaßen segnend begrüßt. Eine Säule am Eingange in Linderhof umarmen Seine Majestät der König, sooft Allerhöchstdieselben das Schloß auf längere Zeit verlassen; dasselbe geschieht bei der Rückehr. Bei nur vorübergehendem Verlassen des Schlosses wird die Säule nur berührt (Vernehmung Heßelschwerdts vom 3. Juni 1886 V. und Hornig Blatt 5). Aufschluß darüber könnten nur Seine Majestät Allerhöchst-Selbst geben. Wahrscheinlich liegen auch ihnen krankhafte Störungen der Sinnes- oder Denkthätigkeit zu Grunde.

Über die motorischen Erregungen Seiner Majestät liegen folgende Aeußerungen vor. Seine Majestät seien nicht selten aufgeregt, machten sonderbare tanzende und hüpfende Bewegungen, führen stoßend und ziehend mit den Händen in die Kopf- und Barthaare, stellten Allerhöchst-Sich nicht selten vor den Spiegel, mit verschränkten Armen und das Gesicht verziehend. (Heßelschwerdt und Welker, Vernehmung vom 18. Mai 13.) Stundenlang dauernde Wuthausbrüche, die sich im Herumtoben im Zimmer, in einer tanzenden, wiegenden Bewegung, Schütteln der Hände in den Handgelenken äußerten, traten ein, auch ruhig sinnend auf einen Fleck sehend, konnten Seine Majestät stundenlang mit einer Haarlocke spielen oder das Haar mit einem Kamme in Unordnung bringen. (Hornig Blatt 4.) Nicht wiedergeben lassen sich die Imitationen dieser höchst ungewöhnlichen Bewegungen Seiner Majestät, die Marstallfourier Heßelschwerdt und Kammerdiener Welker, um sich verständlicher zu machen, vornahmen. Der Eindruck des Krankhaften derselben war für den mitunterzeichneten Obermedizinalrath v. Gudden ein sofort durchschlagender.

Von der Gereiztheit Seiner Majestät, Allerhöchstdessen Zornes- und Wuthausbrüchen war vorübergehend bereits wiederholt die Rede. Auf die an der Dienerschaft ausgeübten Gewaltthätigkeiten kommen die Unterzeichneten später zurück. – Auf normale Gemüthszustände und deren Aeußerungen trifft man nirgendwo in den Akten. Sie scheinen ganz und gar zugrunde gegangen zu sein und Haß und unnatürlicher Abscheu an ihre Stelle getreten zu sein. Es mag hier an die geradezu erschütternden Aeußerungen über Ihre Majestät die Königin Mutter, über Seine Majestät den König Max II. erinnert werden. Hieher gehört auch eine Mittheilung des Herrn Ministerialrathes von Ziegler über eine Aeußerung Seiner Majestät, die die unterzeichneten Ärzte Anstand nehmen, wiederzugeben (v. Ziegler Bog. 15). Seiner Majestät des Kaisers Büste in Hohenschwangau wurde von seiner Majestät im Vorbeigehen angespuckt (Hornig Blatt 6). Der Marstallfourier Heßelschwerdt (vergl. auch dessen Vernehmung vom 3. Juni I) erhielt den Befehl, in Italien eine Bande zu werben, mit derselben den deutschen Kronprinzen gelegentlich seines Aufenthaltes in Mentone gefangen zu nehmen und ihn in einer Höhle bei Wasser und Brod in Ketten verwahrt zu halten. Im Geiste malten Seine Majestät Allerhöchst-Sich die dem Kronprinzen zugedachten Martern weitgehendst aus, weßhalb auch eigens der Befehl erging, ja dessen Leben zu schonen, damit seinem Leiden nicht ein zu schnelles Ziel gesetzt werde. Hunger und Durst sollte er leiden und sein Inneres von Sehnsucht nach den Seinen zerrissen werden. Die Siegesnachrichten im Feldzuge 1870–71 wurden von Seiner Majestät mit Trauer begrüßt, das »arme Frankreich« lebhaft bedauert, – Versailles durch den Einzug der Deutschen für entehrt erklärt. Oft mußte Ministerialrath von Ziegler hören (v. Ziegler Bogen 5), wie schön es wäre, wenn man das verfluchte Nest (die eigene Haupt- und Residenzstadt!) an allen Ecken anzünden könnte und Stallmeister Hornig führt als einen öfter von Seiner Majestät ausgesprochenen Wunsch an (Hornig Blatt 7), daß das ganze bayerische Volk nur einen Kopf habe, um es auf einen Streich hinrichten lassen zu können. Den früheren

Kriegsminister Excellenz von Maillinger, der die Ernennung des Flügeladjutanten Seiner Majestät Grafen von Dürkheim zum Hauptmann zu vollziehen Anstand nahm, in's Burgverließ einzusperren, erhielt Marstallfourier Heßelschwerdt den Allerhöchsten Befehl. (Vernehmung vom 18. Mai 8.) Auch Herr von Ziegler, der früher hoch in Gnaden, wegen einer Meldung, die eine Kleinigkeit betraf, den Allerhöchsten Zorn auf sich geladen hatte, sollte eingesperrt werden. (v. Ziegler Bog. 2) Noch eine große Anzahl anderer Persönlichkeiten, selbst Königliche Prinzen sollten eingesperrt werden. Um nicht selbst in Strafe zu verfallen, meldeten die Diener, die Allerhöchsten Befehle seien vollzogen. Die Beschreibung des auf Befehl Seiner Majestät eingerichteten Burgverließes in Hohenschwangau findet sich in der Vernehmung Heßelschwerdts vom 18. Mai unter Ziff. 6. Im Jahre 1884 erhielt Heßelschwerdt von Seiner Majestät den Auftrag, Seine Excellenz Herrn Finanzminister von Riedel aufzugreifen und nach Amerika zu transportiren, dann auf die Vorstellung hin, daß dieses nicht ausgeführt werden könne, ihn einzusperren, und als auch dieses für unmöglich erklärt werden mußte, ihm nächtlicherweile aufzulauern und ihn durchzuprügeln. Der frühere Flügeladjutant Baron Hertling, der es sich nicht gefallen ließ, Allerhöchste Befehle durch Dienstbriefe von Lakaien zu empfangen und um seine Enthebung einkam, sollte sogar umgebracht werden (Vernehmung Heßelschwerdts vom 3. Juni Seite 4), ebenso Herr Ministerialrath von Ziegler (siehe dessen Mittheilungen Bogen 17). Noch in neuester Zeit wurde von Seiner Majestät befohlen, zwei Diener, den Kammerdiener Welker und den Vorreiter Bieller, die sich die Allerhöchste Unzufriedenheit zugezogen hatten, der eine, weil er ein beabsichtigtes Anlehen von nur 25 Millionen Mark nicht zu Stande gebracht hatte, der andere, weil er einen aus der Volière entkommenen Vogel nicht gleich einfangen konnte, nach Amerika zu transportiren und dort ständig überwachen zu lassen, damit sie nichts weiter sagen könnten. Vorreiter Bieller wurde bei dieser Veranlassung von Seiner Majestät am Halse gedrosselt. Stundenlang besinne sich öfters Seine Majestät, Strafen ausfindig zu machen, mit denen Allerhöchstdieselben diejenigen belegen sollten, die sich in irgend einer Weise ob wirklich oder auch nur vermeintlich gegen Seine Majestät vergangen hätten. Kammerlakai Mayr wurde vor ungefähr 4 Jahren damit gestraft, daß er ein Jahr lang nur mit einer schwarzen Maske das Gesicht verdeckt, vor Seiner Majestät erscheinen durfte (vergl. auch v. Ziegler 18). Kammerlakai Sauer sollte in einem von Seiner Majestät besonders vorgeschriebenen auffallenden Kostüme auf einen Esel gesetzt und in der Umgebung von Hohenschwangau auf den Landstraßen herumgeführt werden (Vernehmung Heßelschwerdts und Welkers vom 3. Juni Blatt 1.). Kammerlakai Buchner, über dessen Dummheit sich Seine Majestät ärgerten, mußte »ein Siegellacksiegel an der Stirn tragen« zum Zeichen, daß sein Gehirn versiegelt sei (v. Ziegler Bogen 19.). Nach dem Bericht des k. Gesammtministeriums vom 5. Mai d. J. erhielt Heßelschwerdt den Auftrag, eine geeignete Strafe für die Herren Minister mit auszudenken. (Vernehmung vom 18. Mai Ziff. 8, 9, 10 u. 11, bestätigt durch die diesbezüglichen Aussagen Welkers.) Marker erhielt von Seiner Majestät den Befehl, eventuell Leute zu nehmen und Herrenwörth in die Luft zu sprengen (Vernehmung Welkers S. 14.). Marstallfourier Heßelschwerdt sowohl wie Kammerdiener Welker und Stallmeister Hornig bezeichneten es als einen besonderen Charakterzug Seiner Majestät, plötzlich und unmotivirt für Jemand Zuneigung zu fassen, um dieselbe oft nach kurzer Zeit in das gerade Gegentheil übergehen zu lassen. Diese Eigenthümlichkeit dürfte jedem Sachverständigen als ein Krankheitssymptom imponiren. Die Abneigung artete dann nicht selten in glühenden Haß aus, so daß z. B. Seine Majestät in Wuth geriethen, wenn nur der Name der in Ungnade gefallenen Person genannt wurde und den Befehl erließen, daß falls bei Meldungen an Allerhöchstdieselben diese erwähnt werden mußte, nur der Anfangsbuchstabe des

Namens ausgesprochen oder geschrieben werden durfte. (Vernehmung Heßel-schwerdts und Welkers vom 7. Juni Seite 11 u. 21.) Stallmeister Hornig (Blatt 5) erin-nert an den ehemaligen Flügeladjutanten Herrn von Sauer, Baron von Hertling, Hirschberg, Grafen von Dürkheim, Herrn Staatsrath von Eisenhart, Herrn Ministe-rialrath von Ziegler u. s. w.

Bekannt ist die Vorliebe Seiner Majestät für die französischen Könige Ludwig XIV., XV. und XVI., ihr absolutes Regiment, ihre Bauten u. s. w. (vergl. die Mitthei-lungen des Herrn von Ziegler und des Herrn Stallmeisters Hornig). Ein ehemaliger Se-condelieutenant der bayerischen Armee wurde mit dem Befehle betraut, eine »Coali-tion« zu gründen, d. h. eine Schaar Männer zu werben, mit deren Beihilfe es gelingen sollte, in Bayern das absolute Regierungssystem wieder herzustellen; die Verfassung sollte aufgehoben, die Landesvertretung abgeschafft werden (Hornig Blatt 2.). Etwas anders freilich stellt sich diese Coalitionsidee in den Berichten des Herrn Oberregie-rungsrathes von Müller dar, der zum Chef der Coalition von Seiner Majestät auser-sehen war, aber den Intentionen Seiner Majestät nicht entsprach.

Seine Majestät dachten daran (Hornig Blatt 3) gegen Vergütung einer hohen Sum-me das Land an Seine Königliche Hoheit den Prinzen Luitpold abzutreten oder an Preußen zu verkaufen. Geheimrath von Löher wurde mit dem Auftrag betraut, sich nach einem anderen Königreiche umzusehen, in dem ein absolutes Regierungs-system möglich wäre, machte auf Kosten der Kabinetskasse weitläufige Seereisen, be-richtete aber, daß der Auftrag unmöglich auszuführen sei (vgl. auch v. Ziegler Bogen 10.). Stallmeister Hornig (Blatt 2) berichtet, daß Seine Majestät Sich geheim in Costü-me der französischen Könige kleidete. Mit Krone und Scepter, welche kostbaren Gegenstände der Schatzkammer entnommen werden mußten, wurden nächtliche Spazierfahrten unternommen, auch der Gedanke, ein zweites Versailles im Gras-wangthale zu bauen, brach sich Bahn. Herr Ministerialrath von Ziegler erwähnt (Bo-gen 2), daß Seine Majestät vor einer Büste der Königin Marie Antoinette, welche auf der Terasse des Linderhofes steht, stets das Haupt entblößte und deren Wangen strei-chelte, und der Marstallfourier Heßelschwerdt gibt an, daß im Linderhofe ein Bild sich befände (Welker meint, es behandle einen Stoff aus der Zeit Ludwig XIV.), vor welchem Seine Majestät niederzuknien pflege, vor welchem auch Heßelschwerdt, die Hand wie zum Schwure gegen dasselbe erhebend, niederknien mußte, ohne das-selbe jedoch ansehen zu dürfen (Vernehmung vom 3. Juni S. 13); auch Welker (Seite 20) erzählt von dem Bildercultus Seiner Majestät und beschreibt insbesondere, wie der König vor einem Bilde, das eine Episode aus dem Leben der Königin Marie Antoi-nette darstellt, Zeichen der Verehrung mache, dann mit erhobenem gläsernem Blicke zuerst langsam, dann rascher rückwärts schreitend, von dem Bilde sich entfer-ne und schließlich wie im schmerzlichen Abschiede sich von demselben abwende.–

Seit der Entlassung des Herrn Ministerialrathes von Ziegler, damaligen Kabinets-sekretärs, des letzten Mannes von Bildung, (conf. v. Ziegler 20) mit welchem Seine Majestät einen fortlaufenden Verkehr pflog und persönlich Dinge von ernstlicher Bedeutung behandelte, hörte der persönliche Vortrag in Staatssachen auf. Es ist un-glaublich, wie diese behandelt worden. Doch dürfte es angezeigt sein, vorher noch einen kurzen Bericht über den persönlichen Verkehr Seiner Majestät mit der Diener-schaft einzuschalten.

Die Meldungen erfolgen und die Allerhöchsten Befehle werden in der Regel er-teilt durch die verschlossene Thür hindurch. Durch Kratzen an derselben wird das Zeichen gegeben, daß Seine Majestät verstanden sei. Dienerschaft, die hineintreten darf oder muß, hat tiefgebückt zu erscheinen, darf Seine Majestät nicht ansehen, kein Wort sprechen, muß durch Zeichen sich verständlich machen und gelingt die-ses nicht, die Bewegungen des Schreibens nachahmen, worauf das Bezügliche im

Vorzimmer geschrieben und dann Seiner Majestät überreicht werden darf. Beim Servieren der Speisen hat die Dienerschaft ebenso zu erscheinen, darf nicht bloß Seine Majestät, sondern auch die Speisen nicht ansehen und hat sich ebenso zurückzuziehen. Auch beim Anziehen der Kleider darf der Diener Seine Majestät nicht ansehen. Ist Jemand vom Dienstpersonal (die Chevaulegers eingeschlossen) »in Strafe«, so muß er auch wohl niederknien, oder der Länge nach auf den Bauch sich legen. Letzeres sei eingeführt worden seit dem vorigen Jahre, nachdem Seine Majestät das Ceremoniell am chinesischen Hofe gelesen habe. Bei einer unangenehmen Meldung oder bei dem geringsten Verstoße (z. B. beim falschen Aussprechen französischer Namen) werde von Seiner Majestät häufig die Einsperrung in's Burgverließ oder eine andere Strafe anbefohlen, welcher Befehl dann auch angeblich, in Wirklichkeit aber nie vollzogen wird. Sehr häufig gehe aber Seine Majestät auch zu Gewaltthätigkeiten über, schlage und stoße die Dienerschaft mitunter sogar blutig. Mindestens gegen 30 Personen seien so mißhandelt worden. Nachdem die gewöhnlichen Lakaien und auch die Leute vom Hofstalle sich durch Vorschützung von Krankheiten der verschiedensten Art dem persönlichen Dienste bei Seiner Majestät zum größten Theile entzogen hatten (seit einem Jahre), wurden Chevaulegers zu denselben befohlen. Großer Wechsel fände auch unter diesen statt. (Vergl. die beiden Vernehmungen Heßelschwerdts und Welkers.). Die Mißhandlungen des Dienstpersonals bestätigt auch Herr Ministerialrath von Ziegler (vergl. dessen Mittheilungen Bogen 18 u. 19). Kammerdiener Welker berichtet sogar, daß der Vorreiter Rothenanger, ein junger, schmächtiger und kleiner Mensch, einmal wegen eines geringfügigen Vergehens von Seiner Majestät geschlagen, gestoßen und mit solcher Wucht an die Wand geworfen wurde, daß die im Vorzimmer befindlichen Leibjäger in der Besorgniß, der junge Mann werde totgeschlagen, nahe daran waren, in das Zimmer zu dringen, um Rothenanger zu Hilfe zu kommen. Es sei die Vermuthung nicht ausgeschlossen, daß der nach Jahresfrist erfolgte Tod Rothenangers in ursächlichem Zusammenhange stehe mit den Mißhandlungen, welche derselbe zu erdulden hatte. Ein Chevauleger, von Beruf ein Metzger, dem Seine Majestät einen heftigen Schlag in's Gesicht versetzte, äußerte sich der Dienstpersonale gegenüber: »einem Anderen hätte ich die Gedärme herausgelassen.« Der Grund, weßhalb die Dienerschaft Seine Majestät nicht ansehen darf, ist wahrscheinlich derselbe, aus dem Allerhöchstdieselben den strengen Befehl ertheilten, den Unterthanen die k. Schlösser, die Galawagen und Schlitten nie zu zeigen, da durch deren Blicke eine Entweihung stattfinden würde (Hornig 7).

Die Staatsangelegenheiten bezeichnete Seine Majestät mit dem Ausdruck »Staatsfadesen« und äußerten Sich, wenn der Einlauf aus dem Kabinet vorgelegt wurde, wiederholt dahin: »Allerhöchstdieselben möchten das Pack immer lieber wieder hinauswerfen.« Der Einlauf, welcher gesiegelt aus dem Kabinet zu Seiner Majestät kam, lag von Allerhöchstderselben geöffnet, längere Zeit, oft Tage lang, obwohl die wichtigsten Staatsangelegenheiten sich darunter befanden, offen vor den Augen der Dienerschaft und in neuerer Zeit auch vor den zur Dienstleistung befohlenen Chevaulegers. Alle Angelegenheiten, die eine Rückfrage erforderlich machten, ferner insbesondere auch die Anträge der Minister, die weil principieller oder wichtigerer Natur nicht wie die gewöhnlichen Currentsachen schon mit den zu erlassenden der Allerhöchsten Unterschrift harrenden Signaten versehen waren, wurden mit mündlichen oder auf Zetteln geschriebenen Weisungen Seiner Majestät durch die Kammerbediensteten an die jeweiligen Kabinetssekretäre zurückgeschickt, nachdem diese Bediensteten die Allerhöchsten Aufträge in Briefform gebracht hatten. (Vernehmung Heßelschwerdts und Welkers vom 3. Juni Seite 12, 22 und 23.) Die wichtigsten Aufträge Seiner Majestät gingen durch die Dienerschaft. Einen wahrhaft erschreckenden Beweis hiefür liefern die in dem Faszikel »Briefe des Lakaien Mayr aus der jüngsten Zeit«

sich vorfindenden Schriftstücke, zum Theil von der Hand Seiner Majestät selbst geschrieben oder corrigirt. Heßelschwerdt wurde auch der Bericht des Königl. Gesamtministeriums vom 5. Mai 1886 zur Begutachtung zugeschickt, ihm auch die Verhandlungen zur Bildung eines neuen Ministeriums mit Herrn von Ziegler, und dem Friseur Hoppe die zur Gewinnung eines neuen Kabinetssekretärs (conf. Aeußerung des Geheimsekretärs Thelemann) übertragen!!

Schon Herr Ministerialrath von Ziegler berichtet (Bogen 18 seiner Vernehmung): Von der Berücksichtigung der Autorität der höchsten Beamten, der obersten Hofchargen und der Minister, war keine Rede mehr. Sie wurden beim Vortrage mit den verächtlichsten Worten erwähnt, leider nicht nur beim Vortrage – auch der Dienerschaft und dem Friseur Müller und dem Zahnarzte gegenüber; selbst Fürsten wurden nicht geschont. Die Dienerschaft wußte aus dem Munde Seiner Majestät, daß der Oberthofmarschall oder der Oberthofmeister » sich nicht unterstehen dürfen « einmal den Hofhalt in Berg oder Hohenschwangau zu inspiciren. Für Seine Majestät (vergl. das citirte Faszikel) sind die kgl. Staatsminister Pack, Gesindel, Geschmeiß, auch wird mit den Kammern nicht glimpflich verfahren und das Volk verdient gar nicht, daß sich Seine Majestät ihm zeige. –

Es widerstrebt den unterzeichneten Ärzten, größere Auszüge und Zusammenstellungen in dieser Richtung anzufertigen und wird es wohl genügen, eine einzige Stelle aus einem auf Allerhöchsten Befehl geschriebenen Briefe des Lakaien Mayr anzuführen:»Dem Heßelschwerdt schreiben: er hat wieder etwas ganz falsches und verkehrtes geschrieben, indem er sich herausnahm zu schreiben, daß jenes Ministerpack in die Nothwendigkeit versetzt war, jene Meldung (Bericht vom 5. Mai!) zu unterbreiten. Ich habe jene Meldung verworfen, denn jenem Pack kam es gar nicht zu, sich in Sachen zu mischen, die es nicht im geringsten angeht und für die es gar nicht da ist. Ihm dies also austreiben« – und dieser die Abschrift eines auch noch in anderer Beziehung wichtigen Allerhöchsteigenhändig mit Bleistift offenbar in großer Hast geschriebenen Briefes Seiner Majestät an Heßelschwerdt folgen zu lassen:

»Passe recht auf und besorge es gut. Sprich eingehend mit Ziegler. Sage ihm, daß die jetzigen Minister weg müßen, sie haben sich bei mir unmöglich gemacht. Er wird es also, wenn er alles besorgt wie Ich will. Die Collegen soll er mir dann selbst vorschlagen. – Schneider gleich fort und durch einen tüchtigen ersetzen. Sind die Kammern verstockt, dann auflösen, andere her und das Volk sehr bearbeiten. Schnell aber. – Sage ihm, außer den Rückständen, (ohne daß die Kammern wissen, wofür, können glauben, es gehöre zu den Rückständen) ein paar Millionen dazu, die anderen schaffe Du herbei. Sage ihm, daß die Bauten die Hauptlebensfreude sind, daß ich, seit alles schändlich stockt, ganz unglücklich bin, an Abdanken, Selbsttödtung stets denke, daß der Zustand aufhören muß, daß die Bauten nicht mehr stocken dürfen, daß wenn er alles richtet, er Mir buchstäblich das Leben wieder gibt. Führ ihm dieß sehr und vor Allem dieß zu Gemüthe. Es geht ihm sofortige Deckung (nicht Vorschießen, das ist unwürdig mir gegenüber), dann ist die Civilliste wieder ganz in meinem Besitz (eigenem). Dazu sind leicht einzureihen rasch vorwärts mit dem Schlafzimmer im Linderhof, St. Hubertus-Pavillon und mit dem Ausbau der Burg von Herrenwörth und Falkenstein. Mein Lebensglück hängt davon ab. Dieses [sieht] Herr von Ziegler bestimmt ein. Er soll es erschinden, durchreißen, alle Schwierigkeiten besiegen und Hindernisse niederreißen und baldigst ist die Hauptsache. Daß Du noch nicht wohl bist, ist zu arg, nimm noch einen Arzt. Erhole Dich. Berg den 11. Mai 1886, Ludwig.«

Eines Commentars bedarf die ganze gegenwärtige Stellung Seiner Majestät gegenüber dem Lande nicht. Die geistigen Kräfte Seiner Majestät sind bereits dermaßen zerrüttet, daß alle und jede Einsicht fehlt, das Denken mit der Wirklichkeit im vollen

Widerspruche sich befindet, das Handeln ein unfreies ist und Allerhöchstdieselben im Wahne absoluter Machtfülle vereinsamt durch eigene Isolirung – wie ein Blinder ohne Führer am Rande des Abgrundes stehen. Das Bauen sei die einzige Lebensfreude Seiner Majestät, aber die Bauten gerade waren der Ruin der königlichen Finanzen und der Grund der Beschleunigung des Hereinbruchs der Katastrophe. Alle Vorstellungen, alle Bemühungen, sie wieder zu ordnen, sind umsonst gewesen. Seine Majestät muß bauen, und in einer Weise, die ebenfalls wieder den Verfall der geistigen Kräfte nur zu deutlich zu Tage treten läßt, werden Versuche gemacht, das Geld dazu, gehe es, wie es gehe, herbeizuschaffen. Heßelschwerdt wurde von Seiner Majestät zu dem nunmehr verstorbenen Fürsten Maximilian von Thurn und Taxis nach Regensburg zur Aufnahme eines Anlehens von 20 Millionen geschickt, sollte durch die Vermittlung Seiner Königlichen Hoheit des Herzogs Ludwig die Hilfe des Kaisers von Oesterreich in Anspruch nehmen. Auch zu Seiner Majestät dem König von Schweden und Norwegen nach Stockholm sollte sich Heßelschwerdt begeben und als dieser sich diesem Allerhöchsten Auftrag entzog, wurde ein Flügeladjutant Seiner Majestät, natürlich ohne Erfolg, dahin beordert. Ein Flügeladjutant erhielt durch Heßelschwerdt den Allerhöchsten Auftrag, in Brasilien ein Anlehen zu Stande zu bringen, andere Personen sollten nach Brüssel, nach Konstantinopel zum Sultan und nach Teheran zum Schah. Sei durch Anlehen kein Geld aufzutreiben (es handelte sich schon um 25 Millionen), so sollten auf Allerhöchsten Befehl bei den Banken in Stuttgart, Frankfurt, Berlin und Paris eingebrochen und zu diesem Zweck Leute geworben werden. (Vernehmungen von Heßelschwerdt und Welker). Durch gleichzeitige Aufträge an mehrere, die sich gegenseitig nichts sagen durften, hoffte Seine Majestät sogar in den Besitz von 80 Millionen zu gelangen. (Aeußerung Hornigs Blatt 3.) Als kein Anleihen aufzutreiben war, auch auf Raub und Einbruch verzichtet werden mußte, sollte das Volk und dessen Vertretung die Lücke schließen und damit nur eine Unterthanenpflicht erfüllen, wodurch sie wieder die Allerhöchste Gunst sich zuwenden und Seiner Majestät bewegen könnten, Allerhöchst ihnen nach und nach wieder näher zu treten. An ein Sichzeigen von Seiten Seiner Majestät sei, wenn man sich nicht bessere, selbstverständlich gar nicht zu denken. Gute Unterthanen müßten es anders anfangen, wenn sie ihren König und Herrn glauben machen wollten, daß sie ihn lieben u. s. w. – Dabei gehen, als wenn die Mittel in ungemessener Fülle vorhanden wären, die Allerhöchsten Aufträge bis in die allerletzte Zeit unverändert fort. (Faszikel »Briefe« u. s. w.)
Das vorliegende Material ist geradezu erdrückend.
Es erübrigt nur noch, auf den körperlichen Zustand Seiner Majestät einen kurzen Blick zu werfen. Seit langer Zeit klagen Seine Majestät über Druck und Schmerz im Hinterkopfe, wenden Eisumschläge dagegen, selbst mitunter während des Essens an; Seine Majestät leiden ferner nicht selten an Schlaflosigkeit, nahmen früher ungefähr 6 Jahre lang 2 bis 3 mal wöchentlich Chloral, gebrauchen seit 4 Jahren andere Schlafmittel, deren Zusammensetzung die Berichterstatter nicht kennen. (vgl. die Vernehmungen von Heßelschwerdt und Welker vom 3. Juni 1886 Seite 15 u. 19, die Aussagen des Lakaien Mayr, die Mittheilungen des Herrn Oberregierungsrathes von Müller Seite 6.) Ueber die unordentliche, unappetitliche, ekelerregende Art des Speisens Seiner Majestät, um das hier noch einzuschieben, wie Allerhöchstderselbe dabei die Saucen und Gemüse herumspritze, seine Kleider damit beschmiere, berichtet Kammerlakai Mayr. Erschwert dürfte nach Herrn von Ziegler auch die Verdauung sein, da Seine Majestät keinen Zahn mehr im Mund habe, der zum Kauen tauglich sei. (Siehe Aufzeichnungen Bogen 16.) Die geschlechtlichen Beziehungen berührt Herr Ministerialrath von Ziegler in seinen Aufzeichnungen Bogen 16.
Hiemit schließen die unterzeichneten Ärzte ihre Schilderung und verweisend auf

die im Texte schon an verschiedenen Stellen gezogenen Schlußfolgerungen erklären sie nun, dieselben zusammenfassend und ergänzend einstimmig:

1. Seine Majestät sind in sehr weit fortgeschrittenem Grade seelengestört und zwar leiden Allerhöchstdieselben an jener Form von Geisteskrankheit, die den Irrenärzten aus Erfahrung wohl bekannt mit dem Namen Paranoia (Verrücktheit) bezeichnet wird;

2. Bei dieser Form der Krankheit, ihrer allmähligen und fortschreitenden Entwicklung und schon sehr langen, über eine größere Reihe von Jahren sich erstreckenden Dauer ist Seine Majestät für unheilbar zu erklären und ein noch weiterer Verfall der geistigen Kräfte mit Sicherheit in Aussicht;

3. Durch die Krankheit ist die freie Willensbestimmung Seiner Majestät vollständig ausgeschlossen, sind Allerhöchstdieselben als verhindert an der Ausübung der Regierung zu betrachten und wird diese Verhinderung nicht nur länger als ein Jahr, sondern für die ganze Lebenszeit andauern.

München, den 8. Juni 1886.

von Gudden, k. Obermedizinalrath.
Dr. Hagen, k. Hofrath.
Dr. Grashey, kgl. Universitätsprofessor.
Dr. Hubrich, k. Direktor.

Nachtrag zu dem Gutachten der Unterzeichneten vom 8. Juni 1886 über den Geisteszustand Seiner Majestät Königs Ludwig II. von Bayern.

Am 15. Juni l.Js. fand die Obduction der Leiche Seiner Majestät des höchstseligen Königs Ludwig II. von Bayern statt, und es ergibt sich daher die Aufgabe, das Sectionsresultat zu vergleichen mit der am 8. Juni l.Js. gestellten Diagnose und Prognose.–

Vor Allem muß hervorgehoben werden, daß das Gehirn und seine Hüllen sehr zahlreiche krankhafte Veränderungen aufwiesen und zwar:

I. Veränderungen, welche eine Entwicklungsstörung des Gehirns und des Schädels beweisen; hierher sind zu rechnen:

a) Die auffallende Kleinheit des Schädels, welcher in seinen Maßen nirgends das Mittel überschreitet, während die übrigen Körpermaße und Organmaße durchgehends Maximalziffern aufweisen.

b) Die Störung der Symmetrie des Schädels; der linke diagonale Durchmesser ist 7 mm kürzer als der rechte.

II. Veränderungen, welche eine auf viele Jahre zurückgehende chronische Entzündung der Hirnhäute beweisen und zwar

a) Exostosen der Innenfläche des Schädeldaches und der Schädelbasis

b) Bedeutende Verdickungen und Verwachsungen der dura mater (harten Hirnhaut) über dem Stirnhirn nebst einer Knochenplatte in der Hirnsichel

c) Trübungen der pia mater (weichen Hirnhaut) und der arachnoidea (Spinnwebenhaut).

III. Veränderungen, welche eine allmälige Atrophie des Gehirns beweisen, bestehend in merklichem Schwund mehrerer Windungen des Stirn- und Scheitel-Lappens beider Seiten.–

In diesen Veränderungen erblicken die Unterzeichneten das anatomische Substrat für die behauptete und klinisch nachgewiesene Geistesstörung und zwar sind die unter I. aufgeführten Entwicklungsstörungen als das Substrat der behaupteten und nachgewiesenen hochgradigen Disposition Seiner Majestät zu psychischen Störungen aufzufassen und für den behaupteten primären Charakter der nachgewiesenen Paranoia (Verrücktheit), während die unter II. angeführten Veränderungen sicher auf eine Reihe von Jahren zurückgehen und beweisen, daß Seine Majestät schon seit Jahren an Ernährungs – und Cirkulationsstörungen des Gehirns und demnach auch an Störungen der psychischen Funktionen litten.–

Die unter III. angeführten Veränderungen endlich beweisen, daß in der That schon geistige Schwäche vorhanden war.–

Die vorgefundenen krankhaften Veränderungen des Gehirns und seiner Hüllen sind irreparabel und progressiv und somit ergibt sich eine vollständige Übereinstimmung zwischen der gestellten Diagnose und Prognose einerseits und dem Sectionsresultate andererseits oder mit anderen Worten, das Sectionsresultat hat bestätigt, daß Seine Majestät von Jugend auf zu Geistesstörungen disponirt waren, seit Jahren an Störungen der psychischen Funktionen litten und schließlich in einen Zustand unheilbarer geistiger Schwäche verfallen waren.–

München, den 17. Juni 1886.

Dr. Hagen, k. Hofrath, Director der Kreisirrenanstalt Erlangen und Professor.
Hubrich, k. Director.
Dr. Grashey, kgl. Universitätsprofessor.

Brief des Prinzen Luitpold vom 8. Juni 1886 an den Deutschen Kaiser und an die Bundesfürsten. Zitiert nach: K. A. v. Müller, Dokumente zur Geschichte der Entmündigung Ludwigs II. In: Süddeutsche Monatshefte, Jg. 27, S. 679/680.

Das bayerische Land und Volk ist zurzeit von einer schweren Sorge, die von der Krone ausgeht, belastet und es hat sich in immer weiteren Kreisen die Überzeugung befestigt, daß der gegenwärthigen unheilvollen Entwicklung der Dinge Stillstand geboten werden muß, wenn Dynastie und Land vor unabsehbarem Schaden bewahrt werden sollen.

Seine Majestät König Ludwig II. hat im Lauf der letzten Jahre die Abschließung von dem in treuer Hingebung an seinem Herrscherhaus hängenden bayerischen Volke zu einer nahezu vollständigen gesteigert. Unzugänglich für die Angehörigen der königlichen Familie wie für die berufenen Rathgeber der Krone, unnahbar sogar für die im unmittelbaren Dienste befindlichen Sekretäre und Adjutanten, unsichtbar für sein Volk, verkehrt der Monarch nur mit Angehörigen der untersten Klasse, mit Soldaten und Bedienten, in deren Vermittlung die wichtigsten Angelegenheiten des Hofes und des Staates gelegt sind. Seit mehr als Jahresfrist hat der König Seine Residenzstadt nicht mehr betreten. Jede Repräsentation der Krone hat längst und gänzlich aufgehört. Dafür hat ein alles Maß übersteigender Aufwand für kostbare Bauführungen und Erwerbungen die königliche Cabinetskasse vor eine Krisis geführt, die schon vor zwei Jahren nur durch das Dazwischentreten der Agnaten des Königlichen Hauses gewendet werden konnte, jetzt aber einen Höhegrad erreicht hat, der eine Heilung im gewöhnlichen Wege als ausgeschlossen erscheinen läßt. Die eindringlichsten Gegenvorstellungen sind wirkungslos geblieben; der König drängt auf Weiterführung der begonnenen Bauten und erläßt neue Aufträge. Durch alle Länder gehen in königlichem Auftrage Darlehensgesuche, welche die Würde der Krone blosstellen, und die, soweit sie sich an das Ausland wenden, sogar eine politische Gefahr in sich bergen. Der hohen Aufgabe aber, die ein monarchisches Gemeinwesen dem Staatsoberhaupte zuweist, den mannigfaltigen und für das Landeswohl bedeutsamen Regierungsgeschäften, welche die bayerische Verfassung dem Monarchen vorbehält, steht König Ludwig II. theilnamslos gegenüber.

Alle diese bedauerlichen Erscheinungen, die der auswärtigen Presse reiche Nahrung geliefert und im eigenen Lande tief verstimmt haben, wurzeln in einer gemeinsamen, nicht minder betrübenden Ursache. Nach dem übereinstimmenden pflichtmäßigen Gutachten der befragten ärztlichen Autoritäten ist es als zweifellose Thatsache festgestellt, daß die Anomalien in der Haltung des Königs auf eine geistige Erkrankung desselben zurückgeführt werden müssen, die sich allmählich bis zu einem Grade gesteigert hat, welche die Fähigkeit zur ferneren Ausübung der Regierungsgewalt ausschließt.

Unter diesen beklagenswerthen Umständen darf nicht länger gesäumt werden, die Maßnahmen in Wirksamkeit treten zu lassen, welche die bayerische Verfassung für den Fall einer Behinderung des Monarchen an der Ausübung der Regierung vorgezeichnet hat. Die Verfassung (Tit.II – 11 mit 21) hat für einen solchen Fall die Einsetzung einer Regentschaft und die Übernahme derselben durch den nächstberechtigten volljährigen Agnaten des königlichen Hauses bestimmt. Nachdem der Bruder des Königs, Prinz Otto, durch ärztlich nachgewiesene und als notorisch zu betrachtende Geistesgestörtheit an der Wahrnehmung dieser Aufgabe verhindert ist, obliegt mir als dem zweiten Agnaten die unabweisbare Pflicht gegenüber Krone und Land, in der verfassungsmäßigen Weise zur Einsetzung der gesetzlichen Regentschaft Einleitung zu treffen, und ihre Führung zu übernehmen. Ich beabsichtige daher, mich sofort mit einer, von den Ministern gegengezeichneten Proklamation an das bayerische Volk zu wenden, demselben die constatirte Thatsache der schweren Krankheit des Königs und die dadurch eingetretene Nothwendigkeit der Einsetzung der verfassungsmäßigen Regentschaft sowie deren Übernahme durch mich als den nächstberechtigten regierungsfähigen Agnaten zur Kenntniß zu bringen; zugleich werde ich den Landtag des Königreichs berufen, um dessen verfassungsmäßige Zustimmung zur Einsetzung der Regentschaft zu erholen.

Bei den innigen freundschaftlichen (bezw. verwandtschaftlichen, freundnachbarlichen) Beziehungen, welche das bayerische Herrscherhaus mit Euerer etc. verbinden, habe ich nicht unterlassen zu dürfen geglaubt, Euerer etc. von dem beabsichtigten Vorgehen in ganz vertraulicher Weise Kenntniß zu geben und Allerhöchstdenselben die Verhältnisse darzulegen, welche dasselbe nothwendig gemacht haben. Euer etc. werden, wie ich hoffen darf, mit mir die Überzeugung theilen, daß die Lage des gegenwärtigen Trägers der bayerischen Krone eine unhaltbare geworden ist und daß eine künstliche Verlängerung des dermaligen Zustandes nur stattfinden könnte zum Schaden des monarchischen Prinzips und zur Stärkung der demselben feindlich gegenüberstehenden Elemente in und außerhalb Bayerns.

Ich übernehme eine große und hinsichtlich ihres persönlichen Anlasses tief schmerzliche Aufgabe. Aber ich halte mir vor Augen, daß sie mir auferlegt ist durch die höchsten Interessen der Krone und des Landes und ich trete an ihre Erfüllung im festen Vertrauen auf Gottes gnädigen Beistand.

Ein angebliches Gutachten des Herrn Dr. von Schleiß.
In: Süddeutsche Presse und Münchener Nachrichten,
Nr. 141 vom 17. Juni 1886, S. 2.

Die Wiener »Presse« veröffentlicht folgendes angebliche Gutachten des k. Leibarztes Geh. Rath Dr. Schleiß v. Löwenfeld:

»Ein Separatvotum habe ich nicht abgegeben – wahrscheinlich befände ich mich nicht mehr hier – wenn ich das gethan hätte. Es ginge mir, wie es Anderen gegangen ist. Ich habe von Hohenschwangau aus, wo ich 11 Tage weilte, ein Telegramm an die Münchener »Allg. Ztg.« gerichtet und die Redaktion ersucht, zu konstatiren, daß ich dem Gutachten der Psychiater nicht beipflichte (s. u.); nach meiner Meinung ist der König leidend, aber nicht geisteskrank. Die Zeitung hat dieses Telegramm nicht abgedruckt. Seit vierzig Jahren, seit seiner Geburt, kenne ich den König. Nur ich und Dr. Gietl waren seine Aerzte und wir Beide stimmen in der Anschauung überein, daß der König nicht geisteskrank ist. Meine Meinung ist: der König hat seine Eigenthümlichkeiten, er ist verschwenderisch, gutherzig bis zum Exzeß, leidenschaftlich baulustig und für schöne Künste begeistert. An seinen Exzentritäten sind Jene schuld, die seit Jahren seine Umgebung bildeten, diese feilen, egoistischen, verlogenen Bedientenseelen, die ihn in seinen Phantasien bestärkten, alle seine Wünsche als ausführbar bezeichneten und ihn in die leidenschaftliche Bethätigung seiner Passionen hineinhetzten und, während sie ihn zu enormen Ausgaben verleiteten, ihn auf's empörendste ausbeuteten. Was er that, waren ja keine Verrücktheiten. Er hat mit allen Künstlern und Gewerbetreibenden verhandelt, klar seine Wünsche ausgesprochen, seinen geleuterten Geschmack kundgegeben, eine außerordentliche Kenntniß und Umsicht an den Tag gelegt. Der Mann soll »verrückt« sein, da er im Jahr 1870 den Befehl zum Ausmarsch der bayerischen Armee gab, und damit wesentlich zur Entscheidung des Krieges beitrug? Nein. Der König ist trotzdem, was in den letzten Jahren vorgegangen, nicht geisteskrank. Freilich, wenn ich sehe, wie man ihn behandelt, dann kann er wohl verrückt werden! Wie für einen Tobsüchtigen hat man die Zimmer arrangirt – die Erker vermauert oder verstellt, die Fenster mit Riegeln versehen. Es ist wie in einer Irrenanstalt eingerichtet. Zwei Appartements sind zu seiner Wohnung bestimmt, ein Schlaf- und ein Wohnzimmer. Das Nebenzimmer bewohnt der Arzt, der ihn beständig umgibt; der Park ist abgesperrt und der König vollständig isolirt. Mein guter König, wie werde ich alter Mann dieses Leid überleben, das über Dich gekommen!«

Hierzu liegen folgende Erklärungen vor: Zur Berichtigung der mich betreffenden Stelle des in der Wiener »Presse« veröffentlichten und in der Beilage zur »Allgemeinen Zeitung« vom 16. laufenden Monats sub dato München, 15. Juni reproduzirten »Gutachtens« bezüglich weiland Seiner Majestät des Königs Ludwig II. erkläre ich, daß ich den Geisteszustand Seiner Majestät seit Jahren leider für getrübt erkennen und das Bevorstehen einer Katastrophe prognostiziren mußte, und daß auch nach meiner Überzeugung in der letzten Zeit die tiefste Seelenstörung bei Seiner Majestät vorgelegen hat.

München, den 16. Juni 1886.

Geh. Rath Dr. v. Gietl, Leibarzt weiland Sr. Maj. des Königs.

Wir schließen hieran eine uns soeben durch die k. Polizeidirektion zugestellte Erklärung des Geh. Raths Dr. v. Schleiß, welche wir wohl auch als eine indirekte Widerlegung der in Wiener Blättern gegen die Redaktion der »Allg. Ztg.« erhobenen Beschuldigungen betrachten dürfen.

Die Redaktion der »Allg. Ztg.«

Ich habe weder ein Gutachten über den Geisteszustand Seiner Majestät des Königs abgegeben, noch einen Bericht darüber in den Zeitungen veröffentlicht. Die in der Sektion vorgefundene chronische Entzündung der Gehirnhäute begründet nach meiner Ansicht die Phantasie-Abnormitäten (Verrücktheit) während des Lebens Seiner Majestät. Die normale Beschaffenheit des kleinen Gehirns erklärt die neben den kranken geistigen Funktionen einhergehende zeitweise klare Urtheilskraft.

gez. Dr. v. Schleiß.

Gutachten des K. Obermedizinalrates Dr. von Kerschensteiner über den Sektionsbefund der Leiche des Königs. GHA, 36/1/3 V. und Stellungnahme Dr. v. Mundy. Aus: Dr. Jaromir von Mundy, Zur Königskatastrophe in Bayern. In: Wiener Medizinische Wochenschrift 1886, Beilage zu Nr. 26, S. 943/944.

Gutachten Kerschensteiner:
Ueber den Zusammenhang des Sectionsbefundes der Leiche Seiner Majestät König Ludwigs II. von Bayern mit den während des Lebens beobachteten Krankheitserscheinungen.

Die Frage:»Welche Deutung läßt der Sectionsbefund, im Besonderen des Gehirns und seiner Umhüllungen, im Zusammenhange mit den am Leben beobachteten Krankheitserscheinungen zu?« drängt sich zunächst in den Vordergrund. Und hiebei denkt man zuvörderst daran,»ob nicht dem Krankheitsbilde der Verrücktheit eine ganz bestimmte, bei anderen geistigen oder körperlichen Krankheiten nicht vorkommende pathologische Beschaffenheit des centralen Nervensystems entspreche?« Das ist nun bei der Verrücktheit nicht der Fall, ebensowenig wie bei den meisten Geistesstörungen, bei welchen ja häufig in der Leiche keine positiven pathologisch-anatomischen Veränderungen nachgewiesen werden können, selbst wenn die Krankheitserscheinungen am Leben noch so bedeutend, ja ganz schrecklich waren.

Wenn nun im Allgemeinen bei Geisteskranken die Krankheitserscheinungen mit dem Sectionsbefunde am Gehirn sich nicht nothwendigerweise decken müssen, so ist doch in jedem Einzelfalle die Erwägung nicht nur berechtigt, sondern wissenschaftlich sowohl als für die Zwecke der Heilkunde nothwendig, ob an der Hand menschlichen Wissens und ärztlicher Erfahrung nicht doch ein ursächlicher Zusammenhang zwischen Befund im Leben und Befund an der Leiche als gewiß oder wahrscheinlich anzunehmen sei?

Diese Frage kann nach dem dermaligen Standpunkte der ärztlichen Kenntnisse zweifelsohne bejahend beantwortet werden.

Tritt man nun an die Deutung des Sectionsbefundes bei der Leiche Seiner Majestät des Königs Ludwig II. ohne Voreingenommenheit, wie dieß der ehrerbietigst gehorsamst Unterzeichnete als an allen Antecedentien unbetheiligt von sich sagen darf, heran, so fällt schon die Mannigfaltigkeit der verschiedenen krankhaften Veränderungen am Schädel und dessen Inhalt in die Augen, ein Eindruck, der allen bei der Eröffnung der Schädelhöhle Anwesenden im Gedächtnisse bleiben wird. Diese krankhaften Veränderungen müssen zum Verständnisse des Ganzen in zwei Gruppen gesondert werden:

I. Die angebornen, schon innerhalb des embryonalen Lebens zur Ausbildung gekommenen Schädel- und Hirn-Anomalien. Hiezu müssen gerechnet werden:

1. die Kleinheit des Schädels gegenüber den kolossalen Dimensionen der beiden anderen Körperhöhlen (103 cm Brustumfang, 120 cm Bauchumfang) und der ganz auffallenden Körpergröße (191 cm),

2. die ungleiche Größe der beiden Schädelhälften, ausgedrückt durch die ungleichen schiefen Durchmesser des Schädels (cf. Protokoll), hiedurch erzeugte Asymmetrie des Schädels, besonders am Schädelgrund erkennbar, dem entsprechend die Lage des Gehirns,

3. die außerordentliche Dünnheit und Leichtigkeit der Schädeldecke,

4. Porosität der Knochen des Schädelgrundes, papierdünne Beschaffenheit der Knochen am Boden der vorderen Schädelgrube und des Türkensattels,

5. die theils spitzeren, theils flacheren Knochenerhebungen ungewöhnlicher Art,

6. das Hirngewicht von 1349 gr bei einer Körperlänge von 191 cm und einem jedenfalls sehr hohen Körpergewichte.

Nach Bischoff – das Hirngewicht des Menschen, Bonn 1880, Seite 39 – betrug bei einem Manne von gleichfalls 191 cm Körperlänge das Gewicht des Gehirns 1502 gr, das Durchschnittsgewicht bei der Körperlänge von 180–191 cm 1385 gr, also 36 gr unter dem Durchschnittsgewicht.

Die ebengenannten angebornen Veränderungen, richtiger gesagt, Abweichungen vom normalen Zustande müssen aufgefaßt werden: als angeborne Disposition zu psychischen Störungen. Auf dem Boden dieser Disposition konnten die weiteren, nunmehr zu bezeichnenden krankhaften Zustände sich leichter ausbilden als in einem ganz normalen Schädel.

II. Zu diesen angebornen Bildungen, und durch ihr Vorhandensein gefördert, traten nun eine Reihe von erworbenen krankhaften Zuständen des Gehirns und seiner Umhüllungen.

Die während des Lebens aufgetretenen, sei es durch gleichmäßig fortschleichende, sei es durch stoßweise erfolgende Reize sich allmählig ausbildenden entzündlichen Zustände der harten Hirnhaut, soweit diese das Stirnhirn und den Vordertheil des Schläfenhirns bedeckt, bilden einen wichtigen Bestandtheil der Behelfe zur Erklärung der Krankheitserscheinungen.

Die Folge der zunehmenden Verdickung der harten Hirnhaut und der Verwachsungen derselben zeigte sich zunächst durch Steigerung der Reizungserscheinungen, der Erregbarkeit des gesammten Nervensystems, und wenn man die sichtbaren Krankheitsanfänge, wozu die jetzt bekannt gewordenen Erhebungen biographischer Art Anhaltspunkte bieten, in die Mitte der sechziger Jahre verlegt, so fehlt es nicht an Thatsachen, die in so gesteigerter Erregung ihre Erklärung zu finden vermögen.

Diese entzündliche Entartung der harten Hirnhaut machte ihre Wirkung durch allmählig zunehmenden Druck auf die darunter liegende Hirnpartie mit Consequenz geltend. Dieser Punkt ist in der Entwicklung der Krankheit sehr wichtig. Denn von nun an beginnt der Zeitraum, in welchem neben den Zeichen der Erregung, des unmäßig gehobenen Machtbewußtseins bereits Zeichen der psychischen Schwäche, der intellectuellen und sittlichen Defekte in unverkennbarer Weise hervortreten. Dieß ist anatomisch und physiologisch folgendermaßen zu erklären:

Unter dem wechselnden, aber doch in stetiger Zunahme begriffenen Drucke der verdickten, unter sich verwachsenen Hirnhäute wurden einige für das Seelenleben erfahrungsgemäß bedeutungsvolle Windungen des Stirn- und Schläfenhirns zu beginnendem Schwunde gebracht.

Die Menge, das Volumen der betroffenen Hirnwindungen mußte abnehmen und damit das Substrat einer Reihe psychischer Verrichtungen, denn die Halbkugeln des Großhirns sind der Sitz aller psychischen Thätigkeiten.»Nur bei Unversehrtheit derselben ist der Vorgang des Denkens, des Fühlens und des Wollens möglich (Landois).«

Bei Seiner Majestät war diese Degeneration der betreffenden Hirntheile aus zwei Gründen besonders unheilvoll.

1. Der Hirnschwund betraf beide Hälften des Großhirns, mit anderen Worten: es fiel hiemit die Möglichkeit weg, daß eine entsprechende, gesund gebliebene Hirnparthie der einen Halbkugel für die erkrankte, in ihrer Verrichtung behinderte Hirnparthie der anderen Halbkugel den Dienst in stellvertretender Weise, wie das bei einseitiger Erkrankung eines Vorderhirns häufig zu geschehen pflegt, übernehmen hätte können.

Es war sohin die Gleichzeitigkeit und Beiderseitigkeit des Hirnschwundes von hervorragender Bedeutung bei der Wichtigkeit der erkrankten Windungen für die höheren Geistesthätigkeiten.

2. Die graue Hirnrinde war, wie das Sectionsprotokoll ausdrücklich anführt, von geringem Durchmesser, etwas unter der normalen Dicke. Dieses anatomische Verhältnis war geeignet, die Folgen des Gehirnschwundes zu verschärfen, da in dem noch übrigen Gebiete der Hirnrinde für den Entgang der mit dem Schwunde der Hirnwindungen hinfällig gewordenen geistigen Verrichtungen kein Ersatz geboten werden konnte. In wie weit die Bewegungsstörungen, insbesondere die impulsiven, triebartigen Bewegungen, der unwiderstehliche Hang zu mimischen Verzerrungen vor dem Spiegel mit der nachgewiesenen geringen Mächtigkeit der Empfindungs- und Bewegungscentren enthaltenden grauen Hirnrinde zusammenhing, kann nicht mit voller Sicherheit angegeben werden; wahrscheinlich aber ist, daß die angeführten Bewegungsstörungen mit derselben in Beziehung stehen.

Im Weiteren stimmt der Hirnbefund genau zu dem zeitlichen, über eine Reihe von beiläufig zwanzig Jahren sich ausdehnenden Verlauf der psychischen Erkrankung. Es war eine ohne erhebliche Unterbrechung fortlaufende Zunahme derselben zu beobachten, wobei immer ein Theil der psychischen Verrichtungen unbehelligt bleiben konnte, wodurch es kam, daß die geistige Erkrankung in ihrer ganzen Schwere erst spät zur Erkenntniß der Betheiligten gelangte; denn Seine Majestät konnten mit dem Reste von Einsicht, geistigem Vermögen und nicht zum Wenigsten durch Dissimulation die Umgebung täuschen, wie besonders das Verhalten in den beiden letzten Lebenstagen bewies, zu einer Zeit, in welcher die geistigen Thätigkeiten längst tief gesunken waren.

Es muß schließlich behufs richtiger Würdigung des Vorgetragenen noch einmal hervorgehoben werden, daß ein der Verrücktheit entsprechendes Bild anatomischer Gehirnveränderungen sowenig wie bei anderen Geisteskrankheiten besteht, daß also ein durchaus negativer Hirnbefund in der Leiche Seiner Majestät sich hätte constatiren lassen können, ohne daß hiedurch die im Leben gestellte Diagnose zweifelhaft geworden wäre.

Es ist aber vom Standpunkte der medicinischen Wissenschaft aus in keiner Weise zu beanstanden, einen positiven Gehirnbefund zur Erklärung der im Leben beobachteten Krankheitserscheinungen beizuziehen und es kann deßhalb in jeder Weise gerechtfertigt werden, daß der ehrerbietigst gehorsamst Unterzeichnete seine gutachtliche Aeußerung dahin abgibt:

»Das Ergebnis der anatomischen Untersuchung des Schädels und des Schädelinhaltes Seiner Majestät des Königs Ludwig II. von Bayern dient zur Aufklärung der bei Seiner Majestät während des Lebens beobachteten Krankheitserscheinungen.«

München, den 20. Juni 1886
Ehrerbietigst gehorsamst Dr. von Kerschensteiner

Stellungnahme Dr. v. Mundy:

Es muß auffallen, dass im Sektionsbefunde das Körpergewicht des königlichen Leichnams nicht angegeben erscheint, weil jetzt ein stichhaltiger Vergleich in Bezug auf das vorliegende Körpermaass (191 Ctm.) und das Gewicht des Gehirns (1349 Grm.) (vergl. Bischoff's Gewichtstabellen, Bonn 1881) sich nicht aufstellen lässt. Ferner fehlt jede Angabe über die Ausgangs- und Endpunkte der beiden bedeutend differirenden Diagonaldurchmesser des Schädels, in folge dessen auch jede genaue Bezeichnung des Sitzes der Asymetrie (welche im Befund auffällig hervortritt) und ebenso über die Größe der Schädelhöhlen und gleichfalls das Verhältnis des Hirns zu der angegebenen Assymetrie der Hirnkapsel; dies ist aber umso auffälliger, als über den Flüssigkeitsinhalt und über die Grösse der Hirnventrikel, sowie auch das Grössenverhältnis der beiden Hemisphären zu einander jede Angabe aussteht.

Nach den vorliegenden, sehr beschränkten Vorlagen über die Grösse und Form des Schädels ist kein massgebendes Urtheil einer wissenschaftlichen Klassifikation des Schädels zulässig.

Am »Clivius« wird das Vorhandensein eines 2 Mm. hervorragenden Knochenauswuchses angegeben, und doch fehlen wieder die Bezeichnungen der anatomischen und pathologischen Verhältnisse an der Hirnbasis und dies sowohl bezüglich der Hirnhäute, als der Hirngefässe und der Hirnsubstanz.

Ueber die Form (glatt oder gekerbt) und über die Grösse der als geschrumpft angegebenen Partien an der Konvexität des Gehirns und das Verhältniss dieser Verschrumpfungen zu den Schwielen an den Hirnhäuten, ferner zur Verdünnung des Schädeldaches mangeln die präzisen Angaben.

Sonach ist das diagnostische Resultat dieses Befundes nicht recht bestimmbar.

Ärztliches Gutachten über den Geisteszustand Seiner Majestät Otto I. von Bayern, vom 14. Juni 1886. Zitiert nach: Schweiggert, Schattenkönig, 92/93.

Aus den zur Verfügung gestellten Akten, welche Berichte vom Mai 1871 bis Oktober 1876 und vom Juni 1878 bis Mai 1886 über die »Krankheit Seiner Königlichen Hoheit des Prinzen Otto von Bayern« enthalten, geht zur Evidenz hervor, daß schon seit einer ganzen Reihe von Jahren eine geistige Störung Allerhöchst desselben besteht, welche lange Zeit einen unverkennbar periodischen Verlauf innehielt, bald Exaltationszustände, bald depressive Zustände mit ängstlicher Aufregung oder stuporartigen Anfällen zu Tage förderte, lebhafte Sinnestäuschungen, Zwangsbewegungen und Wahnideen producirte und allmälig in einen mehr anhaltenden geistigen Schwächezustand mit vorübergehenden Aufregungsparoxysmen und Verwirrtheit überging.

Dieser Schwächezustand ist zweifellos ein vollständig unheilbarer, die freie Willenbestimmung Seiner Majestät ausschließender.

Die unterzeichneten Ärzte geben daher ihr Gutachten einstimmig darüber ab, daß Seine Majestät Otto I. König von Bayern in Folge langjähriger und unheilbarer Geistestörung als verhindert an der Ausübung der Regierung zu betrachten sei, und daß diese Verhinderung mit Bestimmtheit für die ganze Lebenszeit andauern werde.
München, den 14. Juni 1886

Dr. Hagen, k. Hofrath, Director der Kreisirrenanstalt Erlangen
und Professor
Dr. Grashey, k. Universitätsprofessor
Dr. Hubrich, k. Director.

Anton Memminger, König Otto I. In: Neue Bayerische Landeszeitung Nr. 142 vom 17. Juni 1886. Ausgabe polizeilich Konfisziert. Zitiert nach Memminger, Der Bayernkönig Ludwig II., S. 344/345.

Um sich auf seinen Sesseln weiter halten und in gewohnter Weise fortwursteln zu können, hat das Ministerium Lutz den Prinzen Otto zum König eingesetzt. In spießbürgerlicher Weise klügelte es wohl heraus, daß der Prinz die auf ihn fallende Zivilliste nicht verbrauchen kann und daß demnach aus den großen Überschüssen die Schulden des verstorbenen Königs bezahlt werden können. Allein der klare Wortlaut der Verfassung widerspricht der Ernennung Ottos zum König. In der Urkunde heißt es, daß der König den Eid auf die Verfassung leisten muß. Ein Prinz, der aber nicht fähig ist, einen Eid zu leisten, weil er denselben weder verstehen noch halten kann, soll der nun fähig sein, König zu werden?

König kann nach der Verfassung nur ein Prinz werden, der einen Eid leisten kann. Hat er ihn mit klarem Verstand geleistet, so mag er ihn später verlieren, dann bleibt er König. Das ist in der Verfassung genau vorgesehen. Aber Prinz Otto konnte König nicht werden, weil er keine rechtsgiltige Handlung vornehmen, also auch nicht schwören kann. Das ist so klar wie der Wortlaut der Eidesformel.

Das ganze Volk war auch völlig verblüfft, als ihm das Ministerium einen irrsinnigen Prinzen als König vorstellte. Die Anhänger des monarchischen Prinzips – und das sind fast alle Bayern – langten an die Stirne und befühlten sich, wie man es eben macht, wenn man seine Sinne schwinden sieht, oder etwas gar nicht begreifen kann. Wo soll das hinaus? Man kann doch dem Volke nicht zumuten, daß es die Ehrfurcht, Liebe und Achtung, die es dem genialen König Ludwig II. auch im Unglück nicht versagte, auf einen unheilbar blödsinnigen Prinzen überträgt!

Und wohin soll es, vom konservativen Standpunkt aus betrachtet, führen, wenn jeder Untertan sich sagen muß: Man hat einen Irren als König beseitigt und uns einen Irren als König aufoktroiert. Davon, was das Ausland dazu sagt und wie die öffentliche Meinung überhaupt auf die Schwächung des patriotischen Gefühles einwirkt, brauchen wir nicht zu reden. Jeder Bayer fühlt sich durch diesen Verstoß gegen den Inhalt und Geist der Verfassung betroffen und in seinem Bewußtsein als Angehöriger des bayerischen Staates gekränkt.

Das Ministerium will aber um jeden Preis sich halten. Hätte es aber den Prinzen Luitpold statt zum Regenten zum König gemacht, so wäre dieser in der Wahl seiner Ratgeber und in seiner Ansicht über die Maßnahmen der Regierung zunächst auf sein eigenes Urteil angewiesen gewesen. Als Regent ist er nicht viel mehr als das erste Mitglied des Ministeriums, wie der Präsident des schweizerischen Bundesrates in seinen Entschließungen von der Stimmung seiner sechs Kollegen abhängig ist.

Das Ministerium hat den Regenten um seiner selbst willen gemacht. Es hätte ihn ebenso leicht zum König machen können, die Verfassung ließ diese Auslegung zu und die Verhältnisse machten diese zur Pflicht.

Franz von Löher, Zuschrift wegen unrichtiger Behauptungen in der Sitzung der Abgeordnetenkammer am 26. Juni 1886. In: Augsburger Abendzeitung, Nr. 177 vom 30. Juni 1886, S. 1 und 2.

Wir erhalten folgende Zuschrift des Herrn Reichsarchivvorstand Geh. Rath Dr. v. Löher aus München 28. Juni: Hochgeehrte Redaktion bitte ich ergebenst, mir, dem hart und ganz schuldlos Angegriffenen, durch Aufnahme beifolgender Erklärung Gerechtigkeit zu verschaffen. Laut Zeitungsberichten über die Verhandlungen der bayerischen Abgeordnetenkammer am 26. d. M. hat der k. Stallmeister Herr Hornig bekundet, Se. Maj. Ludwig II. habe mir den Auftrag ertheilt, ein Land zu suchen, in welchem eine absolute Regierung möglich wäre, und das sich gegen Bayern austauschen ließe, und der Abgeordnete Herr Dr. Stamminger hat hinzugesetzt, ich hätte auf Kosten der Kabinettskasse eine Reise unternommen, um das neue Königreich ausfindig zu machen und zu erwerben. Das ist doch, gerade heraus gesagt, Unsinn. Niemals habe ich von so etwas ganz Unmöglichem, wie von einem Austausch Bayerns gehört, niemals eine lächerliche Reise nach dem fabelhaften Königreiche angetreten. Ich will offen darlegen, was zu dergleichen Gerede Anlaß gegeben, denn jetzt darf ich davon sprechen. Zuvor aber sei die Bemerkung gestattet, daß ich Se. Maj. den König Ludwig II. seit Oktober 1871 niemals mehr gesprochen und ihn in den letzten 15 Jahren auch niemals anderswie gesehen habe, als selten einmal im flüchtigen Vorüberfahren. Ich kann also auch nicht einen Schatten von Einfluß auf ihn geübt haben. Im Februar 1872 erhielt ich den Auftrag, ferne Landschaften voll stiller erhabener Schönheit, wo der König sich ein Schloß bauen und kürzere oder längere Zeit wohnen könne, zu bezeichnen. Wahrscheinlich hing der König Auswanderungs-Ideen nach und ich konnte nach meiner Ueberzeugung nicht anders, als jene Ideen von vornherein zu bekämpfen, wenn auch nur schriftlich. Als meine Abhandlung vorgelegt war, wurde mir die fernere Aufgabe gestellt, den griechischen Archipel, den kanarischen Archipel, die Insel Bourbon und die Insel Santa Catharina, jedes in einem besonderen Hefte ausführlich zu schildern. Im Jahre 1873 folgte der Auftrag, auf den kanarischen und griechischen Inseln einen passenden Ansiedelungsplatz zu ermitteln, worauf ich einen Theil der Küste und des Inneren von Teneriffa, Palmas und Gran Canaria, und sofort auch von Thasos, Samothrake, Imbros und Lesbos bereiste und einen umfassenden Bericht einreichte. Nun kam ein neuer Auftrag, nämlich zu untersuchen, ob auf Santa Catharina, Bourbon, einer kanarischen Insel oder Cypern auf Lebenszeit des Königs die ganze oder halbe Souveränität, oder doch Unabhängigkeit von den dortigen Behörden zu erreichen stehe, oder ob sie zu entbehren sei? Nach Darlegung all der Schwierigkeiten und etwaigen Möglichkeiten durfte ich die Angelegenheit für erledigt halten, weil ich nichts weiter darüber hörte. Da erging an mich im Jahre 1875 der bestimmte Befehl, nach Cypern und Kreta zu gehen und zu erforschen, ob die Insel nach Landschaft und natürlichen Verhältnissen wie nach ihrer Bevölkerung sich zur Ansiedelung für Se. Majestät eigene, und ob der Ankauf von Cypern oder Kreta oder doch eines großen freien Grundbesitzes dort möglich? Auch bezüglich der Krim sollte ich gelegentlich mich erkundigen. Was ich in meinem eingehenden Reisebericht darlegte, ließ für die Wünsche Sr. Majestät kaum eine Befriedigung hoffen, am wenigsten ein stilles, sorgenfreies Leben. – All diese Reisen – und andere habe ich für König Ludwig II. nicht gemacht – sind von mir damals in der Allgemeinen, theilweise auch in der Kölnischen Zeitung näher beschrieben. Die erste nach den canarischen und griechischen Inseln dauerte 3 1/2, die zweite nach Cypern 2 1/2 Monate: sie wurden also in der denkbar kürzesten Zeit gemacht, aber auch in Anbetracht, daß ich nicht nur Eisenbahnen und Dampfschiffe zur Hin- und Rückreise, sondern zur Besichtigung an Ort und Stelle auch Küstenfahrer mit Seeleuten, einen Dragoman [Dolmetscher, Reiseführer] und Zaptieh [Polizeisoldat], ferner Maulthiertreiber und mehrere Maulthiere nöthig hatte, auch mit den denkbar geringsten Kosten, worüber die Hofrechnungen Aufschluß geben. Die ganze Reihe der umfangreichen Hefte, welche ich für den König schrieb, kann veröffentlicht werden: nicht ein Wort steht darin von einem absolutistischen Königreich, oder gar einem Austausch desselben gegen Bayern. In jeder Schrift aber finden sich wiederholt die flehendlichsten Bitten und Warnungen, Se. Majestät möge die furchtbaren Leiden und Gefahren, die außerordentlichen Schwierigkeiten und nimmer abreißenden Sorgen und Mühen, die unausbleiblich mit der Uebersiedelung in ein fremdes Land verbunden, nicht auf sich nehmen. Das Endergebnis war, daß der König von jeder Auswanderung nach den genannten Ländern Abstand nahm. Möglicher Weise mochte auch bei all den Schilderungen, die ich schriftlich vorlegen mußte, etwas die Absicht mitspielen, von einem Vielgereisten sich über solche Fragen anregend unterhalten zu lassen. Jedenfalls war kein Grund vorhanden, warum ich meinem ebenso innig als ehrfurchtsvoll verehrten König, von dessen Sonderbarkeiten man damals eben erst zu sprechen anfing, die reiche und interessante, oder vielleicht auch in einer ernsten Lebensfrage dringend nöthige Belehrung nicht verschaffen sollte. München den 28. Juni 1886. Franz v. Löher.

Kronprinz Rudolf von Österreich (?), Ein unsauberer Artikel über Wilhelm II. Wien, 8. November 1888.
Zitiert nach: Hamann, Majestät, ich warne Sie ..., S. 228/229.

Der jetzige Kaiser Wilhelm kam im Jahre 1887 zu den steierischen Gebirgsjagden nach Österreich. Eine gewisse Ella Socupis, die aber de facto ganz anders heißt und eine Wienerin ist, mit der Prinz Wilhelm schon seit einiger Zeit in Berlin ein Verhältnis hat, traf um einige Tage früher ein. Sie empfahl dem Prinzen eine Freundin, eine gewisse Anna Homolatsch, Tochter einer gewesenen Kammerfrau der Königin von Württemberg.

Beide Damen sollten mit dem Prinzen in Schönbrunn im Garten ein Rendez-vous haben. Der Prinz kam schon vor 6 Uhr früh in Civil in den Garten; ein allzu eifriger Gardist erkannte den Prinzen u. trachtete nun die, wie es ihm schien, allzu lästigen Damen ferne zu halten, so daß die Zusammenkunft trotz ermüdenden Hin- und Herlaufens nicht zu Stande kam.

In Mürzsteg angelangt, sollte dort ein Rendez-vous stattfinden. Die Damen kamen an und sahen den Prinzen zum ersten Male. Abends am katholischen Friedhof hierauf im einzigen Gasthause dieses kleinen Ortes. Alle Leute wußten die Geschichte. Da der Prinz die Reise der Damen nicht zahlen wollte u. ihnen nur einige Mark gab, fuhren sie grollend weg, nachdem zuvor noch Frl. Ella ihm Manchettenknöpfe mit Namenszug und Krone gestohlen hatte, um sie siegesbewußt in Wien verschiedenen Herren zu zeigen.

Verschiedenen Bitten des Prinzen folgend kamen die Damen wieder nach Eisenerz, stiegen dort im Gasthaus zum König von Sachsen ab, da sie sich als Socupis und Baronesse Wimpfen ausgaben, ihre Papiere nicht in Ordnung waren u. sich sehr auffallend benahmen, wollte sie ein Gendarm ausweisen. Im letzten Moment kam der Kammerdiener des Prinzen u. erklärte die Damen seien für seinen Herrn. Nun blieben sie und hatten des Nachts beide in einem Zimmer ein Rendez-vous mit dem Prinzen, wobei so ein Lärm gemacht wurde, daß sich alle Hausbewohner darüber aufhielten. Anna Homolatsch war schon bevor sie nach Eisenerz kam in der Hoffnung von einem russischen Diplomaten. Jetzt benützte sie die Gelegenheit, um das Kind dem Prinzen Wilhelm anzuhängen. Der Prinz wurde mit Briefen von der Familie Homolatsch bombardirt, immer drohender wurden dieselben. Desgleichen erhielt Prinz Reuss (der deutsche Botschafter in Wien) einige Schreiben. Er rieth zum Zahlen, aber in Berlin zahlt man nicht gerne u. so kam der Auftrag, die Botschaft u. die Wiener Polizei mögen die Sache ohne Geld in Ordnung bringen. Ein Advocat Dr. Meissner mischte sich in die Angelegenheit, Prinz Reuss führte die Sache in auffälligster u. ungeschicktester Weise durch. Endlich zwang unsere Polizei den Botschafter, seinen Prinzen zum Zahlen zu bewegen. Da Meissner es erreichte, daß die Summe keine allzu hohe sei, erhielt er bald nach Regierungsantritt des jetzigen Kaisers den preußischen Kronenorden. Das inzwischen geborene Kind ist ein Mädchen. Das ist die Geschichte.

Gutachten über die Sektion des Kronprinzen Rudolf von Österreich. In: Wiener Zeitung, Nr. 28 vom 31. Januar 1889, S. 1, Amtlicher Theil.

Bei der mit Beobachtung der gesetzlichen Normen und von den hierzu gesetzlich berufenen medicinischen Fachmännern am 31. Jänner 1889 in der k. k. Hofburg zu Wien vorgenommenen Section der Leiche Seiner k. und k. Hoheit des durchlauchtigsten Kronprinzen Rudolph ist auf Grund des protokollarisch aufgenommenen Sectionsbefundes ein mit der Unterschrift der functionirenden Aerzte beglaubigtes Gutachten abgegeben worden, welches wörtlich lautet, wie folgt:
Gutachten
1. Seine k. und k. Hoheit der durchlauchtigste Kronprinz ist zunächst an Zertrümmerung des Schädels und der vorderen Hirnpartien gestorben.
2. Diese Zertrümmerung ist durch einen aus unmittelbarer Nähe gegen die rechte vordere Schläfegegend abgefeuerten Schuß veranlaßt worden.
3. Ein Schuß aus einem Revolver mittleren Kalibers war geeignet, die beschriebene Verletzung zu erzeugen.
4. Das Projectil wurde nicht vorgefunden, da es durch die über dem linken Ohr constatirte Ausschußöffnung ausgetreten war.
5. Es unterliegt keinem Zweifel, daß Seine k. und k. Hoheit sich den Schuß selbst beigebracht hat und daß der Tod augenblicklich eingetreten ist.
6. Die vorzeitige Verwachsung der Pfeil- und Kranznaht, die auffälige Tiefe der Schädelgrube und der sogenannten »fingerförmigen Eindrücke« an der inneren Fläche der Schädelknochen, die deutliche Abflachung der Hirnwindungen und die Erweiterung der Hirnkammer sind pathologische Befunde, welche erfahrungsgemäß mit abnormen Geisteszuständen einherzugehen pflegen und daher zur Annahme berechtigen, daß die That in einem Zustand von Geistesverwirrung geschehen ist.

Hofrath Doctor E. Hofmann m. p., Professor der gerichtlichen Medicin.
Hans Kundrat m. p.Vorstand des pathologisch-anatomischen Institutes, als Obducent.
Professor Doctor Hermann Widerhofer m. p., k. k. Leibarzt vom Oberhofmeisteramte Sr. k. und k. Apostolischen Majestät.

Von einem gelegentlichen Korrespondenten, Kaiserin Elisabeth von Österreich. In: Berliner Tageblatt vom 21. April 1889.

In jüngster Zeit tauchten in reichsdeutschen Blättern wiederholt ungünstige Nachrichten bezüglich des Gesundheitszustandes der Kaiserin Elisabeth auf, welche jedoch vom Wiener Korrespondenz-Büro stets energisch dementirt wurden – in Oesterreich hält man ja bekanntlich noch immer an dem alten »Vertuschungs«-System fest und will nicht zur Erkenntniß kommen, daß die Völker denn doch ein Recht haben, zu erfahren, was im Kaiserhause vorgeht. Der nachstehende Bericht, welchen ich aus Quellen schöpfe, die über jedes Dementi erhaben sind, mag darthun, wie wenig berechtigt die Widersprüche in den umlaufenden Gerüchten sind, in welchen sich die offiziösen Macher der öffentlichen Meinung gefallen.

Kaiserin Elisabeth ist bekanntlich von einem hochgradigen Nervenleiden befallen.

Für diejenigen, welche mit den Verhältnissen am österreichischen Hofe vertraut sind, hat diese Nachricht nichts Ueberraschendes. Die Extravaganzen der unglücklichen Kaiserin, ihre immer stärker sich kundgebende Scheu vor allem öffentlichen Auftreten, ihr menschenscheues Wesen, welches dem des unglücklichen Baiern-Königs Ludwig II., so sehr ähnlich ist, ließ längst befürchten, daß es früher oder später einmal zu einer Katastrophe kommen würde. Es wäre demnach auch ein Irrthum, wollte man das entsetzliche Ende des Kronprinzen Rudolf als die Ursache des Leidens hinstellen; dasselbe hat längst bestanden und griff langsam und stetig um sich.

Der schreckliche Schlag, welcher die kaiserliche Familie im Jammer [Jänner?] getroffen, hat nur eine beschleunigende Wirkung geübt und den vollen Ausbruch der Krankheit herbeigeführt.

Die wahre Ursache des Leidens ist weit eher in dem schauerlichen Begriffe der »erblichen Belastung« zu suchen. Die Kaiserin von Oesterreich ist ja bekanntlich eine Wittelsbacherin und in diesem Fürstenhause war König Ludwig nicht das erste geisteskranke Mitglied.

Die Anfänge der Krankheit, welche die unglückliche Kaiserin Elisabeth befallen hat, liegen denn auch Jahrzehnte zurück. Die Anzeichen, die sich damals bemerkbar machten, waren allerdings so milder Natur, daß man sie kaum beachtete, und für Launen nahm, was in Wahrheit sich schon als der Beginn des Leidens darstellte. Im Laufe der Zeit wuchsen die bedenklichen Symptome. Rascher Gemüthswechsel, grundlose Niedergeschlagenheit und ebenso unmotivirte überquellende Lebenslust lagen oft dicht nebeneinander. – Eine wahrhaft unbezähmbare Leidenschaft für alle Arten des Sportes erfüllte zeitweise die Seele der Kaiserin; dann kamen wieder Tage, an denen die Kaiserin für nichts anderes Sinn hatte, als für die mystischen Lehren der katholischen Kirche und dabei begann sich die unglückliche Fürstin immer mehr auf sich selbst zurückzuziehen.

Da kam die Katastrophe im bayerischen Königshause und dieses Ereigniß, im Zusammenhange mit all den vorhergegangenen Geschehnissen in Bayern, übte einen furchtbaren Einfluß auf die Entwickelung des Leidens.

Kaiserin Elisabeth bewunderte die ideale Gestalt des bayerischen Fürsten und konnte es nicht fassen, daß er, den sie stets in leuchtender Schöne, im vollen Besitze männlicher Kraft vor sich stehen sah, ein so entsetzliches Ende genommen habe. Die Kaiserin legte damals einen selbstgewundenen Kranz auf den Sarg des Abgeschiedenen nieder und blieb sodann allein an dem Katafalke zurück, um ihre Gebete zu verrichten. Als man die hohe Frau nach Ablauf einer halben Stunde mahnen wollte, daß es Zeit sei, sich zurückzuziehen, fand die Begleiterin der Kaiserin, Gräfin N., ihre Gebieterin in tiefe Ohnmacht gesunken am Boden liegen. Nicht ohne Mühe gelang es, die Bewußtlose wieder zu sich zu bringen. Als sie aber die Augen aufschlug und die Sprache wiedergewonnen hatte, da verlangte sie kategorisch, man möge den König aus der Kapelle holen – er sei gar nicht todt, sondern »stelle sich nur so, um vor der Welt und den unaustehlichen Menschen für immer Ruhe zu bekommen.« Man war damals der Ansicht, daß diese Phantasien die Folge der erlittenen Gemüths-Erschütterungen, sowie des intensiven Blumenduftes seien, der sich in der Kapelle verbreitet hatte, und man fürchtete, daß sich eine Gehirn-Entzündung entwickeln werde. – Beide Annahmen erwiesen sich als unbegründet. Das Leiden der Kaiserin aber hatte einen plötzlichen, und sehr bedenklichen Schritt nach vorwärts gethan.

Tage der Ruhe und Erholung folgten. Die Kaiserin brachte die schöne Jahreszeit unter dem blauen Himmel Griechenlands zu und befand sich im Allgemeinen wohl. Eine nervöse Unruhe und in deren Gefolge schlaflose Nächte machten sich nur von

Zeit zu Zeit, insbesonders nach schwererer Lektüre bemerkbar. So vergingen Monate. – Dann trat die Krankheit wieder in ein neues Stadium. Eines Nachts schellte die Kaiserin der Kammerfrau: der Kaiser Franz sei hüstelnd durch das Zimmer gegangen, ein sicheres Zeichen, daß in nächster Zeit ein Mitglied des Hause zu Grabe gehen werde. – Wenige Wochen später eine andere Vision: die Kaiserin sah König Ludwig in wassertriefenden Gewändern vor sich stehen. Diese Hallucination war eine so lebhafte, daß die bedauernswerthe Fürstin laut um Hilfe rief, weil sie in dem Wasser, welches von dem gespenstischen Könige abfloß, zu ertrinken fürchtete. In immer kürzer werdenden Pausen wiederholten sich derlei Trugbilder der erkrankten Phantasie, welche die weiten Gemächer mit den Gestalten längst Verstorbener bevölkerten.

Das raubte der Kranken dauernd die Ruhe der Nacht und damit war wieder ein Schritt weiter auf dem unheimlichen Pfade gethan. Nebenbei verweigerte es die Kaiserin, trotz aller Bitten der beunruhigten Umgebung, den Leibarzt zu Rathe zu ziehen, von welchem sie nichts Gutes erwartete.

So kam der furchtbare Tag, an welchem die Kunde von dem Ableben des Kronprinzen Rudolf nach Wien drang. Die Vorgänge, welche sich damals in der Wiener Hofburg abspielten, sind meines Wissens niemals noch so erzählt worden, wie sie thatsächlich vor sich gingen. Ich versuche es daher, dieselben im Nachstehenden kurz zu schildern:

Man hat bisher in der Oeffentlichkeit angenommen, daß Graf Hoyos, der Ueberbringer der Schreckensnachricht, sich ohne Weiteres bei der Kaiserin habe melden lassen, um diese von dem Unglücke in Kenntniß zu setzen. Dem war jedoch keineswegs so. Dem Grafen war ja bekannt, daß die Kaiserin mit dem Kronprinzen jeden Verkehr abgebrochen hatte, weil es dieser, wie ihr die kranken Sinne vorspiegelten, an Aufmerksamkeit für seine Mutter habe fehlen lassen. Hoyos wäre demnach trotz aller Rathlosigkeit niemals zuerst zur Kaiserin gegangen. Ein Zufall fügte es jedoch, daß die hohe Frau die Ankunft des Grafen von ihren Appartements aus erspähte. Der Graf hatte sich am Südbahnhofe in einen Fiaker geworfen und dem Kutscher den Auftrag gegeben, »in die Hofburg« zu fahren. Am Franzensplatze in der Hofburg hielt der Wagen, weil der Kutscher nicht wußte, an welchem der vielen Thore sein Passagier abgesetzt zu werden wünsche. Graf Hoyos, welcher nur wenige Schritte von dem Ziele seiner Fahrt, dem sogenannten »Schweizerhofe«, in welchem die Gemächer des Kronprinzen-Paares sich befanden, entfernt war und jeden unnöthigen Aufenthalt vermieden wissen wollte, sprang schon jetzt aus dem Coupee und eilte, in dem einfachen, durchaus nicht hoffähigen Kleide, in welchem er sich befand, durch das hohe Portal in den Schweizerhof. In diesem Moment erblickte ihn die Kaiserin von ihren gegenüber liegenden Appartements aus. Von einer ganz merkwürdigen und vielleicht nur durch die hohe Nervenspannung erklärlichen Ahnung ergriffen, wandte sich die Kaiserin todtenbleich in das Gemach zurück und sagte zu ihrer allein anwesenden Vorleserin: »Eilen Sie dem Grafen Hoyos entgegen – er kommt mit einer schlimmen Nachricht: dem Kronprinzen ist ein Unglück zugestoßen!« – Thatsächlich gelang es der Dame, den Grafen, welcher rathlos im Corridor stand und überlegte, wem er zuerst von dem Unglück Mittheilung machen solle, in den weiten Räumlichkeiten der Hofburg zu finden; sie war auch die Erste, welche in Wien von der Meierlinger Katastrophe Nachricht erhielt. Auf ihre entsetzte Frage, was geschehen sei, antwortete der fassungslose Cavalier: Der Kronprinz ist todt! Wenige Momente später stand der Graf vor der Obersthofmeisterin der Kaiserin, Gräfin Nopsza, und weihte dieselbe in die Geschehnisse ein. Während die drei Personen noch beisammen standen und berathschlagten, was zunächst zu thun sei, öffnete sich die Thüre und die Kaiserin trat ein. Und nun theilte die Obersthofmeisterin das Schreckliche mit. Wider alles Erwarten zeigte sich die Kaiserin sehr gefaßt und erklärte, sie selbst werde zum Kaiser gehen und ihm von dem Ableben seines einzigen Sohnes Mittheilung machen. Das geschah. Was sich im kaiserlichen Arbeitszimmer zwischen den hohen Gatten abspielte, das entzieht sich begreiflicherweise jeder Schilderung.–

Die Ruhe und Fassung, welche die Kaiserin im Gegensatze zu allen übrigen Mitgliedern des kaiserlichen Hauses zeigte, vermochte das geübte Auge des Arztes nicht zu täuschen. Der Leibarzt erklärte mit aller Bestimmtheit, daß von der schrecklichen Gemüthserschütterung Schlimmes zu gewärtigen sei und daß gerade die steinerne Ruhe der hohen Frau kein gutes Symptom sei. Die Richtigkeit dieser Behauptung sollte sich nur zu bald erweisen.

Plötzlich – es war am Tage nach dem Leichenbegängnisse Rudolf's – rief die Kaiserin ihre Umgebung zusammen und erklärte, es sei ihr unabänderlicher Wille, sich gänzlich von der Welt zurückzuziehen und ihre Tage in Griechenland zu beschließen. Sie allein sei ja an allem Unglücke Schuld, welches das Haus Habsburg in all' den Jahren betroffen und so wolle sie denn auch strenge Buße thun. Und dabei wühlte die Kranke mit nervösen Fingern in den Schmuckkästen, deren Inhalt sie unter die Anwesenden vertheilte. Man mag sich das Entsetzen ausmalen, mit welchem die Frauen den Worten der Herrin lauschten. Niemand mehr wollte die Verantwortung für die Folgen tragen, welche aus dem Seelenzustande der Kaiserin entstehen konnten. Noch in derselben Stunde erbat sich die Kammervorsteherin bei dem Kaiser Audienz und trug diesem vor, was sich ereignet hatte.

Franz Josef, auf welchem der namenlose Schmerz um den Verlust des einzigen Sohnes noch mit voller Wucht lastete, bedeckte das Gesicht mit den Händen und stöhnte aus tiefstem Herzen. Ihm war ja all' das Seltsame in dem Wesen seiner Gattin nicht entgangen und er hatte längst die richtige Erklärung für Vieles gefunden, was auf andere Art absolut unerklärlich geblieben wäre.–

Da erschien die Deputation des Abgeordnetenhauses, um das Beileid der Volksvertretung anläßlich des erlittenen herben Verlustes auszudrücken. Diesen Anlaß benutzte der Monarch, um die Selbstanklagen seiner Gattin zu widerlegen. Er verkündete aller Welt, daß ihm die Kaiserin jederzeit eine treue, liebende Gattin und in den schweren Tagen, welche über sein Haus hereingebrochen seien, eine feste Stütze gewesen sei. »Sagen Sie das aller Welt«, schloß der Monarch seine Ansprache an den greisen Präsidenten Dr. Smolka »in je weiteren Kreisen Sie es verbreiten, desto lieber ist es mir!« – Kaiserin Elisabeth läßt sich täglich mehrere Zeitungen vorlesen und hatte an der Anerkennung des Kaisers, welche sie überall so sympathisch besprochen fand, viele Freude. Die hohe Frau unterbrach an einer Stelle die Vorleserin mit der Bemerkung. »Der Kaiser ist ein edler Mann!«

Eine nachhaltige Wirkung vermochte jedoch das liebevolle Vorgehen des Kaisers nicht zu erzielen. Es kam nun eine Periode tiefster Niedergeschlagenheit, welche zu so ernsten Besorgnisten [Besorgnissen] Anlaß gab, daß die Abreise von Budapest, wohin inzwischen der Hof übersiedelt war, mehrmals hinausgeschoben werden mußte. Dabei duldete die hohe Kranke weder daß ein Arzt zugezogen werde, noch litt sie fremde Gesichter überhaupt um sich. Es blieb schließlich, um der Kaiserin Hilfe zu bringen, kein Mittel, als zur List Zuflucht zu nehmen und so stellte man der Leidenden eine hervorragende Capacität auf dem Gebiete der Nerven-Heilkunde als päpstlichen Legaten vor.–

Wie die Diagnose des Arztes lautete, weiß der Kaiser allein – daß sie jedoch keineswegs eine günstige war, das ersah man nur allzudeutlich an den alsbald getroffenen Vorsichtsmaßregeln, welche mit so außerordentlicher Umsicht vorbereitet wurden, daß die Kaiserin, welche seit ihrer Krankheit ungemein mißtrauisch ist, keinerlei Verdacht schöpfte und nicht ahnte, daß sie unausgesetzt von kundigen Augen beobachtet werde. – Und nun benutzt man eine ruhigere Periode, um die Reise nach Ischl anzutreten, wohin sich die Kaiserin mit Ungeduld sehnte. Wien jedoch – so befahl die Kaiserin – dürfe auf der Reise unter gar keinen Umständen berührt werden; sie wolle diese Stadt, wo sie soviele Leiden erlebte, nie mehr sehen.

In später Stunde hielten die Hofwagen vor dem Portale des Staatsbahnhofes in Budapest. Der Platz vor dem Gebäude und dieses selbst waren im weiten Umkreise für das Publikum abgesperrt und ohne allen Aufenthalt bestiegen die hohen Herrschaften die Coupees des harrenden Separatzuges. Ein telegraphischer Auftrag an alle Stationen bis Wien war dem Train vorausgeflogen, daß an sämmtlichen Stationshäusern die Lichter nach Thunlichkeit zu verlöschen seien. Die Kaiserin sollte ja nicht wissen, daß der Weg trotz ihres Wunsches doch über Wien gehe, weil ein anderer nur unter den größten Mühen und Beschwerlichkeiten hätte befahren werden können. Lange nach Mitternacht lief der Zug auf dem sogenannten »Spitz« am Wiener Staatsbahnhofe ein und brauste von hier ohne jeden Aufenthalt über die Wiener Verbindungsbahn an der Peripherie der Stadt vorüber nach Hütteldorf an der Westbahn.–

Die Kaiserin ist in Ischl und befindet sich augenscheinlich wohler als früher – die Berichte österreichischer Blätter, wonach die hohe Frau stundenlange Fußtouren unternimmt sind aber leider stark übertrieben. Die Kaiserin hat beim Gehen stets das Gefühl als wanke unter ihr der Boden und das verhindert wohl größere Fußparthien.

Der so beispiellos schwer heimgesuchte Gatte, Vater und Herrscher erweckt nicht nur, sondern verdient auch die vollste Theilnahme aller fühlenden Menschen. Wo fände sich auf Erden ein so verhärtetes Gemüth, das angesichts dieser furchtbaren Schicksalsschläge, von denen das Habsburgische Erzhaus betroffen, nicht auf das Tiefste erschüttert worden wäre. Aus Millionen Lippen steigen die heißesten Wünsche und die brünstigsten Gebete himmelwärts, auf daß es wieder sonniger werde und froher in den Räumen der Wiener Hofburg. Möge das Glück, das ehedem dem Hause Habsburg gelächelt, ihm von Neuem wieder scheinen und möge dem schwer gebeugten Kaiser Franz Joseph es beschieden sein, recht bald wieder eine Linderung seiner Seelenleiden zu erfahren. Dieser Wunsch ist es, der namentlich in dem stammverwandten und politisch befreundeten Deutschland die Herzen Aller erfüllt

Literatur

Andics, Hellmut: Die Frauen der Habsburger. Wien, München, Zürich 1969.

Augstein, Rudolf: Von hint' derstessen. In: Der Spiegel, Heft 34 vom 21. 8. 1995, S. 107–110.

Barton, Irmgard von: Die preußische Gesandtschaft in München als Instrument der Reichspolitik in Bayern. Dissertation, München 1967.

Baumann, Georg: Königliche Träume. München 1981.

Bayern, Adalbert Prinz von: Die Wittelsbacher. Geschichte unserer Familie. München 1979.

Beckenbauer, Alfons: Ludwig III. von Bayern 1845–1921. Ein König auf der Suche nach seinem Volk. Regensburg 1987.

Bedürftig, Friedemann: Taschenlexikon Bismarck. München 1998.

Berg, Erich Alban: Als der Adler noch zwei Köpfe hatte. Graz, Wien, Köln 1980.

Biermann, Christoph: Leiden eines Königs. Ludwig II. von Bayern: Krankengeschichte ohne Patient. In: Deutsches Ärzteblatt, Jg. 1973, Heft 41, S. 2685–2691, Heft 42, S. 2949–2955 und Heft 45, S. 3149–3154.

Bismarck, Otto Fürst von: Gedanken und Erinnerungen. 2 Bde., Stuttgart und Berlin 1915.

Böhm, Gottfried von: Ludwig II. König von Bayern. Sein Leben und seine Zeit. Berlin 1924.

Bosl, Karl: Bosl's Bayerische Biographie. 8000 Persönlichkeiten aus 15 Jahrhunderten. Regensburg 1983.

Breyer, Heinrich: Der Fluch, er will, daß nie das Werk gelinge ... Süddeutsche Zeitung vom 22. 9. 1994. 50. Jg. Nr. 219, S. 45.

Conrad, M. G.: König und Schauspielerin. In: Die Propyläen, Heft 17/1920, S. 313–315.

Corti, Egon Caesar Conte: Elisabeth, die seltsame Frau. Graz, Wien, Köln 1991, Erstausgabe 1934.

Csendes, Peter (Hrsg.): Das Zeitalter Kaiser Franz Josephs I. Österreich 1848–1918. Wien 1989.

Dahn, Felix: Erinnerungen. Leipzig 1895.

Dotterweich, Helmut: Das Erbe der Wittelsbacher. München 1983.

Dürckheim-Montmartin, Graf Alfred Eckbrecht von: Notizen zur Königs-katastrophe 1886. Bamberg, März 1889. Handschriftliche Aufzeichnungen, als Faksimile herausgegeben von Dr. Hans K. E. L. Keller.

Du Moulin-Eckart, Richard Graf von: Unser Prinzregent. München 1911.

Du Moulin-Eckart, Richard Graf von: Cosima Wagner. Ein Lebens- und Charakter-bild. 2 Bde. München 1929 und 1931.

Eulenburg-Hertefeld, Philipp Fürst zu: Das Ende König Ludwigs II. und andere Erlebnisse. Leipzig 1934.

Eulenburg-Hertefeld, Philipp Fürst zu: Erlebnisse an deutschen und fremden Höfen. Leipzig 1934.

Evers, Hans Gerhard: Ludwig II. von Bayern. Theaterfürst–König–Bauherr. Gedanken zum Selbstverständnis. Hrsg. J. A. Schmoll gen. Eisenwerth, bearbeitet von Klaus Eggert. München 1986.

Fugger, Nora Fürstin von: Im Glanz der Kaiserzeit. 1932, 2. Auflage 1980.

Garner, Ernst: Der Minister und sein König. Vor 100 Jahren starb Joh. von Lutz. In: Der Bayernkurier vom 27. 10. 1990.

Gauweiler, Peter/Stölzl, Christoph (Hrsg.): Bayerische Profile. München 1995.

Gebhardt, Heinz: König Ludwig und seine verbrannte Braut. Pfaffenhofen 1986.

Gerold, Otto (Hrsg.): Die letzten Tage König Ludwig II. Erinnerungen eines Augen-zeugen. Zürich 1914.

Glowasz, Peter: Wurde Ludwig II. erschossen? Berlin 1991.

Gollwitzer, Heinz: Ludwig I. von Bayern. Eine politische Biographie. München 1986.

Graf, Oskar Maria: Das Leben meiner Mutter. München 1994.

Grasser, Walter: Johann Freiherr von Lutz (eine politische Biographie) 1826–1890. Miscellanea Bavarica Monacensia, Heft 1, München 1967.

Grein, Edir: Tagebuchaufzeichnungen von Ludwig II., König von Bayern. Schaan, Liechtenstein, 1925.

Gregor-Dellin, Martin: Richard Wagner. Sein Leben – Sein Werk – Sein Jahrhundert. München 1980.

Grüsser, Otto Joachim: Justinus Kerner 1786–1862. Arzt, Poet, Geisterseher. Berlin, Heidelberg, New York 1987.

Haasen, Gisela: Ludwig II. Briefe an seine Erzieherin. München 1995.

Hacker, Rupert (Hrsg.): Ludwig II. von Bayern in Augenzeugenberichten. München 1980.

Hamann, Brigitte: Kaiserin Elisabeth von Österreich. In: Zeitschrift für Bayerische Landesgeschichte, Band 44/1981, S. 398–412.

Hamann, Brigitte: Kaiserin Elisabeth. Das poetische Tagebuch. Wien 1984.

Hamann, Brigitte: Majestät, ich warne Sie ... München 1987.

Hamann, Brigitte: Rudolf. Kronprinz und Rebell. München 1987.

Hamann, Brigitte: Elisabeth. Kaiserin wider Willen. München 1989.

Hamann, Brigitte: Meine liebe gute Freundin! Die Briefe Kaiser Franz Josephs an Katharina Schratt. München 1996.

Hanslik, Eduard/Wagner, Jürgen: König Ludwig II. von Bayern 1845–1886. Internationale Bibliographie zu Leben und Wirkung. Europäische Hochschulschriften III/292. Frankfurt, Bern, New York 1986.

Hausner, Hermann: Ludwig II. von Bayern. Berichte der letzten Augenzeugen. München 1961.

Haus der Bayerischen Geschichte: König Maximilian II. von Bayern 1848–1864. Rosenheim 1988.

Heindl, Hannes: Marie, Königin von Bayern. München 1989 (o. S.).

Herre, Franz: Ludwig II. Stuttgart 1986.

Heyse, Paul: Jugenderinnerungen und Bekenntnisse. Stuttgart 1912.

Hubensteiner, Benno: Bayerische Geschichte. München 1977.

Hüttl, Ludwig: Ludwig II. König von Bayern. München 1986.

Hüttl, Ludwig: Für belanglose Plaudereien war er nicht zu haben. Ludwigs frühe Impressionen. In: Charivari Sonderheft 1995: König Ludwig II. Sein Leben, seine Schlösser, seine Träume, S. 12–14.

Jungmann-Stadler, Franziska: Die Bayerische Hypotheken- und Wechselbank und die Darlehen an die Königliche Kabinettskasse in den Jahren 1884 und 1886. Zur Schuldenkrise König Ludwig II. In: Aus Bayerns Geschichte. Forschungen als Festgabe zum 70. Geburtstag von Andreas Kraus. München 1992.

Kerr, Alfred (Hrsg. Günther Rühle): Wo liegt Berlin? Briefe aus der Reichshauptstadt 1895–1900, 1997.

Kobell, Luise von: Unter den ersten vier Königen Bayerns. München 1894.

Kobell, Luise von: Die bayerischen Königsschlösser und ihr Schöpfer. König Ludwig II. von Bayern und die Kunst. München 1900.

Krauß-Meyl, Sylvia: Das »Enfant Terrible« des Königshauses. Marie Leopoldine, Bayerns letzte Kurfürstin. Regensburg 1997.

Krockow, Christian Graf von: Die Deutschen in ihrem Jahrhundert 1890–1990. Reinbek 1990.

Krockow, Christian Graf von: Die Deutschen vor ihrer Zukunft. Berlin 1993.

Lampert, Friedrich: Ludwig II., König von Bayern. Ein Lebensbild. München 1890.

Lebschée, Carl August: Malerische Topographie des Königreichs Bayern. München 1830 (o. S.).

Lerchenfeld-Koefering, Hugo Graf von: Erinnerungen und Denkwürdigkeiten. Berlin 1935.

Liebermann, Adolf von: Abnorm, aber nicht geisteskrank. Die Leiden König Ludwig II. von Bayern. In: Deutsches Ärzteblatt, Jg. 1978, Heft 43, S. 2535–2537.

Linnenkamp, Rolf: Die Schlösser und Projekte Ludwigs II. München 1977.

Louis, Jean: König Ludwig und die Technik. München 1986.

Louis, Jean-Wohlmuth, Christine: Ingenieurbaukunst im Königreich Bayern. München 1988.

Mahr, Johannes: Die Krokodile, ein Münchner Dichterkreis. Stuttgart 1987.

Memminger, Anton: Der Bayernkönig Ludwig II. Würzburg 1918.

Merkt, Nikolaus: Ludwig II., König von Bayern. Protokolle aus dem besonderen Ausschuß der Bayerischen Kammer der Abgeordneten. München, o. J.

Merta, Franz: König Ludwig II. und der Mobilmachungsbefehl von 1870. Zeitschrift für Bayerische Landesgeschichte, Jg. 1985, Bd. 48, S. 689–717.

Merta, Franz: König Ludwig II. im Spiegel der Neuerscheinungen zum 100. Todestag. Ein kritischer Literaturbericht. Zeitschrift für Bayerische Landesgeschichte, Jg. 1986, Bd. 49, S. 738–743.

Merta, Franz: Die Tagebücher König Ludwigs II. von Bayern. Überlieferung, Eigenart und Verfälschung. Eine textkritische Studie. Zeitschrift für bayerische Landesgeschichte, Jg. 1990, Bd. 53, S. 319–396.

Merta, Franz: Ludwig II. Kein Fall für den Psychiater. Ein König, der nur von der Literatur besessen war. In: Literatur in Bayern, Heft 6/24, München 1991, S. 2–8.

Meyers Großes Taschenlexikon. Mannheim, Wien, Zürich 1990.

Miller, Ferdinand von: Erinnerungen an den Regenten. Südd. Monatshefte, Jg. 27, S. 696–700.

Müller, Franz Carl: Die letzten Tage König Ludwig II. von Bayern. Berlin 1888.

Müller, Franz Carl: Die letzten Tage Ludwig II. von Bayern. Nach eigenen Erlebnissen geschildert. In: Südd. Monatshefte, Jg. 26, S. 768–792.

Müller, Karl Alexander von: Bismarck und Ludwig II. im September 1870. In: Historische Zeitschrift, Bd. 111, S. 89–132.

Müller, Karl Alexander von: Dokumente zur Geschichte der Entmündigung Ludwig II. In: Südd. Monatshefte, Jg. 27, S. 679–682.

Müller, Karl Alexander von: Bismarck und die Königskatastrophe 1886. In: Südd. Monatshefte, Jg. 29, S. 648–661.

Müller, Karl Alexander von: Bismarck und Ludwig II. im September 1870. Aktenstücke aus den Papieren des Grafen Karl von Tauffkirchen. In: Forschungen zur Brandenburgischen und Preußischen Geschichte, 27. Band, S. 572–592. München und Leipzig 1914.

Müller-Münster, Eugen: Elisabeth Ney. Die seltsamen Lebensschicksale der Elisabeth Ney und des Edmund Montgomery 1833–1907. Leipzig 1931.

Mundy, Jaromir von: Zur Königskatastrophe in Baiern. In: Wiener medizinische Wochenschrift 1886, Heft 25, S. 910–914, und Heft 26, S. 941–945.

Möckl, Karl: Die Prinzregentenzeit. Gesellschaft und Politik während der Ära des Prinzregenten Luitpold in Bayern. München und Wien 1972.

Möller, Cajus: Persönliches über König Ludwig II. In: Süddeutsche Presse und Münchener Nachrichten, Teil I in Nr. 141 vom 17. 6. 1886 und Teil II in Nr. 142 vom 18. 6. 1886, jeweils S. 5/6.

Neue Deutsche Biographie, Berlin 1955.

Niehaus, Julia: Die Schloßbauten König Ludwig II. von Bayern im Spiegel der Münchner Tageszeitungen »Neueste Nachrichten« und »Bayerischer Kurier« (1864–1886). Magisterarbeit, Bonn 1992.

Nöhbauer, Hans F.: Die Wittelsbacher. Eine europäische Dynastie. Eine deutsche Chronik. Bern, München 1979.

Nöhbauer, Hans F.: Auf den Spuren König Ludwig II. Ein Führer zu Schlössern und Museen, Lebens- und Erinnerungsstätten des Märchenkönigs. München 1986.

Nöhbauer, Hans F. (Hrsg.): Die Chronik Bayerns. Dortmund 1987.

Nöll von der Nahmer, Robert: Bismarcks Reptilienfonds. Aus den Geheimakten Preußens und des Deutschen Reiches. Mainz 1968 (siehe auch Buchbesprechung bei Philippi).

Nostitz-Rieneck, Georg von (Hrsg.): Briefe Kaiser Franz Josephs an Kaiserin Elisabeth. 2 Bde., Wien, München 1966.

Österreichisches Biographisches Lexikon 1815–1950.

Österreich 1000 Jahre. Eine biographische Chronik. Wien 1973.

Petacco, Arrigo: Die Heldin von Gaeta. Graz, Wien, Köln 1994.

Philippi, Hans: Zur Geschichte des Welfenfonds. In: Niedersächsisches Jahrbuch für Landesgeschichte, Band 31, S. 190–254.

Philippi, Hans: Bismarcks Reptilienfonds (Buchbesprechung Nöll von der Nahmer, siehe dort). In: Niedersächsisches Jahrbuch für Landesgeschichte, Band 40, S. 194–197.

Philippi, Hans: König Ludwig von Bayern und der Welfenfonds. In: Zeitschrift für bayerische Landesgeschichte, Band 23, S. 66–111.

Rall, Hans: Bismarcks Reichsgründung und die Geldwünsche aus Bayern. Zeitschrift für Bayerische Landesgeschichte, Band 22, S. 396–497.

Rall, Hans: König Ludwig II. und Bismarcks Ringen um Bayern 1870/71. Schriftenreihe zur Bayerischen Landesgeschichte, Band 67. München 1973.

Rall, Hans/Petzet, Michael/Merta, Franz: König Ludwig II. Wirklichkeit und Rätsel. München, Zürich 1986.

Rauch, Alexander: Schloß Herrenchiemsee. München, Berlin 1995.

Reiser, Rudolf: König Ludwig I. und seine Freundin Lola Montez. Ein Gipfeltreffen. Süddeutsche Zeitung, Beilage Nr. 10 vom 12. 5. 1995, S. 11–19.

Reiser, Rudolf: Armer verrückter Märchenkönig. In: Süddeutsche Zeitung am Wochenende, Nr. 190 vom 19./20. 8. 1995, S. I.

Riedner, Otto: Buchbesprechungen. Zeitschrift für Bayerische Landesgeschichte, Jg. 1935, Band 8, S. 483–487.

Roesle, Emil Eugen: Die Geisteskrankheit der bayerischen Könige Ludwig II. und Otto in der Sicht neuer genealogisch-erbbiologischer Methoden. In: Geneal. Jahrbuch 2 (1962), S. 101–111.

Rübesamen, Hans Eckart: Des einsamen Königs Hohe Residenzen. Beilage der Frankfurter Allgemeinen Zeitung, Juli 1986, S. 33–42 und 76.

Rummel, Walter: König und Kabinettchef. Aus den Tagen Ludwigs II. München 1919.

Schad, Martha: Bayerns Königinnen. Regensburg 1992.

Schad, Martha: Cosima Wagner und Ludwig II. von Bayern. Briefe. Eine erstaunliche Korrespondenz. Bergisch-Gladbach 1996.

Schilke, Franz E.: Elisabeth und Ludwig II. im Spiegel von Medizin und Kunst. München 1993.

Schlim, Jean Louis: Mit einem Pfauenwagen über die Alpen fliegen. Das Seilbahn-Flugprojekt König Ludwig II. in Hohenschwangau. In: Charivari, Jg. 1991, Heft 7/8, S. 31–35.

Schlim, Jean Louis: Otto I. Der vergessene König auf Bayerns Thron. In: Charivari, Jg. 1991, Heft 10, S. 22–26.

Schlim, Jean Louis: Sophie Charlotte. Ein Lebensweg zwischen Leidenschaft und Resignation. In: Charivari, Jg. 1992, Heft 11, S. 34–39.

Schmidbauer, Wolfgang/Kemper, Johannes: Ein ewiges Rätsel will ich bleiben mir und anderen. Wie krank war Ludwig II. wirklich? München 1986.

Schrott, Ludwig: Die Herrscher Bayerns. München 1966.

Schupp, L.: Eine königliche Bergsteigerin. In: Das Bayerland, 42. Jg., Heft 4, S. 126–128.

Schweiggert, Alfons: Schattenkönig. Otto, der Bruder König Ludwig II. von Bayern. Ein Lebensbild. München 1992.

Sexau, Richard: Ludwig II. und Bismarck. In: Neues Abendland, Heft 8/1952, S. 468–476.

Sexau, Richard: Die Tragödie König Ludwigs II. Fluchtversuch, nicht Selbstmord. Vortrag vor der Vereinigung des Adels in Bayern. Sonderdruck aus »Der Zwiebelturm«, Monatsschrift für das bayerische Volk und seine Freunde, Heft 12/1957 und Heft 1/1958.

Sombart, Nicolaus: Wilhelm II. Sündenbock und Herr der Mitte. Berlin 1996.

Strobel, Otto: König Ludwig II. und Richard Wagner. Briefwechsel. Karlsruhe 1936.

Strohmayer, W.: Psychiatrisch-genealogische Untersuchung der Abstammung König Ludwigs II. und Ottos I. von Bayern. Wiesbaden 1912.

Tissot, Victor: Voyage au Pays de Milliards. Paris 1875 u.1878.

Vanderpoole, Lew: Ludwig of Bavaria. A Personal Reminiscence. Boston 1886.

Vignau, Ilka von: Werdenfelser Land, Garmisch-Partenkirchen, Mittenwald mit Ammergau und Isarwinkel. München 1984.

Wallersee, Marie Louise von: Die Heldin von Gaeta. Tragödie einer Königin. Leipzig 1936.

Washington, Karl Theodor Freiherr von: Die letzten Tage König Ludwig II., eine Königskatastrophe. Aufzeichnung der Ereignisse, die sich vom 6. bis 14. Juni 1886 zugetragen. In: Berliner Illustrierte Zeitung, Jg. 1932, Heft 31 (S. 1004–1010), Heft 32 (S. 1046–1053), Heft 33 (S. 1082–1086) und Heft 34 (S. 1118–1121).

Wedekind, Kadidja: König Ludwig und sein Hexenmeister. München 1995.

Weissensteiner, Friedrich : Die rote Erzherzogin. München 1993.

Widmann, Werner: Bayern. Bilderbogen der bayerischen Geschichte. Zürich 1980.

Wöbking, Wilhelm: Der Tod König Ludwigs II. von Bayern. Rosenheim 1986.

Wolf, Georg Jakob: König Ludwig II. und seine Welt. München 1926.

Denkschriften u. ä.:

Andenken an J. B. Stamminger Ss. Theol. Dr. kgl. Universitätsbibliothekar. Ein Lebensbild nebst Anhang. Würzburg 1893.

Kath. Akademie Tagung vom 26./27. April 1986: Ludwig II. Die Tragik des Märchenkönigs. Beiträge von M. Gregor-Dellin, F. Herre, K. Möckl, M. Petzet, F. Prinz, G. Schwaiger. Regensburg 1986.

Auktionskataloge Hermann-Historica, München, Versteigerungen Mai 1992 und April 1993.

Charivari – Sonderheft 1995, König Ludwig II. Sein Leben, seine Schlösser, seine Träume.

Ausstellungskatalog König Ludwig II. Städtisches Museum Rosenheim. 1996.

Namensregister

Im Namensregister sind alle im Text vorkommenden Personen aufgeführt. Soweit möglich und feststellbar sind die Lebensdaten (Geburts- und Sterbejahr) angegeben. Nicht aufgenommen sind Autoren, deren Veröffentlichungen im Literaturverzeichnis enthalten sind und die nur im Zusammenhang mit einem Zitat erwähnt werden.
Die Ziffern verweisen auf Seitenzahlen (fette Ziffern auf Seiten mit Abbildungen), A mit Ziffer verweist auf die Anmerkungsnummer.

Fugger-Glött, Caroline Gräfin von (1830–1876), Hofdame der Königin Marie von Bayern 137
Furtwängler, Adolf Johann (1854–1907), Archäologe, Professor 130

Garibaldi, Giuseppe (1807–1882), italienischer Politiker 155 f.
Gasser, Rudolf Freiherr von (1829–1904), bayerischer Gesandter und bevollmächtigter Minister in Stuttgart, Darmstadt, Dresden und St. Petersburg 100
Gasser, Therese, Freifrau von (1841–1878), geb. v. Redwitz, Hofdame der Königin Marie von Bayern, Ehefrau d. O. 100, 137
Gebsattel, Lothar Freiherr von (1761–1846), Erzbischof von München und Freising 23
Georg II. (1605–1661), Landgraf von Hessen-Darmstadt 61
Georg V., König von Hannover (1819–1878) 204
Georg Wilhelm, Prinz von Hessen-Darmstadt (1722–1782) 56
Gerlak, Rudolf, bayerischer Kapuzinerpater, Monsignore beim Vatikan 156
Gietl, Franz Ritter von (1803–1888), Professor, Geheimrat, königlich bayerischer Leibarzt 23, 29, 230, 301, 390
Girard, Dominique (gest. 1736), französischer Garten- und Brunnen-architekt 18
Gisela, Erzherzogin (1856–1932), Tochter der Kaiserin Elisabeth von Österreich, verheiratet mit Leopold, Prinz von Bayern. 119, 151, 322, 345
Glaser, Nervenarzt 113 f., 116, 157
Glaser, Ehefrau d. O. 116
Goethe, Johann Wolfgang von (1749–1832), Geheimer Rat, Minister, Dichter 63
Gondrecourt, Graf Leopold von (1816–1888), Erzieher des Kronprinzen Rudolf von Österreich, später General 326
Grashey, Hubert von (1839–1909), Psychiater, Professor, Direktor der Psychiatrie in Würzburg, Schwiegersohn v. Guddens 224–226, **225**, 244, 272, 278–282, 299, 301, 385 f., 394
Gresser, Franz von (1807–1883), bayerischer Minister des Inneren für Kirchen- und Schulangelegenheiten 76
Gudden, Bernhard von (1824–1886), Psychiater, Professor, Leiter der Psychiatrie Werneck und Würzburg, zuletzt Ordinarius für Psychiatrie an der Universität München und Leiter der Anstalt Gabersee 8 f., 85, 142, 145, 178, 196, 208, 211, 218–229, **222**, 240–246, 250, 254, 256, 259, 262 f., 265–283, **279**, 289, 299, 304, 306, 310 f., 313, 355, 376 f., 380, 385

Hagen, Friedrich Wilhelm (1814–1889), Psychiater, Professor, königlich bayerischer Hofrat, Direktor der Psychiatrie in Mittelfranken 224, 299, 301, 385 f., 394
Haiß, Wilhelm, Ritter von (1852–1927), Geheimsekretär im bayerischen Kabinett, später Präsident des OLG Nürnberg 262
Hanfstaengl, Edgar (1842–1910), Photograph 107, 109 f., **110**, 112 f.
Hanfstaengl, Franz (1804–1877), Maler, Photograph 107
Harden, Maximilian (richtig Felix Ernst Witkowski, lt. Kerr, S. 437, Isidor; (1861–1927), ursprünglich Schauspieler, dann Publizist, Freund Bismarcks, Herausgeber der Zeitschrift »Die Zukunft«, Initiator der »Eulenburg Affaire« 344
Heilgemayr, Johann Nepomuk, Marktschreiber in Garmisch 207
Heine, Heinrich (Harry; 1797–1856), Dichter, Publizist 165 f.
Heinleth, Adolf von (1823–1895), bayerischer Kriegsminister 196, 239, 258 f.

Heiß, stellvertretender Bezirksarzt in Starnberg 276
Helene, Herzogin in Bayern (1834–1890), Schwester der Kaiserin Elisabeth von
    Österreich, verheiratet mit Maximilian Anton Lamoral Erbprinz von Thurn
    und Taxis 146
Herder, Johann Gottfried von (1744–1803), Dichter 63
Hertling, Johann Baron von (1834–1916), königlich bayerischer Flügeladjutant,
    Oberst 381 f.
Hesselschwerdt, Karl (1840–1902), königlich bayerischer Marstallfourier 244,
    257, 303, 378–386
Heyse, Paul (1830–1914), Dichter, erster deutscher Nobelpreisträger für
    Literatur (1911) 36
Hochstetter, Ferdinand von (1829–1884), Geologe und Prähistoriker, Lehrer
    des Kronprinzen Rudolf von Österreich 328
Hodek, Eduard, Präparator und Ornithologe in Wien 328
Hörwarth, Ferdinand Graf von (1563–1622) 17
Hörwarth, Hans Friedrich Freiherr von (17. Jh.) 14
Hörwarth, Johann von Hohenburg (1553–1622), Kanzler unter Herzog
    Wilhelm V. und Kurfürst Maximilian I. 17
Hohenlohe-Schillingsfürst, Chlodwig Fürst zu (1819–1901), bayerischer
    Minister des Königlichen Hauses und des Äußeren, Vorsitzender des
    Ministerrates, Reichsrat der Krone Bayerns, Reichskanzler, preußischer
    Ministerpräsident 44, 72, 75, 84, 98, 113, 171
Hohenlohe-Schillingsfürst, Constantin Prinz zu (1828–1896), Erster
    Obersthofmeister des Kaisers Franz Joseph I. von Österreich, k. u. k.
    Geheimrat und Kämmerer, Generalmajor 167
Hofmann, Eduard (1837–1897). Hofrat, Professor der gerichtlichen Medizin
    in Wien 398
Holnstein aus Bayern, Ludwig Graf von (1868–1930), Flügeladjutant,
    Oberhofmarschall von König Ludwig III., erblicher Reichsrat der Krone
    Bayerns 183
Holnstein aus Bayern, Max Graf von (1835–1895), königlich bayerischer
    Oberststallmeister Ludwigs II., (gen.»Roßober«), erblicher Reichsrat der
    Krone Bayerns 92–94, 180, 204–206, 213, 216–219, 238, 241, 243, 250 f.,
    256–258, 267
Homeyer, Eugen von, Ornithologe in Wien 328 f.
Homolatsch, Anna, Wiener Halbweltdame 396 f.
Hompesch-Bollheim, Ferdinand Graf von (1824–1913), bayerischer
    Diplomat 137
Hoppe, königlich bayerischer Friseur 138
Hornig, Richard (geb. 1841), königlich bayerischer Stallmeister 218, 272, 311,
    377–385, 395
Hoyos-Sprinzenstein, Joseph Graf von (1856–1940), k. u. k. Kämmerer,
    Wirklicher Geheimer Rat 399 f.
Huber, Johannes Nepomuk (1830–1879), Theologe und Philosoph in
    München 93
Hubrich, Max (gest. 1896), Hofrat, Psychiater, Leiter der Psychiatrie Werneck
    als Nachfolger v. Guddens 224, 273, 299, 301, 385 f., 394

Ingelheim, gen. Echter von und zu Mespelbrunn, Friedrich Graf von
    (1807–1888), k. u. k. Kämmerer und Geheimrat, österreichischer
    außerordentlicher Gesandter und bevollmächtigter Minister in München
    137
Isabella, Königin von Spanien (1830–1904) 137

Bildnachweis

Soweit feststellbar, werden die Photographen und Zeichner genannt.
(A) = Photograph J. Albert
(Ha) = Photograph F. Hanfstaengl
(Hi) = Photograph Th. Hilsdorf
Die Ziffern verweisen auf Seitenzahlen.

Archiv Jean Louis
Schutzumschlag: Ludwig II. (A), Elisabeth (Rabending), Otto I. (A)
15 (Wörsching), 16 (A, nach Zeichnung von Breling), 19 (Zeichnung von
Nisle), 21, 33 (A), 35 (A), 49, 51, 65 (A), 97 (A), 105 (Ha), 108 (A), 117, 120 (A),
124 (Lewischkin), 126, 128 (Zeichnung Kriehuber), 134, 181 (A), 187, 232,
274, 279 (A, nach Zeichnung von Breling), 284 (Ha, nach Zeichnung von
Koppay), 292/293, 297 (Wächter), 317 (Zeichnung von de Haenen), 319
(Dittmar), 335 (Angerer), 357

Münchner Stadtmuseum, Fotomuseum
24 (Ha), 28 (Ha), 29 (Ha), 47 (A), 69 (Ha), 85 (Ha), 110 (Ha), 115 (Hi), 147
(Ha), 225 (Hi), 321 (Hi)

Deutsches Theatermuseum, München
131, 133, 136 (Zeichnung von Schertle nach Litho von Nay)

Österreichische Nationalbibliothek, Handschriftenabteilung, Wien
327, 330 (Geruzet Frères), 333 (Szekely), 338

Österreichische Nationalbibliothek, Portraitsammlung, Wien
152, 159, 165, 342, 351, 354

Wittelsbacher Ausgleichsfonds, München
40, 41 (beide Pössenbacher)

G. J. Wolf, König Ludwig und seine Welt
132 (Ha), 170 (Ha), 203 (Ha), 222 (Ha), 255

A. Sailer, Bayerns Märchenkönig. Das Leben Ludwig II. in Bildern
300

Zeitschrift »Die Bremse« vom 4. 4. 1874
100

Privat
247 (Weber), 307

Die Unterschriften König Ludwigs II. zu den Bildern auf den Seiten 292/293
stammen aus folgenden Originalschriftstücken der Handschriftenabteilung der
Bayerischen Staatsbibliothek, München, mit den Signaturen (in chronologischer Reihenfolge):
Autogr.Cim.Ludwig II. v.B. – 21, ferner – 19 A/70/475, ferner – 8 81/7029,
ferner – 32 73/5107 – 07, ferner – 57, ferner - 9